Migration nach SAP S/4HANA®

SAP PRESS ist eine gemeinschaftliche Initiative von SAP SE und der Rheinwerk Verlag GmbH. Ziel ist es, Anwendern qualifiziertes SAP-Wissen zur Verfügung zu stellen. SAP PRESS vereint das fachliche Know-how der SAP und die verlegerische Kompetenz von Rheinwerk. Die Bücher bieten Expertenwissen zu technischen wie auch zu betriebswirtschaftlichen SAP-Themen.

Ulf Koglin
SAP S/4HANA
Voraussetzungen – Nutzen – Erfolgsfaktoren
2016, 375 S., geb.
ISBN 978-3-8362-3891-5

Salmon, Kunze, Reinelt, Kuhn, Giera
SAP S/4HANA Finance
Prozesse, Funktionen, Migration
2016, 517 S., geb.
ISBN 978-3-8362-4193-9

Marc O. Schäfer, Matthias Melich
SAP Solution Manager für SAP S/4HANA
2016, 436 S., geb.
ISBN 978-3-8362-4389-6

Michael Englbrecht, Michael Wegelin
SAP Fiori
Implementierung und Entwicklung
2016, 608 S., geb.
ISBN 978-3-8362-3828-1

Gahm, Schneider, Swanepoel, Westenberger
ABAP-Entwicklung für SAP HANA
2., aktualisierte und erweiterte Auflage 2016, 653 S., geb.
ISBN 978-3-8362-3661-4

Aktuelle Angaben zum gesamten SAP PRESS-Programm finden Sie unter
www.sap-press.de.

Frank Densborn, Frank Finkbohner,
Jochen Freudenberg, Kim Mathäß,
Frank Wagner

Migration nach SAP S/4HANA®

Rheinwerk
Publishing

Liebe Leserin, lieber Leser,

vielen Dank, dass Sie sich für ein Buch von SAP PRESS entschieden haben.

Jetzt wird's ernst – bis 2025 sollen alle SAP-Kunden auf SAP S/4HANA umgestiegen sein. Doch dies ist kein »bloßes« Release-Upgrade, sondern abhängig von Ihren individuellen Voraussetzungen ein anspruchsvolles Projekt. Wichtig ist vor allem, dieses Projekt sorgfältig zu planen, jetzt schon die notwendigen Vorbereitungen im Altsystem zu treffen und Strategien zu erarbeiten, damit der Umstieg reibungslos abläuft.

Die Autoren dieses Buches greifen Ihnen dabei unter die Arme. Sie versorgen Sie nicht nur mit den notwendigen Informationen zu den verschiedenen Migrationsszenarien sowie den Tools und Hilfsmitteln, die SAP für den Übergang bereitstellt, sondern geben Ihnen auch wertvolle Empfehlungen, die sich in den ersten Umstiegsprojekten bewährt haben. Sie helfen Ihnen dabei, die erforderlichen Vorkehrungen ausfindig zu machen, den richtigen Ansatz für Ihr Projekt zu finden und schließlich die Migration durchzuführen.

Wir freuen uns stets über Lob, aber auch über kritische Anmerkungen, die uns helfen, unsere Bücher zu verbessern. Scheuen Sie nicht, mich zu kontaktieren. Ihre Fragen und Anmerkungen sind jederzeit willkommen.

Ihre Janina Karrasch
Lektorat SAP PRESS

janina.karrasch@rheinwerk-verlag.de
www.sap-press.de

Rheinwerk Verlag
Rheinwerkallee 4
53227 Bonn

Auf einen Blick

Lektorat Janina Karrasch
Korrektorat Friederike Daenecke, Zülpich
Herstellung Denis Schaal
Typografie und Layout Vera Brauner
Einbandgestaltung Nadine Kohl
Coverbild Fotolia: 95353300 © beatrice prève
Satz Typographie & Computer, Krefeld
Druck und Bindung C.H. Beck, Nördlingen

Gerne stehen wir Ihnen mit Rat und Tat zur Seite:
janina.karrasch@rheinwerk-verlag.de bei Fragen und Anmerkungen zum Inhalt des Buches
service@rheinwerk-verlag.de für versandkostenfreie Bestellungen und Reklamationen
hauke.drefke@rheinwerk-verlag.de für Rezensionsexemplare

Bibliografische Information der Deutschen Nationalbibliothek
Die Deutsche Nationalbibliothek verzeichnet diese Publikation in der Deutschen Nationalbibliografie;
detaillierte bibliografische Daten sind im Internet über *http://dnb.d-nb.de* abrufbar.

ISBN 978-3-8362-4297-4

© Rheinwerk Verlag GmbH, Bonn 2017
1. Auflage 2017

Inhalt

3   Cloud, On-Premise und hybride Szenarien   101

4 Den Umstieg auf SAP S/4HANA vorbereiten 135

5 SAP Activate 159

6 Testsysteme und Modellfirma 181

TEIL II Umstieg auf SAP S/4HANA in der Cloud

7 Migration in die Public Cloud 195

8 SAP S/4HANA Cloud in die Systemlandschaft integrieren 243

TEIL III   Umstieg auf SAP S/4HANA On-Premise

9   Installation und Konfiguration von SAP S/4HANA On-Premise oder in der Private Cloud   309

10   Systemkonvertierung eines Einzelsystems   327

11   Neuimplementierung eines Einzelsystems   373

13   SAP S/4HANA On-Premise in die Systemlandschaft integrieren

TEIL IV   Beurteilung der Umstiegsszenarien

14   Auswahl Ihres Übergangsszenarios

Vorwort

Die Weltwirtschaft ist im Umbruch. In zunehmender Frequenz erleben wir technologische Innovationen, die unser tägliches Leben drastisch beeinflussen. Das Internet und die damit verbundene Vernetzung von Personen, Produkten und Services haben einen massiven Einfluss auf Unternehmen und ihre Geschäftsprozesse. Diese Vernetzung führt dazu, dass traditionelle Geschäftsmodelle überdacht werden müssen und Geschäftsprozesse bei Bedarf immer schneller angepasst werden. Das darunterliegende exponentielle Datenwachstum benötigt innovative Ansätze in der Datenspeicherung und -verarbeitung. Der Wunsch, Geschäftsprozesse in die Cloud auszulagern, stellt geänderte Anforderungen an die Systemlandschaften. Der Zugang über mobile Geräte ist der abrundende Schritt in Richtung Zukunftssicherheit. Als Marktführer für Unternehmenssoftware sehen wir uns in der Pflicht, unsere Kunden dort abzuholen, wo sie mit ihren existierenden Systemlandschaften stehen, und sie bei den Herausforderungen dieses digitalen Wandels zu unterstützen.

Mit SAP S/4HANA stellt SAP eine moderne ERP-Suite zur Verfügung, die basierend auf der In-Memory-Technologie von SAP HANA die technischen Limitierungen klassischer Datenbanken überwindet. SAP S/4HANA wird damit zum digitalen Kern der zentralen, unternehmenskritischen Geschäftsprozesse wie beispielsweise Rechnungswesen, Logistik, Beschaffung und Verkauf. Das Design von SAP S/4HANA orientiert sich an folgenden Kernaspekten: Simplifizierung der Applikation, insbesondere Simplifizierung der Datenstrukturen, vereinfachte Bedienung über rollenbasierte Benutzeroberflächen, die auf SAP Fiori basieren, integrierte Analysefunktionen (*Embedded Analytics*), maschinelles Lernen (*Machine Learning*) und der *Cloud-First-Ansatz* bei der Entwicklung neuer Funktionen und Geschäftsprozesse.

Mit SAP S/4HANA haben Sie als Kunde die Wahl, wie Sie Ihre Geschäftsprozesse betreiben wollen: ob Sie Ihre Geschäftsprozesse firmenintern betreiben, komplett in die Cloud verlagern oder nur ausgewählte Teile von Geschäftsprozessen in die Cloud auslagern und andere Teile On-Premise betreiben – SAP S/4HANA gibt Ihnen die Flexibilität. Seit der Einführung von SAP S/4HANA im Jahr 2015 haben sich mittlerweile mehr als 5.400 Kunden für dieses Produkt entschieden. Im Laufe des Jahres 2016 lautete die zentrale Frage unserer Kunden nicht mehr, *ob* sie zu SAP S/4HANA wechseln, sondern *wie* sie den Übergang am effizientesten gestalten können und wie sie maximale Wettbewerbsvorteile erzielen können.

In dem hier vorliegenden Buch werden die unterschiedlichen Betriebsmodelle und die jeweiligen Übergangsszenarien nach SAP S/4HANA im Detail dargestellt. Als Leser werden Sie in die Lage versetzt, die jeweiligen Szenarien zu bewerten und damit den Übergang nach SAP S/4HANA besser zu planen. Innerhalb der SAP-S/4HANA-Übergangsszenarien zeigen die Autoren Ihnen verschiedene Möglichkeiten, die Geschwindigkeit des Umstiegs selbst zu gestalten und damit getätigte Investitionen in Ihre aktuelle Systemlandschaft abzusichern.

Sven Denecken
Senior Vice President und Chief Product Owner für SAP S/4HANA Cloud

Rudolf Hois
Vice President und Chief Product Owner für SAP S/4HANA On-Premise

Einleitung

SAP S/4HANA, kurz für *SAP Business Suite 4 SAP HANA*, ist die SAP-Anwendungssuite der nächsten Generation. SAP S/4HANA spricht Bestandskunden an, die heute SAP ERP bzw. die klassische SAP Business Suite nutzen, aber auch Neukunden, die bisher noch keine SAP-Lösung eingesetzt haben.

Unabhängig davon, woher Sie kommen – wenn es Ihr Ziel ist, SAP S/4HANA einzusetzen, möchten wir Ihnen mit diesem Buch einen Leitfaden für den Umstieg auf SAP S/4HANA an die Hand geben. Wir werden Sie mit allen wichtigen Bereichen des neuen SAP-S/4HANA-Systems vertraut machen und Ihnen dabei zugleich zeigen, wie Sie mithilfe der einzelnen Migrationsszenarien auf SAP S/4HANA umsteigen können.

Dazu möchten wir Ihnen nicht nur die grundsätzlichen Möglichkeiten der Werkzeuge vorstellen, die SAP für diesen Zweck bereitstellt, sondern Sie auch bei der Durchführung der Migration begleiten, indem wir typische Einsatzbeispiele erläutern. Es ist unser Ziel, Sie optimal dabei zu unterstützen, den für Sie besten Weg nach SAP S/4HANA zu finden – egal, ob Sie SAP S/4HANA in der Cloud oder On-Premise nutzen möchten, und unabhängig von Ihrem aktuellen ERP-System. Lernen Sie auf den folgenden Seiten die verschiedenen Betriebsmodelle für SAP S/4HANA kennen, und erfahren Sie, wie sich die Migration bei den verschiedenen Modellen unterscheidet. *On-Premise oder Cloud?*

Wir zeigen Ihnen sowohl, wie Sie ein bestehendes SAP-System nach SAP S/4HANA konvertieren, als auch, wie Sie ein neues SAP-S/4HANA-System implementieren und Ihre Daten in dieses System übertragen und wie Sie eine bestehende Landschaft in eine SAP-S/4HANA-Landschaft transformieren können. SAP hat drei Wege nach SAP S/4HANA definiert: *Szenarien*

- Neuimplementierung von SAP S/4HANA
- Systemkonvertierung nach SAP S/4HANA
- Landschaftstransformation mit SAP S/4HANA

Außerdem erfahren Sie, wie Sie dieses neue System in Ihre bestehende IT-Landschaft einbinden können und welche Anpassungen dazu nötig sind. Ein wichtiger Ansatz dieses Buches ist es, Ihnen die Abläufe vorzustellen und im Detail zu erklären. Nach einem grundlegenden Überblick über SAP S/4HANA stellen wir alle Aspekte der Übergangsszenarien und der Integration für SAP S/4HANA Cloud und die On-Premise-Version vor. Sie erfahren *Integration*

Schritt für Schritt, wie Sie bei den verschiedenen Migrationsszenarien am besten vorgehen. Wir vergleichen unterschiedliche Anforderungen und ihre Umsetzung anhand von praxisnahen Beispielen. Wir liefern Ihnen in diesem Buch also die Entscheidungskriterien und das nötige Know-how. Am Ende entscheiden Sie selbst, welche Methode die geeignete für Ihren Umstieg auf SAP S/4HANA ist.

An wen richtet sich dieses Buch?

Da dieses Buch einen kompletten Überblick über die Migration nach SAP S/4HANA gibt, ist es durchaus für zahlreiche Lesergruppen geeignet. Zur Entscheidungsfindung und Wahl des passenden Szenarios für den Umstieg richtet es sich gleichermaßen an *IT-Manager* und *Administratoren*, die SAP S/4HANA (demnächst) einführen. Es geht jedoch noch weiter ins Detail und spricht dadurch sowohl *SAP-Berater* an, die mit der Realisierung der SAP-S/4HANA-Migration beim Kunden oder innerhalb der eigenen Organisation betraut werden, als auch *Projektleiter*, die sich einen Überblick über die einzelnen Methoden und Werkzeuge verschaffen möchten. Sie alle können sich an den Anleitungen orientieren, um Ihre eigenen Migrationsprojekte umzusetzen.

Vorkenntnisse   Da es sich bei SAP S/4HANA um eine komplett neue Business Suite handelt, haben wir das Buch so aufgebaut, dass keine SAP-ERP-Vorkenntnisse für die Lektüre notwendig sind. Wenn Sie die einzelnen Migrationsszenarien anhand des Buches nachvollziehen wollen, ist ein gewisses Grundverständnis für SAP NetWeaver jedoch hilfreich. Weitergehende Informationen zu SAP NetWeaver, SAP HANA, zur Datenmigration in SAP oder einen detaillierteren betriebswirtschaftlichen Überblick über SAP S/4HANA finden Sie natürlich auch in spezialisierten Büchern der Reihe SAP PRESS des Rheinwerk Verlages.

Releasestand   Dieses Buch beschreibt alle Vorgehensweisen und Verfahren für die zur Drucklegung aktuellen Releases *SAP S/4HANA 1610* (On-Premise) und *SAP S/4HANA Cloud 1702*. Bei höheren Releases kann es an einigen Stellen zu Abweichungen und anderen Bildschirmansichten im Vergleich zu den Screenshots kommen, die wir in diesem Buch zeigen. Wir gehen jedoch davon aus, dass die generellen Schritte zur Durchführung der Migration nach SAP S/4HANA auch in höheren Releases die gleichen bleiben.

> **Hinweis zum Sprachgebrauch**
>
> Der Begriff *SAP-S/4HANA-Migration* steht in diesem Buch als Oberbegriff für die unterschiedlichen Szenarien für den Übergang hin zu SAP S/4HANA. Damit steht der Begriff nicht nur für die Datenmigration und Datenübernahme von IT-Altsystemen oder produktiv genutzten SAP-Systemen, sondern auch für die Systemkonvertierung eines Einzelsystems oder die Transformation einer Systemlandschaft.

[«]

Der Aufbau dieses Buches

Dieses Buch ist in vier Teile gegliedert, deren Inhalt wir im Folgenden zur besseren Orientierung kurz vorstellen.

Teil I: SAP S/4HANA – die Grundlagen

Im ersten einführenden Teil des Buches vermitteln wir das Grundlagenwissen, das erforderlich ist, um sich für ein Installations- oder Migrationsszenario entscheiden zu können. Dieser Teil ist auch für IT-Manager und IT-Mitarbeiter in Unternehmen interessant, die noch kein konkretes Migrationsprojekt geplant haben und sich erst einmal über die verschiedenen Möglichkeiten informieren möchten. Wir erläutern Ihnen die unterschiedlichen Bereitstellungsoptionen für SAP S/4HANA in der Public Cloud, On-Premise und als hybrides Modell. Schließlich erfahren Sie, wie Sie den Übergang nach SAP S/4HANA vorbereiten können und wie Sie dabei von einer neuen Implementierungsmethodik unterstützt werden.

In **Kapitel 1**, »SAP S/4HANA – Anforderungen und Leistungen«, vermitteln wir Ihnen einen grundlegenden Überblick über SAP S/4HANA und zeigen Ihnen den Mehrwert dieser neuen Lösung. Wir gehen in diesem Kontext auch auf die Veränderung der traditionellen Geschäftsmodelle ein, die ein Ergebnis des digitalen Wandels ist; und wir zeigen auf, mit welchen Herausforderungen der Digitalisierung Unternehmen heute und in Zukunft konfrontiert sind. Sie erfahren, welche technologischen und betriebswirtschaftlichen Antworten SAP S/4HANA auf diese Herausforderungen gibt.

Anforderungen und Leistungen

In **Kapitel 2**, »Was unterscheidet SAP S/4HANA von der klassischen SAP Business Suite?«, stellen wir Ihnen die grundsätzlichen Unterschiede zwischen SAP S/4HANA und der SAP Business Suite vor und ordnen die neue Lösung in das SAP-Produktangebot ein. Wir erklären den Sinn und Zweck dieser Unterschiede und gehen darauf ein, welche Chancen sich dadurch für die IT-Abteilungen und für Ihre Geschäftsprozesse ergeben und welche

Unterschied zur klassischen Business Suite

Bedeutung diese Änderungen für Ihre Planung des Umstiegs auf SAP S/4HANA haben.

Cloud, On-Premise und hybrid — SAP S/4HANA ist in verschiedenen Betriebsmodellen verfügbar. Die Möglichkeiten umfassen die Implementierung in der Private oder Public Cloud, vor Ort in Ihrem Rechenzentrum sowie einen hybriden Ansatz. In **Kapitel 3**, »Cloud, On-Premise und hybride Szenarien«, vermitteln wir Ihnen ein grundsätzliches Verständnis dieser Betriebsmodelle und erklären, welche Bereitstellungsoptionen im Rahmen der SAP-S/4HANA-Produktfamilie existieren. Die Unterschiede zwischen den einzelnen Modellen erläutern wir im Detail.

Umstieg vorbereiten — Nachdem das Grundverständnis für SAP S/4HANA geschaffen wurde, stellen wir in **Kapitel 4**, »Den Umstieg auf SAP S/4HANA vorbereiten«, die Vorgehensweisen für den Umstieg auf SAP S/4HANA vor und erläutern, welche konkreten Schritte bei der Projektplanung berücksichtigt werden sollten. Im letzten Teil des Buches werden wir rückblickend dann noch einmal auf die Vor- und Nachteile der unterschiedlichen Szenarien bei verschiedenen Voraussetzungen eingehen.

Implementierungsmethodik — SAP Activate ist eine mit SAP S/4HANA neu eingeführte Art und Weise, SAP-Software zu implementieren. Sie soll Kunden beim Umstieg auf SAP S/4HANA unterstützen. Wir stellen Ihnen diesen Nachfolger der Implementierungsmodelle ASAP und SAP Launch in **Kapitel 5**, »SAP Activate«, vor.

Modellfirma — **Kapitel 6**, »Testsysteme und Modellfirma«, schließt den ersten Teil des Buches ab. Es behandelt die verfügbaren Trial-Systeme und eine Modellfirma, die darin für SAP S/4HANA bereitgestellt wird. Bei der Modellfirma handelt es sich um ein vorkonfiguriertes System, das Customizing (wie etwa vordefinierte Buchungskreise und Organisationsstrukturen) sowie Beispieldaten beinhaltet. Die Modellfirma unterstützt Sie dabei, die Anforderungen und Voraussetzungen für die Migration zu identifizieren.

Teil II: Umstieg auf SAP S/4HANA in der Cloud

Public Cloud — Im zweiten Teil des Buches erläutern wir Ihnen Schritt für Schritt die verschiedenen Migrationsszenarien für SAP S/4HANA Cloud, die Public Cloud bzw. die SaaS-Version (Software-as-a-Service) von SAP S/4HANA. Wir stellen die Werkzeuge und die Vorgehensweise für die Datenmigration und die Integration mit anderen Systemen dar.

Migration — Der Einsatz einer Cloud-Lösung bietet grundsätzlich neue Möglichkeiten, IT im Unternehmen zu organisieren und zu finanzieren. In **Kapitel 7**, »Migration in die Public Cloud«, zeigen wir Ihnen, wie Sie die Möglichkeit eines

Deployments in der Public Cloud für SAP S/4HANA umsetzen können. Wir erläutern, was Sie bei der Einrichtung der Cloud-Lösung beachten sollten, welche Werkzeuge es für die Datenmigration in die SAP S/4HANA Cloud gibt und wie die Migration Schritt für Schritt durchgeführt werden kann.

Kapitel 8, »SAP S/4HANA Cloud in die Systemlandschaft integrieren«, beschreibt, wie Sie ein SAP-S/4HANA-Cloud-System mit anderen SAP-Cloud-Lösungen, wie SAP Ariba oder SAP SuccessFactors integrieren, und wie Sie die SAP Hybris Marketing Cloud in Ihre bestehende SAP-System-landschaft einbinden können. Wir erklären, wie die Systeme angebunden werden und welche Schnittstellen dafür zum Einsatz kommen.

Integration in die Systemlandschaft

Teil III: Umstieg auf SAP S/4HANA On-Premise

Nachdem im zweiten Teil die eigenständige Lösung SAP S/4HANA Cloud im Fokus stand, geht es im dritten Teil dieses Buches um die On-Premise-Version, die auch gehostet in einer Private Cloud betrieben werden kann. Für diese Version ergeben sich zusätzliche Migrationsszenarien, die in diesem Teil des Buches im Detail und mit ihren Anwendungsszenarien vorgestellt werden. Wir zeigen auch den Unterschied zum Betrieb in der Public Cloud auf und erörtern die Integrationsmöglichkeiten der On-Premise-Version von SAP S/4HANA.

On-Premise oder Private Cloud

Beim Umstieg auf SAP S/4HANA On-Premise wird entweder ein neues SAP-S/4HANA-System aufgesetzt oder ein bestehendes SAP-System transfor-miert. In Kapitel 9, »Installation und Konfiguration von SAP S/4HANA On-Premise oder in der Private Cloud«, erläutern wir die notwendigen Schritte für die Installation des Backend- und Frontend-Servers sowie die Konfigu-ration des Systems.

Installation und Konfiguration

In Kapitel 10, »Systemkonvertierung eines Einzelsystems«, stellen wir Ihnen das erste Szenario für den Umstieg auf SAP S/4HANA On-Premise vor: die Systemkonvertierung. Die Konvertierung eines bestehenden SAP-Business-Suite-Systems ermöglicht es, zu SAP S/4HANA zu wechseln, ohne ein neues System aufzusetzen. Wir beschreiben, wie der grundsätzliche Ablauf von der Planung bis zur Ausführung der Systemkonvertierung aus-sieht, welche Einzelschritte erforderlich sind und welche technischen Werkzeuge dazu benötigt werden.

Systemkonver-tierung

Anschließend gehen wir in Kapitel 11, »Neuimplementierung eines Einzel-systems«, detailliert auf die verschiedenen Migrationswerkzeuge für eine Neuimplementierung (Greenfield-Ansatz) eines SAP-S/4HANA-On-Pre-mise-Systems ein. Wir stellen Ihnen die Werkzeuge SAP S/4HANA Migration Cockpit, SAP S/4HANA Migration Object Modeler und SAP Data Services mit

Neuimplemen-tierung

dem SAP Best Practices Content der Rapid Data Migration anhand von Anwendungsbeispielen vor. Außerdem erläutern wir die generelle Vorgehensweise bei einer Datenmigration nach SAP S/4HANA als Projekt.

<table>
<tr><td>Landschafts-
transformation</td><td>In **Kapitel 12**, »Transformation einer Systemlandschaft«, beschreiben wir das dritte Übergangsszenario, die Landschaftstransformation, und wie sie durchgeführt wird. Außerdem stellen wir mit Central Finance einen wichtigen Anwendungsfall für SAP S/4HANA umfassend vor.</td></tr>
</table>

Landschafts-
transformation

In **Kapitel 12**, »Transformation einer Systemlandschaft«, beschreiben wir das dritte Übergangsszenario, die Landschaftstransformation, und wie sie durchgeführt wird. Außerdem stellen wir mit Central Finance einen wichtigen Anwendungsfall für SAP S/4HANA umfassend vor.

Integration

Abschließend gehen wir in **Kapitel 13**, »SAP S/4HANA On-Premise in die Systemlandschaft integrieren«, auf die Integrationsmöglichkeiten der On-Premise-Editionen von SAP S/4HANA ein. Dabei werden speziell SAP Ariba, SAP SuccessFactors und die Integration mit bestehenden SAP-Systemen erörtert.

Teil IV: Beurteilung der Umstiegsszenarien

Im letzten Teil des Buches erörtern wir, welches das richtige Szenario für *Sie* ist. Die richtige Strategie für den Wechsel hin zu SAP S/4HANA hängt von Ihrer Ausgangssituation ab. Wir geben Ihnen dafür Entscheidungskriterien an die Hand und führen Beispiele für die einzelnen Übergangsszenarien an.

Auswahl des
Übergangsszenarios

Kapitel 14, »Auswahl Ihres Übergangsszenarios«, beschreibt dazu die Vor- und Nachteile der einzelnen Migrationsszenarien, fasst sie zusammen und stellt sie einander gegenüber. Wir erörtern die Kernentscheidung zwischen einer kompletten Neuimplementierung oder einer Systemkonvertierung. Die Landschaftstransformation nimmt insofern eine Sonderrolle ein, als sie mit den beiden anderen Szenarien kombiniert werden kann. In jedem Fall sollte die Entscheidung für ein Szenario die für das Unternehmen wirtschaftlich sinnvollste sein und von betriebswirtschaftlichen Fragestellungen geleitet werden.

Informationskästen

In hervorgehobenen Informationskästen finden Sie in diesem Buch Inhalte, die wissenswert und hilfreich sind, aber etwas außerhalb der eigentlichen Erläuterung stehen. Damit Sie die Informationen in den Kästen sofort einordnen können, haben wir die Kästen mit Symbolen gekennzeichnet:

[»]

- In Kästen, die mit diesem Symbol gekennzeichnet sind, finden Sie Informationen zu *weiterführenden Themen* oder wichtigen Inhalten, die Sie sich merken sollten.

[!]

- Dieses Symbol weist Sie auf *Besonderheiten* hin, die Sie beachten sollten. Es *warnt Sie* außerdem vor häufig gemachten Fehlern oder Problemen, die auftreten können.

- *Beispiele*, durch dieses Symbol kenntlich gemacht, weisen auf Szenarien aus der Praxis hin und veranschaulichen die dargestellten Funktionen.

- Mit diesem Symbol markierte Textstellen fassen wichtige thematische Zusammenhänge für Sie noch einmal *auf einen Blick* zusammen.

Wir hoffen, dass dieses Buch Ihnen als Nachschlagewerk und Leitfaden für Ihre Reise nach SAP S/4HANA gute Dienste erweist. Wir wünschen Ihnen viel Vergnügen beim Lesen und beim Verarbeiten der hier gewonnenen Erkenntnisse.

Frank Densborn, Frank Finkbohner, Jochen Freudenberg, Kim Mathäß, Frank Wagner
und unsere Integrationsexperten **Andreas Muno** und **Markus Trapp**

TEIL I

SAP S/4HANA – die Grundlagen

In ersten Teil des Buches gehen wir zum einen auf die Anforderungen des digitalen Wandels ein, mit denen heute große Teile der Wirtschaft konfrontiert werden, zum anderen stellen wir Ihnen vor, wie SAP S/4HANA auf diese Herausforderungen eingeht. Dazu stellen wir Ihnen die grundsätzlichen Unterschiede zwischen SAP S/4HANA und der klassischen SAP Business Suite vor und erläutern die unterschiedlichen Bereitstellungsoptionen in der Public Cloud, On-Premise und als hybrides Modell. Schließlich erfahren Sie, wie Sie den Übergang nach SAP S/4HANA vorbereiten können und wie SAP Activate Sie dabei unterstützt.

Kapitel 1
SAP S/4HANA –
Anforderungen und Leistungen

*Durch die zunehmende Digitalisierung und Vernetzung der Wirtschaft
verändert sich nicht nur die industrielle Produktion. In diesem Kapitel
erfahren Sie, wie SAP mit SAP S/4HANA auf die Anforderungen dieses
digitalen Wandels reagiert.*

Unternehmen mussten sich schon immer mit technologischen Veränderungen und Innovationen auseinandersetzen. Seit den 1970er-Jahren (mit der sogenannten dritten industriellen Revolution) hält die Automation Einzug in die Produktion. Seit dem Einzug von Computern und dem Einsatz von Elektronik und Informationstechnologie in der Fertigung werden ehemals manuelle Arbeitsschritte durch Maschinen übernommen.

Durch die Vernetzung von Produkten, Prozessen und Infrastrukturen in Echtzeit erfolgt eine weitere umfassende Veränderung der industriellen Produktion, die eine vierte Stufe der industriellen Revolution einleitet. Alle Teile der Wertschöpfungskette – wie Zulieferung, Produktion, Auslieferung, Kundenservice und Instandhaltung – werden durch das Internet miteinander verknüpft, und die Informationen über die einzelnen Schritte sind in Echtzeit verfügbar. Durch das Internet der Dinge (*Internet of Things*, IoT) sowie durch Daten und Dienste findet eine vollumfängliche Digitalisierung der klassischen Industrien statt, was unter dem Begriff *Industrie 4.0* zusammengefasst wird.

Die 4. industrielle Revolution – Industrie 4.0

Wie Sie in Abbildung 1.1 sehen, konnten sich die Menschen und die Unternehmen in der Vergangenheit jeweils rund 100 Jahre für die Umstellung auf die nächste Industrialisierungsstufe Zeit nehmen. Nach Industrialisierung, Massenproduktion und Automatisierung kommen nun mit der Industrie 4.0 weltweite und weitreichende Umwälzungen auf die Produktionsprozesse, Geschäftsmodelle, Technologien, die Arbeitswelt und auf den Alltag der Menschen zu.

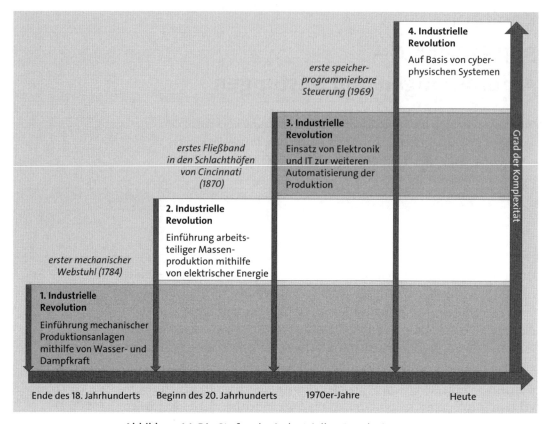

Abbildung 1.1 Die Stufen der industriellen Revolution

Chancen und Risiken

Dieser als *digitaler Wandel* bezeichnete Paradigmenwechsel bietet Chancen und Risiken für neue Geschäftsmodelle und für bestehende Wertschöpfungsketten. Für etablierte Unternehmen und ihre Geschäftsmodelle besteht die Chance zur Effizienzsteigerung oder auch zur Entwicklung von neuen Geschäftsmodellen. Andererseits besteht für Unternehmen, die sich diesem Wandel verschließen, die Gefahr, dass traditionelle Geschäftsprozesse nicht fortgesetzt werden können und sie durch innovativere Unternehmen aus dem Markt gedrängt werden.

In diesem Kapitel schauen wir uns zunächst diese Chancen und Risiken genauer an. In Abschnitt 1.2 zeigen wir Ihnen dann, welche Lösungsversprechen SAP S/4HANA dafür bereithält. In Abbschnitt 1.3 stellen wir Ihnen die einzelnen Komponenten für Marketing, Beschaffung, Logistik, Finanzen und Personalwesen von SAP S/4HANA vor.

1.1   Herausforderungen an die Unternehmenswelt der Zukunft

Auch in den 2000er-Jahren gab es Veränderungen, an die Unternehmen ihre Geschäftsmodelle angepasst haben. Speziell und neu im Vergleich zu den früheren industriellen Revolutionen sind die Radikalität und das Tempo des digitalen Wandels. Während früher Änderungen von Geschäftsmodellen häufig dazu geführt haben, dass die großen Unternehmen die kleinen übernahmen, übernehmen heute in der digitalen Ökonomie die schnell agierenden Unternehmen die langsamen, abwartenden Unternehmen. Bisher unbekannte Produktanbieter können innerhalb kürzester Zeit zu Marktführern werden und damit etablierte Branchen komplett verändern.

1.1.1   Digitalisierung von Geschäftsprozessen

Geschäftsprozesse in der heutigen Welt werden von der steigenden Durchdringung durch die Informationstechnologie beeinflusst. Dadurch werden Unternehmen mit traditionellen Geschäftsprozessen dazu gedrängt, ihre Geschäftsprozesse zu überdenken und an den digitalen Wandel anzupassen. In Tabelle 1.1 finden Sie einige Beispiele dafür, wie sich traditionelle Geschäftsprozesse in den letzten Jahren geändert haben.

Beispiele für den digitalen Wandel

Unternehmen	Traditionelle Geschäfts-prozesse	Digitale Geschäftsprozesse
Fluggesell-schaften	Auftragsabwicklung über Reiseagenturen	Online-Auftragsabwicklung
	hochwertiger Service	keine Services
	Abflug/Ankunft an Haupt-flughäfen	Abflug/Ankunft an Randflug-häfen
Modeunter-nehmen	ausgelagerte Produktion in Asien	Rückverlagerung der Produk-tion nach Südeuropa
	mehrmonatige Designzyklen	wöchentlich wechselnde Kollektionen
	Mode-Einzelhandel in Fach-geschäften	Absatz über Online-Kanal

Tabelle 1.1 Vergleich traditioneller und digitaler Geschäftsprozesse verschiedener Branchen

Unternehmen	Traditionelle Geschäfts-prozesse	Digitale Geschäftsprozesse
Unternehmen für Heizungs-technik	Thermostate für Heizungs-systeme in privaten Haushal-ten und Unternehmen	Thermostate mit Integration in smarte Haussteuerung
	hohe Qualität und hohes Serviceangebot	proaktive Wartungstermine
		Angebot von zusätzlichen Produkten im Rahmen intelli-genter Haustechnik
Taxiunter-nehmen	Vermittlung von Taxifahrten über Telefon	Taxibestellung über Smart-phone
	Barzahlung	automatische Bezahlung per Kreditkarte
Werkzeug-hersteller	Geräte für Bauunternehmen	Baustellenmanagement mit Mietgeräten zu monatlichen Fixpreisen (einschließlich Reparatur- und Wartungs-service)
	hohe Qualität und hohes Serviceangebot	24/7-Direktlieferservice von Werkzeugen an die Baustelle
	Vor-Ort-Händler	Online-Auftragsabwicklung
Gitarren-hersteller	Standardproduktlinien	zusätzlicher Custom Shop als Vertriebskanal für kunden-individuelle Gitarren
	Verlagerung der Produktion in Billiglohnländer	Hochpreissegment mit Ferti-gung im Stammland

Tabelle 1.1 Vergleich traditioneller und digitaler Geschäftsprozesse verschiede-ner Branchen (Forts.)

Digitalisierungs-grad

Wie weit dieser Druck zur Veränderung der traditionellen Geschäftspro-zesse geht, hängt von dem Bereich ab, in dem ein Unternehmen tätig ist. In der Veröffentlichung »Monitoring-Report Wirtschaft DIGITAL 2016« des Bundesministeriums für Wirtschaft und Energie (BMWi, *www.bmwi.de*) werden die Branchen in Deutschland gemäß ihrem Grad der Digitalisie-rung und ihrem Digitalisierungstempo eingeteilt. Tabelle 1.2 zeigt die Ein-teilung der Branchen in die folgenden drei Gruppen:

1

- **Hoch digitalisierte Unternehmen**
  Unternehmen in Branchen mit hoch digitalisierungsfreundlichen Rahmenbedingungen bezogen auf Prozesse, Wertschöpfungsketten, Investitionen in Digitalisierung sowie ihre Einbindung in die Unternehmensstrategie
- **Durchschnittlich digitalisierte Unternehmen**
  Unternehmen in Branchen mit durchschnittlich digitalisierungsfreundlichen Rahmenbedingungen
- **Gering digitalisierte Unternehmen**
  Unternehmen in Branchen, bei denen digitale Geschäftsprozesse nur eine untergeordnete Rolle spielen

Hoch digitalisierte Branchen	Durchschnittlich digitalisiert	Gering digitalisiert
- Unternehmen in der Informations- und Kommunikations-technologiebranche (IKT) - wissensintensive Dienstleister	- Finanz- und Versicherungswirtschaft - Handel - Energie- und Wasserversorgung - Maschinenbau - chemisch-pharmazeutische Industrie - Verkehr und Logistik - Fahrzeugbau	- Gesundheitswesen - sonstiges verarbeitendes Gewerbe

Tabelle 1.2 Bewertung von Branchen anhand ihres Digitalisierungsgrads

Unternehmen, die sich nicht auf die Veränderungen einstellen, die der digitale Wandel mit sich bringt, werden massive Einbußen bei traditionellen Geschäftsprozessen erleiden. In der heutigen Zeit möchte ein Kunde Produkte kaufen, wann und wo er will. Unternehmen, deren Prozesse nicht in dieser Weise ausgerichtet sind, werden aus dem Markt verschwinden, wenn sie ihre Prozesse nicht auf diese Marktgegebenheit ausrichten.

Grundsätzlich ergeben sich durch den fortschreitenden digitalen Wandel drei Arten von Änderungen an den Geschäftsmodellen:

Arten des Wandels

- Bestehende traditionelle Geschäftsmodelle werden durch den digitalen Wandel ergänzt.
- Bestehende traditionelle Geschäftsmodelle werden durch den digitalen Wandel verdrängt und durch digitale Geschäftsprozesse abgelöst.
- Durch den digitalen Wandel werden Geschäftsmodelle möglich, die ohne den digitalen Wandel nicht oder so nicht vorstellbar waren.

Ergänzung von Geschäftsprozessen

Wenn das bestehende traditionelle Geschäftsmodell durch die Digitalisierung ergänzt wird, sind es zumeist die bestehenden Unternehmen, die ihre Marktposition auf diese Art erhalten oder vielleicht sogar ausbauen können. Ein Beispiel ist die Optimierung der Instandhaltungsprozesse bei Werkzeugmaschinen und Produktionsanlagen. So ist es durch die Verbilligung der Sensortechnologie möglich, den Instandhaltungsbedarf einer Produktionsmaschine zu messen und die Instandhaltung erst bei Bedarf durchzuführen. Hier sichert und unterstützt der digitale Wandel bestehende traditionelle Geschäftsmodelle. Das bestehende Produkt- und Serviceportfolio wird erweitert, um zukünftiges Umsatzwachstum zu gewährleisten.

Verdrängung von Geschäftsprozessen

In manchen Bereichen mag es dazu kommen, dass traditionelle Geschäftsmodelle durch den digitalen Wandel verdrängt und durch digitale Geschäftsprozesse abgelöst werden. Durch die Digitalisierung werden die Regeln des Marktes an dieser Stelle radikal verändert. Man spricht dann von *disruptivem Wandel* oder *disruptiver Innovation*.

Mit der radikalen Änderung drängen auch neue Unternehmen auf traditionelle Absatzmärkte. Wer hätte gedacht, dass ein Hersteller von WLAN-Routern sein Produktangebot um Heizkörperthermostate und schaltbare Outdoor-Steckdosen erweitert? Mithilfe des korrespondierenden Online-Angebots des Router-Herstellers kann der Kunde dann über das Internet Einfluss auf die Temperatur in seiner Wohnung nehmen oder die Bewässerungsanlage im Garten steuern. Klassische Anbieter von Heizkörperthermostaten reagieren auf diesen digitalen Wandel sowie auf die neu in den Markt drängende Konkurrenz und bieten ebenso internetbasierte Smart-Home-Produkte an. Einige Anbieter gehen noch einen Schritt weiter und binden basierend auf der vernetzten Heiztechnik auch den Wartungstechniker ein und errechnen proaktiv Wartungstermine.

Neue Geschäftsprozesse

Als Beispiel für ein Geschäftsmodell, das erst durch den digitalen Wandel möglich geworden ist, kann das *Crowdsourcing* oder *Crowdfunding* genannt werden. Beim Crowdsourcing werden Projektaufgaben über Internetplattformen an Internetnutzer verteilt. Beim Crowdfunding werden Investoren gesucht, die eine (Teil-)Finanzierung von Projekten übernehmen wollen. Erst durch das Internet wird hier die Interaktion der Akteure möglich und so kostengünstig und effizient, dass es die notwendige Grundlage für diese Geschäftsmodelle darstellt.

Damit eröffnet der digitale Wandel eine Fülle von Möglichkeiten für kreatives unternehmerisches Handeln. In den Vordergrund rücken Aspekte wie etwa die Kundennähe und die Qualität der Infrastruktur. Das vom Endverbraucher und seinem Nutzen ausgehende Denken wird immer mehr zum Schlüsselelement des Erfolgs.

1.1.2 Trends der digitalen Transformation

Im Rahmen des digitalen Wandels spielen die in Abbildung 1.2 dargestellten betriebswirtschaftlichen und technischen Trends eine wichtige Rolle. Auf diese Trends gehen wir in den folgenden Abschnitten kurz ein.

Betriebswirtschaftliche und technische Trends

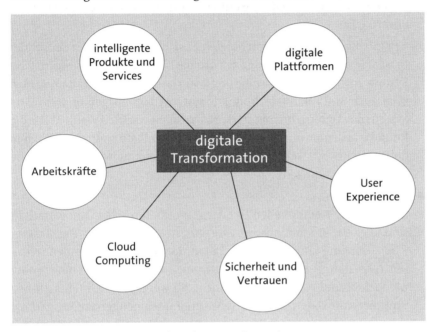

Abbildung 1.2 Trends bei der digitalen Transformation

Intelligente Produkte und Services

Die zunehmende Vernetzung und die rasanten Entwicklungen im Rahmen der Sensortechnik führen dazu, dass jedes Gerät und jede Maschine zu einem Informationsknotenpunkt werden kann. Dieser Aspekt, auch als *Internet der Dinge* (Internet of Things, IoT) bezeichnet, wird bisher etablierte Wertschöpfungsketten und die industrielle Produktion verändern. Standen bisher Qualität, Preis und Lieferzeiten von Produkten im Vordergrund der Geschäftsmodelle, treten in der digitalen Welt personalisierte Produkte und Dienstleistungen mit Zusatznutzen (*Smart Products* und *Smart Services*) in den Vordergrund.

Internet der Dinge

An drei Beispielen wollen wir verdeutlichen, wie der digitale Wandel etablierte Wertschöpfungsketten und Produktionsprozesse verändern kann:

Intelligente Produkte und Services

- **Intelligente Instandhaltung**

    Im Rahmen von intelligenten Serviceprozessen werden Sensordaten genutzt, um den Wartungszustand von Maschinen vorherzusagen. Ziel ist es, Instandhaltungsprozesse zu optimieren, indem Wartungsmaßnahmen nur dann ausgeführt werden, wenn der Zustand der Maschine dies auch erfordert. Durch die Unterstützung der Informationstechnologie kann nicht nur der aktuelle Zustand der Maschine gemessen werden, sondern auch eine Vorhersage auf Basis historischer Daten (Stichwort *Predictive Analytics*) erstellt werden, wann ein Ausfall der Maschine zu erwarten ist.

Um intelligente Automation handelt es sich dann, wenn der Sensor der Maschine oder die Vorhersage zeitnah die Ersatzteilbeschaffung im ERP-System anstößt. Diese Erweiterung von klassischen Geschäftsmodellen zeigt auch, wie zukünftig Produktionssteuerungsanlagen und das ERP-System des Unternehmens stärker zusammenwachsen werden. Für die Kunden bedeuten diese intelligenten Instandhaltungsprozesse einen hohen Mehrwert, weil die Maschinen dadurch eine wesentlich höhere Verfügbarkeit besitzen.

- **Digital Farming**

  Auch in ganz traditionellen Industriebereichen wie der Landwirtschaft sind digitale Produktionsprozesse längst angekommen. Der Traktor wird zu einem Knotenpunkt von Daten, der, mit entsprechenden Sensoren ausgestattet, zum Beispiel bestimmen kann, wie viel Dünger oder wie viel Saatgut welches Feld braucht. So werden die Erntemaschinen Sammler von Daten, die von den Landmaschinenherstellern genutzt werden, um die traditionellen Geschäftsmodelle um zusätzliche Services zu ergänzen. Umgekehrt können die mobilen Erntemaschinen auch in die beschriebenen intelligenten Instandhaltungsprozesse integriert werden. Die Landmaschinen werden zentral überwacht, und es werden intelligente Wartungsintervalle errechnet, sodass die Ernte störungsfrei eingefahren werden kann.

- **Losgröße eins**

  Ein amerikanischer Gitarrenhersteller ergänzt seine Standardproduktpalette um zusätzliche kundenindividuelle Produkte. Bei ausgewählten hochpreisigen Gitarren offeriert er dem Kunden die Möglichkeit, seine Gitarre individuell zusammenzustellen (Auswahl der verwendeten Holzarten, Form des Gitarrenhalses, verbaute Tonabnehmer, individuelle gewollte künstliche Alterung der Gitarre etc.). Das Anbieten dieser Einzelstücke verlangt eine hochflexible Ausgestaltung der Produktionsprozesse bei der Auftragsabwicklung. Im Rahmen der Digitalisierung spricht man auch von der Fertigung individualisierter Produkte bis hin zur Losgröße eins (*Unit of One*).

  Ein interessanter Aspekt ist, dass bei diesen hochemotionalen Produkten auch der Bezug zum Gitarrenbauer hergestellt wird. Auf den Internetseiten des Unternehmens werden die Gitarrenbauer vorgestellt, die diesen individuellen Fertigungsprozess gestalten. Möglich geworden sind solche individuellen Prozesse vor allem durch die leichtere Kundenkommunikation über das Internet. Allgemein gesprochen sind sinkende Losgrößen bei immer stärker wechselnden Aufträgen und dadurch steigende Rüstzeiten der Produktionsmaschinen ein Trend der Digitalisierung. Darauf müssen sich die Unternehmen heute einstellen.

Diese Beispiele zeigen, wie Vernetzung dazu führt, dass automatisierte softwaregestützte Wertschöpfungen zunehmen und traditionelle Geschäftsprozesse durch ein sinnvoll korrespondierendes Servicegeschäft ergänzt und unterstützt werden. Zukünftig wird man auch stärker unternehmensübergreifend Wertschöpfungselemente miteinander vernetzen. Die einzelnen Schritte innerhalb eines End-to-End-Geschäftsprozesses werden in zunehmenden Maße in Echtzeit (*Realtime*) miteinander kommunizieren. Entsprechend wird auch der Bedarf an Standards im Rahmen von Industrie 4.0 zunehmen. Letzteres findet etwa mit der Veröffentlichung der DIN SPEC 91345 als Standard für das »Referenzarchitekturmodell Industrie 4.0 (RAMI4.0)« im April 2016 seinen Ausdruck.

Plattformen

Im Vergleich zu den neuen und geänderten Wertschöpfungsketten stellen digitale Plattformen ein grundsätzlich anderes Geschäftsmodell dar. Einige Beispiele für solche digitalen Plattformen sind:

Beispiele für digitale Plattformen

- der iTunes-App-Store von Apple, auf dem eigenständige Anbieter Apps für iPhone und iPad anbieten
- der Amazon Marketplace, auf dem neben dem Produktangebot von Amazon selbstständige Händler integriert sind und ihre Produkte anbieten
- Airbnb, eine Plattform für die Vermietung bzw. Anmietung von Übernachtungsmöglichkeiten in Privathäusern
- Uber als Online-Vermittlungsdienst für Fahrdienstleistungen
- Branchenspezifische Plattformen wie beispielsweise First4Farming, eine Technologieplattform, die beteiligte Unternehmen des Agrarsektors miteinander verbindet

Digitale Plattformen sind untrennbar mit dem Internet und der Cloud verbunden. Such- und Kaufvorgänge erfolgen online; der Kunde kann Produkte zu jedem Zeitpunkt über jedes mobile Endgerät bestellen. Digitale Plattformen erlauben es externen Anbietern, auch ohne eigene spezifische Technologieinfrastruktur an der Wertschöpfungskette teilzunehmen. Der Betrieb und die Wartung der Infrastruktur werden von dem Plattformbe-

Kennzeichen digitaler Plattformen

treiber übernommen, der im Gegenzug die Regeln und die Gebühren für die Nutzung der Plattform bestimmt.

Services im Zentrum

Digitale Plattformen verfolgen einen radikal anderen Ansatz verglichen mit klassischen Wertschöpfungsketten. Während in der traditionellen Wirtschaft das Produkt im Vordergrund steht, ist es hier die Plattform mit ihren Infrastrukturservices. So besteht die Leistung von Airbnb und Uber (nur) darin, die Nutzer und Anbieter privater Übernachtungen bzw. Taxifahrten miteinander zu verbinden. Digitale Plattformen ermöglichen den Anbietern der Serviceleistungen einen vereinfachten Einstieg in den digitalen Echtzeit-Markt und in Cloud-Technologien. Viele Anbieter könnten ihre Serviceleistung ohne dieses Plattformangebot nicht anbieten.

Arbeitskräfte

Flexible Mitarbeiter sind gefragt

Der Umstieg auf digitale Geschäftsprozesse erfordert entsprechend gut ausgebildete Arbeitskräfte. Wenn man hochflexible und kundenindividuelle Fertigungsprozesse unterstützen will, braucht man entsprechend hochflexible Arbeitskräfte, die jeweils durch geeignete Informationen und Daten unterstützt werden müssen. Menschliche Arbeit und die mit dem Menschen und seinen spezifischen Fähigkeiten verbundene Flexibilität wird zu einem Schlüsselelement des digitalen Wandels. Die Unternehmen sind entsprechend gefordert, ihre Mitarbeiter bei diesem flexibleren Arbeiten, auch von zu Hause aus, mit entsprechender Infrastruktur und flexiblen Arbeitszeitkonten zu unterstützen.

E-Learning

Die steigenden Anforderungen an die Flexibilität und komplexere Geschäftsmodelle erfordern darüber hinaus zusätzliche Qualifikationen von den Mitarbeitern. Um ein sinnvolle berufsbegleitende Weiterbildung zu ermöglichen, müssen die Unternehmen im digitalen Wandel auch moderne, auf digitaler Technologie basierende Qualifizierungsansätze einbinden. So vermitteln zum Beispiel spezielle E-Learning-Kurse (sogenannte *Massive Open Online Courses*, MOOCs) Wissen über Videos und Foren, in denen Lehrende und Lernende miteinander kommunizieren und Gemeinschaften bilden können. Die Bedeutung der Mitarbeiterqualifizierung muss auch vor dem Hintergrund des Fachkräftemangels gesehen werden, den viele Großunternehmen in Deutschland als Hemmschuh für die Digitalisierung ansehen.

Benutzererfahrung (User Experience)

Die flächendeckende Verbreitung von Smartphones, Tablets, Smart TV und die Nutzung von Internet, Messenger-Diensten und E-Mails beeinflussen grundsätzlich die Erwartungen von Kunden an Benutzeroberflächen. Ein

Kunde, der heute Produkte und Services im Internet bestellt, hat an die Benutzeroberflächen die gleichen Erwartungen wie an die Oberflächen seiner privat genutzten Anwendungen.

Mit der Vermittlung von Taxifahrten über Smartphone-Apps ist ein neues Geschäftsmodell entstanden, das klassische Taxi-Unternehmen mit ihrer Vermittlung über eine Funkzentrale immer mehr verdrängt. In beiden Fällen bestellt der Kunde ein Taxi. Aber was macht dieses (zugegeben häufig zitierte) Beispiel der Digitalisierung von Geschäftsmodellen so erfolgreich und interessant? Es ist vor allem die herausragende Benutzererfahrung, die der Kunde auf seinem Smartphone mit der Taxi-App hat. Kernaspekt dieser Erfahrung ist es, dass man den attraktiven Bestellprozess (über einen interaktiven Stadtplan, der Taxis in der Nähe anzeigt) auch mit einem attraktiven Bezahlprozess verbindet. Der ist so simpel, dass man nach der Taxifahrt einfach aussteigen kann und nichts mehr machen muss, weil die Taxirechnung über die hinterlegte Kreditkarte beglichen wird. Dieses Beispiel soll zeigen, dass sich digitale Geschäftsprozesse eben auch über die User Experience differenzieren. Digitale Geschäftsprozesse werden nur dann erfolgreich sein, wenn sie auch eine herausragende User Experience bieten.

User Experience im Zentrum des Geschäftsmodells

Bei der digitalen Transformation eines Unternehmens muss daher der Konsument und Nutzer im Vordergrund stehen. Nicht die Technologie ist entscheidend, sondern der Mehrwert, den der Kunde durch den digitalen Geschäftsprozess hat. Hier spielt die angebotene Benutzeroberfläche eine entscheidende Rolle bei der Akzeptanz oder Ablehnung eines Geschäftsprozesses.

Konsumenten im Fokus

Cloud Computing

Ein weiterer Trend im Rahmen der Digitalisierung ist die Verlagerung von IT-Dienstleistungen und Geschäftsprozessen in die Cloud. Mit der zunehmenden Zahl von Cloud-Angeboten besteht die Möglichkeit, Aufgaben der unternehmenseigenen IT-Abteilungen neu zu überdenken. So können bestimmte Services und Dienste an Cloud-Dienstleister ausgelagert werden, die mit der unternehmenseigenen IT nicht in gleichem Maße wirtschaftlich abgedeckt werden können. Auch auf Auslastungsschwankungen, die eine flexible Anpassung von Rechnerleistung und Speicherkapazitäten verlangen, kann das Rechenzentrum eines Cloud-Anbieters im Regelfall effizienter und flexibler reagieren. In jedem Fall sind die Kosten dieser flexiblen Anpassungen an Schwankungen besser zu kalkulieren. Auch die im Abschnitt »Arbeitskräfte« angesprochen, durch den digitalen Wandel erforderlichen neuen Kompetenzen der Mitarbeiter müssen beim Einbinden

Flexible IT und Kostenaspekte

von externen Cloud-Anbietern nicht unbedingt unternehmensintern aufgebaut werden.

Auswirkungen auf die Geschäftsprozesse

Bei den Auswirkungen von Cloud Computing auf die Geschäftsprozesse spielen Geschwindigkeit und Flexibilität eine Rolle. So kann ein Unternehmen mit der Verlagerung der neuen Geschäftsprozesse in die Cloud, verbunden mit kürzeren Implementierungszeiten, schnell und flexibel auf geänderte Marktbedingungen reagieren. Cloud Computing bietet den Unternehmen aber auch die Möglichkeit, Geschäftsprozesse neu zu definieren. Mit dem wachsenden Angebot in der Cloud können Geschäftsprozesse, bei denen man sich nicht von der Konkurrenz differenzieren muss, standardisiert und in die Cloud verlagert werden. Der Online-Shop eines Unternehmens muss vielleicht nicht unbedingt selbst betrieben werden, und man kann sich hier unter Umständen an den üblichen Standards des Internethandels orientieren. Im Gegensatz dazu können sich Kerngeschäftsprozesse herauskristallisieren, bei denen man sich von seinen Marktkonkurrenten unterscheiden will und muss. Hier will ein Unternehmen dann vielleicht hochspezialisierte und individuelle Geschäftsprozesse implementieren, die mit den standardisierten Prozessen in der Cloud nicht vereinbar sind. Diese Geschäftsprozesse will man in der Regel lieber selbst und unternehmensintern betreiben.

Sicherheit und Vertrauen

Die zunehmende Vernetzung der Wertschöpfungsketten und das Sammeln von riesigen Datenmengen über immer billiger werdende Sensoren ermöglichen auf der einen Seite ergänzende und neue Geschäftsmodelle. Auf der anderen Seite bergen diese Entwicklungen auch Sicherheitsrisiken, auf die Wirtschaftsunternehmen eine Antwort finden müssen.

Sicherheit in der Cloud

Eines der größten Hemmnisse bei der Nutzung von Cloud-Lösungen ist das Thema Sicherheit. Der Sicherheitsaspekt muss bereits beim Design der Applikationen berücksichtigt werden. War das Monitoring von Produktionsanlagen bis dato eher ein unternehmensinternes Thema, öffnen sich diese Systeme im Rahmen intelligenter Wartungsprozesse dem Netzzugriff. Dieser Prozess muss mit korrespondierenden Sicherheitsmaßnahmen einhergehen.

Die digitalen Geschäftsprozesse stellen auch strengere Anforderungen an die Sicherheit und Vertraulichkeit der erhobenen Daten. Es muss gewährleistet werden, dass in den jeweiligen Geschäftsprozessen nur mit autorisierten und authentifizierten Partnern kommuniziert wird. Moderne IT-Sicherheits- und Verschlüsselungssysteme können diese Kommunikationssicherheit sicherstellen, müssen aber auch vorgesehen werden.

Auch beim Thema Datensicherheit spielt der Aspekt der Mitarbeiterqualifi-kation wieder eine wichtige Rolle. Um die Innovations- und Wettbewerbs-fähigkeit eines Unternehmens zu gewährleisten, müssen die Mitarbeiter im Bereich Cyber-Sicherheit auch entsprechend qualifiziert werden. Bei allen Mitarbeitern muss die digitale Kompetenz im Umgang mit Daten und bei der Weitergabe von Daten gestärkt werden. Was nützt das modernste Konzept zur Cyber-Sicherheit, wenn Mitarbeiter für alle Systeme das glei-che, unsichere Passwort verwenden?

Mitarbeiter-qualifikation

Die Verlagerung von Geschäftsprozessen in die Cloud kann für Unterneh-men in diesem Rahmen die Überlegung wert sein, da seriöse Cloud-Anbieter in der Regel höhere Sicherheitsstandards haben, als die unternehmens-interne IT in vielen Unternehmen gewährleisten kann. Auch bezogen auf Backup- und Recovery-Prozesse können zentral administrierte Cloud-Um-gebungen Vorteile haben.

Höhere Sicherheits-standards

Der Erfolg eines Unternehmens im digitalen Wandel hängt auch vom Ver-trauen der Anwender ab. Kunden werden sich von Unternehmen abwen-den, wenn diese den Schutz ihrer personenbezogenen Daten nicht gewährleisten können. Das muss sich nicht nur auf die Datensicherheit beziehen; der Kunde mag auch ethische Aspekte in seine Bewertung eines Geschäftsmodells einfließen lassen. Würden Kunden einer Taxi-App den Vorzug geben, bei der sie wissen, dass die Taxifahrer gerechter behandelt werden und dass vom Fahrtentgelt mehr für die Inspektion des Autos übrig bleibt? Es ist zumindest nicht auszuschließen.

Vertrauen der Anwender

1.2   Das Versprechen von SAP S/4HANA

SAP S/4HANA ist eine Echtzeit-ERP-Suite, die den *digitalen Kern* eines Unternehmens bildet. SAP S/4HANA basiert vollständig auf der In-Memory-Plattform SAP HANA und bietet mit SAP Fiori eine einfach zu bedienende, rollenbasierte Benutzeroberfläche, die nach modernsten Designprinzipien gestaltet ist. SAP S/4HANA wird in zwei Bereitstellungs-optionen angeboten: einmal in der On-Premise-Version für die Installation vor Ort und einmal als SAP S/4HANA Cloud für den Einsatz in der Cloud.

Die betriebswirtschaftlichen Geschäftsprozesse, die mit SAP S/4HANA abge-deckt werden, beschreiben wir in Abschnitt 1.3, »Betriebswirtschaftliche Funktionen in SAP S/4HANA«. Dort arbeiten wir heraus, wie SAP S/4HANA die verschiedenen Fachbereiche dabei unterstützt, die digitalen Herausfor-derungen zu meistern, die im vorangegangenen Abschnitt beschrieben wurden.

In diesem Abschnitt fassen wir zusammen, inwieweit das Grunddesign von
SAP S/4HANA auf die Anforderungen der digitalen Transformation zugeschnitten ist. Das Ziel von SAP S/4HANA ist es, Unternehmen bei der Bewältigung der Herausforderungen zu unterstützen, die durch den digitalen
Wandel entstehen. Der Kunde soll in die Lage versetzt werden, neben traditionellen Geschäftsmodellen auch neue digitale Geschäftsmodelle mit SAP
S/4HANA abbilden zu können. Mit SAP S/4HANA reagiert SAP auf die
gestiegene Komplexität in der digitalen Welt. SAP S/4HANA bietet Vereinfachungen der Funktionalität, der Datenstruktur, der User Experience und
der Analysen, um den Anforderungen gerecht zu werden, die sich durch
Themen wie Vernetzung, Internet der Dinge oder Big Data ergeben.

1.2.1   Vereinfachung der Funktionalität

Ein Charakteristikum von ERP-Software ist es, dass deren Funktionalität
über die Jahre hinweg immer reichhaltiger wird. Neue betriebswirtschaftliche Trends finden Eingang in die jeweils neueste Version der ERP-Software.
Die initial bereitgestellten Abbildungen der betriebswirtschaftlichen
Anforderungen werden ergänzt und erweitert und es werden neue Anwendungen bereitgestellt.

Dieses natürliche und sinnvolle Wachstum der Software führt in der Praxis
jedoch häufig dazu, dass es in einer Software mehrere Abbildungen für gleiche bzw. gleichartige Anforderungen gibt. Auch technologische Trends und
unterschiedliche Programmiersprachen finden über die Jahre hinweg
ihren Weg in die Versionen der ERP-Software.

Diese betriebswirtschaftliche und technische Vielfalt führt aber auch zu
Komplexität. So stellen unterschiedliche Technologien unterschiedliche
Anforderungen an die jeweiligen Wartungsprozesse. Mehrfach redundant
abgebildete betriebswirtschaftliche Anforderungen erschweren das Bereitstellen von Innovation. Gibt es analoge Funktionen an mehreren Stellen,
muss ein betriebswirtschaftlich neuer Trend dann auch an mehreren Stellen eingebaut werden. Letztlich ist diese funktionale Redundanz für die
Gesamtheit aller Kunden der Software nicht hilfreich, weil die Entwick-
lungsressourcen beim Softwareanbieter damit auch an mehreren Stellen
gebunden werden, was die Innovationsgeschwindigkeit der bereitgestellten Funktion sicher nicht erhöht.

Mit SAP S/4HANA hat sich SAP dem *Principle of One* verschrieben. Dies
bedeutet, dass es in SAP S/4HANA nur eine Zielarchitektur zur Abbildung
einer betriebswirtschaftlichen Anforderung gibt.

Ein Beispiel für die Umsetzung des Principle of One in SAP S/4HANA ist die Funktion des Kreditmanagements. In SAP ERP haben sich über die Jahre zwei Arten des Kreditmanagements entwickelt: Zum einen gibt es das Kreditmanagement/Risikomanagement (SD-BF-CM), daneben aber auch eine modernere Variante, das SAP Credit Management (FIN-FSCM-CR), das in SAP ERP später hinzugekommen ist. Das funktional reichhaltigere, modernere SAP Credit Management bietet z. B. die Möglichkeit, externe Anbieter von Kreditinformationen anzubinden. Da SAP Credit Management für SAP die Zielarchitektur der Wahl für das Thema Kreditmanagement darstellt, wurde auch nur SAP Credit Management als Funktion in SAP S/4HANA übernommen. Zukünftige Innovationen werden nur in diese Funktion einfließen.

Eine Abbildung pro Anforderung

Ein zweites Beispiel für das Principle of One ist die Vereinfachung der existierenden Systemlandschaften. In den 2000er-Jahren war *Best of Breed* ein Trend der Softwareentwicklung. Es sollte also für jeden Anwendungsbereich eine dezidierte, jeweils bestmögliche Lösung bereitgestellt werden. Dieser Trend hat dazu geführt, dass bestimmte Anwendungsbereiche in separate Lösungen gewandert sind und in separaten Systemen betrieben wurden, die dann mit dem ERP-System des Unternehmens integriert werden mussten. Auch SAP hat diesem Trend mit separaten Planungs-, Verkaufs- und Einkaufssystemen Rechnung getragen. Nicht alle Funktionen, die in diesen separaten Lösungen bereitstehen, sind in SAP ERP verfügbar.

Vereinfachung der Systemlandschaft

In SAP S/4HANA werden Teile dieser ehemals ausgelagerten Anwendungsbereiche verfügbar gemacht. Damit bietet der Übergang nach SAP S/4HANA die Möglichkeit, die damit verbundenen Geschäftsprozesse wieder in einem System zu konsolidieren und damit die Systemlandschaft zu vereinfachen und IT-Kosten einzusparen.

Produktions- und Feinplanung sowie Einkaufsfunktionen

Ein Beispiel ist die Produktions- und Feinplanung (PP/DS). Bei dieser Funktion geht es darum, Vorschläge für eine Eigenfertigung oder Fremdbeschaffung zu erzeugen, um Produktbedarfe zu decken. Sie wird heute im Rahmen von SAP Advanced Planning and Optimization (SAP APO) angeboten. SAP APO ist eine separate Lösung, die integriert mit SAP ERP betrieben werden kann. Ab SAP S/4HANA 1610 können Kunden die Produktions- und Feinplanung integriert in SAP S/4HANA nutzen.

Ein weiteres Beispiel in diesem Zusammenhang ist die Abbildung von Einkaufsfunktionen aus SAP Supplier Relationship Management (SAP SRM) in SAP S/4HANA oder in der Cloud-basierten Lösung SAP Ariba. Integrierte Warehouse-Management-Funktionen in SAP S/4HANA erlauben es, bis dato parallel betriebene Lagerverwaltungssysteme abzulösen.

Beim Übergang nach SAP S/4HANA sollte entsprechend überprüft werden, welche Möglichkeiten der Vereinfachung der Systemlandschaft bestehen, und ob diese genutzt werden können. So eine Landschaftsoptimierung kann auch nach dem Umstieg auf SAP S/4HANA erfolgen, da im Regelfall die bestehenden Integrationsszenarien mit anderen On-Premise-Lösungen unverändert fortbestehen können. Lesen Sie hierzu auch SAP-Hinweis 2376061 (SAP S/4HANA 1610: Process Integration with SAP on-premise Solutions).

Zusammenführung branchenspezifischer Funktionen

Ein drittes Beispiel für die Umsetzung des Principle of One ist die Zusammenführung von bisher disjunkt betriebenen branchenspezifischen Funktionen in SAP S/4HANA. So sind mit SAP S/4HANA 1610 beispielsweise Funktionen aus SAP Retail und aus den SAP Discrete Industries and Mill Products (DIMP) nun gemeinsam verfügbar und nutzbar. Abbildung 1.3 gibt einen Überblick darüber, wie Branchenlösungen in SAP S/4HANA abgebildet sind.

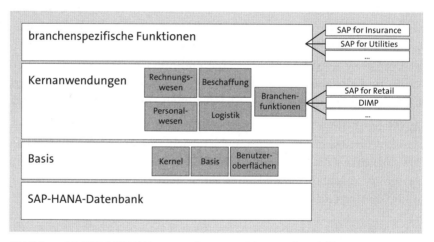

Abbildung 1.3 SAP S/4HANA – gemeinsam nutzbare Industrielösungen

Über die genannten Beispiele hinaus ist es für zukünftige SAP-S/4HANA-Releases geplant, weitere Branchenlösungen, die momentan nur separat betrieben werden können, gemeinsam verfügbar zu machen.

Die beschriebenen Vorteile durch die Vereinfachung der Funktionalität haben aber auch Auswirkungen, über die sich der Kunde beim Wechsel zu SAP S/4HANA im Klaren sein sollte. Ein Kunde, der das Kreditmanagement/Risikomanagement (SD-BF-CM) nutzt, muss sich etwa der Tatsache bewusst sein, dass diese Funktion in SAP S/4HANA nicht vorhanden ist und dass ein

Übergang zu der neuen Funktion SAP Credit Management (FIN-FSCM-CR) eingeplant werden muss.

Verfügbarkeit von Lösungen prüfen

Prüfen Sie vor dem Umstieg auf SAP S/4HANA, ob alle von Ihnen genutzten Lösungen in SAP S/4HANA weiter angeboten werden oder ob gegebenenfalls ein Umstieg auf neuere Lösungen erforderlich ist.

Mehr Details zur Anpassung von Funktionen im Rahmen des Übergangs nach SAP S/4HANA und dazu, wie Sie hierbei unterstützt werden, finden Sie in Kapitel 10, »Systemkonvertierung eines Einzelsystems«.

1.2.2   Vereinfachung der Datenstruktur

Mit der SAP-HANA-Datenbank hat SAP im Jahr 2011 eine neue In-Memory-Datenbank eingeführt, die die technischen Rahmenbedingungen von klassischen Datenbanken erweitert. Wurden früher Daten aufgrund der eingeschränkten Verfügbarkeit von Arbeitsspeicher primär auf der Festplatte gespeichert, kann nach Wegfall dieser Limitierung eine Applikation, die auf einer In-Memory-Datenbank agiert, anders programmiert werden. Mit SAP S/4HANA werden diese neuen Möglichkeiten genutzt und die betriebswirtschaftlichen Anwendungen so optimiert, dass das Potential der SAP-HANA-Datenbank voll ausgenutzt wird. So wird unter anderem die Tabellenstruktur zur Ablage von Daten optimiert. Wie in Abbildung 1.4 zu sehen ist, wurden in den verschiedenen Applikationsbereichen von SAP S/4HANA die Tabellen so angepasst, dass z. B. auf Aggregate in Tabellen verzichtet werden kann.

Durch die gestiegene Zugriffsgeschwindigkeit bei einer In-Memory-Datenbank kann auf die redundante Datenablage verzichtet werden, die früher aus Performancegründen notwendig war. Weitere technische Details dazu, wie die SAP-HANA-Datenbank diese Optimierungen der Datenmodelle ermöglicht, finden Sie in Abschnitt 2.3, »Das neue Datenmodell und die Datenbank SAP HANA«.

An dieser Stelle mag man sich die Frage stellen, was die Vereinfachung einer (technischen) Datenstruktur dem Kunden an Nutzen bringt. Dies wollen wir zwei Beispielen verdeutlichen: einem Beispiel aus der Bestandsführung und einem aus dem Rechnungswesen.

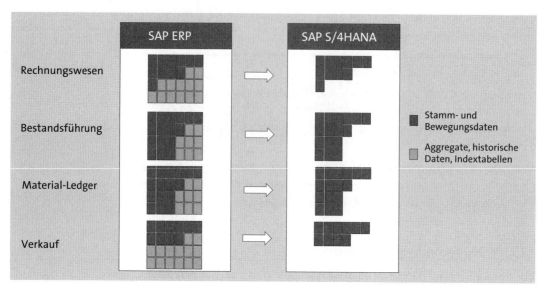

Abbildung 1.4 Vereinfachung der Datenstruktur

Vereinfachungen in der Bestandsführung

Die Ermittlung des aktuellen Bestands eines Materials ist betriebswirtschaftlich und in der Folge auch technisch ein nicht ganz einfaches Thema. Neben dem physischen Bestand müssen dabei auch die zum aktuellen Zeitpunkt geplanten Zu- und Abgänge beachtet werden. Dies hat bei der Softwarearchitektur in SAP ERP, die auf klassischen Datenbanken beruht, dazu geführt, dass in den Tabellen der Bestandsführung Aggregate gehalten werden, um die Performance bei der Ermittlung des aktuellen Materialbestands zu optimieren. Um Datenschiefstände zu vermeiden, muss jeweils bei der Verbuchung eines neuen Zu- oder Abgangs der Materialbestand exklusiv gesperrt werden. Parallel erfolgende Zu- und Abgänge müssen warten, bis der jeweils andere Vorgang abgeschlossen ist. Mit der In-Memory-Datenbank SAP HANA können in der SAP-S/4HANA-Bestandsführung die Zu- und Abgänge eines Materials direkt ohne zusätzliche Aggregatsbildung in eine große Materialbestandstabelle (Tabelle MATDOC) geschrieben werden. Da Zu- und Abgänge nun jeweils ein reines Update der Bestandsinformationen sind, wird auch der Zeitverlust, der sich durch die notwendigen Sperren ergibt, minimiert. Entsprechend unterstützt die Vereinfachung der Datenstruktur in der Bestandsführung einen erhöhten Datendurchsatz.

Vereinfachungen im Rechnungswesen

Die technischen Rahmenbedingungen einer klassischen Datenbank haben in SAP ERP zu einer Softwarearchitektur geführt, die die Daten in verschiedenen Tabellen und Strukturen verteilt und damit auch Teile der Daten redundant ablegt. Dies stellt die Programme zur Erstellung der Finanzabschlüsse vor das Problem, die Inhalte dieser Datenablagen konsolidieren zu müssen. Es ergeben sich Abstimmaufgaben, die eine Darstellung der Einzelposten zu einer Herausforderung werden lassen. Zumindest ist sie mit Zeitaufwand verbunden.

Mit SAP HANA können diese vorher verteilten Informationen in SAP S/4HANA im sogenannten *Universal Journal* zentralisiert und damit vereinfacht werden. In SAP S/4HANA gibt es eine zentrale Tabelle (Tabelle ACTDOCA), die alle Details der Einzelposten zusammenführt. Externes und internes Rechnungswesen sind dadurch stets abgestimmt, sodass Abstimmungen bzw. eine Echtzeitintegration zwischen SAP-Finanzwesen (FI) und -Controlling (CO) sowie zwischen Hauptbuchhaltung (FI-GL) und Anlagenbuchhaltung (FI-AA) nicht mehr nötig sind. Die Berichte in allen Komponenten beruhen auf Daten aus denselben Belegen. Diese Zentralisierung der Daten in einer Datenquelle ermöglicht es, die Abschlusszeiten zu verkürzen. Berichte und Analysen können jetzt zu jeder Zeit in der Buchungsperiode erstellt werden.

Auch hier soll nicht unerwähnt bleiben, dass die beschriebenen Vorteile der Vereinfachung der Datenstruktur auch Auswirkungen haben, derer Sie sich beim Wechsel zu SAP S/4HANA bewusst sein sollten. Kunden, die ihr SAP-ERP-System nach SAP S/4HANA On-Premise konvertieren, müssen ihren vorhandenen kundenspezifischen Programmcode überprüfen. Wird in kundeneigenem Code auf Datenstrukturen und SAP-Entitäten verwiesen, die sich in SAP S/4HANA ändern, kann es beim Übergang notwendig sein, Anpassungen vorzunehmen. Im Regelfall wurden sogenannte Kompatibilitäts-Views bereitgestellt, mit denen Lesezugriffe auf alte SAP-ERP-Datenstrukturen unverändert beibehalten werden können. Wird aber beispielsweise schreibend auf Datenstrukturen zugegriffen, die es in SAP S/4HANA so nicht mehr gibt, müssen Anpassungen vorgenommen werden.

Verweise auf SAP-ERP-Datenstrukturen prüfen

Prüfen Sie vor dem Umstieg auf SAP S/4HANA, ob Ihre kundeneigenen Entwicklungen sich auf SAP-ERP-Datenstrukturen beziehen, die für SAP S/4HANA geändert wurden.

1.2.3   Vereinfachte Benutzeroberflächen

Mit der Neugestaltung der User Experience (UX) mit SAP Fiori stellt sich SAP den Anforderungen, die der digitale Wandel an moderne Benutzeroberflächen stellt. SAP Fiori bietet eine einfach zu bedienende Benutzeroberfläche, die nach modernsten Designprinzipien entwickelt wurde. Sie steht auf allen Endgeräten (mobile Geräte, Desktop, Tablet) zur Verfügung und ermöglicht eine rollenbasierte, mit Consumer-Apps vergleichbare Benutzererfahrung. Auf diese technischen Unterschiede zum SAP GUI und das Bedienkonzept der neuen Oberflächen gehen wir in Abschnitt 2.4, »Die SAP-Fiori-Benutzeroberflächen«, ein.

Red Dot Award

Mit dem neuen Denkansatz für das Design von Benutzeroberflächen kann SAP mittlerweile sogar Design-Preise gewinnen. Wer hätte dies vor Jahren gedacht, wenn man sich die klassischen Benutzeroberflächen von SAP ERP vor Augen führt? Das Design von SAP Fiori 2.0, das SAP S/4HANA zugrunde liegt, hat den Red Dot Award 2015 gewonnen. Die Begründung des Komitees lautete:

> *»The SAP Fiori 2.0 – Next Generation Business Software concept takes the personalized, responsive, and simple user experience to the next level.«*

SAP Consumer Insight

Ein ebenso herausragendes Beispiel für die UX-Strategie, die SAP verfolgt, ist die App *SAP Consumer Insight 365*, die mit dem Red Dot Award 2016 und dem User Experience Award 2014 ausgezeichnet wurde. SAP Consumer Insight 365 ist ein Datenservice, der seinen Anwendern einen umfassenden und präzisen Einblick in das Verhalten der Verbraucher an physischen Standorten bietet. So kann man feststellen, welche demografischen Eigenschaften die Besucher eines Geschäfts oder eines interessanten Ortes haben. Die Informationen basieren auf echtzeitnahen mobilen Daten und geben Aufschluss darüber, woher Verbraucher kommen, welcher Altersgruppe und welchem Geschlecht sie angehören und welche mobilen Geräte sie benutzen. Abbildung 1.5 zeigt, wie moderne SAP-Benutzeroberflächen heute aussehen können.

Referenzbibliothek für SAP-Fiori-Apps

Eine Liste der verfügbaren SAP-Fiori-Apps können Sie in der Referenzbibliothek für SAP-Fiori-Apps (*SAP Fiori Apps Reference Library*) einsehen. Über die Auswahl **SAP S/4HANA** oder **SAP S/4HANA Cloud** können Sie sich die für SAP S/4HANA angebotenen SAP-Fiori-Apps anzeigen lassen.

Eigene SAP-Fiori-Anwendungen

Über die offiziell ausgelieferten SAP-Fiori-Apps hinaus ist es für ein Unternehmen oder einen SAP-Partner möglich, eigene SAP-Fiori-Anwendungen, die auf SAPUI5 basieren, mit der *SAP Web IDE* zu entwickeln.

Das browserbasierte Toolkit ist auf der SAP Cloud Platform verfügbar und beinhaltet eine integrierte Entwicklungsumgebung. Diese Möglichkeit, eigene Benutzeroberflächen erstellen zu können, ist für SAP-Kunden besonders wichtig. In der heutigen SAP Business Suite sind rund 50 % der Oberflächen, die von SAP-Kunden genutzt werden, Eigenentwicklungen.

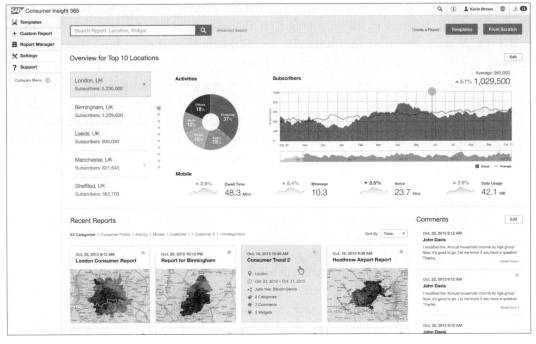

Abbildung 1.5 SAP Consumer Insight 365

> **Weitere Informationen**
>
> Weitere Informationen zur Neugestaltung der SAP-UX mit SAP Fiori finden Sie unter: *http://s-prs.de/v429700*
>
> Weitere Details zu SAP Fiori 2.0 finden Sie hier: *http://s-prs.de/v429701*
>
> Auf die SAP Fiori Apps Reference Library können Sie über folgenden Link zugreifen: *http://s-prs.de/v429702*

[«]

1.2.4   Vereinfachung von Analysen

In einer immer komplexer werdenden Welt benötigt man in immer stärkerem Maße detaillierte Informationen als Grundlage für die alltäglichen Entscheidungen. Gute analytische Daten waren auch in der Vergangenheit schon immer eine Anforderung, die in den letzten zwei Jahren noch einmal an Bedeutung gewonnen hat. So nannten 85 % der Befragten der Harvard-Business-Review-Studie »Analytics That Work: Deploying Self-Service and Data Visualization for Faster Decisions« (*https://hbr.org*, Studie März 2016) die steigende Bedeutung von analytischen Daten als Entscheidungsgrundlage in den letzten zwei Jahren. 93 % der Befragten glauben, dass deren Bedeutung in den kommenden zwei Jahren noch einmal zunehmen wird.

Bedeutung und Nutzerkreis analytischer Daten

Darüber hinaus ändert sich auch der Nutzerkreis von analytischen Daten. Waren es früher strategische Abteilungen, stehen heute auch immer mehr operative Abteilungen in der Pflicht, ihre Entscheidungen auf Basis analytischer Daten begründen zu müssen.

Art der Bereitstellung analytischer Daten

Damit steigt die Anzahl der Nutzer analytischer Daten, was wiederum Auswirkungen auf die Art und Weise der Beschaffung und Bereitstellung dieser Daten hat. Traditionell war das Beschaffen von Daten eine Frage, die an die IT-Abteilung des Unternehmens gerichtet wurde. Meist wurden die Daten dann mit selbst geschriebenen Reports bereitgestellt. Waren solche Reports nicht vorhanden, wurden sie auf Anfrage erstellt. Hier bot gerade die SAP Business Suite mit den ABAP-basierten Reports gute Möglichkeiten.

Besonders schnell, in besonderem Maße benutzerfreundlich und allen Benutzergruppen zugänglich sind diese Reports jedoch zugegebenermaßen nicht. Um den steigenden Anforderungen gerecht zu werden, müssen moderne analytische Tools die Erstellung von neuen Auswertungen auch Endanwendern ermöglichen, die über keine spezifischen IT-Vorkenntnisse verfügen. Es muss eine visuell herausragende Darstellung geboten werden, die komplexe Daten und Datenstrukturen in einem einfachen und verständlichen Format aufbereitet.

Verteilung der Daten

Ein weiterer Aspekt ist die Verteilung der zu analysierenden Daten über mehrere Quellen hinweg. Heute beruhen Berichte häufig auf Daten, die in ABAP-Reports, Excel-Dateien oder einem Embedded Business Warehouse (BW) verteilt vorliegen. Dies macht die Erstellung von Analysen zeitaufwendig und eine einheitliche Visualisierung der Ergebnisse schwierig.

SAP S/4HANA Embedded Analytics

Die analytische Funktionalität, die im Rahmen von SAP S/4HANA bereitsteht, wird unter dem Begriff *SAP S/4HANA Embedded Analytics* zusammengefasst. Damit kann der Anwender (und damit ist nicht nur der Fachexperte für analytische Datenauswertungen gemeint, sondern jeglicher Anwender) Echtzeitanalysen auf Basis der SAP-S/4HANA-Applikationsdaten eigenständig erstellen und ausführen. Standardreports und analytische SAP-Fiori-Apps werden zusätzlich mit SAP S/4HANA ausgeliefert und können genutzt werden. Die Darstellung der analytischen Daten erfolgt mithilfe der SAP-Fiori-Technologie über das neue SAP Fiori Launchpad. Auf technische Details dieses Ansatzes gehen wir in Abschnitt 2.6, »SAP S/4HANA Embedded Analytics«, ein.

[»]

Weitere Informationen

Weitere Informationen und Beispiele für analytische Anwendungen finden Sie unter *http://s-prs.de/v429703* oder in der SAP Fiori Apps Reference Library unter *http://s-prs.de/v429704*.

1.3   Betriebswirtschaftliche Funktionen in SAP S/4HANA

Als moderne digitale ERP-Suite bildet SAP S/4HANA die Grundlage der zentralen Geschäftsprozesse in den Bereichen Rechnungswesen, Logistik, Personalwesen, Beschaffung und Marketing. Der Kunde kann entscheiden, ob er SAP S/4HANA in der On-Premise-Version oder als SAP S/4HANA Cloud nutzt. Abbildung 1.6 zeigt die zentralen Geschäftsprozesse, die wir in diesem Abschnitt kurz vorstellen.

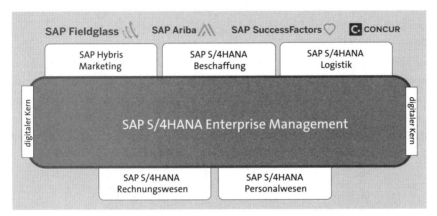

Abbildung 1.6 Zentrale Geschäftsprozesse in SAP S/4HANA

Die in den folgenden Abschnitten dargestellten betriebswirtschaftlichen Funktionen von SAP S/4HANA bilden nur einen Ausschnitt der unterstützten Funktionen von SAP S/4HANA ab. Sie sollen an dieser Stelle nur beispielhaft darstellen, wie der Kunde durch SAP S/4HANA dabei unterstützt wird, die Anforderungen des digitalen Wandels zu meistern. Eine umfängliche funktionale Beschreibung von SAP S/4HANA finden Sie in der SAP-Dokumentation zu SAP S/4HANA (*http://help.sap.com/s4hana*). Beachten Sie, dass diese Funktionen unterschiedliche SAP-S/4HANA-Lizenzen erfordern.

Zentrale Geschäftsprozesse

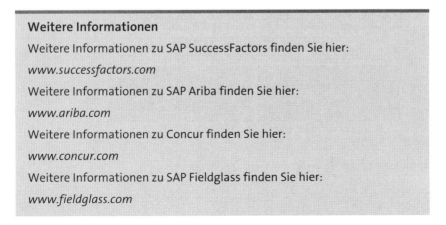

Weitere Informationen

[«]

Weitere Informationen zu SAP SuccessFactors finden Sie hier:

www.successfactors.com

Weitere Informationen zu SAP Ariba finden Sie hier:

www.ariba.com

Weitere Informationen zu Concur finden Sie hier:

www.concur.com

Weitere Informationen zu SAP Fieldglass finden Sie hier:

www.fieldglass.com

1.3.1   Rechnungswesen

Anforderungen des digitalen Wandels

Die Digitalisierung bewirkt im Rechnungswesen, dass die Anzahl und die Komplexität von Buchungen im System rapide zunehmen. Der Übergang von standardisierten Massenprozessen hin zu personalisierten Produkten und Dienstleistungen bis hin zur Auftragsfertigung für Einzelkunden löst jeweils eine Kette von Belegen aus, die dann auch in den Kostenstellen, der Anlagenbuchhaltung oder in der Gewinn- und Verlustrechnung ihren Ausdruck finden. Klassische ERP-Systeme geraten allein durch die enorm steigende Anzahl von Prozessen unter Druck, die über das ERP-System verarbeitet werden müssen.

Funktionen

Allgemein gesprochen, können mit SAP S/4HANA alle Geschäftsprozesse abgebildet werden, die man von einem modernen Rechnungswesen erwartet. Durch die Vereinfachung der Datenstrukturen im Rechnungswesen, ergänzt durch intuitive SAP-Fiori-basierte Benutzeroberflächen, ist ein anderes Arbeiten möglich. Abbildung 1.7 zeigt die Kernfunktionen des Rechnungswesens, die mit SAP S/4HANA abgebildet werden.

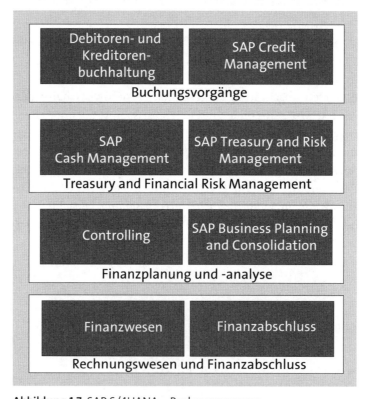

Abbildung 1.7 SAP S/4HANA – Rechnungswesen

Da an dieser Stelle nicht alle Funktionen des Rechnungswesens in SAP S/4HANA vorgestellt werden können, gehen wir in den folgenden Abschnitten lediglich auf einige besondere Funktionen des ein.

Rechnungswesen und Finanzabschlüsse

Die Funktionen des allgemeinen Finanzwesens in SAP S/4HANA unterstützen alle buchhaltungsrelevanten Vorgänge in den Komponenten Logistik und Personalwesen von SAP S/4HANA. Sie werden in Echtzeit über eine automatische Kontenfindung in der Finanzbuchhaltung verbucht. Damit ist immer der gleiche Stand bei den logistischen Mengenbewegungen (Wareneingänge, Lagerentnahmen etc.) und der wertmäßigen Fortschreibung des Rechnungswesens gewährleistet.

Allgemeines Finanzwesen

Wie in Abschnitt 1.2.2, »Vereinfachung der Datenstruktur«, dargestellt, wurde die Datenablege in SAP S/4HANA für das Rechnungswesen grundsätzlich optimiert und angepasst. Im Universal Journal werden vormals verteilte Informationen zentralisiert. Externes und internes Rechnungswesen sind damit stets abgestimmt, wodurch Abschlusszeiten verkürzt werden können. Berichte und Analysen können zu jeder Zeit in der Buchungsperiode erstellt werden. Natürlich werden übliche Rechnungslegungsstandards wie IFRS (International Financial Reporting Standards) oder US-GAAP (United States Generally Accepted Accounting Principles) unterstützt. Sie können aber in SAP S/4HANA deutlich effizienter ausgeführt werden und damit auch problemlos mehrfach in der Periode. Damit kann der Kunde von einem Monats- auf einen Wochen- oder Tagesabschluss mit dynamischer Simulation umsteigen.

Universal Journal

Über die legalen Anforderungen an die Buchhaltung hinaus erfüllt das Rechnungswesen von SAP S/4HANA moderne Anforderungen wie beispielsweise die Abbildung einer parallelen Rechnungslegung in der Hauptbuchhaltung. Damit sind Abschlussarbeiten eines Buchungskreises nach mehreren Rechnungslegungsvorschriften möglich. So kann beispielsweise ein deutsches Tochterunternehmen eines amerikanischen Konzerns den Periodenabschluss sowohl nach der Rechnungslegungsvorschrift des amerikanischen Mutterkonzerns (US-GAAP) erstellen als auch nach deutschem Handelsrecht (HGB).

Parallele Rechnungslegung

Mit SAP S/4HANA Central Finance steht eine Bereitstellungsvariante zur Verfügung, mit der Sie Ihre verteilte Systemlandschaft mit einem zentralisierten SAP-S/4HANA-Finance-System verknüpfen können. In diesem Szenario wird der aktuell bestehenden Systemlandschaft ein zusätzliches Central-Finance-System hinzugefügt. Dies ermöglicht dem Kunden eine allgemeine, systemübergreifende Berichtstruktur. Mit Central Finance

Central Finance

kann man zu SAP S/4HANA wechseln, ohne dass es zu Störungen in der aktuellen Systemlandschaft kommt, die ja aus einer Kombination aus SAP-Systemen unterschiedlicher Releases und Nicht-SAP-Systemen bestehen kann. Weitere Details zu SAP S/4HANA Central Finance finden Sie in Abschnitt 3.2.1, »On-Premise-Editionen von SAP S/4HANA«.

Finanzplanung und -analyse

Die optimierte Datenstruktur in SAP S/4HANA bietet die Grundlage für flexible Echtzeitanalysen und Auswertungen, die die tägliche Arbeit unterstützen. In Kombination mit dem Rollenkonzept von SAP S/4HANA kann der Endanwender für die spezifischen Aufgaben jeweils von einer Überblicksauswertung zum Einzelbeleg navigieren und sich so einen detaillierten Überblick verschaffen, um operative oder strategische Entscheidungen treffen zu können. Für die unterschiedlichen Anforderungen stehen die notwendigen Berichte und Analysen und auch Simulationstools bereit.

SAP Business Planning and Consolidation Mit SAP Business Planning and Consolidation (BPC) für S/4HANA steht eine flexible und benutzerfreundliche Finanzplanungslösung für die Unternehmensplanung zur Verfügung. Inhaltlich decken die Planungsfunktionen im Finanzbereich die Planungen im Bereich der Gewinn- und Verlustrechnung und die Liquiditätsplanung ab. Sie können z. B. die strategischen Erlösziele eines Konzerns auf Profitcenter herunterbrechen oder umgekehrt sowie die Kosten, die auf Kostenstellenebene geplant werden, auf Unternehmensebene zusammengefasst betrachten. Im Gegensatz zu bisherigen Planungslösungen im Bereich des Rechnungswesens erfolgt die Planung hier in Echtzeit ohne Replikation von Stamm- und Bewegungsarten in ein zusätzliches Planungstool. Damit und dank der integrierten Planungspersistenz sind sehr schnelle und häufige Planungszyklen möglich. Simulationen können schnell und über mehrere Planungsschritte hinweg ausgeführt werden.

SAP Business Planning and Consolidation für S/4HANA ist in SAP S/4HANA integriert. Eine separate Installation als Add-in ist nicht notwendig. Es werden vordefinierte Templates und Planungsfunktionen bereitgestellt, die über ein benutzerfreundliches Microsoft-Excel-Add-in eine optimale Bedienbarkeit ermöglichen. Mit der integrierten Planungsfunktion werden beispielsweise folgende Szenarien mit korrespondierendem Planungs-Content unterstützt:

- Bilanzplanung
- Planung der Gewinn- und Verlustrechnung
- Marktsegmentplanung
- Profitcenter-Planung

Es ist zu empfehlen, zunächst mit dem bereitgestellten Content zu arbeiten, um die bereitgestellten Funktionen kennenzulernen. Es stehen entsprechende Funktionen zur Verfügung, um den Content gemäß Ihrer kundenindividuellen Anforderungen anzupassen.

Mit den Controlling-Funktionen von SAP S/4HANA können die anfallenden Kosten innerhalb der Organisationen aufgezeigt werden (Ist-Daten), aber auch Kostenplanungen erstellt werden (Plan-Daten). Mit entsprechenden SAP-Fiori-Apps zum Vergleich von Ist-Daten mit den Plan-Daten können Abweichungen ermittelt werden, und Sie können entsprechend steuernd in die betrieblichen Abläufe eingreifen. In Abbildung 1.8 ist dies beispielhaft an der Gewinn- und Verlustrechnung dargestellt

Controlling

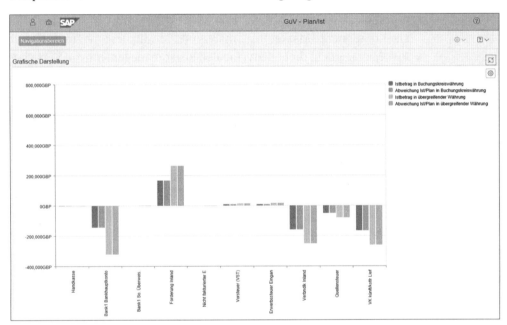

Abbildung 1.8 Analytische Apps im Controlling von SAP S/4HANA

Treasury and Financial Risk Management

Mit SAP Cash Management steht der Treasury-Abteilung bzw. der Liquiditätsmanagement-Abteilung in SAP S/4HANA eine Funktion zur Verfügung, mit der sie das Management von Barmitteln und Liquidität zentral verwalten kann. Echtzeit-Analysen geben dem Cash Manager einen Überblick über Liquidität, Kreditlinien, Risiko- und Cashflow-Analysen oder Fremdwährungsrisiken. Liquiditätsanalysen können stichtagsbezogen mit bereits buchhalterisch erfassten beziehungsweise vorerfassten oder geplanten Finanzdaten ausgewertet werden. Ergänzt werden die Cash-Management-Funktionen durch ein zentrales Bankenmanagement, mit dem Bankkonten

SAP Cash Management

verwaltet werden können und Genehmigungsworkflows für die Einrichtung neuer oder das Ändern bestehender Bankkonten möglich sind. Für SAP Cash Management benötigen Sie eine separate Lizenz.

SAP Treasury and Risk Management Mit SAP Treasury and Risk Management stehen in SAP S/4HANA verschiedene Lösungen zur Verfügung, deren Hauptaufgabe die Analyse und Optimierung von Geschäftsprozessen im Finanzbereich eines Unternehmens ist. In diesem Rahmen sind hier zu nennen:

- **Transaction Manager**
  Bei den im Transaction Manager abgebildeten Finanzgeschäften handelt es sich um B2B-Geschäfte zwischen Ihrem Unternehmen und Banken, Finanzinstitutionen, Brokern oder ähnlichen Institutionen.

- **Market Risk Analyzer**
  Die Komponente Market Risk Analyzer (TRM-MR) des SAP Treasury and Risk Management dient dem globalen Risikomanagement von Versicherungen und Unternehmen.

- **Credit Risk Analyzer**
  Diese Komponente des SAP Treasury and Risk Management ermöglicht die Messung, die Analyse und die Steuerung von Ausfallrisiken.

- **Portfolio Analyzer**
  Die Komponente Portfolio Analyzer (FIN-FSCM-TRM-PA) unterstützt Sie bei der Berechnung und Überwachung der Renditen Ihrer Finanzanlagen.

Buchungsvorgänge

Kreditoren- und Debitorenbuchhaltung Mit SAP S/4HANA können Sie die buchhalterischen Daten Ihrer Kreditoren und Debitoren verwalten. Die entsprechenden Buchhaltungsbelege werden automatisiert aus den entsprechenden Geschäftstransaktionen im Verkauf und im Einkauf in der neuen vereinfachten Datenstruktur des Rechnungswesens verbucht. Dabei werden alle gängigen Zahlungswege in Formularform und natürlich elektronisch und damit automatisierbar unterstützt. Moderne Kollaborationsszenarien, wie sie beispielsweise mit der Cloud-basierten Lösung von SAP Ariba Network unterstützt werden, finden durchgängig ihre Abbildung – auch in den Prozessen der Rechnungsabwicklung und im Rechnungswesen in SAP S/4HANA.

SAP Credit Management Mit SAP Credit Management stehen in SAP S/4HANA Funktionen zur Bonitäts- und Kreditlimitprüfung von Geschäftspartnern zur Verfügung, um die Risiken von Zahlungsausfällen zu minimieren. Für Bestandskunden können Regeln zur Bonitätsprüfung hinterlegt und damit Auftragsprozesse automatisiert werden. Für Neukunden können externe Anbieter von Kreditinformationen über eine Schnittstelle eingebunden werden. Das SAP Credit

Management unterstützt speziell auch eine heterogene Systemlandschaft und bietet Möglichkeiten, um Kreditentscheidungen in der Systemlandschaft zu konsolidieren.

> **Weitere Informationen**
>
> Weitere Informationen zu SAP S/4HANA Finance finden Sie in der SAP-Dokumentation: *https://help.sap.com/sfin*
>
> Weitere Informationen zu SAP S/4HANA Central Finance finden Sie in den zentralen SAP-Hinweisen 2148893 (Central Finance: Implementierung und Konfiguration) und 2154420 (SAP Landscape Transformation Replication Server für Central Finance). Informationen zum Einrichten von SAP Business Planning and Consolidation (BPC) für SAP S/4HANA finden Sie in SAP-Hinweis 1972819.

1.3.2   Logistik

Wie in Abschnitt 1.1, »Herausforderungen an die Unternehmenswelt der Zukunft«, geschildert, stellt der digitale Wandel insbesondere neue Anforderungen an die Logistik und die Produktionsprozesse. Hochindividualisierte Produkte, digitale Lieferketten und neue service-orientierte Geschäftsmodelle im Bereich der Ersatzteil- und Reparaturabwicklung (sogenannte *Aftermarket-Geschäftsmodelle*) sind Ergebnisse des digitalen Wandels. Die in diese digitalen Geschäftsprozesse eingebundenen ERP-Systeme müssen diese Prozesse unterstützen.

Anforderungen des digitalen Wandels

Abbildung 1.9 zeigt die Kernfunktionen der Logistik von SAP S/4HANA. Auch an dieser Stelle können wir nicht alle Funktionen der Logistik in SAP S/4HANA vorstellen. Grundsätzlich können in SAP S/4HANA alle üblichen Geschäftsprozesse abgebildet werden, die im Rahmen der Logistikabwicklung von Unternehmen anfallen. In den folgenden Abschnitten gehen wir lediglich auf einige besondere Funktionen ein.

Funktionen

Supply Chain Management

Auch in SAP S/4HANA gilt im Rahmen der Bestandsführung weiterhin der Grundsatz der Buchführung »Keine Buchung ohne Beleg«. Um den steigenden Buchungsanforderungen von Unternehmen in der digitalen Welt gerecht zu werden, wurde auch im Rahmen der Bestandsführung die Datenhaltung mit SAP S/4HANA vereinfacht, wie in Abschnitt 1.2.2, »Vereinfachung der Datenstruktur«, bereits beschrieben wurde. Verschiedene SAP-Fiori-Apps unterstützen die Disponenten bei der Analyse der Bestandsmengen und warnen vor bevorstehenden Materialengpässen.

Bestandsführung

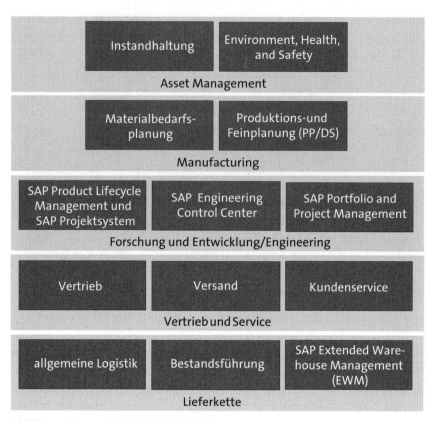

Abbildung 1.9 Logistik in SAP S/4HANA

Sie ermöglichen eine Überwachung von Artikeln mit geringer Umschlags-häufigkeit und der Haltbarkeit von Produkten in Echtzeit. Damit tragen die neuen Benutzeroberflächen zu einer höheren Produktivität der Anwender bei.

Globale Verfügbar-keitsprüfung

Mit der globalen Verfügbarkeitsprüfung (*Advanced Available to Promise*, aATP) in SAP S/4HANA stehen moderne Funktionen zur Verfügbarkeitsprü-fung bereit. Verwaltung von Lieferkontingenten über mehrere Ebenen hin-weg und neue Methoden im Rahmen der Rückstandsbearbeitung und interaktiven Neuplanung sorgen außerdem dafür, dass bei Engpässen zunächst Kunden mit hoher Priorität beliefert werden.

SAP Extended Warehouse Management

Mit SAP Extended Warehouse Management (SAP EWM) stehen moderne Lagerfunktionen zur Verfügung, die mit SAP S/4HANA 1610 nun auch inte-griert in SAP S/4HANA genutzt werden können. Als Funktionen stehen die Automatisierung mithilfe von Fördertechnik, die Aufgaben- und Arbeitsop-timierung und der Einsatz von mobilen Endgeräten ohne Integration eines separaten Systems zur Verfügung. In diesem Zuge bietet sich mit dem

Umstieg auf SAP S/4HANA auch eine Möglichkeit, die Systemlandschaft zu optimieren. Die Option, SAP EWM alternativ separat zu betreiben, haben Kunden allerdings auch weiterhin.

Vertrieb und Service

Im Rahmen digitaler Geschäftsprozesse muss es das Ziel sein, die Standardabwicklung von Kunden- und Serviceaufträgen weitestgehend zu automatisieren und die Behandlung von Ausnahmesituationen zu optimieren. Entsprechend liegt neben der Bereitstellung der Standardfunktionen zur Auftrags- und Lieferabwicklung bei SAP S/4HANA der Fokus auf der Verbesserung der Prozesse zur Lösung der Ausnahmesituationen. Mit einer entsprechend optimierten SAP-Fiori-Benutzeroberfläche wird der Vertriebsmitarbeiter in die Lage versetzt, sich einen Überblick über die Engpasssituationen zu verschaffen, die Gründe zu analysieren und Lösungen anzustoßen. So zeigt Abbildung 1.10 die SAP-Fiori-App zur Kundenauftragserfüllung, die verschiedene Ausnahmesituationen im Rahmen der Auftragsabwicklung zeigt.

Optimierte Prozesse

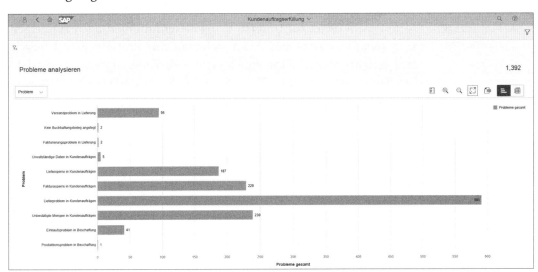

Abbildung 1.10 Analyse von Ausnahmesituationen der Auftragsabwicklung in SAP S/4HANA

Fertigung und Materialbedarfsplanung

Mit SAP S/4HANA 1610 stehen dezidierte Funktionen für die Produktions- und Feinplanung zu Verfügung. Diese Funktionen dienen speziell zur Planung von kritischen Produkten, z. B. von Produkten mit langer Wiederbeschaffungszeit oder von Produkten, die auf Engpassressourcen gefertigt

Produktions- und Feinplanung

werden. Sie wurden vorher nur in separaten Planungssystemen wie SAP Advanced Planning and Optimization (SAP APO) angeboten. Damit besteht hier auch die Möglichkeit, mit dem Übergang nach SAP S/4HANA die Systemlandschaft zu vereinfachen.

Manufacturing-Execution-Systeme

Um den Ist-Zustand der Produktion in der Produktionsplanung von SAP S/4HANA zu berücksichtigen, können Sie SAP S/4HANA mit SAP Manufacturing Execution oder anderen Fertigungsmanagementsystemen (Manufacturing-Execution-Systemen, MES) integrieren. Über diese Integration können Rückmeldungen aus den Produktionsprozessen in das SAP-S/4HANA-System erfolgen, und es können hier entsprechende Fertigungs-, Plan- und Instandhaltungsaufträge angelegt werden.

Forschung, Entwicklung und Engineering

Auf den Bereich Forschung und Entwicklung (Research & Development, R&D) und Engineering wirken sich zwei Aspekte des digitalen Wandels aus: zum einen der Trend zu stärker individualisierten Produkten und zum anderen die Anforderung, eine große Zahl von Änderungsprojekten ausführen und diese Projekte effizient verwalten zu müssen.

SAP PLM und SAP Projektsystem

SAP S/4HANA bietet zur Unterstützung dieser Anforderungen zum einen die Standardfunktionalitäten im Rahmen von SAP Product Lifecycle Management (PLM) und SAP Projektsystem, aber auch ergänzende spezialisierte Funktionen wie das SAP Engineering Control Center und SAP Portfolio and Project Management. Wir gehen kurz auf die beiden spezialisierten Lösungen ein.

SAP Engineering Control Center

Mit dem Trend zu individualisierten Produkten bis hin zur Losgröße eins nimmt die Produktvielfalt und -komplexität zu. Entsprechend steigen die Anforderungen, Produktinformationen über den gesamten Produktlebenszyklus hinweg bereitzustellen und sämtliche involvierten Fachbereiche mit vollständigen Produktdaten bei ihren Entscheidungen zu unterstützen. Hier bietet das zu SAP S/4HANA verfügbare Add-on SAP Engineering Control Center Funktionen, um die Prozesse von der Produktentstehung bis zur Produktfertigung zu unterstützen. Mit dem SAP Engineering Control Center können Sie Daten aus CAD-Lösungen (Computer-aided Design, CAD, d. h. rechnergestützte Konstruktion) in eine zentrale Datenquelle integrieren. Komplexe Geräte setzen sich heute häufig aus Mechanik-, Elektronik- und Softwarekomponenten zusammen. Mit dem SAP Engineering Control Center ist eine Zusammenführung der jeweiligen fachspezifischen Autorenwerkzeuge und damit ein ganzheitlicher 360-Grad-Blick auf die Produktdaten möglich.

Der digitale Wandel führt auch dazu, dass die Anzahl von Änderungsprojekten in Unternehmen steigen wird. Entsprechend steigen auch die Anforderungen an die Software, diese Projekte bezogen auf Planung, Steuerung und Integration der internen und externen Mitarbeiter besser und effizienter zu unterstützen. Neben den klassischen Standardfunktionen der Projektabwicklung in SAP S/4HANA steht hier mit SAP Portfolio and Project Management 1.0 für SAP S/4HANA eine maßgeschneiderte Lösung für Projekt- und Portfoliomanager und Projektmitglieder zur Verfügung. Aufwendige Datenaggregationen und Batchprozesse zum Projektmonitoring und -controlling werden mit SAP Portfolio and Project Management durch einen Echtzeitdatenzugriff auf relevante Daten im Rechnungs- oder Personalwesen abgelöst. SAP-Fiori-basierte Benutzeroberflächen ermöglichen das Projekt-Monitoring und geben einen Überblick über anstehende Projektmeilensteine, -aufgaben und aufkommende Problemsituationen. Mit dem rollenbasierten Ansatz der SAP-Fiori-Apps wird das Problem gelöst, dass ein Anwender, der häufig mit Projektfunktionen arbeitet, andere Benutzeroberflächen benötigt als ein Anwender, der nur gelegentlich projektbezogene Aufgaben zu erledigen hat.

SAP Portfolio and Project Management

Anlagenverwaltung und Gesundheitswesen

Mit SAP S/4HANA Asset Management können Sie Daten zu Ihren Anlagen, die beispielsweise auf Maschinen- und Sensordaten basieren, in Echtzeit analysieren und auswerten. Damit können Sie Entscheidungen zeitnah treffen und Prognosen erstellen, um Ausfallzeiten zu minimieren.

SAP S/4HANA Asset Management

Mit Environment, Health, and Safety (EHS) stehen Ihnen in SAP S/4HANA Funktionen zur Verfügung, die Ihr Unternehmen bei der Verwaltung von Geschäftsprozessen in den Bereichen Umwelt, Gesundheit und Sicherheit unterstützen. Auf der Basis von Echtzeitdaten werden die EHS-Experten eines Unternehmens bei folgenden Aufgaben unterstützt:

Environment, Health, and Safety (EHS)

- Steuerung von Betriebsrisiken
- Arbeitssicherheit
- Konformität mit integrierten Lösungen für das Unfallmanagement oder die Verwaltung von Chemikaliendaten
- Beurteilung von Betriebsrisiken
- Arbeitsschutz und Überwachung von Belastungen
- Einhaltung gesetzlicher Vorschriften
- Emissionsmanagement

[»]

Weitere Informationen

Weitere Informationen zur globalen Verfügbarkeitsprüfung im Supply Chain Management finden Sie hier: *http://s-prs.de/v429705*

Weitere Informationen zu SAP Extended Warehouse Management finden Sie hier: *https://help.sap.com/ewm*

Unter dem folgenden Link finden Sie ein Video, in dem gezeigt wird, wie die Abwicklung von Ausnahmesituationen bei der Auftragsabwicklung in SAP S/4HANA beschleunigt wird: *http://s-prs.de/v429706*

Details zur Nutzung und Implementierung der Produktions- und Feinplanung sind in den SAP-Hinweisen 2381624 und 2382787 beschrieben. Informationen zu SAP Manufacturing Execution können Sie hier finden: *http://s-prs.de/v429707*

Weitere Informationen zu den Bereichen Forschung, Entwicklung und Engineering finden Sie hier: *http://s-prs.de/v429708*

1.3.3   Personalwesen

Anforderungen des digitalen Wandels

Der digitale Wandel hat nicht nur Auswirkungen auf die Produktionsprozesse. Folgende Anforderungen kommen auf ein modernes Personalwesen zu:

- Die zunehmende Flexibilisierung der Geschäftsprozesse muss einhergehen mit flexibleren Arbeitszeiten und Arbeitszeitmodellen.

- Mit steigender Änderungsgeschwindigkeit von Geschäftsmodellen müssen sich auch die Ziele der einzelnen Mitarbeiter schneller an die neuen strategischen Geschäftsziele anpassen.

- Auf einem globalen Markt für qualifizierte Bewerber kann ein Unternehmen heute nicht mehr auf digitale Medien zur Personalbeschaffung verzichten.

- Ein Unternehmen muss bemüht sein, geeignete Mitarbeiter zu binden und zu halten. Ein Unternehmen muss wissen, welche Kompetenzen ein einzelner Mitarbeiter hat und welche Kompetenzen im Unternehmen fehlen, um im digitalen Wandel konkurrenzfähig zu bleiben.

- Moderne Vergütungssysteme müssen den steigenden Anforderungen an die Mitarbeiter Rechnung tragen.

- Unternehmen wollen Mitarbeitern und Managern ein zukunftsfähiges und innovatives Umfeld bereitstellen. Dazu muss auch die Software für die Personalprozesse möglichst intuitiv bedienbar sein und eine angenehme Benutzererfahrung bieten.

Der Trend, Geschäftsprozesse in die Cloud zu verlagern, spiegelt sich insbesondere im Personalwesen wider. Steigender Kostendruck und die Möglichkeiten von digitalen Lernplattformen oder online durchgeführten Leistungsbewertungen führen dazu, dass gerade im Bereich des Personalwesens Unternehmen verstärkt Geschäftsprozesse in die Cloud verlagern.

Im Rahmen von SAP S/4HANA stellen die Funktionen der cloudbasierten Lösung SAP SuccessFactors die Zielarchitektur im Rahmen des Personalwesens (Human Resources, HR) dar. In SAP S/4HANA werden HR-Kernfunktionen abgebildet und umfassende Talent-Management-Funktionen wie Recruiting, Bewerberverwaltung, Onboarding, ein Lernmanagement-System, Leistungsmanagement oder Nachfolgeplanung in der Cloud abgebildet. Standardisierte Integrationsszenarien und eine einheitliche Benutzeroberfläche, die auf SAP Fiori basiert, sorgen für eine technische und funktionale Integration der Funktionen im Personalwesen.

SAP SuccessFactors

Abbildung 1.11 gibt einen Überblick über die Funktionen, die im Rahmen von SAP S/4HANA und SAP SuccessFactors angeboten werden.

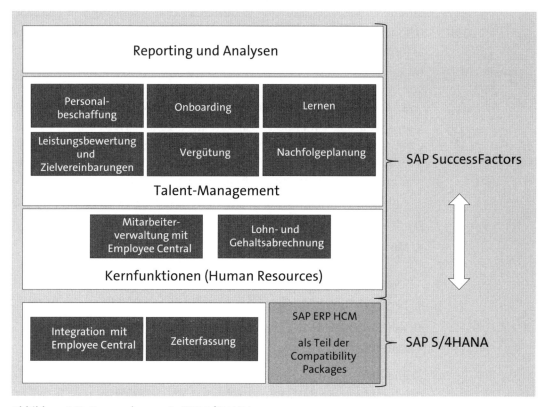

Abbildung 1.11 Personalwesen in SAP S/4HANA

Funktionen des Personalwesens mit SAP S/4HANA

In der On-Premise-Edition von SAP S/4HANA können die klassischen SAP-ERP-HCM-Funktionen genutzt werden, wie man sie aus SAP ERP kennt. Daneben stehen als neue Funktionen die Zeiterfassung, speziell auch für die Abrechnung von Projekten, und die Mitarbeiteranbindung durch die Integration mit SAP SuccessFactors Employee Central zur Verfügung.

Zeiterfassung | Mithilfe der SAP-Fiori-App zur Zeiterfassung können Sie die Zeit für bestimmte Aktivitäten erfassen, um Projekte abzurechnen und zu fakturieren. Außerdem können Sie auch Zeiten für Aufgaben erfassen, die nicht projektbezogen sind, z. B. für Verwaltungsaufgaben, Training oder Fahrzeiten. Manager können Arbeitszeitblätter genehmigen oder ablehnen, die Mitarbeiter zur Genehmigung abgeschickt haben.

Mitarbeiteranbindung | Durch die Integration mit *SAP SuccessFactors Employee Central* stehen in SAP S/4HANA die dort verwalteten Mitarbeiterstammsätze zur Verfügung. Damit können die für die Ausführung von Prozessen wie der Projektplanung und der Projektzeiterfassung notwendigen Mitarbeiterdaten für die Kundenfakturierung oder die Fakturierung und Erstattung von Reisekosten genutzt werden. Die Replikation von Mitarbeiterdaten von Employee Central nach S/4HANA basiert auf standardisierten Service-APIs.

Klassische HCM-Funktionen | Im Rahmen der *SAP S/4HANA Compatibility Packages* werden in SAP S/4HANA Funktionen klassischer Ausprägung bereitgestellt, wie man sie von SAP ERP kennt. Diese Funktionen stehen nach dem Wechsel zu SAP S/4HANA in der On-Premise-Variante in unveränderter Form zur Verfügung, sind aber aus technologischer Sicht nicht die Zielarchitektur. Weitere Informationen zu den SAP S/4HANA Compatibility Packages finden Sie in Abschnitt 3.2.1, »On-Premise-Editionen von SAP S/4HANA«.

So stehen im Rahmen des Personalwesens in SAP S/4HANA On-Premise folgende Funktionen aus SAP ERP HCM zur Verfügung:

- Kernfunktionen des Personalwesens
  (Funktionen wie Personalverwaltung und
  Organisationsmanagement)
- Lohn- und Gehaltsabrechnung
- Talent-Management
- Zeiterfassung

Grundsätzlich kann ein Kunde, der die Funktionen von SAP ERP HCM bereits auf seinem SAP-ERP-System nutzt (entweder zusammen installiert oder als separates HCM-System integriert mit SAP ERP) diese auch nach dem Umstieg auf SAP S/4HANA On-Premise unverändert weiternutzen. Beachten Sie hierbei die in der SAP S/4HANA Simplification List genannten Einträge zu SAP ERP HCM. Grundsätzlich sieht SAP die Zukunft der Geschäftsprozesse im Personalwesen jedoch in der Cloud. Entsprechend sieht die Zielarchitektur für das Personalwesen die Funktionen von SAP SuccessFactors vor.

Stufenweiser Übergang durch Compability Packages

Die im Rahmen der Compatibility Packages angebotenen Funktionen und so auch SAP ERP HCM ermöglichen Kunden einen stufenweisen Übergang hin zur Zielarchitektur.

Die Kernfunktionen von SAP SuccessFactors Employee Central

Als Kernfunktionen stehen in SAP SuccessFactors unter anderem folgende Funktionen zur Verfügung:

- **Mitarbeiterverwaltung mit Employee Central**
  Mit SAP SuccessFactors Employee Central wird eine einheitliche Sicht auf alle Personaldaten über Regionen, Kostenstellen und Mitarbeiter hinweg ermöglicht. Employee Central bietet Funktionen für die Personaladministration und das Organisationsmanagement. Funktionen für Personalmaßnahmen wie Einstellungen, Positionswechsel und Wiedereinstellungen werden ebenfalls bereitgestellt. Darüber hinaus werden Employee-Self-Services und Manager-Self-Services wie die Änderung persönlicher Daten, die Anzeige von Gehaltsinfos, das Anstoßen administrativer Maßnahmen oder von Gehaltserhöhungen unterstützt. Mit Employee Central können die Kernprozesse im Personalwesen effizienter gestaltet werden, und die Mitarbeiter profitieren von seinem hohen Bedienkomfort.

- **Lohn- und Gehaltsabrechnung mit Employee Central**
  Die Lohn- und Gehaltsabrechnung anhand der Mitarbeiterstammsätze aus Employee Central kann mit der als Hosting-Angebot betriebenen SAP Payroll durchgeführt werden. Das Payroll-System bezieht Kostenstellendaten aus dem Rechnungswesen von SAP S/4HANA und die Mitarbeiterstammdaten aus SAP SuccessFactors Employee Central. Damit steht die Funktionalität für die SAP-Gehaltsabrechnung zur Verfügung, z. B. die Unterstützung der Abrechnungsabläufe, der gesetzlichen Berichte, der Banküberweisungen, der Buchung der Abrechnungsergebnisse sowie der Konfigurierung der Lohnarten.

Talent-Management mit SAP SuccessFactors Recruiting

Personal-beschaffung

Mit *SAP SuccessFactors Recruiting* steht eine Funktion zur effizienten Personalbeschaffung – von der Auswahl der Bewerber bis hin zu ihrer Einstellung – zur Verfügung, sodass Ihr Unternehmen die richtigen Mitarbeiter für die richtigen Positionen gewinnen kann. SAP SuccessFactors Recruiting bietet diverse Kommunikationstools, über die sich die Personalabteilung und der einstellende Fachbereich miteinander austauschen können. Beispielsweise können so interaktiv Checklisten mit den benötigten Fähigkeiten zwischen Personalabteilung und Fachabteilung ausgetauscht werden, was die Auswahlprozesse verkürzt.

Career Site Builder

Mit der Funktion *Career Site Builder* als Teil von SAP SuccessFactors Recruiting können Führungskräfte im Personalwesen auf einfache Weise Karriereportale im Stil von Verbraucher-Apps entwerfen, umsetzen und verwalten.

Onboarding-Funktionen

Mit seinen Onboarding-Funktionen unterstützt SAP SuccessFactors Recruiting die Einarbeitungsprozesse für neue Mitarbeiter. Neu eingestellte Mitarbeiter erhalten die für den Arbeitsbeginn notwendigen Formulare online. Andere Fachbereiche können zentral über neue Mitarbeiter informiert werden, sodass beispielsweise IT- und Sicherheitsabteilung zeitnah eingebunden werden.

Leistungsbewertung und Zielvereinbarungen

Performance-&-Goal- Funktionen

Mit den Performance-&-Goal-Funktionen von SAP SuccessFactors können Führungskräfte die individuellen Zielvereinbarungen ihrer Mitarbeiter an neue strategische Geschäftsziele anpassen. Der Teamleiter kann mithilfe dieser Funktionen übergreifende Ziele festlegen und auf seine Mitarbeiter verteilen.

Die Benutzeroberflächen unterstützen die Führungskräfte dabei, die Leistung der Mitarbeiter objektiv zu beurteilen. Sie sehen alle zugeordneten Mitarbeiter auf einen Blick und können ihre Bewertungen jederzeit einsehen und anpassen. Ein kontinuierliches Performance-Management gibt dem Mitarbeiter regelmäßiges Feedback und stellt das Coaching in den Mittelpunkt. Geschäftsführer können die Mitarbeiter vergleichen und bewerten, um sowohl die High Performer als auch die potenziellen Führungskräfte zu ermitteln.

Vergütung

SAP SuccessFactors Compensation Management

SAP SuccessFactors Compensation Management unterstützt Führungskräfte und Mitarbeiter der Personalabteilung bei der Planung und Verteilung von Budgets, bei der Anpassung der Vergütungen an die Geschäftsergebnisse und bei einer transparenten Lohngestaltung. Mit den Compensation-Management-Funktionen kann sichergestellt werden, dass die Gehaltszahlungen mit den Budgets vereinbar sind. Die integrierten Berichte helfen dabei, Compliance-Richtlinien zu erfüllen. Mit leistungsbasierten Vergleichen der Mitarbeiter über das gesamte Unternehmen hinweg kann sichergestellt werden, dass die Mitarbeiter fair und gemäß ihrer Leistung entlohnt werden. Auch Boni-Zahlungen können über diese Funktion verwaltet werden. Intuitive Benutzeroberflächen erleichtern es, die einzelnen Lohnbestandteile wie Grundgehalt und variable Gehaltsbestandteile zu bearbeiten und zu verwalten.

Nachfolge- und Entwicklungsplanung

Die Funktionen von SAP SuccessFactors Succession & Development unterstützen Personalverantwortliche dabei, Talente zu finden, zu fördern und Nachfolger für alle wichtigen Positionen aufzubauen. Sie sehen sofort, über welche Talente ihre Firma verfügt, können freie Positionen und mögliche Besetzungslücken schnell identifizieren und geeignete Nachfolger mithilfe der integrierten Werkzeuge, Berichte und Suchfunktionen ermitteln. Auch externe Bewerber können so als Nachfolger berücksichtigt werden.

SAP SuccessFactors Succession & Development

Weiterbildung

Moderne Unternehmen brauchen Mitarbeiter, die sich kontinuierlich fortbilden, um den Anforderungen des digitalen Wandels gerecht zu werden. SAP SuccessFactors Learning unterstützt Personalmanager bei der Aus und Weiterbildung der Angestellten und der Fortbildung von Führungskräften. Mitarbeiter können vom Arbeitsplatz aus, über ein Tablet oder ein Smartphone auf die Schulungsangebote zugreifen. Die Kursinhalte können verwaltet und aktualisiert werden, und Mitarbeitern können Weiterbildungen vorgeschlagen werden. Die Lernerfolge werden in Analysen und Berichten erfasst.

SAP SuccessFactors Learning

Personalanalysen und Personalplanung

Mit *SAP SuccessFactors Workforce Analytics* werden die Personaldaten und -kennzahlen eines Unternehmens visualisiert. *SAP SuccessFactors Workforce Planning* stellt Analysen und Berichte für die Personalplanung bereit. Mit ihrer Hilfe kann ermittelt werden, über welche Kompetenzen ein Team bereits verfügt und welche es für zukünftige Projekte benötigt.

HR-Reporting

Bereitstellungsvarianten

Cloud, On-Premise oder hybrid

Abbildung 1.12 zeigt die verschiedenen Möglichkeiten, wie die Funktionen des Personalwesens in SAP S/4HANA betrieben werden können:

❶ **Cloud-Szenario**
Eine Variante ist es, alles in der Cloud zu betreiben. Die Integration von SAP S/4HANA Cloud und SAP SuccessFactors ermöglicht es, die Finanz- und Logistikprozesse zusammen mit den Personalmanagement-Funktionen in der Cloud zu betreiben.

❷ **Hybrides Szenario**
Die zweite Variante ist ein hybrides Szenario, in dem die Finanz- und Logistikprozesse in SAP S/4HANA On-Premise betrieben und mit den Funktionen von SAP SucessFactors in der Cloud integriert werden.

❸ **On-Premise-Szenario**
Die dritte Variante ist ein reines On-Premise-Szenario. Der Kunde kann nach dem Umstieg auf SAP S/4HANA die klassischen HCM-Funktionen weiter nutzen – entweder, indem SAP S/4HANA zusammen mit SAP HCM installiert wird ❸ⓐ oder alternativ mit einem separat angebundenen SAP-ERP-HCM-System ❸ⓑ.

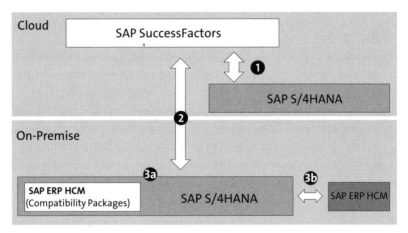

Abbildung 1.12 Bereitstellungsvarianten für das Personalwesen mit SAP S/4HANA

[»] **Weitere Informationen**
Weitere Informationen zu SAP SuccessFactors finden Sie unter:
- *https://www.successfactors.com/de_de.html*
- *http://s-prs.de/v429709*

1.3.4   Beschaffung

Im Rahmen des digitalen Wandels werden immer mehr Geräte und Maschinen zu vernetzten Informationsknoten. Moderne Maschinen und Geräte melden ihren Wartungsbedarf über Sensoren an das ERP-System des Unternehmens und erhöhen dadurch den Automatisierungsbedarf im Einkauf, wo ein Großteil der Kosten eines Unternehmens entsteht. Als logische Konsequenz daraus ergibt sich die Anforderung einer automatisierten Materialdisposition. Die Digitalisierung wird dazu führen, dass alle Abläufe, die durch Algorithmen abbildbar sind, auch automatisiert werden. Der Einkäufer wird sich vermehrt auf strategische Aufgaben konzentrieren und nur noch die Abweichungen des vorgedachten Geschäftsprozesses bearbeiten. Um strategische oder Ausnahmeentscheidungen effizient treffen zu können, muss der Einkäufer durch qualifizierte Daten und Informationen unterstützt werden.

Anforderungen des digitalen Wandels

Die Beschaffung in SAP S/4HANA bildet alle üblichen Prozesse im Einkauf ab – von den strategischen und bis hin zu den operativen Prozessen: Bestellabwicklung für direkte und indirekte Materialien und Services, Warenbewegungen, Rechnungen (mit den Übergängen ins Rechnungswesen) etc. Durch die vorkonfigurierte Integration mit den cloudbasierten Lösungen SAP Ariba Network und SAP Fieldglass werden elektronische und interaktive Prozesse mit Lieferanten sowie Prozesse im Rahmen des Managements von externen Mitarbeitern optimiert. Abbildung 1.13 zeigt die Beschaffungsfunktionen, die mit SAP S/4HANA angeboten werden, im Überblick.

Funktionen

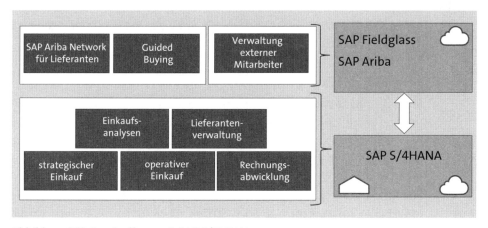

Abbildung 1.13 Beschaffung mit SAP S/4HANA

Operativer Einkauf

Automatisierte
Funktionen

SAP S/4HANA ermöglicht es, den operativen Einkäufer zu entlasten und Standardprozesse weitestgehend zu automatisieren. Die Funktionen umfassen z. B.:

- automatisiertes Anlegen von Bestellungen basierend auf den Bestellbedarfen
- Bestellabwicklung für direkte und indirekte Materialien sowie Servicebeschaffung einschließlich der korrespondierenden Bestätigungsprozesse
- katalogbasierte Materialbeschaffung basierend auf Self-Service-Prozessen
- Möglichkeit der vollständig elektronischen Kommunikation mit Lieferanten
- Integration mit SAP Ariba Network zur Optimierung der Zusammenarbeit mit den Lieferanten des Unternehmens

Strategischer Einkauf

Grundlage für die
Automatisierung

Damit die Automatisierung im operativen Einkauf weiter fortschreiten kann, müssen die Grundlagen im strategischen Einkauf gelegt werden. So können mit SAP S/4HANA die Bezugsquellen der notwendigen Produkte und Services mit korrespondierenden Einkaufskontrakten festgelegt werden. Dadurch wird sichergestellt, dass die richtigen Produkte mit dem richtigen Preis beim richtigen Lieferanten automatisiert aus der Materialbedarfsplanung bestellt werden. Das Monitoring der Einkaufskontrakte sorgt dafür, dass die jeweiligen Abruf- und Zielmengen jederzeit vorliegen und dass gegebenenfalls eingegriffen werden kann.

Rechnungsabwicklung

Mit SAP S/4HANA können Sie auch die Abwicklung aller eingehenden Rechnungen abbilden. Das schließt neben den Rechnungen zu Bestellungen aus dem SAP-S/4HANA-System auch die eingehenden Rechnungen ein, die über das SAP Ariba Network oder SAP Fieldglass erstellt wurden. Auch hier liegt ein Fokus darauf, dass die Rechnungsprüfung für Standardrechnungen immer stärker automatisiert abgewickelt werden kann, sodass sich der Mitarbeiter im Einkauf nur noch auf die Rechnungen konzentriert, die Abweichungen von den zugrunde liegenden Bestellungen aufweisen (z. B. in Positionen, Menge oder Preis).

Lieferantenverwaltung

SAP S/4HANA bietet Funktionen, um Lieferanten basierend auf Attributen und Stammdaten zu klassifizieren. Lieferanten können gemäß verschiedener Faktoren (Einhalten der verhandelten Preise oder Scorecard) bewertet werden.

Analysen im Einkauf

Mit SAP S/4HANA kann der Einkäufer Daten in Echtzeit analysieren. Dafür ist kein getrenntes Data Warehouse mehr notwendig. Basierend auf SAP Fiori stehen beispielsweise folgende Analysen zur Verfügung:

Embedded Analytics

- **Lieferantenanalysen**
  Liefertermintreue, Preisabweichung und Mengenabweichung
- **Analysen von Einkaufsverträgen**
  nicht verwendete Verträge, auslaufende Vereinbarungen
- **Ausgabenanalysen**
  Bestellausgabenvergleich, kontraktunabhängige Ausgaben

Damit kann der Einkäufer operative und strategische Entscheidungen auf der Basis aktueller Daten treffen. Abbildung 1.14 zeigt die SAP-Fiori-App für die Beschaffungsübersicht im Einkauf.

Beschaffungs-übersicht

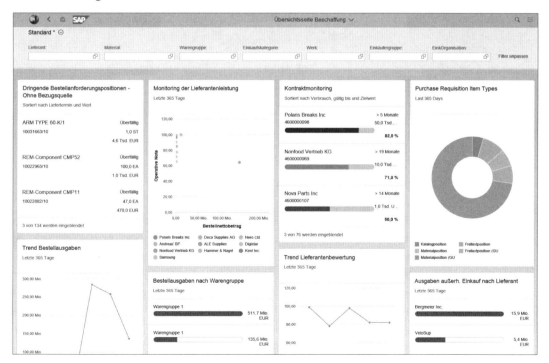

Abbildung 1.14 Beschaffungsübersicht als SAP-Fiori-App

Guided Buying

Effizienter Workflow

Mithilfe des sogenannten *Guided Buying* wird der Einkäufer durch das System geführt, damit er in effizienter Weise die richtige Einkaufsentscheidung gemäß den Unternehmensvorgaben treffen kann. Letztlich dient dieser geführte Einkauf dazu, den Einkäufer von nicht wertschöpfenden Tätigkeiten zu entlasten. Er nutzt vorhandene SAP-Ariba-Kataloge und basiert auf einfach zu pflegenden Regeln (*Policys*), in denen das Unternehmen die jeweiligen Vorgaben hinterlegt. Hier können dann auch Budgetregeln für Warengruppen oder die Logik der Genehmigungsworkflows hinterlegt werden.

SAP Ariba Network für Lieferanten

Kommunikation mit Lieferantensystemen

Das SAP Ariba Network für Lieferanten ist eine cloudbasierte Plattform, die die Zusammenarbeit mit Lieferanten für Material oder Dienstleistungen unterstützt. Abbildung 1.15 zeigt, welche Prozesse zwischen Einkäufer und Lieferant elektronisch und integriert mit SAP Ariba Network abgewickelt werden können.

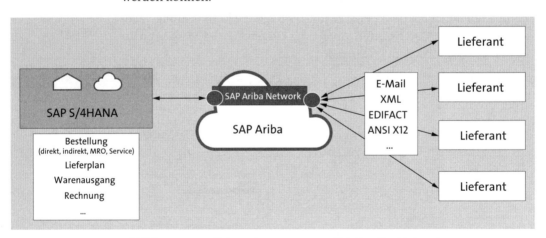

Abbildung 1.15 Kollaborationsprozesse mit SAP Ariba Network

In SAP S/4HANA ist die Integration mit dem SAP Ariba Network bereits vorkonfiguriert. Auch in technischer Hinsicht ist das SAP Ariba Network die zentrale Schnittstelle zu den Lieferanten und übernimmt die Konvertierung in die Datenformate, die der einzelne Lieferant jeweils unterstützt. Das können ausfüllbare PDF-Formulare sein, die per E-Mail ausgetauscht werden, oder spezifische Datenformate wie EDIFACT (Electronic Data Interchange for Administration) oder ANSI X12 (American National Standards Institute Accredited Standards Committee X12).

Verwaltung externer Mitarbeiter

Da Geschäftsprozesse sich immer schneller ändern, sind Unternehmen in zunehmendem Maße auch auf externe Mitarbeiter angewiesen. Durch die Einbindung externer Mitarbeiter können temporäre Qualifikationslücken geschlossen und Auslastungsspitzen ausgeglichen werden. Mit der cloud-basierten Lösung SAP Fieldglass stehen Funktionen für die Dienstleistungs-beschaffung und zum Management dieser externen Mitarbeiter zur Verfügung. Basierend auf der bereits vorkonfigurierten Integration mit SAP S/4HANA werden Stammdaten wie Kostenstellen, Innenaufträge oder Organisationsdaten ausgetauscht, und die Rechnungsabwicklung kann automatisiert werden, einschließlich der Rechnungen der externen Mitarbeiter.

SAP Fieldglass

1.3.5 Marketing

SAP Hybris Marketing Cloud ist die Marketing-Komponente in der SAP-S/4HANA-Welt. Innerhalb der letzten zehn Jahre ist die Anzahl der Verkäufe über das Internet rasant angestiegen. Gingen Kunden früher regelmäßig zum Einzel- und Fachhandel, um einzukaufen, erledigen sie heute viele Einkäufe direkt über das Internet. Während in früheren Jahren die Kundenbindung an den lokalen Einzel- und Fachhändler sehr stark war und Kunde und Verkäufer sich oft sogar gegenseitig kannten, ist sie in Zeiten des anonymen Internets sehr volatil. Preise und Angebote können in Minuten verglichen werden, und Kaufentscheidungen werden rascher getroffen als früher. Hat man es früher seinem Einzelhändler direkt erzählt, wenn man nicht mit seiner Leistung oder der Ware zufrieden war, wird Kritik heute über die sozialen Plattformen wie Facebook und Twitter millionenfach verbreitet. Egal wie eine Firma zu sozialen Netzwerken steht, sie kommt heute schon fast nicht mehr daran vorbei, auch in diesen Netzwerken präsent zu sein – und sei es nur, um schnell auf Kritik zu reagieren und angemessen gegensteuern zu können.

Anforderungen des digitalen Wandels

All dies stellt höhere Anforderungen an das heutige Marketing als noch vor zehn Jahren. Damals reichten eine Weihnachtspostkarte und vielleicht ein oder zweimal pro Jahr ein Hinweis auf eine Sonderverkaufsaktion aus, um den Kunden zufriedenzustellen und dauerhaft zu binden. In der heutigen Zeit ist es notwendig, den Kunden und seine Bedürfnisse viel intensiver zu analysieren und zu kategorisieren, um gezielt auf den Kunden zugeschnittenen Marketingaktivitäten zum Erfolg zu verhelfen. Wo früher quasi mit dem Gartenschlauch großzügig der ganze Garten unter Wasser gesetzt wurde, bekommt heute jeder Kunde punktgenau die Menge an Wasser, die er braucht, um prächtig im Garten des Verkäufers zu gedeihen.

[!]

Aus SAP S/4HANA Marketing Cloud wird SAP Hybris Marketing Cloud

Ab SAP-S/4HANA-Cloud-Release 1702 wird die *SAP S/4HANA Marketing Cloud* als *SAP Hybris Marketing Cloud* bezeichnet. Da die Änderung zu dem Zeitpunkt, als dieses Buch geschrieben wurde, noch nicht komplett in den verfügbaren Systemen umgesetzt worden war, enthalten einige Abbildungen noch die alte Bezeichnung »SAP S/4HANA Marketing Cloud«. Da die Änderung erst ab Version 1702 gilt, verwenden wir in diesem Buch die bis zu Version 1611 korrekte Produktbezeichnung SAP S/4HANA Marketing Cloud immer dann, wenn wir explizit von der Version 1611 sprechen.

Best Practices

SAP Hybris Marketing Cloud ist die Cloud-Variante des SAP-On-Premise-Produkts *SAP Hybris Marketing*. Die Cloud-Lösung beinhaltet bereits vorgefertigte Best Practices, die für die On-Premise-Lösung als sogenannte *Rapid Deployment Solution* (RDS) angeboten werden. Dadurch ist es möglich, die Cloud-Lösung innerhalb kürzester Zeit einzurichten und zu nutzen. Weitere Informationen zu den Best Practices finden Sie unter *http://s-prs.de/ v429710*.

SAP-Fiori-Oberfläche

Die Konfiguration, Erweiterungen und die Administration erfolgen komplett über die SAP-Fiori-Oberfläche. Kunden und Mitarbeiter müssen sich daher nicht mehr mit den üblichen SAP-Werkzeugen vertraut machen. Selbst Kunden, die bisher keine SAP-Software eingesetzt haben, können sich dadurch schnell in die SAP Hybris Marketing Cloud einarbeiten. Dies senkt die Kosten für Schulungen und den internen Support. Einen Eindruck von der Oberfläche und der Startseite der SAP Hybris Marketing Cloud erhalten Sie in Abbildung 1.16.

Einfache Self-Service-Konfiguration

Das System lässt sich komplett über eine geführte *Self-Service-Konfiguration* einrichten. Ein direkter Zugriff auf die technische Infrastruktur ist nicht möglich und auch nicht nötig. Die standardisierten Schnittstellen zur Einbindung bestimmter Geschäftsprozesse von z. B. *SAP Hybris Commerce* oder *SAP Hybris Cloud for Customer* (C4C) sind vorhanden. Dadurch werden geschäftsfeldübergreifende End-to-End-Szenarien ermöglicht. Die sozialen Netzwerke Facebook und Twitter sind über deren öffentliche Schnittstellen eingebunden. Näheres dazu finden Sie in Abschnitt 8.3, »Integration mit SAP Hybris Marketing Cloud«.

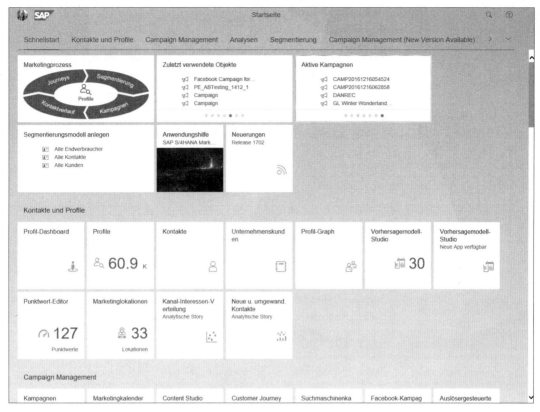

Abbildung 1.16 Startseite der SAP Hybris Marketing Cloud

Die Vorteile der Cloud-Lösung als Software-as-a-Service (SaaS) gegenüber der On-Premise-Variante bzw. der Private-Cloud-Lösung sind unter anderem folgende – um ein paar Beispiele zu nennen:

Vorteile der SaaS-Lösung

- Der im Vorfeld entstehende Aufwand für die Cloud-Lösung (wie z. B. Kauf und Einrichtung der technischen Infrastruktur etc.) entfällt bzw. ist geringer als der Aufwand für die On-Premise-Lösung.

- Die Zeitspanne bis zum Einsatz der Lösung (*Go-Live*) ist geringer.

- Im Gegensatz zur On-Premise-Lösung benötigen Sie weniger technisches Know-how und Weiterbildungsmaßnahmen für den Aufbau dieser technischen Fähigkeiten und Fertigkeiten. Technisches Wissen (z. B. über SAP HANA, SAP GUI) ist für die Cloud-Lösung nicht mehr notwendig.

- Durch die automatischen Upgrades auf neuere Versionen, die jedes Quartal stattfinden, erhalten Sie automatisch die neuesten Funktionen der Lösung und Fehlerkorrekturen.

- SAP wickelt den kompletten Betrieb der Lösung ab und stellt auch die Infrastruktur.

Im Gegensatz zur On-Premise-Lösung ist die Flexibilität in Bezug auf die Erweiterbarkeit in der SaaS-Lösung systembedingt geringer. Dies wird aber durch die Vorteile in den meisten Fällen wieder wettgemacht.

Funktionen   Die SAP Hybris Marketing Cloud umfasst standardmäßig die Anwendungsbereiche, die Sie in Abbildung 1.17 sehen. In den folgenden Abschnitten stellen wir Ihnen diese Anwendungsbereiche näher vor.

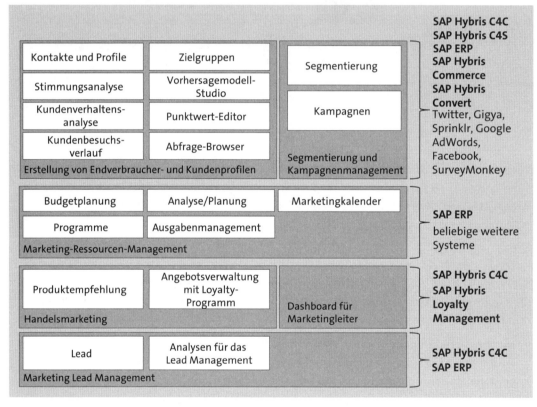

Abbildung 1.17 Standardumfang der SAP Hybris Marketing Cloud

Analyse und Erstellung von Endverbraucher- und Kundenprofilen (Consumer and Customer Analytics)

Informationen zu Endverbrauchern und Kunden (bzw. Kontakten) und ihren Interessen werden mithilfe von Big Data aus den unterschiedlichsten Kanälen gesammelt und analysiert. Firmen können dadurch die Interessen ihrer Kunden ermitteln und ihnen dann – basierend auf diesen Erkenntnissen – gezielt Produkte und Lösungen unterbreiten. Marketingaktionen lassen sich so gezielter steuern. Die Kosten verringern sich, und die Erfolgsaussichten steigen.

Segmentierung und Kampagnenmanagement

Mithilfe der gewonnenen Erkenntnisse können Kontakte in Gruppen eingeteilt werden. Marketingkampagnen lassen sich dadurch besser vorbereiten und durchführen. Bestehende und zukünftige Kunden können gezielt über E-Mail und Textnachrichten (in sozialen Netzwerken) angesprochen werden. Die gewonnenen Erkenntnisse können so schneller in einem Handeln resultieren.

Neben E-Mails können Kunden und Interessenten auch über Marketingkampagnen angesprochen werden, die zielgenau geschaltete Werbung in Facebook einsetzen. Newsletter und impulsgesteuerte Kampagnen lassen sich über Abonnements verwalten. Mithilfe der externen Kampagnenausführung können Sie Kampagnen in SAP Hybris Marketing Cloud planen und aufsetzen und dann in einem anderen externen System ausführen.

Facebook

Mit Suchmaschinenkampagnen, sogenannten *Paid Search Campaigns,* machen Sie sich *bezahlte Suchen* (*Paid Search*) zunutze und platzieren Werbebanner gezielt bei Suchmaschinen wie Google, Yahoo und Bing. Dadurch rücken Sie Ihre Produkte und Lösungen ins Blickfeld von Kunden und Interessenten.

Paid Search

Handelsmarketing

Produktempfehlungen ermöglichen es Ihnen, während eines Kundengesprächs Produkte kanalübergreifend in Echtzeit zu empfehlen. Über die Angebotsverwaltung mit Treueprogrammen (*Loyalty-Programme*) nutzen Sie die Erkenntnisse aus Treueanalysen Ihrer Kunden, um ihnen gezielt Produkte und Produktkategorien über das Angebotsmanagement anbieten zu können.

Produktempfehlungen und Treueprogramme

Marketing-Ressourcen-Management

Mit dem Marketing-Ressourcen-Management planen Sie Ihre Marketingbudgets und -ausgaben anhand verschiedener Kategorien. Über den Marketingkalender haben Sie alle laufenden und geplanten Marketingaktivitäten im Blick.

Budgetverwaltung

Dashboard für Marketingleiter

Das Dashboard für Marketingleiter dient dazu, Marketingmanagern einen schnellen Überblick über den Erfolg der eingesetzten Marketinginstru-

Schneller Überblick mit Dashboard

mente zu geben. Es bietet Ihnen einen raschen Überblick über bestimmte Leistungskennzahlen (sogenannte Key Performance Indicators, KPI), z. B. für Markenbekanntheit, Vertriebskanäle und Stimmung in den sozialen Medien.

Marketing Lead Management

Der 360°-Blick auf den Kunden Das Marketing Lead Management dient zur Kundenakquise und zur Verwaltung von Kontakten, die über Marketingaktionen gewonnen wurden. Marketingfachleute können damit unabhängig und ohne den Support von Geschäfts- und Datenanalysten Regeln zur Bewertung (*Lead Score*) und Einstufung (*Lead Stages*) dieser Kontakte definieren und verwalten. SAP Hybris Marketing Cloud ist damit eine vollintegrierte Multikanal-Marketing-Lösung, die eine 360°-Rundum-Betrachtung eines Kunden ermöglicht.

[»] **SAP S/4HANA Marketing Cloud kostenlos testen**

Unter dem folgenden Link können Sie SAP S/4HANA Marketing Cloud 30 Tage kostenlos ausprobieren (Groß-/Kleinschreibung beachten):

http://bit.ly/TryTheMarketingCloud

Die kostenlose Testversion beinhaltet zum Zeitpunkt der Drucklegung dieses Buches die folgenden Szenarien:

- Contacts and Customer Profiling
- Segmentation and Campaign Management
- Commerce Marketing
- Marketing Resource Management
- Marketing Lead Management
- Marketing Analytics

Den vollen Umfang können Sie über diesen Link ausprobieren:

http://s-prs.de/v429711

[»] **SAP-Dokumentation zu SAP Hybris Marketing Cloud**

Die SAP-Dokumentation zur Marketing Cloud finden Sie im SAP Help Portal unter *https://help.sap.com/s4hana*. Wählen Sie dort Ihre Edition, z. B. **SAP S/4HANA Cloud 1611**. Navigieren Sie dann zu **Product Assistance**, und wählen Sie Ihre Sprache für die **SAP User Assistance** aus. In der SAP User Assistance wählen Sie **SAP Hybris Marketing Cloud**, um die **SAP Dokumentation** anzuzeigen.

Kapitel 2

Was unterscheidet SAP S/4HANA von der klassischen SAP Business Suite?

In welchem Verhältnis steht SAP S/4HANA zu SAP ERP? Was bedeutet es, wenn SAP von einem »neuen digitalen Kern« spricht? Solche und ähnliche Fragen haben Sie sich vermutlich bereits gestellt. In diesem Kapitel erläutern wir, wie SAP S/4HANA in das Produktangebot von SAP einzuordnen ist.

SAP bietet unterschiedliche ERP-Produkte (Enterprise Resource Planning) an. Die wichtigsten sind SAP ERP mit den SAP ERP Enhancement Packages (EHPs), die SAP Business Suite auf SAP HANA und seit kurzer Zeit SAP S/4HANA. Dieses Kapitel beleuchtet, wo die Ähnlichkeiten und die Unterschiede zwischen den »klassischen« Produkten und dem neuen Produkt liegen. Dazu gehen wir zunächst auf die jeweiligen Schwerpunkte und Zielsetzungen der Produkte ein und erläutern im Anschluss wichtige Konzepte der neuen Lösung: das Konzept der Simplifizierung, das neue Datenmodell und die zugrunde liegende Datenbank SAP HANA sowie die neue Benutzeroberfläche SAP Fiori. Schließlich gehen wir auf die Integration von SAP S/4HANA in die Systemlandschaft ein und auf die Änderungen, die sich dabei im Bereich der Schnittstellen ergeben. Mithilfe dieser Informationen können Sie die Umstellung auf SAP S/4HANA differenziert bewerten und planen.

2.1 Die Schwerpunkte und Zielsetzungen der Lösungen im Vergleich: SAP S/4HANA und der digitale Kern

Seit mehreren Dekaden ist der Walldorfer Softwarekonzern SAP der Marktführer im Bereich von Unternehmenssoftware. Besonders bekannt ist er für seine Anwendungen für den Kernbereich betrieblicher Abläufe, vor allem für seine ERP-Produkte. Die am stärksten verbreiteten ERP-Produkte von SAP sind SAP R/3, SAP R/3 Enterprise und SAP ERP (einschließlich der SAP ERP Enhancement Packages). Wie passt SAP S/4HANA in diese Reihe? Um dies zu beantworten, betrachten wir das Spannungsfeld genauer, in dem sich eine Softwarelösung befindet: die betrieblichen Kernprozesse.

Betriebswirtschaft-
liche Kernprozesse

Die betriebswirtschaftlichen Kernprozesse bilden das Rückgrat eines Unternehmens. Auf ihnen setzen meist Erweiterungen auf, mit deren Hilfe die einzelnen Spezialanforderungen erfüllt werden. Das können der Aufbau neuer, weiterführender Geschäftsprozesse sein, die Vertiefung von Kundenbeziehungen, die Optimierung des Warenverkehrs oder andere Themen.

Die Kernprozesse zeichnen sich dadurch aus, dass sie zunächst einmal ein hohes Maß an Stabilität aufweisen. Schaut man feingranularer auf diese Prozesse, erkennt man, dass ihre Interpretation jedoch sich ändernden Anforderungen und Erwartungen unterliegt. Die unterstützende Softwarelösung muss daher in der Lage sein, sich neu ergebende Blickwinkel und Fragestellungen zu berücksichtigen. Ist sie dies nicht, wandelt sich die Softwarelösung von einer Unterstützung in eine Blockade.

Änderungsdruck

Neben diesem prozessgetriebenen Änderungsdruck ergibt sich ein weiterer Änderungsdruck, diesmal mit technischem Antrieb: Wie bei anderen technischen Produkten auch, ermöglichen technologische Durchbrüche neue Konstruktionsansätze für ERP-Systeme. Ein solcher technologischer Durchbruch hat es SAP erlaubt, nach dem erfolgreichen SAP R/2 das Nachfolgesystem SAP R/3 zu entwickeln. Dieses nutzte erstmals die Client-Server-Architektur und erlaubte dadurch neue Nutzungsmuster für das System.

In-Memory-
Technologie
SAP HANA

Mit der neuartigen In-Memory-Datenbank von SAP, SAP HANA, erfolgte erneut ein technologischer Durchbruch: In der Vergangenheit mussten die Softwarelösungen die Zugriffszeiten physischer Speichermedien kompensieren, um den Anwendern die Arbeit mit großen Datenmengen zu ermöglichen. Dank der In-Memory-Datenbank kann man nun auf diese Kompensation durch die Softwarelösung verzichten und gewinnt damit neue Freiheiten in der Architektur der Datenmodelle und bei deren Bearbeitung.

Zukünftige
Herausforderungen

Die Frage, die man sich als Nutzer einer ERP-Lösung stellen sollte, lautet daher: Inwiefern glaube ich von einer modernisierten Softwarelösung profitieren zu können? Die Beantwortung dieser Frage muss unbedingt die zeitliche Dimension einschließen: Wie glaube ich entwickeln sich die Anforderungen an meine betrieblichen Prozesse in der Zukunft? SAP hat sich genau diese Fragen gestellt. Das Ergebnis dieser Bewertung des Spannungsfelds war, dass die Herausforderungen der Zukunft nur mit einem strukturell überarbeiteten Anwendungskern gemeistert werden können.

Selbst wenn aktuell die Prozesse im Unternehmen noch mit einer klassischen ERP-Architektur abgedeckt werden können, wird diese in wenigen Jahren nicht mehr ausreichen. Zu diesem Schluss kommt man leicht, wenn man die zukünftige Entwicklung des Datenaufkommens betrachtet. Vergleichen Sie dazu die Beispiele in Abbildung 2.1 und Abbildung 2.2, die aus einer Studie des Telekommunikationsunternehmens Cisco stammen (*http://s-prs.de/v429712*). Demnach wird sich in fünf Jahren das Volumen des weltweiten IP-Datenverkehrs (Internet Protocol) etwa verdreifachen, das des Datenaufkommens für Kommunikation von Maschine zu Maschine etwa versechsfachen.

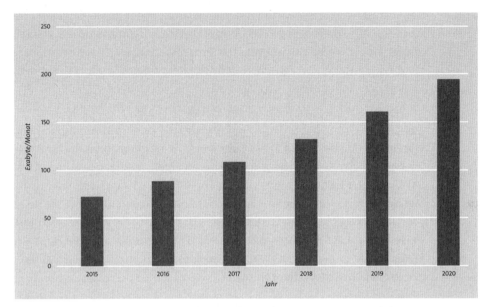

Abbildung 2.1 Prognostiziertes Wachstum des weltweiten IP-Datenverkehrs (Quelle: Cisco Systems, Inc.)

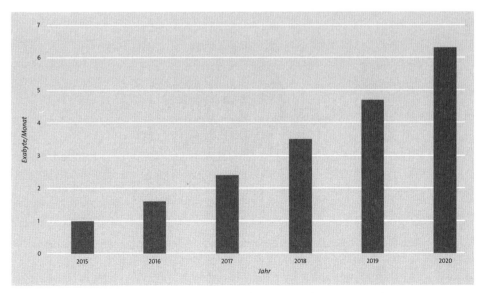

Abbildung 2.2 Prognostizierte Datenmengen für die Maschine-zu-Maschine-Kommunikation (Quelle: Cisco Systems, Inc.)

Wachsende Datenvolumen

Diese Datenvolumina können auf einer Anwendungsarchitektur der 1990er-Jahre nicht mehr mit der nötigen Performance verarbeitet werden. SAP böte seinen Kunden also eine suboptimale Lösung, wenn auf diese grundlegende Änderung der Architektur verzichtet würde.

Umfassendere Wertschöpfungsketten

Daneben steigen die Erwartungen an den Umfang der durchgängigen Prozesse (*End-to-End-Prozesse*): Die Prozessketten in Unternehmen werden immer länger. Diese Ausweitung der Prozessketten zeigt sich daran, dass die direkte Interaktion zwischen dem Hersteller eines Produkts und dem Endkunden zunehmend wichtiger wird und dass unterschiedliche Vertriebswege immer stärker verschmelzen (Stichwort *Omnichannel Retail*).

Aus diesem Grund hat SAP die Funktionalitäten seiner Anwendungen neu verteilt. Die klassische Business Suite von SAP bestand außer aus SAP ERP für betriebliche Kernprozesse aus weiteren eigenständigen Lösungen, wie SAP Customer Relationship Management (CRM), SAP Supplier Relationship Management (SRM) oder SAP Supply Chain Management (SCM). Da diese Produkte jeweils auch eigenständig positioniert waren, ergaben sich teilweise funktionale Überlappungen. SAP S/4HANA enthält nun von Haus aus Prozesse, die in der klassischen SAP Business Suite in diesen eigenständigen Produkten abgebildet waren.

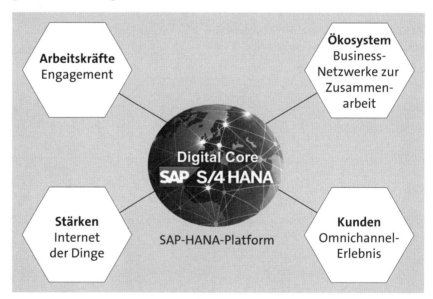

Abbildung 2.3 Die Rolle des digitalen Kerns in den durchgängigen Prozessketten

Neuer digitaler Kern

SAPs neuer digitaler Kern (*Digital Core*) SAP S/4HANA soll von Haus ergänzende Prozesse mit den Kernprozessen integrieren (siehe Abbildung 2.3). Damit bietet SAP S/4HANA einen erheblichen Vorteil gegenüber der klassischen SAP Business Suite, in der die Integration zwischen SAP ERP und anderen Anwendungen in der Regel individuell gelöst werden musste.

Viele Unternehmen wollen sich für diese Herausforderungen rüsten. SAP S/4HANA bietet die Möglichkeit, die technische Basis zur Bewältigung dieser Herausforderungen zu legen. Das Rollout, also die Einführung der einzelnen Lösungskomponenten kann dabei schrittweise vorgenommen werden – nämlich dann, wenn die Geschäftsprozesse es erfordern. Dies wird durch die Kompatibilität von SAP S/4HANA mit SAP ERP ermöglicht. Wir werden auf diesen Aspekt in Kapitel 4, »Den Umstieg auf SAP S/4HANA vorbereiten«, noch genauer eingehen.

2.2   Simplifizierung

Es ist eine Tatsache, dass der Anteil der sogenannten *Digital Natives* – also derjenigen Generation, die mit den modernen digitalen Technologien aufgewachsen ist – an den Arbeitnehmern wächst. Damit verändert sich der Umgang mit betriebswirtschaftlichen IT-Systemen grundlegend: Immer größere Teile der Beschäftigten im Unternehmen bringen eine veränderte Erwartungshaltung in Bezug auf die IT-Systeme mit. Sie erwarten, dass der Zugang jederzeit stattfinden kann (*anytime*), unabhängig vom Ort, an dem sie sich gerade befinden (*anywhere*) und unabhängig vom verwendeten Gerät (*any device*). Zusätzlich soll die Anwendung intuitiv bedienbar sein und den Benutzer führen – wenn möglich mit eigener künstlicher Intelligenz – und ihm so die Fokussierung auf die Lösung seiner inhaltlichen Fragestellungen ermöglichen.

Erwartungshaltung der Digital Natives

SAP S/4HANA erfüllt diese Erwartungen durch eine neue Architektur der Benutzerschnittstelle (*User Interface*, UI) und durch angepasste Entwicklungsrichtlinien für diese UI: Der Standardzugriff erfolgt über browserbasierte Apps auf einem Frontend-Server. SAP nennt dieses neue UI Konzept *SAP Fiori*. Wir betrachten es in Abschnitt 2.4, »Die SAP-Fiori-Benutzeroberflächen«, genauer.

Neues SAP-Fiori-UI-Konzept

Diese neu gestalteten Benutzeroberflächen sind allerdings nur ein Teilaspekt der *Simplifizierung*, die SAP mit SAP S/4HANA umsetzen will, wenngleich auch ein auf den ersten Blick sichtbarer. Die Simplifizierung geht in SAP S/4HANA aber noch tiefer. Das Fundament bilden Vereinfachungen und Optimierungen in den Datenmodellen. Auf dieser Basis wird der Zugriff auf diese Daten gegenüber der klassischen Suite verbessert. Insbesondere finden sich verstärkt eingebettete Datenanalysemöglichkeiten, auf die wir in Abschnitt 2.6, »SAP S/4HANA Embedded Analytics«, eingehen. Auf diesen technischen Vereinfachungen bauen dann die betriebswirtschaftlichen Anwendungen auf. SAP hat für diese Anwendungen Funktionalität aus verschiedenen Bereichen der klassischen SAP Business Suite in SAP S/4HANA zusammengetragen.

Reduktion alternativer Implementierungen

Während im Laufe der Zeit alternative Lösungsimplementierungen für ähnliche betriebswirtschaftliche Prozesse entstanden sind, konzentriert sich SAP heute auf diejenigen Anwendungen, die die höchste Akzeptanz beim Kunden erfahren haben. Manche Anwendungen der klassischen SAP Business Suite wurden oder werden daher durch andere abgelöst, wie wir es in Abschnitt 1.2 dargestellt haben.

In den allermeisten Fällen sind die Umstellungen für SAP S/4HANA primär technischer Natur und erfordern keine aufwendigen Änderungsprojekte auf Kundenseite. Dennoch können – abhängig von der individuellen Ausprägung des Systems – weitere Aktivitäten für die Umstellung notwendig sein. Diese Aktivitäten können meist auch zeitlich flexibel geplant werden, da für eine Übergangszeit die klassische Funktionalität noch verfügbar bleibt.

SAP stellt eine vollständige Liste der Vereinfachungen auf funktionaler Ebene mit der *Simplification List for SAP S/4HANA* zur Verfügung. Diese Liste sollten Sie bei Ihrer individuellen Planung des Umstiegs auf SAP S/4HANA auf jeden Fall berücksichtigen.

Neues Produkt

Aus den Vereinfachungsmaßnahmen ergibt sich: SAP S/4HANA ist ein neues Produkt, keine neue Version von SAP ERP. SAP S/4HANA deckt zwar ebenfalls die betriebswirtschaftlichen Kernprozesse ab, folgt dabei aber einer geänderten Philosophie und einer anderen technischen Architektur.

Für die betriebswirtschaftlichen Kernprozesse bietet SAP also derzeit zwei Produktlinien an:

- *Die klassische Produktlinie* aus den Kernapplikationen SAP ERP und den SAP Enhancement Packages sowie SAP CRM, SAP SCM und SAP SRM wird bis mindestens 2025 in Wartung bleiben und ist kompatibel mit allen gängigen Datenbanken.

- *Eine neue Produktlinie* SAP S/4HANA mit grundlegend überarbeiteter Architektur bildet die Basis für die Anforderungen der nahen Zukunft. Diese Produktlinie ist ausschließlich auf der In-Memory-Datenbank SAP HANA verfügbar.

SAP S/4HANA und SAP ERP

SAP S/4HANA bezeichnet eine separate Produktlinie, die parallel zur Produktlinie der klassischen Business Suite im SAP-Portfolio steht. SAP S/4HANA ist damit eine alternative Implementierung der betriebswirtschaftlichen Funktionalität.

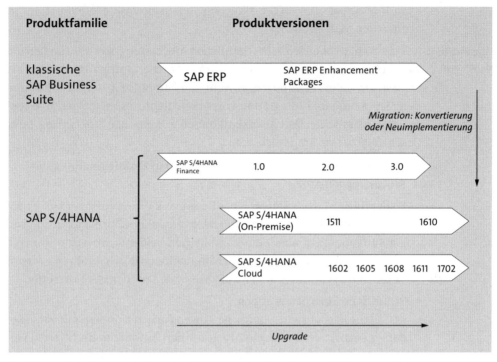

Abbildung 2.4 Wege zwischen den Versionen der klassischen SAP Business Suite und der SAP-S/4HANA-Produktfamilie

Ein Wechsel zu SAP S/4HANA ist also ein Wechsel in eine andere Produktfamilie. Die Mitglieder dieser neuen Produktfamilie stellen wir in Abschnitt 3.2 vor. Während man innerhalb einer Produktfamilie durch Upgrades zu höheren Versionen gelangt, ist für den Wechsel der Produktfamilie üblicherweise eine Neuimplementierung nötig (siehe Abbildung 2.4). Im Falle von SAP S/4HANA bietet SAP zusätzlich auch noch die Möglichkeit, ein bestehendes SAP-ERP-System in ein SAP-S/4HANA-System zu konvertieren. Wir werden die verschiedenen technischen Wege zur neuen Produktfamilie in Kapitel 4, »Den Umstieg auf SAP S/4HANA vorbereiten«, genauer abgrenzen.

Wechsel der Produktfamilie

2.3 Das neue Datenmodell und die Datenbank SAP HANA

Klassische Datenbanken beruhen auf Designs, die bereits vor Jahrzehnten entwickelt wurden. Damals unterschieden sich sowohl die technischen Rahmenbedingungen als auch die Nutzungsanforderungen teilweise grundsätzlich von der heutigen Erwartungshaltung. Diese klassischen Datenbanken wurden zwar weiterentwickelt, aus Kompatibilitätsgründen kann ihre Anpassung an die aktuellen Herausforderungen jedoch nur in begrenztem Maß erfolgen.

Grenzen klassischer Datenbanken

Aus der Sicht der betriebswirtschaftlichen Anwendungssoftware stellen die klassischen Datenbanken aktuell grundsätzliche Limitierungen dar. Sie erschweren oder verhindern sowohl die Simplifizierung als auch die Beschleunigung und Integration von Geschäftsprozessen. Folgende Eigenschaften klassischer Datenbanken können z. B. bei der Erneuerung Ihrer Geschäftsprozesse hinderlich sein:

- **Online Transaction Processing (OLTP) versus Online Analytical Processing (OLAP)**
  Bisher muss man als Nutzer einer Datenbanklösung zuerst entscheiden, ob man Daten analysieren (OLAP) oder verbuchen (OLTP) möchte. In vielen Situationen ist aber eine Kombination beider Sichtweisen sinnvoll, beispielsweise um Prognosen oder Simulationen durchzuführen oder um Verbuchungsentscheidungen auf Basis einer Datenanalyse zu treffen.

- **Technische Einschränkungen**
  Klassische Betriebswirtschaftliche Anwendungen kämpfen mit verschiedenen Restriktionen, die die Arbeit für den Anwender erschweren. Beispiele sind Sperren, die die Arbeit verlangsamen. Ein anderer Faktor ist die durch die interne Datenaufbereitung verursachte Zeitverzögerung. Von anderen Anwendern und sogar vom Anwender selbst vorgenommene Verbuchungen werden teilweise erst mit Zeitverzögerung in allen relevanten Tabellen des Systems festgeschrieben.

- **Integration**
  Im klassischen Design werden die Rohdaten üblicherweise zunächst intern aufbereitet und konsolidiert. Dies geschieht in sogenannten *Aggregaten*. Diese Aggregate gehorchen der individuellen Logik der einzelnen Anwendung. Eine Nutzung der Daten durch andere Anwendungen unterliegt damit einerseits, wie bereits angesprochen, einer zeitlichen Verzögerung, andererseits ist dazu semantisches Wissen über das jeweilige Anwendungsaggregat nötig. Eine Nutzung durch andere Anwendungen erfordert damit zunächst eine »Übersetzung« in das Datenmodell der anderen Anwendung. Dies erfordert die Verfügbarkeit oder Entwicklung von Schnittstellen.

  Eine Integration auf Basis einer solchen Architektur hat daher Nachteile sowohl in Bezug auf die Kosten (Entwicklung und Wartung der Schnittstellen) als auch in Bezug auf den fehlenden Echtzeitzugriff.

In-Memory-Datenbank

In den letzten Jahren wurden grundlegend neue Datenbankarchitekturen entwickelt, insbesondere sogenannte *In-Memory-Datenbanken*. SAP

S/4HANA setzt voll auf eine solche Datenbank, nämlich SAP HANA. Was SAP HANA auszeichnet und warum derzeit keine andere In-Memory-Datenbank mit SAP S/4HANA kompatibel ist, erklären wir im Folgenden.

2.3.1   SAP HANA

Betrachtet man die Entwicklung der Hardware in den letzten Jahren, beobachtet man, dass etwa um die Jahrtausendwende zwei wesentliche Änderungen aufkamen: Einerseits entstanden Multi-Core-Prozessorarchitekturen, mit denen die Möglichkeit erheblicher Parallelisierung entstand. Andererseits entwickelte sich der Arbeitsspeicher von einem verhältnismäßig teuren und stark begrenzten Medium hin zu einem umfassend verfügbaren Medium.

Die ursprünglichen Einschränkungen in Bezug auf die Verfügbarkeit (d. h. den Preis und die Adressierbarkeit) des Arbeitsspeichers führten dazu, dass die Daten in Softwarearchitekturen primär auf der Festplatte gespeichert und lediglich Teile der Daten im Arbeitsspeicher vorgehalten wurden. Klassische Datenbanken sind durch eben diese Festplattenzugriffe grundsätzlich in ihrer Verarbeitungsgeschwindigkeit limitiert. In einer In-Memory-Datenbank wird die Festplatte lediglich für die Sicherung, Archivierung und Wiederherstellung der Daten benötigt. Die Daten selbst befinden sich aber permanent im Hauptspeicher.

Daten permanent im Hauptspeicher

Im Unterschied zu anderen In-Memory-Datenbanken verfügt SAP HANA allerdings noch über weitere Alleinstellungsmerkmale: SAP HANA ist nicht nur als generische Datenbank geeignet, sondern konnte dank der Erfahrung von SAP mit betriebswirtschaftlichen Anwendungen auch gleichzeitig für diese Art der Anwendungen optimiert werden.

Optimierung für Unternehmenssoftware

Als eine wesentliche Konsequenz daraus liegen in SAP HANA die Daten in einem spaltenorientierten Format vor, während in anderen Datenbanken die Daten zeilenorientiert abgelegt werden (siehe Abbildung 2.5). Wieso ist dies relevant?

Spaltenorientierte Datenbank

Im Rahmen von betriebswirtschaftlichen Anwendungen erfolgt die überwiegende Mehrzahl der Zugriffe auf die Daten spaltenorientiert: In der Regel werden die Werte eines Feldes oder einer Auswahl von Feldern selektiert und bearbeitet. Es ist höchst selten, dass das komplette Zeilen-Tupel benötigt wird. Erfolgen die SELECT-Anweisungen nun unter Ausnutzung der Spaltenindizes, müssen nur deutlich kleinere Datenmengen verarbeitet werden. Darüber hinaus können – insbesondere unter den Rahmenbedingungen für betriebswirtschaftliche Anwendungen – die Werte in den Spalten in der Regel sehr gut komprimiert werden.

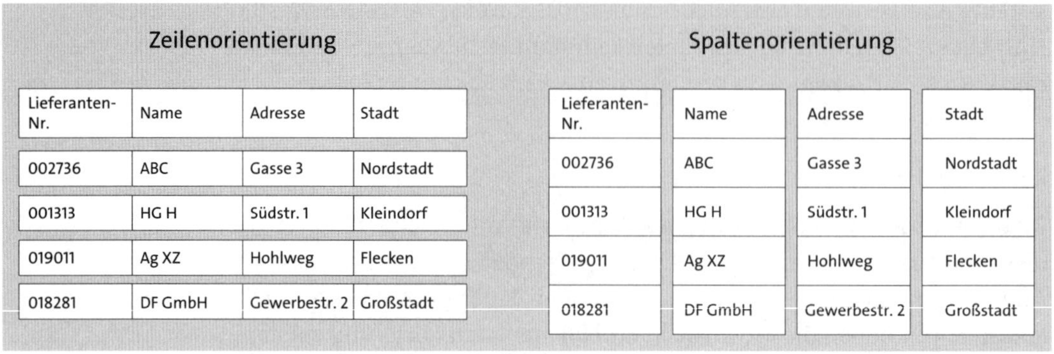

Abbildung 2.5 Gegenüberstellung von zeilen- und spaltenorientierter Datenablage

Parallelisierung

Ein weiterer Vorteil von SAP HANA ist, dass diese Datenbank so optimiert wurde, dass die vorwiegend vorkommenden betriebswirtschaftlichen Datenoperationen performant durchgeführt werden können. Dazu nutzt SAP HANA die Möglichkeiten, die die Multi-Core-CPUs (Central Processing Units) für die Parallelisierung bieten. Außerdem sind die Algorithmen auf Basis von Annahmen darüber optimiert, welche Art von Aktualisierungs-, Einfüge- und Löschoperationen besonders häufig durchgeführt werden müssen und daher besonders performant sein sollten.

2.3.2   Das Datenmodell

Optimierung der Datenmodelle für die Datenbank

SAP S/4HANA ist so konzipiert, dass es die im vorangegangenen Abschnitt beschriebenen Vorteile von SAP HANA möglichst gut ausnutzt. Aus dieser Fokussierung auf SAP HANA ergeben sich für die Datenmodelle in SAP S/4HANA die folgenden wesentlichen Konsequenzen:

- Verzicht auf Aggregate
- Überarbeitung bestehender ABAP-Dictionary-Tabellen
- Code Pushdown

Auf diese Maßnahmen gehen wir in den folgenden Abschnitten ein.

Verzicht auf Aggregate

Nachteile von Aggregaten

Um das Geschwindigkeitsdefizit klassischer Datenbanken zu kompensieren, konsolidierte man die Daten vorab in *Aggregatstabellen*. Die Anwendungen griffen dann auf diese Aggregatstabellen zu, um die Daten aus ihnen zu lesen. Mit diesen Aggregaten gingen jedoch auch Nachteile einher: Durch die Konsolidierungsoperationen »hinken« die Einträge in den

Aggregatstabellen den Originaltabellen immer ein wenig hinterher. Dies wird umso gewichtiger, je umfangreicher die Datenmengen werden, die pro Zeiteinheit verarbeitet werden müssen.

Ein weiterer Nachteil ist, dass die Aggregation definierte Annahmen für die Konsolidierung voraussetzt. Es ist daher nicht ohne Weiteres möglich, diese Daten unter einem geänderten Blickwinkel zu verarbeiten. Dafür muss man auf die Originaldaten zugreifen, was wiederum Nachteile in Bezug auf die Geschwindigkeit mit sich bringt.

Abbildung 2.6 veranschaulicht als Beispiel die Zielarchitektur für die Simplifizierung des Datenmodells für Vertriebsbelege beim Übergang von SAP ERP nach SAP S/4HANA.

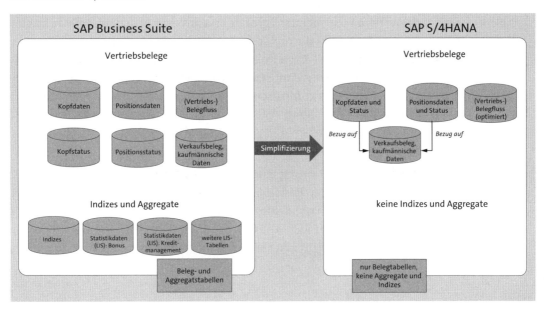

Abbildung 2.6 Simplifizierung des Datenmodells für Vertriebsbelege (Zielarchitektur)

Die klassischen Aggregattabellen wurden hier gestrichen. Alle neuen, SAP-HANA-optimierten Anwendungen greifen direkt auf die Originaldaten zu.

Wichtig zu wissen ist allerdings, dass die Aggregate auch im neuen Datenmodell noch »versteckt« weiterexistieren: Die Tabellen können in Echtzeit von der Datenbank emuliert werden. Zu diesem Zweck gibt es in SAP S/4HANA vordefinierte *Datenbank-Views*. Mit diesen Views werden die Aggregate in Echtzeit simuliert, sodass bestehende Anwendungen, die noch nicht für SAP HANA optimiert wurden, weiter fehlerfrei arbeiten können.

Datenbank-Views

> **Zugriff auf das klassische Datenmodell**
>
> In SAP S/4HANA sind kompatible Datenbank-Views eingebaut, die den Zugriff auf das Datenmodell der klassischen SAP Business Suite ermöglichen.

Insbesondere bedeutet dies, dass Lesezugriffe aus gegebenenfalls existierenden kundeneigenen Erweiterungen (wie z. B. Reports) in der Regel auch ohne eine Anpassung an das neue Datenmodell nutzbar bleiben. Wie Sie eigenes Coding auf seine Kompatibilität mit SAP S/4HANA überprüfen, beschreiben wir in Abschnitt 10.2.5, »Anpassung von Eigenentwicklungen«.

Überarbeitung bestehender ABAP-Dictionary-Tabellen

Optimierung der Datenarchitektur

Neben dem Verzicht auf Aggregate erkennt man in dem Beispiel aus Abbildung 2.6 auch, dass die Architektur der Originaldatenablage teilweise ebenfalls optimiert wird. Dazu muss man beachten, dass sich die Datenmodelle in SAP ERP über Jahrzehnte entwickelt haben. Dabei mussten diese Datenmodelle einerseits kompatibel mit beliebigen Datenbanken sein und bleiben, andererseits hätten rigide Änderungen zu Problemen beispielsweise mit den versprochenen und von den Kunden erwarteten einfachen Upgrades mithilfe der SAP ERP EHPs geführt.

Durch die Fokussierung auf die SAP-HANA-Datenbank und die klare Abgrenzung von den Bestandsprodukten ist es mit SAP S/4HANA nun auch möglich, die Datenarchitektur allgemein zu überarbeiten. Hierbei wird die Datenablage weiter auf SAP HANA optimiert, um beispielsweise die Komprimierungsrate weiter zu verbessern oder die allgemeine Performance zu optimieren.

Code Pushdown

Eine weitere Neuerung in SAP S/4HANA ist, dass Prozeduren direkt in die Datenbank verlagert werden. In der klassischen SAP Business Suite entkoppelte der ABAP-Kernel die Anwendung von der Datenbank, um eine Kompatibilität zu beliebigen Datenbanken zu erhalten. In der Folge mussten die Rohdaten zunächst aus der Datenbank geladen und dann in der Anwendung verkettet werden, um komplexe, datenintensive Selektionen und Berechnungen durchzuführen.

Anwendungscoding optimieren

In SAP S/4HANA werden nun Teile der Verarbeitung der Daten in die Datenbank selbst verlagert, wo sie schneller prozessiert werden können. Dies bezeichnet man als *Code Pushdown*. Der Code Pushdown kann wahlweise in ABAP mit Open SQL oder über SAP-HANA-Content erfolgen, der in SAP HANA Studio erstellt wird.

Welche Auswirkungen ergeben sich daraus für bestehende eigene Code-Erweiterungen? Da bestehende Open-SQL-Datenzugriffe weiterhin funktionieren, können existierende Erweiterungen auch weiterhin benutzt werden. Sie müssen nur in Ausnahmefällen angepasst werden. Allerdings nutzen diese Codestrecken dann nicht das volle Potenzial von SAP S/4HANA aus. Bei der Planung eines Umstiegs sollte daher untersucht werden, für welches kundeneigene Coding eine Überarbeitung und Optimierung sinnvoll sein könnte. Da diese Anpassungen auch erst in einem zweiten Schritt nach dem Umstieg auf SAP S/4HANA erfolgen können, ergibt sich eine große Flexibilität in der Planung.

2.3.3   Umgang mit Bestandsdaten

Was bedeuten diese Änderungen des Datenmodells für die Planung des Umstiegs? Die gute Nachricht ist, dass Sie die wenigsten dieser Änderungen an den Datenmodellen aktiv berücksichtigen müssen, zumal SAP S/4HANA ja dank der mitgelieferten Views bereits die erforderliche Kompatibilität mitbringt (siehe den Abschnitt »Verzicht auf Aggregate« in Abschnitt 2.3.2, »Das Datenmodell«). Sie sollten allerdings bei der Planung Ihres Projekts beachten, dass ein Teil der existierenden Daten in die neuen Datenmodelle übertragen werden muss. Je nachdem, welches technische Umzugsszenario Sie wählen (die einzelnen Szenarien stellen wir ab Kapitel 4, »Den Umstieg auf SAP S/4HANA vorbereiten«, vor), werden für diese *Datenumsetzung* unterschiedliche technische Verfahren benutzt. In der Regel sind dies die Verfahren *Execution of Program After Import* (XPRA) oder *After Import Methods* (AIM). Allen gemeinsam ist, dass für die technische Datenumsetzung eine gewisse Laufzeit einkalkuliert werden muss.

Datenumsetzung in die neuen Datenmodelle

Diese Laufzeit hängt primär von der Menge der umzusetzenden Daten ab. Aus diesem Grund raten wir dazu, vor dem Umstieg auf SAP S/4HANA zu überprüfen, welcher Anteil der Bestandsdaten archiviert werden kann. Dies führt zu einer Reduktion der aktiv umzusetzenden Daten und damit zu einer Minimierung der Laufzeit für die Umsetzung. Im Kompatibilitätsmodus von SAP S/4HANA enthalten die Anwendungen Lesebausteine, mit denen diese archivierten Daten weiterhin gelesen werden können.

2.3.4   Sizing

Wenn Sie planen, ein neues SAP S/4HANA-System aufzusetzen oder ein bestehendes SAP-ERP-System in SAP S/4HANA zu konvertieren, müssen Sie Folgendes beachten:

Sizing von der Datenbankgröße abhängig

- **Bei der Abschätzung der Hardwareanforderungen gelten für SAP-S/4HANA-Systeme andere Regeln als für SAP-ERP-Systeme**
  Bei der Planung der Hardwareanforderungen (*Sizing*) gelten andere Rahmenbedingungen und Regeln als für Systeme, die auf klassischen Datenbanken basieren. Der Hauptgrund dafür ist, dass bei SAP HANA die Daten im Hauptspeicher (Random-Access Memory, RAM) gehalten werden. Damit ist einerseits ein anderes RAM-Sizing erforderlich. Andererseits führen die geänderten Datenarchitekturen und die eingebauten Datenkomprimierungsalgorithmen von SAP HANA zu einer Komprimierung der Daten um einen Faktor von durchschnittlich 3 bis 5.

- **Hauptspeicher = doppelter Wert des komprimierten Datenvolumens**
  Als Faustregel empfiehlt SAP, den doppelten Wert des komprimierten Datenvolumens als Volumen für den Hauptspeicher zu veranschlagen. Da das Sizing stark von den individuellen Gegebenheiten (wie z. B. der erreichbaren Komprimierung) abhängt, empfiehlt SAP, einen Sizing-Report in den bestehenden SAP-ERP-Systemen laufen zu lassen. Detaillierte Informationen zum Thema Sizing stellt SAP unter dem Link *http:// service.sap.com/sizing* zur Verfügung.

Zusammengefasst lässt sich sagen, dass die SAP-eigene Datenbank SAP HANA mit der Implementierung der Anwendungsfunktionalitäten sehr viel stärker verschränkt ist, als dies früher der Fall war. Nur auf diese Weise können die Anwendungen in ausreichendem Umfang von den Vorteilen der Datenbank profitieren. Diese Verschränkung dürfte auch der Grund sein, warum SAP S/4HANA derzeit ausschließlich für SAP HANA verfügbar ist. In-Memory-Datenbanken von Drittanbietern folgen teilweise anderen Konzepten und erfordern alternative Implementierungen.

2.4   Die SAP-Fiori-Benutzeroberflächen

Die klassischen Business-Suite-Anwendungen entwickelte SAP weitgehend auf Basis der Annahme, dass der Anwender über einen ihm zugeordneten Frontend-PC auf das ERP-System zugreift. Die für den Zugriff verwendete Frontend-Komponente ist das *SAP GUI*. Es musste in der Regel aufwendig auf allen Arbeitsplätzen im Unternehmen eingerichtet werden, da die Anwendungen nur mit einer geeigneten und aktuellen SAP-GUI-Version auf dem eigenen PC genutzt werden konnten.

Rollenbasierte Portale
Im Verlauf der 2000er-Jahre entstand der Wunsch, dem Anwender einen rollenbasierten Zugriff auf die komplexer werdenden Geschäftsprozesse zu ermöglichen. Zu diesem Zweck wurden erfolgreich zentrale Portale implementiert, auf die der Nutzer über den Browser zugreifen konnte. Die Verbindung

zu einem SAP-ERP-System erfolgte dabei über speziell zu diesem Zweck gebaute Frontend-Applikationen, die auf dem zentralen Portal deployt wurden.

Trotz dieser Fortschritte erscheint die Bedienung der SAP-ERP-Systeme – **Neues UI-Konzept**
besonders im Vergleich zu den allgegenwärtigen Oberflächen auf Smartphones, Tablet-Computern und modernen PCs – heute oft nicht mehr zeit-
gemäß. SAP S/4HANA setzt daher voll auf ein neues UI-Konzept namens
SAP Fiori. Es kombiniert technologische Änderungen mit neu gestalteten
Bedienkonzepten.

SAP Fiori umfasst drei verschiedene Typen von Apps, die sich durch ihren
Fokus und die Anforderungen an die Infrastruktur voneinander unterscheiden:

- **Transaktionale Apps**
  Mithilfe dieser Apps können transaktionale Aufgaben ausgeführt werden, z. B. das Anlegen eines Abwesenheitsantrags für einen Mitarbeiter.
  Transaktionale Apps stellen fokussierte Sichten auf Geschäftsprozesse
  und Lösungen dar und interagieren mit diesen.

- **Infoblätter (Fact Sheets)**
  Mithilfe von Infoblättern werden Kontextinformationen und die wichtigsten Aspekte zentraler Objekte angezeigt. Ausgehend von einem Info-
  blatt kann ein Drilldown zu den Detailinformationen zu diesem Objekt
  erfolgen.

- **Analytische Apps**
  Mithilfe von analytischen Apps können relevante Kennzahlen in Echtzeit überwacht werden. Sie bilden damit eine Grundlage für die Entscheidungen der Anwender.

Eine Liste der verfügbaren SAP-Fiori-Apps können Sie in der Referenzbiblio- **Referenzbibliothek**
thek für SAP-Fiori-Apps (*SAP Fiori Apps Reference Library*) einsehen. Über **für SAP-Fiori-Apps**
die Auswahl **SAP S/4HANA** oder **SAP S/4HANA Cloud** können Sie sich die für
SAP S/4HANA angebotenen SAP-Fiori-Apps anzeigen lassen.

Beim Umstieg auf SAP S/4HANA sollte daher die Implementierung von SAP
Fiori mit eingeplant werden. Um diesen Umstieg zu erleichtern, hat SAP das
neue Produkt kompatibel gestaltet: Ein Zugriff über das SAP GUI ist weiter-
hin möglich. Allerdings kann ein Anwender damit nur auf klassische SAP-
ERP-Applikationen zugreifen, nicht aber auf die neu entwickelten SAP-
S/4HANA-Funktionalitäten.

Flexibler Benutzerzugriff

SAP S/4HANA als On-Premise-Implementierung lässt für die klassischen
Transaktionen auch den Zugriff über das SAP GUI zu.

Durch diese Kompatibilität ist also ein phasenweiser Umstieg vorstellbar: In Kapitel 4, »Den Umstieg auf SAP S/4HANA vorbereiten«, werden wir diesen Aspekt noch einmal aufgreifen.

2.4.1   Technologische Änderungen

Die grundlegendste Änderung, die mit SAP Fiori einhergeht, ist der Verzicht auf eine lokal installierte GUI-Komponente. Der Zugriff auf das SAP-S/4HANA-System erfolgt über einen Webbrowser. Damit entfällt die aufwendige Einrichtung der lokalen SAP-GUI-Installationen.

Geräte-unabhängiger Zugriff
In der Folge kann der Anwender prinzipiell mit jedem internetfähigen Gerät auf die SAP-Applikation zugreifen. Er ist also nicht an seinen Arbeitsplatz gebunden, sondern kann beispielsweise per Smartphone oder Tablet auf das SAP-System zugreifen. Um dies zu ermöglichen, werden die SAP-S/4HANA-Anwendungsinstanzen durch einen zentralen *Frontend-Server* ergänzt, wie in Abbildung 2.7 dargestellt.

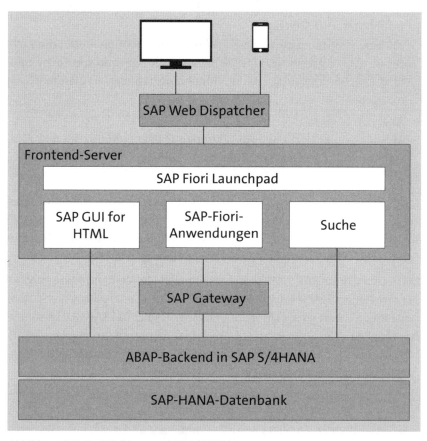

Abbildung 2.7 Architektur von SAP S/4HANA

Die Verbindung zu diesem Frontend-Server wird vom *SAP Web Dispatcher* übernommen. Auf dem Frontend-Server selbst befinden sich das SAP Fiori Launchpad und die SAP-Fiori-Applikationen. Ergänzt werden diese Hauptbestandteile des Frontend-Servers durch eine eingebaute Suchfunktionalität sowie *SAP GUI for HTML*, das aus Kompatibilitätsgründen verfügbar bleibt. Nur in diesen Ausnahmefällen greift der Frontend-Server direkt auf das Backend-System zu.

Um die Verteilung der Browser-Anfragen des Frontend-Servers an die unterschiedlichen im Unternehmen vorhandenen Anwendungssysteme (Backend-Systeme) kümmert sich das *SAP-Gateway-System*. SAP Gateway kann separat oder als Teil des Frontend-Servers implementiert werden.

Obwohl der Frontend-Server auf der zentralen Instanz installiert werden kann, empfiehlt sich in den allermeisten Fällen eine separate Installation als zentraler Frontend-Hub. SAP empfiehlt eine Installation auf der zentralen Instanz (*embedded*) ausdrücklich nur für Einzelsystemlandschaften, wie z. B. Proof-of-Concept-Installationen, oder für sehr kleine Produktivsysteme. In Abbildung 2.8 ist die grundsätzliche Verteilung der erforderlichen Systeminstanzen dargestellt.

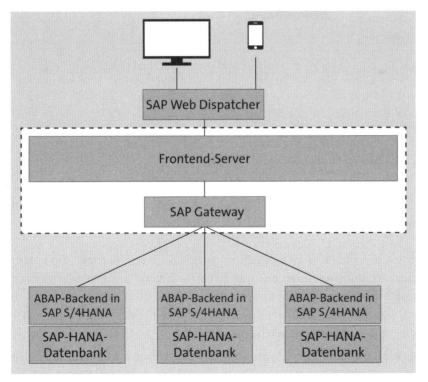

Abbildung 2.8 Anschluss eines SAP-Fiori-Frontend-Servers an eine SAP-Systemlandschaft

2.4.2   Bedienkonzept

Das Bedienkonzept von SAP Fiori lässt sich in einem Wort zusammenfassen: Einfachheit. SAP will den Nutzern seiner Anwendung in allen Bereichen einen deutlich vereinfachten Zugang ermöglichen. Ein Element dieses vereinfachten Zugangs haben Sie bereits kennengelernt: den Zugang von beliebigen Endgeräten aus.

SAP Fiori Launchpad

Darüber hinaus werden die Anwendungen einfacher strukturiert: An die Stelle des SAP-Easy-Access-Menüs der klassischen SAP Business Suite tritt das *SAP Fiori Launchpad* (siehe Abbildung 2.9). Hier findet der Anwender Kacheln, über die er die Anwendungen aufrufen kann.

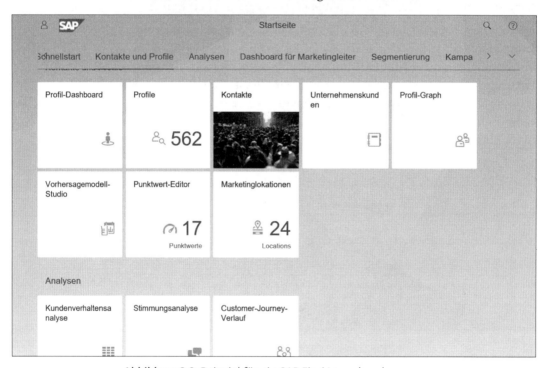

Abbildung 2.9 Beispiel für ein SAP Fiori Launchpad

Live-Kacheln mit relevanten KPIs

Teilweise handelt es sich dabei um sogenannte *Live-Kacheln*, die bereits relevante Informationen aus den dahinter liegenden Anwendungen wie beispielsweise aggregierte Key Performance Indicators (KPIs) anzeigen. Der Anwender kann also bereits im Launchpad sehen, bei welchen Anwendungen ein Eingreifen dringlich ist und wo nicht.

Die Kacheln sind in sogenannte *Launchpad-Gruppen* eingeteilt. Damit werden die Kacheln einerseits strukturiert angeordnet, andererseits kann der Anwender auf so eine Gruppe auch direkt zugreifen. Dieser Direktzugriff erfolgt über ein Dropdown-Menü ( ) im rechten oberen Bereich des Bildschirms.

Welche Kacheln auf dem Launchpad verfügbar sind, hängt von den Rollen ab, die dem Anwender zentral zugeordnet wurden. Dabei handelt es sich um spezielle *SAP-Fiori-Rollen*, die nicht mit den Rollen des Berechtigungskonzepts der klassischen SAP Business Suite verwechselt werden dürfen. Beim Umstieg auf SAP S/4HANA sollte also daher ausreichend Zeit für die Planung bzw. Anpassung des betriebseigenen Rollenmodells mit einkalkuliert werden. Die Applikationen selbst orientieren sich stärker als in der Vergangenheit am tatsächlichen Arbeitsprozess und führen den Anwender durch diesen Ablauf. Die vorgegebene Gestaltung kann in erheblichem Umfang personalisiert werden. Dies findet auch dynamisch statt: Einstellungen wie beispielsweise Filter haben in Echtzeit Auswirkungen auf die dargestellten Ergebnisse und die verfügbaren Prozessoptionen.

Fiori-Anwendungsrollen steuern den Zugriff

Neben der modernen Gestaltung der Applikationen mit einer vollständig überarbeiteten Anordnung und Abfolge der Bildschirmelemente wurde als ein weiterer elementarer Bestandteil eine Suchfunktion implementiert. Hier kann der Anwender nach beliebigen Schlagwörtern suchen. Dies können Langtexte, Fragmente von Schlüsselnummern, Namen und vieles mehr sein. Die Suche bringt als Ergebnis alle Treffer, die Bezug zu der Vorgabe haben. Sie erfolgt über unterschiedliche Business-Objekte und sogar über Systemgrenzen hinweg. Mit dieser mächtigen Suchfunktionalität wird ein Nachteil der früheren SAP-Oberfläche behoben, die meist nur Suchen zu einzelnen Feldwerten über die F4 -Hilfe zuließ.

Umfangreiche Suchfunktion

Sollten beim Anwender trotzdem noch Fragen zum Umgang mit den Anwendungen offen bleiben, ermöglicht eine neu gestaltete Dokumentation die Selbsthilfe: Beim sogenannten *X-Ray-Dokumentationsansatz* kann der Anwender nach dem Aufruf der Hilfefunktion direkt in der Applikation auf die Bereiche klicken, zu denen er Fragen hat. Anschließend wird er zur passenden Dokumentation geleitet.

Hilfe-Funktion

Selbstverständlich können die SAP-Fiori-Benutzeroberflächen auch erweitert werden. Hierfür muss im Gegensatz zu Erweiterungen der klassischen SAP Business Suite oft kein Code geschrieben werden: Dank der *Key User Extensibility* können Anwender selbst beispielsweise Kundenfelder hinzufügen, Objekte ein- oder ausblenden, die Anordnung ändern oder Ergänzungen zur Berechnungslogik vornehmen. Erst für Erweiterungen, die über diese Key User Extensibility nicht realisiert werden können, sind Codeentwicklungen erforderlich.

Erweiterungen

Über die offiziell ausgelieferten SAP-Fiori-Apps hinaus ist es für ein Unternehmen oder SAP-Partner möglich, eigene SAP-Fiori-Anwendungen, die auf SAPUI5 basieren, mit der *SAP Web IDE* zu entwickeln. Das browserbasierte Toolkit ist auf der SAP Cloud Platform verfügbar und beinhaltet eine integrierte Entwicklungsumgebung. Diese Möglichkeit, eigene Benutzeroberflächen erstellen zu können, ist für SAP-Kunden besonders wichtig. In der heutigen SAP Business Suite sind rund 50 % der Oberflächen, die von SAP-Kunden genutzt werden, Eigenentwicklungen.

Zu guter Letzt kann die gesamte Erscheinung der Benutzeroberfläche einem kundenindividuellen *Theming* unterworfen werden, um die eigene Corperate Identity auch auf demm Bildschirm zum Ausdruck zu bringen.

[»] **Weitere Informationen**

Weitere Informationen zur Neugestaltung der SAP-UX mit SAP Fiori finden Sie unter: *http://s-prs.de/v429713*

Weitere Details zu SAP Fiori 2.0 finden Sie hier: *http://s-prs.de/v429714*

Ein Video zu dem Design finden Sie unter: *http://s-prs.de/v429715*

Auf die SAP Fiori Apps Reference Library können Sie über folgenden Link zugreifen: *http://s-prs.de/v429716*

Weitere Informationen zum Thema SAP Web IDE können Sie hier finden: *http://s-prs.de/v429717*

Informationen zu den Entwicklungsrichtlinien für SAP Fiori 2.0 finden Sie hier: *http://s-prs.de/v429718*

Zugriff auf klassische Transaktionen
Zu beachten ist, dass all die genannten Elemente nur bei den neu überarbeiteten Funktionen von SAP S/4HANA ausgeprägt sind. Der Zugriff auf klassische SAP-ERP-Anwendungen folgt weiter der gewohnten Philosophie. Die klassischen Transaktionen können dem Anwender jedoch ebenfalls im SAP Fiori Launchpad angeboten werden.

Schrittweise Einführung
Zusammengefasst kann man sagen: SAP S/4HANA kann bei einem Umstieg von einem SAP-ERP-System eingeführt werden, ohne SAP Fiori sofort flächendeckend mit einzuführen. Allerdings kann man in diesem Fall nicht von den erheblichen Vereinfachungen in den Anwendungen profitieren, sondern kann nur die klassischen SAP-Business-Suite-Anwendungen nutzen. Aus diesem Grund sollte ein SAP-S/4HANA-Einführungsprojekt mindestens eine schrittweise Einführung des SAP-Fiori-UI-Konzepts mit einplanen. Da SAP Fiori rollenbasiert arbeitet, können sehr leicht einzelne Unternehmensbereiche und Mitarbeitergruppen für die Umstellung ausgewählt werden. Aufgrund der genannten Vorteile von SAP Fiori hat sich SAP entschieden, bei der SAP S/4HANA Cloud ausschließlich SAP Fiori als Benutzeroberfläche anzubieten.

Schrittweise Einführung

Das neue SAP-Fiori-UI-Konzept wird über neue Rollenzuordnungen kontrolliert und kann daher schrittweise eingeführt werden.

2.5   Schnittstellen

Bisher haben wir uns in diesem Kapitel auf diejenigen Neuerungen durch
SAP S/4HANA konzentriert, die das einzelne System betreffen. Steigt man
von einem existierenden SAP-ERP-System auf SAP S/4HANA um, ist dieses
ERP-System jedoch üblicherweise in eine Systemlandschaft eingebettet
oder wurde durch eigene oder von Drittanbietern bereitgestellte Anwendungen erweitert. Was sollte in einer solchen Situation beachtet werden?

In einem ersten Schritt sollte festgestellt werden, wie die Einbettung bzw.   Bestandsaufnahme
Erweiterung realisiert wurde:

- **Integration über SAP Process Integration (PI) bzw. SAP Process Orchestration (PO)**
  Vorhandene Integrationsflüsse über die Middleware von SAP PI/PO können weiterhin bestehen bleiben. SAP S/4HANA ist mit SAP PI/PO kompatibel. Um neue bzw. signifikant geänderte SAP-S/4HANA-Anwendungen
  zu integrieren, kann es erforderlich sein, zusätzlichen Integrations-Content zu implementieren.

- **Integration über freigegebene Schnittstellen**
  Freigegebene Schnittstellen wie Business Application Programming
  Interfaces (BAPIs) können weiterhin verwendet werden. In SAP S/4HANA
  wurden die Implementierungen der Schnittstellen an das neue Datenmodell angepasst, falls erforderlich. Auch hier gilt, dass diese Kompatibilität sich auf die klassischen Anwendungsszenarien bezieht.

- **Proprietäre Integration**
  Wurden eigene Zugriffe oder Schnittstellen implementiert, muss individuell analysiert werden, ob diese in SAP S/4HANA weiterhin verwendet
  werden können. Zwar hat SAP bei der Implementierung des neuen
  Datenmodells auf Kompatibilität geachtet, jedoch kann nicht ausgeschlossen werden, dass einzelne Anpassungen notwendig sind. Wir
  beschreiben in Kapitel 4, »Den Umstieg auf SAP S/4HANA vorbereiten«,
  wie eine solche Analyse erfolgen kann.

- **Drittanbieter-Anwendungen**
  Falls Sie Drittanbieter-Anwendungen nutzen, sollten Sie sich beim
  Anbieter der Software erkundigen, inwieweit diese für SAP S/4HANA
  freigegeben sind.

Abhängig vom Ergebnis dieser Analyse ergeben sich Folgeaktivitäten, die bei der Planung des Umstiegsprojekts berücksichtigt werden sollten. Zusammengefasst kann man festhalten, dass sich umso weniger Folgeaktivitäten ergeben, je stärker die Implementierung die Empfehlungen von SAP berücksichtigt hat und modifikationsfreie Erweiterungen bzw. die Integration über Standardschnittstellen nutzt. Wie Sie im Detail vorgehen, um SAP S/4HANA in eine Landschaft zu integrieren, erläutern wir in Kapitel 8, »SAP S/4HANA Cloud in die Systemlandschaft integrieren«, und in Kapitel 13, »SAP S/4HANA On-Premise in die Systemlandschaft integrieren«.

2.6   SAP S/4HANA Embedded Analytics

Die im Rahmen von SAP S/4HANA bereitgestellte analytische Funktionalität wird unter dem Begriff *SAP S/4HANA Embedded Analytics* zusammengefasst. Damit kann der Anwender (und hier ist nicht nur der Fachexperte für analytische Datenauswertungen gemeint, sondern jeglicher Anwender) Echtzeitanalysen auf Basis der SAP-S/4HANA-Applikationsdaten eigenständig erstellen und ausführen. Standardreports und analytische SAP-Fiori-Apps werden zusätzlich mit SAP S/4HANA ausgeliefert und können genutzt werden. Die Darstellung der analytischen Daten erfolgt mithilfe der SAP-Fiori-Technologie über das neue SAP Fiori Launchpad.

CDS-Views   Technisch basieren die Funktionen von SAP S/4HANA Embedded Analytics auf den sogenannten CDS-Views (Core Data Services) der ABAP-Schicht in SAP S/4HANA. Diese CDS-Views sind Datenbanksichten, die strukturiert in einem virtuellen Datenmodell (*Virtual Data Model*, VDM) verwaltet werden. Auf Basis dieser CDS-Views führt der Anwender Abfragen in Echtzeit auf die transaktionalen Daten aus. Dies kann mit vorhandenen, vorausgelieferten Views erfolgen, oder ein Anwender kann vorhandene Views erweitern oder neue auf Basis der jeweiligen Applikationstabellen erstellen.

Neben den technischen Funktionen zur schnellen und individuellen Gestaltung von analytischen Abfragen unterstützen vor allem auch die vereinfachten Datenstrukturen von SAP S/4HANA das Erstellen solcher Abfragen in Echtzeit. Dadurch, dass auf Aggregate und damit Datenredundanz verzichtet werden kann, muss der Anwender diese Aggregatslogik nicht mehr kennen und kann seine Abfragen auf den Daten der nativen Tabellen basieren lassen.

Die Darstellung von analytischen Daten erfolgt grundsätzlich auf Basis von SAP-Fiori-Oberflächen. Für die unterschiedlichen Nutzergruppen (Endanwender, Key-User und Entwickler) und Anwendungsfälle werden jeweils passende Benutzeroberflächen bereitgestellt. Wie in Abbildung 2.10 dargestellt, gibt es für den Endanwender jeweils auf die Rolle und den Use-Case angepasste analytische Auswertungen, aber auch Tools und Funktionen für den Analytics-Key-User, um eigene Abfragen zu erstellen.

Analytische Daten in SAP Fiori

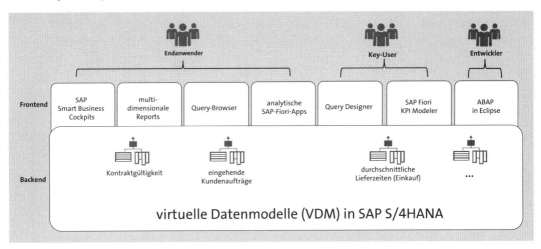

Abbildung 2.10 SAP Embedded Analytics – unterschiedliche Benutzerrollen

Am Beispiel der Benutzerrolle eines internen Vertriebssachbearbeiters wollen wir Ihnen zeigen, wie die Integration von analytischen Daten die Bearbeitung kritischer Kundenaufträge unterstützt. Mit der SAP-Fiori-App zur Kundenauftragserfüllung steht dem Sachbearbeiter eine App zur Verfügung, mit deren Hilfe er Sondersituationen bei der Abwicklung von Kundenaufträgen bearbeiten und lösen kann. Kritische Aufträge (z. B. Aufträge, bei denen das versprochene Auslieferungsdatum sich verzögert) werden hier auf einer Überblicksseite dargestellt (siehe Abbildung 2.11). Von hier aus kann der Endanwender zu den verschiedenen Detaildarstellungen navigieren und die Ursachen von Verzögerungen für jeden kritischen Auftrag analysieren.

Beispiel: kritische Kundenaufträge

> **Weitere Informationen**
>
> Weitere Informationen und Beispiele für analytische Anwendungen finden Sie unter *http://s-prs.de/v429719* oder in der SAP Fiori Apps Reference Library unter *http://www.sap.com/fiori-apps-library*.

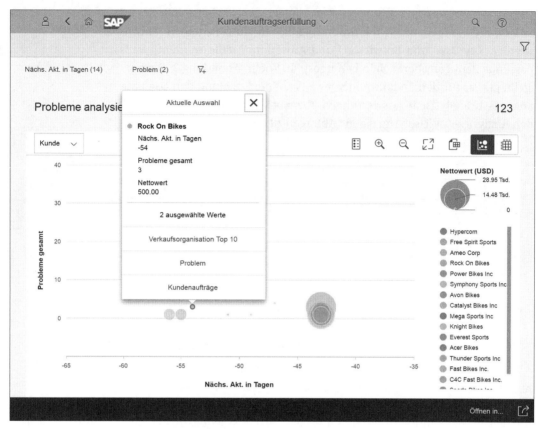

Abbildung 2.11 Übersichtsseite für kritische Kundenaufträge

Kapitel 3
Cloud, On-Premise und hybride Szenarien

SAP S/4HANA kann in verschiedenen Cloud- und On-Premise-Editionen genutzt werden. Aber wo liegen die Unterschiede zwischen den Betriebsmodellen? Und worin unterscheiden sich die einzelnen SAP-S/4HANA-Editionen?

Beim Umstieg auf SAP S/4HANA sind grundsätzliche Entscheidungen zu treffen. Zum einen muss die Art der Systemlandschaft gewählt werden, zum anderen muss darüber entschieden werden, welche Funktionen von SAP S/4HANA eingesetzt werden sollen und wie diese genutzt werden (siehe Abbildung 3.1). Unternehmen müssen sich zunächst entscheiden, ob SAP S/4HANA *On-Premise* (d. h., die Software wird mit der eigener Hardware betrieben), in der *Cloud* (d. h., die Software wird gemietet und durch einen Anbieter betrieben) oder als *hybrides Szenario* (d. h., Teile der Geschäftsszenarien werden in die Cloud verlagert, andere Teile verbleiben On-Premise) betrieben werden soll. Des Weiteren muss sich der Kunde überlegen, ob er den Übergang nach SAP S/4HANA nutzt, um Geschäftsprozesse grundsätzlich neu zu gestalten (*Greenfield-Ansatz*) oder ob bestehende Geschäftsprozesse grundsätzlich fortgesetzt und übernommen werden sollen (*Brownfield-Ansatz*).

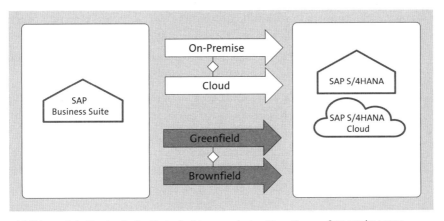

Abbildung 3.1 Strategische Entscheidungen beim Umstieg auf SAP S/4HANA

Mit den grundsätzlichen Möglichkeiten und Unterschieden der verschiedenen Betriebsmodelle beschäftigen wir uns in diesem Kapitel. Es soll Ihnen das für eine Entscheidung notwendige Grundlagenwissen vermitteln. Zunächst vermitteln wir Ihnen einen Überblick über die Betriebsmodelle und definieren in diesem Zusammenhang wichtige Begriffe. Im Anschluss stellen wir die einzelnen Editionen der SAP-S/4HANA-Produktfamilie vor und vergleichen diese Editionen miteinander.

Im Regelfall haben Unternehmen das Bedürfnis, ihre Geschäftsprozesse zu individualisieren. Neben den Einstellungen im Rahmen der betriebswirtschaftlichen Konfiguration ist die Nutzung individueller Erweiterungsmöglichkeiten ein notwendiges Mittel zur Differenzierung eines Unternehmens. Im letzten Abschnitt dieses Kapitels gehen wir daher ausführlich auf die Erweiterungskonzepte für SAP S/4HANA ein.

3.1   Die Betriebsmodelle im Überblick

Damit Sie sich für ein SAP-S/4HANA-Betriebsmodell entscheiden können, stellen wir im Folgenden zunächst die grundsätzlichen Charakteristika der einzelnen Betriebsmodelle vor. In Abschnitt 3.3, »Die Betriebsmodelle im Vergleich«, werden dann die verschiedenen Betriebsmodelle miteinander verglichen.

3.1.1   Das On-Premise-Betriebsmodell

Vollständige Kontrolle über Hard- und Software

Unter dem On-Premise-Betriebsmodell versteht man im Regelfall die Nutzung von Software, die ein Kunde käuflich erworben hat und anschließend auf entsprechender Hardware selbst betreibt und administriert. Damit hat der Kunde vollständige Kontrolle über Hard- und Software, geschäftskritische Anwendungsdaten und die Zeitpunkte der Software-Wartung. Auch bezogen auf individuelle Erweiterungen und die Möglichkeit der Integration mit anderen Systemen (eigenen In-House-Lösungen oder externen Systemen) hat der Kunde die maximale Flexibilität.

Auf der anderen Seite hat der Kunde aber auch die volle Verantwortung für die Verfügbarkeit der Software sowie für die Zugriffs- und Ausfallsicherheit. Bei leistungsstarken und dann häufig auch komplexen ERP-Systemen kommen damit zu den Kosten für Hard- und Software auch Kosten für entsprechendes IT-Fachpersonal zur Einführung, zum Betrieb und zur Wartung der Software hinzu.

3.1.2 Das Cloud-Betriebsmodell

Von einem Cloud-Betriebsmodell spricht man, wenn ein Kunde die genutzte Software nicht eigenständig betreibt und administriert, sondern als Serviceleistung eines Dienstleisters in Anspruch nimmt. Im Cloud-Betriebsmodell werden die Software und korrespondierende Serviceleistungen auf Zeit gemietet. Eigene Hardware und Betriebssystemsoftware wird für die Cloud-Software nicht benötigt. Das eigene IT-Personal kann sich damit auf andere Aufgaben konzentrieren.

Mieten von Software und Services

Für den Zugang wird im Regelfall nur ein Internetzugang benötigt. Damit kann der Kunde auf die Cloud-Software unabhängig vom Standort und bei den meisten Anbietern auch mit mobilen Endgeräten zugreifen. Die damit verbundene Kostentransparenz ist sicherlich einer der Hauptvorteile des Cloud-Betriebsmodells. Bei der Nutzung von Cloud-Software teilt sich der Kunde die Software-Infrastruktur mit vielen anderen Kunden.

Um einen effizienten Betrieb der Cloud-Software sicherstellen zu können, kann der einzelne Kunde jedoch nur in eingeschränktem Maße auf die Wartungszyklen und Zeitpläne Einfluss nehmen. Im Regelfall muss davon ausgegangen werden, dass die Möglichkeiten zur individuellen Anpassung im Cloud-Betriebsmodell begrenzter sind als beim On-Premise-Betriebsmodell. Ein individuell zu bewertendes Thema bleibt sicherlich weiterhin das Thema Datensicherheit (*Cloud Security*). Bei seriösen Cloud-Anbietern werden die Standards und Prozesse zur Datensicherheit – verglichen mit den Sicherheitsinfrastrukturen eines durchschnittlichen Unternehmens – in der Regel höher bzw. umfangreicher sein.

Begrenzte Eingriffsmöglichkeiten

Die Bewertung dieser Aspekte des Cloud-Betriebsmodells hängt allerdings auch entscheidend von den jeweils genutzten Service- und Bereitstellungsmodellen ab. Im Überblick sind diese in Abbildung 3.2 dargestellt. Sie orientieren sich an den Definitionen der US-amerikanischen Standardisierungsbehörde *National Institute of Standards and Technology* (NIST, *https://www.nist.gov*).

Service- und Bereitstellungsmodelle

Bei den Servicemodellen unterscheidet man folgende drei Kategorien:

Servicemodelle

- **Software-as-a-Service (SaaS)**
  Beim Modell Software-as-a-Service (SaaS) nutzt der Kunde Anwendungen eines Anbieters (Providers), die auf einer Cloud-Infrastruktur ausgeführt werden. Typischerweise greift der Kunde über das Internet mit einem Webbrowser auf diese Anwendungen zu. Im SaaS-Modell ist der Provider für die Verwaltung und Kontrolle der Cloud-Infrastruktur verantwortlich. Der Kunde hat über benutzerspezifische Konfigurationseinstellungen hinaus keine Verwaltungs- oder Kontrollmöglichkeiten.

In diese Kategorie fallen neben den Public-Cloud-Editionen von SAP S/4HANA auch folgende SAP-Lösungen: SAP SuccessFactors, SAP Hybris Cloud, SAP Ariba, Concur und SAP Fieldglass.

- **Platform-as-a-Service (PaaS)**
  Bei dem Modell Platform-as-a-Service (PaaS) werden Anwendungsentwicklern Programmiersprachen und Tools als Service zur Verfügung gestellt. Auch in diesem Modell liegt die Kontrolle und Verwaltung der zugrunde liegenden Cloud-Infrastruktur in den Händen des Providers. Der Kunde verwaltet seine Applikationen, die er auf Basis der bereitgestellten Entwicklungsumgebung erstellt hat. Ein Vertreter dieses Modells ist die SAP Cloud Platform (früher: HCP).

- **Infrastructure-as-a-Service (IaaS)**
  Infrastructure-as-a-Service (IaaS) bezeichnet einen Service, bei dem Anwender Zugriff auf Rechenleistung, Datenspeicher und Netzwerkkapazitäten erhalten. In diesem Modell hat der Kunde Kontrolle über die genutzten Anwendungen und Betriebssysteme, die er im Regelfall auch selbst installiert. Die Kontrolle und Verwaltung der Cloud-Infrastruktur verbleibt auch hier beim Provider. In diese Kategorie fällt die SAP HANA Enterprise Cloud (siehe Abschnitt 3.2.3).

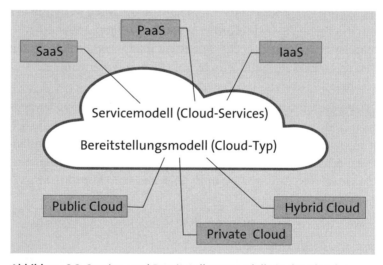

Abbildung 3.2 Service- und Bereitstellungsmodelle in der Cloud

Bereitstellungs-
modelle

Bei den *Cloud-Bereitstellungsmodellen* unterscheidet man ebenfalls wieder zwischen drei Typen:

- **Public Cloud**
  Von einer Public Cloud spricht man, wenn die angebotenen Services und Anwendungen frei zugänglich sind und grundsätzlich von jedermann

genutzt werden können. Bei Public-Cloud-Lösungen teilen sich die Nutzer im Regelfall die Ressourcen der Cloud-Infrastruktur, die von einem externen Anbieter bereitgestellt werden.

- **Private Cloud**
  In einer Private Cloud wird die Cloud-Infrastruktur für bestimmte Kunden oder für genau einen Kunden bereitgestellt. Das Bereitstellen der Cloud-Infrastruktur und der Betrieb einer Private Cloud kann firmenintern oder durch externe Anbieter erfolgen. Die Übergang zu dem On-Premise-Betriebsmodell bei einem firmeninternen Betrieb ist fließend und hängt davon ab, wie wie flexibel skalierbar die IT-Infrastruktur sein soll, wie der Zugriff auf die betriebenen Anwendungen über das Internet erfolgen soll oder in welchem Rhythmus automatische Programm-Updates geschehen sollen.

- **Hybrid Cloud**
  Eine Kombination aus Public und Private Cloud wird als Hybrid Cloud bezeichnet. Hier wird ein Teil der IT-Infrastruktur unternehmensintern betrieben, andere Services werden von einem externen Public-Cloud-Provider zur Verfügung gestellt.

3.1.3   Das hybride Betriebsmodell

Von dem hybriden Betriebsmodell spricht man, wenn Teile eines Geschäftsszenarios On-Premise und andere in der Cloud betrieben werden. Hybride Betriebsmodelle bieten die Möglichkeit, die Charakteristika des On-Premise- und des Cloud-Betriebsmodells miteinander zu kombinieren. So können Kernbereiche des Unternehmens, bei denen die größtmögliche Kontrolle und Flexibilität gewünscht wird, On-Premise betrieben werden, während in anderen Unternehmensbereichen vielleicht die Industriestandards ausreichend sind und in der Cloud betrieben werden können.

Hybride Strukturen im Personalwesen

Ein Unternehmensbereich, in dem die Auslagerung von Geschäftsprozessen in die Cloud weit vorangeschritten ist, ist der Bereich Personalwesen. Wie bereits in Kapitel 1, »SAP S/4HANA – Anforderungen und Leistungen«, beschrieben wurde, sieht SAP die Zielarchitektur der Geschäftsprozesse im Personalwesen in der Cloud. Mit dem Lösungsportfolio von SAP Success-Factors bietet SAP HR-Abteilungen (Human Resources) die Möglichkeit, Funktionen wie Personaladministration, Bewerberverwaltung, Leistungsmanagement oder Talentmanagement in die Cloud auszulagern.

Hybride Szenarien können auch aufgrund der Organisationsstruktur eines Unternehmens sinnvoll sein. So mag man die globalen Geschäftsprozesse im Firmenhauptsitz On-Premise betreiben wollen, während in den jeweiligen Länderniederlassungen die regionalen Geschäftsprozesse in die Cloud verlagert und standardisiert werden können.

Integrations-
anforderungen

Technisch und inhaltlich stellt ein Mix aus On-Premise- und Cloud-Prozessteilen Anforderungen an die Integration der eingesetzten Lösungen. Dies ist in Abbildung 3.3 angedeutet.

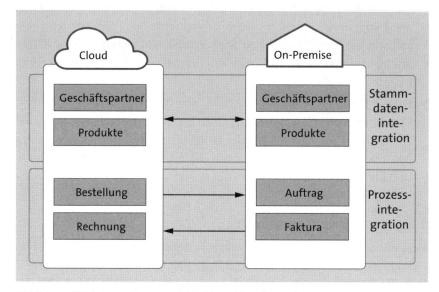

Abbildung 3.3 Integrationsaspekt bei hybriden Szenarien

Daher sollten die konkreten Anforderungen der Stammdaten- und Prozessintegration mit in die Entscheidung über das Betriebsmodell einfließen. Weitere Details zu den Integrationsszenarien zwischen den verschiedenen SAP-Cloud-Lösungen finden Sie in Kapitel 8, »SAP S/4HANA Cloud in die Systemlandschaft integrieren«.

3.2   Die SAP-S/4HANA-Produktfamilie

Als Kunde haben Sie die Möglichkeit, zwischen verschiedenen Editionen der SAP-S/4HANA-Produktfamilie zu wählen. In Abbildung 3.4 sind die zurzeit verfügbaren Mitglieder der SAP-S/4HANA-Produktfamilie zu erkennen.

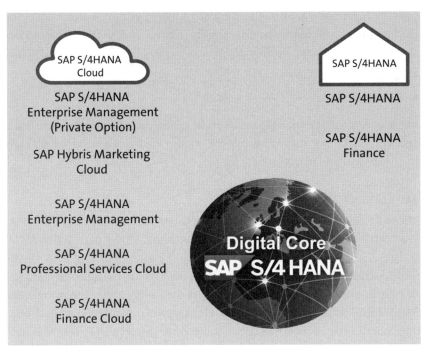

Abbildung 3.4 Die SAP-S/4HANA-Produktfamilie

Grundsätzlich wird zwischen den On-Premise- und den Cloud-Editionen   On-Premise- und
unterschieden. Allen Mitgliedern der SAP-S/4HANA-Produktfamilie ist   Cloud-Editionen
gemeinsam, dass sie auf dem gleichen Programmcode basieren. Für den
Endanwender ergeben sich zwischen den Editionen jedoch Unterschiede,
beispielsweise aufgrund des unterschiedlichen Ansatzes bei den Benutzeroberflächen. In der SAP S/4HANA Cloud werden ausschließlich SAP-Fiori-
basierte Benutzeroberflächen angeboten, während in der SAP-S/4HANA-
On-Premise-Edition zusätzlich auch weiterhin klassische Oberflächen
verwendet werden können, die auf SAP GUI for Windows basieren. Die SAP
S/4HANA Enterprise Management Cloud (Private Option) wird als sogenannte *Private-Managed-Cloud-Lösung*, also als gehosteter Service, in der
SAP HANA Enterprise Cloud (HEC) bereitgestellt und stellt von ihren Charakteristika her eine Mischung aus On-Premise- und Cloud-Bereitstellungs-
modell dar.

3.2.1   On-Premise-Editionen von SAP S/4HANA

In der On-Premise-Variante von SAP S/4HANA betreibt der Kunde die Software in seiner eigenen Systemlandschaft. Hier ist der Kunde eigenständig
verantwortlich für den Kauf der Hardware, für die Installation und Admi-

nistration der Software und für die Wartung des Systems (zum Beispiel für das Einspielen von Softwareänderungen). Aktuell ist SAP S/4HANA in zwei On-Premise-Versionen verfügbar:

- SAP S/4HANA Finance
- SAP S/4HANA

Mit SAP S/4HANA Central Finance steht zusätzlich eine On-Premise-Variante zur Verfügung, die als zusätzliche Instanz zu den operativen Systemen in der Systemlandschaft globale Finanzprozesse ermöglicht.

SAP S/4HANA Finance

Erstes Produkt der SAP-S/4HANA-Produktfamilie

Mit SAP S/4HANA Finance wurde 2014 das erste Produkt der SAP-S/4HANA-Produktfamilie veröffentlicht (zu dem Zeitpunkt unter dem Namen *SAP Simple Finance Add-on for SAP Business Suite powered by SAP HANA*). Mit SAP S/4HANA Finance wurden erstmals die Datenstrukturen im Bereich des Rechnungswesens so angepasst, dass die In-Memory-Technologie der SAP-HANA-Datenbank in optimaler Weise genutzt werden konnte. Durch die Änderung der Datenstrukturen im Rechnungswesen ist es nun möglich, die Prozesse in der Finanzbuchhaltung (FI) und im Controlling (CO) in einem Schritt zu verarbeiten, was bis dato in SAP ERP aufgrund des Ressourcenverbrauchs nicht möglich war. Weitere Informationen zu einzelnen Produktinnovationen finden Sie in Abschnitt 1.3.1, »Rechnungswesen«.

Aktuell verfügbare Version

Zu dem Zeitpunkt, als dieses Buch geschrieben wurde, war die aktuellste Version ist SAP S/4HANA Finance 1605. Derzeit plant SAP nicht, eine weitere Version von SAP S/4HANA Finance anzubieten. Ein Kunde kann, falls gewünscht, von SAP S/4HANA Finance zu einer neueren Version von SAP S/4HANA wechseln.

SAP S/4HANA

Der digitale Kern

Mit SAP S/4HANA wurde im November 2015 das zweite Produkt innerhalb der On-Premise-Edition veröffentlicht. Die Produktbezeichnung hierfür war *SAP S/4HANA, On-Premise Edition 1511*. In dieser Version (in einigen Dokumenten wurde sie *auch S/4HANA Enterprise Management* genannt) kamen neben den genannten Innovationen im Finanzbereich weitere Innovationen hinzu. Zu dem Zeitpunkt, als dieses Buch geschrieben wurde, war die aktuellste Version SAP S/4HANA 1610. SAP spricht davon, mit SAP S/4HANA einen neuen digitalen Kern (*Digital Core*) für seine Unternehmenssoftware zu liefern. Abbildung 3.5 zeigt diesen digitalen Kern mit den Innovationen, die sich über verschiedene Unternehmensbereiche (*Lines of Business*, LOB) erstrecken.

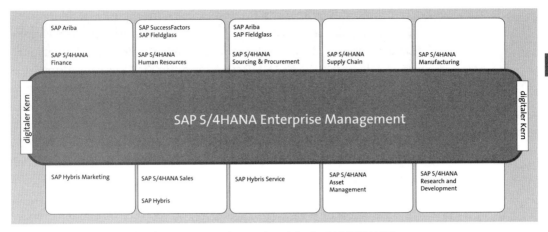

Abbildung 3.5 Die verschiedenen Unternehmensbereiche in SAP S/4HANA

Informationen zu den Produktinnovationen in den einzelnen Unternehmensbereichen finden Sie in Abschnitt 1.3, »Betriebswirtschaftliche Funktionen in SAP S/4HANA«.

SAP S/4HANA wird durch Funktionen aus den sogenannten *Compatibility Packages* vervollständigt, wie in Abbildung 3.6 veranschaulicht.

Compatibility Packages

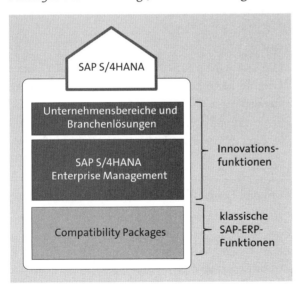

Abbildung 3.6 SAP S/4HANA Compatibility Packages

Darin werden Funktionen in der klassischen Ausprägung bereitgestellt, wie man sie von SAP ERP kennt, z. B. die Personalwirtschaft (SAP ERP HCM), die Lagerverwaltung (SAP ERP WM) oder die Transportabwicklung (LE-TRA). Diese Funktionen stehen nach dem Wechsel zu SAP S/4HANA in unveränderter Form zur Verfügung (z. B. erfolgt keine Anpassung des Datenmodells und es gibt keine neuen Benutzeroberflächen). Sie sind aber aus technologischer Sicht nicht die Zielarchitektur. Die Zielarchitektur für das Personalwesen ist beispielsweise SAP SuccessFactors, für die Lagerverwaltung ist es SAP Extended Warehouse Management (SAP EWM) und für die Transportabwicklung ist es SAP Transportation Management (SAP TM). Die Funktionen der Compatibility Packages stellen damit für den Kunden eine Möglichkeit dar, nach dem Wechsel zu SAP S/4HANA diesen Teil der betriebswirtschaftlichen Anforderungen unverändert mit den klassischen Funktionen abbilden zu können.

[◉] **Schrittweiser Übergang zur Zielarchitektur**

Damit können Sie wählen, ob Sie in diesen Teilbereichen direkt zur Zielarchitektur wechseln wollen oder ob Sie zunächst die klassischen Funktionen unverändert weiter nutzen.

Nutzungszeitraum
Der Nutzungszeitraum der über die Compatibility Packages abgedeckten Funktionen ist begrenzt. Bis Ende 2025 besteht die Möglichkeit, diese Funktionen unverändert weiter zu nutzen. Nach 2025 erlischt im Rahmen von SAP S/4HANA die Lizenz zu ihrer Nutzung.

SAP S/4HANA Central Finance

Für verteilte Systemlandschaften
Eine Variante von SAP S/4HANA wird mit SAP S/4HANA Central Finance bereitgestellt. In dieser Variante kann der Kunde seine verteilte Systemlandschaft mit einem zentralisierten SAP-S/4HANA-Finance-System verknüpfen. Abbildung 3.7 zeigt exemplarisch eine Kombination aus SAP- und Nicht-SAP-Systemen, in der Finanzbelege in SAP S/4HANA Central Finance repliziert werden.

[»] **Weitere Informationen zu den On-Premise-Editionen**

Weitere Informationen zu SAP S/4HANA Finance finden Sie in der SAP-Hilfe unter *https://help.sap.com/sfin*. Eine Auflistung der Funktionen, die im Rahmen der Compatibility Packages abgebildet sind, finden Sie in der »SAP S/4HANA Compatibility Scope Matrix« im Anhang des SAP-Hinweises 2269324.

Weitere Details zu SAP S/4HANA Central Finance finden Sie in den zentralen SAP-Hinweisen 2148893 (Central Finance: Implementierung und Konfiguration) und 2154420 (SAP Landscape Transformation Replication Server für Central Finance).

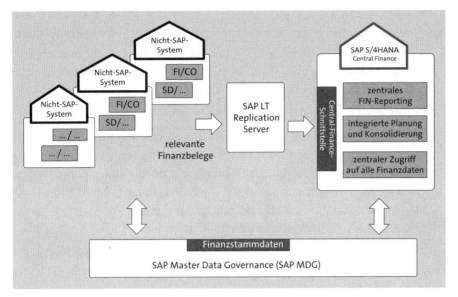

Abbildung 3.7 SAP S/4HANA Central Finance

Buchungen aus Finanzwesen und Controlling werden von den bestehenden operativen Quellsystemen an das zusätzliche Central-Finance-System gesendet. Der *SAP Landscape Transformation Replication Server* (SAP SLT Replication Server) übernimmt die Aufgabe, die aktuellen Daten aus den dezentralen Quellsystemen in das Central-Finance-System zu replizieren, nachdem ein initialer Datenaustausch erfolgt ist. Optional kann ein zentrales Stammdatensystem (z. B. SAP Master Data Governance, SAP MDG) die Verteilung der relevanten Finanzstammdaten sicherstellen.

3.2.2   SAP S/4HANA Cloud

In der Cloud-Variante von SAP S/4HANA erfolgen Betrieb und Wartung der Software durch SAP. Der Kunde greift mit einem Browser aus jedem beliebigen Netzwerk mit Internetzugang über eine eindeutige kundenspezifische URL auf sein SAP-S/4HANA-Cloud-System zu (unterschiedliche Endgeräte werden unterstützt).

Die Kommunikation zwischen dem Kunden und dem SAP-S/4HANA-Cloud-System wird durch moderne Sicherheitsverfahren, wie z. B. das Verschlüsselungsverfahren *Transport Layer Security* (TLS), gesichert. Neben diesem technischen Verfahren gelten für die SAP S/4HANA Cloud folgende Sicherheits- und Qualitätsgrundsätze:

Sicherheit

- Die Geschäftsdaten werden in Rechenzentren mit den höchsten Sicherheitsstandards gespeichert.

- Die Kunden können sich physische Hardware teilen, aber ihre Daten werden immer getrennt voneinander in logischen Tenants gespeichert.
- Benutzer, die Zugang zu den Geschäftsdaten benötigen, müssen sich authentifizieren, und ihre Identität muss von der Benutzer- und Zugriffsverwaltung verifiziert werden.
- Kundendaten gehören immer dem Kunden.

Implementierung Nach der Bereitstellung des SAP-S/4HANA-Cloud-Systems implementiert der Kunde die erforderlichen betriebswirtschaftlichen Geschäftsprozesse auf Basis der *SAP S/4HANA Guided Configuration*, die eine geführte Implementierung ermöglicht. Anschließend werden auf Basis des SAP S/4HANA Migration Cockpits die notwendigen Daten aus den Altsystemen in das SAP-S/4HANA-Cloud-System migriert.

Verfügbare Editionen Aktuell sind für SAP S/4HANA vier Public-Cloud-Editionen verfügbar, die jeweils über einen anderen funktionalen Umfang verfügen:

- SAP S/4HANA Professional Services Cloud
- SAP S/4HANA Finance Cloud
- SAP S/4HANA Enterprise Management Cloud
- SAP Hybris Marketing Cloud (ehemals SAP S/4HANA Marketing Cloud)

Diese Cloud-Editionen können mit weiteren SAP-Cloud-Lösungen wie beispielsweise SAP Ariba oder SAP SuccessFactors integriert werden. Abbildung 3.8 zeigt die aktuell verfügbaren Editionen, einschließlich der geplanten *SAP S/4HANA Manufacturing Cloud*. Zu den geplanten Funktionen beachten Sie bitte die Roadmap für SAP S/4HANA Cloud.

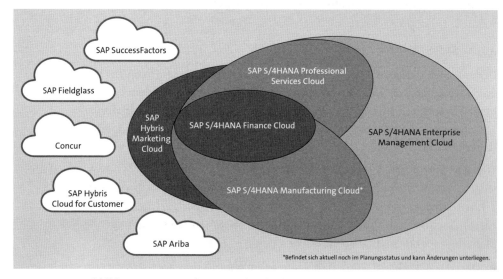

Abbildung 3.8 SAP-S/4HANA-Cloud-Editionen

SAP S/4HANA Professional Services Cloud

Mit der SAP S/4HANA Professional Services Cloud steht eine Public-Cloud-Edition zur Abbildung von Projektmanagementfunktionen zur Verfügung. Die SAP S/4HANA Professional Services Cloud ermöglicht das Management von internen Projekten und Kundenprojekten. Die Projekte werden mit der Auftragsabwicklung, der Projektfakturierung und dem Rechnungswesen integriert, wodurch durchgängige Prozessszenarien ermöglicht werden.

Projekt-management

Zu den Produktinnovationen von SAP S/4HANA Professional Services Cloud zählen zum Beispiel:

Produkt-innovationen

- **Ressourcenmanagement**
  Integration interner und externer Ressourcen zur optimalen Besetzung von Projekten
- **Projektanalysen**
  Analyse der Profitabilität von Projekten, basierend auf Kosten und Erträgen
- **Projekteinkauf**
  Einkaufsabwicklung mit Projektbezug
- **Integration mit anderen SAP-Lösungen**
  Sie können die SAP S/4HANA Professional Services Cloud mit unterschiedlichen SAP- und Nicht-SAP-Systemen integrieren. So steht beispielsweise eine native Integration mit SAP SuccessFactors Employee Central, SAP Jam und SAP Ariba bereit.

Momentan steht mit SAP S/4HANA Professional Services Cloud 1611 die aktuellste Version zur Verfügung.

Aktuell verfügbare Versionen

SAP S/4HANA Finance Cloud

Mit der SAP S/4HANA Finance Cloud wird eine Public-Cloud-Edition bereitgestellt, die ihren Fokus auf die Geschäftsprozesse im Rechnungswesen legt. Die SAP S/4HANA Finance Cloud integriert die internen Verkaufs- und Einkaufsprozesse mit dem Rechnungswesen und unterstützt Geschäftsprozesse mit Anbindung an SAP SuccessFactors und SAP Ariba.

Rechnungswesen

Zu den Produktinnovationen von SAP S/4HANA Finance Cloud zählen zum Beispiel:

Produkt-innovationen

- **Das Prinzip des Einkreissystems**
  Ein gemeinsames Universal Journal für FI- und CO-Buchungen als Basis für Geschäftsprozessoptimierungen
- **Verbesserung der Finanzabschlüsse**
  Ein sogenannter *Soft Financial Close* ermöglicht jederzeit eine Simulation des Quartals- oder Jahresabschlusses und damit eine verbesserte Einsicht schon während des Geschäftsjahres.

- **Integration mit SAP SuccessFactors**
  Mit der Integration in die SAP-SuccessFactors-HCM-Suite werden die Prozesse des Rechnungswesens mit innovativen HR-Prozessen verbunden.

Zu dem Zeitpunkt, als dieses Buch geschrieben wurde, war die Version SAP S/4HANA Finance Cloud 1611 verfügbar.

SAP S/4HANA Enterprise Management Cloud

Alle betriebswirtschaftlichen Prozesse

Mit der SAP S/4HANA Enterprise Management Cloud steht eine Public-Cloud-Edition zur Verfügung, mit der alle betriebswirtschaftlichen Prozesse eines Unternehmens (d. h. Vertriebsprozesse, Fertigungsprozesse, Einkaufsprozesse) sowie Funktionen für das Finanzwesen in der Cloud abgebildet werden können. Folgende durchgängigen Prozesse können mit SAP S/4HANA Enterprise Management Cloud umgesetzt werden:

- Projektmanagement
- Planung und Beschaffung
- Auftragsabwicklung
- Periodenabschluss
- Rechnungsabwicklung
- Zahlungsabwicklung
- Profitabilitäts- und Kostenanalyse

Damit ist SAP S/4HANA Enterprise Management Cloud die vollständigste Edition von SAP S/4HANA in der Cloud. Entsprechend können auch hier Geschäftsprozessintegrationen mit SAP SuccessFactors, SAP Ariba, SAP Fieldglass, SAP Hybris und Concur realisiert werden. Zu dem Zeitpunkt, als dieses Buch geschrieben wurde, war aktuellste Version SAP S/4HANA Enterprise Management Cloud 1611.

SAP Hybris Marketing Cloud

Marketing

Die SAP Hybris Marketing Cloud wurde bis zum Release SAP S/4HANA 1611 als *SAP S/4HANA Marketing Cloud* bezeichnet. Es handelt sich um eine Public-Cloud-Edition mit der Ausrichtung auf Marketingfunktionen. Die SAP Hybris Marketing Cloud ist für SAP-Kunden konzipiert, die beispielsweise Kampagnen zur Verkaufsförderung oder Kundenanalysen in Echtzeit mit einer cloudbasierten Softwarelösung abbilden wollen.

Sie kann unabhängig, aber auch integriert mit anderen SAP-S/4HANA-Lösungen betrieben werden.

Unter anderem werden die folgenden Produktinnovationen von der SAP Hybris Marketing Cloud angeboten:

Produkt-
innovationen

3

- **Kundenanalysen in Echtzeit**
  Basierend auf Echtzeitdaten des Systems werden intelligente Analysen zur Entscheidungsfindung erzeugt, wie vorausschauende Analysen des Kundenverhaltens oder Trendanalysen. Mit Webanalysen in Echtzeit kann das Navigationsverhalten der Kunden analysiert werden.

- **Personalisierte Kundenerlebnisse**
  Individuelle Ansprache von Kundengruppen über klassische Vertriebs-kanäle oder online sowie personalisierte Präsentation von Produktange-boten und Empfehlungen

- **Agiles Marketing**
  Steuerung von Marketingaktivitäten von der Planung und Budgetierung bis zur Koordination und Umsetzung sowie Entwicklung von Marketing-plänen einschließlich Budgetverwaltung und Überwachung der Ausga-ben in Echtzeit

- **Integration mit anderen SAP-Lösungen**
  Die SAP Hybris Marketing Cloud kann mit unterschiedlichen SAP- und Nicht-SAP-Systemen integriert werden. Zusätzlich stehen SAP Best Practices für die Integration zur Verfügung (beispielsweise, um Ausgabe-daten zwischen SAP ERP und SAP Hybris Marketing Cloud auszutau-schen).

Zu dem Zeitpunkt, als dieses Buch geschrieben wurde, war SAP S/4HANA Marketing Cloud 1611 die aktuellste verfügbare Version. Ab Release 1702 erfolgt die Umbenennung in SAP Hybris Marketing Cloud.

Weitere Informationen

Weitere Informationen zu den SAP-S/4HANA-Cloud-Editionen finden Sie unter *http://help.sap.com/s4hana*. Die Roadmap für SAP S/4HANA Cloud finden Sie unter *http://www.sap.com/s4roadmap-cloud*.

3.2.3   SAP HANA Enterprise Cloud

Eine weitere Betriebsvariante besteht darin, SAP S/4HANA als *Managed-Cloud-Lösung*, also als gehosteten Service, in der SAP HANA Enterprise Cloud (häufig mit HEC abgekürzt) bereitzustellen. In dieser Variante des Private-Cloud-Bereitstellungsmodells kann der Kunde sehr individualisiert zwischen Infrastruktur- und Applikationsmanagement-Services auswäh-len. Die Managed-Cloud-Variante steht je nach Umfang des gewählten

Managed Cloud

Service näher an einem On-Premise- oder näher an einem Cloud-Betriebsmodell und ist ein *IaaS*-Servicemodell.

Die SAP HANA Enterprise Cloud ist in diesem Sinne ein ergänzendes Angebot zu den SAP-S/4HANA-Editionen, das Infrastruktur- und Applikationsservices miteinander verbindet. Der Kunde kann flexibel z. B. nur die Cloud-Infrastruktur nutzen oder zusätzlich auch den Betrieb und die Wartung der SAP-S/4HANA-Software auslagern. Vom funktionalen Umfang her können alle Funktionen der On-Premise-Edition von SAP S/4HANA in dieser Betriebsvariante genutzt werden.

Applikations-management-services

Die Applikationsmanagementservices, die im Rahmen der SAP HANA Enterprise Cloud angeboten werden, können von den Kunden ebenfalls flexibel ausgewählt werden. So können beispielsweise ein 24 Stunden erreichbarer Service Desk, die interne Meldungsbearbeitung, Aufgaben im Transportwesen (z. B. auch das Einspielen von SAP-Hinweisen), die Jobverwaltung, die Berechtigungsverwaltung, das Druckmanagement oder die Schnittstellenadministration an den Service-Dienstleister ausgelagert werden. Die SAP HANA Enterprise Cloud wird nicht nur von SAP, sondern auch von ausgewählten Service-Partnern wie beispielsweise IBM oder Hewlett Packard Enterprise angeboten.

SAP S/4HANA Enterprise Management Cloud (Private Option)

Private-Cloud-Angebot

Mit der Private Option der SAP S/4HANA Enterprise Management Cloud steht eine Variante zur Verfügung, die in der Lage ist, spezifische Erweiterungs- und Sicherheitsbedürfnisse über ein Private-Cloud-Angebot zu erfüllen. So stehen dem Kunden mit der Private-Option Erweiterungsmöglichkeiten zur Verfügung, die über die Möglichkeiten der Public-Cloud-Editionen hinausgehen. Der Kunde hat hier sein eigenes System und teilt sich Systemressourcen nicht mit anderen Kunden. In dieser Cloud-Edition kann der Kunde auch in stärkerem Maße Einfluss auf die Frequenz der Software- und Content-Updates nehmen und diese beispielsweise nur einmal im Jahr einspielen lassen. Vom funktionalen Umfang und den unterstützten Länderversionen her entspricht die Private Option der SAP S/4HANA Enterprise Management Cloud der SAP-S/4HANA-On-Premise-Edition.

Weitere Informationen

Weitere Informationen zur SAP HANA Enterprise Cloud finden Sie unter: *http://s-prs.de/v429720*. An dieser Stelle finden Sie auch eine Liste externer Service-Partner, die die SAP HANA Enterprise Cloud betreiben.

Weitere Informationen zu den Applikationsmanagement-Services finden Sie hier: *http://s-prs.de/v429721*

3.3   Die Betriebsmodelle im Vergleich

In diesem Abschnitt gehen wir detaillierter auf die einzelnen Charakteristika der jeweiligen Betriebsmodelle ein und vergleichen, wie die einzelnen Editionen der SAP-S/4HANA-Produktfamilie diese Kriterien erfüllen.

3.3.1   Hardware, Software, Betrieb und Wartung

Der offensichtlichste Unterschied zwischen den On-Premise- und den Cloud-Editionen ist der Umstand, dass der Kunde die On-Premise-Editionen von SAP S/4HANA selbst betreibt, wartet und administriert, während dies in den Public-Cloud-Editionen durch SAP erfolgt. Die Public-Cloud-Editionen sind also als SaaS-Betriebsmodell erhältlich. Betrieben werden alle SAP-S/4HANA-Cloud-Editionen in unterschiedlichen Rechenzentren, die weltweit verteilt in unterschiedlichen Ländern und Regionen angesiedelt sind.

Betrieb

Die Unterschiede im Einzelnen sind in Tabelle 3.1 gegenübergestellt.

SAP S/4HANA On-Premise	SAP S/4HANA Cloud	
• kundeneigene Hardware • Installation der Applikationen, Betrieb, Wartung und Administration liegen in der Verantwortung des Kunden.	• Hardware und Infrastruktur werden durch SAP oder ausgewählte Service-Partner gestellt. • Die Installation der Applikationen erfolgt (je nach Servicevertrag) durch den Kunden und SAP oder ausgewählte Service-Partner. • Betrieb und Wartung erfolgen durch den Kunden und SAP oder ausgewählte Service Partner (je nach Servicevertrag).	Private Cloud: SAP S/4HANA Enterprise Management Cloud (Private Option)
	• Hardware und Infrastruktur befinden sich bei SAP. • Applikationen sind bei der Übergabe des Systems vollständig installiert. • Betrieb, Wartung und Administration erfolgen durch SAP.	Public Cloud: SAP S/4HANA Professional Services Cloud/ Finance Cloud/ Enterprise Management Cloud/ SAP Hybris Marketing Cloud

Tabelle 3.1 Hardware, Software, Betrieb und Wartung der SAP-S/4HANA-Editionen im Überblick

Hardware in der
Public Cloud

Die Hardware kann pro Public-Cloud-Edition in unterschiedlichen Paketen bezogen werden, die sich nach der Anzahl der Nutzer und der erforderlichen Größe des SAP-HANA-Datenbankspeichers richten. So kann der Kunde beim SAP-HANA-Datenbankspeicher zwischen vier Paketen wählen: von 512 Gigabyte bis hin zu 2048 Gigabyte. Die Applikationen sind bei der Übergabe des Cloud-Systems vollständig installiert. Der Betrieb, die Überwachung des Systems (Monitoring) und die Wartung des Systems (Einspielen von Korrekturen und Upgrades) werden in den Public-Cloud-Editionen von SAP übernommen.

Wartungszyklen der
Public Cloud

Die Wartungszyklen sind wie folgt festgelegt:

- **Hotfix Collection**
  Eine Sammlung von Korrekturen wird alle 14 Tage eingespielt.

- **Release-Upgrade**
  Das Upgrade auf das nächste Release der SAP S/4HANA Cloud erfolgt quartalsweise. Ein Upgrade enthält neue Funktionen und eine Sammlung von Korrekturen.

- **Emergency Patch**
  Kritische Korrekturen für ein konkretes Kundensystem werden bei Bedarf schnellst möglichst eingespielt.

Unterschiede in der
Managed
Private Cloud

In der Managed Private Cloud kann der Kunde den Umfang der benötigen Hardware und die unterstützenden Services sehr individuell festlegen. Bei der Hardware kann er zwischen einer zwei- oder dreistufigen Landschaft wählen (die Public-Cloud-Editionen haben eine zweistufige Systemlandschaft). Aus den zur Verfügung stehenden Services können Implementierungsservices (Bedarfsanalyse, Implementierung, Datenmigration, Übergabe an den Betrieb) und Betriebsservices (Incident-, Problem- und Change Management, Monitoring der Applikationen) individuell gewählt werden. Außerdem kann der Kunde bei der SAP S/4HANA Enterprise Management Cloud (Private Option) ebenso wie bei der HEC über die Wartungstermine mitentscheiden.

[»]

Weitere Informationen

Weitere Details hierzu finden Sie in den SAP Agreements unter *http://s-prs.de/v429722*.

3.3.2 Benutzeroberflächen

In allen SAP-S/4HANA-Editionen ist der rollenbasierte Ansatz von SAP Fiori die grundsätzliche Ziel-UI-Technologie (User Interface). Die Public-Cloud-Editionen sind konsequent auf diese Zielarchitektur ausgerichtet. Im Einzelfall kommen in der Public Cloud neben SAP Fiori auch andere webbasierte SAP-Technologien, wie Web Dynpro zum Einsatz. In der On-Premise- und in der Private-Cloud-Edition kann neben den webbasierten UI-Technologien auch SAP GUI for Windows genutzt werden (siehe Tabelle 3.2). SAP-GUI-basierte Transaktionen, die in SAP S/4HANA On-Premise nicht mehr genutzt werden können, werden in der Simplification List for SAP S/4HANA aufgeführt (siehe auch Abschnitt 10.2.2, »Simplification List«). Es wird empfohlen, in allen SAP-S/4HANA-Editionen das SAP Fiori Launchpad als zentrale Einstiegsplattform für den Endanwender zu verwenden.

UI-Technologie

SAP S/4HANA On-Premise	SAP S/4HANA Cloud	
• Webtechnologien • SAP GUI for Windows	• Web • SAP GUI for Windows	Private Cloud: SAP S/4HANA Enterprise Management Cloud (Private Option)
	Web	Public Cloud: SAP S/4HANA Professional Services Cloud/Finance Cloud/Enterprise Management Cloud/SAP Hybris Marketing Cloud

Tabelle 3.2 UI-Technologien der SAP-S/4HANA-Editionen im Überblick

Stufenweiser Übergang zur SAP-Fiori-Zielarchitektur
Weil die klassischen Benutzeroberflächen weiterhin unterstützt werden, ist ein stufenweiser Übergang zu SAP S/4HANA möglich.

3.3.3 Funktionsumfang und unterstützte Länderversionen

Die On-Premise- und die Public-Cloud-Editionen von SAP S/4HANA basieren auf der gleichen Programmcodelinie. Damit stehen grundsätzlich die gleichen Datenmodelle und Produktinnovationen zur Verfügung. In ihrem funktionalen Umfang, den unterstützten Länderversionen und den Möglichkeiten, die Geschäftsprozesse im Detail auszuprägen, unterscheiden sich die Editionen allerdings (siehe Tabelle 3.3).

SAP S/4HANA On-Premise	SAP S/4HANA Cloud	
■ Lösungsumfang von SAP S/4HANA 1610 ■ 63 Länder mit SAP-Standardlokalisierung ■ Prozessflexibilität gemäß den On-Premise-Konfigurationsmöglichkeiten	■ Lösungsumfang von SAP S/4HANA 1610 ■ 63 Länder mit SAP-Standardlokalisierung ■ Prozessflexibilität gemäß den On-Premise-Konfigurationsmöglichkeiten	Private Cloud: SAP S/4HANA Enterprise Management Cloud (Private Option)
	■ Lösungsumfang der SAP S/4HANA Cloud 1611 ■ 14 Länder mit SAP-Standardlokalisierung ■ Prozessflexibilität gemäß den Cloud-Szenarien und dem Guided-Configuration-Ansatz der Public Cloud	Public Cloud: SAP S/4HANA Professional Services Cloud/ Finance Cloud/ Enterprise Management Cloud/ SAP Hybris Marketing Cloud

Tabelle 3.3 Funktionsumfang und unterstützte Länderversionen der SAP-S/4HANA-Editionen im Überblick

On-Premise und Private Cloud

Die On-Premise-Versionen und die Private-Cloud-Edition haben den gleichen betriebswirtschaftlichen Funktionsumfang und unterstützen die gleichen Länderversionen. Es wird ein vollständiger ERP-Funktionsumfang in 63 Ländern mit SAP-Standardlokalisierung unterstützt. Um diese SAP-S/4HANA-Editionen an die individuellen Anforderungen eines Unternehmens anzupassen, stehen die klassischen Möglichkeiten der Konfiguration über den Einführungsleitfaden (Implementation Guide, IMG) zur Verfügung.

Public Cloud

Der in den Public-Cloud-Editionen angebotene ERP-Funktionsumfang ist kleiner als der Funktionsumfang der On-Premise-Edition. So stehen beispielsweise die Funktionen der Compatibility Packages (siehe Abschnitt 3.2.1, »On-Premise-Editionen von SAP S/4HANA«) in den Public-Cloud-Editionen nicht zur Verfügung. Der unterstützte Funktionsumfang basiert auf dem als Vorkonfiguration bereitgestellten Best-Practises-Content der jeweiligen Public-Cloud-Edition. Die vier Public-Cloud-Editionen von SAP S/4HANA unterstützen zurzeit bis zu 19 Länder mit SAP-Standardlokalisierung. Tabelle 3.4 zeigt, welche Länderversionen für SAP S/4HANA Cloud 1611 unterstützt werden.

SAP S/4HANA Enterprise Management Cloud	SAP S/4HANA Finance Cloud	SAP S/4HANA Professional Services Cloud	SAP Hybris Marketing Cloud
14 Länder: Australien, Belgien, Kanada, China, Frankreich, Deutschland, Großbritannien, Ungarn, Japan, Niederlande, Philippen, Singapur, Schweiz, USA		19 Länder: Die links angegebenen 14 Länder plus Brasilien, Hongkong, Luxemburg, Singapur, Vereinigte Arabische Emirate	länderunabhängig
10 Sprachen: Englisch, Deutsch, Französisch, Spanisch, Japanisch, Russisch, Portugiesisch, Chinesisch (einfache Schriftzeichen), Holländisch, Ungarisch			

Tabelle 3.4 Unterstützte Länderversionen in den vier Public-Cloud-Editionen (Stand: SAP S/4HANA Cloud 1611)

Weitere Informationen

Weitere Details zum Funktionsumfang und zu den unterstützten Länderversionen finden Sie in der **Feature Scope Description** in der SAP-Online-Hilfe (*http://help.sap.com/s4hana*) und im Globalisierungsbereich (*http://service.sap.com/globalization*).

3.3.4   Erweiterungsmöglichkeiten

Grundsätzlich können in allen Editionen der SAP-S/4HANA-Produktfamilie die Key-User-Erweiterungstools und die Erweiterungsmöglichkeiten, basierend auf der SAP Cloud Platform genutzt werden (siehe Tabelle 3.5). In der SAP S/4HANA Enterprise Management Cloud (Private Option) können auch weitergehende Anpassungen durch ABAP-Programmierung vorgenommen werden. Hier sind modifikationsfreie Erweiterungsoptionen möglich, für die Business Add-Ins (BAdIs) und User-Exits genutzt werden können.

Cloud-Editionen

In den On-Premise-Editionen ist es darüber hinaus auch möglich, SAP-Objekte zu modifizieren, auch wenn dies mit dem Blick auf steigende Kosten bei zukünftigen Releasewechseln allgemein nicht empfohlen werden kann. Eine ausführliche Darstellung der Erweiterungsmöglichkeiten von SAP S/4HANA finden Sie in Abschnitt 3.4, »Erweiterbarkeit von SAP S/4HANA«.

On-Premise-Editionen

SAP S/4HANA On-Premise	SAP S/4HANA Cloud	
■ klassische Erweiterungsmöglichkeiten durch ABAP-Programmierung ■ Nutzung der Key-User-Erweiterungstools für SAP S/4HANA ■ Erweiterungen basierend auf der SAP Cloud Platform	■ ausgewählte Erweiterungsmöglichkeiten durch ABAP-Programmierung ■ Nutzung der Key-User-Erweiterungstools für SAP S/4HANA ■ Erweiterungen basierend auf der SAP Cloud Platform	Private Cloud: SAP S/4HANA Enterprise Management Cloud (Private Option)
	■ Nutzung der Key-User-Erweiterungstools für SAP S/4HANA ■ Erweiterungen basierend auf der SAP Cloud Platform	Public Cloud: SAP S/4HANA Professional Services Cloud/ Finance Cloud/ Enterprise Management Cloud/SAP Hybris Marketing Cloud

Tabelle 3.5 Erweiterungsmöglichkeiten der SAP-S/4HANA-Editionen im Überblick

3.3.5   Bezahlmodell und Laufzeit

In den On-Premise-Varianten von SAP S/4HANA besteht weiterhin das klassische Lizenz- und Wartungsmodell, während für die Public-Cloud-Editionen ein Cloud-Subskriptionsmodell (auch Abo-Modell genannt) mit variablen Laufzeiten angeboten wird (siehe Tabelle 3.6). Die konkreten Kosten für das Subskriptionsmodell hängen von der Anzahl der Benutzer, dem genutzten Applikationsumfang und den gewählten Hardwarepaketen ab.

SAP S/4HANA On-Premise	SAP S/4HANA Cloud	
Lizenz- und Wartungsgebühr	Variables Modell (Lizenz- und Wartungsgebühr oder Subskription). Der Kunde kann auch bestehende SAP-Lizenzen mit einbringen.	Private Cloud: SAP S/4HANA Enterprise Management Cloud (Private Option)
	Subskription mit variablen Laufzeiten	Public Cloud: SAP S/4HANA Professional Services Cloud/Finance Cloud/ Enterprise Management Cloud/ SAP Hybris Marketing Cloud

Tabelle 3.6 Bezahlmodelle und Laufzeiten der SAP-S/4HANA-Editionen im Überblick

3.3.6 Modell für den Umstieg auf SAP S/4HANA

Bei den On-Premise-Editionen von SAP S/4HANA haben Sie als Kunde die Wahl zwischen einem Brownfield- oder einem Greenfield-Ansatz. Es ist also entweder möglich, ein bestehendes SAP-ERP-System in ein SAP-S/4HANA-System zu konvertieren oder ein komplett neues SAP-S/4HANA-System aufzubauen.

Brownfield- oder Greenfield-Ansatz

Der Umstieg auf die SAP S/4HANA Cloud ist immer eine Neuinstallation eines Systems. Basierend auf dem bereitgestellten Best-Practises-Content werden dabei die in der SAP S/4HANA Cloud unterstützten Geschäftsprozesse implementiert und die notwendigen Stamm- und Belegdaten in das Cloud-System übertragen (siehe Tabelle 3.7).

SAP S/4HANA On-Premise	SAP S/4HANA Cloud	
Brownfield- oder Greenfield-Ansatz	Neuinstallation mit anschließender Datenmigration	Private Cloud: SAP S/4HANA Enterprise Management Cloud (Private Option)
		Public Cloud: SAP S/4HANA Professional Services Cloud/Finance Cloud/ Enterprise Management Cloud/ SAP Hybris Marketing Cloud

Tabelle 3.7 Umstiegsszenarien für die SAP-S/4HANA-Editionen im Überblick

Ausführliche Informationen zur Neuimplementierung oder zur Konvertierung eines Einzelsystems finden Sie in Teil II und Teil III dieses Buches.

3.4 Erweiterbarkeit von SAP S/4HANA

Jedes Unternehmen ist einzigartig. Dies betrifft die Ausprägung seiner Produkte oder Dienstleistungen, seine Belegschaft, seine Ziele – und damit auch, wie die Geschäftsprozesse im Unternehmen im Detail ausgeprägt sind. Eine betriebswirtschaftliche Software sollte idealerweise diese Unterschiede unterstützen. Denn die Feinheiten in den Unternehmensprozessen unterscheiden das Unternehmen von seinen Mitbewerbern.

SAP unterstützte die Abgrenzungen mit seiner Software bisher im größtmöglichen Maße: SAP lieferte freigegebene Schnittstellen und legte den Quellcode der gesamten Applikation offen. Zusätzlich stellte SAP mit dem

Bisherige Erweiterungsangebote von SAP

SAP NetWeaver Applikation Sever ABAP auch eine Entwicklungsumgebung im Anwendungssystem zur Verfügung. Darüber hinaus bot SAP verschiedene Möglichkeiten für die Integration mit anderen Applikationen an, beispielsweise über SAP Process Orchestration. Mit diesem Angebot schuf SAP eine ausgezeichnet individualisierbare Lösung mit skalierbaren Erweiterungsmöglichkeiten. Auch Drittanbieter schätzen diese Erweiterungsfähigkeit und bieten ergänzende Funktionalität zu den SAP-Standardlösungen an. Das Thema Erweiterbarkeit sollte daher auch bei der Planung des Umstiegs auf SAP S/4HANA beachtet werden.

Erweiterbarkeit auf dem Prüfstand

Für SAP S/4HANA hat SAP diese Erweiterbarkeit überprüft. Entsprechend der SAP-Produktphilosophie der Simplifizierung wurde die Erweiterbarkeit angepasst. Besonderes Augenmerk lag dabei einerseits auf dem Ansatz, eine Individualisierung auch ohne umfangreiche Programmierkenntnisse zu ermöglichen, andererseits darauf, auch die notwendige Flexibilität für umfangreiche Erweiterungen zu bieten. Allerdings sollten diese Ansätze so weit verbessert werden, dass die möglichen Nachteile einer Individualisierung minimiert werden. Mit dem hohen Grad an Flexibilität konnten in der Vergangenheit in einzelnen Fällen Risiken einhergehen, die individuell abgewogen werden mussten: Umfangreiche Erweiterungen waren Projekte mit verschiedenen beteiligten Parteien im eigenen Unternehmen und möglicherweise mit Implementierungspartnern. Entsprechend konnte die Dauer bis zur Nutzung der Erweiterung eine längere Zeitspanne betragen. Waren die Erweiterungen implementiert, entstand das nächste Risiko im Betrieb der Software: Im Verlauf des Lebenszyklus werden üblicherweise Korrekturen und geplante Updates der Standardsoftware eingespielt. Dies erzeugt kontinuierlich Testaufwände für die Anpassungen und Eigenentwicklungen.

Neue Ansätze für die Erweiterbarkeit

In SAP S/4HANA wird die Erweiterbarkeit daher angepasst. Das Ziel dabei ist es, eine höhere Geschwindigkeit bei der Implementierung von Erweiterungen zuzulassen und gleichzeitig die laufenden Kosten für solche Erweiterungen zu reduzieren. Insbesondere können Modifikationen des Standard-SAP-Codes in den meisten Fällen vermieden werden. SAP S/4HANA bietet dafür einerseits toolbasierte Erweiterungsmöglichkeiten in der Anwendung selbst, andererseits eine plattformbasierte Erweiterungsmöglichkeit außerhalb des Softwareprodukts. Dadurch sollen die folgenden Eigenschaften unterstützt werden:

- **Gestaffelte Erweiterbarkeit**
  Die Standardsoftware kann in verschiedenen Schichten individualisiert werden. Der Endanwender kann beispielsweise seine Benutzeroberflächen personalisieren und eigene (begrenzte) Erweiterungen durchführen. Ausgewählte Experten erhalten die Berechtigung, umfassendere

Erweiterungen vorzunehmen, die sich auf die Prozesse mehrerer Anwender auswirken. In einer dritten Stufe kann die gesamte Anwendung in einem Implementierungsprojekt individualisiert werden.

- **Gestaffelter Lebenszyklus**
  Die Erweiterungen können lose gekoppelt werden. Sie tauschen zwar Daten mit SAP S/4HANA aus und sind auf der Benutzeroberfläche zusammengeführt, erlauben aber unabhängige Software-Wartungszyklen.

- **Offenheit**
  SAP S/4HANA enthält eine Vielzahl an offenen Schnittstellen. Partner können daher Erweiterungen implementieren oder eigene Erweiterungen anbieten.

> **Erweiterbarkeit von SAP S/4HANA**
>
> SAP S/4HANA kann durch verschiedene Erweiterungsverfahren individualisiert werden.

Für die Umsetzung dieser Erweiterbarkeit verfolgt SAP zwei Ansätze:

- beigestellte Erweiterungen (*Side-by-Side-Erweiterungen*)
- anwendungsinterne Erweiterungen (*In-App-Erweiterungen*)

Beide Ansätze ergänzen sich und können kombiniert genutzt werden. Abbildung 3.9 stellt die Erweiterungsansätze gegenüber. Wir werden diese Ansätze im Folgenden im Detail betrachten.

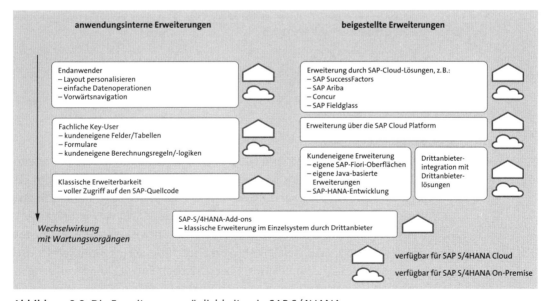

Abbildung 3.9 Die Erweiterungsmöglichkeiten in SAP S/4HANA

In den zwei Ansätzen, den anwendungsinternen und den beigestellten Erweiterungen, gibt es unterschiedliche Schichten. Je tiefer die Schicht ist, desto stärker sind die Auswirkungen auf den Software-Lebenszyklus. Nicht alle Möglichkeiten stehen in allen Deployment-Optionen zur Verfügung (siehe Abschnitt 3.3.4).

3.4.1   Beigestellte Erweiterungen (Side-by-Side-Erweiterungen)

SAP Cloud Platform

Das Kennzeichen der beigestellten Erweiterungen ist, dass sie die *SAP Cloud Platform* nutzen (früher SAP HANA Cloud Platform, HCP). SAP stellt mit der SAP Cloud Platform ein PaaS-Angebot zur Verfügung. In diesem Angebot sind neben der SAP-HANA-Datenbank auch umfangreiche Werkzeuge für die Entwicklung, das Testen, die Integration und den Betrieb der Software enthalten. Durch das PaaS-Angebot ist der technische Betrieb der SAP Cloud Platform durch SAP sichergestellt, und die eigene IT-Abteilung wird entlastet. Jede moderne SAP-Software ist von Haus aus für die Integration mit der SAP Cloud Platform vorbereitet.

Erweiterungen auf dieser Plattform können mit verschiedenen Implementierungsansätzen vorgenommen werden. Dazu gehören Java-Code, HTML5-Kommandos und SAP-HANA-Datenbankabfragen. Die SAP Cloud Platform enthält keine ABAP-Entwicklungsumgebung. Damit empfiehlt sich dieser Erweiterungsansatz insbesondere für die Erstellung eigener Benutzeroberflächen und für die Einbindung zusätzlicher Schritte in die SAP-Standardgeschäftsprozesse.

Beigestellte Erweiterungen

Die Erweiterungsmöglichkeiten auf Basis der SAP Cloud Platform eignen sich für eigene Benutzerschnittstellen oder zusätzliche Geschäftsprozessschritte.

Benutzeroberflächen

Entwicklungsumgebung für SAPUI5

Die SAP-Fiori-Benutzeroberflächen sind in HTML5 entwickelt. Sie setzen auf zentralen SAP-Bibliotheken auf (SAPUI5). Der Softwareentwicklungsprozess für HTML5-Anwendungen unterscheidet sich vom Entwicklungsprozess in ABAP, der Sprache, mit der die SAP-S/4HANA-Anwendungslogik realisiert ist. SAP S/4HANA enthält daher keine Entwicklungsumgebung für HTML5, sondern SAP stellt diese Werkzeuge in einer optimierten Umgebung über die SAP Cloud Platform bereit. Neben Entwicklungswerkzeugen wie einem Editor gehören dazu auch Werkzeuge für die Paketierung und das Deployment der entwickelten Benutzeroberflächen.

Geschäftsprozesse

SAP S/4HANA bietet die Möglichkeit, eigene betriebswirtschaftliche Logik und eigene Daten in bestehenden Geschäftsprozessen zu ergänzen. Dies reicht in vielen Fällen bereits aus, um die SAP-Standardprozesse an den eigenen Betriebsablauf anzupassen. In manchen Fällen weichen allerdings die eignen Prozesse so stark von denen der Mitbewerber ab, dass diese Unterscheidung nicht mehr mit der anwendungsinternen Erweiterbarkeit abgebildet werden kann. Für solche Fälle bietet sich die Erweiterung über die SAP Cloud Platform an: Hier können komplexe eigene Anwendungen mit Java gebaut und mit SAP S/4HANA integriert werden. Die Kommunikation erfolgt über Webservices.

Zusätzliche Java-Anwendungen

Für beide Fälle enthält das PaaS-Angebot bereits die benötigte Integrationsinfrastruktur: Eine zentrale Integrations-Middleware mit dem SAP HANA Cloud Connector sowie SAP Gateway für die SAP-Fiori-Integration. Damit bietet sich die SAP Cloud Platform als Basis für die Erweiterung nicht nur von SAP S/4HANA, sondern auch von anderen Anwendungen in der Landschaft an.

Integrationsinfrastruktur

Die Erweiterung über die SAP Cloud Platform nutzt von SAP freigegebene Schnittstellen (Application Programming Interfaces, APIs). Dazu gehören:

Freigegebene Schnittstellen

- neue SAP-S/4HANA-Schnittstellen:
  - REST-Webservices (Representational State Transfer)
  - SOAP-Webservices (Simple Object Access Protocol)
  - OData-Webservices (Open Data Protocol)
- klassische SAP-Schnittstellen
  - Business Application Programming Interfaces (BAPIs)
  - Intermediate Documents (IDocs)

Die klassischen Schnittstellen sind aus Kompatibilitätsgründen enthalten und nur für die Erweiterung von SAP S/4HANA On-Premise freigegeben. Die Zahl der freigegebenen Schnittstellen erhöht sich kontinuierlich.

3.4.2   Anwendungsinterne Erweiterbarkeit (In-App-Erweiterungen)

Interne Erweiterungen bieten sich durch ihre Einfachheit an: Die Erweiterungen finden im gleichen System statt, es werden keine Verbindungen zu anderen Systemen benötigt und Latenzzeiten werden reduziert. Weiterhin kann auf die vorhandene Anwendung aufgesetzt und insbesondere das mächtige ABAP Dictionary benutzt werden, das beispielsweise die Core Data Services (CDS) für die Erstellung von Tabellen-Views enthält.

Erweiterungen
ohne Entwickler-
kenntnisse

Zur Erweiterung wird nicht zwingend Entwicklerwissen vorausgesetzt, sondern es bestehen auch die folgenden Erweiterungsmöglichkeiten für
Anwender (in aufsteigender Mächtigkeit):

- Endanwender-Erweiterungen (*End User Extensibility*)
- Erweiterungen durch ausgewählte Experten (*Key User Extensibility*)

Insbesondere die Erweiterbarkeit durch Experten eröffnet viele Möglichkeiten, wie in Abbildung 3.10 dargestellt.

Abbildung 3.10 Anwendungsinterne Erweiterbarkeit

Die Erweiterungen durch zentrale Experten betreffen alle Benutzer des Systems, die ihrerseits individuelle Anpassungen vornehmen können. Die
klassische Erweiterbarkeit des ABAP-Kerns steht nur On-Premise zur Verfügung und ist primär aus Kompatibilitätsgründen enthalten.

Endanwender-Erweiterungen

**Benutzerbezogene
Individualisierung**

Erweiterungen durch die Endanwender sind direkt in den SAP-Fiori-Applikationen möglich. Diese Erweiterungen sind benutzerbezogen und haben
keine Auswirkung auf andere Benutzer des SAP-S/4HANA-Systems. Es handelt sich hierbei um einfache Erweiterungen wie die Personalisierung des
Bildschirmlayouts oder der Selektionsfelder, um einfache Spaltenoperatio-
nen und um grundlegende Einstellungen zur objektbasierten Navigation.
Diese Erweiterungen sind nur in dafür vorbereiteten Applikationen mög-

lich. Der Aufruf erfolgt durch das Zahnrad-Symbol in der Anwendung (siehe Abbildung 3.11). Eine benutzerspezifische Anpassung über dieses Zahnrad-Symbol kann in den meisten SAP-Fiori-Masken vorgenommen werden.

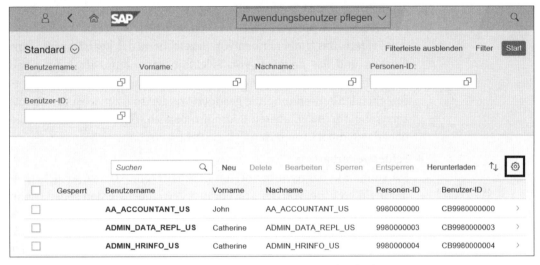

Abbildung 3.11 Endanwender-Erweiterungen an den Benutzeroberflächen

Experten-Erweiterungen

SAP bietet außerdem Erweiterungsmöglichkeiten an, die teilweise mithilfe von Modellierungsverfahren vorgenommen werden können. Dies betrifft insbesondere die Anpassung der Benutzerschnittstellen oder das Ergänzen von kundeneigenen Feldern oder Tabellen. Mit einfachen Entwicklerkenntnissen können in einem neuen Erweiterungsmodus zudem Anpassungen an der Berechnungslogik vorgenommen werden, ohne den Anwendungscode direkt zu ändern. Ein Vorteil dieser Methode ist, dass Wartungsvorgänge an der SAP-Software keine manuelle Nacharbeit an den Erweiterungen zur Folge haben. Dadurch können die Betriebskosten gegenüber einer klassischen, codebasierten Erweiterung verringert werden. Im Gegensatz zu Endanwender-Erweiterungen sind die Experten-Erweiterungen für alle Systembenutzer wirksam. Beachten Sie bitte, dass für diese Erweiterungsmöglichkeiten eine spezielle Berechtigung vergeben werden muss, die im Anwendungskatalog SAP_CORE_BC_EXT ausgeprägt ist und entsprechend der Anwendungsrolle zugeordnet sein muss.

Modellierung

Vorteile der Experten-Erweiterungen
Experten-Erweiterungen nutzen Modellierungsregeln und erfordern keine Nacharbeiten bei Wartungsvorgängen.

Erweiterungs-
optionen

Diese Experten-Erweiterungsoptionen werden über SAP-Fiori-Kacheln aus-gewählt, die SAP vordefiniert hat. Unter anderem sind folgende Möglich-keiten vorgesehen:

- **Anpassung der Benutzerschnittstellen**
  Ähnlich wie in der Endanwender-Anpassung kann das Layout der SAP-Fiori-Anwendungen verändert werden. Beispiele sind das Ausblenden von Feldern, das Umbenennen von Bezeichnern, das Rearrangieren von Blöcken und das Erstellen von Selektionsvarianten. Dies kann ohne Entwicklerkenntnisse vorgenommen werden. Dazu wählen Sie in der ent-sprechenden Anwendung, die geändert werden soll, zunächst das Benut-zersymbol im linken oberen Bildschirmbereich (⊟). Danach können Sie über das Symbol **UI anpassen** (✎) die Benutzerschnittstelle ändern.

- **Felderweiterbarkeit**
  Sie können in dafür vorbereiteten Geschäftskontexten zusätzliche Fel-der definieren, die von der Anwendung verwendet werden sollen (siehe Abbildung 3.11). Dafür nutzen Sie die Kachel **Benutzerdefinierte Felder und Logik** in der Gruppe **Erweiterbarkeit** auf dem SAP Fiori Launchpad. Diese Felder können nicht nur auf der Benutzeroberfläche angezeigt werden, sondern werden auch im SAP-Datenmodell gespeichert und ste-hen demnach in den Datenbank-Views, Suchen und bei sonstigen Opera-tionen zur Verfügung.

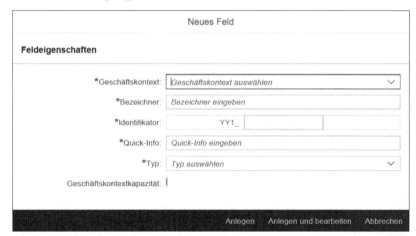

Abbildung 3.12 Felderweiterbarkeit

- **Tabellenerweiterbarkeit**
  Neben Feldern können Sie auch eigene Tabellen definieren und in SAP S/4HANA verwenden. Die Tabellen werden ähnlich wie die kundeneige-nen Felder innerhalb von SAP S/4HANA angelegt und in die Benutzer-schnittstellen eingebunden. Die Anwendung übernimmt den Datenaus-

tausch mit den Tabellen. Dies ist ein Spezialfall der benutzerdefinierten Business-Objekte.

- **Business-Objekte**

  Sie können für Ihre Erweiterungen eigene Business-Objekte definieren. Dabei handelt es sich um einen Satz an Tabellen, zwischen denen Beziehungen definiert werden. Zusätzlich legen Sie eine Schnittstelle für den Zugriff auf dieses neu erstellte Business-Objekt fest. Über diese Schnittstelle können Sie beispielsweise bei der Festlegung der Berechnungslogiken auf diese Business-Objekte zugreifen. Der Zugriff erfolgt über die Kachel **Benutzerdefinierte Business-Objekte** in der Gruppe **Erweiterbarkeit**.

- **Anpassung der Berechnungslogik**

  Oft ist es notwendig, den Sinn eingegebener oder angezeigter Daten zu prüfen, Vorschlagswerte vorzugeben oder eine Ausnahmebehandlung einzuleiten. Ein anderes Beispiel für die Anpassung von Berechnungslogik sind spezielle Berechnungsverfahren, die vom SAP-Standard nicht vorgesehen sind. In diesem Fall wird die zusätzliche Logik in entsprechend vorbereiteten Anwendungen eingefügt.

  Die Logik wird über einen Web-Editor in einer codebasierten Implementierung definiert (siehe Abbildung 3.13).

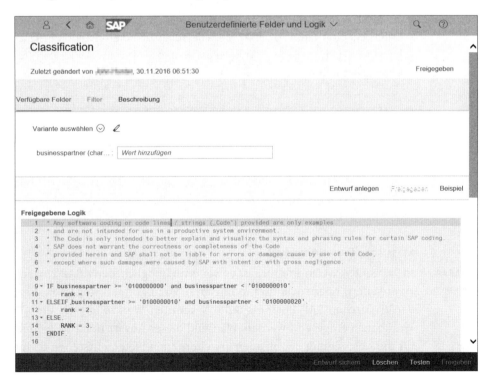

Abbildung 3.13 Benutzerdefinierte Felder und Logik

Die Syntax ist dabei weitgehend abstrahiert, sodass kein umfangreiches ABAP-Wissen vorausgesetzt wird. Für diese Anpassung nutzen Sie die Kachel **Benutzerdefinierte Felder und Logik** im Bereich **Erweiterbarkeit**. Hierfür sind allerdings Entwicklerkenntnisse notwendig. Im Vergleich zu klassischen Erweiterungsmöglichkeiten steht in diesem Fall eine Auswahl von Befehlen und Instruktionen zur Verfügung. Es ist auch möglich, diese Erweiterungen zu sichern oder sogar in andere Systeme zu exportieren.

Transport der Erweiterungen

Die Experten-Erweiterungen sollten grundsätzlich zunächst im Qualitätssicherungssystem vorgenommen und getestet werden. Für die Übertragung einer geprüften Erweiterung in das Produktivsystem steht ein Export- und Importverfahren zur Verfügung: Nachdem Sie Ihre Erweiterung entwickelt haben, wählen Sie die Kachel **Software-Kollektionen verwalten** in der Gruppe **Erweiterbarkeit**. Hier ordnen Sie Ihre Erweiterung einer Softwarekollektion zu. Diese kann dann exportiert werden.

Im Zielsystem wählen Sie ebenfalls in der Gruppe **Erweiterbarkeit** die Kachel **Softwarekollektion importieren**. Dort können Sie die zuvor exportierte Erweiterung importieren. Beachten Sie, dass Export und Import üblicherweise von einem Softwarelogistikadministrator durchgeführt werden. Daher benötigt diese Aktivität spezielle Rollen, die die Anwendungskataloge SAP_CORE_BC_SL_EXP (für Export) und SAP_CORE_BC_SL_IMP (für Import) enthalten.

Weitere Erweiterungsmöglichkeiten

Über die in dieser Zusammenstellung beschriebenen Erweiterungsmöglichkeiten hinaus existieren noch andere Optionen. Ziehen Sie für weitere Details die Produktdokumentation zum Thema Erweiterbarkeit zurate (*http://s-prs.de/v429723*).

Klassische Erweiterbarkeit

ABAP-
Erweiterungen

In SAP S/4HANA On-Premise ist es weiterhin möglich, den ABAP-Quellcode zu erweitern oder sogar zu modifizieren. Dazu können weiterhin die aus der klassischen SAP Business Suite bekannten Werkzeuge wie die ABAP Workbench eingesetzt werden. Während dieser Ansatz maximale Freiheit für die Ausprägung der eigenen Erweiterungen bietet, entstehen dadurch in der Regel auch Wechselwirkungen mit den Wartungsvorgängen im System: Beim Einspielen von SAP-Korrekturen müssen die eigenen Erweiterungen stets mit den Korrekturen abgeglichen werden. Korrekturen müssen daher in enger Abstimmung mit der Entwicklungsabteilung eingespielt werden.

Neben den genannten Erweiterungsmöglichkeiten im engeren Sinne stehen in SAP S/4HANA umfangreiche Applikationen zur Verfügung, die die Definition eigener Datenanalysen erlauben oder die Erstellung eigener Formulare betreffen.

3.4.3   Prüfung kundeneigener Erweiterungen beim Umstieg auf SAP S/4HANA

Bei der Planung des Umstiegs auf SAP S/4HANA sollten bestehende Anpassungen des aktuellen Systems analysiert werden:

Bestehende Anpassungen analysieren

- **Endanwender-Anpassungen**
  Die individuellen Anpassungen durch Endanwender gehen bei einem Umstieg auf SAP S/4HANA verloren. Die Anwender können aber in dem neuen Produkt eigene Individualisierungen vornehmen, wie im vorangegangenen Abschnitt beschrieben.

- **Generische Erweiterungen für alle Benutzer**
  Generische Erweiterungen, die für alle Systembenutzer wirksam sind, können beim Umstieg auf das neue Produkt ebenfalls implementiert werden. Welche Verfahren für diese Implementierung möglich sind, hängt von dem gewählten Betriebsmodell ab, mit dem SAP S/4HANA genutzt werden soll. Grundsätzlich ist es empfehlenswert, dass die Erweiterungen primär über die Experten-Erweiterungsoption realisiert werden. Mit diesem Verfahren sind langfristig geringere Folgekosten und eine einfachere Wartung der Erweiterungen zu erwarten.

Ist das Quellsystem ein SAP-Quellsystem, sollte zu Beginn der von SAP angebotene *Custom Code Check* durchgeführt werden. Er identifiziert im bestehenden System das vorhandene kundeneigene Coding und generiert eine Arbeitsliste. Wir kommen in Abschnitt 4.2.2, »Systemkonvertierung nach SAP S/4HANA«, sowie in Abschnitt 10.2, »Konvertierung eines Einzelsystems durchführen«, auf diese Prüfung zurück.

Kapitel 4

Den Umstieg auf SAP S/4HANA vorbereiten

In diesem Kapitel stellen wir detailliert die drei Umstiegsszenarien vor, die wir in diesem Buch behandeln.

Welche konkreten Schritte sollten Sie bei der Projektplanung für den Umstieg auf SAP S/4HANA berücksichtigen? Welche Unterstützung gibt es seitens SAP? Ist der Umstieg vergleichbar mit einem Upgrade innerhalb der SAP-ERP-Produktlinie? In diesem Kapitel wollen wir Antworten auf diese Fragen erarbeiten. Außerdem lernen Sie die drei möglichen Szenarien für den Umstieg kennen: Neuimplementierung, Systemkonvertierung und Landschaftstransformation. Im letzten Kapitel des Buches, »Auswahl Ihres Übergangsszenarios«, werden wir dann rückblickend noch einmal auf die Vor- und Nachteile der verschiedenen Szenarien unter verschiedenen Voraussetzungen eingehen.

4.1 Grundsätzliche Vorüberlegungen

Für einen Umstieg auf SAP S/4HANA kann es viele Gründe geben. Um ein möglichst reibungsloses Umstiegsprojekt durchzuführen, ist es erforderlich, sich dieser Gründe bewusst zu werden. Wir raten Ihnen daher: Planen Sie den Umstieg auf SAP S/4HANA nicht wie ein Update oder Upgrade einer implementierten Lösung. Zwar ähneln sich die funktionale und die betriebswirtschaftliche Abdeckung von SAP ERP und SAP S/4HANA sehr stark, mit diesem Umstieg möchten Sie jedoch einen zukunftssicheren digitalen Kern für Ihr Unternehmen einführen.

Upgrade oder Produkteinführung?

Um dies zu erreichen, sollten Sie (mindestens) die folgenden Fragen betrachten, auf die wir in diesem Abschnitt im Einzelnen eingehen werden:

Was muss beachtet werden?

- **Welchen Zielzustand streben Sie an?**
  Welchen Platz soll SAP S/4HANA in Ihrer Systemlandschaft einnehmen? Möchten Sie zunächst ein Proof-of-Concept durchführen oder SAP S/4HANA umgehend produktiv einsetzen? Können Sie die Gelegenheit

des Umstiegs nutzen, um die Abbildung Ihrer Prozesse in der Unternehmenssoftware zu optimieren?

- **Welches Betriebsmodell passt zu Ihnen?**
  Soll SAP S/4HANA in Ihrem eigenen Rechenzentrum laufen oder als Hosting-Service betrieben werden? Oder möchten Sie SAP S/4HANA als Software-as-a-Service konsumieren?

- **Was ist der Ausgangszustand?**
  Auf welchem Produktversionsstand befindet sich Ihr Quellsystem? Wie ist die Datenqualität Ihres Quellsystems zu beurteilen? Wie eng haben Sie sich an den SAP-Standard gehalten oder wie viele individuelle Anpassungen existieren? Besteht bereits ein System, das als Vorlage dienen soll?

- **Welche Anwender gibt es?**
  Wie viele Nutzer gibt es bei Ihnen, und wie ist die Verteilung? Welche Nutzergruppen sollen zu welchem Zeitpunkt von der Einführung von SAP S/4HANA profitieren?

- **Wie soll die Nutzung aussehen?**
  Was sind die betriebswirtschaftlichen Szenarien und Transaktionen, die genutzt werden sollen? Wie verteilt sich die Nutzung über die Anwender?

- **Welchen Zeitrahmen stecken Sie sich?**
  Innerhalb welches Zeitrahmens soll das Projekt durchgeführt werden? Welche Zwischenstufen sollen wann erreicht werden?

- **Brauchen Sie Unterstützung?**
  Welche Form der Unterstützung benötigen Sie? Wie viel Budget steht Ihnen zur Verfügung? Welche Services sollen eingekauft werden und welche können selbst durchgeführt werden?

Vorbereitung auf die nächsten Dekaden

Ein Umstieg auf SAP S/4HANA kann in der Regel umso mehr Mehrwert generieren, je stärker man sich der Bedeutung des digitalen Kerns bewusst wird, den SAP propagiert: Der Grundgedanke von SAP S/4HANA ist das Versprechen, Unternehmen für die Herausforderungen der nächsten Dekade(n) vorzubereiten. Dieses »Fitmachen« auf eine rein technische Aktualisierung bestehender Systeme und Landschaften zu beschränken, wäre eine unzureichende Vereinfachung. Empfehlenswert ist, die gewachsene Prozess- und Systemlandschaft daraufhin zu überprüfen, inwieweit sie zukünftig noch tragfähig ist oder inwieweit sie strukturell veraltet ist und daher angepasst werden sollte.

Technischer und prozessorienter Anteil

Bei einem Umstiegsprojekt auf SAP S/4HANA muss man daher mindestens zwei Anteile berücksichtigen: die rein technische und die prozessorientierte Implementierung (siehe Abbildung 4.1).

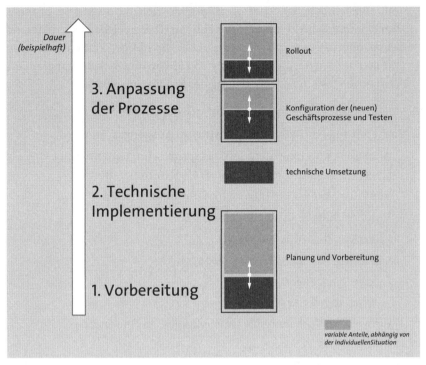

Abbildung 4.1 Hauptabschnitte des Übergangs nach SAP S/4HANA

- **Technische Implementierung**
  Zur technischen Implementierung bei einem Umstieg zählen im Wesentlichen: die Migration der Datenbank nach SAP HANA, der Austausch des Programmcodings, die Umsetzung der Datenmodelle auf das SAP-S/4HANA-Datenmodell und das Aufsetzen der Frontend-Server für die SAP-Fiori-Oberflächen. Möglicherweise sind zusätzlich technische Anpassungen an vorhandenem kundeneigenem Code notwendig.

  Diese Aktivitäten sind größtenteils unabhängig vom Umfang der anschließenden betrieblichen Nutzung. Sie lassen sich recht gut durch Tools erfassen und können damit auch technisch kontrolliert und unterstützt werden. Aus diesem Grund kann SAP für die Planung und Umsetzung dieser technischen Implementierung einen umfangreichen Werkzeugkasten bereitstellen.

- **Prozessorientierte Implementierung**
  Die prozessorientierte Implementierung betrifft die Anpassung der Abbildung bestehender Geschäftsprozesse im System und die Einführung neuer Anwendungen. Solche Änderungen an Geschäftsprozessen finden nur teilweise im System selbst statt. Meist lassen sich nur Indikatoren erfassen, wie beispielsweise geänderte Konfigurationsinformatio-

nen. Hinsichtlich der Planung sind aber viel umfassendere Change-Management-Schritte zu berücksichtigen. Diese reichen vom Entwurf des geänderten Geschäftsprozesses über die nötige Konfiguration, das Training der Nutzer, die Zuordnung von Rollen und Berechtigungen, den Pilotbetrieb bis hin zur Umstellung des Produktivbetriebs.

Tägigkeiten in den einzelnen Phasen

Die folgenden Tätigkeiten fallen in diese Grobphasen:

1. **Vorbereitung (vorbereitende Schritte im Ausgangssystem):**
   - Analyse der bestehenden Geschäftsprozessimplementierung – Gegenüberstellung mit den SAP-S/4HANA-Innovationen
   - Identifikation der benötigten Integrationsszenarien
   - Vorabprüfungen im Quellsystem, z. B.:
     - verwendete Funktionen
     - branchenspezifische Erweiterungen
     - kundeneigener Codec
     - Drittanbieter-Erweiterungen
   - notwendige vorbereitende Umstellungen im Quellsystem durchführen

2. **Technische Umsetzung:**
   - Installation von SAP S/4HANA
     - SAP-HANA-Datenbank
     - SAP-S/4HANA-Anwendungen
   - Anpassung der technischen Infrastruktur
   - Customizing

3. **Prozessanpassung:**
   - Anpassungen von kundeneigenen Programmen in SAP S/4HANA
   - Ausprägung neuer bzw. erweiterter Geschäftsprozesse für SAP S/4HANA, um die Innovationen zu nutzen
   - Anpassung der Integrationsszenarien
   - Einrichten der SAP-Fiori-Oberflächen

Die Dauer und die Aufwände der prozessorientierten Implementierung können – je nach Ausgangslage und Zielzustand – sehr gering sein oder den überwiegenden Anteil am Gesamtprozess ausmachen. Unsere Empfehlung lautet daher, die Planung des Umstiegsprojekts unbedingt in die beiden Anteile aufzuteilen, da die prozessorientierte Implementierung und insbesondere die Implementierung neuer Geschäftsprozesse nicht zeitgleich mit dem technischen Umstieg erfolgen muss.

Prozessumstellung und technische Umstellung separat betrachten
Die Einführung bzw. Umstellung der Geschäftsprozesse kann in Teilen unabhängig von der technischen Umstellung geplant werden.

Abbildung 4.2 zeigt einen möglichen Ansatz zur Einführung von SAP S/4HANA: Im Projekt kann zeitlich gestaffelt neue Funktionalität vorbereitet und eingeführt werden, während die Anwender gleichzeitig noch mit den Bestandsfunktionen arbeiten.

Parallel laufende Projektphasen

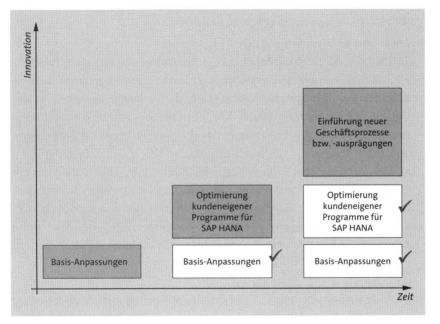

Abbildung 4.2 Parallele Vorbereitung und Einführung neuer Funktionen

Voraussetzung für eine optimale Projektplanung ist die Kenntnis des angestrebten Zielzustands. Diese Aussage klingt zunächst möglicherweise trivial. Bei der Betrachtung eines Umstiegs auf SAP S/4HANA ist es aber oft so, dass das Ziel nur unscharf beschrieben wird, beispielsweise durch den Auftrag, »SAP S/4HANA zu implementieren«.

Bei dem Übergang nach SAP S/4HANA ergibt sich ein grundsätzlicher Zielkonflikt, dessen man sich bewusst sein sollte, insbesondere wenn der Ausgangszustand ein SAP-ERP-System oder eine SAP-Landschaft ist: Das Umstiegsprojekt ist prinzipiell einfacher, je mehr Eigenschaften des Quellsystems erhalten bleiben können (beispielsweise Konfiguration, kundeneigenes Coding oder Anwendungen). Der Nutzen, der in diesem Fall aus SAP S/4HANA gezogen werden kann, wird aber gleichzeitig kleiner, denn dieser

Zielkonflikt frühzeitig analysieren

Nutzen besteht ja vor allem in den neuen Geschäftsprozessen, den vereinfachten Benutzeroberflächen und der höheren Flexibilität für zukünftige Anforderungen.

Aus diesem Grund raten wir dringend dazu, diesen Zielkonflikt bewusst zu analysieren. Mögliche Bewertungskriterien sind:

- **Art der Nutzung**
  Wird das Zielsystem produktiv genutzt oder soll zunächst ein Proof-of-Concept durchgeführt werden? Im letzteren Fall bietet es sich oft an, eine Greenfield-Implementierung mit selektiver Datenübernahme durchzuführen und somit einen Fokus zu definieren.

- **Total Cost of Ownership (TCO)**
  SAP S/4HANA bietet die Möglichkeit, die Betriebskosten zu reduzieren. Als Beispiele werden oft ein reduzierter *Data Footprint* genannt, also die Reduzierung des Speicherplatzes, den die Anwendungsdaten in der Datenbank einnehmen (siehe Abschnitt 4.2.2, »Systemkonvertierung nach SAP S/4HANA«). Ein anderer Aspekt sind geringere Anforderungen an die hauseigene IT durch den Wegfall lokaler SAP-GUI-Installationen an den Arbeitsplätzen der Mitarbeiter. Wenn eine TCO-Reduktion ein explizites Ziel Ihres Umstiegs ist, dann sollte allerdings ebenfalls geprüft werden, wo kundeneigene Erweiterungen entfallen oder durch SAP-S/4HANA-Anwendungen ersetzt werden können. Des Weiteren sollte analysiert werden, inwieweit mehrere vorhandene ERP-Systeme zu einem einzigen SAP-S/4HANA-System zusammengefasst werden können. Neben den geringeren Betriebskosten können sich daraus auch Vorteile für die Anwender ergeben, die auf Echtzeitdaten aller vorher getrennten Systeme zugreifen können.

- **Betriebsmodell**
  Soll SAP S/4HANA in der Cloud oder On-Premise betrieben werden? Beide Betriebsmodelle haben unterschiedliche Eigenschaften, die bewertet werden müssen. Vereinfacht gesagt, ist die Auslagerung der Systemadministration in die Cloud vor allem für nichtdifferenzierende Geschäftsprozesse attraktiv.

- **Ziellandschaft**
  Wie soll sich die gesamte Landschaft ändern? Sollen Systeme konsolidiert werden? Sollen Systeme getrennt werden (z. B. Finanzbuchhaltung und Materialwirtschaft)? Wie soll die bestehende Archivierung angepasst werden?

Sie sollten außerdem beachten, dass die für die neuen Funktionen von SAP S/4HANA benötigten Frontend-Server für SAP Fiori in der Regel noch zusätzlich aufgebaut und konfiguriert werden müssen.

SAP selbst empfiehlt für die Projektplanung und -durchführung eine Sechs-Stufen-Methodik. Diese besteht aus den Phasen *Discover*, *Vorbereitung*, *Analyse*, *Realisierung*, *Bereitstellung* und *Betrieb*. Diese *SAP Activate* genannte Methodik beschreiben wir in Kapitel 5 ausführlich.

SAP- Einführungs-methodik

4

Bei der Beschreibung der Migrationsaktivitäten in diesem Buch gehen wir davon aus, dass die Entscheidung für SAP S/4HANA bereits getroffen ist. Das heißt, dass die Discover-Phase, in der die Unternehmensprioritäten identifiziert werden, die Zielarchitektur festgelegt wird, der Business Case abgerundet und ein Readiness Check durchgeführt wird, bereits erfolgreich abgeschlossen wurde. Unser Fokus liegt auf der technischen Umsetzung des Umstiegs und weniger auf den prozessgetriebenen Anteilen. Wir gehen davon aus, dass Sie die Auswahl und die Ausprägung der betriebswirtschaftlichen Inhalte in einem eigenen betriebswirtschaftlichen Einführungsprojekt erarbeitet und festgelegt haben.

> **Vorbereitung mit Testzugang**
>
> Haben Sie die Discover-Phase noch nicht abgeschlossen, empfehlen wir Ihnen, ein SAP-S/4HANA-System testweise auszuprobieren. Zu diesem Zweck bietet SAP zeitlich begrenzte Testzugänge für eine Cloud-Instanz von SAP S/4HANA an. Weitere Informationen zu diesen Trial-Systemen finden Sie in Kapitel 6, »Testsysteme und Modellfirma«.

[«]

4.2   Die drei Szenarien für den Umstieg

SAP hat für die Einführung von SAP S/4HANA verschiedene technische Szenarien definiert und stellt dafür jeweils angepasste Werkzeuge zur Verfügung. Während er den Umstieg plant, sollte der Kunde entscheiden, welches dieser Szenarien am ehesten zu seinem individuellen Fall passt. Bei der Vorstellung der Szenarien in den folgenden Abschnitten gehen wir auch auf die Vor- und Nachteile des jeweiligen Ansatzes ein, bevor wir die Szenarien in Teil III, »Umstieg auf SAP S/4HANA On-Premise«, jeweils im Detail besprechen.

Grundsätzlich lassen sich drei Szenarien beim Umstieg auf SAP S/4HANA unterscheiden (siehe Abbildung 4.3):

- die Neuimplementierung von SAP S/4HANA
- die Systemkonvertierung nach SAP S/4HANA
- eine Landschaftstransformation mit SAP S/4HANA

Dabei greift die Landschaftstransformation auf die Schritte der beiden zuerst genannten Szenarien zurück und ergänzt sie, um weitere Vorteile von SAP S/4HANA zu nutzen.

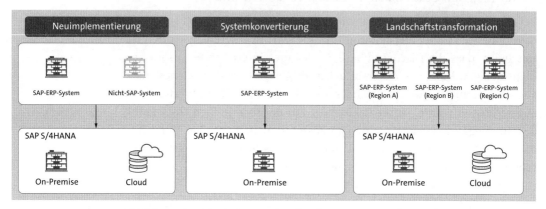

Abbildung 4.3 Die drei Szenarien für den Umstieg auf SAP S/4HANA

Bis auf die Systemkonvertierung lassen alle drei Szenarien Ihnen die Wahl, ob SAP S/4HANA als SaaS-Cloud-Implementierung oder als On-Premise-Modell umgesetzt werden soll (siehe Abschnitt 3.1, »Die Betriebsmodelle im Überblick«).

4.2.1   Neuimplementierung von SAP S/4HANA

Neues System installieren   Dieses Szenario beruht technisch gesehen auf einer sauberen Neuinstallation von SAP S/4HANA. Dazu wird mithilfe des *Software Provisioning Managers* (SWPM) ein SAP-S/4HANA-System von den verfügbaren SAP-Installationsmedien geladen und neu aufgesetzt. Es entsteht also ein neues System mit einer neuen Systemidentifikation (SID). Zusätzlich zu dieser ABAP-Instanz wird ein Frontend-Server aufgebaut. Dieser Frontend-Server ist zentraler Knotenpunkt für den Betrieb der SAP-Fiori-Benutzerschnittstelle.

Customizing   Das entstehende System enthält zunächst das von SAP ausgelieferte Customizing. Die Konfiguration muss so angepasst werden, dass es den Anforderungen entspricht, die diejenigen Geschäftsprozesse stellen, die Sie implementieren wollen.

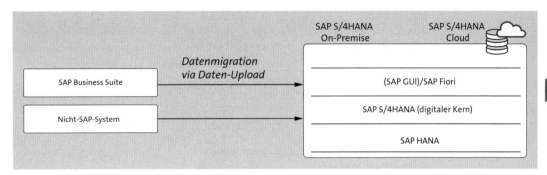

Abbildung 4.4 Neuimplementierung von SAP S/4HANA

Dieses neue System kann mit Daten aus dem Quellsystem versorgt werden. Nach erfolgter Datenübernahme kann das Quellsystem dann durch das SAP-S/4HANA-System ersetzt werden (siehe Abbildung 4.4). Die Übernahme der Daten erfolgt mithilfe eines für SAP S/4HANA neu entwickelten Werkzeugs, des sogenannten *SAP S/4HANA Migration Cockpits*. Dabei ist es unerheblich, ob die Daten aus einem SAP-System oder aus einem Nicht-SAP-System stammen.

Datenmigration

Für die Datenübernahme liefert SAP vordefinierte Modelle aus, sogenannte *Migrationsobjekte*. Diese werden von SAP stufenweise erweitert. Welche Migrationsobejekte zu dem Zeitpunkt unterstützt wurden, als dieses Buch entstand (Cloud-Release 1611, On-Premise-Release 1610), können Sie Tabelle 4.1 entnehmen.

Unterstützte Migrationsobjekte

Details zu ihrer Nutzung erläutern wir in Abschnitt 7.3.1, »Verfügbare Migrationsobjekte«, (für die Cloud-Editionen) und in Abschnitt 11.2, »Unterstützte Migrationsobjekte« (für die On-Premise-Editionen).

Unterstützte Migrationsobjekte bei Nutzung des Migration Cockpits		
Tarif/Activity Price	Umrechnungskurs/ Exchange Rate	Stückliste/Bill of Material (BOM)
Innenauftrag/ Internal Order	Inventur Bestände/ Inventory Balances	Arbeitsplatz/ Work Center
Profitcenter/ Profit Center	Materialstamm/ Material Master	Arbeitsplan/Routing
Bankenstamm/ Bank Master	Material – Langtext/ Material – Long text	Equipment

Tabelle 4.1 Unterstützte Migrationsobjekte für die Datenmigration bei Nutzung des SAP S/4HANA Migration Cockpits

Unterstützte Migrationsobjekte bei Nutzung des Migration Cockpits		
Kunde/Customer	Einkaufsinfosätze/ Purchasing Info Record	Instandhaltungsarbeits- plan/Maintenance Task List
Lieferant/Supplier	Bestellungen/ Purchase Order	Technischer Platz/ Functional Location
Debitorenbuchhaltung offene Forderungen/ Accounts Receivable (Customer) Open Item	Preiskonditionen/ Pricing Condition	Merkmal/Characteristic
Kreditorenbuchhaltung offene Verbindlichkei- ten/Accounts Payable (Vendor) Open Item	Einkaufskontrakt/Con- tracts (Purchasing)	Klasse/Class
Anlagenbuchhaltung inkl. Bestände/Fixed Assets incl. Balances	Orderbuch/Source List	Commercial Project Management (CPM)

Tabelle 4.1 Unterstützte Migrationsobjekte für die Datenmigration bei Nutzung des SAP S/4HANA Migration Cockpits (Forts.)

In diesem Migrations-Content sind für jedes der betriebswirtschaftlichen Objekte jeweils die Standarddatenfelder hinterlegt sowie das Format und gegebenenfalls vorhandene Abhängigkeiten von anderen betriebswirtschaftlichen Objekten oder Bezüge auf diese.

Dem Gedanken der Simplifizierung folgend, sind in diesem vordefinierten Content zunächst nur die wichtigsten Datenfelder des betreffenden Objekts vorausgeprägt. Sollten diese nicht ausreichen, können optional zusätzliche Felder eingeblendet werden, sofern diese Teil des SAP-Stan-dards sind. Kundeneigene Felder (im kundeneigenen Namensraum) kön-nen ebenfalls hinzugefügt werden. Bei einer On-Premise-Implementierung nutzen Sie dafür die Transaktion LTMOM (SAP Landscape Transformation (LT) Migration Object Modeler); bei einer Cloud-Lösung nehmen Sie bitte Kontakt mit dem SAP-Service-Team auf.

Migrationsprojekt-übersicht Die ausgewählten Migrationsobjekte werden in die Projektdarstellung des SAP S/4HANA Migration Cockpits übernommen. Dadurch kann im Verlauf der Datenübertragung stets nachvollzogen werden, für welche Objekte noch Daten geladen werden müssen und für welche Objekte die Migration abgeschlossen ist.

Die Daten des Quellsystems werden manuell in das vorgegebene Format gebracht. Eine eventuell nötige Datenbereinigung (z. B. die Identifikation und das Entfernen von Dubletten) sollte ebenfalls im Vorfeld durchgeführt werden. Die bereinigten Daten aus dem Quellsystem werden in einer Datei gespeichert, die dem von SAP vorgegebenen Format entspricht. Zu diesem Zweck werden entsprechende Vorlagen mitgeliefert.

Im nächsten Schritt wird diese Datei dann per Datei-Upload eingelesen. Grundlegende vorhandene Inkonsistenzen mit vorausgesetzten Daten, die schon in das Zielsystem geladen wurden, oder Konflikte mit der Konfiguration werden mithilfe von Tools identifiziert und können beseitigt werden. Damit sind die Daten des Quellsystems übertragen. Die Abfolge dieser Schritte ist in Abbildung 4.5 skizziert.

Upload in SAP S/4HANA

Abbildung 4.5 Schritte für die Datenübertragung nach SAP S/4HANA bei einer Neuimplementierung

Als Ergebnis erhält man ein System, das möglichst dicht am SAP-Standard liegt und nahezu keine »Altlasten« enthält. An Tabelle 4.1 ist zu erkennen, dass in diesem Verfahren der Fokus auf Stammdaten liegt und nur wenige Bewegungsdaten übernommen werden.

Das SAP S/4HANA Migration Cockpit ersetzt die von den SAP-R/3- oder ERP-Systemen bekannte *Legacy System Migration Workbench* (LSMW). Diese wird für SAP S/4HANA nicht mehr unterstützt. Sie ist zwar noch vorhanden, ihre Nutzung ist jedoch nur in Einzelfällen sinnvoll und erfolgt auf eigene Gefahr.

Für das geplante Neuimplementierungsprojekt ist also entscheidend, welche Daten übertragen werden sollen: Gehören Datenobjekte zu den Anforderungen, die nicht Teil des mitgelieferten Contents sind, können diese nicht mit dem SAP S/4HANA Migration Cockpit übertragen werden.

Das empfohlene Werkzeug, um eine individuellere Datenübertragung durchzuführen, ist *SAP Data Services*. Dieses Tool steht mit einem Basisfunktionsumfang für die Extraktion und das Laden von Daten allen SAP-HANA-Kunden im Rahmen der SAP-HANA-Lizenz zur Verfügung. Es besteht aus einem zentralen Data-Services-Server sowie einem lokalen Frontend für die Modellierung. Auch hier wird Migrations-Content mitge-

SAP Data Services

liefert, der jedoch umfangreicher ist als im Fall des SAP S/4HANA Migration Cockpit (siehe Tabelle 4.2). Allerdings ist der technische Aufwand höher und es ist mehr Expertenwissen gefragt als im Fall des SAP S/4HANA Migration Cockpits. Optional bietet SAP eine Lizenzerweiterung für SAP Data Services an, die die Bearbeitung und Verbesserung der Datenqualität und die Datenbereinigung umfassend unterstützt.

Migrationsobjekte bei Nutzung von SAP Data Services		
Activity Prices	Fixed Assets	Profit Centers
Activity Type Groups	Functional Location	Purchase Orders*
Activity Types	GL Balances*	Purchasing Info Records
Bank Master	GL Open Items*	Purchasing Requisitions*
Batch	Inspection Methods	Reference Operation Set
Bill of Materials	Inspection Plans	Routings
Business Partner	Internal Order*	Sales Orders*
Characteristic Master	Inventory Balance*	Scheduling agreements*
Class Master	Master Inspection Characteristics	SD Pricing
Configuration Profiles for Material	Material External Customer Replenishment	Secondary Cost Elements
Contracts*	Material Master	Service Master
Cost Center Group	Material Master Classification	Source List
Cost Centers	Material QM Inspection Type	Statistical Key Figures
Credit Memo*	Object Dependency	Supplier Invoice*
Customer Invoice Billing*	Open Deliveries*	Vendor Open Items (AP)*
Customer Open Items (AR)*	Order Reservation*	Work Breakdown Structure

Tabelle 4.2 Unterstützte Migrationsobjekte bei Nutzung von SAP Data Services

Migrationsobjekte bei Nutzung von SAP Data Services		
Equipment	Planned Independents Requirements*	Work Centers
Exchange Rates	Profit Center Groups	

Die mit * gekennzeichneten Objekte sind Bewegungsdaten, die übrigen Stammdaten.

Tabelle 4.2 Unterstützte Migrationsobjekte bei Nutzung von SAP Data Services (Forts.)

Beachten Sie, dass mit dem beschriebenen Verfahren ein neues System mit einer neuen SID aufgebaut wird, das (ausgewählte) Daten des Quellsystems enthält. Dieses neue System bzw. die so entstehende mehrstufige System-landschaft (Entwicklungs-, Test- und Produktivsystem) muss in den meis-ten Fällen noch mit der Gesamtlandschaft integriert werden.

Das Thema Integration behandeln wir in Kapitel 8, »SAP S/4HANA Cloud in die Systemlandschaft integrieren«, und Kapitel 13, »SAP S/4HANA On-Pre-mise in die Systemlandschaft integrieren«. Die Neuimplementierung und die einzelnen Werkzeuge betrachten wir ausführlich in Kapitel 7, »Migra-tion in die Public Cloud«, und in Kapitel 11, »Neuimplementierung eines Einzelsystems«.

Checkliste für Neuimplementierung

Die einzelnen Schritte bei der Neuimplementierung fassen wir hier noch einmal zusammen:

1. Zielzustand festlegen: Betriebsmodell und Verteilung der Instanzen. Die Neuimplementierung kann für On-Premise-Implementierungen, die SAP HANA Enterprise Cloud und in der Public Cloud erfolgen.

2. Identifikation der gewünschten neuen Funktionen

3. Abgleich der aktuell genutzten Funktionen mit der Simplification List (*http://help.sap.com/s4hana_op_1610*). Beachten Sie jeweils die Anzahl der Benutzer für die einzelnen Funktionen.

4. bei bestehendem SAP-ERP-System: Pre-Check im Simulationsmodus (siehe SAP-Hinweis 2182725)

5. Analyse kundeneigener Erweiterungen mithilfe der Custom Code Migration Worklist (*http://s-prs.de/v429724*). Bestehende eigene Pro-gramme müssen in der SAP S/4HANA Cloud in der Regel neu imple-mentiert werden (zu den neuen Erweiterungen für die SAP S/4HANA Cloud siehe Abschnitt 3.4, »Erweiterbarkeit von SAP S/4HANA«).

6. Nur für On-Premise: Sizing durchführen
    (*https://service.sap.com/sizing*)
7. Anpassung der Aufwandsplanung, Überprüfung des Umstiegs-
    szenarios
8. Wenn möglich Datenbereinigung und Archivierung im Ausgangs-
    system durchführen
9. Zielsystem aufbauen
10. SAP S/4HANA Migration Cockpit starten und Datenübernahme durch-
    führen
11. Überprüfung des Ergebnisses
12. Nur für On-Oremise: Aufbau der Frontend-Server für SAP Fiori
13. Delta-Konfiguration durchführen
14. Abschlusstests
15. Rollout der neuen Prozesse an die Anwender

4.2.2   Systemkonvertierung nach SAP S/4HANA

SAP-ERP-System als Ausgangsbasis

In diesem Szenario ist ein existierendes SAP-ERP-System die Ausgangsbasis. Dieses System wird in mehreren Schritten in ein SAP-S/4HANA-System
umgewandelt (siehe Abbildung 4.6). Bei diesem Verfahren bleiben die SID
des Quellsystems, das Customizing und die bestehenden Daten erhalten.
Bei der Wahl dieses Szenarios sollte eine Datenbereinigung *vor* der Konvertierung vorgenommen werden. Wichtig ist außerdem, dass es sich bei diesem Szenario *nicht* um ein Upgrade handelt, denn das entstehende System
gehört einer anderen Produktfamilie an.

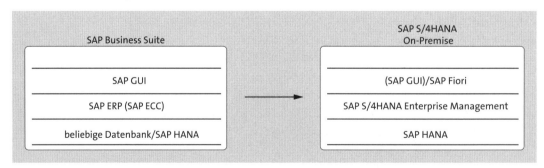

Abbildung 4.6 Systemkonvertierung nach SAP S/4HANA

Data Footprint und Archivierung

[«]

SAP wirbt für SAP S/4HANA mit einem deutlich reduzierten Data Footprint. Das heißt, die Daten in der SAP-HANA-Datenbank verbrauchen weniger Speicherplatz als im herkömmlichen SAP-ERP-System auf klassischen Datenbanken. Der Grund dafür sind die besseren Komprimierungsalgorithmen in SAP HANA. Die offiziellen Sizing-Empfehlungen von SAP berücksichtigen diese Komprimierung bereits. Bei der Systemkonvertierung wird das Zielsystem allerdings in der Regel nicht durch diese Sizing-Regeln erfasst. Der Speicherbedarf ist zunächst höher als in einem neu aufgesetzten System. Das liegt daran, dass SAP die kundeneigenen Daten zunächst erhält, um Datenverlust zu vermeiden. Zeitweise liegen im Zielsystem also Daten doppelt vor: einmal in den neuen Datenmodellen von SAP S/4HANA und ein weiteres Mal in den obsoleten Tabellen des SAP-ERP-Systems.

Entsprechend muss das Zielsystem zunächst größer dimensioniert werden. Die »doppelten« Daten können nach Abschluss der Konvertierung manuell gelöscht werden. Zuvor sollte allerdings geprüft worden sein, ob die Daten erfolgreich konvertiert wurden.

Um die Überdimensionierung des Zielsystems zu minimieren, sollte geprüft werden, welche Daten des Quellsystems archiviert werden können. Auf diese Archive kann auch von SAP S/4HANA aus zugegriffen werden. Ein Nebeneffekt ist, dass die Laufzeit der Umsetzungsroutinen ebenfalls reduziert wird. Allerdings sollten keine aktiven Daten archiviert werden. Berücksichtigen Sie bei der Planung, dass die Archivierungsroutinen im SAP-S/4HANA-Zielsystem noch an die neuen Datenmodelle angepasst werden müssen, um auch die künftigen Daten archivieren zu können. Zusätzlich haben Sie dort die Möglichkeit, das in SAP HANA eingebaute *Data Aging* zu nutzen. Diese Methode verdrängt nicht aktiv genutzte Daten aus dem Arbeitsspeicher von SAP HANA und bildet damit gewissermaßen eine Vorstufe zu einer Archivierung: »Heiße« Daten befinden sich im Arbeitsspeicher von SAP HANA, »kalte« und »historische« Daten im Archiv.

Simplification List

Vor der Durchführung einer Systemkonvertierung ist eine umfassende Analyse des Quellsystems notwendig. In der von SAP angebotenen Simplification List sind alle relevanten Änderungen enthalten, die bestehende SAP-ERP-Funktionalität betreffen: Funktionen, die entfallen, signifikant veränderte Anwendungen (oder Anwendungsarchitekturen) sowie »nicht strategische« Funktionen (siehe Abbildung 4.7). Letztere sind Funktionen, die zwar in SAP S/4HANA enthalten sind, aber von SAP nicht mehr empfohlen werden. Da man davon ausgehen kann, dass SAP für diese Funktionen weder eine Weiterentwicklung noch eine Wartung anbietet, sollten diese Funktionen nur für eine begrenzte Übergangszeit genutzt werden.

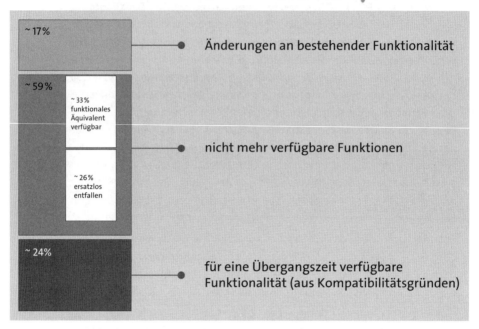

~ 17 %   ● Änderungen an bestehender Funktionalität

~ 59 %

~ 33 % funktionales Äquivalent verfügbar

~ 26 % ersatzlos entfallen

● nicht mehr verfügbare Funktionen

~ 24 %   ● für eine Übergangszeit verfügbare Funktionalität (aus Kompatibilitätsgründen)

Abbildung 4.7 Anteil der Funktionen aus SAP ERP, die sich ändern oder entfallen

Pre-Checks

Zur Vereinfachung bietet SAP eine Reihe von automatisierten Vorabprüfungen an, die sogenannten *Pre-Checks*. Diese Pre-Checks überprüfen das eigene System vor allem in Bezug auf die folgenden Punkte:

- Werden die technischen Systemanforderungen erfüllt?
- Werden Funktionen genutzt, die im Zielsystem in dieser Form nicht mehr verfügbar sind?
- Wird inkompatible Software genutzt, wie beispielsweise Add-ons, die (noch) nicht für SAP S/4HANA freigegeben sind? Diese Software müsste im Quellsystem deinstalliert werden, oder es muss eine kompatible Version für SAP S/4HANA zur Verfügung stehen. Dazu sollten Sie beim Hersteller des jeweiligen Add-ons Informationen einholen.
- Sind Ihre kundeneigenen Erweiterungen mit SAP S/4HANA kompatibel?

Die Ergebnisse dieser Prüfungen können in manchen Fällen erheblichen Einfluss auf die Einschätzung des Projektumfangs haben. Unsere Empfehlung lautet daher, diese Prüfungen bereits zu Beginn des Transformationsprojekts durchzuführen, um eine präzise Schätzung des Gesamtumfangs des Projekts zu erreichen. Dazu können Sie in den Pre-Checks einen Simulationsmodus (**Simulation Mode**) wählen (siehe Abbildung 4.8).

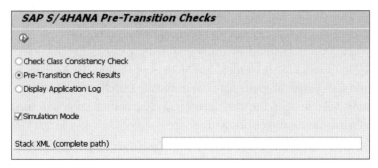

Abbildung 4.8 Startbildschirm der Pre-Checks zur Vorbereitung einer SAP-S/4HANA-Konvertierung

Die Prüfungsergebnisse werden in drei Kategorien unterteilt: Prüfungsergebnisse

- positive Prüfungsergebnisse (grün markiert)
- Warnungen (gelb markiert)
- Fehler, die die Konvertierung verhindern (rot markiert)

Die Warnungen verhindern die technische Durchführung der Konvertierung nicht. Da sich in einzelnen Fällen aber Datenverluste ergeben können, sollte auch eine Warnung sorgfältig analysiert werden. Ein Beispiel für eine Ergebnisliste der Vorabprüfungen finden Sie in Abbildung 4.9.

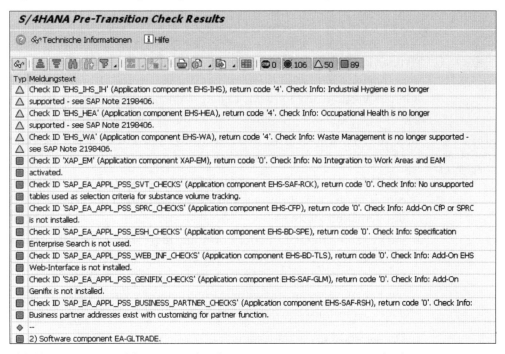

Abbildung 4.9 Beispiel für eine Ergebnisliste eines Konvertierungs-Pre-Checks

SAP liefert die Pre-Checks über SAP-Hinweise aus (siehe SAP-Hinweis 2182725). Sie werden in das Quellsystem eingespielt, und die Überprüfung kann beginnen. Damit kann die Prüfung unabhängig von der technischen Konvertierung durchgeführt werden. Zur Sicherheit fordert die Konvertierungsroutine selbst allerdings auch noch einmal die Durchführung der Pre-Checks. Damit wird ausgeschlossen, dass ein System einer Konvertierung unterzogen wird, das nicht geprüft wurde.

Prüfungen für kundeneigenes Coding

Eine Ausnahme vom gerade dargestellten Mechanismus bilden die *Custom Code Checks*. Dafür wird ein SAP-NetWeaver-System an das Quellsystem angeschlossen, und der kundeneigene Code wird dann in diesem SAP-Net-Weaver-System analysiert. Damit wird eine unnötige Belastung des Quellsystems vermieden. Als Ergebnis dieser Prüfungen erhält man die sogenannte *Custom Code Migration Worklist*. Hierbei handelt es sich um eine Auflistung der von SAP empfohlenen Anpassungen am kundeneigenen Code.

Anpassung des Quellsystems

Nach erfolgter Überprüfung empfiehlt es sich, die gefundenen Auffälligkeiten schon im Quellsystem zu beheben. Andernfalls kann eine reibungslose Durchführung der Konvertierung nicht garantiert werden. Nachdem die Korrekturen vorgenommen wurden, kann eine erneute Prüfung des Systems zusätzliche Sicherheit bringen.

Konvertierung durchführen

Falls die Pre-Checks keine Auffälligkeiten zeigen, kann die nächste Phase der Konvertierung gestartet werden. Zu diesem Zweck wird mithilfe des *Maintenance Planners* der gewünschte Zielzustand eingegeben – in unserem Fall die gewünschte Version von SAP S/4HANA. Der Maintenance Planner kann über das SAP Support Portal aufgerufen werden (*https:// apps.support.sap.com/sap/support/mp*). Mit einer für SAP S/4HANA optimierten Version des *Software Update Managers* (SUM) wird dann die eigentliche technische Systemkonvertierung durchgeführt.

Standard oder downtime-optimiert

Sie können entscheiden, wie diese technische Konvertierung durchgeführt werden soll. SAP stellt zwei Verfahren zur Verfügung:

- Mit dem voreingestellten Standardverfahren versucht SAP den Ressourcenverbrauch, die Downtime und die Gesamtlaufzeit in ein ausgewogenes Verhältnis zu stellen.

- Ein Verfahren mit optimierter Downtime führt größere Teile der Datenkonvertierungen in das SAP-S/4HANA-Datenformat durch, während das System in Betrieb ist, was die Downtime reduziert. Der Preis dafür sind ein höherer Ressourcenverbrauch und teilweise eine längere Gesamtdauer der technischen Konvertierung.

Die Konvertierung mit optimierter Ausfallzeit ist derzeit allerdings nur für Quellsysteme verfügbar, die nicht auf SAP HANA laufen. Noch weitergehende Anforderungen können in einem individuellen Projekt optimiert werden. Falls eine *Near-Zero Downtime* angestrebt wird, empfiehlt SAP, das Projekt gemeinsam mit SAP-Beratern durchzuführen.

In der technischen Konvertierung laufen im Wesentlichen die folgenden drei Schritte ab:

Schritte der Konvertierung

1. **Umsetzung der Datenbank auf SAP HANA**
   Die Datenbank des Quellsystems muss nicht SAP HANA sein. In diesem Fall bietet der SUM die Option an, die Datenbank mit zu konvertieren. SAP nennt dies *Database Migration Option* (DMO).

2. **Einspielen der neuen Repository-Objekte**
   Ein Update der Software auf die neuen SAP-S/4HANA-Versionen wird durchgeführt.

3. **Datenkonvertierung**
   Die Daten des Quellsystems werden in die geänderten Ablagen des Zielsystems überführt.

Nachdem die technische Konvertierung fehlerfrei durchlaufen wurde, müssen in wenigen Fällen noch applikationsspezifische Aktivitäten durchgeführt werden.

Das System ist nun wieder für die Nutzung bereit – allerdings nur im funktionalen Rahmen des Altsystems. Die neuen Funktionen von SAP S/4HANA sind natürlich im System vorhanden, allerdings muss hier in der Regel noch die gewünschte Konfiguration vorgenommen werden. Um diese Konfiguration zu vereinfachen, bietet SAP vordefinierten Content an: die SAP Best Practices.

Konfiguration der neuen Funktionen

Vom Einzelsystem zu einer Landschaft

Die beschriebenen Schritte für die Konvertierung müssen in *allen* Systemen der Landschaft durchgeführt werden, also mindestens im Entwicklungs-, Test- und Produktivsystem. Um die dadurch entstehende Zeitspanne zu überbrücken, kann temporär eine Kopie der Landschaft erzeugt werden. Beachten Sie, dass es dann in der Regel nicht mehr möglich ist, zwischen den Systemen, die sich auf dem alten Stand befinden, und denen auf dem Stand von SAP S/4HANA Änderungen am Code oder an den Konfigurationen per Transport auszutauschen. Dies gilt auch für SAP-Korrekturen. Der Grund ist, dass sich sowohl der Code (kundeneigener Code und SAP-Code) als auch die Konfigurationstabellen unterscheiden. Wir empfehlen in einem solchen Fall ausschließlich einen manuellen Abgleich zwischen den Landschaften.

> Wir empfehlen ebenfalls, das Projekt in zwei Phasen zu unterteilen und sich zunächst auf die technische Umstellung des Systems zu konzentrieren. Die Einführung neuer bzw. geänderter Prozesse kann dann auf Basis des konvertierten Systems in einem zweiten Schritt durchgeführt werden.

Voraussetzungen

Ausgehend von verschiedenen Startversionen des SAP-ERP-Systems sind jeweils unterschiedliche SAP-S/4HANA-Zielversionen möglich. Es ist weder erforderlich, bereits SAP HANA implementiert zu haben, noch müssen die verschiedenen Versionen sequenziell implementiert werden. Im Grunde reicht es aus, dass das Quellsystem auf dem Stand von SAP ERP 6.0 oder höher ist. Beachten Sie dazu Abbildung 4.10. Details zu den Konvertierungspfaden finden Sie in Kapitel 10, »Systemkonvertierung eines Einzelsystems«.

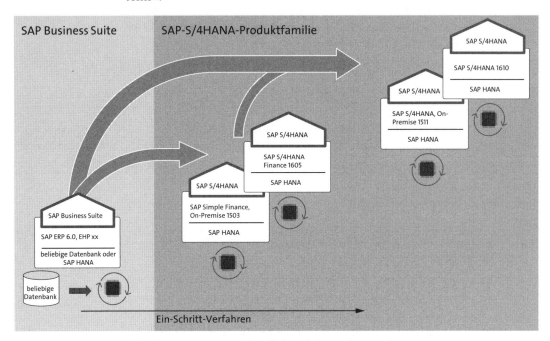

Abbildung 4.10 Unterschiedliche Pfade nach SAP S/4HANA

 Checkliste für die Konvertierung

In der folgenden Liste fassen wir die einzelnen Schritte bei der Systemkonvertierung noch einmal zusammen:

1. Zielzustand festlegen: Betriebsmodell und Verteilung der Instanzen. Die Systemkonvertierung kann nur für On-Premise-Implementierungen oder für SAP HANA Enterprise Cloud erfolgen.

2. Identifikation der gewünschten neuen Funktionalität

3. Abgleich der aktuell genutzten Funktionen mit der Simplification List. Beachten Sie jeweils die Anzahl der Benutzer für die einzelnen Funktionen.

4. Pre-Checks im Simulationsmodus und Custom Code Checks durchführen

5. Sizing durchführen

6. Anpassung der Aufwandsplanung, Überprüfung des Umstiegsszenarios

7. Wenn möglich Datenbereinigung und Archivierunng im Ausgangssystem

8. Wartungsvorgang im Maintenance Planner modellieren

9. Standard- oder Konvertierung mit optimierter Verfügbarkeit im SUM wählen, gegebenenfalls Sizing anpassen

10. Wartungsvorgang durchführen

11. Überprüfung des Ergebnisses

12. Aufbau der Frontend-Server für SAP Fiori

13. Delta-Konfiguration

14. Rollout der neuen Prozesse an die Anwender

4.2.3   Landschaftstransformation mit SAP S/4HANA

Unter *Landschaftstransformation* verstehen wir ein Umstiegsszenario, bei dem mehrere unterschiedliche SAP-ERP-Systeme in ein gemeinsames SAP-S/4HANA-System überführt werden (siehe Abbildung 4.11). Auslöser für ein solches Projekt ist üblicherweise der Wunsch, den größtmöglichen Vorteil aus der Echtzeitverarbeitung von Daten in SAP S/4HANA zu ziehen: Nur, wenn alle Daten in der gemeinsamen Datenbank liegen, kann das System diese Daten auch nutzen. Ein Nebeneffekt ist die Vermeidung von Datenreplikation. Die effizienten Komprimierungsalgorithmen und die hohe Geschwindigkeit von SAP S/4HANA lassen es zu, die Datenmengen mehrerer klassischer Systeme in einem gemeinsamen System zu verarbeiten.

Daten in eine gemeinsame Datenbank

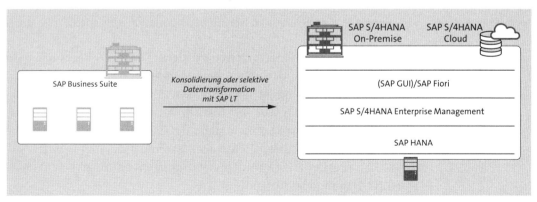

Abbildung 4.11 Landschaftstransformation

Zwei Teilprojekte   Die Landschaftstransformation besteht aus zwei Teilprojekten. In einem ersten Teil wird das Hauptsystem bzw. Mastersystem vorbereitet. Dazu wird eines der zuvor beschriebenen Szenarien genutzt: eine Neuimplementierung eines SAP-S/4HANA-Systems oder eine Systemkonvertierung. Der letztere Fall empfiehlt sich häufig, wenn in der Landschaft ein SAP-ERP-System vorhanden ist, das als Vorlage für die anderen dienen kann. In diesem System sollten Konfiguration und Prozessausprägungen auf dem besten und aktuellsten Stand sein. Berücksichtigen Sie bei der Planung dieses ersten Schritts unsere Ausführungen zu Neuimplementierungen und Systemkonvertierungen in den vorangehenden Abschnitten.

Wahl der Datenextraktionsmethode   Wurde im ersten Schritt ein Master-SAP-S/4HANA-System erzeugt, müssen in einem zweiten Schritt nun die Daten aus den übrigen Systemen der Landschaft in dieses System überführt werden. Dazu sollten Sie zunächst herausfinden, welche Art der Datenextraktion erforderlich ist. Übliche Fälle sind in Abbildung 4.12 dargestellt:

- Konsolidierung mehrerer Komplettsysteme
- Übertragung ausgewählter Buchungskreise
- Übertragung ausgewählter Geschäftsprozesse

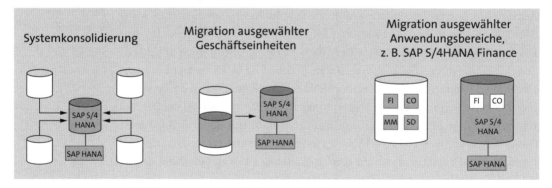

Abbildung 4.12 Beispiele für Landschaftstransformationsszenarien

SAP Landscape Transformation (SLT)   In jedem Fall werden Daten aus (verschiedenen) SAP-ERP-Versionen gelesen und in das SAP-S/4HANA-System geschrieben. Diese Daten müssen dabei in das neue Datenmodell von SAP S/4HANA übersetzt werden. Technisch werden Sie dabei von *SAP Landscape Transformation* (SLT) unterstützt. SLT wird in diesem Szenario allerdings nicht für eine kontinuierliche Replikation, sondern für eine einmalige Datenübertragung genutzt. SAP hat SLT zu diesem Zweck mit Umsetzungslogiken für das neue SAP-S/4HANA-Datenmodell ausgerüstet.

Mit Einschränkungen ist eine solche Landschaftstransformation natürlich auch für Nicht-SAP-Quellsysteme möglich. Dann bietet es sich allerdings an, alternativ über den Einsatz von SAP Data Services nachzudenken, wie auch im Fall der Neuimplementierung. Die Entscheidung für eines der beiden Werkzeuge hängt vom Einzelfall ab und kann an dieser Stelle nicht pauschal getroffen werden.

Nicht-SAP-Quellsysteme

Die einzelnen Spielarten der Landschaftstransformation sind hochgradig individualisierte Projekte. Neben der technischen Unterstützung bieten SAP und andere Dienstleister daher spezialisierte Beratungs- und Implementierungsservices für diese Szenarien an. Wir beschreiben die Details einer Landschaftstransformation in Kapitel 12, »Transformation einer Systemlandschaft«.

Kapitel 5
SAP Activate

SAP Activate bildet das Gerüst für eine erfolgreiche Einführung von SAP S/4HANA und wurde speziell für diesen Zweck entwickelt. Es ersetzt die bisherigen Implementierungsmodelle ASAP und SAP Launch und beinhaltet Best Practices, die Konfiguration und Methodik.

SAP Activate ist eine neue Art und Weise, SAP-Software einzuführen. Sie wird für die neue Business-Lösung SAP S/4HANA angewandt – und zwar sowohl für neue Implementierungen (*Greenfield*) als auch für Konvertierungen bestehender SAP-Business-Suite-Systeme (*Lift & Shift*) sowie für Transformationen einer Systemlandschaft (siehe Abschnitt 4.2, »Die drei Szenarien für den Umstieg«). Der SAP-Activate-Ansatz beinhaltet Best Practices für Geschäftsprozesse, eine geführte Konfiguration und die Implementierungsmethodik.

Bei SAP Activate handelt es sich um ein Framework, das dem klassischen Wasserfallmodell folgt. Das heißt, es beinhaltet Phasen, die der Reihe nach abgearbeitet werden müssen. Gewöhnlich sind keine Überschneidungen der einzelnen Phasen im Projektablauf vorgesehen. Am Beginn einer neuen Phase dieser Roadmap steht die Abnahme der vorangegangenen Phase, die erst erfolgreich durchgeführt und abgeschlossen werden muss, um in die nächste Phase zu gelangen. Neu an SAP Activate ist, dass es auch ein kontinuierliches Lifecycle Management vorsieht, weshalb bei Updates einzelne Phasen nochmals durchlaufen werden können.

Im Einzelnen liefert SAP Activate Antworten auf die folgenden Fragestellungen und ist damit ein wertvoller Bestandteil jeder SAP-S/4HANA-Einführung:

Fragestellungen

- Wie kann ich SAP S/4HANA erfolgreich einführen?
- Wo kann ich eine Anleitung zur Implementierung von SAP S/4HANA finden?
- Wie kann ich schnell ein Proof-of-Concept für SAP S/4HANA durchführen?
- Wo finde ich die Best Practices für SAP S/4HANA?

Die Antworten auf diese Fragen geben wir in den folgenden Abschnitten, in denen wir ausführlich sowohl auf das Konzept als auch auf die Phasen von SAP Activate eingehen.

5.1   Die Inhalte von SAP Activate

Nachfolger
von ASAP

SAP Activate kann als Nachfolger der erfolgreichen ASAP-Implementierungsmethode angesehen werden. Das *ASAP*-Vorgehensmodell (*AcceleratedSAP*) wurde ursprünglich für SAP R/3 in den 1990er-Jahren entwickelt und eingesetzt, um traditionelle Vorgehensweisen bei der Softwareimplementierung abzulösen und zu vereinheitlichen. Die Idee war (damals wie heute), allen Kunden die Erfahrungen aus vorangegangenen Projekten über eine standardisierte Methodik zur Verfügung zu stellen. ASAP beinhaltete daher sowohl erfolgreich eingesetzte Business-Best-Practices als auch die Methodik zum Projektmanagement. Der damals neue Ansatz legte eine Vorgehensweise fest, die schneller als bisher umgesetzt werden konnte. Allerdings bedeutet sie – durch die Standardisierung – unter Umständen auch weniger Flexibilität. Über die Zeit wurde ASAP stets weiterentwickelt (die neueste im Jahr 2013 eingeführte Version ist ASAP 8) und kann sowohl für Neuimplementierungen, für die Erweiterung der Software (z. B. durch neue Komponenten) als auch bei Upgrades eingesetzt werden.

Nachfolger von
SAP Launch

Eine nochmalige Weiterentwicklung in diesem Sinne ist SAP Activate, das erstmals mit SAP S/4HANA eingeführt wurde. Da SAP Activate nicht nur für On-Premise-Implementierungen, sondern auch für Cloud-Lösungen entwickelt wurde, ist SAP Activate nicht nur Nachfolger von ASAP, sondern auch von *SAP Launch*, dem für SAP-Cloud-Lösungen (z. B. SAP SuccessFactors oder SAP Ariba) bisher verwendeten Ansatz. Neben den Best Practices und der Methodik beinhaltet SAP Activate auch die Konfiguration und geht damit noch einen Schritt weiter im Sinne der Vereinfachung (Simplifizierung) und Standardisierung. Dazu stellt SAP Activate zum einen den generellen Ablauf und zum anderen die Werkzeuge zur Verfügung. In einem Projekt kann jedoch hier und da leicht vom Standardablauf abgewichen werden.

Ziele von
SAP Activate

Der angestrebte Mehrwert für Unternehmen (*Business Value*) ist eine schnellere, weniger beratungsintensive Implementierung der Software, sowohl On-Premise als auch in der Cloud, sowie die schnellere Verfügbarkeit von Innovationen während des gesamten Produktlebenszyklus. Darüber hinaus ist das Modell so angelegt, dass es von SAP-Partnern verwendet und auch erweitert werden kann.

Abbildung 5.1 zeigt die drei Komponenten *SAP Best Practices*, Methodik (*Methodology*) und geführte Konfiguration (*Guided Configuration*) im Überblick.

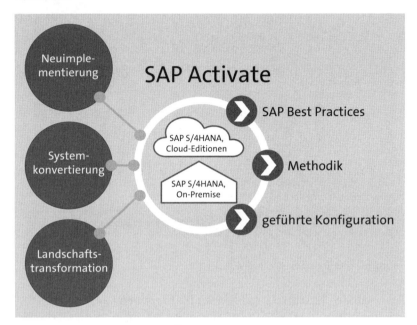

Abbildung 5.1 SAP Activate im Überblick

Die Ziele von SAP Activate

Zusammengefasst sind die Ziele von SAP Activate:

- Vereinfachung der Einführung von SAP S/4HANA durch die Kombination von SAP Best Practices, Methodik und geführter Konfiguration
- Lieferung von vordefinierten Geschäftsprozessen, die für SAP S/4HANA optimiert sind
- Bereitstellung von Best Practices für Transformation, Migration, Integration und Konfiguration von SAP S/4HANA

Damit einher geht die schnelle, weniger service-intensive initiale Implementierung und anschließende Wartung von SAP S/4HANA für alle SAP-S/4HANA-Kunden, unabhängig von deren Weg (siehe Abschnitt 4.2, »Die drei Szenarien für den Umstieg«). Dies alles soll zu einer kürzeren Amortisierungszeit (*Time-to-Value*) und zu geringeren Gesamtbetriebskosten (*Total-Cost-of-Ownership*) führen.

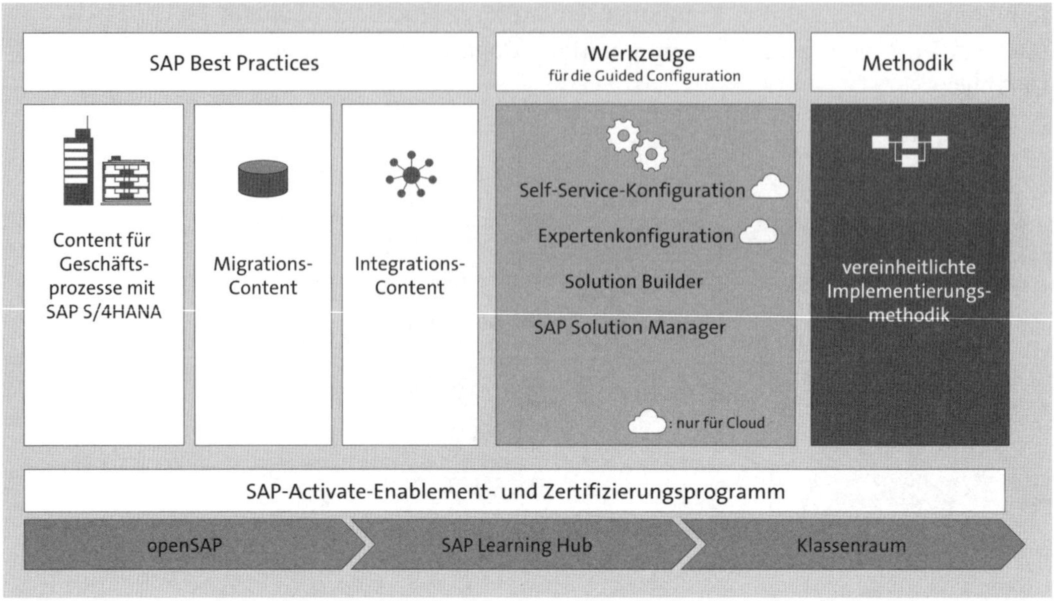

Abbildung 5.2 Die Bausteine von SAP Activate

Bausteine   Im den folgenden Abschnitten stellen wir die einzelnen Bausteine von SAP Activate vor, die Sie in Abbildung 5.2 sehen: Die Business-Best-Practices als Teil von SAP S/4HANA (*SAP Best Practices*), die Werkzeuge für die geführte Konfiguration und die mit SAP Activate neu eingeführte Methodik.

5.1.1 SAP Best Practices

Best Practices   Bei den SAP Best Practices handelt es sich um eingebaute, sofort verfügbare Geschäftsprozesse, die für SAP S/4HANA optimiert wurden und Teil des Softwareprodukts sind. Des Weiteren beinhalten die Best Practices eine für jeden sofort verfügbare Referenz-Lösung in der Cloud (ein sogenanntes *Trial-System*) und Content für die Migration sowie die Integration.

[»]   **Trial-System**

Sie können sich ganz einfach selbst einen Eindruck von den mitausgelieferten Best Practices verschaffen, indem Sie den kostenfreien Zugang zu einem SAP-S/4HANA-Cloud-System als Testsystem nutzen. Dabei haben Sie die Wahl zwischen einem eigenen, von einem Cloud-Anbieter gehosteten On-Premise-System und einem mit anderen Benutzern geteilten SAP-S/4HANA-Cloud-System (siehe Kapitel 6, »Testsysteme und Modellfirma«). Für den Testzeitraum fallen keinerlei Lizenzkosten an, und nur im Falle des

On-Premise-Systems entstehen Hosting-Kosten. Den Zugang erhalten Sie unter folgendem Link: *http://www.sap.com/s4hana-trial*

Mithilfe dieses Testzugangs können Sie sich einen ersten Eindruck von den neuen Funktionen und der neuen SAP-Fiori-Benutzeroberfläche verschaffen. Dabei helfen Ihnen geführte Touren durch die vorgefertigten Best-Practices-Szenarien. Mehr Informationen zu den Trial-Systemen erhalten Sie in Kapitel 6, »Testsysteme und Modellfirma«.

SAP Best Practices wurden erstmals vor über zehn Jahren mit dem Produkt *SAP Business All-in-One* (*BAiO*, damals *MySAP All-in-One*) eingeführt. Das war eine vorkonfigurierte SAP-Lösung, die auf dem Standard-SAP-ERP-System basierte (oder auf dem Standard-SAP-CRM-System im Falle der SAP-CRM-Best-Practices). | **BAiO**

Der Unterschied zwischen einem BAiO- und einem SAP-ERP-System bestand darin, dass im Falle von BAiO speziell für den Mittelstand vorkonfiguriertes Customizing Teil des Produkts war. Somit konnten Systeme, die sich eng am Standard orientierten, auch für kleinere Kunden (Small and Medium-sized Enterprises, SME) erfolgreich und schneller implementiert sowie einfacher betrieben werden. Die einzelnen Best Practices wurden dabei über Pakete im SAP Service Marketplace ohne weitere Kosten zum Download bereitgestellt. Jeder Kunde konnte diese mit einem S-User herunterladen, und des Weiteren waren die Best Practices Ausgangspunkt für spezifische Branchenlösungen von SAP-Partnern.

Der nächste Schritt war die Weiterentwicklung dieses Konzepts für Großkunden (Large Enterprises, LE), was in Form von *Rapid Deployment Solutions* (RDS) erfolgte. Im Unterschied zu früheren SAP Best Practices und Rapid Deployment Solutions sind bei SAP Activate sämtliche Best Practices Teil des Produkts SAP S/4HANA, sowohl im Standardsystem als auch in der SAP S/4HANA Cloud. | **RDS**

Abbildung 5.3 gibt einen Überblick über die vorhandenen SAP Best Practices für die folgenden Bereiche: | **Vorhandene SAP Best Practices**

- User Experience (z. B. SAP Fiori Overview Pages, OVP)
- Analysen (z. B. vorgefertigte Reports und Dashboards)
- Geschäftsprozesse (z. B. vordefinierte Geschäftsprozesse in den verschiedenen Komponenten und für verschiedene Branchen)
- Migration (z. B. für die Migration von SAP- oder Nicht-SAP-Systemen nach SAP S/4HANA)
- Integration (z. B. für die Integration mit SAP SuccessFactors, SAP Hybris Cloud for Customer, SAP Ariba und SAP Hybris)

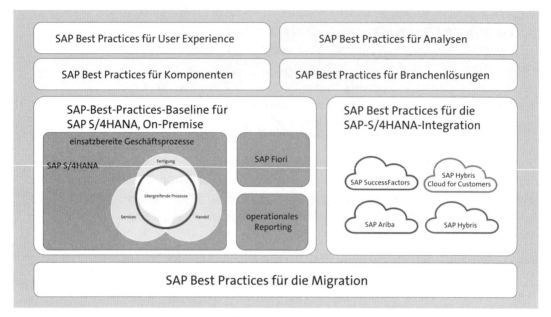

Abbildung 5.3 Überblick über die verschiedenen Best Practices als Teil von
SAP S/4HANA

Die Anwendung der Best Practices für die Migration behandeln wir in
Abschnitt 7.3, »Datenmigration in die SAP S/4HANA Cloud«, detailliert für
die SAP S/4HANA Cloud und in Kapitel 11, »Neuimplementierung eines Einzelsystems«, detailliert für die klassische On-Premise- oder Private-Cloud-
Version von SAP S/4HANA. Für die Integrations-Best-Practices finden Sie
ausführliche Beispiele in Kapitel 8, »SAP S/4HANA Cloud in die Systemlandschaft integrieren«, und Kapitel 13, »SAP S/4HANA On-Premise in die Systemlandschaft integrieren« (für On-Premise und Private Cloud).

[»] **SAP Fiori Best Practices**

Die SAP Best Practices zum Implementieren und Erweitern eigener SAP-
Fiori-Oberflächen können Sie kostenfrei unter folgendem Link herunterladen: *https://rapid.sap.com/bp/RDS_FIORI*.

Mit den SAP Best Practices können Sie jedes SAP-S/4HANA-System bereits zu Beginn mit Leben füllen. Die Konfiguration und das Customizing können ausgehend von einer Modellfirma, genannt *Model Company*, anstatt von einem leeren System aus durchgeführt werden (siehe Kapitel 6, »Testsysteme und Modellfirma«). Sämtliche SAP Best Practices in SAP Activate wurden speziell für SAP S/4HANA erstellt und optimiert und haben somit nur noch den Namen mit den historischen Best Practices gemeinsam. Zum Beispiel nutzen die Best-Practices-Prozesse, wenn möglich, standardmäßig die SAP-Fiori-Benutzeroberfläche. Darüber hinaus gibt es als Erweiterung sogar Best Practices, um eigene SAP-Fiori-Anwendungen zu bauen.

Der zentrale Bestandteil der SAP Best Practices für SAP S/4HANA ist die sogenannte *Baseline*, die sofort verfügbare Geschäftsabläufe für die grundlegenden SAP-Komponenten (z. B. die Buchhaltung in FI) jedes Unternehmens beinhaltet. Die Lokalisierung dieser Baseline geht weit über die Anmeldesprache und die Übersetzung der Dokumentation hinaus. Es werden vielmehr SAP Best Practices für einzelne Länder angeboten, z. B. für Finanzabschlüsse nach International Financial Reporting Standards (IFRS) und Handelsgesetzbuch (HGB) in Deutschland und Abschlüsse nach den United States Generally Accepted Accounting Principles (US-GAAP) in den USA. **Baseline**

Im FI-Bereich sind zum Beispiel SAP Best Practices für folgende Geschäftsprozesse verfügbar: **Beispiele für SAP Best Practices**

- Accounting and Financial Close (Buchhaltung und Finanzabschluss)
- Asset Accounting (Anlagenbuchhaltung)
- Accounts Payable (Kreditorenbuchhaltung)
- Accounts Receivable (Debitorenbuchhaltung)
- Internal Order (Innenaufträge)
- Profitability and Cost Analysis (Ergebnis- und Kostenanalyse)
- Period-End Closing (Periodenabschluss)

Ein wesentlicher Bestandteil der SAP Best Practices sind die *Test Scripts* (früher: Business Process Documents, BPD) sowie die *Prozessdiagramme*. Abbildung 5.4 zeigt ein Prozessdiagramm für einen Bestellprozess in SAP S/4HANA Cloud und SAP Ariba Network. Mehr zur Integration dieser beiden Systeme erfahren Sie in Abschnitt 8.1, »Integration mit SAP Ariba«. **Prozessdiagramme**

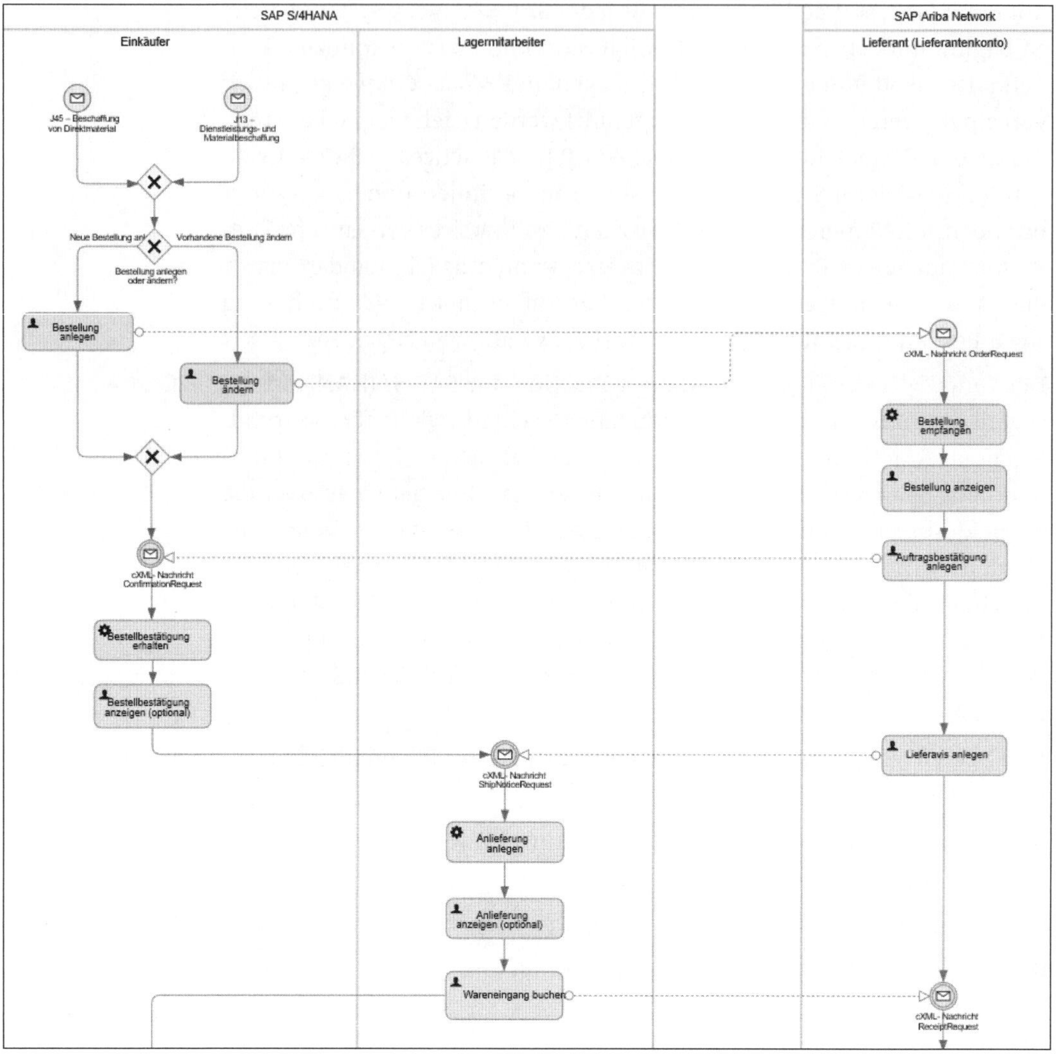

Abbildung 5.4 Ein Beschaffungsprozess als Beispiel für ein Prozessdiagramm aus den SAP Best Practices

[»]

SAP Best Practices Explorer

Mehr Informationen über die Best Practices erhalten Sie im SAP Best Practices Explorer unter *http://rapid.sap.com/bp*. Direkten Zugang zu den Best Practices für die einzelnen Editionen erhalten Sie über die folgenden Links:

- SAP S/4HANA, On-Premise:
  http://rapid.sap.com/bp/BP_OP_ENTPR
- SAP S/4HANA Enterprise Management Cloud:
  http://rapid.sap.com/bp/BP_CLD_ENTPR

- SAP S/4HANA Finance Cloud:
  http://rapid.sap.com/bp/BP_CLD_FIN
- SAP S/4HANA Professional Services Cloud:
  http://rapid.sap.com/bp/BP_CLD_PROJ_SERV

Wählen Sie in den einzelnen Paketen die Version (Lokalisierung), die für Sie infrage kommt, über die Dropdown-Liste. Sie finden dort den gesamten SAP-S/4HANA-Content für Ihre Lösung, indem Sie in die entsprechende SAP-S/4HANA-Unterkategorie navigieren. Dazu zählen Überblicksdokumente und Präsentationen, allgemeine Dokumente wie die Dokumentation und SAP-Hinweise, Informationen zu den sogenannten *Scope Items* (auf diese gehen wir in Abschnitt 5.1.2, »Guided Configuration«, näher ein) sowie eine Content Library mit den entsprechenden Inhalten. Dadurch erhalten Sie ebenfalls Zugriff auf Click-Demos, mit denen Sie nicht nur Details der einzelnen Best-Practices-Prozesse kennenlernen, sondern auch ein gutes Gefühl für die neuen Benutzeroberflächen in SAP S/4HANA insgesamt bekommen.

Während sich jeder mithilfe des SAP Best Practices Explorer über die SAP Best Practices informieren kann, müssen Sie sich mit einem von SAP bereitgestellten Benutzerzugang (S- oder C-User) anmelden, um die SAP Best Practices herunterladen zu können und Zugang zu ausführlicheren Informationen zu erhalten.

5.1.2   Guided Configuration

Die mit SAP Activate bereitgestellte *Guided Configuration* enthält Werkzeuge für eine geführte Neuimplementierung und die laufenden Erweiterungen nach dem Go-Live. Dafür wird mit SAP Fiori ein neues Benutzerkonzept angeboten, das sowohl technische als auch fachliche Benutzer anspricht. Mit diesem neuen Konzept wird die Einführung von SAP S/4HANA erheblich beschleunigt, was vor allem für SAP-S/4HANA-Cloud-Lösungen relevant ist.

Werkzeuge für Implementierung und Erweiterung

Bei der Vorstellung der einzelnen Komponenten erörtern wir sämtliche Werkzeuge, sowohl für die Cloud als auch für die On-Premise-Editionen. Sofern eine einzelne Funktionalität derzeit (d. h. mit dem Stand des On-Premise-Release SAP S/4HANA 1610) nur für SAP S/4HANA Cloud zur Verfügung steht, weisen wir darauf hin.

Die Guided Configuration ist ein komplett neuer Ansatz für die Implementierung eines Software-Systems, der erstmals mit SAP S/4HANA eingeführt wurde. Die Guided Configuration wird langfristig Customizing-Werkzeuge wie den mit SAP R/3 eingeführten Einführungsleitfaden (*Implementation*

Nachfolger des IMG

Guide, IMG) ablösen. Dabei kann die Guided Configuration genau wie der IMG sowohl während der initialen Phase der Implementierung angewendet werden als auch später beim Einspielen und Aktivieren von neuen Funktionen. Das Rollen- und Benutzeroberflächenkonzept der Guided Configuration basiert auf SAP Fiori.

Vorgehensweise

Die Vorgehensweise ist geschäftsprozessorientiert und führt den Benutzer Schritt für Schritt durch alle notwendigen Aufgaben. Es können damit Geschäftsprozesse eingerichtet und verändert werden. Gleichzeitig können, falls notwendig, weitere Anpassungen im IMG eines On-Premise-Systems vorgenommen werden. Sämtliche Einstellungen werden im *SAP Solution Manager* aufgezeichnet, um eine Konfigurationshistorie erstellen zu können. Somit ist sichergestellt, dass zu jeder Zeit alle Änderungen nachvollzogen und auch wieder rückgängig gemacht werden können. Außerdem werden diese Änderungsdatensätze auch für zukünftige Konfigurationen und Delta-Aktivitäten bei Erweiterungen und Upgrades des Systems genutzt.

Scope Items

Der SAP Solution Manager kann für die Überwachung (*Monitoring*), den Support und die Durchführung (*Operation*) genutzt werden und enthält die von SAP bereitgestellte Konfigurationsdokumentation, die Prozessmodelle der SAP Best Practices und die Implementierungs-Guidelines. Alle in Abschnitt 5.1.1, »SAP Best Practices«, aufgeführten SAP Best Practices sind als sogenannte *Scope Items* modelliert. Scope Items sind Instanzen der SAP Best Practices. Ein Beispiel aus der Finanzbuchhaltung (*Accounting*) sind die Scope Items für Forderungen aus der Debitorenbuchhaltung (*Accounts Receivable*) und Verbindlichkeiten aus der Kreditorenbuchhaltung (*Accounts Payable*).

Building Blocks

SAP baut diese Scope Items aus sogenannten *Building Blocks*, die neben den Scope Items einzeln im Solution Builder angezeigt werden. In einem SAP-S/4HANA-On-Premise-System können Sie eigene Geschäftsprozesse anlegen oder die vorgegebenen SAP-Prozesse anpassen – mithilfe des SAP-Einführungsleitfadens sogar ohne eigenes Coding. An dieser Stelle besteht auch für SAP-Partner die Möglichkeit, eigene Best Practices oder branchenspezifische Best Practices zu entwickeln und bei Kunden zu implementieren.

App »Lösung verwalten«

Sehen wir uns jedoch zunächst den Standardfall ohne solche Erweiterungen an. Abbildung 5.5 zeigt den Einstiegsbildschirm der SAP-Fiori-App **Lösung verwalten**, die die Schritte zur Konfiguration eines SAP-S/4HANA-Cloud-Systems beinhaltet, das sich aktuell in der Realize-Phase befindet (siehe Abschnitt 5.2, »Die Phasen von SAP Activate«). Im Folgenden stellen wir die einzelnen Funktionen dieser App vor.

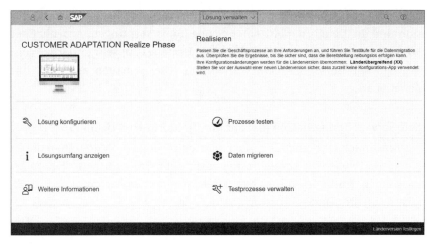

Abbildung 5.5 SAP S/4HANA Guided Configuration

Umfang der Lösung

Mit der Funktion **Lösungsumfang anzeigen** kann man sich die in dem SAP-S/4HANA-System bereits aktivierten Geschäftsprozesse anzeigen lassen. Auf diese Weise erhalten Sie auf eine sehr schnelle und elegante Weise einen vollständigen Überblick über das gesamte System. Außerdem können Sie hier mögliche Prozesse sehen, die zu Ihrer Lösung passen. Dies können weitere Integrationsszenarien oder neu ausgelieferte Prozesse sein. Abbildung 5.6 zeigt den Umfang einer beispielhaften SAP-S/4HANA-Cloud-Lösung.

Lösungsumfang anzeigen

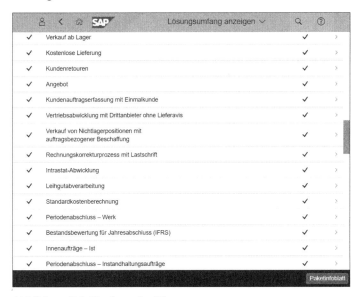

Abbildung 5.6 Umfang der Lösung

Über die Funktion **Lösungsumfang anzeigen** können Sie in die Dokumentation und die Details der einzelnen Scope Items abspringen. Anschließend können Sie entsprechend des gewählten Umfangs auf sehr einfache Weise Konfigurationseinstellungen vornehmen. Dies schauen wir uns nun genauer an.

Self-Service-Konfiguration (derzeit nur für SAP S/4HANA Cloud)

Lösung
konfigurieren

Als Anwender kann man über die Funktion **Lösung konfigurieren** in die sogenannte *Self-Service-Konfiguration* abspringen. Dort können kleinere Anpassungen mithilfe eines Assistenten vorgenommen werden, um die Lösung an die Kundensituation anzupassen.

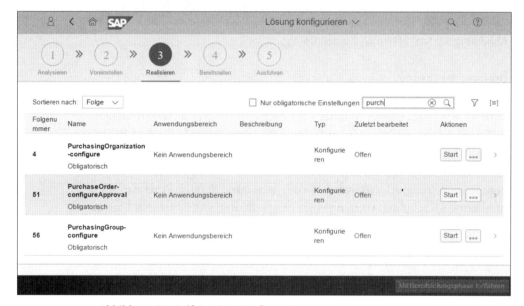

Abbildung 5.7 Self-Service-Konfiguration

Abbildung 5.7 zeigt ein Beispiel dafür, wie Prozesse im Einkauf (Purchasing) eingestellt werden. Bei der Self-Service-Konfiguration werden nur Einstellungen angeboten, die der jeweiligen Phase (siehe Abschnitt 5.2, »Die Phasen von SAP Activate«) und dem ausgewählten Lösungsumfang entsprechen. Die Applikation kann von Fachanwendern genutzt werden, um Grundeinstellungen vorzunehmen, wie Änderungen an Organisationsstrukturen oder Stammdaten.

Schwellenwert nachträglich anpassen

In einer Firma können die Mitarbeiter Büro- und IT-Material wie etwa Computerzubehör über einen Einkaufs-Self-Service in SAP Ariba selbst bestellen. Ein Manager bemerkt nun, dass zu viel Geld für die Beschaffung von Büro- und Computermaterial ausgegeben wird. Er stellt fest, dass das System so konfiguriert ist, dass – die notwendigen Berechtigungen dafür vorausgesetzt – erst ab einem Bestellwert von über 100 Euro ein Genehmigungsworkflow angestoßen wird. Dies wurde einmal so eingerichtet, um die Prozesse zu vereinfachen. Der Manager kann nun diesen Schwellenwert auf 50 Euro ändern, um den Genehmigungsworkflow für Bestellungen, die diesen Wert überschreiten, früher zu starten (siehe Abbildung 5.8).

Abbildung 5.8 Schwellenwert ändern

Dieses Werkzeug eignet sich nicht, um Geschäftsprozesse ganz einzurichten oder zu verändern. Dafür gibt es die von SAP Service Center durchgeführte Expertenkonfiguration. Wie sich die Änderungen in der Self-Service-Konfiguration im SAP-S/4HANA-System auswirken, kann mit automatisierten Tests überprüft werden.

Automatisierter Test (derzeit nur für SAP S/4HANA Cloud)

Prozesse testen

Über die Funktionalität **Prozesse testen** kann ein Fachanwender genau wie ein IT-Experte die Auswirkungen der geänderten Konfiguration überprüfen. Das Werkzeug ermöglicht es, Tests automatisiert durchzuführen. Basis für das automatisierte Testen sind Testskripte, die SAP im Rahmen der SAP Best Practices ausliefert und die mit Testdaten befüllt werden können. Der Manager aus unserem Beispiel, der versucht, die Ausgaben für Büro- und Arbeitsmittel zu senken, kann also nach seiner Anpassung des Schwellenwertes in der Self-Service-Konfiguration einen Bestellprozess mit dem Bestellwert von 49 EUR bzw. 50 EUR als automatischen Test laufen lassen, um zu prüfen, ob der Genehmigungs-Workflow angestoßen wurde oder nicht. Abbildung 5.9 zeigt die SAP-Fiori-Applikation zum Testen der Prozesse für dieses Bestellszenario. Der automatisierte Test beinhaltet die Dokumentation der Testaktivitäten und unterstützt das Anlegen, Ändern, Ausführen und Verwalten von Testplänen.

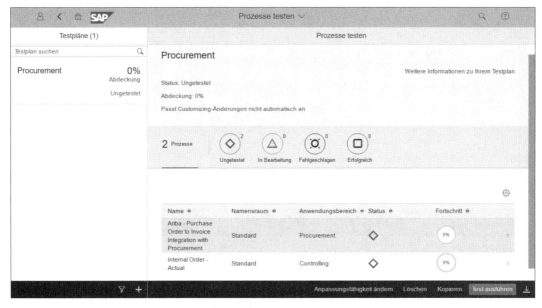

Abbildung 5.9 Automatisierter Test

Testprozesse verwalten

Die Administration der Testprozesse findet in der Anwendung **Testprozesse verwalten** statt (siehe Abbildung 5.10). Hier kann man entscheiden, welche Prozesse für Tests verfügbar sein sollen, alte Testfälle ändern und neue anlegen. Neue Prozessschritte können entweder manuell oder über eine Systemaufzeichnung angelegt werden.

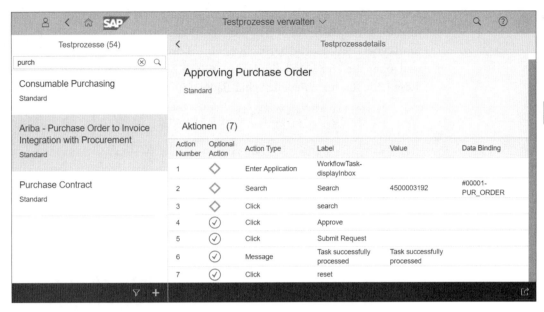

Abbildung 5.10 Testprozesse verwalten

SAP S/4HANA Migration Cockpit

Die Funktion **Daten migrieren** ruft das Werkzeug SAP S/4HANA Migration Cockpit für SAP-S/4HANA-Neuimplementierungen auf. Dieses Werkzeug wird in Abschnitt 7.3, »Datenmigration in die SAP S/4HANA Cloud«, für SAP S/4HANA Cloud sowie in Kapitel 11, »Neuimplementierung eines Einzelsystems«, für SAP S/4HANA On-Premise ausführlich vorgestellt.

Daten migrieren

Planung der Datenmigration früh starten

Die Erfahrung aus Kundenprojekten zur Einführung von SAP S/4HANA zeigt, dass es sehr sinnvoll ist, sich so früh wie möglich mit den Datenmigrationswerkzeugen, wie dem SAP S/4HANA Migration Cockpit und den Migrationsvorlagen, zu beschäftigen und sich in die Thematik einzuarbeiten. Je früher dies geschieht und je eher Fragen geklärt werden (am besten schon während der Vorbereitungsphase), umso reibungsloser verläuft die spätere Datenmigration, und umso genauer werden die Zeitpläne eingehalten.

Eingebautes Trainingsmaterial

Um eine klassische Vor-Ort-Schulung einzusparen, enthält SAP S/4HANA bereits Online-Lerninhalte, die über den SAP Learning Hub direkt in der App **Lösung verwalten** in der Funktion **Weitere Informationen** eingebun-

Zugriff auf weitere Informationen

den sind. Abhängig von der Benutzerrolle und der Phase werden die Lern-inhalte dynamisch zur Verfügung gestellt. Darüber hinaus gibt es auf sämtlichen SAP-Fiori-Oberflächen eine kontextsensitive [F1]-Hilfe, die weit über die alte [F1]-Hilfe in SAP ERP hinausgeht. Abbildung 5.11 zeigt diese Hilfe für verschiedene Schaltflächen und Bildschirmelemente.

Abbildung 5.11 Weiterführende F1-Hilfe in SAP S/4HANA

[»]   **openSAP-Kurse**

openSAP ist eine Lernplattform, die von SAP entwickelt wurde und in Zusammenarbeit mit dem Hasso-Plattner-Institut angeboten wird. Sie orientiert sich am Prinzip der *Massive Open Online Courses* (MOOC). Diese unterscheiden sich von anderen Arten des E-Learnings im Wesentlichen darin, wie sie von den Teilnehmern Engagement einfordern, da in klassischen Präsenzschulungen erprobte und bewährte Konzepte auf das Onlinepräsentationsformat übertragen werden. Diese Kurse werden komplett online abgehalten und können über Computer und mobile Geräte abgerufen werden.

Den wichtigsten Anteil nehmen dabei die in Units aufgeteilten wöchentlichen und per Video abspielbaren Lerneinheiten ein. Das Ganze wird von Selbsttests abgerundet, um den Lernfortschritt zu überprüfen, sowie von Benutzerforen, die den Informationsaustausch unter den Teilnehmern ermöglichen. Am Ende eines Kurses steht ein Test, und es besteht die Möglichkeit, ein Zertifikat zu erhalten. Das Wichtigste ist aber, dass die openSAP-Kurse völlig kostenfrei sind.

Es gibt solche Online-Kurse derzeit nur auf Englisch. In ihnen werden in verschiedenen Lektionen SAP S/4HANA und SAP Activate mithilfe von Videos und Demos vorgestellt. Die beiden zurzeit verfügbaren Kurse finden Sie unter den folgenden Links:

- Implementation of SAP S/4HANA:
  http://open.sap.com/courses/s4h4
- Find Your Path to SAP S/4HANA:
  http://open.sap.com/courses/s4h5

5

Die Funktion **Weitere Informationen** ist der zentrale Einstiegspunkt für sämtliche SAP-S/4HANA-Lerninhalte. Diese beinhalten auch das rollenbasierte Onboarding von neuen Anwendern, inklusive interaktiver Demos. Über sie erreicht man auch den bereits erwähnten SAP Learning Hub, eine kostenpflichtige E-Learning-Plattform.

SAP Learning Hub

5.1.3   Die Methodik von SAP Activate

Die Methodik hinter SAP Activate basiert auf den in Abschnitt 5.1.1, »SAP Best Practices«, vorgestellten Best Practices, da sowohl bei On-Premise- als auch bei Cloud-Implementierungen von SAP S/4HANA mit den Best Practices begonnen werden kann. In diesem Zusammenhang möchten wir nochmals herausstellen, dass es mit SAP Activate nun erstmals eine einzige gemeinsame Methodik für die Implementierung von Cloud-, Hybrid- und On-Premise-Systemen gibt. Außerdem kann die SAP-Activate-Methodik sowohl von SAP-Partnern als auch von technisch versierten Kunden selbst angewendet werden und ist nicht notwendigerweise an SAP-Beratungsleistungen geknüpft.

Welche Komponenten oder Tools sind Teil der Methodik?

Die SAP-Activate-Methodik beinhaltet sogenannte Beschleuniger (*Accelerators*) für jede Phase des Implementierungsprojektes (siehe Abschnitt 5.2, »Die Phasen von SAP Activate«) und für jeden Arbeitsbereich. Zu diesen Accelerators gehören Templates, Fragebögen, Checklisten, Anleitungen und Werkzeuge, die die schnelle und standardmäßige SAP-Implementierung oder ein Upgrade unterstützen. Mit den Templates können z. B. Deltas gefunden, die Architektur aufgesetzt oder die für den Go-Live erforderlichen Aktivitäten identifiziert werden.

Für welche Situation ist die Methodik am besten geeignet?

Grundsätzlich bietet die SAP-Activate-Methodik einen einheitlichen Ansatz, unabhängig vom Deployment-Modell (Cloud, hybrid oder On-Premise) und dem Szenario (Neuimplementierung, Systemkonvertierung oder Landschaftstransformation, siehe Abschnitt 4.2, »Die drei Szenarien für den Umstieg«). Außerdem ist die Methodik skalierbar, sodass sie in kleineren Projekten oder für kleinere Kunden ebenso angewendet werden kann wie für große Unternehmen.

Wer kann die Methodik einsetzen?

Jeder, der mit der Implementierung betraut ist, kann die Methodik einsetzen. SAP Consulting nutzt sie selbstverständlich als Standardvorgehen, aber genauso kann ein SAP-Partner sie anwenden, um SAP S/4HANA schnell und erfolgreich bei seinen Kunden einzuführen.

5.2   Die Phasen von SAP Activate

Am Beispiel des Szenarios für eine Neuimplementierung stellen wir Ihnen nun die einzelnen Phasen der SAP-Activate-Methodik vor. Dazu sehen wir uns die Phasen eines typischen SAP-S/4HANA-Projekts im Detail an. Mithilfe der einzelnen SAP-Activate-Phasen kann die Einfachheit einer Cloud-Implementierung genauso gut abgedeckt werden wie die komplexe Installation eines On-Premise-Systems.

Vier Phasen
Die Überarbeitung der ASAP- und SAP-Launch-Methoden hat zu den folgenden vier Phasen geführt:

1. **Prepare (Vorbereiten)**
   Das SAP-S/4HANA-Projekt wird initiiert, geplant und aufgesetzt, inklusive der Quality Gates und eines Risikoplans. Des Weiteren werden die Systemlandschaft und die Best Practices für die vordefinierten Geschäftsprozesse aufgesetzt.

2. **Explore (Analysieren)**
   Die Leistungen der SAP-S/4HANA-Lösung werden untersucht und mit den Kundenanforderungen verglichen. In sogenannten *Fit-Gap-Workshops* (oder Fit-Standard-Workshops bei SAP S/4HANA Cloud) werden die Zielkonfiguration sowie etwaige Erweiterungen der SAP Best Practices definiert.

3. Realize (Realisieren)

Das SAP-S/4HANA-System wird gemäß den Anforderungen konfiguriert und erweitert, die in der vorangegangenen Phase priorisiert wurden. Die Konfiguration und die Einstellungen erfolgen in kurzen Zyklen, um regelmäßige Validierungen zu ermöglichen und Feedback von den Fachabteilungen einholen zu können. Strukturierte Tests des Systems und Migrationsaktivitäten sind ebenfalls Bestandteil dieser Phase.

4. Deploy (Bereitstellen)

Das neue SAP-S/4HANA-System steht kurz vor dem Go-Live und die finalen Vorbereitungen für den Cut-over werden durchgeführt, sodass das System, die Anwender und die Daten bereit zum produktiven Einsatz sind. Daraufhin wird das neue System live geschaltet und das Altsystem abgelöst.

Diese vier Phasen werden für SAP-S/4HANA-Projekte jeweils noch in unterschiedliche Aktivitäten untergliedert. Diese Aktivitäten hängen davon ab, ob die Cloud (Software-as-a-Service, SaaS) oder On-Premise (gilt auch für die Private Cloud oder hybride Szenarien) als Deployment-Modell gewählt wurde. Abbildung 5.12 und Abbildung 5.13 zeigen die Begriffe, die SAP in der SAP-Activate-Methodik für die einzelnen Aktivitäten verwendet.

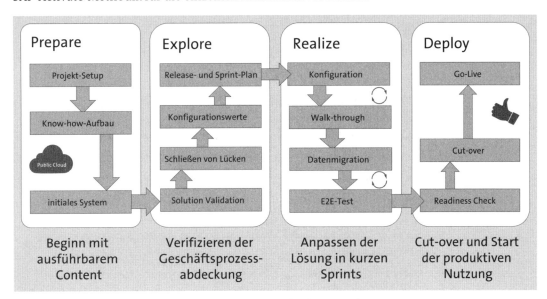

Abbildung 5.12 SAP-Activate-Phasen und Aktivitäten für die SAP-S/4HANA-Cloud-Editionen

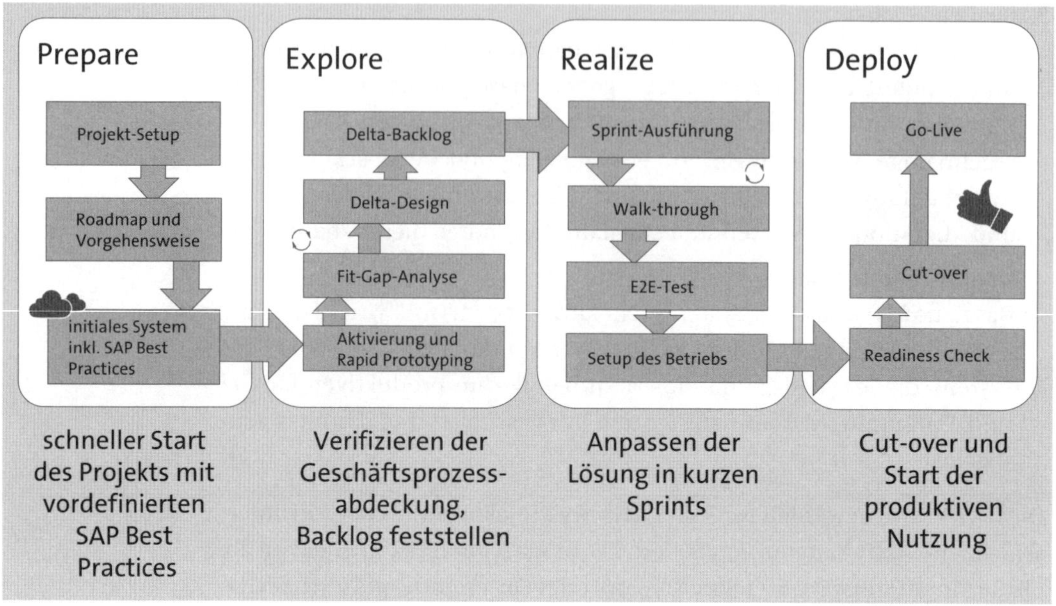

Prepare	Explore	Realize	Deploy
Projekt-Setup	Delta-Backlog	Sprint-Ausführung	Go-Live
Roadmap und Vorgehensweise	Delta-Design	Walk-through	
	Fit-Gap-Analyse	E2E-Test	Cut-over
initiales System inkl. SAP Best Practices	Aktivierung und Rapid Prototyping	Setup des Betriebs	Readiness Check
schneller Start des Projekts mit vordefinierten SAP Best Practices	Verifizieren der Geschäftsprozess-abdeckung, Backlog feststellen	Anpassen der Lösung in kurzen Sprints	Cut-over und Start der produktiven Nutzung

Abbildung 5.13 SAP-Activate-Phasen und Aktivitäten für SAP S/4HANA On-Premise

Roadmap Viewer

Mit dem Roadmap Viewer bietet SAP ein extern zugängliches Portal für SAP Activate und damit einen Startpunkt für die Implementierung von SAP S/4HANA an, egal ob On-Premise oder in der Cloud. Unter folgendem Link können Sie nicht nur einen ersten Vorgeschmack auf die SAP-Fiori-Oberfläche bekommen, sondern auch die vorgestellten Phasen und ihre einzelnen Schritte abrufen: *http://go.support.sap.com/roadmapviewer*.

Der Roadmap Viewer beinhaltet die folgenden Funktionalitäten:

- *General Methodologies*: Roadmaps für SAP Activate
- *SAP S/4HANA*: Cloud- und On-Premise-Roadmaps für die Überprüfung des Lösungsumfangs
- *SAP HANA Technology Platform*: Richtlinien für die Implementierung der SAP-HANA-Plattform
- *SAP Solution Manager*: Roadmaps für den SAP Solution Manager 7.2, der für den Einsatz von SAP S/4HANA nicht notwendig ist, aber von SAP empfohlen wird

Die Roadmaps werden ständig aktualisiert und können ein wertvoller Begleiter bei der Einführung von SAP S/4HANA sein, unabhängig von dem gewählten Szenario (siehe Abschnitt 4.2, »Die drei Szenarien für den Umstieg«).

Idealerweise wird SAP Activate mit dem SAP Solution Manager kombiniert, da SAP Activate komplett in SAP Solution Manager 7.2 integriert ist: SAP Activate bringt die SAP Best Practices direkt in den SAP Solution Manager, und dieser bietet sich unter anderem als Plattform zum Durchführen der Fit-Gap-Analyse an, um Anforderungen und Änderungen zu protokollieren. **SAP Solution Manager**

Abbildung 5.14 zeigt die einzelnen Phasen und notwendigen Schritte für eine Systemkonvertierung (oben) und für die Neuimplementierung (unten) im Detail.

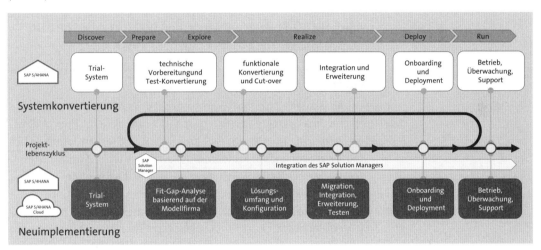

Abbildung 5.14 Phasen in SAP Activate

Ein Ablauf der Phasen mit den einzelnen Arbeitsschritten kann für ein Neuimplementierungsszenario von SAP S/4HANA On-Premise wie folgt aussehen: **Beispielhafter Ablauf**

1. **Vorbereiten der Systemlandschaft**
   - Vorbereiten des Testsystems für die SAP Best Practices
   - Vorbereiten der dreistufigen Systemlandschaft aus Entwicklungs-, Test- und Produktivsystem
   - Vorbereiten des SAP Solution Managers 7.2

2. **Fit-Gap-Analyse auf Basis der Best-Practices-Referenzprozesse mit dem SAP Solution Manager 7.2**
   - Workshops zur Prüfung des Zielumfangs anhand der Bill of Material (BOM) der SAP Best Practices
   - Zusammentragen der Anforderungen mithilfe der SAP-Activate-Werkzeuge

3. **Auswahl des Lösungsumfangs und Content-Aktivierung im Entwicklungsmandanten**

   - Importieren des Referenz-Contents
   - Auswählen des Lösungsumfangs
   - Aktivieren des selektierten Lösungsumfangs mit dem Solution Builder

4. **Konfiguration und Transportmanagement**

   - Delta-Konfiguration nach initialer Aktivierung mithilfe des Implementation Guides
   - zusätzliches Customizing im Mandanten 000 (über die SAP Best Practices hinausgehend)

[»]

Aktualisierte Informationen

Um mehr und aktuelle Informationen zu der SAP-Activate-Methodik und den einzelnen Phasen bereitzustellen, hat SAP zu diesem Thema eine interaktive Seite in der Plattform *SAP Jam* angelegt. SAP Jam ermöglicht den Austausch zwischen SAP-Kunden, SAP-Partnern und SAP-Mitarbeitern über Foren und gemeinsame Arbeitsbereiche sowie die Bereitstellung von weiterführendem Material. Zugang zu der offenen SAP-Jam-Gruppe können Sie erhalten, wenn Sie sich mit Ihrer E-Mail-Adresse auf der Webseite *http://bit.ly/SAPActivate* registrieren. (Beachten Sie bitte die Groß- und Kleinschreibung beim Verwenden dieser URL.) Daraufhin erhalten Sie eine Einladung in den englischsprachigen SAP-Jam-Raum und Zugriff auf den Methodik-Content, die Diskussionsforen und den gemeinsamen Arbeitsbereich (*Social Collaboration*).

Wie alle neuen Konzepte und wegen der laufenden Produktaktualisierungen von SAP S/4HANA ist auch SAP Activate Updates und Verbesserungen ausgesetzt. Daher nennen wir Ihnen zum Abschluss noch zwei weitere Internetquellen, die ständig aktualisiert werden.

- Als Einstiegspunkt in SAP Activate dient die offizielle SAP-Landingpage im Internet, die Sie unter dem folgenden Link erreichen können: *http://www.sap.com/activate*

- Mehr Details finden Sie in dem »SAP Best Practices Reference Guide« für SAP Activate, den Sie unter folgendem Link aufrufen können (bitte beachten Sie auch hier die Groß- und Kleinschreibung): *http://bit.ly/S4BPRefguide*

Kapitel 6
Testsysteme und Modellfirma

*Die SAP-Activate-Methodik beinhaltet auch eine Modellfirma mit vorgefer-
tigtem Customizing, das auf den SAP Best Practices basiert. Sie dient Ihnen
als Starthilfe und ist ideal für erste Tests und zur Ermittlung der richtigen
Migrationsstrategie geeignet.*

6

Im vorangegangenen Kapitel haben Sie SAP Activate als Framework für die
Implementierung von SAP S/4HANA kennengelernt, und wir haben Ihnen
in Abschnitt 5.1.1, »SAP Best Practices«, auch bereits einen Ausblick auf das
Referenzsystem von SAP S/4HANA, die sogenannte *Modellfirma*, als Trial-
System in der Cloud gegeben. In diesem Kapitel stellen wir Ihnen nun diese
Modellfirma und ihre Anwendungsmöglichkeiten vor, die weit über die
Möglichkeiten eines Testsystems hinausgehen. Das vorkonfigurierte Sys-
tem beinhaltet Customizing, wie etwa vordefinierte Buchungskreise und
Organisationsstrukturen, sowie Beispieldaten. Es basiert auf SAP Activate
und den SAP Best Practices und unterstützt Sie dabei, Ihre Anforderungen
an die Migration nach SAP S/4HANA und Ihre Voraussetzungen dafür zu
identifizieren.

Die Modellfirma in SAP S/4HANA ersetzt das bisherige sogenannte *World
Template* für die SAP Business Suite und kann als dessen umfassende Weiterentwicklung speziell für SAP S/4HANA angesehen werden – vor allem, da
die SAP Best Practices nun Teil des Produkts SAP S/4HANA geworden sind.

6.1   Das Testsystem in der SAP Cloud Appliance Library

Die SAP-S/4HANA-Referenzlösung in der Cloud (ein sogenanntes *Trial-Sys-*   Trial-System
tem) ist für jeden – SAP-Kunden wie SAP-Partner – zugänglich. Es beinhaltet
die Modellfirma und die entsprechenden Beispieldaten und Szenarien.

> **Zugang zum Trial-System**
>
> Das SAP-S/4HANA-Trial-System können Sie über den folgenden Link ein-
> richten: *http://www.sap.com/s4hana-trial*

Cloud Appliance
Library

Das Trial-System wird in der *SAP Cloud Appliance Library* (SAP CAL) bereitgestellt. Die SAP CAL stellt vorkonfigurierte Software-Systeme in einer cloudbasierten Lösung on demand zur Verfügung. Diese können Sie in Ihrem eigenen Cloud-Bereich der SAP CAL starten und nutzen.

IaaS-Konzept

Diese Art des Cloud-Computings ermöglicht es, Rechnerinfrastruktur zu mieten, anstatt eigene Hardware zu kaufen. Das zugrunde liegende skalierbare Konzept wird *Infrastructure-as-a-Service* (IaaS) genannt. Die SAP CAL stellt dabei eine Online-Plattform zum Verwalten von SAP-Systemen dar, die dann von einem IaaS-Cloud-Anbieter (z. B. Amazon oder Microsoft) gehostet werden können.

Verfügbare
Versionen

Es gibt zwei Möglichkeiten, mit dem SAP-S/4HANA-Trial-System die Welt von SAP S/4HANA zu erkunden:

- **SAP S/4HANA Cloud Trial**
  Bei dieser Variante haben Sie die Möglichkeit, sich einen Benutzer mit einem 14-tägigen Testzugang für ein bereits existierendes Demosystem der SAP S/4HANA Cloud zu erstellen. Der Systemzugang wird zwar auch über die SAP CAL geregelt, jedoch greifen hier alle angemeldeten Benutzer auf ein einzelnes System zu. Daher handelt es sich hierbei um das Angebot einer Public Cloud bzw. um eine SaaS-Cloud (*Software-as-a-Service*), ebenso wie bei einem »echten« SAP-S/4HANA-Cloud-System. Diese Art von SAP-S/4HANA-Systemen behandeln wir in Teil II dieses Buches.

  Das System wird von allen Benutzern geteilt und ist sofort verfügbar. Es beinhaltet Demoszenarien, die einfach mithilfe eines Wizards durchgespielt werden können. Es bietet sich an, das System zu nutzen, um die Funktionalität und die SAP-Fiori-Benutzeroberfläche von SAP S/4HANA kennenzulernen. Allerdings können Sie in diesem System nicht in die Konfiguration eingreifen und auch keine Migrationsszenarien durchspielen, da solche administrativen Funktionen eingeschränkt sind. Dafür ist es vollkommen kostenlos, da hier keine Hosting-Gebühren anfallen.

- **SAP S/4HANA Trial**
  Bei dieser Variante können Sie sich mit einer Testlizenz für 30 Tage ein komplettes On-Premise-System von SAP S/4HANA in der Private Cloud erstellen (die von einem Cloud-Anbieter gehostet wird). Korrekterweise spricht man hier von »instanziieren« statt von »erstellen«. Das System ist eine Kopie der Modellfirma, auf die wir im Folgenden noch im Detail eingehen. Die Testlizenz ist völlig kostenfrei, Sie zahlen lediglich die Hostinggebühren bei dem Cloud-Anbieter Ihrer Wahl. Da dies Ihr eigenes System ist, können Sie alle Funktionen im Detail (inklusive des Customizings) einsehen und verändern. Außerdem haben Sie hier zusätzlich auch über das SAP GUI Zugriff auf das System.

Das System basiert auf der *SAP S/4HANA Fully-Activated Appliance*, die zum Zeitpunkt der Drucklegung dieses Buches in der Version für SAP S/4HANA 1610 On-Premise bereitstand. Das zugrunde liegende Testsystem wird genau wie das Produkt SAP S/4HANA ständig erweitert und aktualisiert, um zusätzliche Funktionalitäten abzubilden.

> **Richten Sie Ihren Zugang zu den Trial-Systemen ein!**
>
> Wir empfehlen Ihnen für die Arbeit mit Teil II, »Umstieg auf SAP S/4HANA in der Cloud«, und Teil III, »Umstieg auf SAP S/4HANA On-Premise«, jeweils das entsprechende Trial-System zu aktivieren, damit Sie den Ausführungen besser folgen und das ein oder andere Szenario direkt mit der Modellfirma im SAP-S/4HANA-System durchspielen können.

[«]

6

Die SAP S/4HANA Fully-Activated Appliance ermöglicht es, eine komplette SAP-S/4HANA-On-Premise-Landschaft als Trial-System entweder in *Amazon Web Services* (AWS) oder in *Microsoft Azure* laufen zu lassen. Alles, was Sie dafür benötigen, ist ein Account bei einem dieser Cloud-Anbieter. Abbildung 6.1 zeigt die SAP S/4HANA Fully-Activated Appliance in der SAP CAL.

AWS und Azure

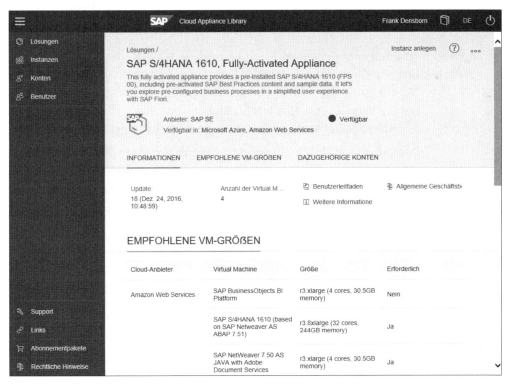

Abbildung 6.1 SAP S/4HANA 1610 Fully-Activated Appliance in der SAP Cloud Appliance Library

Vorteile Die Vorteile einer solchen SAP-CAL-Landschaft bestehen einerseits in der Skalierbarkeit und andererseits in der Verfügbarkeit: Sie können unterschiedliche Größen für die virtuellen Systeme (d. h. einen unterschiedlich großen Arbeitsspeicher und die Plattengröße) definieren und die Landschaft somit einfach skalieren. Des Weiteren können Sie Ihr System stoppen und starten, ganz so, wie Sie es benötigen, und damit arbeiten. Tatsächliche Kosten fallen bei dem Cloud-Provider (neben den niedrigen Grundkosten pro Instanz) nur stundenweise bei aktivierten Systemen an. Wenn Sie das System gerade nicht benutzen, deaktivieren Sie es einfach und (re-)aktivieren es später erneut.

Während der Cloud-Ansatz Ihnen ein solches System bereits innerhalb von wenigen Stunden bereitstellt, kann diese Appliance auch komplett On-Premise innerhalb von ein oder zwei Tagen in Ihrem Datencenter implementiert werden. Und das nicht nur als Testsystem zum Ausprobieren, sondern auch als Sandbox-System, für einen Proof-of-Concept oder als Entwicklungssystem in Ihrer zukünftigen SAP-S/4HANA-Landschaft. Dies erläutern wir im folgenden Abschnitt genauer.

6.2   SAP S/4HANA Fully-Activated Appliance

Appliance Eine *Software-Appliance* ist ein komprimiertes System, ähnlich einer großen ZIP-Datei (SAP S/4HANA 1610 Fully-Activated Appliance ist etwa 100 GB groß), das schnell und einfach in ein reguläres System extrahiert werden kann. Es enthält alle Einstellungen und Eigenschaften, die aktiviert oder hinzugefügt wurden, als das Originalsystem aufgesetzt wurde.

Das Ganze verhält sich wie eine Systemkopie von einem SAP-S/4HANA-System, inklusive ABAP-Coding, SAP-HANA-Datenbank, SAP Best Practices und technischer SAP-Fiori-Konfiguration. Die SAP-HANA-Datenbank ist dabei mit der SAP-S/4HANA-Software gebündelt. (Dazu gehört auch der Frontend-Server für SAP Fiori, SAP Gateway.)

Des Weiteren ist die Appliance bereits mit Demoszenarien und den Beispieldaten der Modellfirma ausgestattet. Dadurch kann sie einfach für Sandbox-Systeme, Proof-of-Concepts und die von SAP Activate vorgesehene Fit-Gap- oder Fit-Standard-Analyse eingesetzt werden (siehe Abschnitt 5.2, »Die Phasen von SAP Activate«).

Abbildung 6.2 zeigt das Konzept der SAP S/4HANA Fully-Activated Appliance.

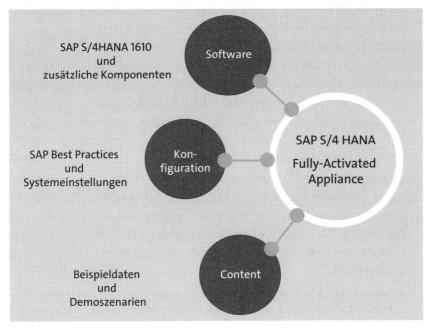

Abbildung 6.2 Das Konzept der SAP S/4HANA Fully-Activated Appliance

Die vorgefertigte Appliance kann von Kunden und SAP-Partnern gleichermaßen als Startpunkt eingesetzt werden. Es besteht auch die Möglichkeit, die Appliance über den Testzeitraum von 30 Tagen hinaus zu verwenden, wenn man die Lizenzen für SAP S/4HANA und für die SAP-HANA-Datenbank erwirbt.

Ausgangsbasis für das Produktivsystem

Es gibt zwei Möglichkeiten, die SAP S/4HANA Fully-Activated Appliance zu verwenden:

Appliance verwenden

- **SAP Cloud Appliance Library**
  Die SAP CAL ermöglicht es Ihnen, die Appliance als gehostete Cloud-Lösung (IaaS) einzusetzen. Vom Anlegen Ihrer Instanz der SAP S/4HANA Fully-Activated Appliance bis zum ersten Anmelden am System dauert es nur ein bis zwei Stunden. Die Kosten für das Hosting belaufen sich auf wenige Euro pro Stunde, während das System aktiv ist. Die Cloud-Anbieter bieten möglicherweise ein Startguthaben für die Erstellung eines Accounts an. Eine 30-Tage-Testlizenz sowohl für das SAP-S/4HANA-System als auch für die SAP CAL sind inklusive. Danach muss in diesem Fall neben SAP S/4HANA On-Premise auch die SAP CAL lizenziert werden (in Form eines Software-Mietmodells, der sogenannten *Subskription*).

In der SAP CAL finden Sie eine detaillierte Anleitung zum Aufsetzen der Lösung sowie Blogs und Foren, in denen Sie Support erhalten. Darüber hinaus finden Sie dort auch Informationen zur Verwendung der Appliance über die kostenlosen ersten 30 Tage hinaus.

- **On-Premise-Installation**
  Sie können die SAP S/4HANA Fully-Activated Appliance auch auf eigener Hardware installieren. Sie benötigen dafür nur die von der Appliance unterstützte Hardware mit Linux-Betriebssystem. Alles Weitere wird mit der Appliance selbst installiert. (Die Linux-Version muss den von SAP spezifizierten Anforderungen entsprechen, damit die Systemkopie erfolgreich installiert werden kann.)

  Dank des Konzepts der Appliance können Sie innerhalb von ein bis zwei Tagen mit Ihrem vorkonfigurierten System arbeiten. Sie können die Installationsdateien entweder über das Internet herunterladen oder auf Blu-ray Disc bestellen. Die Appliance an sich ist kostenfrei, auch bei Bestellung. Benötigt werden jedoch die entsprechenden SAP-Voll- oder Testlizenzen.

[»]

Weitere Informationen zur Appliance in der SAP CAL und On-Premise

Mehr Informationen (auch eine Schnellanleitung zur Verwendung der SAP CAL) finden Sie unter folgendem Link:

http://s-prs.de/v429725

Die folgenden SAP-Hinweise enthalten mehr Informationen zu den Systemanforderungen für die On-Premise-Installation und zum Bestellprozess:

- Für SAP-Partner: SAP-Hinweis 2041140
- Für Kunden: SAP-Hinweis 2202234

Einsatzszenarien

Für die SAP S/4HANA Fully-Activated Appliance gibt es die folgenden Einsatzszenarien:

- **Sandbox-System**
  Für ein Sandbox-System ist es manchmal notwendig, mehr als 30 Tage Zeit zum Testen zu haben, weshalb die Trial-Periode nicht immer ausreicht. Außerdem möchten Sie die Ergebnisse in dem Sandbox-System vielleicht behalten, weshalb eine eigene Lizenz für das Produkt notwendig wird. Mit dem Referenzsystem können Sie den initialen Aufwand des Systemaufsetzens erheblich reduzieren, daher bietet es sich auch über die 30 Tage hinaus als Startpunkt für ein Sandbox-System an. Sie starten mit der Appliance und personalisieren die Lösung dann auf Basis der SAP Best Practices mit Ihren eigenen Stammdaten und Organisations-

strukturen etc. Dafür eignet sich eine Hosting-Subskription bei einem der Cloud-Anbieter in der SAP CAL, da Sie dann keine eigene Hardware bereitstellen müssen.

- **Proof-of-Concept**
  Die Appliance bietet sich als PoC-System (Proof-of-Concept) an, da sie bereits vorkonfiguriert ist und sehr schnell implementiert werden kann. Da Sie mit Ihrer eigenen Kopie des SAP-S/4HANA-Systems arbeiten, steht es Ihnen frei, Personalisierungen vorzunehmen sowie den Lösungsumfang zu erweitern und somit Ihren PoC zu beschleunigen.

- **Entwicklungssystem**
  Technisch ist es ebenfalls möglich, die Appliance als Entwicklungssystem in der späteren Produktivlandschaft zu betreiben. Allerdings entspricht dieses System nicht den SAP-Empfehlungen für eine SAP-S/4HANA-Landschaft. Problematisch ist dabei Folgendes:

  - Alle Sprachen in dem System sind installiert und aktiv. (Das entspräche nicht Ihrem Produktivsystem.)

  - Je nachdem, welche Lizenzen Sie besitzen, würden zusätzliche Lizenzkosten fällig werden (z. B. für SAP Integrated Business Planning und SAP Master Data Governance, die Teil der Appliance sind).

  - SAP Gateway als Frontend-Server für SAP Fiori ist entgegen der SAP-Empfehlung für produktive Systemlandschaften mit in dem gleichen System installiert. (SAP empfiehlt eigentlich, den Frontend-Server vom Backend zu trennen, weil sich die Systeme so besser warten lassen und es möglich ist, Patches getrennt einzuspielen.)

Kostenübersicht

Eine Aufstellung der anfallenden Kosten und eventuell notwendiger Lizenzen für die SAP S/4HANA Fully-Activated Appliance finden Sie unter dem folgenden Link in der Abbildung »SAP S/4HANA 1610 Appliance – License & Cost Drivers«: *https://blogs.sap.com/?p=406099*

Appliance als erster Schritt hin zu SAP S/4HANA

Sie können die Trial-System- und Appliance-Angebote von SAP nutzen, um Ihre ersten Schritte in SAP S/4HANA zu machen. Entscheiden Sie sich dann für den Umstieg, können Sie die Einstellungen, die Sie schon vorgenommen haben, auch in der Produktivlandschaft weiterhin nutzen.

6.3   Lösungsumfang des Modellsystems

Komponenten

Die SAP S/4HANA 1610 Fully-Activated Appliance besteht aus vier virtuellen Maschinen, die zu einer einzelnen Instanz gebündelt sind. Die Appliance beinhaltet:

- SAP S/4HANA 1610 On-Premise (ABAP-Backend inklusive SAP-HANA-Datenbank und SAP Gateway als Frontend-Server für SAP Fiori)
- SAP NetWeaver Application Server Java
  (mit Adobe Document Services, ADS)
- SAP Best Practices (Alle in SAP S/4HANA 1610 verfügbaren SAP Best Practices sind je nach Mandant bereits aktiviert.)
- Erweiterbarkeit von SAP Fiori (um SAP-Fiori-Oberflächen, um zusätzliche Felder zu erweitern)
- SAP Screen Personas
- SAP Extended Warehouse Management (SAP EWM)
- Content für mehrere Szenarien in Form von Klick-Demos

Die folgenden Komponenten sind optional und nur in der SAP CAL verfügbar, nicht jedoch für eine On-Premise-Installation der SAP S/4HANA Fully-Activated Appliance:

- SAP-BusinessObjects-BI-Plattform (mit vorgefertigten Reports)
- Microsoft Remote Desktop (für einen einfacheren Zugang zu Frontend-Tools und SAP Fiori)
- alle 14 Lokalisierungen in den Referenzmandanten (Deutschland, USA, Australien, Belgien, Kanada, China, Schweiz, Frankreich, Großbritannien, Ungarn, Japan, die Niederlande, die Philippinen und Singapur)

Abbildung 6.3 gibt eine Übersicht über die Softwarekomponenten der SAP S/4HANA Fully-Activated Appliance.

Vorkonfigurierte Mandanten

Die SAP S/4HANA Fully-Activated Appliance enthält sechs bereits eingerichtete Mandanten mit unterschiedlichem Umfang des SAP-Best-Practices-Contents:

- **Mandant 000**
  Der sogenannte *Nuller-Mandant* ist der Default-Mandant aller SAP-S/4HANA-Systeme und wird in der Appliance unverändert mitausgeliefert. Mandant 000 können Sie als Startpunkt für Ihre Aktivitäten verwenden, wenn Sie SAP S/4HANA ohne SAP Best Practices aufsetzen möchten, und Sie können ihn zum Vergleich mit dem Auslieferungs-Customizing des leeren Produkts heranziehen.

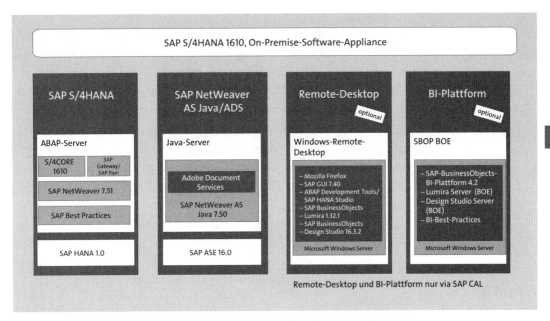

Abbildung 6.3 Die Softwarekomponenten der SAP S/4HANA Fully-Activated Appliance

- **Mandant 100**

  Dies ist der Trial-Mandant. Er beinhaltet die bereits aktivierten SAP Best Practices für SAP S/4HANA sowie Beispieldaten, Prozesse und Szenarien für Deutschland und die USA. Darüber hinaus sind hier bereits komplette Geschäftsprozesse der Modellfirma abgebildet.

  Dieser Mandant ist der Startpunkt, wenn Sie SAP S/4HANA erkunden möchten. Das System ist komplett aufgesetzt und bereits mit Daten (Stamm- und Bewegungsdaten) versorgt. Sie können somit gleich loslegen und die Modellfirma im Buchungskreis 1010 für Deutschland und 1710 für die USA verwenden.

- **Mandant 200**

  In diesem Mandanten sind alle technischen Aktivitäten für eine Aktivierung der SAP Best Practices bereits ausgeführt, aber die SAP Best Practices selbst sind noch nicht aktiviert. Sie können somit einen Aktivierungslauf für die SAP Best Practices mit dem für Sie relevanten und eventuell eingeschränkten Umfang durchführen und die Aktivierung selbst testen.

  Mandant 200 ist ein Vor-Aktivierungsmandant, der allerdings bereits die Konfiguration des SAP Fiori Launchpads beinhaltet. (Er eignet sich daher auch gut zum Vergleichen, falls Sie das SAP Fiori Launchpad aktivieren möchten.)

- **Mandant 300**

  Dieser Mandant ist der Standard-Referenz-Mandant für die SAP Best Practices. Dabei handelt es sich um eine Kopie des Nuller-Mandanten mit Aktivierung der Standard-SAP-Best-Practices für alle 14 Lokalisierungen in SAP S/4HANA 1610 On-Premise. Sie können hier sehen, wie das System aussieht, wenn Sie die Best Practices gerade eingespielt haben.

  Der Mandant 300 kann als Referenz genutzt werden, da hier noch keine weitere Konfiguration vorgenommen wurde. Allerdings sind auch keine Demodaten enthalten; der Mandant ist also etwa auf dem Stand zwischen dem des Mandanten 000 und dem des Mandanten 100.

- **Mandant 400**

  Mandant 400 ist der SAP-BW-Mandant. Er enthält voraktivierten Content für SAP Integrated Business Planning (IBP) for Finance. Dieser Mandant wird nur indirekt genutzt, um die SAP Best Practices zu unterstützen, die SAP IBP beinhalten (SAP IBP basiert auf SAP BW).

- **Mandant 500**

  Der Mandant 500 ist ähnlich wie der Mandant 300 ein Referenzsystem für die SAP Best Practices. Der Unterschied besteht darin, dass hier sämtliche Konfigurationen (also auch Konfigurationen, die nicht für die SAP Best Practices relevant sind) aus dem Nuller-Mandanten mitkopiert wurden.

  Dieser Mandant kann für Fit-Gap- oder Fit-Standard-Workshops verwendet werden, da hier nicht nur mit dem Standard-Content der SAP Best Practices verglichen werden kann, sondern darüber hinaus auch mit dem Customizing des kompletten Mandanten 000.

Integration Die SAP S/4HANA Fully-Activated Appliance ist standardmäßig noch nicht mit SAP Ariba, SAP Financial Services Network und dem Vertex-System integriert. Diese Integrationsszenarien können Sie jedoch selbst einrichten. Sie benötigen dazu die entsprechenden Lizenzen und Anmeldedaten für die externen Systeme. Mehr Informationen dazu erhalten Sie in Kapitel 13, »SAP S/4HANA On-Premise in die Systemlandschaft integrieren«.

6.4   Die Unternehmensstruktur der Modellfirma

Werke und Bereiche Abbildung 6.4 zeigt die Unternehmensstruktur der Modellfirma in SAP S/4HANA On-Premise. Die Platzhalter xx stehen dabei für unterschiedliche Ländercodes. Beispiele für Ländercodes sind:

- 10 = Deutschland (DE)
- 11 = Großbritannien (UK)

- 17 = USA (US)

- 29 = Kanada (CA)

- 30 = Australien (AU)

Das in der Abbildung mit einem Sternchen markierte Standardwerk (Plant) xx10 kann kopiert (z. B. auf xx20) und dann für Umlagerungsprozesse verwendet werden.

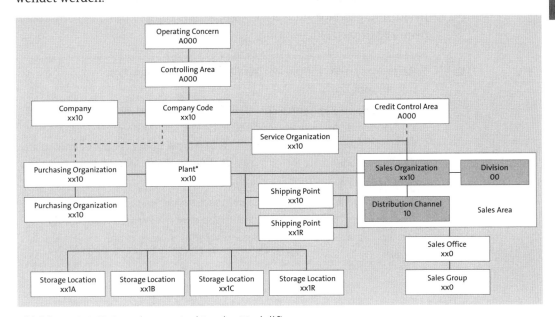

Abbildung 6.4 Unternehmensstruktur der Modellfirma

Indem Sie die Modellfirma verwenden, können Sie sofort mit den Prozessen Ihres Implementierungsszenarios für SAP S/4HANA loslegen. Sie müssen nicht mit der vollaktivierten Lösung starten, sondern können nach und nach genau die Geschäftsprozesse aktivieren, die Sie auch tatsächlich einsetzen möchten. Dies können sogar Prozesse aus unterschiedlichen Branchen sein, die Sie hier gemeinsam aktivieren und laufen lassen können.

Flexible Prozess-aktivierung

Mit der so eingerichteten Modellfirma führen Sie dann die Fit-Gap- bzw. Fit-Standard-Analyse innerhalb des SAP-S/4HANA-Workshops durch. Alle am SAP-S/4HANA-Projekt Beteiligten können sich so in einem sehr frühen Stadium ein Bild davon machen, wie die Implementierung aussehen wird, und gemeinsam eine Strategie für die Migration entwickeln. Die Idee ist, nur dort Anpassungen an der Standardmodellfirma vorzunehmen, wo Sie damit tatsächlich ein Alleinstellungsmerkmal für Ihr Unternehmen verwirklichen können. Ansonsten sollten Sie versuchen, nah am Standard zu bleiben oder zum Standard zurückzukehren, anstatt einfach nur das Alt-

Fit-Gap-Analyse

system zu replizieren. Meist sind die Entscheidungen, im SAP-Altsystem vom Standard abzuweichen, getroffen worden, als es die entsprechende Funktionalität im SAP-System noch nicht gab. Das Ziel des Fit-Gap-Workshops ist es, die Funktion(en) des SAP-S/4HANA-Systems zu verstehen, die Lösung zu validieren und mithilfe der verschiedenen SAP Best Practices genau für die Kundenanforderungen maßzuschneidern – innerhalb der Grenzen des SAP-S/4HANA-Systems. Die Lücken (Gaps) sollen dabei identifiziert und geschlossen werden. Das ist ein komplett anderer Ansatz als beim klassischen Blueprinting.

Referenzsystem für die Vorbereitung auf die Migration mit diesem Buch

Das in diesem Kapitel beschriebene Referenzsystem mit der Modellfirma kann Ihnen auch im weiteren Verlauf dieses Buches dienlich sein. In Teil II behandeln wir den Umstieg auf SAP S/4HANA in der (Public) Cloud, also das SaaS-Modell, und in Teil III den Umstieg auf SAP S/4HANA On-Premise oder in der Private Cloud (Hosting).

An dieser Stelle gabelt sich also der Weg. Wenn Sie sich noch nicht sicher sind, welches Deployment-Modell (Cloud oder On-Premise) das richtige für Sie ist, lesen Sie zunächst einfach Kapitel 7, »Migration in die Public Cloud«.

TEIL II

Umstieg auf SAP S/4HANA in der Cloud

Nachdem Sie in den bisherigen Kapiteln dieses Buches die Grundlagen zu SAP S/4HANA gelernt haben, beschäftigt sich dieser Teil mit der Implementierung und Migration auf ein SAP-S/4HANA-System in der Public Cloud (d. h. als Software-as-a-Service, SaaS). In Kapitel 7 zeigen wir Ihnen, wie man eine SAP-S/4HANA-Cloud-Lösung einrichtet und die Migration durchführt, bevor wir dann in Kapitel 8 auf die Integration dieser Lösung mit anderen Cloud- und On-Premise-Systemen eingehen.

Kapitel 7
Migration in die Public Cloud

Der Einsatz einer Cloud-Lösung bietet grundsätzlich neue Möglichkeiten,
IT im Unternehmen zu organisieren und zu finanzieren. In diesem Kapitel
stellen wir Ihnen die SAP S/4HANA Cloud vor und beschreiben die einzelnen
Szenarien einer Migration in die SAP S/4HANA Cloud.

Wie erhalte ich Zugang zu einer Cloud-Instanz von SAP S/4HANA? Was muss bei der Einrichtung beachtet werden? Wie übertrage ich bestehende Daten in die Public Cloud bzw. in ein SaaS-System (Software-as-a-Service)?

Im ersten Abschnitt dieses Kapitels werden diese und ähnliche Fragestellungen näher beleuchtet. Der zweite Abschnitt gibt einen kurzen Überblick über die Konfiguration eines SAP-S/4HANA-Cloud-Systems. Im dritten Abschnitt beschreiben wir die Migration in ein solches Cloud-System. Die Migration in Private-Cloud-Lösungen wird dagegen in Kapitel 11, »Neuimplementierung eines Einzelsystems«, mit abgedeckt.

> **SAP Hybris Marketing Cloud**
> Da die SAP Hybris Marketing Cloud ein Satellitensystem ist und Daten aus externen Quellen darin repliziert werden, behandeln wir diese Cloud-Edition nicht hier, sondern als Integrationsthema in Abschnitt 8.3, »Integration mit SAP Hybris Marketing Cloud«.

[«]

7.1   SAP S/4HANA Cloud einrichten

Wählt man ein Betriebsmodell in der Cloud, darf man durchaus eine rasche produktive Nutzung der Software erwarten. Damit dies gelingt, lohnt sich ein genauerer Blick auf die Merkmale der SAP S/4HANA Cloud. Die grundlegenden Merkmale einer SaaS-Lösung, die Unterschiede zum On-Premise-Betriebsmodell und die verfügbaren Editionen von SAP S/4HANA in der Public Cloud haben wir in Abschnitt 3.1.2, »Das Cloud-Betriebsmodell«, und in Abschnitt 3.2.2, »SAP S/4HANA Cloud«, vorgestellt.

Wenn Sie sich für die SAP S/4HANA Cloud entscheiden, erfolgt der System-zugang über eine zentrale URL. Diese erhalten Sie üblicherweise per E-Mail, zusammen mit weiteren Zugangsinformationen. Über diese URL können sich Benutzer am System anmelden und die Anwendungen nutzen.

Neuimplemen-
tierung

Ein Wechsel in die SAP S/4HANA Cloud ist eine Neuimplementierung. Schon aus technischen Gründen kann keine Konvertierung des vorhandenen On-Premise-Systems in eine SaaS-Lösung durchgeführt werden. Die Kompatibilitätsfunktionen, die in den On-Premise-Editionen angeboten werden dienen hauptsächlich diesem Systemkonvertierungsfall. Bei der Migration in die SaaS-Lösung arbeiten Sie daher mit Datenübernahmesze-narien, die in Abschnitt 7.3, »Datenmigration in die SAP S/4HANA Cloud«, im Detail erklärt werden.

7.1.1 Phase »Discover«: Das Trial-System der SAP S/4HANA Cloud einrichten

Trial-Stufe

SAP bietet verschiedene Stufen der SAP S/4HANA Cloud an. Am direktesten zu erreichen ist die sogenannte *Trial-Stufe*, die wir in Abschnitt 6.1, »Das Testsystem in der SAP Cloud Appliance Library«, bereits vorgestellt haben. Abbildung 7.1 zeigt den Begrüßungsbildschirm dieses Trial-Systems. Nach einem Klick auf die Schaltfläche **Jetzt kostenlos testen** werden Sie zur Eingabe einiger Informationen aufgefordert. Im Anschluss erhalten Sie einen Benutzer im System und die Zugangsdaten.

Abbildung 7.1 Begrüßungsbildschirm für die SAP S/4HANA Cloud trial

Dieses Trial-System ist bereits voreingestellt. Sie teilen sich das System mit anderen Kunden. Es enthält vordefinierte betriebswirtschaftliche Rollen, die Sie auswählen können. Damit dient dieses System vor allem dazu, ein erstes Gefühl für die Navigation, die Benutzeroberfläche und das Erschei-nungsbild der SAP S/4HANA Cloud zu bekommen. Das Trial-System soll nicht dazu dienen, das eigene SAP-S/4HANA-Cloud-System einzurichten. Dessen Einrichtung erfolgt in einer eigenen Instanz. Die Nutzung des Trial-Systems ist ein unverbindliches Zusatzangebot von SAP, dessen Nutzung Sie nicht dazu verpflichtet, SAP S/4HANA Cloud zu kaufen oder zu nutzen.

7.1.2   Phase »Analysieren«: Das Starter-System der SAP S/4HANA Cloud einrichten

Der Kauf der SAP S/4HANA Cloud erfolgt bei einem SAP-Vertriebsmitarbeiter. Wenn Sie für den zuvor beschriebenen Trial-Zugang Ihre Daten angegeben haben, sollte ein SAP-Vertriebsmitarbeiter Sie nach einiger Zeit kontaktieren. Alternativ können Sie jederzeit direkt mit dem Vertriebsteam Kontakt aufnehmen, z. B. über die Kontakt-Schaltflächen auf der Internetseite oder im System selbst.

Nach Vertragsabschluss kann das Umstiegsprojekt auf die SAP S/4HANA Cloud starten. Dieses Projekt gliedert sich in die vier Phasen der Implementierungsmethode SAP Activate, die wir in Abschnitt 5.2 vorgestellt haben. Ihnen voran geht eine Analysephase, in der Sie das Trial-System nutzen können. In Abbildung 7.2 sind die Projektphasen für den Weg in die SAP S/4HANA Cloud dargestellt.

SAP-Activate-Phasen

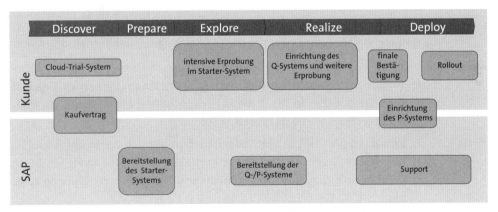

Abbildung 7.2 Projektphasen für den Weg in die SAP S/4HANA Cloud

Wenn Sie SAP S/4HANA Cloud kaufen, stellt SAP Ihnen zunächst ein sogenanntes *Starter-System* zur Verfügung, das zwei Aufgaben hat:

Starter-System

- Es erlaubt eine intensivere Erprobung der SAP S/4HANA Cloud, als der Trial-Zugang ermöglicht. Sie sollten die Gelegenheit nutzen und die tatsächlich für Ihre Zwecke zu nutzenden betriebswirtschaftlichen Funktionen im Detail testen. Aus diesem Grund wird hier von einer *Analysephase* (Explore-Phase) gesprochen.

- Es erlaubt die Ausprägung der eigenen Umgebung: In dem Starter-System richten Sie Rollen, Konfiguration, Benutzer sowie die Integration mit anderen Systemen ein.

Diese Einrichtung des Starter-Systems beschreiben wir in den folgenden Abschnitten. Da Sie zunächst nur einen technischen Benutzer erhalten, ist die generelle Vorgehensweise stets wie folgt:

1. Rollen aus den Vorlagen modellieren
2. Administrator erstellen
3. Ausloggen und als Administrator einloggen
4. Mitarbeiter pflegen und Rollen zuweisen
5. mit den angelegten persönlichen Usern einloggen
6. System einrichten und nutzen

Benutzer für den Administrator und den Key-User einrichten

Administrator-benutzer erstellen

In einem ersten Schritt sollten Sie von SAP mehrere E-Mails erhalten, mindestens jedoch zwei. Eine E-Mail enthält einen technischen Benutzer, die andere das zugehörige Passwort. Im ersten Schritt sollten Sie sich einen Administratorzugang erstellen. Mit diesem Administrator werden später alle notwendigen technischen Einstellungen vorgenommen. Insbesondere müssen natürlich zunächst die Benutzer für die Mitarbeiter des Einführungsprojekts angelegt werden, die die Ausprägung der betriebswirtschaftlichen Prozesse festlegen (die fachlichen Key-User).

1. Melden Sie sich mit dem technischen Benutzer am System an. Dazu klicken Sie auf den in der E-Mail bereitgestellten Link. Geben Sie Ihren Benutzernamen und das Passwort an.

2. Sie sollten nun die initiale Startseite sehen, ähnlich wie in Abbildung 7.3. Hier wurde bereits in die Gruppe **Kontakte und Profile** navigiert. In der Kopfzeile werden stets die aktuellen und benachbarten Gruppen angezeigt.

3. Als Erstes müssen Sie sicherstellen, dass die Mitarbeiterstammdaten für Sie bzw. Ihr Projektteam gepflegt sind. Wählen Sie daher die Kachel **Mitarbeiter pflegen** in der Gruppe **Mitarbeiter – Stammdaten** (siehe Abbildung 7.4).

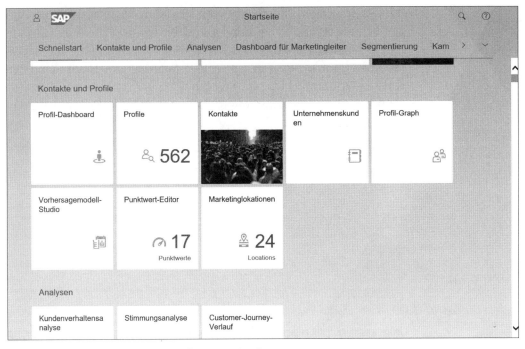

Abbildung 7.3 Startseite der SAP S/4HANA Cloud

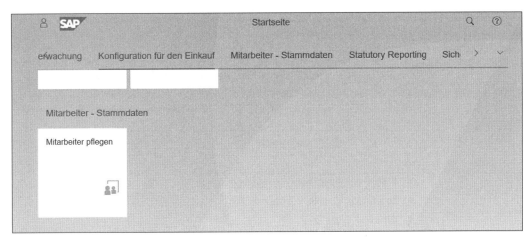

Abbildung 7.4 Pflege der Mitarbeiterstammdaten

Navigation im SAP Fiori Launchpad

[«]

Die Startseite (das SAP Fiori Launchpad) ist in Launchpad-Gruppen unterteilt. In der Kopfzeile erscheint die aktuell gewählte Gruppe unterstrichen.
Zu anderen Gruppen gelangen Sie, indem Sie scrollen, oder durch ein Dropdown-Menü (∨) im rechten oberen Bereich des Bildschirms.

4. Auf dem folgenden Bildschirm (siehe Abbildung 7.5) pflegen Sie die nötigen Benutzerstammdaten mindestens für den bzw. die Administratoren. Alternativ können Sie Listen von Benutzerdaten über die Kachel **Mitarbeiter importieren** in der Gruppe **Mitarbeiter – HR Stammdaten** einlesen. Wir empfehlen, das Anlegen der Benutzer stets mit dem persönlichen User durchzuführen und den technischen User nur für den Erstzugang zu nutzen.

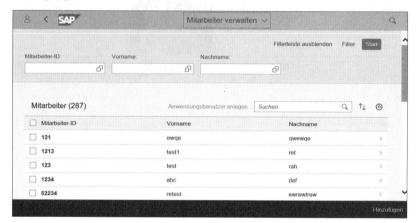

Abbildung 7.5 Einstiegsbild der Benutzerpflege in SAP S/4HANA Cloud

Alternative Benutzerpflege

In einigen Versionen der SAP S/4HANA Cloud kann es sein, dass Sie die Benutzer nicht direkt pflegen können. In diesem Fall müssen die Benutzerstammdaten über SAP-Servicemitarbeiter angelegt werden. Dazu öffnen Sie ein SAP-Support-Ticket für die Meldungskomponente XX-S4C-SRV mit dem Titel »User Creation in the Starter System«. Hängen Sie eine Liste mit den erforderlichen Stammdaten an die Meldung an. Vorgesehen sind die folgenden Felder:

- **E-Mail Address**: z. B. name@XX.com
- **Login Name**: z. B. VornameNachname
- **Country Code**: z. B. DE
- **Family Name**: z. B. »Vorname Nachname«
- **Gender Code**: 1 = männlich, 2 = weiblich
- **Given name**: Vorname
- **Home Address Country Code**: z. B. DE
- **Company Code**: Firmen-ID
- **Cost Center**: Kostenstelle

Detaillierte Anweisungen können Sie dem Roadmap Viewer unter *http://s-prs.de/v429726* entnehmen.

Rollen für den Administrator und Key-User zuweisen

Als Nächstes weisen Sie dem Administrationsbenutzer die erforderliche Rolle zu:

Key-User-Rolle

1. Melden Sie sich dazu mit dem eben angelegten Benutzer am System an.

2. Wählen Sie die Kachel **Anwendungsbenutzer pflegen** in der Gruppe **Identitäts- und Zugriffsverwaltung**.

3. Ordnen Sie im folgenden Dialog dem ausgewählten Benutzer die gewünschten Rollen zu, in diesem Fall die Administratorrolle SAP_BR_ ADMINISTRATOR (siehe Abbildung 7.6). Soll der Administrator auch Mitarbeiterdaten pflegen können, benötigt er noch die Rolle SAP_BR_ADMINISTRATOR_HRINFO.

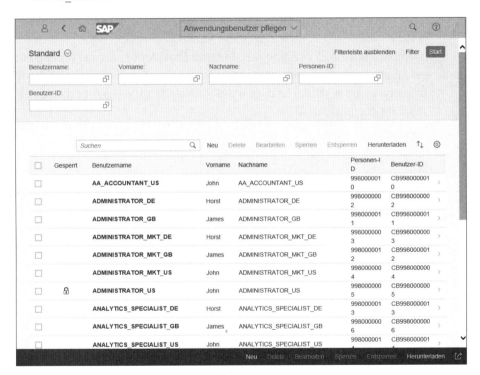

Abbildung 7.6 Einstiegsschirm für die Pflege der Rollenzuordnung

Nun kann der Administrator genutzt werden. Loggen Sie sich mit dem Administrator am System ein, und ordnen Sie die Rollen für die Business Key User zu.

Beachten Sie, dass das Starter-System nur für eine kleine Zahl an Benutzern gedacht ist. Es dient dazu, dass Sie SAP S/4HANA intensiver kennenlernen und alternative Konfigurationen testen können. Daher werden im Starter-System auch nur wenige Rollen zur Verfügung gestellt. Die Benutzer für die

Fachanwender werden üblicherweise erst in den Systemen der nächsten Projektphase angelegt. Darauf gehen wir ab Abschnitt 7.1.3, »Phase ›Realisieren‹: Das Qualitätssicherungssystem der SAP S/4HANA Cloud einrichten«, ein. Stellen Sie sicher, dass Sie mindestens einem Benutzer die Administratorrechte zugewiesen haben.

Benutzer in den SAP-Cloud-Identity-Tenant laden

Authentifizierung der Benutzer

Beachten Sie, dass die personalisierten Benutzer auch für den Zugriff auf das Cloud-System authentifiziert werden müssen. Dies geschieht über einen sogenannten *Identity Provider*. Im Falle der SAP S/4HANA Cloud stellt SAP einen solchen Identity Provider standardmäßig zur Verfügung. Er wird als *SAP Cloud Identity* bezeichnet. Dazu wird automatisch jeder SAP-S/4HANA-Cloud-Installation ein Tenant von SAP Cloud Identity zur Seite gestellt. Abbildung 7.7 illustriert diese Konstellation. Beachten Sie, dass Sie optional auch einen vorhandenen Identity Provider benutzen können. Wir gehen an dieser Stelle allerdings davon aus, dass der Standard, SAP Cloud Identity, genutzt wird. Für diesen SAP-Cloud-Identity-Tenant erhalten Sie separate Zugangsdaten.

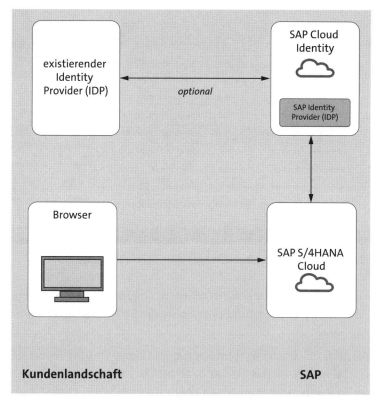

Abbildung 7.7 Architektur zu Authentifizierung der Benutzer

Alle Benutzer müssen in diesen zwei Systemen angelegt werden: Im SAP-S/4HANA-Cloud-System werden die Benutzerstammdaten und Rollen für die Berechtigungen für die betriebswirtschaftlichen Anwendungen hinterlegt. Im Cloud Identity Provider (IDP) erfolgt die Authentifizierung des Benutzers. Diese beiden Systeme dürfen nicht verwechselt werden!

Um die Authentifizierung zu ermöglichen, müssen die zulässigen Benutzer dem Cloud Identity Provider bekannt gemacht werden. Da nur der Kunde Zugriff auf den Identity Provider haben darf, müssen die Benutzer im Rahmen des Einführungsprojekts in den Identity Provider geladen werden. Dazu exportieren Sie die Mitarbeiterstammdaten aus der SAP S/4HANA Cloud und importieren sie in den Cloud Identity Provider. Tabelle 7.1 zeigt die notwendigen Schritte in den beiden Systemen im Überblick.

	Anlegen der Mitarbeiterstammdaten	Export aus SAP S/4HANA	Import in Cloud Identity Provider
Aktion	Kachel **Mitarbeiter pflegen**	1. Kachel **Anwendungsbenutzer pflegen** 2. Auswahl der nötigen Benutzer 3. Befehl **Download** wählen	1. Kachel **Benutzer importieren** 2. Datei hier hochladen 3. E-Mail an Benutzer schicken
System	SAP S/4HANA Cloud	SAP S/4HANA Cloud	Cloud Identity Provider

Tabelle 7.1 Pflege der Stammdaten in dem SAP-S/4HANA-Cloud-System und dem Cloud Identity Provider

Die weitere Arbeit am System sollte ausschließlich mit den persönlichen Benutzern durchgeführt werden. Melden Sie daher den technischen Benutzer ab, nachdem Sie persönliche Benutzer mit Administratorrechten erzeugt und in SAP Cloud Identity bekannt gemacht haben. Melden Sie sich dann mit dem Administrator an, wenn Sie weitere Systemeinstellungen vornehmen wollen. Alternativ wählen Sie den fachlichen Key-User, wenn Sie eine Konfiguration durchführen wollen.

Technische und persönliche Benutzer

Optionen für die Benutzerverwaltung

In SAP S/4HANA bestehen verschiedene Möglichkeiten zur Benutzerverwaltung und Authentifizierung. Die Wahl einer Option ist selbst Gegenstand eines Teilprojekts bei der Implementierung von SAP S/4HANA. Da der

Zugang zum System eine grundsätzliche Voraussetzung für wesentliche Schritte im Umstiegsprojekt ist, geben wir an dieser Stelle einen Überblick.

Bei der Implementierung der SAP S/4HANA Cloud kann man grundsätzlich drei Modelle für die Benutzerverwaltung unterscheiden:

- **Eingebaute Benutzerverwaltung**
  In der einfachsten Version wird die in SAP S/4HANA Cloud integrierte grundlegende Benutzerverwaltung verwendet. Dazu enthält SAP Cloud Identity einen eigenen IDP. Mit dieser Option ist ausschließlich die Pflege grundlegender Benutzerstammdaten möglich. Weiterführende Szenarien aus der Personalwirtschaft sind nicht Bestandteil von SAP S/4HANA.

- **Einbeziehung der Personalwirtschaft mit SAP SuccessFactors**
  SAP empfiehlt den Einsatz von SAP SuccessFactors für alle Aspekte und Szenarien der Personalwirtschaft. SAP SuccessFactors kann standardmäßig mit SAP S/4HANA integriert werden. Werden die Mitarbeiterstammdaten in SAP SuccessFactors angelegt, werden diese automatisch in SAP S/4HANA repliziert, und auf Basis dieser Daten werden die Benutzer angelegt. Diesen Benutzern müssen dann in SAP S/4HANA nur noch die entsprechenden betriebswirtschaftlichen Rollen zugeordnet werden. Die Authentifizierung erfolgt in diesem Szenario ebenfalls über SAP SuccessFactors.

- **Alternative IDP-Lösung**
  Alternativ kann SAP S/4HANA an IDP-Lösungen von Drittanbietern angebunden werden. Diese Option trägt dem Umstand Rechnung, dass manche Kunden bereits bestehende Benutzerverwaltungen im Einsatz haben. SAP Cloud Identity erfragt dann die Authentifizierung vom alternativen Identity Provider. Der eingebaute IDP wird nicht benutzt.

In diesem Buch behandeln wir ausschließlich die eingebaute Basislösung.

Betriebswirtschaftliche Prozesse konfigurieren

Lösung als Prozessexperte verwalten

Benutzern, die die betriebswirtschaftlichen Prozesse im System konfigurieren sollen, muss die Rolle SAP_BR_BPC_EXPERT (Configuration Expert – Business Process Configuration) zugewiesen sein. In der Anwendung **Lösung verwalten** kann mit dieser Rolle die Konfiguration des Systems mithilfe der Funktion **Lösung konfigurieren** verändert werden. Diesen Schritt beschreiben wir in Abschnitt 7.2, »SAP S/4HANA Cloud konfigurieren«.

Migration der Daten

Datenübertragung testen

Es empfiehlt sich, in dem Starter-System bereits grundlegende Aspekte der Datenmigration zu testen. Sie erhalten so Einblick in die Abläufe für das

Laden der Daten sowie in die Datenqualität und die Wechselwirkung der Daten mit der Konfiguration. Für die SAP S/4HANA Cloud erfolgt das Laden der Daten über das SAP S/4HANA Migration Cockpit.

1. Melden Sie sich mit dem Administratorbenutzer am System an.
2. Wählen Sie die Kachel **Lösung verwalten** in der Gruppe **Vollständige Implementierung**.
3. Wählen Sie die Funktion **Daten migrieren**.
4. Folgen Sie den Schritten, die in Abschnitt 7.3, »Datenmigration in die SAP S/4HANA Cloud«, beschrieben werden.

7

Übergang in die Realisierungsphase

Der Übergang in die nächste Projektphase ist ein expliziter Schritt im System: Sie müssen in der Anwendung **Lösung verwalten** die Analysephase als abgeschlossen bestätigen. Erst im Anschluss daran erhalten Sie Systeme für die produktive Nutzung. Für diese Umstellung haben Sie mehrere Möglichkeiten:

Analysephase abschließen

- Wählen Sie die Kachel **Lösung verwalten** in der Gruppe **Vollständige Implementierung**. Diese Kachel ist der zentrale Einstieg in die Grundkonfigurationen des Systems. Innerhalb der Anwendung **Lösung verwalten** wählen Sie dann **Lösung konfigurieren**. Dort sehen Sie auch, in welcher Phase Ihr System sich gerade befindet. In der rechten unteren Ecke des Detailbildes können Sie den Phasenwechsel anstoßen (siehe Abbildung 7.10).
- Alternativ kontaktieren Sie den SAP-Service direkt. Dazu öffnen Sie eine Meldung unter der SAP-Meldungskomponente XX-S4C-SRV mit dem Betreff »Request Quality System« und fordern die Umstellung in die Realisierungsphase an.

In jedem Fall wird durch die Umstellung der Konfigurationsstand des Systems »eingefroren« und kann nicht mehr geändert werden. Das System steht allerdings weiter für einen Testbetrieb zur Verfügung.

Qualitätssicherungs- und Produktivsystem

SAP konfiguriert auf Basis des Starter-Systems nun das Qualitätssicherungssystem für die Produktivlandschaft. Zusätzlich wird eine Produktivinstanz aufgebaut. Beide Systeme werden verbunden, sodass Änderungen im Qualitätssicherungssystem in das Produktivsystem übertragen werden können. Das Produktivsystem steht allerdings erst zur Verfügung, wenn die Konfiguration im Testsystem erfolgreich abgeschlossen wurde.

[»]   **Systemtypen**

SAP sieht für den aktiven Einsatz von SAP S/4HANA grundsätzlich immer eine Mehrsystemlandschaft vor. Für die SAP S/4HANA Cloud wird dies durch eine Zweisystemlandschaft realisiert. Das Qualitätssicherungs- (oder *Q-)System*) dient in dieser Zweisystemlandschaft dazu, Änderungen am System vornehmen zu können, ohne eine unmittelbare Auswirkung auf die operativen Prozesse des Produktivbetriebs zu haben. Konfigurationsänderungen, neue Funktionalität oder kundenindividuelle Erweiterungen werden in diesem Q-System vorgenommen und getestet. Erst nach erfolgreichem Test werden sie in das Produktivsystem überführt. Für diese Übertragung dient das SAP-Transportsystem.

Übergangs-
zeitpunkt
selbst wählen

Sobald SAP das Qualitätssicherungssystem erstellt hat, erhalten Sie die Zugangsdaten zu diesem System per E-Mail. Bevor das Produktivsystem aktiviert wird, werden Sie aufgefordert, die korrekte Konfiguration der Systeme zu überprüfen. Erst nach einer Bestätigung wird die Konfiguration in der Produktivlandschaft aktiviert. Das heißt, Sie haben zwei Möglichkeiten für Ihr Implementierungsprojekt:

- **Konfiguration im Starter-System**
  Sie führen Ihr Einführungsprojekt im Starter-System durch und lassen die Konfigurationen aus diesem System in das Produktivsystem übernehmen. Hierbei kann die Aktivierung der Produktivlandschaft zeitnah erfolgen.

- **Konfiguration im Qualitätssicherungssystem**
  Sie gehen vergleichsweise schnell vom Starter-System in die Realisierungsphase über. In diesem Fall senden Sie direkt die Bestätigung an SAP. Sie nehmen die Konfigurationen und individuellen Einstellungen dann direkt im Q-System vor.

7.1.3   Phase »Realisieren«: Das Qualitätssicherungssystem der SAP S/4HANA Cloud einrichten

Das Starter-System dient hauptsächlich dem Zweck, SAP S/4HANA kennenzulernen und die individuelle Ausprägung zu finden und festzulegen. Es ist allerdings nicht für die produktive Nutzung freigegeben. Ein Produktivbetrieb erfordert die finalen SAP-S/4HANA-Cloud-Systeme, wie sie in der Realisierungsphase bereitgestellt werden. In diesen Systemen werden die endgültigen Ausprägungen und Einstellungen vorgenommen. Auch werden nur in diesen Systemen Benutzer für alle Mitarbeiter angelegt.

Unser Ziel in diesem Abschnitt ist es, das System so weit für die initiale Nutzung vorzubereiten, dass die Daten aus dem Altsystem in das Cloud-System geladen werden können. Dafür sind mindestens die folgenden Aktivitäten notwendig: Schritte der Realisierungsphase

1. Mitarbeiterstammdaten importieren oder anlegen und Authentifizierung einrichten

2. Grundkonfiguration des Systems durchführen

3. Daten aus dem Altsystem übertragen

Zur kompletten Vorbereitung des Systems sind noch weitere Aktivitäten durchzuführen, beispielsweise das Einrichten der Druckersteuerung und natürlich die Auswahl der betriebswirtschaftlichen Geschäftsprozesse. Die Identifikation und Ausprägung dieser Prozesse ist allerdings nicht Gegenstand dieses Buches. Wir nehmen im weiteren Verlauf an, dass die Festlegung der gewünschten betriebswirtschaftlichen Prozesse bereits erfolgt ist.

Mitarbeiterstammdaten importieren

Melden Sie sich als Administrator am Qualitätssicherungssystem an. Mithilfe der Kachel **Mitarbeiter pflegen** in der Gruppe **Mitarbeiter – Stammdaten** können Sie entweder alle Mitarbeiter von Hand anlegen oder dem SAP Service Center eine Datei mit den Mitarbeiterstammdaten übergeben. Das Vorgehen entspricht dem Vorgehen in der Analysephase, das wir in Abschnitt 7.1.2, »Phase ›Analysieren‹: Das Starter-System der SAP S/4HANA Cloud einrichten«, beschrieben haben.

Im Qualitätssicherungssystem können Sie ebenso wie im Starter-System nur eine Auswahl an Mitarbeitern anlegen. Auf jeden Fall sollte sichergestellt werden, dass Stammdaten für alle Key-User gepflegt sind. Key-User sind Benutzer, die im Rahmen des Einführungsprojekts das System konfigurieren oder für Erweiterungen, Tests und Wartung zuständig sind. Key-User anlegen

Key-Usern Rollen zuweisen

Im Qualitätssicherungssystem sollten Sie den Key-Usern – im Gegensatz zum Starter-System – bereits differenzierte Benutzerrollen zuweisen:

1. Melden Sie sich mit dem Administratorbenutzer am System an. Dort wählen Sie die Kachel **Anwendungsbenutzer pflegen** in der Gruppe **Identitäts- und Zugriffsverwaltung**.

2. Ordnen Sie im folgenden Dialog den ausgewählten Benutzern die gewünschten Rollen zu. In Abbildung 7.8 wurde dem Benutzer MAINTENANCE_PLANNER_DE neben der generischen Rolle **Employee,** die alle

Mitarbeiter erhalten, noch eine spezifische Business-Rolle **Maintenance Planner** für Wartungs- und Instandhaltungsaufgaben zugewiesen.

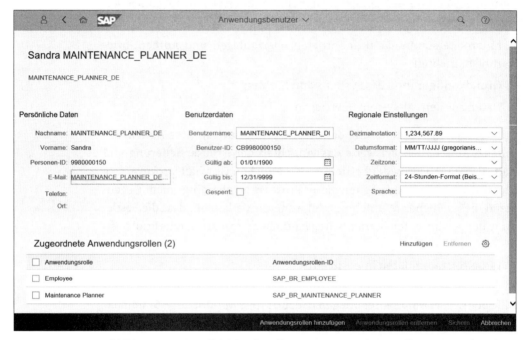

Abbildung 7.8 Detailbild für die Pflege von Anwendungsrollen in SAP S/4HANA Cloud

Stellen Sie sicher, dass mindestens einem personalisierten Benutzer die Administratorrechte zugewiesen wurden.

Benutzer in den SAP-Cloud-Identity-Tenant laden

Auch für das Qualitätssicherungssystem muss sichergestellt sein, dass die personalisierten Benutzer für den Zugriff auf das Cloudsystem authentifiziert werden können. Machen Sie die Benutzer des Qualitätssicherungssystems SAP Cloud Identity bekannt, indem Sie die Benutzerliste aus dem Qualitätssicherungssystem herunterladen und in den Cloud Identity Provider hineinladen. Die Schritte dazu entsprechenden dem Vorgehen im Starter-System, wie wir es in Abschnitt 7.1.2, »Phase ›Analysieren‹: Das Starter-System der SAP S/4HANA Cloud einrichten«, beschrieben haben.

Grundkonfiguration des Systems: Betriebswirtschaftliche Prozesse definieren

Die betriebswirtschaftlichen Prozesse einzurichten ist Aufgabe der Key-User. Melden Sie sich dazu als Key-User an, und wählen Sie auf der Startseite die Kachel **Lösung verwalten** in der Gruppe **Vollständige Implementierung**. In dieser Anwendung können Sie auswählen, welche Geschäftsprozesse im System zur Verfügung stehen sollen. Dies wird genauer in Abschnitt 7.2, »SAP S/4HANA Cloud konfigurieren«, beschrieben.

Konsistenz von Qualitätssicherungs- und Produktivsystem   [«]

Beachten Sie, dass das Qualitätssicherungssystem die zentrale Vorlage für die Erzeugung des Produktivsystems ist. Daher sollte sichergestellt werden, dass die betriebswirtschaftlichen Prozesse im Qualitätssicherungssystem wie gewünscht ausgeprägt wurden. Die Konfiguration im Produktivsystem sollte sich nicht von derjenigen im Qualitätssicherungssystem unterscheiden.

Auch in der späteren Produktivnutzung wird das Qualitätssicherungssystem weiterhin eine zentrale Rolle spielen: Es dient einerseits bei Wartungsvorgängen dazu, unvorhergesehene Auswirkungen auf den Produktivbetrieb ausschließen zu können. Andererseits können künftige Anpassungen der Systemnutzung wie beispielsweise die Einführung zusätzlicher Funktionalität ausführlich getestet werden, bevor diese in das Produktivsystem übertragen werden. Lesen Sie hierzu auch Abschnitt 7.2, »SAP S/4HANA Cloud konfigurieren«.

Migration der Daten

Im Starter-System haben Sie lediglich grundlegende Abläufe getestet. Da das Qualitätssicherungssystem eine wichtige Rolle bei der Sicherung des Produktivbetriebs spielt, sollte in diesem System auch ein realistischer Umfang an Daten vorliegen, mit denen die definierten Geschäftsprozesse getestet werden können.

Auch die Qualität der Datenmigration selbst muss sichergestellt werden. So unterliegen die Daten einer Wechselwirkung mit der Konfiguration des Systems. Im Verlauf des Einführungsprojekts müssen üblicherweise sowohl die Auswahl der übertragenen Daten als auch die Ausprägung der Konfiguration wechselseitig angepasst werden. Bei dem Übergang nach SAP S/4HANA nutzen Sie das Qualitätssicherungssystem daher ebenfalls als Testsystem für die Datenmigration.

Analog zum Starter-System erfolgt die Datenmigration auch hier über das SAP S/4HANA Migration Cockpit, wie in Abschnitt 7.1.2, »Phase ›Analysieren‹: Das Starter-System der SAP S/4HANA Cloud einrichten«, bzw. in Abschnitt 7.3, »Datenmigration in die SAP S/4HANA Cloud«, beschrieben.

7.1.4   Phase »Bereitstellung«: Die Produktivsysteme der SAP S/4HANA Cloud einrichten

Stellen Sie sicher, dass die Einrichtung des Qualitätssicherungssystems komplett durchgeführt wurde und dass alle Abnahmetests erfolgreich waren. Erst dann sollte das letzte System angefordert werden. Mit diesem letzten Schritt gehen Sie in die Produktivnutzung über.

Produktivsystem beantragen

Sie beantragen das Produktivsystem genau wie das Qualitätssystem mit der Vorgehensweise, die wir in Abschnitt 7.1.3, »Phase ›Realisieren‹: Das Qualitätssicherungssystem der SAP S/4HANA Cloud einrichten«, beschrieben haben. Da Sie möchten, dass die Einstellungen des Qualitätssicherungssystems in das Produktivsystem übertragen werden, öffnen Sie ein Ticket mit dem Betreff »Configuration Transport to P-System« auf der Komponente XX-S4C-SRV. SAP bereitet dann das Produktivsystem vor. Die Konfiguration und die Expertenkonfiguration werden übernommen.

[!]

Sperrung des Qualitätssicherungssystems

Beachten Sie bei der Projektplanung, dass das Qualitätssicherungssystem während der Erzeugung des Produktivsystems gesperrt wird, um unabsichtliche Änderungen zu vermeiden.

Nun werden noch ein letztes Mal die grundlegenden Einrichtungsschritte durchgeführt.

Mitarbeiterstammdaten importieren

Alle Produktivbenutzer anlegen

Melden Sie sich als Administratorbenutzer am Produktivsystem an, und legen Sie mithilfe der Kachel **Mitarbeiter pflegen** die Benutzer für die Mitarbeiter an, indem Sie die Mitarbeiterstammdaten erneut importieren, wie in Abschnitt 7.1.3, »Phase ›Realisieren‹: Das Qualitätssicherungssystem der SAP S/4HANA Cloud einrichten«, beschrieben. Achten Sie darauf, dass im Produktivsystem wirklich alle Mitarbeiter angelegt werden.

Bei der Zuweisung von Rollen und Berechtigungen im Produktivsystem sollten Sie zweistufig vorgehen: Zunächst erhalten Schlüsselpersonen Zugang zum System. Diese können ein letztes Mal die Korrektheit des Systems verifizieren. Danach erhalten alle Nutzer Zugang zum System.

Rollen für Key-User zuweisen

Ordnen Sie im Dialog **Anwendungsbenutzer pflegen** den Benutzern die gewünschten Rollen zu. Achten Sie darauf, dass den Benutzern differenzierte Rollen zugeordnet werden. Stellen Sie auch hier wieder sicher, dass mindestens einem personalisierten Benutzer die Administratorrechte zugewiesen wurden.

Key User in den SAP-Cloud-Identity-Tenant laden

Laden Sie die Daten der Schlüsselpersonen in den SAP-Cloud-Identity-Tenant, um den Systemzugang zu gewähren. Die Schlüsselbenutzer können die Datenmigration durchführen und im Anschluss ein letztes Mal das System testen. Benachrichtigen Sie das SAP Service Center umgehend auf der Komponente XX-S4C-SRV, wenn Sie Inkonsistenzen im Produktivsystem feststellen.

Migration der Daten

Die Daten des Qualitätssicherungssystems werden absichtlich nicht direkt in das Produktivsystem übernommen. Dadurch wird vermieden, dass der komplette Datenumfang in das Qualitätssicherungssystem geladen werden muss. Planen Sie daher die manuelle Datenübernahme ein.

Allerdings wurde ja in den vorangehenden Schritten unter anderem auch die Datenmigration im Qualitätssicherungssystem getestet. Diese Testergebnisse werden berücksichtigt, indem bei der Migration der Daten die Einstellungen für die Datenmigration (Filterkriterien, kundeneigene Felder usw.) aus dem Qualitätssicherungssystem übernommen werden. Die Vorgehensweise wird detailliert in Abschnitt 7.3.2, »Datenmigration mit dem SAP S/4HANA Migration Cockpit«, beschrieben.

Zuvor getestete Datenmigration

Rollen für Fachanwender zuweisen

Weisen Sie als Administrator in der Anwendung **Anwendungsbenutzer pflegen** nun allen Nutzern des Systems die gewünschten Rollen zu. Achten Sie hier wieder darauf, dass den Benutzern differenzierte Rollen zugeordnet werden.

Benutzer für Fachanwender in den SAP-Cloud-Identity-Tenant laden

Wenn Sie eine positive Rückmeldung von den Schlüsselpersonen erhalten haben, komplettieren Sie die Benutzerdaten im Cloud Identity Provider mit allen Mitarbeitern. Erst durch diesen Schritt erhalten auch die Benutzer Zugang zum System.

Schritte zur Einrichtung jedes Cloud-Systems

In jeder Instanz der SAP S/4HANA Cloud werden mindestens die folgenden Schritte zur technischen Einrichtung durchgeführt:

- Anlegen der Mitarbeiterstammdaten
- Rollen zuweisen
- berechtigte Benutzer im Cloud Identity Provider hinterlegen
- betriebswirtschaftliche Prozesse ausprägen
- Daten migrieren
- Übergang in die folgende Phase bestätigen

SAP stellt auch eine praktische Online-Checkliste zur Verfügung. Diese befindet sich im Roadmap Viewer. Für die in diesem Buch beschriebenen technischen Schritte sind vor allem die Punkte unter der Überschrift »Technical Architecture & Infrastructure« relevant: *http://s-prs.de/v429727.*

7.2   SAP S/4HANA Cloud konfigurieren

Customizing

Wie wir in den vorangegangenen Abschnitten bereits erwähnt haben, müssen Sie Ihre Lösung konfigurieren. Dabei legen Sie gewisse Schlüsselelemente (*Customizing*) fest. Da wir diesen Schritt in Abschnitt 7.1, »SAP S/4HANA Cloud einrichten«, für die einzelnen Phasen noch nicht ausführlich behandelt haben, beschreiben wir ihn nun in diesem Abschnitt. Die Konfiguration ist grundsätzlich ein eigenes Teilprojekt. An dieser Stelle wollen wir die dazu erforderlichen Schritte am Beispiel des Konfigurationselements CustomerClassification-configure zeigen. Mithilfe dieses Konfigurationselements definieren Sie die Klassen, in die Sie Kunden einteilen. SAP liefert hier die Klassen A, B und C aus. Wenn Sie eine andere Kundenklassifizierung in Ihrem Unternehmen verwenden oder die vorausgelieferten Bezeichnungen ändern wollen, gehen Sie wie folgt vor. In unserem Beispiel erweitern wir die Kundenklassen um eine weitere Klasse D.

1. Navigieren Sie zur Gruppe **Vollständige Implementierung**, und starten Sie die Anwendung **Lösung verwalten**, die in Abbildung 7.9 zu sehen ist.

2. Anschließend wählen Sie die Funktion **Lösung konfigurieren**.

3. Sie befinden sich nun in der Übersicht der einzelnen Konfigurations-Apps (siehe Abbildung 7.10). Abhängig von der Projektphase (*Analysieren*, *Voreinstellen*, *Realisieren* oder *Bereitstellen*) stehen Ihnen unterschiedliche Konfigurations-Apps zur Verfügung. In den beiden ersten Phasen

haben Sie in der Regel Zugriff auf alle Konfigurationsanwendungen. Wie Sie Abbildung 7.10 und Abbildung 7.11 entnehmen können, befinden wir uns in unserer Beispielkonfiguration in der vierten Phase **Bereitstellen**, und es sind nur noch wenige Konfigurations-Apps sichtbar.

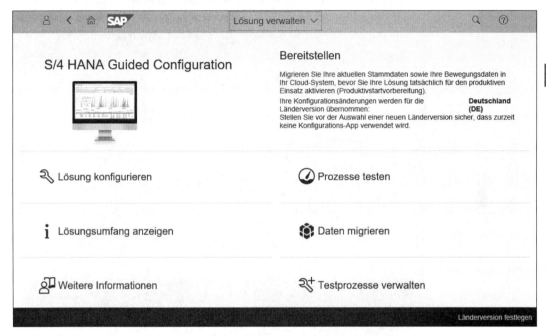

Abbildung 7.9 »Lösung verwalten« und die S/4 HANA Guided Configuration

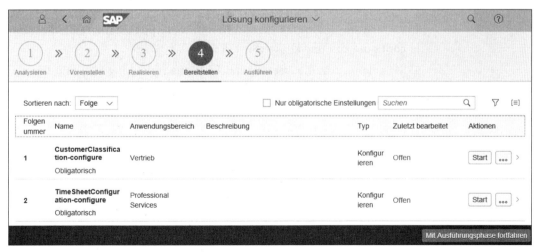

Abbildung 7.10 Übersicht über die Konfigurations-Apps, die in der Bereitstellungsphase verfügbar sind

[»]

Hilfe zu den Konfigurations-Apps aktivieren

Über den Hilfe-Button (⑦) oben rechts neben dem Such-Button können Sie die Hilfetexte für diese Maske aktivieren. Es werden dann bestimmte Bereiche markiert, zu denen es einen Hilfetext gibt. Wenn Sie noch einmal auf den Hilfe-Button klicken, deaktivieren Sie die Hilfetexte wieder. In Abbildung 7.11 sehen Sie das Übersichtsbild mit aktiviertem Hilfetext.

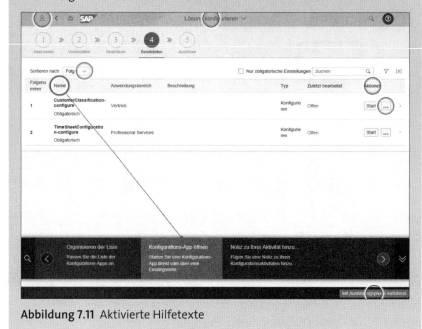

Abbildung 7.11 Aktivierte Hilfetexte

4. Wählen Sie die gewünschte Konfigurations-App **CustomerClassification-configure** aus, und klicken Sie auf **Start**.

5. Sie gelangen in die Detailübersicht (siehe Abbildung 7.12) und können dort weitere Elemente, in unserem Beispiel Kundenklassen, über den Link **Hinzufügen** ergänzen.

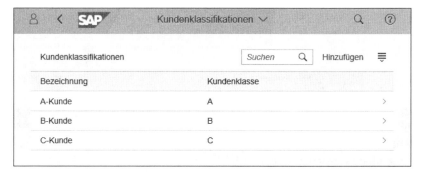

Abbildung 7.12 Detailbild der Konfigurations-App zur Kundenklassifikation

6. In der folgenden Eingabemaske tragen Sie in unserem Beispiel eine weitere **Kundenklasse** und deren **Bezeichnung** ein und speichern diesen
   Wert mit dem Button **Sichern** (siehe Abbildung 7.13).

Abbildung 7.13 Wert zu einem Konfigurationselement hinzufügen

Sie haben jetzt eine neue Kundenklasse gepflegt und befinden sich wieder
im Detailbild mit der Übersicht aller Kundenklassen. Sie können nun weitere Kundenklassen pflegen oder über den Zurück-Button ([<]) zurück zur
Übersicht der Konfigurations-Apps wechseln.

7.3   Datenmigration in die SAP S/4HANA Cloud

Eine Migration in die SAP S/4HANA Cloud unterscheidet sich von einer
Migration in die On-Premise-Version von SAP S/4HANA dahingehend, dass
die bekannten Migrationswerkzeuge wie die Legacy System Migration
Workbench (LSMW), SAP Data Services (Rapid Data Migration), die Migration Workbench (MWB) etc. nicht genutzt werden können. Für diese Migrationswerkzeuge gibt es entweder keine SAP-Fiori-App (dies trifft auf LSMW
und MWB zu) oder es gibt noch keine cloudfähigen, extern aufrufbaren
Schnittstellen, über die Daten migriert werden können (wie im Falle von
SAP Data Services).

In eine der SAP-S/4HANA-Cloud-Versionen migrieren Sie Daten stattdessen
mithilfe des *SAP S/4HANA Migration Cockpits* (im Folgenden einfach *Migration Cockpit* genannt). Das Migration Cockpit ist ab SAP S/4HANA 1610 auch
für SAP S/4HANA On-Premise verfügbar (siehe dazu auch Abschnitt 11.4,
»SAP S/4HANA Migration Cockpit«).

SAP S/4HANA Migration Cockpit

7.3.1   Verfügbare Migrationsobjekte

Welche Migrationsobjekte das SAP S/4HANA Migration Cockpit je Cloud-
Edition (Stand: Version 1611) unterstützt, sehen Sie in Tabelle 7.2. Wir

Migrationsobjekte für die Cloud

beschränken uns hier auf die folgenden zur Version SAP S/4HANA 1611 verfügbaren Cloud-Lösungen als SaaS. Die einzelnen Cloud-Editionen werden in Tabelle 7.2 wie folgt abgekürzt:

- SAP S/4HANA Finance Cloud: FC
- SAP S/4HANA Professional Services Cloud: PSC
- SAP S/4HANA Enterprise Management Cloud: EMC

Migrationsobjekt (deutsch/englisch)	Bereich	FC	PSC	EMC
Leistungsart/Activity Type	CO	X	X	X
Kostenstellen/Cost Center	CO	X	X	X
Tarif/Activity Price	CO			X
Innenauftrag/Internal Order	CO	X		X
Profitcenter/Profit Center	FI	X	X	X
Bankenstamm/Bank Master	FI	X	X	X
Kunde/Customer	FI, SD	X	X	X
Lieferant/Supplier	FI, MM-PUR	X	X	X
Debitorenbuchhaltung offene Forderungen/Accounts Receivable (Customer) Open Item	FI	X	X	X
Kreditorenbuchhaltung offene Verbindlichkeiten/Accounts Payable (Vendor) Open Item	FI	X	X	X
Anlagenbuchhaltung inkl. Bestände/Fixed Assets incl. Balances	FI-AA	X	X	X
Sachkonto Saldo/G/L account balance	FI	X	X	X
Sachkonto Offene Posten/G/L account open item	FI	X	X	X
Umrechnungskurs/Exchange Rate	FI	X	X	X

Tabelle 7.2 Vom SAP S/4HANA Migration Cockpit unterstützte Migrationsobjekte für die SAP-S/4HANA-Cloud-Editionen

Migrationsobjekt (deutsch/englisch)	Bereich	FC	PSC	EMC
Inventur Bestände/Inventory Balances	MM-IM			X
Materialstamm/Material Master	LO-MD	X	X	X
Material – Langtext/ Material – Long text	LO-MD	X	X	X
Einkaufsinfosätze/ Purchasing Info Record	MM-PUR	X	X	X
Bestellungen/Purchase Order	MM-PUR	X	X	X
Preiskonditionen/ Pricing Condition	SD, CO, MM-PUR	X	X	X
Einkaufskontrakt/Contracts (Purchasing)	MM-PUR	X	X	X
Orderbuch/Source List	MM-PUR			X
Kundenauftrag/Sales Order	SD	X		X
Charge/Batches	QM, SD, PP-PI			X
Stückliste/Bill of Material (BOM)	PP			X
Arbeitsplatz/Work Center	PP, QM			X
Arbeitsplan/Routing	PP			X
Equipment	PM			X
Instandhaltungsarbeitsplan/ Maintenance Task List	PM			X
Technischer Platz/ Functional Location	PM			X
Merkmal/Characteristic	CA			X
Klasse/Class	CA			X
Commercial Project Management (CPM)	CA-CPD		X	

Tabelle 7.2 Vom SAP S/4HANA Migration Cockpit unterstützte Migrationsobjekte für die SAP-S/4HANA-Cloud-Editionen (Forts.)

> **[»]**   **SAP S/4HANA Manufacturing Cloud**
>
> Im Laufe des Jahres 2017 wird es voraussichtlich eine weitere Cloud-Lösung geben, die aktuell den Arbeitsnamen *SAP S/4HANA Manufacturing Cloud* trägt. Sie soll eine Untermenge der Geschäftsprozesse der SAP S/4HANA Enterprise Management Cloud darstellen.

Aktuelle Objektliste abrufen

Die Anzahl der unterstützten Migrationsobjekte und deren Funktionalität wird mit jedem SAP-S/4HANA-Cloud-Release angepasst. Werden zum Beispiel neue SAP Best Practices für Geschäftsprozesse angeboten oder bestehende erweitert, werden in der Regel auch neue Migrationsobjekte gebaut bzw. bestehende Migrationsobjekte angepasst. Dies ist aber immer abhängig von der Funktionalität der freigegebenen Datenmigrationsschnittstellen, die zur Verfügung stehen. Die für ein Release zur Verfügung stehenden Migrationsobjekte entnehmen Sie dem sogenannten *Test Script*:

1. Rufen Sie dazu den Link *https://rapid.sap.com/bp/BP_CLD_ENTPR* auf.
2. Navigieren Sie zur Scope-Item-Gruppe **Data Management** im Bereich **Solution Scope**.
3. Unter **Data Migration to SAP S/4HANA from File** finden Sie unter **Details** das **Test Script**. Die Übersicht der Migrationsobjekte finden Sie dort in Abschnitt 2.3, »Das neue Datenmodell und die Datenbank SAP HANA«.

Excel-Vorlagen

Die Daten, die Sie migrieren wollen, müssen in vordefinierte Excel-Dateien im speziellen Dateiformat *Microsoft Excel XML Spreadsheet 2003* übertragen werden. Diese Excel-Vorlagen können Sie über das Migration Cockpit für jedes Migrationsobjekt herunterladen.

7.3.2   Datenmigration mit dem SAP S/4HANA Migration Cockpit

Migrationsprojekt

Das SAP S/4HANA Migration Cockpit basiert technisch auf der Migration Workbench (MWB), und die ausgelieferte Vorlage für Migrationsprojekte ist als MWB-Projekt angelegt worden. Technisch werden beim Anlegen eines Kundenprojekts im SAP S/4HANA Migration Cockpit die Objekte dieser Vorlage in ein kundeneigenes MWB-Projekt kopiert. Diese Kopie kann nur über das SAP S/4HANA Migration Cockpit generiert und gestartet werden.

Rollen für die Migration zuweisen

Technische Rolle

Um das SAP S/4HANA Migration Cockpit in der Cloud nutzen zu können, muss dem Anwender, der die Migration durchführt (Migrationsbenutzer), die technische Rolle SAP_BR_BPC_EXPERT (Configuration Expert – Business Process Configuration) zugeordnet werden.

Zusätzlich benötigen Sie weitere Rollen, um die einzelnen Migrationsob- **Anwendungsrollen**
jekte zu laden bzw. zu validieren. Diese Rollen (Stand: Version 1611) sind für
jedes Migrationsobjekt in Tabelle 7.3 aufgeführt.

Migrationsobjekt	Anwendungsrolle	Anwendungsrollen-ID
Leistungsart	SAP_BR_CONTROLLER	Controller
Kostenstellen	SAP_BR_CONTROLLER	Controller
Tarif	SAP_BR_CONTROLLER	Controller
Innenauftrag	SAP_BR_CONTROLLER	Controller
Profitcenter	SAP_BR_CONTROLLER	Controller
Bankenstamm	SAP_BR_CASH_MANAGER	Cash Manager
Kunde	SAP_BR_BUPA_MASTER_SPECIALIST	Master Data Specialist – Business Partner Data
Lieferant	SAP_BR_BUPA_MASTER_SPECIALIST	Master Data Specialist – Business Partner Data
Debitorenbuchhaltung offene Forderungen	SAP_BR_AR_ACCOUNTANT	Accounts Receivable Accountant
Kreditorenbuchhaltung offene Verbindlichkeiten	SAP_BR_AP_ACCOUNTANT	Accounts Payable Accountant
Anlagenbuchhaltung inkl. Bestände	SAP_BR_AA_ACCOUNTANT	Asset Accountant
Sachkonto Saldo	SAP_BR_GL_ACCOUNTANT	General Ledger Accountant
Sachkonto Offene Posten	SAP_BR_GL_ACCOUNTANT	General Ledger Accountant
Umrechnungskurs	SAP_BR_GL_ACCOUNTANT	General Ledger Accountant
Inventur Bestände	SAP_BR_INVENTORY_MANAGER	Inventory Manager
Materialstamm	SAP_BR_PRODMASTER_SPECIALIST	Master Data Specialist – Product Data

Tabelle 7.3 Notwendige Anwendungsrollen für das SAP S/4HANA Migration Cockpit

Migrationsobjekt	Anwendungsrolle	Anwendungsrollen-ID
Material – Langtext	SAP_BR_PRODMASTER_ SPECIALIST	Master Data Specialist – Product Data
Einkaufsinfosätze	SAP_BR_PURCHASER	Purchaser
Bestellungen	SAP_BR_PURCHASER	Purchaser
Preiskonditionen	SAP_BR_PRICING_ SPECIALIST	Pricing Specialist
	SAP_BR_PRICING_ SPECIALIST_PRSV	Pricing Specialist – Professional Service
Einkaufskontrakt	SAP_BR_PURCHASER	Purchaser
Orderbuch	SAP_BR_PURCHASER	Purchaser
Kundenauftrag	SAP_BR_SALES_MANAGER	Sales Manager
Charge	SAP_BR_QUALITY_ TECHNICIAN	Quality Technician
Stückliste	SAP_BR_PRODN_ENG_ DISC	Production Engineer – Discrete Manufacturing
Arbeitsplatz	SAP_BR_PRODN_ENG_ DISC	Production Engineer – Discrete Manufacturing
Arbeitsplan	SAP_BR_PRODN_ENG_ DISC	Production Engineer – Discrete Manufacturing
Equipment	SAP_BR_MAINTENANCE_ PLANNER	Maintenance Planner
Instandhaltungsarbeits- plan	SAP_BR_MAINTENANCE_ PLANNER	Maintenance Planner
Technischer Platz	SAP_BR_MAINTENANCE_ PLANNER	Maintenance Planner
Merkmal	SAP_BR_BOM_ENGINEER	BOM Engineer
Klasse	SAP_BR_BOM_ENGINEER	BOM Engineer
Commercial Project Management (CPM)	SAP_BR_PROJ_MANAGE_ COMM	Project Manager – Commercial Services

Tabelle 7.3 Notwendige Anwendungsrollen für das SAP S/4HANA Migration Cockpit (Forts.)

Aktuelle Übersicht der Rollen

Da sowohl die Geschäftsprozesse als auch die Rollen in den neuen Releases einer ständigen Überarbeitung und Bereinigung unterworfen sind, entnehmen Sie die für Ihr Release gültigen Rollen dem entsprechenden Kapitel des Test Scripts, auf das in Abschnitt 7.3.1, »Verfügbare Migrationsobjekte«, verwiesen wurde.

Ordnen Sie die Anwendungsrollen, die Sie für das spezifische Migrationsobjekt benötigen, über den Administratorbenutzer dem jeweiligen Migrationsbenutzer zu.

Projekt anlegen

Das SAP S/4HANA Migration Cockpit wird über das SAP Fiori Launchpad aufgerufen:

Migration Cockpit aufrufen

1. Navigieren Sie hier zur Gruppe **Vollständige Implementierung** (siehe Abbildung 7.14).

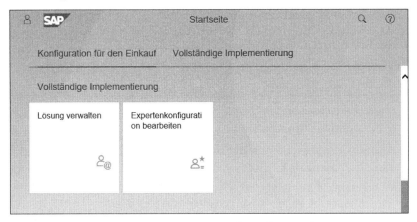

Abbildung 7.14 Die Kacheln der Gruppe »Vollständige Implementierung«

2. Über die Kachel **Lösung verwalten** gelangen Sie in die Konfigurationssicht, die Sie aus Abschnitt 7.2, »SAP S/4HANA Cloud konfigurieren«, kennen.

3. Wählen Sie **Daten migrieren**. Damit gelangen Sie ins Migration Cockpit.

Hilfe zum Migration Cockpit

Eine Hilfe zum Migration Cockpit finden Sie unter *http://help.sap.com/ s4hana.* Wählen Sie hier Ihre Edition aus, und navigieren Sie zu **Product Assistance.** Dort wählen Sie die Sprache aus, in der Sie die Informationen lesen wollen. Für die Cloud-Lösungen finden Sie die Hilfe unter diesem Pfad: **SAP S/4HANA Cloud • Allgemeine Informationen • Allgemeine Funktionen für den Anwendungsexperten • Einführungswerkzeuge • Daten migrieren.**

Übersicht der Migrationsprojekte

Das Eingangsbild des SAP S/4HANA Migration Cockpits zeigt Ihnen alle verfügbaren Migrationsprojekte an, die bisher angelegt wurden. Beim ersten Aufruf sind natürlich noch keine Projekte in der Liste vorhanden, wie in Abbildung 7.15 zu sehen ist. Ausgehend von dieser Übersicht können Sie Projekte **Anlegen**, **Löschen** oder **Öffnen**.

Abbildung 7.15 Einstiegsbild des SAP S/4HANA Migration Cockpits

[!]   **Melden Sie sich vor dem Erstellen des Projekts in der richtigen Sprache an**

Bevor Sie ein Migrationsprojekt über das Cockpit anlegen, ist es wichtig, dass Sie in der richtigen Sprache angemeldet sind. Im SAP S/4HANA Migration Cockpit sind immer nur die Migrationsprojekte sichtbar, die in der Anmeldesprache angelegt wurden. Wenn Sie sich mit der Anmeldesprache Deutsch angemeldet haben, wird das Projekt mit einer deutschen Beschreibung angelegt. Dieses Projekt ist dann nur sichtbar, wenn sich jemand mit der Sprache Deutsch anmeldet.

Filtern und suchen

Am rechten oberen Rand der Liste können Sie über die Personalisierungsfunktion (🗐) die Anzeige der Liste filtern. Werden Ihnen zu viele Projekte angezeigt, können Sie z. B. den Filter auf den Namen des Projekts anwenden und nur die Projekte anzeigen, die Sie sehen wollen. Direkt links daneben ist die Suchfunktion (🔍) hinterlegt, mit deren Hilfe Sie auch nach einem Projekt in der Liste suchen können.

Projekt anlegen

Klicken Sie auf den Button **Anlegen**, erscheint das Dialogfenster **Migrationsprojekt anlegen** (siehe Abbildung 7.16).

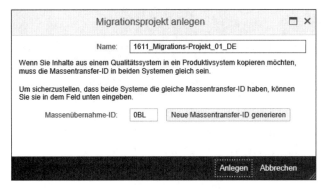

Abbildung 7.16 Migrationsprojekt anlegen

Im Feld **Name** vergeben Sie einen Namen für das Migrationsprojekt. Die **Massenübernahme-ID** wird automatisch ermittelt. Beim Klick auf den ensprechenden Button wird eine neue ID generiert. Klicken Sie auf **Anlegen**, wird das von SAP ausgelieferte Standardmigrationsprojekt kopiert und es erscheint die Projektübersicht aus Abbildung 7.17.

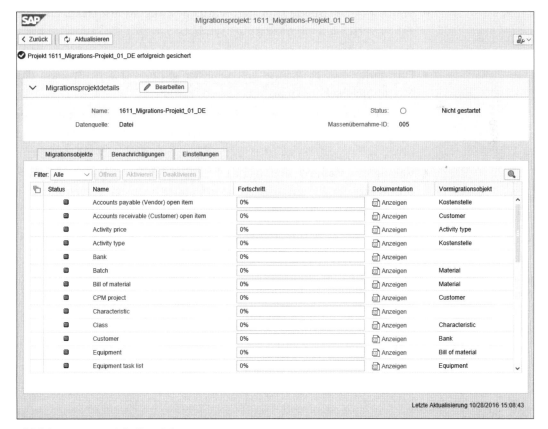

Abbildung 7.17 Projektübersicht

[»]   **Massenübernahme-ID**

Die Massenübernahme-ID ist ein technischer Schlüssel. Er wird als Teil des technischen Namens des neu erstellten Migrationsprojekts (MWB-Projekt und MWB-Subprojekt) verwendet und macht ihn damit eindeutig. Der technische Name enthält die Massenübernahme-ID als Suffix und lautet `ZSIN_MIG_<Massenübernahme-ID>`. In der SAP S/4HANA Cloud benötigen Sie diese Information nur, falls ein Service-Mitarbeiter ein auftretendes Problem im Backend lösen muss. Lautet die Massenübernahme-ID beispielsweise 005, wird das Migrationsprojekt in der MWB mit dem technischen Namen `ZSIN_MIG_005` angelegt. Der Service-Mitarbeiter mit Backend-Zugriff könnte dann in der MWB eventuell auftretende Probleme analysieren.

Projektübersicht   In der Projektübersicht finden Sie im oberen Bereich die Details des Migrationsprojekts, wie **Name**, **Datenquelle**, **Status** und **Massenübernahme-ID**. Den Namen können Sie über die Funktion **Bearbeiten** anpassen.

Die Liste der Migrationsobjekte enthält jeweils folgende Informationen:

- **Status** (Ampelfarben): Gibt den Status des Migrationsobjekts aus. Bei Fehlern erscheint ein rotes Ampelsymbol.
- **Name:** Der Name des Migrationsobjekts
- **Fortschritt:** Der Fortschritt der Objektmigration. 0 % heißt, dass das Migrationsobjekt noch nicht generiert wurde.
- **Dokumentation:** Hier können Sie sich über die Funktion **Anzeige** in der Spalte eines Objekts die Migrationsobjektdokumentation anzeigen lassen.
- **Vormigrationsobjekt:** Abhängige Objekte, die als Vorgänger des Migrationsobjekts vor diesem migriert oder manuell angelegt werden müssen, finden Sie in dieser Spalte.

Ein Beispiel für eine Migrationsobjektdokumentation sehen Sie in Abbildung 7.18.

Dokumentation der Migrationsobjekte   Die Dokumentation enthält die folgenden Informationen:

- die **Komponente** bzw. den SAP-**Bereich** des Migrationsobjekts
- Der **Business-Objekt-Typ** gibt an, ob es sich um ein Stammdaten- oder um ein Bewegungsdaten-Objekt handelt.
- Die **Business-Objekt-Definition** beschreibt das Objekt kurz.
- Die Angabe **Im Umfang** gibt an, in welcher Cloud-Edition das Objekt enthalten ist.

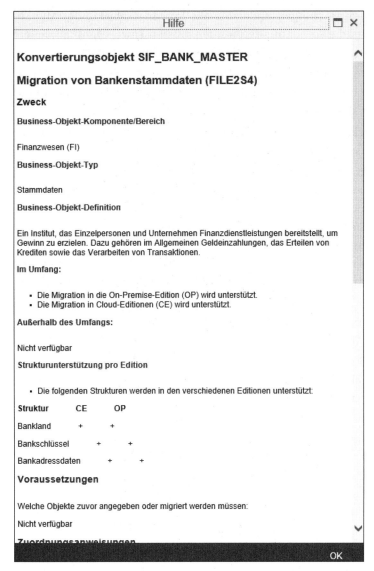

Abbildung 7.18 Migrationsobjektdokumentation

- **Ausserhalb des Umfangs** gibt an, in welcher Cloud-Edition das Migrationsobjekt nicht enthalten ist und welche Einschränkungen es eventuell bei der Migration zu beachten gilt.

- In der Sektion **Strukturunterstützung pro Edition** werden die Übernahmestrukturen pro Edition (Cloud (CE) und On-Premise (OP)) aufgeführt. Ein Plus-Zeichen bedeutet, dass die Struktur in der jeweiligen Edition unterstützt wird; ein Minuszeichen bedeutet, dass sie nicht im Lösungsumfang der Edition enthalten ist.

- Unter **Voraussetzungen** finden Sie alle Vorgängerobjekte des Migrationsobjekts, die vorher migriert werden müssen, sowie eventuell weitere Einstellungen, die Sie vor der Migration vornehmen müssen.

- Unter **Zuordnungsanweisungen** finden Sie zusätzliche Informationen, die Sie unter Umständen für das Mapping Ihrer Quelldaten und für das Ausfüllen der Migrationsdatei benötigen.

- In der Sektion **Aufgaben** finden Sie Handlungsanweisungen, die Sie befolgen sollten.

- Der Punkt **Nachbearbeitung** enthält Folgeaktivitäten, die eventuell nach der Migration notwendig sind, bzw. gibt Ihnen Hinweise, mit welcher Kachel und Benutzerrolle (bei der Migration in eine Cloud-Edition) bzw. mit welcher Transaktion (bei der Migration in ein On-Premise-System) Sie die migrierten Daten validieren können. Die Benutzerrolle für die Cloud ist normalerweise auch notwendig für das Laden der Daten und sollte dem Benutzer zugewiesen werden, der die Datenmigration durchführt.

- Unter **Version- und Release-Information** finden Sie die Information, für welche Edition das Objekt freigegeben wurde, was das aktuelle Release ist und in welchem Release es zum ersten Mal ausgeliefert wurde.

- Der Bereich **Wichtigste Änderungen und Ergänzungen in diesem Release** zeigt Ihnen alle Änderungen und Ergänzungen, die in diesem Release vorgenommen wurden.

[»] **Migrationsprojekte bei Phased Rollout**

Ein *Phased Rollout* ist eine schrittweise Implementierung eines Systems. Dabei werden Geschäftsprozesse und/oder Organisationseinheiten einem (schon bestehenden) System hinzugefügt. Das Rollout erfolgt also in einzelnen aufeinanderfolgenden Phasen.

Sollten Sie einen Phased Rollout planen, ist es manchmal sinnvoll, mehrere getrennte Migrationsprojekte zu nutzen. Insbesondere bei verschiedenen Datenquellen ist dieser Ansatz vorzuziehen. Die Umschlüsselungen, die wir weiter unten im Abschnitt »Daten validieren« beschreiben, können dann abhängig von der Datenquelle gepflegt werden. Wie Sie in einem anderen Projekt gepflegte Umschlüsselungen exportieren und in ein neues Projekt importieren, wird im Abschnitt »Werte konvertieren« beschrieben. Außerdem profitieren Sie dann bei neueren Releases auch direkt von den Anpassungen und Korrekturen, die eventuell an den von SAP ausgelieferten Migrationsobjekten vorgenommen werden.

Migrationsobjekt kopieren

Nachdem Sie ein Projekt angelegt haben, sind alle Migrationsobjekte aktiviert. Bevor Sie mit der Migration eines bestimmten Migrationsobjekts beginnen, sollten Sie zuerst alle nicht genutzten Migrationsobjekte deaktivieren. Dazu markieren Sie alle nicht benötigten Migrationsobjekte und wählen die Funktion **Deaktivieren**. Sie werden dann vom Status **Gestartet** in den Status **Inaktiv** versetzt.

Nicht genutzte Objekte deaktivieren

Um die Daten eines bestimmten Migrationsobjekts zu migrieren, wählen Sie das gewünschte Objekt in der Liste aus. Nun erscheint das Dialogfenster aus Abbildung 7.19, das Sie mit **OK** bestätigen.

Daten migrieren

7

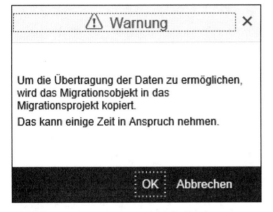

Abbildung 7.19 Migrationsobjekt kopieren

Dadurch werden die vordefinierten Mappings und Umschlüsselungsregeln des Migrations-Contents der SAP Best Practices in das Migrationsobjekt des im Kundennamensraum angelegten Migrationsprojektes kopiert. Je nach Verbindung und Regelumfang des Objektes kann das etwas dauern. Der Fortschrittsbalken in der Liste der Migrationsobjekte zeigt nach erfolgreicher Kopieraktion 5 % an.

Kopie der Mappings und Regeln

Migrationsvorlage herunterladen

Im Anschluss wird eine Detail-Übersicht des kopierten Migrationsobjekts angezeigt (siehe Abbildung 7.20). Wählen Sie dort **Vorlage herunterladen**, um die Migrationsvorlage für dieses Objekt herunterzuladen. Die Migrationsvorlage hat, wie eingangs erwähnt, das Dateiformat *Microsoft Excel XML Spreadsheet 2003* und kann mit Microsoft Excel ab Version 2003 oder auch mit dem kostenlosen Tabellenkalkulationsprogramm Apache OpenOffice geöffnet und befüllt werden.

Excel-Datei im XML-Format

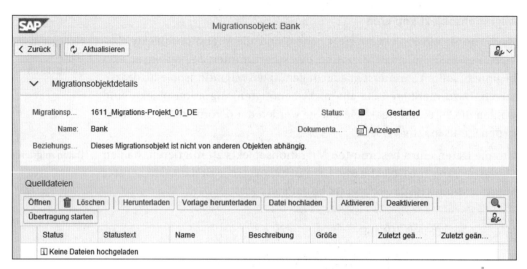

Abbildung 7.20 Migrationsvorlage herunterladen

[»] **Editionsabhängige Sicht einer Migrationsvorlage**

Ab Release 1611 erscheint nach dem Auswählen der Funktion **Vorlage herunterladen** ein zusätzliches Dialogfenster (siehe Abbildung 7.21). In ihm geben Sie die spezielle *Sicht* (View) für Ihre Migrationsvorlage an. Welche Sicht Sie brauchen, hängt von Ihrer Edition der SAP S/4HANA Cloud ab. Einzelne Geschäftsprozesse der SAP Best Practices sind je nach Cloud-Edition unterschiedlich implementiert. Deshalb werden diese Sichten genutzt, um nur die in der jeweiligen Cloud-Edition benutzten Strukturen und Felder einzublenden.

Abbildung 7.21 Sicht der Migrationsvorlage wählen

Datei-Endung .XML ergänzen

Nach dem Herunterladen sollte die Migrationsvorlage die Datei-Endung .XML haben. Internet-Browser speichern aus Sicherheitsgründen Dateien bestimmter Dateitypen (wie z. B. EXE) ohne Endung. Einige Browser speichern auch XML-Dateien ohne die Endung .XML. Sollte der Dateityp der heruntergeladenen Datei »Datei« lauten und die Endung .XML fehlen, ergänzen Sie diese einfach. Beachten Sie auch, dass je nach Einstellung des Datei-

Explorers Ihres Betriebssystems unter Umständen Endungen bekannter Dateitypen im Datei-Explorer nicht angezeigt werden, obwohl sie physisch vorhanden sind. Auch sollten Sie darauf achten, dass das Herunterladen nicht durch einen aktivierten Pop-up-Blocker unterbunden wird.

Die Migrationsvorlage besteht in der Regel aus mehreren Arbeitsblättern, die die einzelnen Übernahmestrukturen des Migrationsobjekts widerspiegeln. Die Zeilen 4 bis 6 der Vorlage sind initial ausgeblendet und beinhalten technische Angaben zum Objekt. Wenn Sie die Zeile 8 mit den Feldbeschreibungen vergrößern, erscheinen weitere Informationen pro Feld, die Sie unter Umständen für das Mapping Ihrer Quelldaten benötigen. Pflicht- und Schlüsselfelder sind durch einen Stern (*) am Ende des Feldnamens gekennzeichnet. Auf dem letzten Arbeitsblatt finden Sie eine Feldliste aller verwendeten Felder pro Struktur und die Information, ob die Strukturen und Felder obligatorisch sind. Abbildung 7.22 zeigt Ihnen als Beispiel die englische Vorlagedatei für das Migrationsobjekt **Material**.

Aufbau der Arbeitsblätter

7

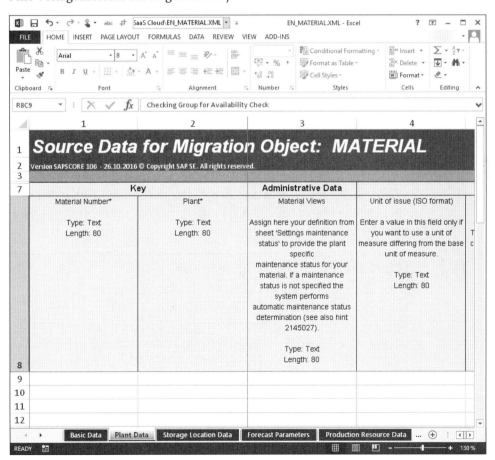

Abbildung 7.22 Migrationsvorlage am Beispiel des Migrationsobjekts »Material«

[!]   **Verwenden Sie nur die heruntergeladene Vorlage**

Aus Gründen der Kompatibilität verwenden Sie bitte nur eine aus dem aktuellen Release heruntergeladene Vorlage zum Migrieren der Daten. Vorlagen aus anderen Releases können nicht hochgeladen werden. Das Ladeprogramm akzeptiert nur Vorlagen aus dem Release, in das sie hochgeladen werden sollen. Da die Migrationsobjekte in jedem Release an Änderungen in den Geschäftsprozessen angepasst werden, wird über diesen Mechanismus die Integrität der Daten sichergestellt.

Da es sich bei den Vorlagen um XML-Dateien mit einem speziellen Format und einem internen Aufbau handelt, sollten Sie außerdem die folgenden Punkte beachten:

- Selbst erstellte XML-Vorlagen führen in der Regel zu Fehlern beim Laden der Daten.
- Wenn Sie Daten z. B. über die Zwischenablage in die Felder der XML-Datei kopieren, sollten diese nur als Werte ohne Formatierung bzw. Text kopiert werden. Wenn Sie sich bezüglich der Formatierung nicht sicher sind, kopieren Sie die Daten zuerst in einen reinen Texteditor (z. B. Notepad) und dann aus diesem in die XML-Datei.

Wenn Sie diese Regeln beachten, sollten Sie keine Probleme mit der Datei haben.

Schlüsselfelder
Die Beziehung zwischen den Kopf- und den Unterstrukturen eines Objekts wird über die Schlüsselfelder in den jeweiligen Arbeitsblättern definiert. Das heißt, für jeden Satz einer Unterstruktur muss der entsprechende Schlüsselsatz im Arbeitsblatt der übergeordneten Struktur vorhanden sein. Ist dies nicht der Fall, zeigt Ihnen das Migration Cockpit einen entsprechenden Fehler an.

[»]   **Muss-Strukturen in der Vorlage erkennen**

In der Migrationsvorlage gibt es sogenannte *Muss-Strukturen*. Diese Strukturen (Arbeitsblätter) müssen Sätze enthalten und dürfen nicht leer sein. Alle anderen Strukturen sind optional und müssen nicht gefüllt werden. Im Objekt **Bestellung** sind z. B. die Kopf-Struktur und die Positionsstruktur obligatorisch. Im Objekt **Kunde** ist nur die oberste Struktur (**General Data**) eine Muss-Struktur. Strukturen, die als Muss-Struktur gekennzeichnet sind, sind auf dem Arbeitsblatt **Field List** mit dem Zusatz **(mandatory/obligatorisch)** gekennzeichnet, z. B. **General Data (mandatory)** bzw. **obligatorisch**.

Muss-Felder und Schlüsselfelder in optionalen Arbeitsblättern müssen Sie allerdings nicht füllen, wenn Sie diese Strukturen nicht übernehmen wollen. Möchten Sie zum Beispiel in einem Objekt keine optionalen Langtexte migrieren, müssen Sie auf diesem Arbeitsblatt auch keine Einträge vornehmen. Lassen Sie in diesem Fall das Arbeitsblatt einfach leer.

Die Migrationsdatei in die Staging Area laden

Wenn Sie die Migrationsdatei befüllt haben, laden Sie diese Datei in das SAP S/4HANA Migration Cockpit. Sie wird dann in einem Zwischenbereich (*Staging Area*) der SAP-HANA-Datenbank abgelegt. Dazu wählen Sie die Funktion **Datei hochladen** und in dem Dialogfenster, das sich daraufhin öffnet, die Datei auf Ihrem lokalen Rechner oder den Netzwerkpfad aus. Vergeben Sie eine sinnvolle **Beschreibung** und optional einen **Kommentar** (siehe Abbildung 7.23). Die Beschreibung ist notwendig, da Sie mehrere Dateien hochladen können und es wichtig ist, diese nach dem Hochladen eindeutig identifizieren zu können.

Staging Area

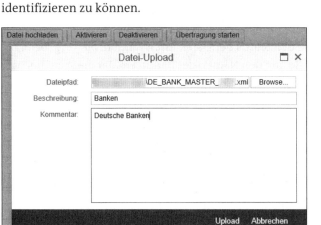

Abbildung 7.23 Migrationsdatei hochladen

Über den Button **Upload** laden Sie die Datei dann in die Staging Area. In Abbildung 7.24 sehen Sie die Liste der hochgeladenen Migrationsdateien, die Sie für die Migration verwenden können.

Alle aktivierten Dateien werden geladen

[!]

Wenn Sie nur eine Datei laden wollen, sollten Sie alle anderen Dateien deaktivieren. Es ist darüber hinaus sinnvoll, die Dateien unterschiedlich zu benennen. Das vereinfacht die Fehlersuche. Bei Fehlern in der Datei, z. B. bei falschen Schlüsselbeziehungen zwischen einzelnen Arbeitsblättern, wird der Name der fehlerhaften Datei angegeben. Wenn Sie mehrere Dateien mit gleichem Namen aktiviert haben, wissen Sie nicht sofort, welche fehlerhaft ist, und müssen alle aktivierten Dateien überprüfen.

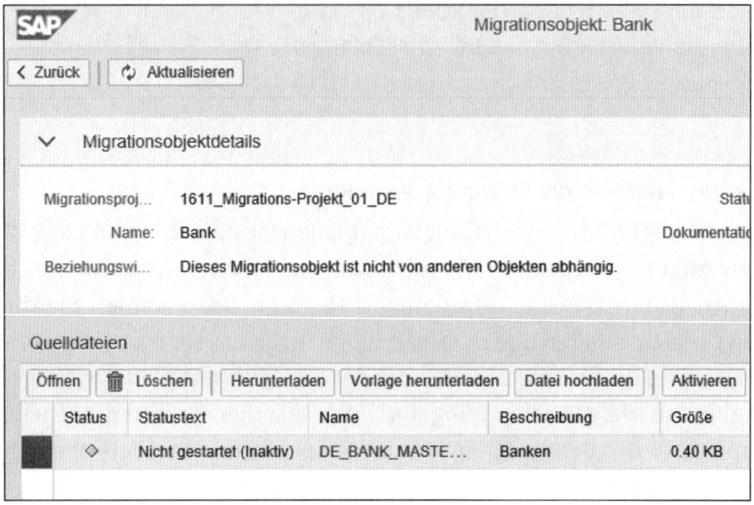

Abbildung 7.24 Liste der hochgeladenen Migrationsdateien

Liste der
Quelldateien

In der Liste sehen Sie den Status der Datei, ihren Namen, die vergebene Beschreibung, ihre Größe und den Namen des Benutzers, der die Datei hochgeladen hat. Folgende Funktionen können Sie hier auf die Dateien anwenden:

- **Öffnen:** Der Inhalt der Datei wird angezeigt und **Name**, **Beschreibung** und
  Kommentar können über die Funktion **Bearbeiten** angepasst werden.

- **Löschen:** Die Datei wird gelöscht. Es können nur solche Dateien gelöscht
  werden, die noch nicht verarbeitet wurden.

- **Aktivieren/Deaktivieren:** Nur Dateien mit dem Status **(Nicht gestartet)**
  Aktiv werden in der Reihenfolge migriert, in der sie in der Liste stehen.
  Über diese beiden Funktionen steuern Sie, welche hochgeladenen
  Dateien in das Zielsystem geladen werden sollen.

Datei öffnen und
bearbeiten

In der Cloud kann der Inhalt der Datei aktuell (Stand: Version 1611) nicht
editiert werden. Sie können aber **Name**, **Beschreibung** und die **Bemerkung**
über die **Bearbeiten**-Funktion ändern. In Abbildung 7.25 sehen Sie ein Beispiel für eine hochgeladene Datei nach dem **Öffnen**.

[!]   **Physikalische Obergrenze einer Datei**

Migrationsdateien sollten nicht zu groß (< 200 MB) werden. Eine genaue
Anzahl von Datensätzen oder eine genaue Dateigröße kann hier nicht
genannt werden, da die Datengröße vom Migrationsobjekt und den in der
Datei gepflegten Daten abhängt. Generell gilt, dass Sie große Dateien in
mehrere kleinere aufteilen sollten. Achten Sie dabei darauf, dass die struk-
turelle Integrität der Dateien gewahrt bleibt. (Sätze mit abhängigen
Schlüsselbeziehungen müssen also innerhalb einer Datei stehen.)

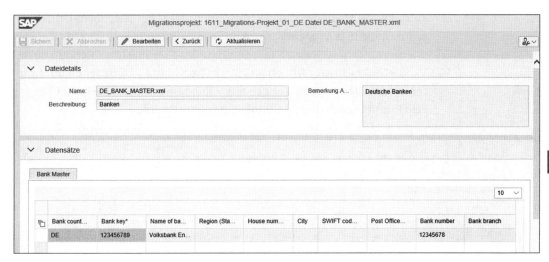

Abbildung 7.25 Geöffnete Migrationsdatei

Mit der Funktion **Übernahme starten** starten Sie die Migration aller aktiven Quelldateien. Vergessen Sie deshalb nicht, die Dateien zu aktivieren. Die Migration selbst ist ein geführter Prozess (*Guided Process*), der aus folgenden Schritten besteht:

Migrationsdateien übertragen

1. **Daten validieren**: Hier werden die Daten und Umschlüsselungswerte validiert.

2. **Werte konvertieren:** In diesem Schritt pflegen Sie Umschlüsselungstabellen.

3. **Import simulieren:** Dieser Schritt erscheint nur, wenn die zur Migration verwendete Schnittstelle (BAPI, Funktionsbaustein) eine Simulationslogik enthält. Dadurch kann die Übernahme in der Regel vorab simuliert werden.

4. **Import ausführen:** Mit diesem Schritt werden die Daten ins System migriert.

Zwischen den einzelnen Schritten navigieren Sie über die Buttons **<Zurück** und **Weiter>**.

Daten validieren

In der Regel sind beim ersten Durchlauf keine Umschlüsselungswerte von Quelldatenwerten auf Zieldatenwerte gepflegt, und Sie erhalten eine dementsprechende Fehlermeldung: »Verwendete Umschlüsselwertkombination hat den Status ›AUTO‹«. Diese Fehlermeldung bedeutet, dass neue Werte in der Datei, für die noch keine Umschlüsselung definiert wurde,

Status AUTO

automatisch als neuer umzuschlüsselnder Wert der jeweiligen Umschlüs-selungstabelle hinzugefügt wurden. Dabei wird der Quellwert als Zielwert übernommen und gekürzt, falls er zu lang ist. Die einzelnen Meldungen des Validierungsschrittes finden Sie, wie in Abbildung 7.26 zu sehen, im unte-ren Bereich **Benachrichtigungen aus Validierung**. Diese Liste kann über das Feld **Priorität** nach dem Meldungstyp gefiltert werden.

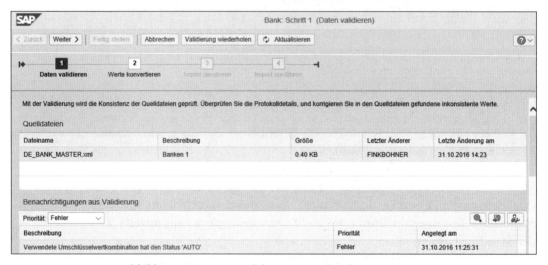

Abbildung 7.26 Daten validieren – Ergebnisliste

Über den Button **Weiter>** wird der nächste Schritt **Werte konvertieren** angestoßen.

Werte konvertieren

Der Schritt **Werte konvertieren** ist etwas komplexer. Während die anderen Schritte in der Regel nach der Ausführung direkt ein Protokoll ausgeben, werden hier die fehlenden Umschlüsselungen in einem eigenen Dialog gepflegt. Abbildung 7.27 zeigt Ihnen ein Beispiel für eine solche Liste von fehlenden Umschlüsselungen.

Offene, also nicht vollständig gepflegte Umschlüsselungen werden mit einem roten Ampelsymbol in der Liste **Arbeitsvorrat** gekennzeichnet. Sie pflegen die fehlende Umschlüsselung entweder, indem Sie den Eintrag in der Spalte **Name** auswählen, oder, indem Sie die Zeile markieren und auf **Aufgabe bearbeiten** klicken. Danach erscheint das Dialogfenster zum Pfle-gen der Umschlüsselungen. Abbildung 7.28 zeigt ein Beispiel für Umschlüs-selwerte.

Abbildung 7.27 Übersicht über die fehlenden Umschlüsselungen

Alles auf einmal bestätigen

Alternativ können Sie auch alle offenen Umschlüsselungen in der Übersichtsliste auswählen und mit der Funktion **Zuordnungswerte bestätigen** alle nicht bestätigten Umschlüsselungswerte auf einmal bestätigen. Dies ist jedoch nur zu empfehlen, wenn Sie sicher sind, dass z. B. alle umzuschlüsselnden Werte der Quelldatei schon einem korrekten Zielwert entsprechen.

[«]

Abbildung 7.28 Dialog zur Pflege der Umschlüsselungen

Jeder offene, nicht bestätigte Umschlüsselungswert hat ein grünes Plus in der Spalte **Status**. Pflegen Sie die umzuschlüsselnden Werte in der letzten Spalte **Zielwert**. Hier können Sie auf die Wertehilfe des Systems zurückgreifen, um gültige Werte auszuwählen. In der Regel sind die Felder der Zielwerte mit Wertetabellen verknüpft, und es erscheint eine Fehlermeldung, wenn Sie einen ungültigen Wert eingeben, z. B. »Parameter Zielwert: XX ist

Umschlüsselungen pflegen

kein gültiger Wert der Domäne LAND1«. Erst wenn ein gültiger Wert gepflegt wurde, ändert sich das Statussymbol von einem roten Kreis in ein grünes Quadrat.

Nachdem Sie alle Zielwerte gepflegt haben, markieren Sie alle Zeilen von nicht bestätigten Werten (grünes Pluszeichen) und bestätigen die Umschlüsselungswerte über die Funktion **Wert bestätigen** (grünes Häkchen). Alle bestätigten Werte werden dann mit einem grünen Quadrat in der **Status**-Spalte markiert. Danach klicken Sie auf **Sichern** und verlassen damit das Dialogfenster. Pflegen Sie nacheinander alle offenen Umschlüsselungen des Arbeitsvorrates, bis die Liste leer ist. Umschlüsselungen sind immer projektbezogen. Das heißt, Umschlüsselungen, die von mehreren Objekten genutzt werden, müssen nur einmal gepflegt werden und stehen allen Objekten eines Projekts zur Verfügung.

[»] **Exportieren und Importieren von Umschlüsselungen**

Über die Funktion **Exportieren** können Sie alle Umschlüsselungen in eine CSV-Datei abspeichern. Die Datei enthält in der ersten Zeile den technischen Namen der Umschlüsselung, in der zweiten Zeile die Spaltenüberschriften und ab Zeile drei die Werte. Spaltenüberschriften und Werte sind durch Semikolon (;) getrennt und in Hochkommata (") eingefasst.

Diese Datei kann dann z. B. zu Dokumentationszwecken abgelegt oder über die Funktion **Importieren** in andere Systeme hochgeladen werden. Dadurch müssen Sie große und komplexe Umschlüsselungen nur einmal pflegen oder können die Liste als Excel-Datei an einen Sachbearbeiter weiterleiten. Wenn Sie bei einem Phased Rollout mit mehreren Migrationsprojekten arbeiten, können Sie so auch Umschlüsselungen zwischen den einzelnen Projekten austauschen.

Ist der Arbeitsvorrat leer, gelangen Sie mit **Weiter>** zum nächsten Schritt, **Import simulieren**. Abgeschlossene Umschlüsselungen sehen Sie wieder, wenn Sie im Feld **Anzeigen** die Einstellung **Alle** oder **Abgeschlossen** wählen.

Festwerte   Der Dialog zum Setzen von Festwerten erlaubt nur die Funktionen **Prüfen**, **Exportieren** und **Importieren**, wie Sie in Abbildung 7.29 am Beispiel des festen Buchungsdatums für Bestände sehen. Hier setzen Sie den Festwert und wählen danach **Sichern**. Der Festwert ist damit automatisch bestätigt.

[»] **Standardfestwerte**

Es kann Festwerte geben, die von SAP schon mit einem vorab gesetzten Wert ausgeliefert werden. Damit Sie diese Festwerte sehen, sollten Sie im Arbeitsvorrat in der Auswahlliste **Anzeigen** den Wert **Alle** einstellen.

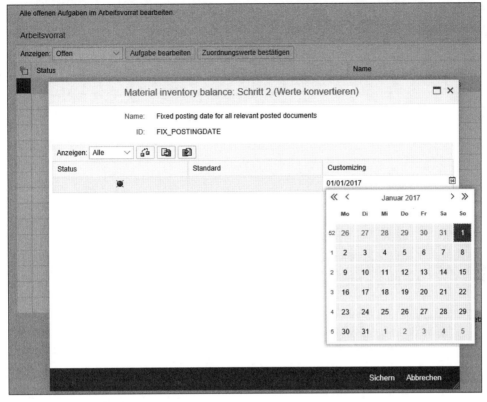

Abbildung 7.29 Pflegedialog für Festwerte

Import simulieren

Wie wir eingangs schon erwähnt haben, wird dieser Schritt nur angezeigt, wenn die Übernahmeschnittstelle eine Simulation anbietet. Je nach Anzahl der Datensätze kann dieser Vorgang länger dauern, da ja in der Regel der komplette Ladevorgang der Schnittstelle – mit Ausnahme des Ladens – ausgeführt wird. Das Ergebnis einer solchen Simulation sehen Sie in Abbildung 7.30.

Initial werden nur Meldungen des Typs **Fehler** angezeigt. Wenn Sie in der Auswahlliste **Priorität** den Wert **Alle** auswählen, sehen Sie hingegen alle Meldungen des Systems, inklusive der Erfolgsmeldungen und Warnungen. Wenn Sie auf den Fehlertext klicken, erscheint – sofern er gepflegt wurde – der Langtext dieser Fehlermeldung. Ein Beispiel dafür sehen Sie in Abbildung 7.31.

Ergebnisliste

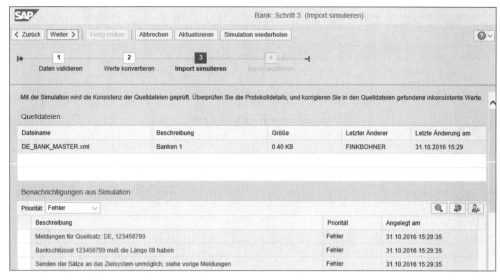

Abbildung 7.30 Ergebnis des simulierten Datenimports

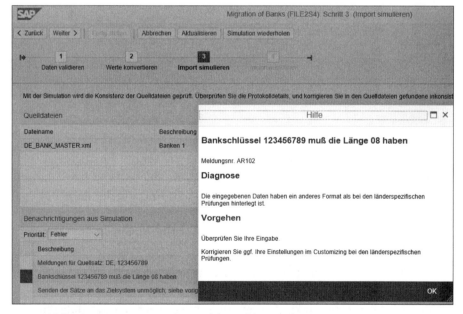

Abbildung 7.31 Langtext einer Fehlermeldung

Fehlermeldung
bearbeiten

In unserem Beispiel wurde ein falscher Zielwert gepflegt. Er muss nun korrigiert werden. Dazu kehren Sie zum Schritt **Werte konvertieren** zurück, entweder über die Statusübersicht oder über den Button **‹Zurück**. Sie gelangen dann wieder in den Arbeitsvorrat der abgeschlossenen Umschlüsselungen und können den fehlerhaften Zielwert korrigieren. Anschließend gelangen Sie über **Weiter>** oder **Import simulieren** zur Simulation zurück. Über die Funktion **Simulation wiederholen** starten Sie die Simulation erneut. Als Endergebnis sollten nun keine Fehlermeldungen mehr vorhanden sein.

In der Regel sollte nur eine Warnung erscheinen: »Testmigration ‹Technischer Name des kopierten Migrationsobjektes›: keine erweit.Prüf.en, keine Änd.en im Empfängersystem«. Das heißt nichts anderes, als dass keine weiteren Prüfungen durchgeführt und keine Änderungen im Empfängersystem vorgenommen wurden. Danach können Sie über **Weiter>** den echten Import starten.

Import ausführen

Wie bei den vorherigen Schritten wird der Datenimport direkt ausgeführt und kann bei Bedarf als Hintergrundjob ausgeführt werden. Dazu wählen Sie einfach in dem Dialogfenster aus Abbildung 7.32 die Funktion **Ausführung im Hintergrund**.

Import als Hintergrundjob

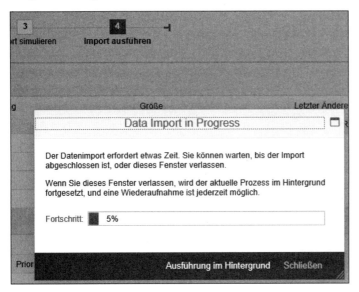

Abbildung 7.32 Import ausführen

Die Ausführung im Hintergrund ist eine asynchrone Prozedur. Das Ende des Imports können Sie feststellen, wenn Sie von Zeit zu Zeit die Funktion **Aktualisieren** anklicken.

Als Ergebnis erhalten Sie ein Abschlussbild wie in Abbildung 7.33. Wenn die Daten erfolgreich migriert worden sind, sollten Sie in der Nachrichtenübersicht nur Informations- oder Warnmeldungen sehen.

Ergebnisliste

Abbildung 7.33 Ergebnisliste des Imports

Über die Funktion **Fertig stellen** schließen Sie die Datenmigration für dieses Objekt ab. Wie Sie in Abbildung 7.34 sehen, erhält die Datei den Status **Abgeschlossen**, und das Migrationsobjekt wird mit dem Status **Beendet** angezeigt.

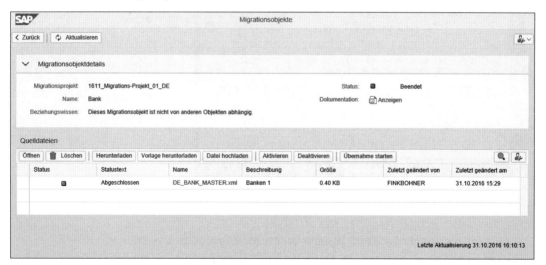

Abbildung 7.34 Migrationsobjekt beendet

In der Migrationsprojekt-Übersicht erscheint das Projekt mit dem **Fortschritt** 100 %.

Demovideo zum SAP S/4HANA Migration Cockpit   [«]

Eine Demo des SAP S/4HANA Migration Cockpits in der SAP S/4HANA Cloud finden Sie im YouTube-Kanal »SAP Digital Business Services« (*https://www.youtube.com/user/SAPSupportInfo*) unter dem Titel »SAP S/4HANA, Cloud Editions: Migrate Your Data«. Die Demo hat die URL *http://s-prs.de/v429728*. Eine weitere Demo zum SAP S/4HANA Migration Cockpit mit dem Titel »SAP S/4HANA Migration Cockpit« finden Sie unter der URL *http://s-prs.de/v429729*. Beide Demos basieren auf der SAP S/4HANA Cloud 1605. Das Vorgehen unterscheidet sich in späteren Releases aber nur geringfügig von der dort aufgezeichneten Vorgehensweise.

7

Kapitel 8
SAP S/4HANA Cloud in die Systemlandschaft integrieren

In diesem Kapitel lernen Sie, wie Sie ein SAP-S/4HANA-Cloud-System mit anderen SAP-Cloud-Lösungen, wie SAP Ariba und SAP SuccessFactors, integrieren und wie Sie die SAP Hybris Marketing Cloud in Ihre bestehende Systemlandschaft einbinden.

Eine Cloud-Lösung befindet sich nicht im direkten Einfluss- und Zugriffsbereich des Kunden und unterliegt dadurch noch höheren Sicherheitsanforderungen als eine vor Ort betriebene Lösung. Aufgrund dieser höheren Sicherheitsanforderungen sind Netzwerk-Protokolle (Remote Funktion Calls, RFC) und Integrationsverfahren (Datenbank-Replikation), die Sie aus der On-Premise-Welt kennen, nur eingeschränkt oder gar nicht verfügbar.

Das Thema Integration hat deshalb in einer cloudbasierten Systemlandschaft einen besonders hohen Stellenwert. Wir widmen uns in diesem Kapitel den grundlegendsten Fragen zu diesem Thema:

- Welche Systeme kann ich anbinden?
- Wie erfolgt eine solche Anbindung?
- Wo finde ich weitere Informationen?

Als Erstes widmen wir uns in diesem Kapitel der Einbindung von SAP Ariba, einem B2B-Unternehmensmarktplatz (B2B: Business-to-Business), auf dem Unternehmen untereinander ihre Geschäfte abwickeln können. Im zweiten Abschnitt beschreiben wir die Integration der cloudbasierten Lösung SAP SuccessFactors. Im letzten Abschnitt erläutern wir die vielfältigen Integrationsmöglichkeiten der SAP Hybris Marketing Cloud.

8.1 Integration mit SAP Ariba

Durchgängige Geschäftsprozesse in der Beschaffung lassen sich grundsätzlich auch ohne SAP Ariba rein in der SAP S/4HANA Cloud abbilden. Was ist also der Mehrwert der SAP-Ariba-Anwendungen und des SAP Ariba Net-

Bedeutung von SAP Ariba

work? In der digitalen Geschäftswelt erwartet jeder Kunde, als Individuum wahrgenommen und umsorgt zu werden. Sonder- und Einzelfertigungen werden zur Regel, müssen aber nun so schnell und umfänglich erfolgen können, wie es bisher nur für die Massenfertigung möglich schien. In Abschnitt 1.1.2, »Trends der digitalen Transformation«, sind wir auf diesen Trend bereits eingegangen. Welche Funktionen SAP Ariba anbietet, um Sie im digitalen Wandel zu unterstützen, haben wir in Abschnitt 1.3.4, »Beschaffung«, erläutert.

8.1.1   Integrationsszenarien in Beschaffung und Geschäftspartner-buchhaltung

Integrations-
szenarien

In den Geschäftsbereichen Ausschreibung, Beschaffung und Finanzen kann der digitale Kern von SAP S/4HANA Cloud in verschiedenen Integrationsszenarien um Anwendungen aus dem Portfolio von SAP Ariba erweitert werden (siehe Abbildung 8.1).

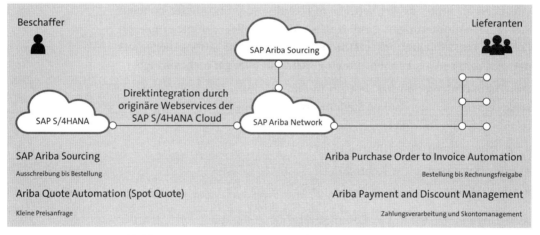

Abbildung 8.1 Integration der SAP S/4HANA Cloud mit SAP-Ariba-Lösungen

Das Szenario für die Integration mit *SAP Ariba Sourcing* erweitert die SAP S/4HANA Enterprise Management Cloud im Geschäftsbereich Ausschreibung und Beschaffung sowohl um eine professionelle Ausschreibungsanwendung als auch um ein Lieferantennetzwerk. Andere Szenarien, wie *Ariba Purchase Order to Invoice Automation* (Integration der Prozesskette von der Bestellung bis zur Lieferantenrechnung) und *Ariba Payment and Discount Management* (Integration mit der Prozesskette für Zahlung und Skontoverwaltung), beschreiben dagegen streng genommen keine Integrationen mit Anwendungen, sondern den automatisierten digitalen Dokumentenaustausch über das SAP Ariba Network.

Alle diese Szenarien lassen sich unabhängig voneinander in SAP S/4HANA Cloud aktivieren, und auch das Subskriptionsmodell von SAP Ariba differenziert diese Szenarien; den besten Mehrwert erzielt man selbstverständlich bei Aktivierung aller Szenarien. In den folgenden Abschnitten stellen wir diese Szenarien mit ihren aktivierbaren Einheiten in SAP S/4HANA Cloud, den sogenannten *Scope Items*, vor. Zu jedem Scope Item finden Sie schematische Prozessdiagramme und tabellarische Darstellungen der Nachrichtentypen, die Sie aktivieren müssen, um die entsprechenden Prozesse oder Prozessschritte einzurichten.

Aktivierung der Szenarien

Integrierte Bezugsquellenfindung mit SAP Ariba Sourcing

Wenn Bezugsquellen für Bestellanforderungen aus der SAP S/4HANA Cloud gefunden werden müssen, konzentriert sich der digitale Kern von SAP S/4HANA Cloud auf Lieferanten, deren Stammdaten bereits im System vorhanden sind. Was aber, wenn neue Lieferanten gefunden werden sollen? Hier kann die Anwendung SAP Ariba Sourcing ihre Stärken ausspielen: Das vielleicht größte unabhängige Lieferantennetzwerk der Welt verbindet Sie mit über 2 Millionen Lieferanten.

Lieferantennetzwerk

Der Prozess beginnt in SAP S/4HANA Cloud mit einer Bestellanforderung, der (noch) kein Lieferant zugeordnet ist (siehe Abbildung 8.2).

Prozessfluss

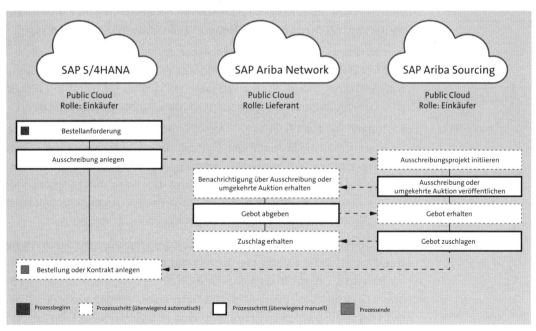

Abbildung 8.2 Prozessfluss von der Ausschreibung bis zur Bestellung oder zum Kontrakt mit der Integration von SAP Ariba Sourcing

Der Beschaffer legt aus der Bestellanforderung eine Angebotsanfrage an, die automatisch an SAP Ariba Sourcing weitergeleitet wird, wo sie im Arbeitsvorrat des Ausschreibungsexperten als neue Aktivität angezeigt wird. Der Ausschreibungsexperte führt eine Ausschreibung durch, deren Ergebnis, der Zuschlag, an SAP S/4HANA Cloud zurückgespiegelt wird. Dieses Angebot wird in S/4HANA Cloud automatisch in eine Bestellung oder einen Kontrakt verwandelt.

Nachrichtentypen   Für den Prozess von der Ausschreibungsanforderung bis zu Bestellung oder zum Kontrakt (das ist das Scope Item 1AO) müssen Nachrichtentypen im Customizing aktiviert werden. Die Nachrichtentypen für diesen Prozess finden Sie in Tabelle 8.1.

Nachrichtentyp	Richtung	Bedeutung
cXML QuoteRequest	Outbound	Aufforderung zur Abgabe eines Angebots/Preisanfrage
cXML QuoteMessage	Inbound	Angebot/Preisgebot

Tabelle 8.1 Nachrichtentypen für SAP Ariba Sourcing (Scope Item 1AO) und die »Kleine Preisanfrage« (1L2)

Automatisierter Dokumentenaustausch von der Bestellung bis zur Lieferantenrechnung mit dem SAP Ariba Network (inklusive kleiner Preisanfrage)

Wer seine Beschaffungsprozesse skalierbar gestalten will, muss automatisieren. Der Dokumentenaustausch zwischen einer genehmigten Bestellung in SAP S/4HANA Cloud bis zur Freigabe der Lieferantenrechnung (Scope Item J82) bietet dafür einige gute Ansatzpunkte (siehe Abbildung 8.3).

Prozessfluss   Bestellungen werden über das SAP Ariba Network an die Lieferanten gesendet. Diese können die Bestellungen ebenfalls über das Netzwerk bestätigen und Lieferavise senden, wenn die Lieferung ansteht. Nach erfolgter Entgegennahme der Ware und der Bestätigung des Wareneingangs in SAP S/4HANA Cloud kann eine entsprechende Benachrichtigung automatisch über das Netzwerk an den Lieferanten zurückgeschickt werden.

SAP Ariba Network prüft, ob Rechnungen mit der ursprünglichen Bestellung und der tatsächlichen Lieferung übereinstimmen. Die Granularität dieser automatischen Überprüfung kann der Besteller konfigurieren, sodass ein gewisser Grad an Über- oder Unterlieferung toleriert werden kann. Wenn die derart vorgeprüften Lieferantenrechnungen in SAP S/4HANA Cloud eingehen, können sie daher in der Regel sofort (und automatisch) zur Zahlung freigegeben werden. Diese Statusänderung des Belegs kann wiederum über das SAP Ariba Network an den Lieferanten zurückgemeldet werden.

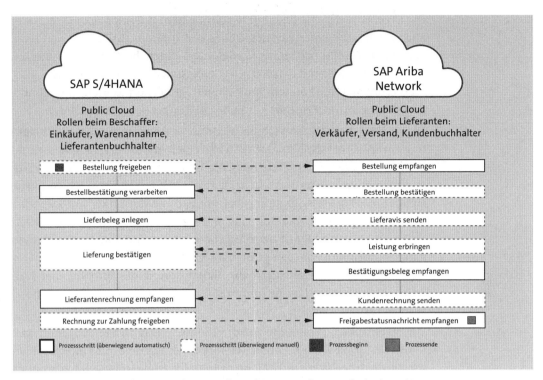

Abbildung 8.3 Prozessfluss von der Bestellung bis zur Rechnungsfreigabe mit Integration von Ariba Collaborative Commerce

Die Nachrichtentypen für diesen Prozess finden Sie in Tabelle 8.2.

Nachrichtentyp in cXML	Richtung	Bedeutung
OrderRequest	Outbound	Bestellung senden
ConfirmationRequest	Inbound	Bestellbestätigung verarbeiten
ShipNoticeRequest	Inbound	Lieferavis empfangen
ReceiptRequest	Outbound	Wareneingangsbestätigung senden
InvoiceDetailRequest	Inbound	Lieferantenrechnung empfangen
CopyRequest.Invoice DetailRequest	Outbound	Kopie der (Papier-)Rechnung senden oder automatische Wareneingangsabrechnung (ERS)
StatusUpdateRequest	Outbound	Statusänderung des Rechnungsbelegs senden (Freigabe zur Zahlung)

Tabelle 8.2 Nachrichtentypen für den Prozessfluss von der Bestellung bis zur Rechnungsfreigabe mit Integration von Ariba Collaborative Commerce

Kleine Preisanfrage

Die sogenannte *Kleine Preisanfrage* (Scope Item 1L2, *Ariba Spot Quote* oder auch *Quote Automation*) ermöglicht es Einkäufern in SAP S/4HANA Cloud, aus einer Anzahl bekannter Lieferanten eines bestimmten Materials schnell denjenigen mit dem aktuell günstigsten Preis herauszufinden. Infotypen zum Material können damit schnell aktualisiert werden, und Ad-hoc-Bestellungen ohne Kontrakt können zum Bestpreis realisiert werden.

Dieser Vorgang läuft ähnlich ab wie eine Ausschreibung: Eine Bestellanfrage in SAP S/4HANA Cloud wird in einen bestimmten Typ von Ausschreibung verwandelt. Diese Preis-Ausschreibung wird allerdings nicht an SAP Ariba Sourcing, sondern an SAP Ariba Discovery verschickt, wo auch solche Lieferanten ihre Preisgebote abgeben können, die sonst nicht am SAP Ariba Network oder SAP Ariba Sourcing teilnehmen. Die Lieferanten werden automatisch von SAP Ariba zur Angebotsabgabe aufgefordert. Sie können dabei bestimmen, ob der günstigste Gebotspreis innerhalb einer vorbestimmten Frist automatisch zur Aktualisierung des Infotyps und zum Anlegen eines Bestellbelegs führen soll oder ob ein manueller Angebotszuschlag erforderlich ist.

Nachrichtentypen

Die Nachrichtentypen, die für die Kleine Preisanfrage zwischen SAP S/4HANA Cloud und SAP Ariba Network zu aktivieren sind, sind dieselben wie bei der Integration mit SAP Ariba Sourcing (siehe Tabelle 8.1), allerdings wird keine Subskription für SAP Ariba Sourcing für diese Funktionalität benötigt. Die Subskription für Ariba Collaborative Commerce umfasst die Funktionen der kleinen Preisanfrage.

[»]

Weitere Informationen

Weitere Informationen zur Ariba Spot Quote oder Quote Automation finden Sie hier:

- *http://s-prs.de/v429782*
- *http://s-prs.de/v429730*

Skontomanagement und digitaler Zahlungsavis im Datenaustausch mit dem SAP Ariba Network

Treten zwischen Bestellung und Rechnung keine klärungsbedürftigen Diskrepanzen auf, kann die Belegverarbeitung stärker automatisiert werden. Über das SAP Ariba Network kann Lieferanten automatisch mitgeteilt werden, wenn Rechnungen zur Zahlung freigegeben sind. Aufgrund der im Beleg gepflegten Zahlungsbedingungen und den in Ariba Discount Management gepflegten Skontierungsregeln wird automatisch der zeit- und zinsoptimierte Zahlvorschlag ermittelt und dem Lieferanten mitgeteilt (siehe Abbildung 8.4).

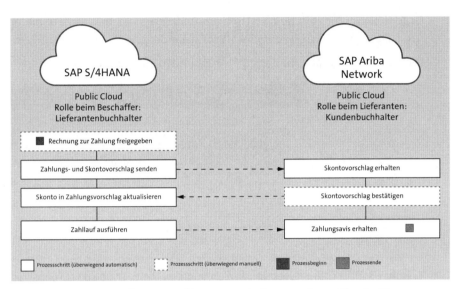

Abbildung 8.4 Prozessfluss zur Zahlungsverarbeitung und zum Skonto-Management mit Integration von Ariba Collaborative Finance

Zahlungsbedingungen lassen sich pro Lieferant in *Ariba Discount Manage-*
ment einrichten oder pro Lieferant, Liefervertrag oder Bestellung in SAP
S/4HANA Cloud. Werden in SAP S/4HANA Bestellungen abgerufen, werden
die vertraglich vereinbarten Zahlungsbedingungen automatisch in den
Bestellbeleg kopiert. Das Zahlungsprogramm optimiert den Zahlungszeit-
punkt für Eingangsrechnungen in Hinblick auf diese Zahlungsbedingungen. Das heißt, wo Skonto für eine frühere Zahlung möglich ist, wird die
Vorteilhaftigkeit der skontierten früheren Zahlung mit der Liquiditätslage
und den erzielbaren oder zu zahlenden Zinsen für den Zeitraum bis Fällig-
keit verglichen (siehe Abbildung 8.5).

**Zahlungs-
bedingungen
automatisch
prüfen**

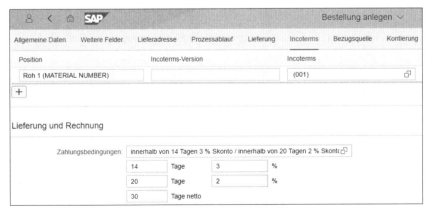

Abbildung 8.5 Zahlungsbedingungen in einem SAP-Fiori-Bestellformular
in SAP S/4HANA Cloud

Gegenüber den typischen statisch vordefinierten Skonto-Stufen bietet Ariba Discount Management eine dynamische, degressive Skontierung an. Die Nachrichtentypen für diesen Prozess finden Sie in Tabelle 8.3.

Nachrichtentyp in cXML	Richtung	Bedeutung
PaymentProposalRequest	Outbound	Zahlvorschlag (mit Skonto) senden
CopyRequest.Payment ProposalRequest	Inbound	Antwort auf den Zahlvorschlag mit Skonto empfangen
PaymentRemittanceRequest	Outbound	Zahlungsavis senden
PaymentRemittance StatusUpdateRequest	Outbound	Statusänderung zur Zahlung senden

Tabelle 8.3 Nachrichtentypen für die Zahlungsverarbeitung und das Skonto-Management mit Integration von Ariba Collaborative Finance

[»]

Weitere Informationen

Weitere Informationen zu Ariba Discount Management finden Sie hier:

- *http://s-prs.de/v429731*
- *http://s-prs.de/v429732*

8.1.2   Lizenzvoraussetzungen und Beschaffung der SAP-Ariba-Systemzugänge

Subskriptionen

Für durchgängige Geschäftsprozesse zwischen SAP S/4HANA Cloud und SAP Ariba benötigen Sie Subskriptionen für beide Cloud-Systeme, die Integration selbst ist lizenzfrei. Tabelle 8.4 führt die Scope Items der verschiedenen Szenarien auf, für die zusätzliche Subkriptionen erforderlich sind.

Scope Items	SAP Ariba Sourcing	Ariba Collaborative Commerce	Ariba Collaborative Finance
SAP S/4HANA Enterprise Management Cloud	1A0	J82 & 1L2	19O
SAP S/4HANA Professional Services Cloud	–	J82	19O
SAP S/4HANA Finance Cloud	–	J82	19O

Tabelle 8.4 Integrationsszenarien mit SAP-Ariba-Lösungen, ihre Lizenzen und mögliche Kombinationen

8.1.3   Integrationsprojekt mit SAP Activate durchführen

Mit SAP S/4HANA hat SAP auch die Implementierungsmethode geändert, von ASAP zu SAP Activate (siehe Kapitel 5). Auch die Integration von Prozessen nach diesem Ansatz unterscheidet sich von einer herkömmlichen Integration. SAP S/4HANA Cloud wurde entwickelt, um einfach und schnell mit SAP Ariba und bald auch SAP-Fieldglass-Lösungen integriert werden zu können. Das Aktivieren integrierter Geschäftsprozesse muss nicht aufwendiger sein als das Aktivieren interner Prozesse in SAP S/4HANA Cloud. Dazu ist eine systematische Vorgehensweise im Projekt mithilfe von SAP Activate erforderlich.

Integrationsprojekt oder »einfach aktivieren«?

Wie jede Softwareimplementierung sollte auch die Integration mit SAP Ariba sorgfältig geplant und durchgeführt werden. Jede SAP-S/4HANA-Cloud-Edition wird mit Referenz-Content für die vorkonfigurierte Modellfirma ausgeliefert (siehe Kapitel 6, »Testsysteme und Modellfirma«). Auch für die Geschäftsprozesse, die mit SAP Ariba integriert sind, ist testbarer Referenz-Content verfügbar. Die Integration selbst müssen Sie noch konfigurieren.

Vorbereitungsphase

In der Analysephase wird anhand des vordefinierten Lösungsumfangs der gewählten SAP-S/4HANA-Cloud-Edition ermittelt, in welchen Bereichen die Referenzlösung für die Belange des Unternehmens genügen und wo Ergänzungen notwendig scheinen. Falls nicht von vornherein offenkundig ist, dass mit SAP Ariba integrierte Geschäftsprozesse Teil des Lösungsumfangs sein sollen, ist diese Phase gut geeignet, um herauszufinden, für welche Beschaffungsprozesse und mit welcher Gruppe von Geschäftspartnern künftig eine digitale Zusammenarbeit im SAP Ariba Network sinnvoll erscheint. Daher empfiehlt es sich, das Projektteam nicht nur mit den leitenden Angestellten der Beschaffung, sondern auch mit Ausschreibungsprofis und Kollegen in der Lieferantenbuchhaltung zu bestücken.

Analysephase

Priorisieren Sie die Aktivierung der Scope Items und der darin enthaltenen Prozessschritte nach der zusätzlichen Wertschöpfung, die erwartet werden kann. Die Automatisierung von Eingangsrechnungen ist häufig der erste implementierte Nachrichtentyp, gefolgt von der vorgelagerten Bestellung für einen durchgängigen Belegfluss. Dann folgen meist der Zahlungsavis, die Bestellbestätigung, der Lieferavis und schließlich das Discount-Management und die zwei Nachrichtentypen, die zum Ausschreibungsprozess gehören. Es steht Ihnen frei, eine andere Reihenfolge zu wählen, die Ihre betrieblichen Prioritäten besser widerspiegelt.

Priorisierung

Integrationsszenarien stufenweise einführen

Wenn Sie mit dem SAP Ariba Network beginnen, ist es später immer noch möglich, weitere Nachrichtentypen zu aktivieren oder weitere SAP-Ariba-Lösungen hinzuzufügen.

Realisierungsphase   In der Realisierungphase wird der Lösungsumfang in vielen kurzen Sprints eingerichtet, getestet und nach und nach optimiert.

cXML   Das Protokoll zum Datenaustausch mit dem SAP Ariba Network ist cXML. Wenn Sie sich für die Struktur der Daten interessieren, können Sie auf *cxml.org* einfach die Zip-Datei mit der neuesten Versionsnummer herunterladen (z. B. **cXML_1.2.031**). Die spezifische Struktur für Eingangsrechnungen finden Sie etwa in der Datei **InvoiceDetail.zip** (siehe Abbildung 8.6).

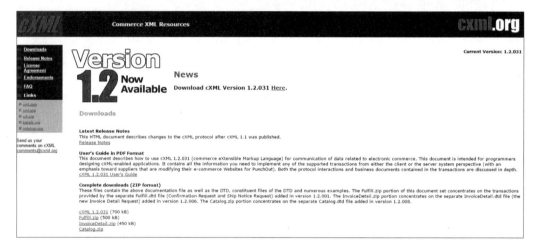

Abbildung 8.6 Homepage von cXML.org

SAP Best Practices   Die grundlegende Anleitung zur SAP-Ariba-Integration finden Sie in den SAP Best Practices, die mit SAP S/4HANA Cloud geliefert werden. Sie finden sie im SAP Best Practice Explorer (*https://rapid.sap.com/bp*) unter:

- **SAP S/4HANA • Cloud • SAP Best Practices for SAP S/4HANA Professional Services Cloud** bzw.
- **SAP Best Practices for SAP S/4HANA Enterprise Management Cloud** bzw.
- **SAP Best Practices for SAP S/4HANA Finance Cloud**.

Darin sind die Scope Items nach Geschäftsbereichen in Scope-Item-Gruppen unterteilt. Scope Items sind im System voreingestellt und müssen aktiviert werden. Zusätzlich müssen Sie weitere Einstellungen vornehmen, wenn sie spezifisch für Ihr Unternehmen oder für den digitalen Dokumentenaustausch mit einzelnen Lieferanten erforderlich werden.

Das Scope Item für die Integration mit *Ariba Payment and Discount Management* (19O) finden Sie in der Scope-Item-Gruppe **Finance**. Die Scope Items zur Integration mit *SAP Ariba Sourcing* (1AO), *Purchase Order to Invoice Automation* (J82) oder *Quote Automation* (1L2) finden Sie in der Scope-Item-Gruppe **Sourcing and Procurement**. Die nächsten Abschnitte zeigen die Anwendung dieser Anleitungen.

Scope Items

Im Starter-System der SAP S/4HANA Cloud ist die Integration mit SAP-Ariba-Anwendungen bereits voreingestellt. Sie brauchen bloß noch zu verifizieren und anzupassen, wo dies für Ihre eigenen Betriebsdaten nötig ist. Prozessdiagramme erläutern den Umfang jedes Scope Items und Konfigurationsanleitungen beschreiben Schritt für Schritt, welche Angaben im Beschafferkonto in SAP Ariba oder in SAP S/4HANA manuell vorgenommen werden müssen.

Starter-System

8

Ihr Qualitätssicherungssystem (Q-System) wird mit etwas weniger Voreinstellungen ausgeliefert als Ihr Starter-System, denn Ihre Unternehmensstruktur, die Einstellungen und Ihre Stammdaten etwa für Lieferanten bleiben vollständig in Ihrer Verantwortung.

Qualitätssicherungssystem

Im Folgenden beschreiben wir die Voreinstellungen des Starter-Systems, die Sie überprüfen, wo nötig ergänzen und dann, für Ihr Unternehmen angepasst, im Q-System nachstellen. Für den Transport Ihrer Einstellungen in die Produktionslandschaft und die entsprechenden spezifischen Einstellungen wenden Sie sich an die SAP- und SAP-Ariba-Mitarbeiter, die Ihrem Projekt zugeordnet sind.

Wesentliche Schritte der Integration

In dieser Liste sind die wesentlichen Schritte aufgeführt; möglicherweise sind mehrere Iterationen nötig:

1. kundenspezifische Verbindungsdaten in SAP S/4HANA Cloud und SAP Ariba eingeben
2. ausgelieferte Integrationsvoreinstellungen in SAP S/4HANA Cloud und im Einkäufer-Benutzerkonto in SAP Ariba im Starter-System prüfen
3. Voreinstellungen validieren und ergänzen und Prozessdurchgängigkeit mit ausgelieferten Referenzdaten und Testskripts testen
4. Einstellungen für Ihr Unternehmen im Qualitätssystem replizieren und anpassen
5. Prozessdurchgängigkeit im Qualitätssystem noch einmal testen
6. bei positivem Testergebnis: Transport ins Produktivsystem oder (etwa für System, Mandantendaten, Stammdaten und Ausgabesteuerung) spezifische Einstellungen im Produktivsystem vornehmen

8.1.4   Integrationseinstellungen in SAP S/4HANA Cloud

Nehmen Sie zunächst folgende Einstellungen im Starter-System der SAP S/4HANA Cloud vor:

1. In SAP S/4HANA Cloud melden Sie sich als Administrator an und legen einen Benutzer mit der vorgefertigten Expertenrolle für Einstellungen des Geschäftsnetzwerks (SAP_BR_CONF_EXPERT_BUS_NET_INT) an. Melden Sie sich mit diesem Benutzer am System an.

2. Das SAP Fiori Launchpad zeigt auf der Startseite eine Reihe von Gruppen, darunter **Kommunikationsverwaltung**, **Nachrichtensteuerung**, **Vollständige Implementierung** und **Geschäftsnetzwerk – Integrationskonfiguration** (siehe Abbildung 8.7).

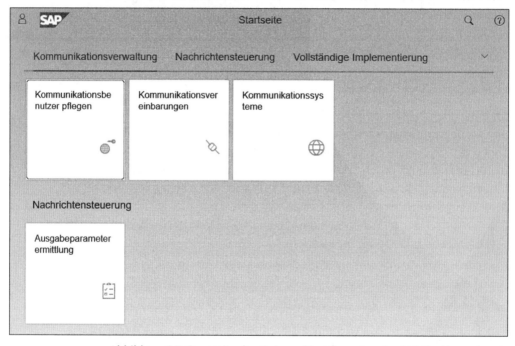

Abbildung 8.7 Startseite des Netzwerkkonfigurators im SAP Fiori Launchpad

3. In der Gruppe **Kommunikationsverwaltung** öffnen Sie die Kachel **Kommunikationsvereinbarungen**. Geben Sie im Suchfeld »Ariba« ein. Prüfen Sie, dass das Szenario SAP_COM_0032 mit dem Kommunikationssystem ARIBA aktiv ist (siehe Abbildung 8.8).

4. Klicken Sie auf den Eintrag, um ihn zu öffnen, und vergewissern Sie sich auf dem folgenden Bildschirm, dass im Bereich **Ausgehende Services** der **Servicestatus** aktiv ist (siehe Abbildung 8.9). Notieren Sie sich die Angabe im Feld **Mein System** unter **Gemeinsame Daten**.

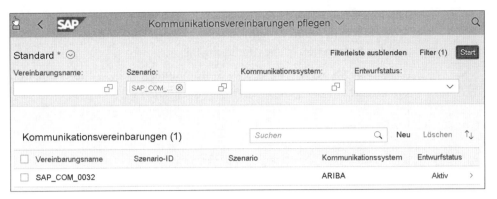

Abbildung 8.8 Kommunikationsvereinbarung für das Szenario SAP_COM_0032 (SAP-Ariba-Network-Integration)

Abbildung 8.9 Kommunikationvereinbarung für die SAP-Ariba-Network-Integration – Details

Einrichten der Systemkommunikation mit Ariba

Falls in Ihrem System noch keine SAP-Ariba-Kommunikation eingerichtet ist, können Sie sie einfach selbst einrichten. Ansonsten können Sie diesen Abschnitt überspringen. Für das Starter-, das Qualitätssicherungs- und das Produktivsystem stellen Sie jeweils eine eigene Systemkommunikation ein.

1. Überprüfen Sie dazu in der Anwendung **Kommunikationssysteme**, dass sich noch kein **ARIBA**-System unter den Einträgen befindet. Klicken Sie auf den Button **Neu** (siehe Abbildung 8.8).

2. Tragen Sie als **System-ID** und als **Systemname** jeweils »ARIBA« ein, und klicken Sie auf **Anlegen** (siehe Abbildung 8.10).

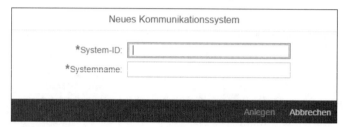

Abbildung 8.10 Systemverbindung anlegen

3. In den Kopfdaten geben Sie unter **Host Name** »service.ariba.com« ein.

4. Kehren Sie zum SAP Fiori Launchpad zurück, und öffnen Sie in der Gruppe **Geschäftsnetzwerk – Integrationskonfiguration** die Kachel **Anmeldeinformationen und Endpunkte** (siehe Abbildung 8.11).

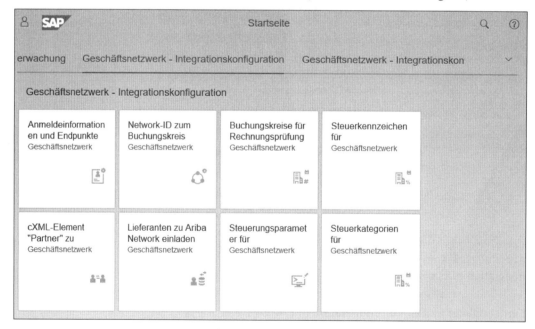

Abbildung 8.11 Gruppe »Geschäftsnetzwerk – Integrationskonfiguration«

Vergewissern Sie sich, dass mindestens eine **Ariba-Network-ID** vorhanden ist (siehe Abbildung 8.12). Wenn Sie Ihre SAP Ariba Cloud konzernweit als zentrale Instanz für Beschaffungsaktivitäten mit Ihren Lieferanten gestalten, werden Sie nur eine einzige Network-ID benötigen. Sie können aber auch pro Beschaffungsorganisation eigene IDs haben.

In Ihrem Testsystem sollte ein Häkchen in der Spalte **Testkonto** gesetzt sein und eine Network ID mit der Endung »-T« für Tests zugeordnet sein, denn Sie möchten zunächst gewiss nicht mit Ihren echten Lieferanten Testdaten austauschen.

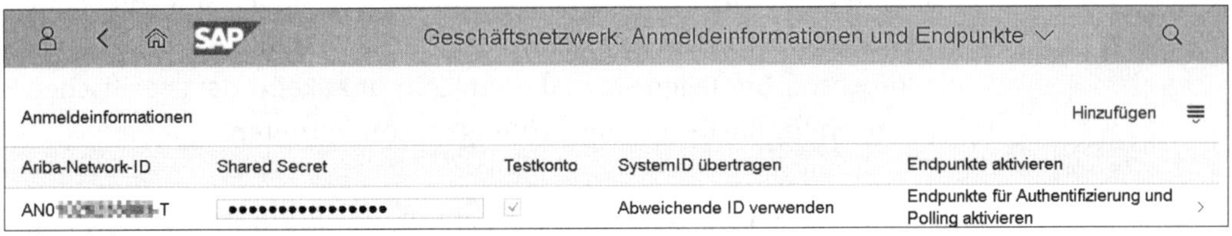

Abbildung 8.12 Geschäftsnetzwerk – Anmeldeinformationen und Endpunkte

5. Unter **Geschäftsnetzwerk – Integrationskonfiguration • Network-ID zum Buchungskreis** ordnen Sie jedem Buchungskreis, mit dessen Lieferanten Sie über das SAP Ariba Network zusammenarbeiten möchten, eine Network ID zu. Es ist dabei nicht wichtig, ob Sie zunächst mit einem einzigen Lieferanten aus einem bestimmten Buchungskreis über das SAP Ariba Network kommunizieren. Die tatsächlichen individuellen Lieferanten pro Buchungskreis behandeln wir später. Sie sehen jedoch, dass es prinzipiell möglich ist, jedem Buchungskreis eine eigene Ariba-Network-ID zuzuordnen. Wenn Sie Ihre Beschaffungsorganisation zentralisiert und buchungskreisübergreifend aufgebaut haben, ordnen Sie wie in Abbildung 8.13 eine Network-ID mehreren Buchungskreisen zu.

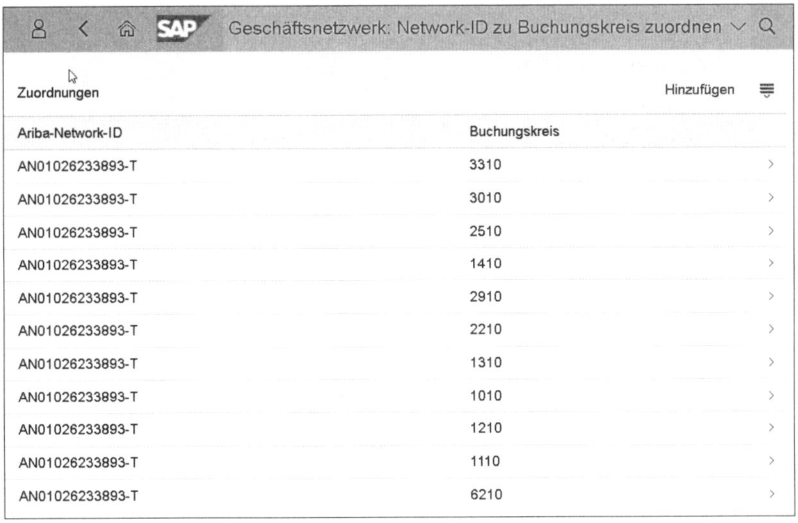

Abbildung 8.13 Network-ID den Buchungskreisen zuordnen

Scope Items
aktivieren

Die Scope Items zur SAP-Ariba-Integration beschreiben getestete, implementierbare und betriebswirtschaftlich sinnvolle Geschäftsprozesse. Die folgenden Checks sollen Ihnen lediglich den Aktivierungsumfang Ihres Starter-Systems veranschaulichen und Ihnen ein Gefühl für die Systematik der Voreinstellungen vermitteln. Sie sind keinesfalls gezwungen, alle Scope Items sofort zu implementieren oder jeden der Nachrichtentypen für ein Scope Item zu nutzen. Wenn Sie beispielsweise zunächst lediglich die mit SAP Ariba Sourcing integrierten Funktionen von SAP S/4HANA Cloud nutzen möchten, brauchen Sie zu diesem Zeitpunkt keine der spezifischen Einstellungen für die Rechnungsprüfung zu konfigurieren.

Geschäftsnetzwerk: Buchungskreise für Rechnungsprüfung zuordnen

Lieferanten und
Buchungskreise
pflegen

Wenn Sie Eingangsrechnungen von Lieferanten elektronisch über das SAP Ariba Network empfangen wollen, öffnen Sie die App **Buchungskreise für Rechnungsprüfung**. In der Liste der Lieferanten, mit denen Sie über das Netzwerk kommunizieren wollen, fügen Sie entsprechende Einträge hinzu. Die Lieferanten müssen bereits als Stammdaten in SAP S/4HANA Cloud gepflegt sein, ebenso die Buchungskreise. Die Spalte **Name meines Unternehmens in cXML** sollte den Feldwert enthalten, mit dem jeder Ihrer Lieferanten Ihr Unternehmen im Feld **BillTo** identifiziert (siehe Abbildung 8.14). Für Ihr Starter-System sind die Referenz-Lieferanten und Buchungskreise bereits gepflegt.

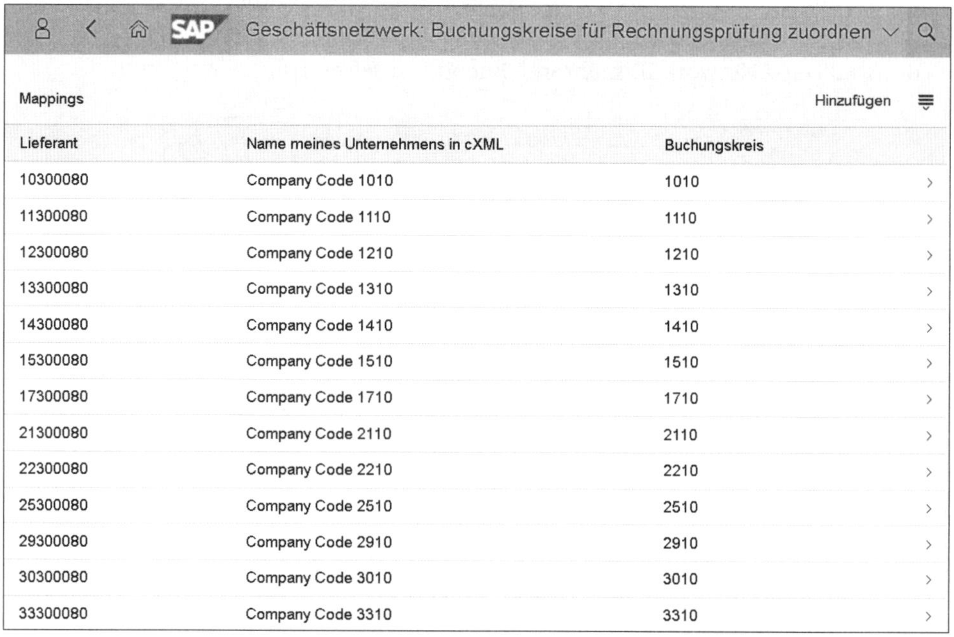

👤 < 🏠 **SAP**	Geschäftsnetzwerk: Buchungskreise für Rechnungsprüfung zuordnen ∨ 🔍	
Mappings		Hinzufügen ☰
Lieferant	Name meines Unternehmens in cXML	Buchungskreis
10300080	Company Code 1010	1010 >
11300080	Company Code 1110	1110 >
12300080	Company Code 1210	1210 >
13300080	Company Code 1310	1310 >
14300080	Company Code 1410	1410 >
15300080	Company Code 1510	1510 >
17300080	Company Code 1710	1710 >
21300080	Company Code 2110	2110 >
22300080	Company Code 2210	2210 >
25300080	Company Code 2510	2510 >
29300080	Company Code 2910	2910 >
30300080	Company Code 3010	3010 >
33300080	Company Code 3310	3310 >

Abbildung 8.14 Buchungskreise für die Rechnungsprüfung zuordnen

Geschäftsnetzwerk: Steuerkennzeichen für Rechnungsprüfung zuordnen

Die App **Steuerkennzeichen für Rechnungsprüfung** ist bereits mit Steuerkennzeichen für die von Ihnen ausgewählten Buchungskreise für alle Lieferanten und Ariba-Steuerkategorien vorbelegt. Die Zuordnung ermittelt die
Steuersätze, wie sie von SAP Ariba in Lieferantenrechnungen übermittelt
werden, und gibt die Steuerkennzeichen an die SAP S/4HANA Cloud weiter.
Wenn Sie Eingangsrechnungen von Lieferanten elektronisch über das SAP
Ariba Network erwarten, überprüfen Sie diese Einstellungen (siehe Abbildung 8.15).

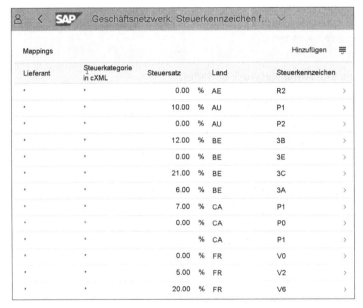

Abbildung 8.15 Steuerkennzeichen für die Rechnungsprüfung zuordnen

Geschäftsnetzwerk: cXML-Element »Partner«
zu Rechnungssteller zuordnen

Lieferanten können die Rechnungsstellung an andere Organisationen übertragen haben, etwa an den Mutterkonzern, oder im Rahmen von Forde-
rungsabtretungen an ein drittes Dienstleistungsunternehmen. Nur für
diesen Fall konfigurieren Sie den abweichenden Rechnungssteller und pflegen die Zuordnungen. Wiederum ist hierzu die Kenntnis der cXML-Struktur
für Eingangsrechnungen notwendig (siehe Abschnitt 8.1.3, »Integrationsprojekt mit SAP Activate durchführen«).

Abweichender
Rechnungssteller

Pflegen Sie die Lieferanten-ID aus SAP Ariba im Feld **cXML-Element "Vendor-
ID" unter "From" > "Credential"** (siehe Abbildung 8.16). Pflegen Sie die externe ID des Rechnungsstellers aus Ariba im Feld **Name des cXML-Elements**

"InvoicePartner" (Rolle "From"). Ordnen Sie die ID des Rechnungsstellers in der SAP S/4HANA Cloud zu. Unter **Rückzuordnung** können Sie markieren, ob Ausgangsbelege und Statusaktualisierungen an den Lieferanten, nicht den Rechnungssteller, gesendet werden sollen.

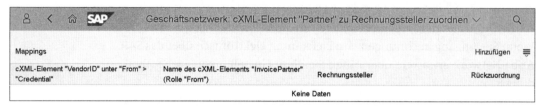

Abbildung 8.16 Das cXML-Element für abweichende Rechnungssteller für die Rechnungsprüfung zuordnen

Lieferanten ins SAP Ariba Network einladen

Lieferanten-Schnellaktivierung

In der Liste **Lieferanten für Schnellaktivierung** (siehe Abbildung 8.17) tragen Sie bitte nur diejenigen Lieferanten aus SAP S/4HANA Cloud ein, mit denen Sie künftig über das SAP Ariba Network zusammenarbeiten möchten und die sich noch nicht selbst dort angemeldet haben.

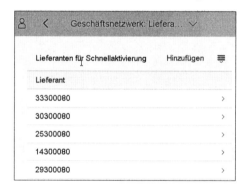

Abbildung 8.17 Lieferanten aus der SAP S/4HANA Cloud zum SAP Ariba Network einladen

Wenn Sie einen Lieferanten zu dieser Liste hinzufügen und diesem Lieferanten eine erste Bestellung, Rechnungskopie oder einen Zahlvorschlag zusenden, legen Sie automatisch im Namen dieses Lieferanten ein Benutzerkonto im SAP Ariba Network an. SAP Ariba nimmt dann in Ihrem Namen Kontakt mit dem betreffenden Lieferanten auf, um ihn elektronisch in das Netzwerk einzubinden (*Lieferanten-Schnellaktivierung*). Die Stammdaten der Lieferanten in Ihrer Liste in der SAP S/4HANA Cloud müssen dazu korrekte E-Mail-Adressen aufweisen.

Im SAP Ariba Network selbst werden Sie die dort angemeldeten Lieferanten zur Zusammenarbeit einladen und Ihren Ariba-Network-IDs zuordnen. Wenn Sie mit Lieferanten zusammenarbeiten, die bereits im Netzwerk angemeldet sind, brauchen Sie sie hier nicht mehr aufzuführen.

Nutzungsgebühr für Lieferanten

SAP Ariba erhebt eine Nutzungsgebühr für Lieferanten. Gesetzliche Bestimmungen können für Einkaufsorganisationen in manchen Branchen vorsehen, dass ihre Lieferanten keinen Zusatzgebühren für die Teilnahme an elektronischem Zahlungsverkehr oder an digitalen Beschaffungsnetzwerken ausgesetzt werden dürfen. Für diese und ähnliche Fälle bietet SAP Ariba Beschaffungsorganisationen an, die Lieferantengebühren selbst zu tragen. Wenden Sie sich bitte hierzu an Ihren SAP-Ariba-Vertriebsbeauftragten.

Steuerungsparameter für die Rechnungsprüfung

Wenn Sie Eingangsrechnungen von Ihren Lieferanten im SAP Ariba Network erwarten oder Gutschriften erhalten, können Sie Steuerungsparameter für eine automatische Bearbeitung dieser Eingangsbelege einstellen. Sie können die Belegarten definieren, mit denen digitale Eingangsbelege vom SAP Ariba Network in der SAP S/HANA Cloud verarbeitet werden sollen. Außerdem können Sie bestimmen, wie SAP S/4HANA Cloud Abweichungen zwischen den in SAP S/HANA Cloud erwarteten Werten und den vom Netzwerk erhaltenen Belegen verarbeiten soll.

Automatische Belegbearbeitung

In Ihrem Starter-System sind die Einstellungen aus Abbildung 8.18 für alle Buchungskreise und Lieferanten generisch voreingestellt. Sie können diese Einstellungen jedoch pro Lieferant und Buchungskreis konkretisieren und nach Belegarten ausdifferenzieren. Insbesondere können Sie unter **Logistik-Rechnungsprüfung mit Bestellbezug** mit **Korrekturkennzeichen** Folgendes festlegen:

Prüfkennzeichen

- Für ungeklärte Fehler wird die Eingangsrechnung vorerfasst und muss manuell bearbeitet werden (Kennzeichen 1). Die Rechnung wird dabei sowohl mit den Eingangsdaten als auch mit den vom System erwarteten Werten abgespeichert. Sie muss dann manuell weiterverarbeitet werden.

- Für ungeklärte Fehler wird der Entwurf einer Eingangsrechnung lediglich mit Kopfdaten der Rechnung vorerfasst (Kennzeichen D für Draft). Der Entwurf muss manuell in der App **Lieferantenrechnung verwalten** angefasst werden.

- Ohne Kennzeichen wird die Rechnung gebucht wie empfangen, und falls Abweichungen vorhanden sein sollten, wird sie zur Zahlung gesperrt.

Mit den Prüfungskennzeichen können Sie verhindern, dass bei Abweichungen dieser Werte Rechnungsbelege in SAP S/4HANA Cloud gebucht werden können. Der sendende Lieferant im SAP Ariba Network erkennt nicht buchbare Belege anhand des aktualisierten Status seiner Ausgangsrechnungen.

Verarbeitung ungültiger Rechnungen

Unter **Logistik-Rechnungsprüfung ohne Bestellbezug** legen Sie fest, wie das System reagieren soll, wenn in Eingangsrechnungen der Bestellbezug fehlt oder ungültig ist. Mit **Verarbeitungskennzeichen: Nicht verarbeiten** wird die Eingangsrechnung abgelehnt. Eine Invoice-Status-Update-Nachricht wird an den Lieferanten im SAP Ariba Network gesendet.

Mit **Rechnung vorerfassen** wird der Rechnungsbeleg in SAP S/4HANA mit dem Status **vorerfasst** angelegt. Die vorerfasste Rechnung muss später manuell weiterbearbeitet werden. Wenn Sie **Rechnungsentwurf anlegen** wählen, wird der Entwurf einer Eingangsrechnung in SAP S/4HANA angelegt. Diesen Entwurf müssen Sie später in der App **Lieferantenrechnungen verwalten** manuell bearbeiten.

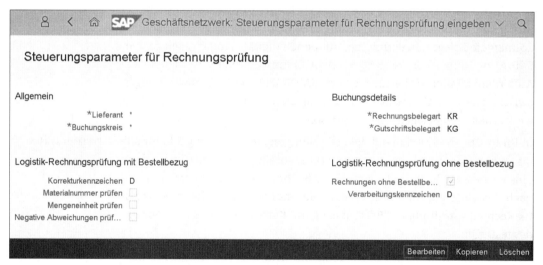

Abbildung 8.18 Geschäftsnetzwerk konfigurieren: »Steuerungsparameter für Rechnungsprüfung«

Steuerkategorien für Rechnungskopien zuordnen

Die Einstellung der Steuerkategorien für Rechnungskopien (siehe Abbildung 8.19) ist nur für diejenigen Lieferanten erforderlich, denen Sie Rechnungskopien über das SAP Ariba Network zustellen. Sie würden elektronische Rechnungskopien senden, wenn Sie Eingangsrechnungen in

Papierform vom Lieferanten erhalten, einscannen und deren digitale Version als gültige Referenz weiterer Bearbeitung ansehen oder wenn Sie aufgrund eingegangener Lieferungen sich Rechnungen selbst stellen (Automatische Wareneingangsabrechnung, ERS) und den Lieferanten mit entsprechenden individuellen Gutschriftsbelegen informieren möchten.

In Ihrem Starter-System ist die Tabelle mit Steuerkennzeichen vorbelegt. Diese sind jedoch keinem konkreten Lieferanten zugeordnet. Sie können bei Bedarf generische Zuordnungen mit einem Sternchen (Asterisk) vornehmen oder konkret für einen bestimmten Lieferanten Zuordnungen kopieren und anpassen.

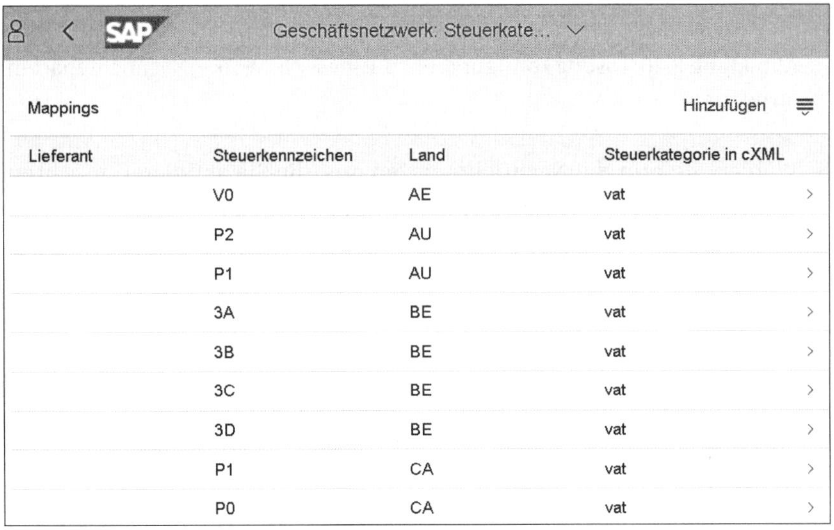

Lieferant	Steuerkennzeichen	Land	Steuerkategorie in cXML	
	V0	AE	vat	>
	P2	AU	vat	>
	P1	AU	vat	>
	3A	BE	vat	>
	3B	BE	vat	>
	3C	BE	vat	>
	3D	BE	vat	>
	P1	CA	vat	>
	P0	CA	vat	>

Abbildung 8.19 Geschäftsnetzwerk konfigurieren: »Steuerkategorien für Rechnungskopien zuordnen«

Nachrichtensteuerung

Nur für ausgehende Nachrichtenarten sind Ausgabeparameter zu pflegen. In der App **Ausgabeparameterermittlung** überprüfen und ergänzen Sie entsprechende Einträge. Sie finden Details dieser Konfiguration in den Leitfäden der jeweiligen Scope Items. In der Gruppe **Vollständige Implementierung** (siehe Abbildung 8.7) können Sie in der Anwendung **Lösung verwalten** die gewünschten Nachrichtenarten aktivieren. Die Einstellungen, die Sie in dieser App vornehmen, können vom Qualitätssicherungssystem ins Produktivsystem übertragen werden.

Ausgabeparameter-ermittlung

1. In der Anwendung **Lösung verwalten** wählen Sie die Funktion **Lösung konfigurieren**. Geben Sie im Suchfeld rechts »Network« ein (siehe Abbildung 8.20).

2. Wenn das System den Eintrag **Geschäftsnetzwerk – Nachrichtentypen konfigurieren** anzeigt, bestätigen Sie diesen Eintrag, indem Sie auf den Button **Start** klicken.

Abbildung 8.20 Lösung konfigurieren: Business Network – Nachrichtenarten anzeigen

3. Wählen Sie nun die Nachrichtenarten aus, die Sie aktivieren möchten, und markieren Sie sie als **Aktiv** (siehe Abbildung 8.21).

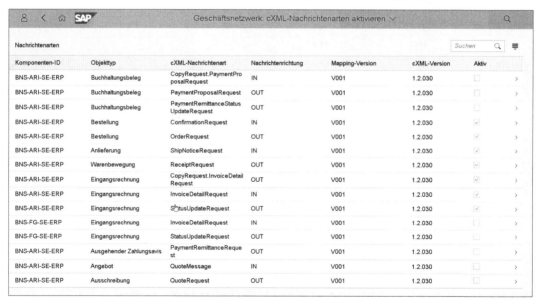

Abbildung 8.21 cXML-Nachrichtenarten aktivieren

4. Wenn Sie Ihre Aktivierung gespeichert haben, können Sie Ihren aktuellen Konfigurationsstatus kommentieren. Dazu klicken Sie auf den Button mit den drei Punkten neben dem **Start**-Button und fügen Ihre Statuskommentare ein.

> **Nachrichtenarten in ihrer prozesslogischen Reihenfolge** [«]
>
> Im System sind die **Objekttypen** und **cXML-Nachrichtenarten** in der Tabelle nicht nach ihrer Ordnung im Geschäftsprozess aufgelistet. In Tabelle 8.5 sind die cXML-Nachrichtenarten in ihrer prozesslogischen Reihenfolge und nach Scope Items geordnet aufgeführt. (Die Komponenten-ID sowie die Mapping- und cXML-Version sind für unsere Zwecke statisch und daher hier nicht redundant abgebildet.)

Scope Item mit ID	Objekttyp	cXML-Nachrichtenart	Bedeutung	In/Out
1A0 SAP Ariba Sourcing Integration, and 1L2 Quote Automation	Ausschreibung	QuoteRequest	Aufforderung zur Abgabe eines Angebots/einer Preisanfrage	Out
	Angebot	QuoteMessage	Angebot/Preisgebot	In
J82 Purchase Order to Invoice Automation	Bestellung	OrderRequest		Out
	Bestellung	Confirmation-Request	Bestellbestätigung	In
	Anlieferung	ShipNotice-Request	Lieferavis	In
	Warenbewegung	Receipt-Request	Wareneingangsbeleg	Out
	Eingangsrechnung	Invoice-DetailRequest		In
	Eingangsrechnung	CopyRequest. Invoice DetailRequest	Rechnungskopie	Out
	Eingangsrechnung	StatusUpdate-Request	Statusänderung der Rechnung (entsperrt)	Out

Tabelle 8.5 Scope Items, Business-Objekte, Nachrichtentypen, Bedeutung und Transferrichtung aus der Perspektive von SAP S/4HANA Cloud

Scope Item mit ID	Objekttyp	cXML-Nach-richtenart	Bedeutung	In/Out
190 Payment and Discount Management	Buchhal-tungsbeleg	Payment-Proposal Request	Zahlvorschlag (mit Skonto)	Out
	Buchhal-tungsbeleg	CopyRequest. Payment Proposal-Request	Zahlvorschlag Antwort mit Skonto	In
	Ausgehen-der Zah-lungsavis	Payment-Remittance Request	Zahlungsavis	Out
	Buchhal-tungsbeleg	Payment-Remittance StatusUpdate-Request	Statusänderung zur Zahlung	Out

Tabelle 8.5 Scope Items, Business-Objekte, Nachrichtentypen, Bedeutung und Transferrichtung aus der Perspektive von SAP S/4HANA Cloud (Forts.)

Aufseiten der SAP S/4HANA Cloud ist Ihre Konfigurierung nun komplett. Wenden wir uns nun Ihrer SAP-Ariba-Instanz zu.

8.1.5   Konfiguration in SAP Ariba

Netzwerk aktivieren   Zur Konfiguration in SAP Ariba sollten Sie die folgenden Angaben zu Ihrem SAP-Ariba-Einkäuferkonto bereithalten: Anmeldeinformationen (also Benutzer und Passwort), Ihre SAP-Ariba-Network-ID und das sogenannte *Shared Secret* für die sichere Kommunikation zwischen SAP Ariba Network und SAP S/4HANA Cloud. Wenn Sie auch für SAP Ariba Sourcing subskribiert sind, halten Sie auch für diese Anwendung Anmeldeinformationen und Shared-Secret-Daten bereit.

Die entsprechenden Angaben hierzu haben Sie von SAP Ariba erhalten, als Sie Ihr Unternehmen als Einkäufer beim SAP Ariba Network angemeldet haben. Melden Sie sich nun als Administrator für Ihr Einkäufer-Benutzerkonto in SAP Ariba an (unter *https://buyer.ariba.com*). Begeben Sie sich zum Menü **Administration** (siehe Abbildung 8.22). Wählen Sie hier **Configuration**, um in die Konfigurationsübersicht aus Abbildung 8.23 zu gelangen. Je nach den von Ihnen gewählten Subskriptionen kann die Liste der Konfigurationen kürzer ausfallen.

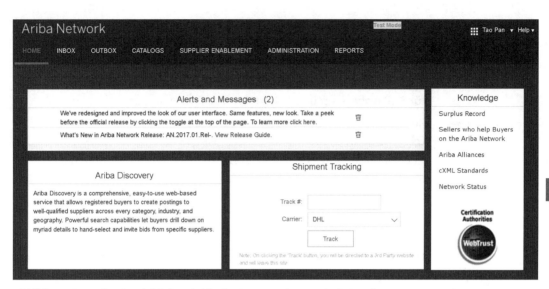

Abbildung 8.22 Einstiegsbild des Einkäufer-Benutzerkontos in SAP Ariba Network

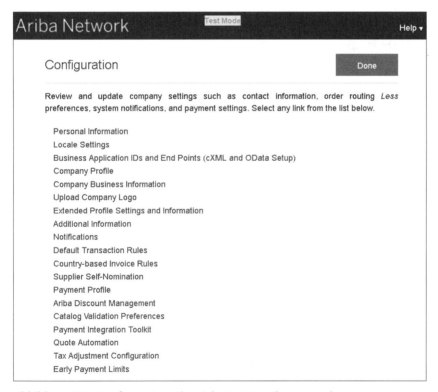

Abbildung 8.23 Konfigurationsübersicht in SAP Ariba Network

Grundeinstellungen für SAP Ariba Sourcing (1A0) und Ariba Quote Automation (1L2)

In der Liste der System-IDs wählen Sie **Create**. Legen Sie einen Eintrag mit der **System ID** und der **Unique Address ID** »Ariba« an. Dieser Eintrag steht für SAP Ariba Sourcing. Sichern Sie Ihre Einstellungen.

Endpunkte anlegen Zurück auf der Liste der **System IDs**, wählen Sie nun zuerst Ihren neuen Eintrag und dann **Endpoints** aus. In der Liste der Endpoints wählen Sie **Create**. Verneinen Sie die Pop-up-Meldung zur Übernahme bestehender cXML-Strukturen. Auf dem Bildschirm **Configure End Point** legen Sie eine **End Point ID** »S/4HANA« an. Wählen Sie als Integrationstyp **cXML** aus. Wählen Sie als Authentifizierungsmethode **Shared Secret** aus, und tragen Sie es ein. Sichern Sie Ihre Eingaben.

Legen Sie nun auf der Liste der Endpoints einen weiteren Endpunkt für das Sourcing an. Geben Sie die End-Point-ID »Sourcing« ein (siehe Abbildung 8.24). Wählen Sie als Integrationstyp **cXML**. Wählen Sie die Authentifizierungsmethode **Shared Secret** aus, und tragen Sie das zu Sourcing gehörende Shared Secret ein. Tragen Sie die Profil-URL ein:

https://s1-eu.ariba.com/Sourcing/cxmlchannel/<ANID>

<ANID> ist die Ariba-Network-ID Ihres Einkäuferkontos. Verwechseln Sie diese URL nicht mit der URL Ihrer SAP-Ariba-Sourcing-Instanz.

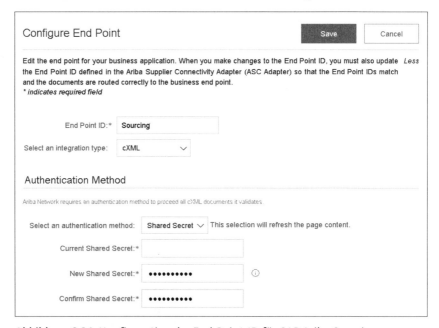

Abbildung 8.24 Konfiguration der End-Point-ID für SAP Ariba Sourcing

Setzen Sie ein Häkchen bei **Yes, I want to receive documents through the POST method instead of through the cXML GetPending method**. Tragen Sie für **Post URL** Folgendes ein:

https://s1-eu.ariba.com/Sourcing/cxmlchannel/<ANID>

Dieses URL-Schema gilt für Kunden in Europa. Sichern Sie Ihre Einträge.

Zurück auf der Liste der Endpunkte markieren Sie die End-Point-ID »Sourcing« als Voreinstellung (**Default**).

Konfigurieren von Ariba Purchase Order to Invoice Automation (J82) und Ariba Payment and Discount Management Integration (19O)

Wenn Sie die zuvor beschriebenen Ariba-Sourcing-Einstellungen vorgenommen haben, überspringen Sie diesen Abschnitt und fahren mit dem Abschnitt »Transaktionsregeln einstellen« fort.

Profil-URL und
Buchungs-URL

Auf dem Bildschirm **Configuration** wählen Sie je nach der spezifischen Einrichtung Ihres Ariba-Kontos eine der folgenden Optionen:

- cXML Setup
- Business Application IDs (cXML and OData Setup)
- Business Application IDs and End Points (cXML and OData Setup)

Sie pflegen nun die Profil-URL und die Buchungs-URL. Wenn sie sich nicht bereits auf dem Bildschirm befinden, der die Pflege dieser URLs erlaubt, sondern in der Liste von System-IDs (**List of System IDs**), klicken Sie auf die **System ID** Ihres SAP-S/4HANA-Cloud-Systems. Befinden sie sich immer noch nicht auf dem Bildschirm, der die Pflege der URLs erlaubt, wählen Sie auf dem Bildschirm **Manage Business Application ID <System ID>** die Registerkarte **End Point** und dort die End-Point-ID, für die Sie Einstellungen vornehmen möchten.

Im Bereich **Profile URL** (siehe Abbildung 8.25) finden Sie das Feld **Profile URL**. Löschen Sie eventuell vorhandene Einträge in diesem Feld. Im Abschnitt **Post URL** finden Sie das Ankreuzfeld **Yes, I want to receive documents through the POST method instead of through the cXML GetPending method**. Dieses Feld sollte nicht angekreuzt sein. Sichern Sie Ihre Einträge.

Transaktionsregeln einstellen

Um Transaktionsregeln anzulegen, wählen Sie unter **Configuration** die Option **Default Transaction Rules** (siehe Abbildung 8.26). Eine Übersicht der Standardtransaktionsregeln, die Sie anpassen können, finden Sie in den Materialien zum Buch unter *www.sap-press.de/4213*.

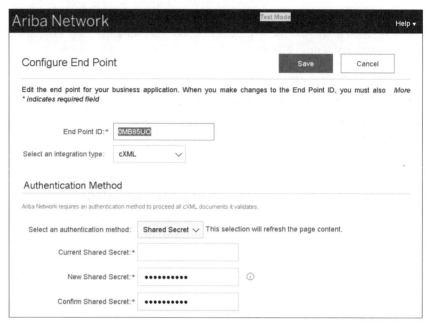

Abbildung 8.25 Endpunkt-Konfiguration für Geschäftsprozesse von der Bestellung bis zur Zahlung (Scope Items J82 und 19O)

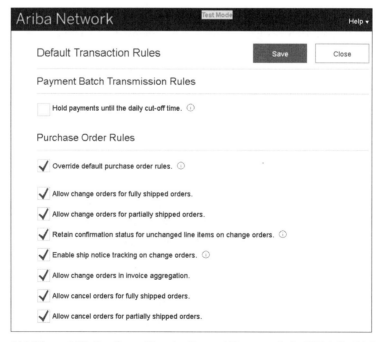

Abbildung 8.26 Konfiguration der Transaktionsregeln in SAP Ariba Network

Invoice PDF (Rechnungs-PDF)

Wenn Sie elektronische Rechnungen mit einer PDF-Kopie der Eingangsrechnung im Anhang empfangen möchten, wenden Sie sich bitte an Ihr
Ariba Service Center: Im Kopfbereich des Einkäuferkontos wählen Sie **Help**
• **Contact Support** (Hilfe • Support kontaktieren). Dann wählen Sie unter
Contact Ariba Customer Support (Ariba-Kunden-Support kontaktieren)
zunächst die Sprache Deutsch aus und dann **Online Serviceanforderung**
erstellen. Bitten Sie Ariba, die folgende Einstellung unter **PDF Generation**
vorzunehmen: Activate »Generate an invoice copy as PDF attachment to
the invoice«.

Lieferanten im SAP Ariba Network verfügbar machen

Ihre Lieferanten müssen im SAP Ariba Network angemeldet und zum
Datenaustausch mit Ihrem Unternehmen bereit sein. Um dies zu erreichen,
melden Sie sich unter *http://buyer.ariba.com* mit Ihrem Beschafferkonto
am SAP Ariba Network an. Auf der Registerkarte **Supplier Enablement** wählen Sie **Active Relationships** (aktive Geschäftsbeziehungen). Wenn Sie den
gesuchten Lieferanten hier in der Tabelle der **Current Suppliers** (derzeitige
Lieferanten) finden, fahren Sie mit dem folgenden Abschnitt fort.

Falls Sie den gesuchten Lieferanten nicht finden können, muss die Geschäftsbeziehung in SAP Ariba erst hergestellt werden. Dazu gehen Sie wie
folgt vor:

*Geschäfts-
beziehung
aktivieren*

1. Wählen Sie **Search for Suppliers** (suche Lieferanten).

2. Wählen Sie geeignete Suchkriterien aus, und klicken Sie jetzt auf **Search**.

3. Wählen Sie den gewünschten Lieferanten aus. Klicken Sie auf **Action, Add
   to Selected Suppliers** (zu gewählten Lieferanten hinzufügen).

4. Überprüfen Sie das Profil des Lieferanten. Sie können es sich auch herunterladen.

5. In der Übersicht der ausgewählten Lieferanten (**Selected Suppliers**) wählen Sie den gewünschten Lieferanten und öffnen den Eintrag.

6. Laden Sie den Lieferanten zu einer Geschäftsbeziehung ein, indem Sie
   auf **Request a Relationship** klicken.

Der Lieferant muss die Einladung akzeptieren, bevor Sie mit ihm elektronisch im SAP Ariba Network Dokumente austauschen können.

Lieferantenkennzeichen zuordnen

Lieferantenstammdaten in SAP S/4HANA Cloud verwenden IDs zur Kennzeichnung. Derselbe Lieferant kann in mehreren Ihrer ERP-Systeme unter verschiedenen IDs vorkommen. In diesem Abschnitt werden diese Lieferanten-IDs aus SAP S/4HANA Cloud und gegebenenfalls Ihren anderen Systemen im SAP Ariba Network aufgrund ihrer Ariba-Network-ID zugeordnet.

1. Melden Sie sich dazu an Ihrem Beschafferkonto im SAP Ariba Network an, und wählen Sie die Registerkarte **Supplier Enablement** aus. Wählen Sie **Active Relationships**, dann finden Sie den gewünschten Lieferanten.

2. Auf dem Bildschirm **Edit Preferences for Supplier: <Name Ihres Lieferanten>** (Präferenzen für Lieferanten pflegen) wählen Sie das Fenster **Enter supplier identifiers for the procurement application** (Lieferantenkennzeichen in der Beschaffungsanwendung eingeben) und klicken dann auf **Add**.

3. Wenn Sie mehrere SAP-S/4HANA-Cloud-Instanzen oder andere ERP-Systeme anschließen, wählen Sie in der Dialogbox **Add Supplier Unique Key** eins Ihrer Systeme und die entsprechende Lieferanten-ID in diesem System (etwa 0010300080 im Starter-System) aus.

4. Bei einem singulären SAP-S/4HANA-Cloud-System ist das erste Feld die Lieferanten-ID (etwa 0010300080 im Starter-System). Sichern Sie sie mit **Save**.

Wiederholen Sie diese Schritte für alle Lieferanten in all Ihren SAP-S/4HANA-Cloud- und anderen ERP-Systemen, mit denen Sie über SAP Ariba Dokumente elektronisch austauschen möchten. Sichern Sie Ihre Eingaben auf dem Bildschirm **Edit Preferences for Supplier: <Name Ihres Lieferanten>**.

8.1.6   Testen und Liveschalten der integrierten Geschäftsprozesse

Testskripts In Ihrem Starter- und Qualitätssicherungssystem können Sie die integrierten Geschäftsprozesse mithilfe der mitgelieferten Testskripts durchtesten. Sie finden diese Testanleitungen im Verzeichnis der SAP Best Practices, dem SAP Best Practices Explorer, unter *http://rapid.sap.com/bp* (siehe Abbildung 8.27).

Die Testskripts und die Prozessdiagramme in den SAP Best Practices sind aufeinander abgestimmt. Sie sollten auch dem ungeübten Anwender einen schnellen Einstieg in die Prozesse ermöglichen und das durchgängige Testen erleichtern. Natürlich können Sie die Testskripts um Ihre eigenen Lieferantenstammdaten, Materialien oder abweichende Prozesseinstellungen erweitern.

Abbildung 8.27 Testskripts und Prozessdiagramme im SAP Best Practices
Explorer

Wenn Sie die Tests erfolgreich abgeschlossen haben, lassen Sie SAP diejenigen Einstellungen ins Produktionssystem transportieren, die wir im
Abschnitt »Nachrichtensteuerung« innerhalb von Abschnitt 8.1.4, »Integra-
tionseinstellungen in SAP S/4HANA Cloud« vorgestellt haben. Die anderen
Konfigurationen stellen Sie von Hand nachträglich ein.

Wenn Sie beginnen, im Produktivsystem mit Ihren Lieferanten im SAP
Ariba Network zusammenzuarbeiten, kommunizieren Sie zuerst jeden Prozess ausführlich miteinander. Die investierte Zeit wird sich schnell bezahlt
machen. Mit einer Handvoll Ihrer Lieferanten sollten Sie vorab besprechen,
welche Transaktionen Sie mit ihnen durchführen möchten, und die Erwartungen hinsichtlich der Nachrichtentypen, Prozesse und Antwortzeiten
abklären (Service Level Agreements). Für diese ersten Transaktionen halten
Sie engen Kontakt mit Ihren Lieferanten, bis die Prozesse bei allen Beteiligten zufriedenstellend etabliert sind.

Enge Abstimmung
in der Einführungs-
phase

8.1.7   Ausblick

Rapid-Deployment-Lösung

Lieferketten mithilfe von SAP-Software zu koordinieren ist an sich nichts Neues, dafür gibt es seit Langem *SAP Supply Chain Management* (SCM) und auch bereits ein SAP-eigenes Netzwerk, *SAP Supplier Network Collaboration* (SNC). Durch die Erweiterung der SAP-Familie um SAP Ariba und die Erweiterung der Fähigkeiten des SAP Ariba Networks lag es jedoch nahe, eine Standardintegration zwischen SAP Ariba und der SAP Business Suite anzubieten.

Seit Mai 2016 bietet SAP eine Rapid-Deployment-Lösung für die SAP-Ariba-Integration an, in deren Umfang auch die Integration der *Ariba Collaborative Supply Chain* (CSC) enthalten ist: *SAP Ariba Solution Integration for SAP Business Suite* (*https://rapid.sap.com/bp/RDS_ARI*). Sie zeigt, wie drei durchgängige CSC-Geschäftsprozesse implementiert werden: Lieferplanabruf, Kommission und Lohnbearbeitung.

Für SAP S/4HANA Cloud und die On-Premise-Edition sollen diese Prozesse zu einem späteren Zeitpunkt verfügbar gemacht werden. Wenn Sie CSC-Prozesse vor der allgemeinen Verfügbarkeit benötigen, sprechen Sie bitte mit Ihrem SAP- oder SAP-Ariba-Vertriebsbeauftragten.

SAP Ariba Procure-to-Pay

SAP S/4HANA Cloud deckt Beschaffungen ab, die von allen Mitarbeitern im Unternehmen vorgenommen werden können (*Employee Self-Service Procurement*, *Requisitioning*, Scope Item 18J). Einige Unternehmen nutzen SAP Ariba Procure-to-Pay womöglich schon länger mit ihrem SAP-ERP-System, etwa mithilfe der Rapid Deployment Solution *Ariba Procure-to-Pay Integration für SAP Business Suite* (*http://service.sap.com/bp/RDS_ARIBA_P2P*). Die Verfügbarkeit eines Integrationsszenarios für SAP Ariba Procure-to-Pay ist für Mitte/Ende 2017 geplant.

[»] | **Hilfreiche Informationsquellen**

Die Kontexthilfe in SAP S/4HANA (ⓘ) unterstützt Sie bei Fragen im Umgang mit den Konfigurationsanwendungen. Darüber hinaus empfehlen sich wie in jedem SAP-Ariba-Integrationsprojekt die Hilfe- und Support-Seiten von SAP Ariba:

- SAP Hilfe: *http://help.sap.com/s4hana*
- Go-SAP-Seite für SAP S/4HANA Cloud: *http://s-prs.de/v429733*
- Go-SAP-Seite »Integration for SAP S/4HANA Cloud with SAP Solutions«: *http://s-prs.de/v429734*
- SAP Support: *http://support.sap.com*. Hier können Sie Tickets erfassen mit der Komponente »SV-CLD-SINT« für integrationsbezogenen Content, wie die SAP Best Practices, oder mit der Komponente »BNS-ARI-SE-ERP« für Funktionalität und Konfiguration der SAP-Ariba-Integration.

- Support für SAP-Ariba-Anwendungen: Verwenden Sie das Kontext-menü in den Anwendungen und die Seite *http://support.ariba.com*.
- Die SAP-Community unter:
  http://www.sap.com/community/topic/s4hana.html
- Die Ariba User Community unter *http://connect.ariba.com*
- SAP Cloud Professional Services: *http://s-prs.de/v429735*

8.2   Integration mit SAP SuccessFactors

SAP bietet die Integration von SAP S/4HANA Cloud mit SAP SuccessFactors Employee Central für nahezu alle Editionen der SAP S/4HANA Cloud an. Eine Ausnahme ist SAP Hybris Marketing.

Kein Personalwesen in SAP S/4HANA Cloud

SAP S/4HANA Cloud deckt selbst keine Personalprozesse ab, sodass eine Anbindung an ein externes System für das Personalwesen notwendig ist. SAP bietet daher SAP SuccessFactors Employee Central als System für die Personalverwaltung in der Cloud an.

Natürlich können Mitarbeiterdaten alternativ auch aus einer Datei importiert werden. Dieses Szenario bietet sich für ein Testsystem an, ist für den produktiven Betrieb aber eher weniger geeignet. SAP bietet hierfür eine eigene Applikation an (siehe Abbildung 8.28). Sie finden diese als Kachel **Mitarbeiter importieren** im SAP Fiori Launchpad eines Administrators.

Mitarbeiterdaten importieren

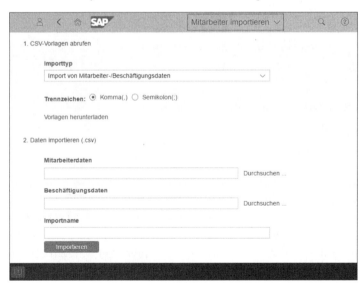

Abbildung 8.28 Mitarbeiterdatenimport aus einer Datei

Middleware

Die Integration von SAP SuccessFactors Employee Central mit der SAP S/4HANA Cloud erfolgt immer mithilfe einer Middleware, d. h. einer Verbindungssoftware, die einzelne Datenfelder aufeinander abbildet und den Datentransfer initiiert. Diese Middleware heißt *SAP Cloud Platform Integration* und steht allen Kunden der SAP S/4HANA Cloud zur Verfügung.

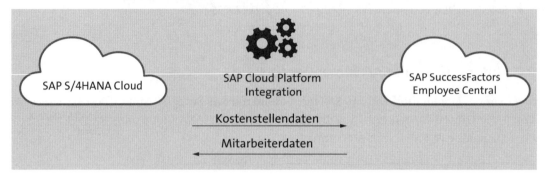

Abbildung 8.29 Integration mithilfe von SAP Cloud Platform Integration

[»]   **SAP Cloud Platform Integration**

SAP Cloud Platform Integration wird zur Integration webgestützter Anwendungen eingesetzt. Sie können solche Integrationsszenarien auf der *SAP Cloud Platform* (früher *SAP HANA Cloud Platform*, HCP) aufsetzen und laufen lassen. Die Plattform wird in der SAP Cloud gehostet. Die Anbindung über SAP Cloud Platform Integration wird für SAP S/4HANA bevorzugt eingesetzt.

Weitere Informationen zu diesem Thema finden Sie hier:

https://help.sap.com/cloudintegration

Integrations-
varianten

Diese Integration wird in zwei Varianten angeboten:

- von SAP betriebene Integration
- vom Kunden betriebene Integration

Im ersten Fall aktiviert SAP die Integration im Hintergrund in Abstimmung mit dem Kunden. Das heißt, SAP konfiguriert sowohl die SAP S/4HANA Cloud als auch SAP Cloud Platform Integration und SAP SuccessFactors Employee Central. Diese Variante ist für Kunden gedacht, die sowohl SAP S/4HANA Cloud als auch SAP SuccessFactors Employee Central zeitnah neu einführen und dies sofort in einer integrierten Systemlandschaft tun möchten. Änderungen oder Anpassungen sind in dieser Variante nicht möglich.

Die zweite Variante ist für Kunden gedacht, die entweder SAP S/4HANA Cloud oder SAP SuccessFactors Employee Central bereits seit Längerem produktiv nutzen und nun mit dem jeweils anderen System integrieren möchten. Aufgrund gewisser Voraussetzungen im Datenmodell der beiden Systeme kann es hier erforderlich sein, die Standardintegration anzupassen, zum Beispiel die Länge einzelner Felder oder die Abbildung bestimmter Employee-Central-Felder auf Felder der SAP S/4HANA Cloud. Diese Anpassungen können sowohl in der Middleware als auch in SAP SuccessFactors Employee Central notwendig sein. Um hier für den Kunden oder einen SAP-Implementierungspartner mehr Freiheiten zu ermöglichen, gibt es das Kommunikationsszenario *Employee Central Integration* (SAP_COM_0001).

Die betriebswirtschaftlichen Funktionen unterscheiden sich bei beiden Varianten nicht. Mitarbeiterbezogene Daten (zum Beispiel auch Fotos) werden von SAP SuccessFactors Employee Central in die SAP S/4HANA Cloud übertragen und Kostenstellen in die umgekehrte Richtung.

Tabelle 8.6 zeigt im Überblick, für welche Systemvoraussetzungen (Neueinführungen von SAP S/4HANA Cloud oder bereits produktive Systeme) die von SAP betriebene Integration angeboten wird.

Verfügbarkeit der Integrationsvarianten

Szenario	von SAP betrieben	vom Kunden betrieben	vom Kunden betrieben	vom Kunden betrieben	vom Kunden betrieben
SAP S/4HANA Cloud	neu	produktiv	neu	produktiv	neu
SAP SuccessFactors Employee Central	neu	neu	produktiv	neu	produktiv
SAP Cloud Platform Integration	neu	neu	neu	produktiv	produktiv

Tabelle 8.6 Übersicht der Auswahlszenarien

Abbildung 8.30 und Abbildung 8.31 zeigen Teilaspekte dieser Übertragungswege im Detail. Es gibt noch mehr Prozessdiagramme zu dieser Integration. Sie finden sie in der Dokumentation der Integration Ihrer SAP-S/4HANA-Cloud-Edition. Die beiden hier gezeigten Diagramme sind sicher die wichtigsten. Sie erklären den genauen Ablauf der Integration, zum Teil inklusive der Replikation beziehungsweise des Datenflusses und der einzelnen Prozessschritte in der Middleware.

Prozessdiagramme zum Datenaustausch

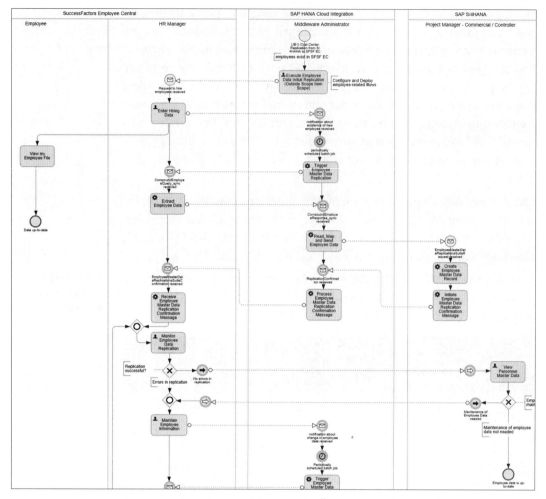

Abbildung 8.30 Prozessablauf bei der Übertragung der Mitarbeiterdaten

Mitarbeiterdaten werden in SAP SuccessFactors Employee Central angelegt (oder existierende Mitarbeiterdaten werden geändert). Durch einen Datentransfer, der in der Middleware initiiert wird, werden diese Änderungen in die SAP S/4HANA Cloud transferiert und die entsprechenden Mitarbeiterdatensätze aktualisiert oder neu angelegt. In SAP S/4HANA Cloud werden die Mitarbeiterdatensätze vor allem als Geschäftspartner in der Rolle »Mitarbeiter« genutzt. Daher finden sich die Änderungen auch in den Geschäftspartnerdaten wieder.

SAP SuccessFactors Employee Central benötigt immer die aktuellen Kosten-
stellen aus Ihrem Finanzsystem. Daher werden diese aus SAP S/4HANA
Cloud übertragen, wo sie in den Mitarbeiterdatensätzen gepflegt werden. Die
Zuordnung der Mitarbeiter zu den Kostenstellen wird dann wieder mit den
Mitarbeiterdaten zurück in das SAP-S/4HANA-Cloud-System übertragen.

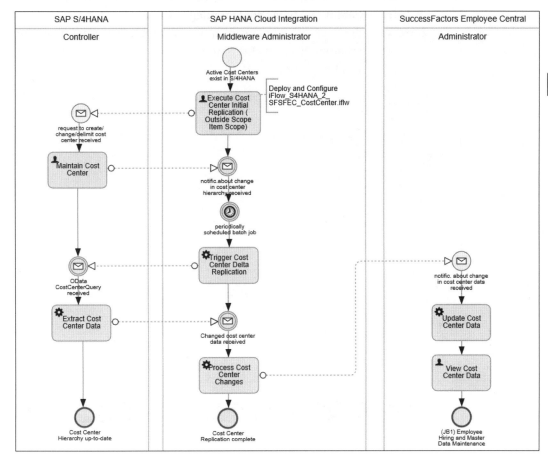

Abbildung 8.31 Kostenstellenübertragung aus S/4HANA Cloud
nach SAP SuccessFactors Employee Central

In den folgenden Abschnitten beschreiben wir die Konfiguration dieser
Integration.

8.2.1   Konfiguration in SAP S/4HANA Cloud

Um die Kommunikation zwischen den Systemen einzurichten, nutzt SAP
S/4HANA sogenannte *Kommunikationsszenarien*, die bestimmte Parameter der Konfiguration schon beinhalten, beispielsweise die zu nutzende

Kommunikations-
szenarien

Schnittstelle oder andere Einstellungen. Eine Voraussetzung hierfür ist, dass alle beteiligten Systeme für die Integration vorbereitet sind, dass also zum Beispiel die benötigten Zertifikate eingespielt worden sind.

Kommunikations-benutzer anlegen   Im ersten Schritt wird ein Kommunikationsbenutzer angelegt. Dies erfolgt in den SAP-Fiori-Applikationen der Kommunikationsverwaltung, speziell in der App **Kommunikationsbenutzer pflegen** (siehe Abbildung 8.32). Unter **Zertifikat** laden Sie Ihr Client-Zertifikat für SAP Cloud Platform Integration hoch. Dies erhalten Sie über Ihren Administrationsbenutzer für die SAP Cloud Platform Integration.

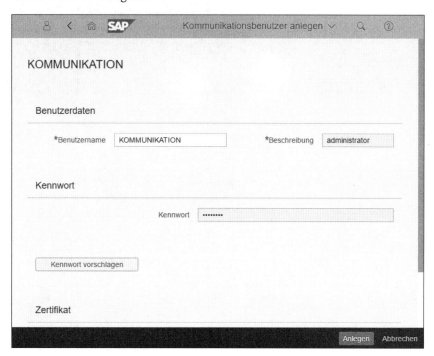

Abbildung 8.32 Kommunikationsbenutzer anlegen

Kommunikations-system anlegen   Danach legt man das Kommunikationssystem an. Hierzu gibt es ebenfalls eine entsprechende Applikation in der Kommunikationsverwaltung.

1. Hierzu vergeben Sie in der Applikation **Kommunikationsbenutzer anlegen** im ersten Schritt eine System-ID und einen Systemnamen und klicken dann auf **Anlegen**.

2. Nun pflegen Sie die weiteren Felder unter **Technische Daten**, wie den Hostnamen, die Mandantennummer und so weiter.

3. Unter **Benutzer für eingehende Kommunikation** suchen Sie Ihren Kommunikationsbenutzer, den Sie im vorigen Schritt angelegt haben.

4. Unter **Authentifizierungsmethode** wählen Sie die Authentifizierung mit SSL-Client-Zertifikaten. Dieselbe Methode wählen Sie bei dem Benutzer für die ausgehende Kommunikation. Nun ist das Kommunikationssystem fertig angelegt.

Jetzt fehlt noch die Pflege der Kommunikationsvereinbarung. Sie erfolgt wieder in einer eigenen Applikation:

Kommunikations- vereinbarung pflegen

1. Beim Neuanlegen einer solchen Vereinbarung wählen Sie ein Kommunikationsszenario aus. Für die Integration mit SAP SuccessFactors Employee Central wäre dies das Szenario SAP_COM_0001 (Mitarbeiterintegration).

2. Wählen Sie nun Ihr Kommunikationssystem aus, und behalten Sie den Namen des Kommunikationsbenutzers bei, den Sie bereits gepflegt haben (siehe Abbildung 8.33).

Abbildung 8.33 Kommunikationsvereinbarung pflegen

Damit ist die Konfiguration in SAP S/4HANA Cloud abgeschlossen.

8.2.2   Konfiguration in SAP Cloud Platform Integration

Um Integration Flows (IFlows), also Integrationsflüsse, in SAP Cloud Platform Integration anpassen zu können, benötigen Sie eine Eclipse-Installation. Des Weiteren brauchen Sie ein Key-Store-Explorer-Tool, um eine sichere Übertragung der Daten durch das Nutzen eines digitalen *Schlüssels* zu gewährleisten. (Dieses Tool bekommt man auch als kostenlose Freeware.)

Erforderliche
Berechtigungen

Um die Konfiguration durchzuführen, benötigen Sie bestimmte Berechtigungen (siehe Tabelle 8.7).

Applikation	Rolle
<your_tenant_id>iflmap	ESBMessaging.send
<your_tenant_id>tmn	AuthGroup.IntegrationDeveloper
<your_tenant_id>tmn	AuthGroup.BusinessExpert
<your_tenant_id>tmn	AuthGroup.Administrator
<your_tenant_id>tmn	ESBMessaging.send

Tabelle 8.7 Berechtigungen für die Konfiguration der Middleware

SAP liefert für die Integration vordefinierte IFlows im SAP-Content-Katalog. Welche Pakete beziehungsweise IFlows genutzt werden sollen, entnehmen Sie der Detaildokumentation.

[»]   **Weitere Informationen zu den Integrationspaketen**

Die Integrationspakete zur Mitarbeiterzuteilung und den zugehörigen Konfigurationsleitfaden finden Sie im SAP Content Hub unter folgendem Link:

https://cloudintegration.hana.ondemand.com

Grenzen Sie die Suche im Katalog beispielsweise über den Suchbegriff »employee« ein.

Für den Zugriff auf den SAP Content Hub müssen Sie ein Benutzerkonto im SAP Community Network (*https://www.sap.com/community.html*) angelegt haben. Der Benutzer und das Passwort dieses Kontos werden benötigt, um sich am SAP Content Hub anzumelden.

Jeder IFlow muss in den kundenspezifischen Arbeitsplatz kopiert werden. Dort wird der IFlow dann konfiguriert. Zum Beispiel werden bestimmte Mappings von Datenfeldern geändert. Dazu muss noch die Adresse des Ziel- und des Quellsystems gepflegt werden. Anschließend werden die IFlows in SAP Cloud Platform Integration aktiv geschaltet.

8.2.3   Konfiguration in SAP SuccessFactors Employee Central

Um Anpassungen in SAP Cloud Platform Integration bzw. Anpassungen der genutzten IFlows zu vermeiden, sollten Sie das Datenmodell in SAP SuccessFactors Employee Central anpassen. Tabelle 8.8 zeigt einige Beispiele. Eine vollständige Liste können Sie der Dokumentation entnehmen.

Datenbereich in den Mitarbeiterdaten	Feld	Restriktion
Kontaktinformation • Telefoninformation	Landesvorwahl	Nicht die führenden Nullen eingeben, zum Beispiel nur die 49 für Deutschland.
Personaldaten • Adresse	Stadt	Max. Länge = 40
	Land (USA, AUS)	Max. Länge = 40
	Postleitzahl	Max. Länge = 10

Tabelle 8.8 Anpassen des Datenmodells von SAP SuccessFactors Employee Central

In SAP SuccessFactors Employee Central legen Sie einen Benutzer mit der Rolle SFAPI an, der mit bestimmten Rechten ausgestattet sein muss. Dieser Benutzer wird nur in der SAP-SuccessFactors-Schnittstelle genutzt. Er wird benötigt, um die Verbindung der Middleware mit Employee Central zu ermöglichen. Dieser Benutzer braucht natürlich auch ein Passwort. Wenn Sie das maximale Passwortalter in SAP SuccessFactors Employee Central auf »-1« setzen, ist gewährleistet, dass dieses nie ausläuft, wodurch die Verbindung unterbrochen würde.

SFAPI-Benutzer

Ihr SAP-S/4HANA-Cloud-System muss nun als Zielsystem der Mitarbeiterdatenreplikation gepflegt werden. Dies geschieht in der Administrationsumgebung Ihrer SAP-SuccessFactors-Instanz unter **Manage Data**. Hier kann auch das Replikationssystem neu angelegt werden, wenn es nicht schon vorhanden ist (siehe Abbildung 8.34).

> **Weitere Informationen zur Konfiguration** [«]
>
> Weitere Details zur Konfiguration können Sie der Dokumentation Ihres Kommunikationsszenarios in SAP S/4HANA Cloud entnehmen.

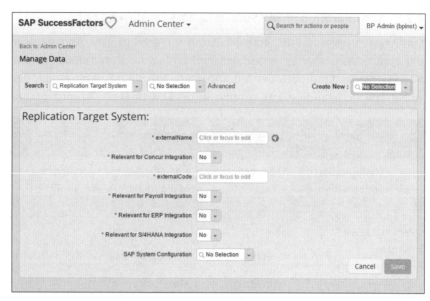

Abbildung 8.34 Replikationszielsystem anlegen

8.3   Integration mit SAP Hybris Marketing Cloud

Marketing-
plattform in der
Cloud

SAP Hybris Marketing Cloud (bis Release 1611 *SAP S/4HANA Marketing Cloud*, siehe Abschnitt 3.2.2, »SAP S/4HANA Cloud«) ist die cloudbasierte Variante des SAP-Produkts *SAP Hybris Marketing*. Als Marketingplattform ist es kein Primärsystem, sondern eher ein Satellitensystem zur Kundenanalyse ohne eigene Primärdaten. Als ein solches Satellitensystem ist es deshalb auf eine funktionierende Integration mit vorgeschalteten Systemen bzw. mit anderen Datenquellen angewiesen, die das System laufend mit aktuellen Stamm- und Bewegungsdaten zur Analyse versorgen.

Freigegebene APIs

Die Anbindung an andere Systeme erfolgt über freigegebene Programmierschnittstellen (Application Programming Interfaces, APIs). Diese APIs basieren auf Webservice-Technologien wie z. B. SOAP und OData. Ein direkter Zugriff auf die Tabellen der SAP-HANA-Datenbank ist generell nicht möglich. Ebenso war zum Zeitpunkt der Drucklegung dieses Buches noch kein direkter Zugriff über RFC-Funktionsbausteine (*Remote Function Call*) möglich. Es ist aber geplant, diesen zu ermöglichen.

Die folgenden Integrationsszenarien der SAP Hybris Marketing Cloud in eine Systemlandschaft können über vordefinierte Schnittstellen (SAP Best Practices Content und Standard-Apps) beschleunigt werden:

- Integration eines SAP-ERP-Systems
- Laden definierter Datenobjekte eines anderen Systems als Dateien über das Secure File Transfer Protocol (SFTP)
- Laden definierter Datenobjekte eines anderen Systems als CSV-Dateien über eine App (siehe Abschnitt 8.3.3, »Daten aus Fremdsystemen laden«).
- Laden von Daten aus den sozialen Netzwerken Twitter und Facebook
- Anbindung einer SAP Hybris Cloud for Customer

Welche Inbound-Integrationen für die SAP S/4HANA Marketing Cloud 1611 verfügbar sind, sehen Sie in Tabelle 8.9.

Import in die Marketing Cloud

8

Art der Daten	Dateninhalt	Technologie
Loyalty Management – Treuedaten	Aktivitäten von Mitgliedern eines Treueprogramms und Umsätze dieses Kunden aus *SAP Hybris Loyalty Management*	*Representational State Transfer* (REST)
	Angebote Import/Export	OData
Marktdaten und Ereignisse	Cookie-basierte Benutzerdaten und -interaktionen	CSV-Datei/OData
	Interessenten: Daten von Kontakten, Daten von Unternehmenskunden	CSV-Datei/OData
	Sekundärdaten zu Unternehmenskunden, Kontakten und Verbrauchern	CSV-Datei/OData
Verkaufs- und Servicedaten	Kontakte und Unternehmenskunden, Leads und Opportunitys, Telefonate, Termine und Besuche aus *SAP Hybris Cloud for Customer* (C4C) und *SAP Hybris Cloud for Service* (C4S)	OData über SAP Cloud Platform Integration
	Kunden und Kontakte, Verkaufsbelege (Aufträge etc.) aus SAP ERP	OData über SAP Cloud Platform Integration
	Verbraucherdaten und Verkaufsbelege aus *SAP Hybris Commerce*	OData über *SAP Hybris Data Hub*
	Kontakte und Interaktionen und Verkaufsbelege aus Nicht-SAP-Lösungen	CSV-Datei/OData

Tabelle 8.9 Verfügbare Inbound-Integration in die SAP Hybris Marketing Cloud

Art der Daten	Dateninhalt	Technologie
Finanzdaten	Ausgaben für Kampagnen	SOAP über SAP Cloud Platform Integration
Branchendaten	Angebote aus *SAP Promotion Management for Retail* importieren	OData
Soziale Medien, Web etc.	Social Posts (Tweets) aus der Twitter-Public-API	OData über SAP Cloud Platform Integration
	Social Posts (Tweets) von Facebook-Fan-Pages	OData über SAP Cloud Platform Integration
	Daten von *Sprinklr*	OData
	Clickstream-Daten aus SAP Hybris Commerce	*SAP Event Stream Processor* (EPS)/ OData
	Benutzerprofile, Marketingattribute und Marketing-Einwilligungen über Gigya	OData
	ausgewertete Clickstream-Daten aus SAP Hybris Convert	OData
Erweiterungen	Marketing-Einwilligungen und Kon-taktdaten von Kundenwebseiten und Landing-Pages	REST
digitale Kanäle	Import von Umfrageergebnissen aus *SurveyMonkey*	CSV

Tabelle 8.9 Verfügbare Inbound-Integration in die SAP Hybris Marketing Cloud (Forts.)

Export aus der Marketing Cloud Tabelle 8.10 zeigt in eine Liste der Outbound-Integrationen, die für die SAP S/4HANA Marketing Cloud 1611 verfügbar sind.

Art der Daten	Dateninhalt	Technology
soziale Kanäle	Soziale Kampagnen und Custom Audiences nach Sprinklr, Facebook und Instagram	REST
digitale Kanäle	Export von Umfragen nach SurveyMonkey	OData
	Export von *Google AdWords*	REST, SAP Cloud Platform Integration
personalisierter Handel	Produktempfehlungen und Personalisierter Inhalt nach SAP Hybris Commerce	OData über SAP Hybris Data Hub
Sales Automation	Leads, Verkaufsaufgaben, Telefonate und Termine nach SAP Hybris Cloud for Customer (C4C)	OData über SAP Cloud Platform Integration
E-Mails	E-Mails an Amazons E-Mail-Service-Provider und SAP Mobile Services	REST
SMS	SMS zu SAP SMS365	REST
Erweiterungen	Daten von Zielgruppenmitgliedern an beliebige *Campaign-Execution-Lösungen*	OData über SAP Cloud Platform Integration
	Erzeugen von Kundenaktionen und Folgeobjekten über *Open Campaign Channel* in beliebigen Geschäftslösungen	OData über SAP Cloud Platform Integration

Tabelle 8.10 Verfügbare Outbound-Integration in die SAP Hybris Marketing Cloud

---

Informationen zur Integration mit weiteren Systemen   [«]

Weitere Informationen zur Integration der Marketing Cloud mit anderen Systemen finden Sie im SAP Help Portal unter *https://help.sap.com/s4hana*:

1. Wählen Sie dort Ihre Cloud-Edition, z. B. SAP S/4HANA Cloud 1611.
2. Navigieren Sie dann zum Bereich **Product Assistance**, und wählen Sie Ihre Sprache für die **SAP User Assistance** aus.
3. In der SAP User Assistance wählen Sie **SAP Hybris Marketing Cloud**, um die **SAP Dokumentation** anzuzeigen.

4. Wenn Sie nun im Menü-Baum auf der linken Seite nach unten navigieren, finden Sie weitere Einträge, z. B.:
   – Integration mit SAP ERP
   – Integration mit SAP Hybris Cloud for Customer
   – Integration mit Suchmaschinenwerbung und SAP HANA Cloud Integration

Weitere Informationen zu den SAP Best Practices für die Integration der SAP Hybris Marketing Cloud finden Sie unter *https://rapid.sap.com/bp/BP_CLD_MKT*. Navigieren Sie dort zu **Solution Scope**, und schauen Sie sich die Scope-Item-Gruppen für **Integration** und **Data Load** an. Sie enthalten auch weitere Informationen zu hier nicht erwähnten Integrationen.

Middleware   Die bevorzugten Integrationsplattformen (Middleware) für den Zugriff auf SAP Hybris Marketing Cloud sind SAP Cloud Platform Integration und SAP Hybris Commerce, Data Hub (siehe Abbildung 8.35).

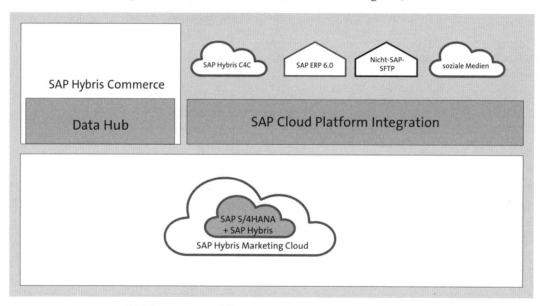

Abbildung 8.35 Middleware zur Integration der SAP Hybris Marketing Cloud

8.3.1   Das Datenmodell der SAP Hybris Marketing Cloud

Objekte des Datenmodells   Das Datenmodell der SAP Hybris Marketing Cloud ist auf die marketingrelevanten Business-Objekte reduziert, die wir im Folgenden aufführen. Zusätzlich zur deutschen Bezeichnung haben wir jeweils die englische Bezeichnung der Objekte angegeben, da die Integrationspakete und einige weiterführende Informationen nur in Englisch verfügbar sind:

- *Unternehmenskunden (Corporate Accounts)*: Daten, die eine nicht natürliche Person bzw. ein Unternehmen betreffen

- *Kontakte (Contacts)*: Natürliche Personen, die mit dem Unternehmen in Kontakt stehen

- *Interaktionen (Interactions)*: Kommunikation zwischen dem Unternehmen und einem Kontakt. Texte (Content) einer Interaktion werden über die integrierte SAP-HANA-Textanalyse automatisch beim Speichern ausgewertet. So lassen sich in den Texten z. B. Stimmungen (Sentiments) auswerten.

- *Kundenteammitglieder (Account Team members)*: Benutzer, die einem Team zugeordnet werden, das eine Marketingkampagne eines Kunden betreut.

- *Produkte (Products) und Produktkategorien (Product Categories)*: Einteilung eines Produkts in Kategorien, wie z. B. Schokoriegel, Sportwagen, Schreibstifte etc.

- *Interessen (Interests)*: Kategorisierung von Interaktionen durch z. B. einen Produktnamen. Dadurch lassen sich vielfältige Interaktionen (wie z. B. Supportanfragen oder Mitteilungen auf einer Facebook-Fan-Page) zusammenführen und gemeinsam analysieren.

- *Marken (Brands)*

- *Tags (Begriffe)*

Abbildung 8.36 zeigt eine vereinfachte Übersicht des Datenmodells.

Kontakte und Unternehmenskunden werden in einer Tabelle gespeichert und anhand des Kontakttyps (IC_TYPE, *Interaction Contact Type*) unterschieden. Zur Vereinfachung bezeichnen wir Kontakte und Unternehmenskunden im Folgenden einfach als *Kontakte*. Kontakte können untereinander in Beziehung stehen und können Interaktionen zugeordnet werden. — **Typen von Kontakten**

Interaktionen haben einen Typ (z. B. **Email**, **Order**, **Social_Posting** etc.) und können Produkten zugeordnet werden. Interaktionen können Interessen und Begriffen (*Tags*) zugeordnet werden. Interessen und Begriffe können untereinander auch verknüpft werden. — **Interaktionen**

Produkte können einer Produktkategorie und einer Marke zugordnet werden. Diese Zuordnungen vereinfachen die Analyse von Interaktionen für Marketingkampagnen. Produktkategorien können wieder Interessen zugeordnet werden. Interessen und Begriffe können wiederum eineinander zugeordnet werden. Dadurch lassen sich vielfältige Interessensnetzwerke knüpfen, auf den denen dann Marketingkampagnen aufgebaut werden können. — **Produkte**

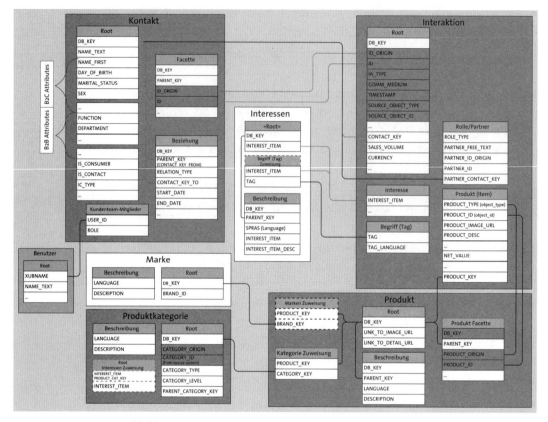

Abbildung 8.36 Datenmodell der SAP Hybris Marketing Cloud

Analyse eines Kundenauftrags

Ein Kundenauftrag (*Sales Order*) wird zum Beispiel als eine Interaktion mit Produktpositionen abgebildet. Um mögliche Kunden für bestimmte Produkte mithilfe einer Marketingkampagne gezielt anzusprechen, können Sie nun Interaktionen gezielt analysieren. Sie können z. B. herausfinden, für welche Kunden innerhalb eines Zeitraums Interaktionen vorliegen, die bestimmten Begriffen und/oder Interessen zugeordnet sind. Haben sich Kunden innerhalb der letzten sechs Monate bestimmte Produkte einer Marke gekauft und haben Sie in sozialen Netzwerken oder E-Mails an den Hersteller oder Händler ihre Meinung zu dem Produkt geäußert, dann können Sie diese Kunden gezielt über eine Marketingaktion ansprechen.

8.3.2   Integration eines SAP-ERP-Systems

Die SAP Hybris Marketing Cloud ist auf den stetigen Nachschub an Kunden- und Produktstammdaten und Verkaufsaufträgen angewiesen. Idealerweise kommen diese Daten in einer bestehenden SAP-Systemlandschaft aus einem *SAP-ERP-6.0*-System.

SAP-ERP-Integration

Für die Version SAP S/4HANA Marketing Cloud 1611 werden folgende SAP-ERP-Integrationsszenarien auf Basis von SAP Cloud Platform Integration angeboten:

- SAP ERP Order and Business Partner Integration
- SAP ERP Actual and Committed Spend Integration

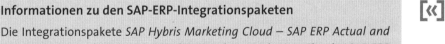

8

Beide Szenarien nutzen IDocs auf der Seite von SAP ERP und OData-Services auf der Seite der SAP Hybris Marketing Cloud zur Integration der Daten.

Weitere Informationen zu OData-Services   [«]

Vertiefende Informationen zu den verwendeten OData-Services finden Sie im SAP Help Portal unter *https://help.sap.com/s4hana*. Wählen Sie dort Ihre Edition, z. B. SAP S/4HANA Cloud 1611. Navigieren Sie zu **Additional Information**, und laden Sie den Leitfaden »Data Management Upload Interfaces Guide for SAP Hybris Marketing Cloud« herunter.

Es handelt sich um sogenannte *Out-of-the-Box-Integrationen*, die den ganzen Integrations-Workflow inklusive Extraktion, Mapping, Transformation, Laden und Überwachung vorgefertigt ausliefern.

Out-of-the-Box-Szenarien

Informationen zu den SAP-ERP-Integrationspaketen   [«]

Die Integrationspakete *SAP Hybris Marketing Cloud – SAP ERP Actual and Committed Spend Integration* und *SAP Hybris Marketing Cloud – SAP ERP Order and Business Partner Integration* und deren Konfigurationsleitfäden finden Sie im SAP Content Hub unter *https://cloudintegration.hana.ondemand.com*. Grenzen Sie die Suche über den Suchbegriff »Marketing Cloud« ein.

Für den Zugriff auf den SAP Content Hub benötigen Sie ein Benutzerkonto der SAP Community, wie in Abschnitt 8.2.2, »Konfiguration in SAP Cloud Platform Integration«, beschrieben.

Abbildung 8.37 zeigt alle Integrationspakete, die zu Version 1611 der Marketing Cloud auf dem SAP Content Hub verfügbar sind.

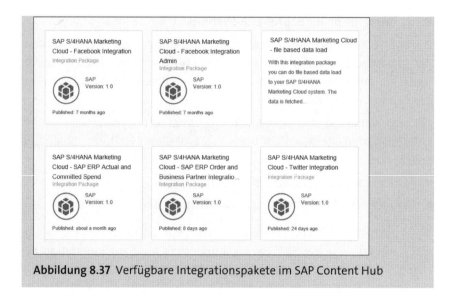

Abbildung 8.37 Verfügbare Integrationspakete im SAP Content Hub

Im Folgenden besprechen wir beide SAP-ERP-Integrationsszenarien etwas detaillierter.

SAP ERP Order and Business Partner Integration

Dieses Szenario beinhaltet die Verwendung von Angeboten (*Quotations*), Aufträgen (*Orders*) und Retouren (*Returns*) sowie der dazugehörigen Geschäftspartnerdaten (*Business Partner*) aus SAP ERP in der SAP Hybris Marketing Cloud.

Verwendete IDocs und OData-Services
Die Stammdaten und Verkaufsbelege werden mittels IDocs von einem SAP-ERP-System in die Marketing Cloud übertragen. Für die Übertragung der Daten werden die IDoc-Typen und OData-Services verwendet, die in Tabelle 8.11 aufgeführt sind.

Datenart	IDoc-Typ (Quelle)	OData-Service (Ziel)
Kundenstammdaten	Stammdaten: DEBMAS06 Adressdaten: ADRMAS03 und ADR3MAS03	CUAN_BUSINESS_ PARTNER_IMPORT_SRV
Kundenaufträge	COD_REPLICATE_SALES_ ORDER01	CUAN_BUSINESS_ DOCUMENT_IMP_SRV
Ist-Ausgaben und bestätigte Ausgaben	CUAN_ERP_MARKETING_ SPEND	CUAN_ACTUAL_IMPORT_ SRV

Tabelle 8.11 Verwendete Schnittstellen für »SAP ERP Order and Business Partner Integration«

IDoc COD_REPLICATE_SALES_ORDER01   [«]

Damit Sie das IDoc COD_REPLICATE_SALES_ORDER01 nutzen können, müssen
Sie mindestens SAP ERP 6.0 EHP4 als Quellsystem einsetzen. Auf diesem
SAP-ERP-System muss das Add-on *SAP Hybris Cloud for Customer 2.0 inte-
gration with SAP ERP* installiert sein, das auch *C4C-Add-on* genannt wird.
Die minimale Version ist SAPK-60024INCODERINT. Details dazu können Sie
dem Integrationsleitfaden zum Integrationspaket entnehmen.

Die IDoc-Strukturen und Felder der SAP-ERP-Kundenstammdaten werden
auf den OData-Service CUAN_BUSINESS_PARTNER_IMPORT_SRV und die Kundenaufträge auf den OData-Service CUAN_BUSINESS_DOCUMENT_IMP_SRV gemappt
und über SAP Cloud Platform Integration in die Marketing Cloud geladen.

Eine schematische Darstellung der Integration sehen Sie in Abbildung 8.38.

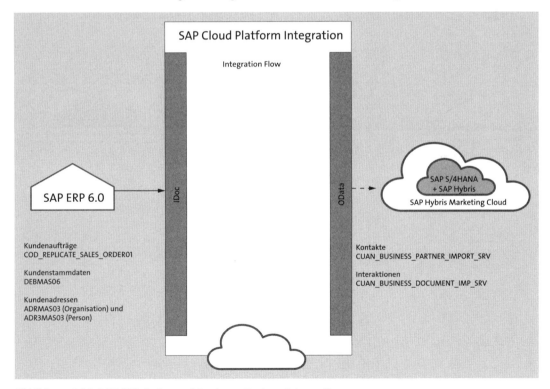

Abbildung 8.38 SAP ERP Order and Business Partner Integration

SAP ERP Actual and Committed Spend Integration

Das Szenario beinhaltet den Export von Ausgabendaten (Spend) von SAP
Hybris Marketing Cloud nach SAP ERP und den Import von Ist-Ausgaben
(Actual Spend) und bestätigten Ausgaben (Committed Spend) von SAP ERP

Marketingausgaben

nach SAP Hybris Marketing Cloud. Kampagnen (Campaigns) und die Ausga-
benpositionen (Spend Items), die in SAP Hybris Marketing Cloud angelegt
und freigegeben wurden, werden exportiert und als Projekte und PSP-Ele-
mente (WBS Elements) in SAP ERP angelegt. Dazu wird die Reverse-Proxy-
Technik verwendet.

Umgekehrt werden die Ist-Ausgaben und die bestätigten Ausgaben aus
dem SAP-ERP-System exportiert und in das Marketing-Cloud-System geladen. Der Import in die Marketing Cloud kann wieder über SAP Cloud Platform Integration oder über SAP Process Integration (PI) erfolgen (siehe
Abbildung 8.39).

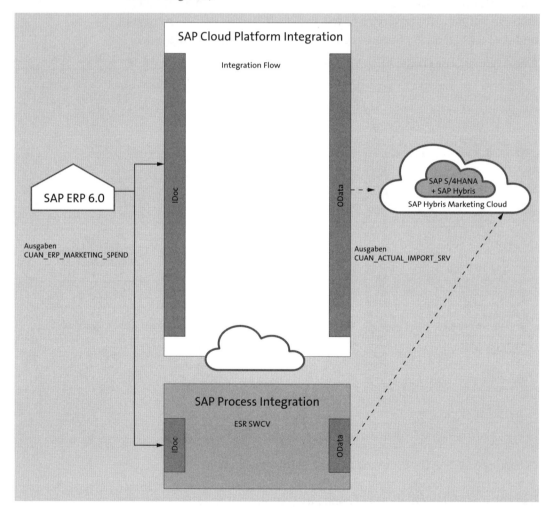

Abbildung 8.39 SAP ERP Actual and Committed Spend Integration

Die Integrationslösung erlaubt es Ihnen, Marketingkampagnen, Marketing-pläne und deren Budgets zentral in einem System zu erfassen und zu verwalten. Marketingaktivitäten können über den zentralen Marketingkalender in der Marketing Cloud besser aufeinander abgestimmt werden. Die Planungsprozesse werden dadruch vereinfacht und beschleunigt. Sie können dadurch Ihre Marketingausgaben quasi in Echtzeit überwachen und schnell strategische Entscheidungen treffen.

Für die Integration der Ausgaben aus dem SAP-ERP-System in die Marketing Cloud wird der in Tabelle 8.12 aufgeführte IDoc-Typ und OData-Service genutzt.

Datenart	IDoc-Typ (Quelle)	OData-Service (Ziel)
Ist- und bestätigte Ausgaben	CUAN_ERP_MARKETING_SPEND	CUAN_ACTUAL_IMPORT_SRV

Tabelle 8.12 Verwendete Schnittstellen für SAP ERP Actual and Committed Spend Integration

Die Ausgaben werden in dem IDoc CUAN_ERP_MARKETING_SPEND extrahiert und die Strukturen und Felder des IDocs im OData-Service CUAN_ACTUAL_IMPORT_SRV in der Marketing Cloud abgebildet.

> **Das IDoc CUAN_ERP_MARKETING_SPEND**
> Damit Sie das IDoc CUAN_ERP_MARKETING_SPEND nutzen können, müssen Sie das C4C-Add-on einsetzen, wie in vorangehenden Abschnitt »SAP ERP Order and Business Partner Integration« beschrieben.

8.3.3   Daten aus Fremdsystemen laden

Die Stamm- und Bewegungsdaten müssen nicht zwangsläufig aus einem SAP-ERP-System kommen. Sie können Daten auch mithilfe von Dateien aus anderen System laden. SAP bietet zwei definierte Wege, um solche Daten als *Datenmanagementobjekte* in die SAP Hybris Marketing Cloud zu laden:

Datenmanagement-objekte

- über die App **Daten importieren**
- über das Integrationspaket *SAP Hybris Marketing Cloud – File Based Data Load* der SAP Cloud Platform Integration

Beide Optionen nutzen wie das in Abschnitt 8.3.2, »Integration eines SAP-ERP-Systems«, beschriebene Integrationspaket den OData-Service CUAN_IMPORT_SRV. In beiden Fällen extrahieren Sie Ihre Daten aus den Fremdsystemen in vordefinierte CSV-Dateien mit einer festgelegten Struktur. Bei-

CSV-Dateien laden

spieldateien können Sie über die Kachel **Daten importieren** (im ersten Fall) bzw. (im zweiten Fall) über die Info-Seite zum Integrationspaket im SAP Content Hub herunterladen. Während sich die App **Daten importieren** anbietet, um einfach ad hoc Daten ins System zu laden, ist die Lösung über SAP Cloud Platform Integration eher für permanente Schnittstellen gedacht.

> **[»]**
>
> **CSV-Dateien**
>
> Eine CSV-Datei (*Comma-separated Values*, manchmal wird auch von *Character-separated Values* gesprochen) speichert tabellenartige Daten im Text-Format. CSV-Dateien sind in der EDV weitverbreitet und werden als Import- und Export-Format für viele Systeme und Anwendungen genutzt.

Die App »Daten importieren«

Daten über App importieren

In SAP S/4HANA Marketing Cloud 1611 können Sie folgende Datenmanagement-Objektdaten über die App **Daten importieren** (siehe Abbildung 8.40) laden:

- Unternehmenskunden/Corporate Accounts
- Kontakte
- Kundenteammitglieder
- Produktkategorien
- Produkte
- Interessen
- Interaktionen
- Marketinglokationen
- Marketing-Beacons
- Anmeldungen

Des Weiteren können folgende sonstige Daten geladen werden:

- benutzerdefinierte Business-Objekte
- Marken
- benutzerdefinierte Dimensionen
- Ist-Ausgaben und bestätigte Ausgaben
- Umfrageantwort
- Kampagnenerfolg

Für die sonstigen Daten werden teils andere OData-Services als CUAN_IMPORT_SRV verwendet.

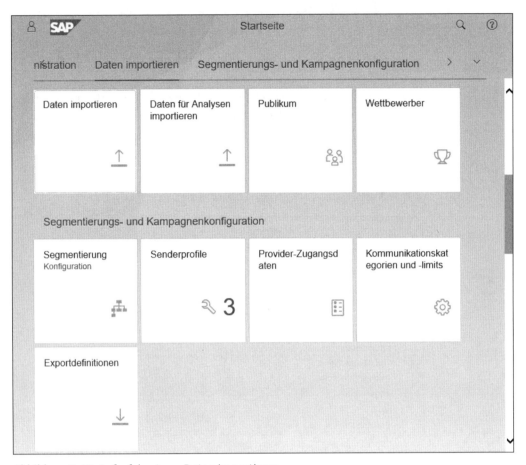

Abbildung 8.40 Aufruf der App »Daten importieren«

Weitere Informationen zu den OData-Services [«]

Weitere Informationen zu den in der App verwendeten OData-Services finden Sie unter *https://help.sap.com/s4hana*. Wählen Sie dort Ihre Edition, z. B. **SAP S/4HANA Cloud 1611**. Navigieren Sie dann zum Punk **Additional Information**, und laden Sie folgende Dokumente herunter:

- Data Management Upload Interfaces Guide for SAP Hybris Marketing Cloud
- Import Business Documents Using OData Service

Sie importieren die Datenmanagement-Objekte wie folgt in Ihr System:

1. Wählen Sie die Kachel **Daten importieren**.

2. Wählen Sie dann Ihr gewünschtes Datenmanagement-Objekt aus, z. B. **Kontakte ❶** (siehe Abbildung 8.41).

Datenmanagement-Objekte importieren

3. Laden Sie die Beispieldatei über **CSV-Vorlage herunterladen** ❷ auf Ihren lokalen Rechner.

4. Bearbeiten Sie die Datei bzw. bringen Sie Ihre Quelldaten in das benötigte Format.

5. Wählen Sie Ihre CSV-Datei für das Zielsystem über die **Durchsuchen**-Funktion von Ihrem lokalen Rechner aus ❸.

6. **Importieren** Sie Ihre Datei ❹.

Abbildung 8.41 Datenmanagement-Objekt für den Import auswählen

Daten über das Integrationspaket der SAP Hybris Marketing Cloud importieren

Das Integrationspaket *SAP Hybris Marketing Cloud – File Based Data Load* in Version 3.0 ermöglicht es Ihnen, Datenmanagement-Objekte über SAP Cloud Platform Integration mithilfe von SFTP zu laden.

Secure File Transfer Protocol (SFTP)

SFTP ist eine für die Secure Shell (SSH) entworfene Alternative zum *File Transfer Protocol* (FTP), die eine Verschlüsselung ermöglicht.

[«]

Mit Version 3.0 können folgende Objekte in die Marketing Cloud importiert werden:

- Unternehmensdaten (Accounts)
- Kontakte (Contacts)
- Interaktionen (Interactions)
- Interaktionen mit mehreren Produkten
  (Interactions with multiple Products)

In Abbildung 8.42 sehen Sie die verschiedenen Integrationsprozesse des Integrationspakets im SAP Content Hub.

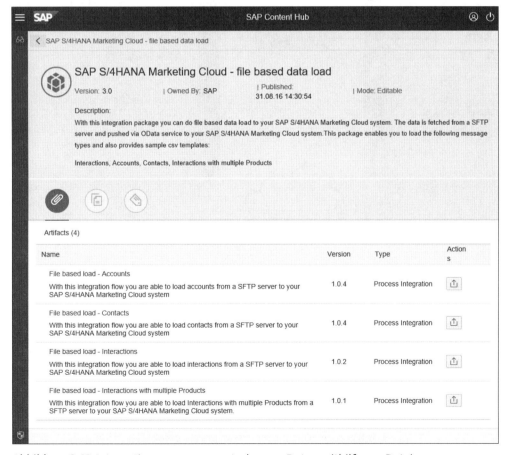

Abbildung 8.42 Integrationsprozesse zum Laden von Daten mithilfe von Dateien

Integrationsfluss   Die Daten müssen, wie in der App, in ein vorgegebenes CSV-Format gebracht werden. Innerhalb von SAP Cloud Platform Integration werden diese Dateien dann auf die Datenstrukturen und Felder des OData-Service CUAN_IMPORT_SRV abgebildet. Die Dateien selbst werden dann von einem SFTP-Server gelesen und anschließend über den OData-Service zur SAP Hybris Marketing Cloud gesendet. Abbildung 8.43 verdeutlicht diesen Ablauf schematisch.

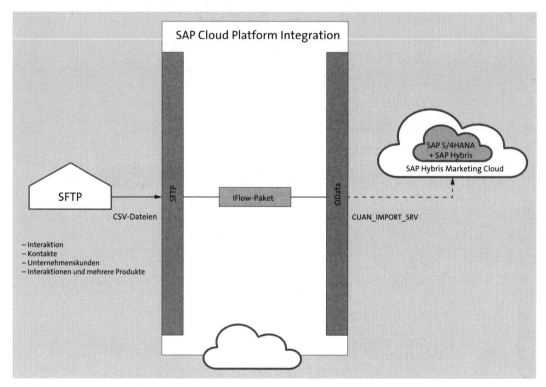

Abbildung 8.43 Integration fremder Systeme über Dateien

[»]   **Weitere Informationen zum Integrationspaket**
Mehr Informationen und das Integrationspaket selbst finden Sie im SAP Content Hub unter *https://cloudintegration.hana.ondemand.com*. Grenzen Sie die Anzahl der angezeigten Pakete über die Suchmaske und den Suchbegriff »Marketing Cloud« ein.

Dokumente im SAP Content Hub   In Abbildung 8.44 sehen Sie die verschiedenen Dokumente, die für das Paket verfügbar sind:

- Ein Konfigurationsleitfaden (**Best practice configuration guide**), der die notwendigen Konfigurationsschritte aufführt.

- Beispieldateien für die einzelnen Datenobjekte (**CSV examples**)
- Beschreibung des Mappings der einzelnen Datenobjekte
  (**Mapping details**)

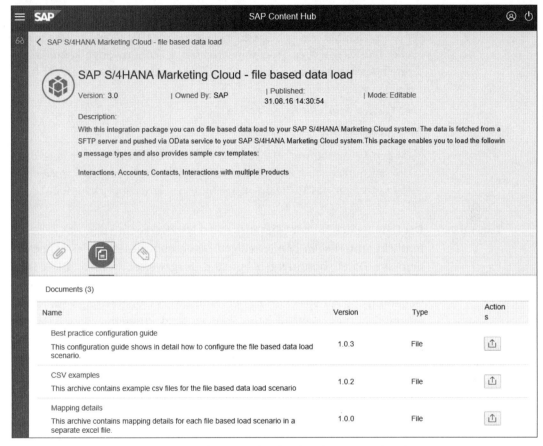

Abbildung 8.44 SAP-Content-Hub-Dokumente für das dateibasierte Laden der Daten

8.3.4   Laden von Daten aus sozialen Medien

Twitter und Facebook bieten öffentliche HTTPS-Programmierschnittstellen, sogenannte *Public APIs* an, mit denen es möglich ist, als öffentlich gekennzeichnete Nachrichten (Tweets/Posts) auf den Plattformen zu suchen und herunterzuladen, um sie dann gezielter auswerten zu können.

Public APIs und Big-Data-Plattformen

Diese öffentlichen Schnittstellen sind aber zum Teil sehr eingeschränkt, was das Datenvolumen und auch den Zeitraum der auswertbaren Daten betrifft. Beide Unternehmen bieten diese Daten auch direkt, über eigene Tochterunternehmen, oder indirekt über Big-Data-Plattformen, wie *Gigya* oder *DataSift* an, um nur einige zu nennen. Über solche Plattformen kann man kostenpflichtig Daten aus vielen sozialen Medien, nicht nur den oben genannten, suchen und auswerten.

[»]

Informationen zu Volumen-Begrenzungen (Rate Limits)

Alle sozialen Netzwerke begrenzen die Anzahl der Datenmengen, die man über ihre öffentlichen Programmierschnittstellen auswerten kann. Weitere Informationen dazu finden Sie für die einzelnen Plattformen auf folgenden Webseiten:

- Twitter: *http://s-prs.de/v429736*
- Facebook: *http://s-prs.de/v429737*

Da sich die Webauftritte der Plattformen oft ändern, kann es sein, dass die Links nicht mehr zum Ziel führen. Geben Sie dann einfach den Namen des Netzwerks und das Stichwort »Rate limit« in eine Suchmaschine ein.

Datenschutz

Die Daten eines Nutzers dieser sozialen Netzwerke und das, was er veröffentlicht, unterliegen den jeweiligen Datenschutzgesetzen des Landes, in dem die Daten heruntergeladen und ausgewertet werden. Diese sind jedoch von Land zu Land unterschiedlich. Generell ist es ratsam, sich eine Genehmigung zur Speicherung der Daten zwecks Auswertung vom Nutzer einzuholen. Diese Genehmigung kann als Marketing-Einwilligung (*Marketing Permission*) mit einer der Optionen in die SAP Hybris Marketing Cloud geladen werden, die wir in Abschnitt 8.3.3, »Daten aus Fremdsystemen laden«, beschrieben haben.

Verarbeitung von Posts und Tweets

Die *Posts* und *Tweets* aus den sozialen Netzwerken werden über die HTTPS-Schnittstellen geladen. Integrationspakete des SAP Cloud Platform Integration wandeln diese Daten dann in Kontakte und Interaktionen um, die dann über den OData Service CUAN_IMPORT_SRV in die Marketing Cloud geladen werden. Abbildung 8.45 zeigt Ihnen eine schematische Darstellung dieser Integration.

Integration mit Twitter

Tweets analysieren

Über die soziale Plattform Twitter werden Kurznachrichten, sogenannte *Tweets*, öffentlich verbreitet und geteilt. Über die öffentlichen Twitter-Schnittstellen (Public APIs) können Sie Tweets gezielt nach Begriffen durchsuchen und die Auswahl dann zur Auswertung herunterladen.

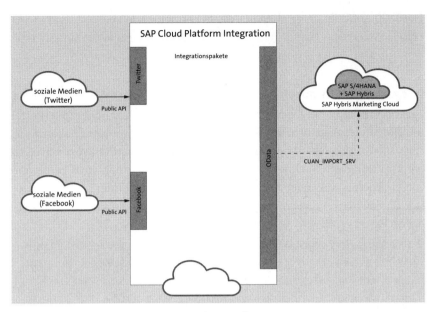

Abbildung 8.45 Integration von sozialen Medien

Hierzu werden zwei Integrationspakete angeboten:

- **SAP Hybris Marketing Cloud – Twitter Integration Admin**
  Dieses Paket dient zur Administration und technischen Konfiguration des Hauptpakets *SAP Hybris Marketing Cloud – Twitter Integration*.

- **SAP Hybris Marketing Cloud - Twitter Integration**
  Dieses Hauptpaket der Twitter-Integration dient dazu, Mitteilungen von Twitter zu laden. Die Mitteilungen werden als Interaktionen (Typ: SOCIAL_POSTING) und die Nutzerinformationen als Kontakte gespeichert.

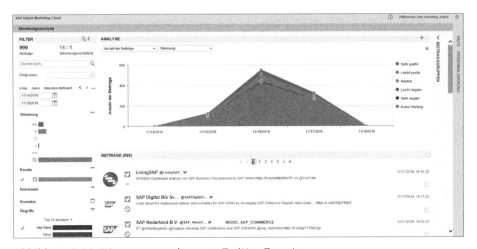

Abbildung 8.46 Stimmungsanalyse von Twitter-Tweets

Die als Interaktionen geladenen Tweets können dann anschließend in SAP Hybris Marketing Cloud über die Kachel **Stimmungsanalyse** ausgewertet werden. Abbildung 8.46 zeigt ein Beispiel einer solchen Analyse.

Integration mit Facebook

Posts analysieren

Facebook erlaubt hingegen nur die Auswertung von Kommentaren (*Posts*), die Nutzer der Plattform auf sogenannten *Fan Pages* gemacht haben. Es ist nicht mehr möglich, öffentliche Mitteilungen im gesamten sozialen Netzwerk mithilfe von Suchbegriffen aufzuspüren. Es können auch keine normalen Nutzerseiten nach Mitteilungen durchsucht werden.

Fan Pages

Fan Pages sind spezielle Facebook-Seiten, die anders als Nutzerseiten in der Regel zur Vermarktung eines Anliegens dienen. Viele Firmen unterhalten solche Fan Pages, um sich oder ihre Produkte zu vermarkten. Das können sowohl große Firmen sein wie auch die Eisdiele um die Ecke.

Mehr Informationen zu solchen Fan Pages finden Sie hier:

http://s-prs.de/v429738

Wie Sie so eine Seite anlegen, ist hier beschrieben:

http://s-prs.de/v429739

Integrationspakete

Auf der SAP Cloud Plattform werden Ihnen zwei Integrationspakete dazu angeboten.

- **SAP Hybris Marketing Cloud – Facebook Integration Admin**
  Dieses Paket dient zur Administration und technischen Konfiguration des Hauptpakets *SAP Hybris Marketing Cloud – Facebook Integration*.

- **SAP Hybris Marketing Cloud – Facebook Integration**
  Über das Hauptpaket der Facebook-Integration laden Sie die Mitteilungen, die Facebook-Nutzer auf einer Fan Page hinterlassen haben. Die Mitteilungen werden als Interaktionen gespeichert, und die verfügbaren Nutzerinformationen werden als Kontakte gespeichert. Die Art der verfügbaren Nutzerinformationen ist sehr eingeschränkt.

In Abbildung 8.47 sehen Sie Facebook-Fan-Page-Mitteilungen, die als Interaktionen über die Kachel **Stimmungsanalyse** ausgewertet werden können.

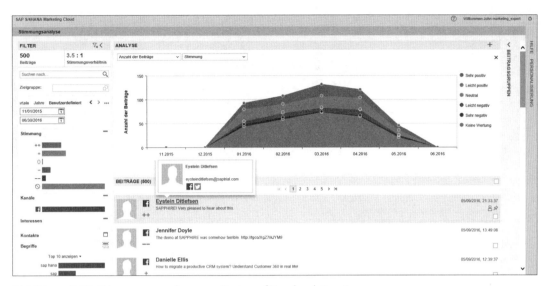

Abbildung 8.47 Stimmungsanalyse von Posts auf Facebook Fan Pages

8.3.5   Integration eines SAP-Hybris-Cloud-for-Customer-Systems

Über ein weiteres Integrationspaket können Geschäftsprozesse zwischen SAP Hybris Marketing Cloud und SAP Hybris Cloud for Customer (C4C) integriert werden. Das Integrationspaket deckt folgende Aspekte ab:

Integrations-
szenarien

- das automatische Anlegen von Marketing Leads, Aufgaben (Tasks), Terminen (Appointments) oder Telefonanrufen in SAP Hybris Cloud for Customer über die Aktivierung einer Kampagne in SAP Hybris Marketing Cloud

- das Replizieren von Unternehmenskunden (Accounts), Kontakten oder Einzelkunden und deren Beziehungen von SAP Hybris Cloud for Customer in die SAP Hybris Marketing Cloud

- das Replizieren von Geschäftsbelegen aus SAP Hybris Cloud for Customer in die SAP Hybris Marketing Cloud (Leads, Opportunitys, Aktivitäten (Besuche, Termine, Anrufe))

- das Replizieren von Produktpositionen aus Lead- und Opportunity-Belegen von SAP Hybris Cloud for Customer in die SAP Hybris Marketing Cloud

Abbildung 8.48 zeigt Ihnen die verschiedenen Integrationsprozesse des Integrationspakets im SAP Content Hub.

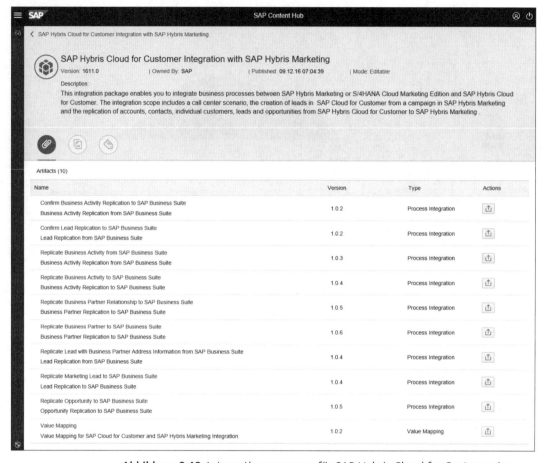

Abbildung 8.48 Integrationsprozesse für SAP Hybris Cloud for Customer im SAP Content Hub

Für die Integration der Geschäftspartnerdaten und der Belege werden die folgenden OData-Services genutzt:

- `CUAN_BUSINESS_PARTNER_IMPORT_SRV` (Geschäftspartner)
- `CUAN_BUSINESS_DOCUMENT_IMP_SRV` (Belege)

SAP Best Practices zur Integration von SAP Hybris Cloud for Customer

Weitere Informationen zu den SAP Best Practices für diese Integration finden Sie unter *https://rapid.sap.com/bp/BP_CLD_MKT*. Navigieren Sie dort unter **Solution Scope** zur **Scope Item Group** für **Integration**. Das Scope Item *SAP Hybris Marketing Cloud integration with SAP Hybris Cloud for Customer* beinhaltet weitere Informationen.

TEIL III

Umstieg auf SAP S/4HANA On-Premise

In diesem Teil befassen wir uns mit SAP S/4HANA On-Premise oder in der Private Cloud. Sie werden die Unterschiede kennenlernen, die es bei der Migration dieser Versionen im Vergleich zu den Cloud-Editionen gibt, die wir in Teil II behandelt haben. Die Konvertierung eines bestehenden SAP-Business-Suite-Systems ermöglicht es, auf SAP S/4HANA umzusteigen, ohne ein neues System aufzusetzen. Für eine Neuimplementierung werden verschiedene Migrationstools bereitgestellt, die wir in Anwendungsbeispielen vorstellen. Schließlich beschreiben wir, wie eine Landschaftstransformation durchgeführt wird. Außerdem stellen wir mit SAP Central Finance einen wichtigen Anwendungsfall für SAP S/4HANA im Detail vor. Abschließend gehen wir auf die Integrationsmöglichkeiten von SAP S/4HANA On-Premise ein. Dabei werden speziell SAP Ariba, SAP Success-Factors und die Integration mit bestehenden SAP-Systemen erörtert.

Kapitel 9

Installation und Konfiguration von SAP S/4HANA On-Premise oder in der Private Cloud

Beim Umstieg auf SAP S/4HANA On-Premise wird entweder ein neues SAP-S/4HANA-System aufgesetzt oder ein bestehendes SAP-System transformiert. In diesem Kapitel erläutern wir die Schritte, die zur Installation des Backend- und Frontend-Servers sowie zur Konfiguration des Systems notwendig sind.

Nachdem Sie in Teil II die SaaS-Lösung (*Software-as-a-Service* – Public Cloud) von SAP S/4HANA kennengelernt haben, wundern Sie sich vielleicht, warum auch in diesem Kapitel wieder das Wörtchen Cloud auftaucht. In diesem Kapitel behandeln wir SAP S/4HANA in einer *Private Cloud*. Das heißt, es geht um das SAP-S/4HANA-On-Premise-System, das von einem Hosting-Anbieter betrieben wird (also um ein IaaS-System – *Infrastructure-as-a-Service*).

Es ist wichtig, dass Sie diesen Unterschied verstehen. Im Gegensatz zu der in Teil II behandelten Lösung – der SAP S/4HANA Cloud, einem Standard-Cloud-System mit quartalsmäßigen Updates und eingeschränkten Erweiterungsmöglichkeiten, bei dem Sie nur über das Cloud-Service-Center Zugang zu dem Backend-System haben – können Sie bei Ihrem eigenen On-Premise-System selbst über das Customizing und die Updates bestimmen. Dabei ist es egal, ob dieses System tatsächlich bei Ihnen in Ihrem eigenen Datencenter oder bei einem Hosting-Partner implementiert wird. Die Private-Cloud-Option kann auch durch SAP selbst in der SAP HANA Enterprise Cloud (HEC) realisiert werden.

In jedem Fall können Sie viel stärkeren Einfluss auf die Implementierung nehmen. Außerdem – und dies ist mit Sicherheit auch ein entscheidender Punkt – können Sie bei einer solchen Implementierung Ihr Ziel-Release frei wählen. Das heißt, Sie können z. B. zu SAP S/4HANA 1511, 1605 (SAP S/4HANA Finance) oder zur Version SAP S/4HANA 1610 wechseln, die zur Drucklegung dieses Buches aktuell war.

Voraussetzungen
für die
Umstiegsszenarien

Bevor Sie mit der Migration nach SAP S/4HANA On-Premise beginnen, muss das SAP-S/4HANA-System in einigen Fällen erst einmal aufgesetzt werden. Rufen Sie sich dazu noch einmal die drei fundamentalen Fälle für den Umstieg auf SAP S/4HANA in Erinnerung, die wir in Abschnitt 4.2, »Die drei Szenarien für den Umstieg«, vorgestellt haben:

- die Neuimplementierung von SAP S/4HANA
- die Systemkonvertierung nach SAP S/4HANA
- eine Landschaftstransformation mit SAP S/4HANA

Außer bei der Systemkonvertierung beruht die Migration nach SAP S/4HANA technisch gesehen auf einer sauberen Neuinstallation. Des Weiteren benötigt ein SAP-S/4HANA-System für jedes dieser Szenarien einen Frontend-Server, um SAP Fiori als Benutzerschnittstelle nutzen zu können.

[»]   **Frontend-Server bei der Systemkonvertierung**

Die Installation eines Frontend-Servers oder das Verwenden der SAP Fiori Cloud sind auch bei dem Szenario »Systemkonvertierung« notwendig, wenn Sie nicht auf die SAP-Fiori-Applikationen verzichten möchten.

Schritte für die
Neuinstallation

Sofern Sie nicht mit der SAP S/4HANA Fully-Activated Appliance starten möchten, die wir in Kapitel 6, »Testsysteme und Modellfirma«, vorgestellt haben, müssen Sie vor der Neuinstallation zunächst ein Sizing durchführen, um den Hardwarebedarf festzustellen.

Anschließend wird mithilfe des *Software Provisioning Managers* (SUM) ein SAP-S/4HANA-System mit den verfügbaren SAP-Installationsmedien neu aufgesetzt (siehe Abschnitt 9.1, »Installation«). Das entstehende System enthält zunächst das Auslieferungscustomizing von SAP. Die anschließende Konfiguration des neuen Systems müssen Sie entsprechend den Anforderungen durchführen, die diejenigen Geschäftsprozesse stellen, die Sie implementieren wollen (siehe Abschnitt 9.2, »Systemkonfiguration«).

Zusätzlich zu der eigentlichen SAP-S/4HANA-Instanz wird ein Frontend-Server aufgebaut. Dieser Frontend-Server (*FES*) ist die zentrale Instanz für den Einsatz der SAP-Fiori-Benutzerschnittstelle (siehe Abschnitt 9.3, »Den Frontend-Server für die SAP-Fiori-Benutzeroberfläche einrichten«).

Als Alternative zu einer eigenen Neuinstallation (die für ein Produktivsystem obligatorisch ist) möchten wir an dieser Stelle nochmals auf das SAP-S/4HANA-Referenzsystem als Fully-Activated Appliance hinweisen, das wir in Kapitel 6, »Testsysteme und Modellfirma«, vorgestellt haben. Die Fully-Activated Appliance kann als Startpunkt dienen.

9.1   Installation

Wenn Sie nicht mit der Fully-Activated Appliance starten, sollten Sie zunächst ein Sizing für Ihren individuellen Fall durchführen. Beim Sizing ermiteln Sie die Hardware-Anforderungen des SAP-S/4HANA-Systems und der SAP-HANA-Datenbank sowie die Plattengröße, den notwendigen Arbeitsspeicher und den voraussichtlichen Netzwerkdurchsatz.

Sizing

[«]

Weitere Informationen zum Sizing

Je nach Zielsystem-Release und Szenario erhalten Sie über die folgenden Links mehr Informationen zum SAP-S/4HANA-Sizing:

- Sizing-Startpunkt im SAP Service Marketplace: http://service.sap.com/sizing
- SAP Quicksizer: http://service.sap.com/quicksizing
- SAP-Hinweis 1793345 für SAP S/4HANA Finance
- SAP-Hinweis 1872170 für die ABAP-Sizing-Reports

In diesem Abschnitt beschreiben wir das Aufsetzen eines SAP-S/4HANA-On-Premise-Systems in Ihrer eigenen Landschaft. In einer Private-Cloud- oder Hosting-Umgebung sind diese Schritte analog durchführbar. Zur Vereinfachung beschreiben wir in diesem Abschnitt das Installieren eines Sandbox-Systems, das den ABAP-Backend- und den SAP-Fiori-Frontend-Server in einem gemeinsamen System beinhaltet (*Co-Deployment*, siehe auch Abschnitt 9.3, »Den Frontend-Server für die SAP-Fiori-Benutzeroberfläche einrichten«).

Sandbox-System

Zunächst einmal müssen Sie sich alle Installationsdateien besorgen. Dazu können Sie die Dateien mithilfe des *SAP Download Managers* und des *Download Baskets* herunterladen. Ein neues cloudbasiertes Tool, das wir Ihnen vorstellen werden, hilft Ihnen dabei, die richtigen Dateien für Ihre Installation zu identifizieren.

Download der
Installationsdateien

[«]

Download Basket

Leeren Sie den Download Basket, indem Sie alte Download-Aufträge löschen, bevor Sie die einzelnen Komponenten für SAP S/4HANA auswählen. So behalten Sie einen besseren Überblick über die tatsächlich benötigten Installationsdateien.

Um die korrekten Dateien auf einfache Weise herunterzuladen, melden Sie sich am *Maintenance Planner* an, einem neuen Tool, das den Maintenance Optimizer ersetzt (siehe Abbildung 9.1). Mit dem Maintenance Planner kön-

Maintenance
Planner

nen Sie neue Systeminstallationen planen, Updates ausführen und neue sowie zusätzliche SAP-Produkte (wie z. B. den Frontend-Server für SAP Fiori) implementieren.

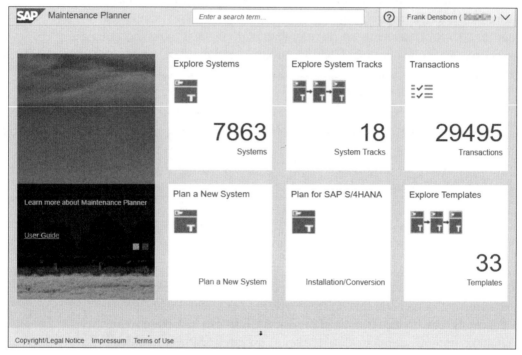

Abbildung 9.1 Der Maintenance Planner unterstützt Sie beim Umstieg auf SAP S/4HANA.

 Weitere Informationen zum Maintenance Planner
Mehr Informationen zum Maintenance Planner erhalten Sie unter dem folgenden Link: *http://help.sap.com/maintenanceplanner*

Maintenance Planner starten
Um den Maintenance Planner zu starten, rufen Sie den folgenden Link in Ihrem Internet-Browser auf:

https://apps.support.sap.com/sap/support/mp

Eine SAP-Fiori-basierte englischsprachige Webseite öffnet sich, zu der Sie Zugang mit Ihrem S-User haben. Für SAP-Partner muss der Partner-User mit dem Benutzer des Kunden verbunden sein, damit Sie die Kundensysteme sehen können. Der Maintenance Planner wird Ihnen helfen, die notwendigen Installationsdateien zu identifizieren und sie herunterzuladen, und er wird die nötige Dokumentation bereitstellen.

Der Maintenance Planner wird nicht nur für neu aufgesetzte Systeme eingesetzt, sondern auch bei Systemkonvertierungen (siehe Abbildung 9.2). Das Werkzeug kommt dort zum Einsatz, um das existierende System auf Add-ons, Business Functions und Industrielösungen hin zu untersuchen. Dabei hilft der Maintenance Planner Ihnen auch dabei, festzustellen, ob eine Systemkonvertierung überhaupt durchgeführt werden kann (siehe Kapitel 10, »Systemkonvertierung eines Einzelsystems«).

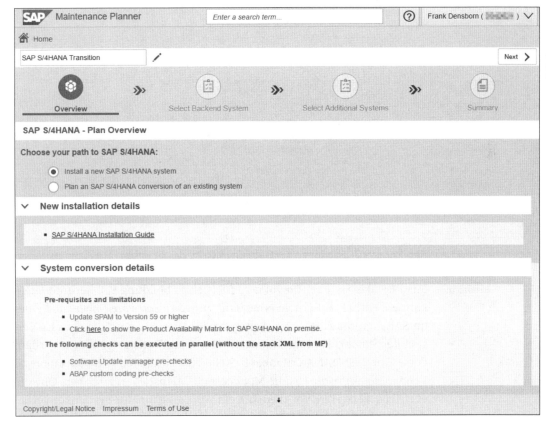

Abbildung 9.2 Der Maintenance Planner dient zum Installieren eines neuen SAP-S/4HANA-Systems oder zur Konvertierung eines bestehenden Systems.

Laden Sie über den in Abbildung 9.2 dargestellten Link den *SAP S/4HANA Installation Guide* herunter (Menüpunkt **New installation details**). Der Guide führt Sie Schritt für Schritt durch den folgenden Installationsprozess. Wenn Sie den Prozess durchlaufen haben, können Sie am Ende über die Funktion **Push to Download Basket** (siehe Abbildung 9.3) die Installationsdateien an den Download-Manager übergeben und die anderen Dateien direkt über das Tool herunterladen.

Installation Guide

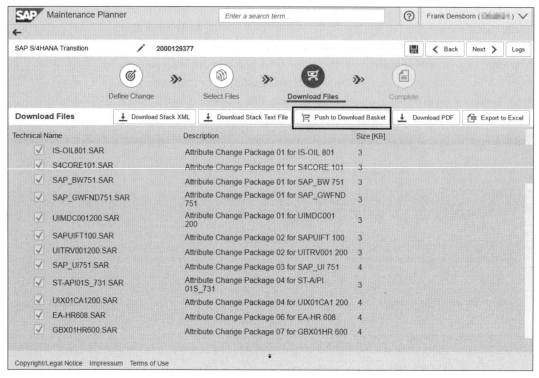

Abbildung 9.3 Download der Dateien mithilfe des Maintenance Planners

Benötigte
Werkzeuge

Das PDF, das Sie über **Download PDF** (siehe Abbildung 9.3) herunterladen können, enthält außerdem einen Link zum *SAP Software Download Center* im SAP Support Portal. Des Weiteren benötigen Sie noch die neueste Version des *Support Package Managers* (SPAM) und – falls noch nicht vorhanden – eine SAP-HANA-Datenbank. Stellen Sie zusätzlich sicher, die neueste Version des *Software Update Managers* (SUM) installiert zu haben. Obwohl es sich bei Letzterem vor allem um ein Werkzeug für eine Systemkonvertierung handelt, wird der SUM auch während der Neuinstallation für das initiale Patchen verwendet.

Benötigte
Informationen

Für die Installation benötigen Sie die im Maintenance Planner angegebene Betriebssystemversion (in unserem Beispiel *SUSE Linux*) und die Version der SAP-HANA-Datenbank. (Die Datenbank-Version können Sie ebenfalls mit den Eingaben im Maintenance Planner überprüfen.) Wenn Sie SAP HANA bereits implementiert haben, müssen Sie die Datenbank auf die Version patchen, die für Ihre SAP-S/4HANA-Version mindestens notwendig ist, und Sie müssen einen neuen Datenbank-Container erstellen.

Installation
mit SWPM

Die eigentliche Installation von SAP S/4HANA erfolgt dann über den *Software Provisioning Manager* (SWPM) mit den Dateien, die Sie über den Maintenance Planner heruntergeladen haben. Dieser Prozess dauert mehrere Stunden und wird gemäß des Installations-Guides ausgeführt (siehe Abbildung 9.4).

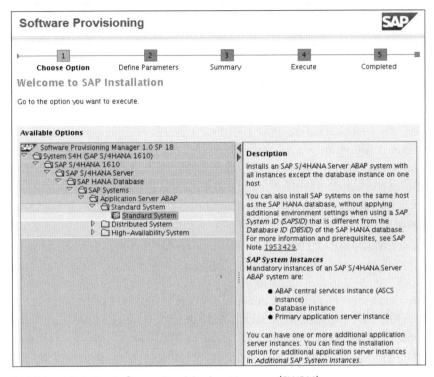

Abbildung 9.4 Der Software Provisioning Manager (SWPM)

Nach der erfolgreichen Installation des »nackten« SAP-S/4HANA-Systems wird das SUM-Tool verwendet, um eventuelle Support Packages zu installieren. (Bitte stellen Sie auch sicher, dass Sie die neueste Version des Software Update Managers verwenden.)

SUM

Zuvor können Sie eine Archivierung durchführen und ein Backup ziehen. Der SUM-Prozess kann ebenfalls einige Stunden dauern. Add-ons können Sie mit dem *SAP Add-on Installation Tool* (Transaktion SAINT), zusammen mit dem Support Package Manager (Transaktion SPAM) einspielen.

Zu guter Letzt sollten Sie noch einige Bereinigungsarbeiten durchführen. Außerdem fällt noch ein Modifikationsabgleich in der Transaktion SPAU an. Schließlich installieren Sie SAP-Hinweise für Ihre SAP-S/4HANA-Version aus den SAP S/4HANA Release Notes mithilfe der Transaktion SNOTE und spielen die Transporte ein. Anschließend ist Ihre SAP-S/4HANA-Installation komplett und abgeschlossen.

Nacharbeiten

[»]   **Weitere Informationen zur Installation**

Mehr Informationen zur Installation erhalten Sie in der SAP S/4HANA Community (*http://s-prs.de/v429740*) und im SAP S/4HANA Cookbook (*http://s-prs.de/v429741*).

9.2   Systemkonfiguration

SAP Best Practices

In diesem Abschnitt beschreiben wir die Vorgehensweise zur Konfiguration des Systems mit den SAP Best Practices. Dies ist ein guter Ansatz zur Systemkonfiguration für alle Sandbox- und PoC-Systeme. Für die Produktivlandschaft besteht diese Möglichkeit nur, wenn die SAP Best Practices Ihre Kundenanforderungen zufriedenstellend abdecken (siehe unsere Anmerkungen zur Fit-Gap-Analyse in Abschnitt 5.2, »Die Phasen von SAP Activate«).

Nuller-Mandant

In der Welt von SAP ERP und der klassischen SAP Business Suite lautete die Empfehlung von SAP, den größten Teil des Contents aus dem Mandanten 000 (*Nuller-Mandant*) zu kopieren, um während des Implementierungsprojekts einen eigenen kundenspezifischen Mandanten aufzusetzen. Mit den SAP Best Practices wurde die Anzahl der notwendigen Konfigurationstabellen drastisch reduziert (um mehr als den Faktor 10). Die SAP Best Practices beinhalten nur noch die Systemkonfigurationseinstellungen, die zusätzlich zu den notwendigen Basistabellen erforderlich sind, um ein SAP-S/4HANA-On-Premise-System aufzusetzen.

Solche Mandanten mit Content aus den SAP Best Practices nennen wir im Folgenden *Best-Practices-Mandanten*, die anderen Mandanten mit voller Nuller-Mandanten-Konfiguration nennen wir *klassische Mandanten*. Sie können Best-Practices- und klassische Mandanten ohne Probleme gemeinsam in einem SAP-S/4HANA-System laufen lassen (siehe auch Abschnitt 6.3, »Lösungsumfang des Modellsystems«).

Mandanten-
kopie-Profile

In SAP S/4HANA gibt es zwei neue Profile für die Mandantenkopie:

- SAP_UCUS: Customizing und Benutzerstammdaten

- SAP_CUST: Customizing

Sie sollten eines dieser Profile verwenden, um auf Basis des Nuller-Mandanten einen Best-Practices-Mandanten aufzusetzen. Bei dieser Kopie werden nur die notwendigen Tabellen der Auslieferungsklassen C und G in den Zielmandanten kopiert, alle anderen (z. B. Systemtabellen mit Auslieferungsklasse S) nicht. Das Ganze funktioniert nur für Kopien des Nuller-

Mandanten und vereinfacht die zukünftige Wartbarkeit, wenn Sie mit dem Rest der Konfiguration beim Standard der SAP Best Practices bleiben. Zukünftige Upgrades von SAP S/4HANA auf höhere Releases betreffen nicht mehr nur die Software, sondern beinhalten auch wiederum den SAP Best Practices Content, der ebenfalls ständig um zusätzliche Funktionalität erweitert wird.

Um das installierte SAP-S/4HANA-System abschließend zu konfigurieren und die SAP Best Practices einzuspielen, werden nach der initialen (Teil-) Mandantenkopie aus dem Nuller-Mandanten verschiedene Werkzeuge eingesetzt. Dies sind der *Solution Builder* für die SAP Best Practices und der *SAP Solution Manager 7.2*, die Sie nicht verwechseln sollten. Mit diesen Tools ist es möglich, die SAP Best Practices entsprechend Ihrer kundenspezifischen Anforderungen auf Scope-Item-Ebene für die konkreten Funktionalitäten mit dem sogenannten *Building Block Builder* zu aktivieren. Die Aktivierung der Systemkonfiguration aus den SAP Best Practices findet im Entwicklungssystem statt und wird dann in der Systemlandschaft transportiert.

Solution Builder

Der Prozess der SAP-Best-Practices-Aktivierung kann einige Stunden dauern und wird gemäß des *SAP S/4HANA Admin Guide* ausgeführt. Bei Aktivierung der SAP Best Practices für die USA besteht auch die Möglichkeit, eine Integration mit dem dort verwendeten Vertex-Steuersystem einzurichten. Nach der erfolgreichen Aktivierung der SAP Best Practices mit diesen Tools sind nur noch einige manuelle Nacharbeiten durchzuführen.

Admin Guide

SAP S/4HANA Admin Guide

[«]

Laden Sie sich eine PDF-Version des SAP S/4HANA Admin Guide herunter, sodass Sie auch offline darauf zugreifen können. Über den folgenden Link gelangen Sie zu dem Admin Guide für SAP S/4HANA 1610; dort sind aber auch Absprünge in andere On-Premise-Versionen verfügbar: *http://s-prs.de/v429742*. Um das Dokument als PDF herunterzuladen, verwenden Sie die Funktion **Download as PDF** oben rechts in der Hypertext-Version des Admin Guide.

Der Prozess der Konfiguration im Entwicklungssystem sieht folgendermaßen aus:

Systemkonfiguration im Entwicklungssystem

1. Importieren Sie den Referenz-Mandanten:
   – Laden Sie die aktuellste Solution-Scope-Datei und die Installationsdateien herunter.
   – Laden Sie die Dateien in das SAP-S/4HANA-System hoch, um Einstellungen vorzunehmen und Stammdaten anzulegen.

  – Importieren Sie die Einstellungen mithilfe der Solution-Scope-Datei in den Solution Builder.

2. Wählen Sie mithilfe der Scope Items den Lösungsumfang (Scope) aus, den Sie aktivieren wollen.

3. Nehmen Sie die eigentliche Aktivierung des Systems vor.

Building Blocks

Während der Aktivierung des Systems implementieren Sie die entsprechenden Building Blocks in der vorgegebenen Reihenfolge. Dabei dient Ihnen der Solution Builder als Implementierungsassistent. Zu den Building Blocks gehören auch Testdaten (Stammdaten), die über *eCATT* angelegt werden, und Einstellungen, die mittels *Business Configuration Sets* (BC Sets) eingespielt werden.

Customizing-Transporte

Die Empfehlung von SAP lautet, keine Content-Aktivierung in Qualitätssicherungs- und Produktivsystemen durchzuführen. Stattdessen kann die Systemkonfiguration mithilfe des Transportwesens durch die Systemlandschaft transportiert werden. Dafür erstellen Sie zunächst sowohl im Qualitätssicherungssystem als auch im Produktivsystem eine Mandantenkopie mit dem Profil SAP_CUST aus dem Nuller-Mandanten, um die Best-Practices-Mandanten anzulegen. Danach wird das Customizing aus dem Best-Practices-Mandanten im Entwicklungssystem über Customizing und Workbench-Aufträge in der folgenden Reihenfolge transportiert:

1. SAP Best Practices mit dem Customizing aus der initialen Aktivierung

2. zusätzliches kundenspezifisches IMG-Customizing (d. h. über den Implementierungsleitfaden durchgeführtes Customizing)

3. weitere Einstellungen des Nuller-Mandanten gemäß SAP-Hinweis 2272406

Die Transportaufträge für die SAP Best Practices (Schritt 1) und die Aufträge mit kundeneigenem Customizing (Schritt 2) werden deswegen getrennt abgewickelt, damit Sie in jedem Fall auch zukünftig Updates der SAP Best Practices erfolgreich einspielen können. Auf diese Weise wird die Zukunftssicherheit Ihres SAP-S/4HANA-Systems gewahrt und eine bessere Wartbarkeit ermöglicht.

Transportweg

Der Transportweg in der SAP-S/4HANA-Landschaft verläuft standardmäßig vom Entwicklungs- über das Qualitätssicherungs- in das Produktivsystem. Wie bereits erwähnt, findet keine Content-Aktivierung für die SAP Best Practices im Qualitätssicherungs- oder Produktivsystem statt. Dennoch können manuelle Nacharbeiten (wie im Admin Guide beschrieben) in den einzelnen Systemen erforderlich sein.

Es ist Ihre Entscheidung, ob Sie die SAP Best Practices für die Systemkonfiguration nutzen oder nicht. Tabelle 9.1 zeigt Ihnen die Vor- und Nachteile ihrer vollständigen Nutzung sowie auch die Vor- und Nachteile einer nur teilweisen Nutzung als Alternative auf.

Option zur Systemkonfiguration	Vorteile	Nachteile
Klassischer Mandant: klassische Vollkopie des Nuller-Mandanten (mit allen Konfigurationstabellen) ohne Verwendung der Systemkonfiguration aus den SAP Best Practices	▪ umfassende Konfiguration der meisten Funktionsbereiche ▪ Die Vorgehensweise ist die von SAP ERP und der klassischen SAP Business Suite.	▪ ungenutzte Konfiguration erschwert zukünftige Wartbarkeit. ▪ keine Dokumentation ▪ keine konsistenten und verknüpften Prozesse
Alternative: klassische Vollkopie des Nuller-Mandanten (mit allen Konfigurationstabellen) und zusätzlich aktivierten SAP Best Practices	▪ umfassende Konfiguration der meisten Funktionsbereiche ▪ teilweise konsistente und verknüpfte Prozesse (SAP Best Practices) ▪ teilweise dokumentiert (SAP Best Practices)	▪ Ungenutzte Konfiguration erschwert zukünftige Wartbarkeit. ▪ teilweise doppelte oder inkonsistente Konfiguration, da zwei unterschiedliche Konfigurationen zugrunde liegen
Best-Practices-Mandant: eigener, neu angelegter Best-Practices-Mandant (mit reduzierten Konfigurationstabellen) und SAP Best Practices	▪ konsistente und verknüpfte Prozesse ▪ gut dokumentiert ▪ Nur zdie notwendige Konfiguration wird genutzt; dies vereinfacht die Wartbarkeit.	▪ Die SAP Best Practices sind noch nicht für den gesamten Lösungsumfang von SAP S/4HANA On-Premise verfügbar.

Tabelle 9.1 Vergleich der unterschiedlichen Konzepte für eine SAP-S/4HANA-Systemkonfiguration

Freiheit bei der Wahl der Konfigurationsmethode
Das On-Premise-System kann auch ganz ohne SAP Best Practices aufgesetzt und dann manuell konfiguriert werden.

Vergleich mit SAP S/4HANA Cloud

Für SAP S/4HANA On-Premise beschleunigt der in diesem Abschnitt beschriebene vorkonfigurierte Content aus den SAP Best Practices die Implementierung, aber im Gegensatz zur SAP S/4HANA Cloud ist es nicht zwingend notwendig, die SAP Best Practices zu nutzen.

Während die SAP Best Practices in SAP S/4HANA Cloud alle möglichen Prozesse abdecken, ist dies in der On-Premise-Welt noch nicht gegeben, um den Kunden größtmögliche Freiheit bei der Konfiguration zu geben. Aufgrund dieser Tatsache ist das Durchführen des Fit-Gap-Workshops (siehe Abschnitt 5.2, »Die Phasen von SAP Activate«) auch so entscheidend für eine erfolgreiche Implementierung von SAP S/4HANA.

> **[»] Weitere Informationen und Klick-Demos zur Systemkonfiguration von SAP S/4HANA On-Premise**
>
> Eine Klick-Demo zur Konfiguration von SAP S/4HANA 1610 On-Premise finden Sie hier: *http://s-prs.de/v429743*
>
> Eine Klick-Demo zur Benutzerverwaltung von SAP S/4HANA 1610 On-Premise finden Sie hier: *http://s-prs.de/v429744*

9.3   Den Frontend-Server für die SAP-Fiori-Benutzeroberfläche einrichten

SAP Fiori Launchpad

Das SAP Fiori Launchpad, das entweder in einem Internet-Browser oder im Falle von SAP S/4HANA On-Premise auch im SAP Business Client läuft, ist der einzige und allumfassende Zugangspunkt des Endanwenders zu dem SAP-S/4HANA-System (siehe Abschnitt 2.4, »Die SAP-Fiori-Benutzeroberflächen«).

Frontend-Server (FES)

Für die SAP-Fiori-Benutzeroberflächen benötigt SAP S/4HANA noch den sogenannten *Frontend-Server* (*FES*), denn das SAP Fiori Launchpad kann nicht direkt mit dem Backend-Server kommunizieren. Technisch handelt es sich bei dem Frontend-Server um *SAP Gateway*. Haben Sie bereits ein SAP-Gateway-System im Einsatz, könnten Sie dieses auch als Frontend-Server für SAP S/4HANA verwenden.

Da das SAP Fiori Launchpad über den Frontend-Server kommuniziert, meldet sich der Benutzer nicht direkt am SAP-S/4HANA-Backend, sondern am Frontend-Server an. Da SAP GUI weiterhin genutzt werden kann, würde der Benutzer beim direkten Zugriff auf SAP-GUI-Oberflächen zwischen SAP GUI und SAP Fiori mit zwei verschiedenen Anmeldewegen hin- und herspringen. Daher wird die Verwendung des SAP Fiori Launchpads als Einstiegspunkt in SAP S/4HANA und als neue vereinheitlichte Benutzeroberfläche des SAP-Systems empfohlen. Für den Anwender wird dadurch ein Wechseln zwischen verschiedenen Programmen überflüssig, wie es früher in der klassischen SAP Business Suite erforderlich war, wenn sich Inhalte aus dem SAP GUI im Internet-Browser geöffnet haben.

Wir beschreiben Ihnen im Folgenden das Einrichten des Frontend-Servers. Wenn Sie ein existierendes SAP-Gateway-System verwenden wollen, müssen Sie auf die für Ihre SAP-S/4HANA-Version notwendige SAP-NetWeaver- und Patch-Version achten. Mit SAP S/4HANA 1511 und höher ist bei einer eigenen Frontend-Server-Installation oder bei der Nutzung eines existierenden Frontend-Servers mindestens SAP NetWeaver 7.50 obligatorisch. Dabei werden nur noch die Datenbanken SAP HANA, SAP MaxDB und SAP ASE unterstützt (siehe SAP-Hinweis 2214245). **SAP-Gateway-Version**

Folgende Komponenten sind Bestandteil des Frontend-Servers und werden für die Benutzeroberfläche von SAP S/4HANA genutzt: **Komponenten**

- Der *Webserver* übermittelt die Daten mittels SAPUI5-Technologie an den Internet-Browser, den Sie auf dem Rechner oder einem mobilen Gerät nutzen.
- SAP Gateway kommuniziert mittels *OData-Services* mit dem SAP-S/4HANA-Backend.
- Der *SAP Fiori Launchpad Provider* hält das Datenmodell und die Services für das SAP Fiori Launchpad bereit.

Für analytische SAP-Fiori-Apps ist zusätzlich noch ein *SAP Web Dispatcher* (Reverse Proxy) notwendig.

Möchten Sie für den Frontend-Server keine eigene Landschaft einrichten, besteht die Möglichkeit, diesen in der *SAP Fiori Cloud* on-demand zu nutzen. In diesem Fall kommuniziert der Frontend-Server in der Cloud über den *SAP HANA Cloud Connector* und die SAP Cloud Platform (vormals SAP HANA Cloud Platform, HCP) direkt mit Ihrer On-Premise-Landschaft (siehe Abschnitt 9.3.2, »SAP Fiori Cloud«). **SAP Fiori Cloud**

Damit ergeben sich unterschiedliche Möglichkeiten, den Frontend-Server in die eigene Systemlandschaft einzubinden. Diese Möglichkeiten betreffen die Art und Weise der Nutzung (On-Premise oder Cloud) und im On-Premise-Fall die Art und Weise der Installation (Central-Hub- oder Add-on-Deployment): **Deployment-Optionen**

- *Central-Hub-Deployment* des Frontend-Servers für SAP Fiori
- *Add-on-Deployment* des Frontend-Servers für SAP Fiori (auch *Embedded* oder *Co-Deployment*)

- *SAP Fiori Cloud* über ein eigenes On-Premise installiertes SAP-Gateway-System

- SAP Fiori Cloud ohne eigenes SAP-Gateway-System (*Full Fiori Cloud*)

Jede dieser Möglichkeiten hat ihre Vor- und Nachteile, die wir uns nun etwas näher anschauen. Anhand der Überlegungen in den folgenden Abschnitten können Sie die Möglichkeit bestimmen, die für Ihre Landschaft und Ihre technischen und fachlichen Anforderungen am besten geeignet ist.

[»]   **Online-Unterstützung bei der Auswahl der Deployment-Option**

Die folgenden beiden Links zum *SAP Enterprise Architecture Explorer* führen zu Empfehlungen für die Frontend-Server-Landschaft:

- *http://s-prs.de/v429746*
- *http://s-prs.de/v429745*

9.3.1   On-Premise-Installation des Frontend-Servers

Central Hub   Dieser Abschnitt beschreibt die Implementierung oder das Nutzen eines On-Premise-Frontend-Servers. Auch wenn sich dadurch ein weiteres SAP-NetWeaver-System in Ihrer Systemlandschaft ergibt, hat die Installation des Frontend-Servers als Central Hub folgende Vorteile gegenüber der Embedded- oder Add-on-Implementierung im gleichen System:

- Software-Updates für SAP Fiori sind vom SAP-S/4HANA-Backend-System entkoppelt.

- User-Interface-(UI-)Innovationen für SAP Fiori und anderer UI-Content können schneller konsumiert werden.

- Der Frontend-Server für SAP S/4HANA kann zusätzlich auch als Frontend-Server für andere Systeme in der gleichen SAP-Systemlandschaft genutzt werden.

- Es besteht eine bessere Skalierbarkeit, da die Leistungsanpassung des Systems für eine wachsende Anzahl an Benutzern unabhängig vom Backend durchgeführt werden kann.

- Es besteht erhöhte Datensicherheit aufgrund der Trennung von Anzeigeserver und Datenhaltungsserver.

Add-on   Aus diesen Gründen ist es zwar technisch möglich, den Frontend-Server als Embedded- oder Add-on-Deployment auf dem gleichen System zu implementieren, auf dem das SAP-S/4HANA-Backend installiert ist, aber für produktive Landschaften ist das nicht empfehlenswert. Diese Art der

Implementierung ist eher für Testsysteme geeignet (wie bei der SAP S/4HANA Fully-Activated Appliance, die einen eingebetteten Frontend-Server beinhaltet, siehe Abschnitt 6.2).

Der Neuinstallation des Frontend-Servers geht ebenso wie der eigentlichen Installation des SAP-S/4HANA-Systems (siehe Abschnitt 9.1, »Installation«) ein initiales Sizing voraus. Danach erfolgt die Installation über den Software Provisioning Manager (SWPM), gefolgt von der Implementierung der für SAP S/4HANA notwendigen Add-ons für den Frontend-Server.

Installation

Anschließend sind noch einige manuelle Nacharbeiten durchzuführen, die vor allem die Konfiguration betreffen. Die notwendigen Installationsdateien erhalten Sie mithilfe des Maintenance Planners, wie bereits in Abschnitt 9.1, »Installation«, für SAP S/4HANA beschrieben wurde.

Der Name der richtigen SAP-Fiori-Version ist »SAP FIORI FOR SAP S/4HANA«, gefolgt von der SAP-S/4HANA-Versionsnummer, also z. B. »SAP FIORI FOR SAP S/4HANA 1610« für SAP S/4HANA 1610.

> **Weiterführende Informationen zur Implementierung**   `[«]`
>
> Unter dem folgenden Link finden Sie noch mehr und aktuelle Informationen zur Implementierung des Frontend-Servers:
>
> *http://s-prs.de/v429747*

9.3.2   SAP Fiori Cloud

SAP Fiori Cloud ist ein neues, einfaches Cloud-Deployment des Frontend-Servers für SAP-Systeme (ursprünglich auch als *Fiori-as-a-Service* bezeichnet). Die SAP Fiori Cloud läuft auf der SAP Cloud Platform und konsumiert die Daten aus Ihrem SAP-S/4HANA-On-Premise-System. Technisch gesehen, wird Ihre SAP-S/4HANA-Landschaft dadurch zu einer hybriden Landschaft, da ein Teil – der Frontend-Server – in der Cloud implementiert ist. Ihre Daten bleiben dabei jedoch in Ihrem eigenen Datencenter vor Ort und sind davon nicht betroffen. SAP Fiori Cloud ist eine gute Möglichkeit, die Kosten der SAP-S/4HANA-Implementierung zu senken und Sicherheitsbedenken bezüglich der Cloud-Implementierung zu begegnen.

SAP Cloud Platform

Die SAP Fiori Cloud wird in zwei Editionen angeboten:

Editionen

- *SAP Fiori Cloud Demo* ermöglicht es Ihnen, SAP Fiori in Ihrer SAP-Landschaft über eine Anzahl ausgewählter SAP-Fiori-Apps zu entdecken.
- *SAP Fiori Cloud* ermöglicht Ihnen den produktiven Einsatz von SAP Fiori ohne eigenen Frontend-Server. Sie wird ebenfalls mit einer Anzahl ausgewählter SAP-Fiori-Apps ausgeliefert.

Mit SAP Fiori Cloud können ähnlich wie beim Central-Hub-Deployment eines einzelnen Frontend-Servers (siehe Abschnitt 9.3.1, »On-Premise-Installation des Frontend-Servers«) ebenfalls mehrere SAP-Systeme angebunden werden. Somit kann die SAP-Fiori-Technologie auch auf Ihre bestehende SAP-Landschaft ausgeweitet werden. Des Weiteren können SAP-Fiori-Apps mittels *SAP Web IDE* erweitert und angepasst sowie neue kundenspezifische Apps erstellt werden. Die Daten werden dabei mittels *SAP Cloud Platform OData Provisioning* – einer Art Proxy auf der SAP Cloud Platform, der nach außen OData anbietet – aus den On-Premise-Systemen abgerufen.

Mit oder ohne eigenen SAP Gateway Server

Die SAP Fiori Cloud kann entweder mit eigenem (On-Premise-)SAP Gateway Server eingesetzt werden oder komplett in der Cloud ohne eigenen SAP Gateway Server. Tabelle 9.2 beschreibt die Vor- und Nachteile dieser beiden Möglichkeiten.

Deployment-Option	Vorteile	Nachteile
SAP Fiori Cloud mit SAP Gateway On-Premise	volle Funktionalität von SAP Gateway	SAP Gateway muss selbst gewartet und aktuell gehalten werden.
SAP Fiori Cloud (Full Fiori Cloud) – ohne eigene SAP-Gateway-Installation	minimale Einrichtungs- und Wartungskosten für die gesamte SAP-Fiori-Infrastruktur	Die Funktionalität von SAP Gateway ist eingeschränkt (siehe SAP-Hinweis 1830712).

Tabelle 9.2 Vergleich der Deployment-Möglichkeiten für die SAP Fiori Cloud

Bei Nutzung der vollen SAP Fiori Cloud werden nicht alle Funktionen von SAP Gateway unterstützt. Dies liegt an Einschränkungen in SAP Cloud Platform OData Provisioning.

Voraussetzungen

Zum Schluss bleibt nur noch zu erwähnen, dass beim Nutzen der SAP Fiori Cloud neben dem SAP HANA Cloud Connector für die Verbindung zum Backend-System auch die SAP-Gateway-Verbindung und die Backend-Komponenten von SAP Fiori in SAP S/4HANA konfiguriert sein müssen. Außerdem müssen bei mehreren SAP-Backend-Systemen – auch Nicht-S/4HANA-Systemen – diese über die gleiche Version von SAP Cloud Platform OData Provisioning verfügen.

SAP Fiori Apps Reference Library

In der SAP Fiori Apps Reference Library (siehe Abschnitt 2.4, »Die SAP-Fiori-Benutzeroberflächen«) können Sie speziell nach den in der SAP Fiori Cloud verfügbaren SAP-Fiori-Apps filtern, um sich einen Überblick über die Einschränkungen in diesem Fall zu verschaffen.

Weiterführende Informationen zur SAP Fiori Cloud   [«]

Unter den folgenden Links finden Sie noch mehr und aktuelle Informationen zur Nutzung der SAP Fiori Cloud:

- Mehr Informationen: *http://s-prs.de/v429748*
- Help-Portal: *https://help.sap.com/fioricloud_s4hana*
- Produktübersicht: *http://s-prs.de/v429749*
- SAP Fiori Cloud Trial: *https://www.sapfioritrial.com*

9

Kapitel 10

Systemkonvertierung eines Einzelsystems

Bei der Konvertierung eines Einzelsystems wird ein bestehendes SAP-ERP-System in ein SAP-S/4HANA-System konvertiert. Sie werden dabei durch Methoden und Funktionen unterstützt, um den notwendigen Anpassungsbedarf zu identifizieren und die Anpassungen umzusetzen.

Mit *Systemkonvertierung* wird das Übergangsszenario bezeichnet, in dem ein einzelnes SAP-ERP-System in ein SAP-S/4HANA-On-Premise-System konvertiert wird. Gemäß der bei IT-Transformationsprojekten üblichen Begrifflichkeit kann man dieses Szenario dem sogenannten *Brownfield-Ansatz* zuordnen. Im Gegensatz zu der Neuimplementierung eines SAP-S/4HANA-Systems (Greenfield-Verfahren) bleiben nach der Systemkonvertierung grundsätzlich Applikationsdaten, Konfigurationsdaten und Eigenentwicklungen erhalten. Das Verfahren der Systemkonvertierung steht ausschließlich für die On-Premise-Variante von SAP S/4HANA zur Verfügung.

Mit der Konvertierung des SAP-ERP-Systems in ein SAP-S/4HANA-System findet auch der Übergang in die SAP-S/4HANA-Produktfamilie statt. Es erfolgt ein Umstieg auf die In-Memory-Datenbank SAP HANA (falls er nicht schon erfolgt ist), und die bei der Entwicklung von SAP S/4HANA vorgenommenen Vereinfachungen werden umgesetzt (siehe Abschnitt 1.2, »Das Versprechen von SAP S/4HANA«). In diesem Kapitel stellen wir Ihnen die Verfahren und Tools vor, die dazu verwendet werden.

Verwendung des Begriffs »Systemkonvertierung«

Da mit der Umwandlung eines existierenden SAP-ERP-Systems in ein SAP-S/4HANA-System auch der Umstieg auf ein anderes Softwareprodukt erfolgt, wird für dieses Umstiegsszenario der Begriff *Systemkonvertierung* verwendet. Es handelt sich hier nicht um ein Upgrade, da dieser Begriff für das Einspielen einer neuen Version des gleichen Produkts steht.

10.1   Das Systemkonvertierungsprojekt im Überblick

Mehr als eine technische Prozedur

Bei der Systemkonvertierung müssen Sie zwei Seiten betrachten: zum einen die technische Prozedur, mit der die SAP-S/4HANA-Software einge-spielt wird, zum anderen den Wechsel zu einem neuen Produkt, in dem nicht alles so ist, wie in SAP ERP.

Wie in Abbildung 10.1 dargestellt, erfordert der Umstieg auf SAP S/4HANA neben den technischen Konvertierungsschritten auch Anpassungen des funktionalen Umfangs und der Datenstruktur.

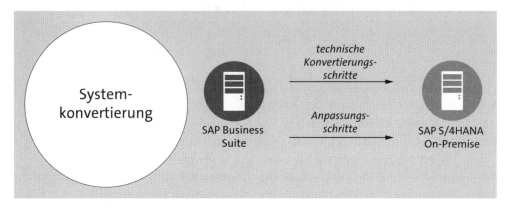

Abbildung 10.1 Systemkonvertierung nach SAP S/4HANA – technische Konvertie-rung und Anpassungsbedarf

Beispiel: Kreditmanagement

Als ein Beispiel für den Anpassungsbedarf sei an dieser Stelle noch einmal die Funktion des Kreditmanagements aufgeführt, die wir schon in Abschnitt 1.2.1, »Vereinfachung der Funktionalität«, vorgestellt haben. In SAP S/4HANA wird gemäß dem Principle of One nur eine Kreditmanage-ment-Lösung unterstützt, was bei bestimmten Kunden Anpassungen nach sich ziehen kann. Ein Kunde, der in SAP ERP das Kreditmanagement/Risiko-management (SD-BF-CM) nutzt, muss im Rahmen des Übergangs zu SAP S/4HANA den Wechsel zum neuen SAP Credit Management (FIN-FSCM-CR) einplanen. Anzumerken ist, dass SAP Credit Management bereits im Rah-men von SAP ERP verfügbar ist. Entsprechend kann diese Umstellung auch bereits *vor* der Systemkonvertierung erfolgen. Neben dem funktionalen Anpassungsbedarf aufgrund des unterschiedlichen Lösungsumfangs von SAP S/4HANA kann die Vereinfachung der Datenstrukturen auch Auswir-kungen auf die Eigenentwicklungen des Kunden haben.

Anpassungsbedarf ermitteln

Bei der Ermittlung des Anpassungsbedarfs, der beim Umstieg auf SAP S/4HANA entsteht, werden Sie von unterschiedlichen Methoden und Tools unterstützt, die in die einzelnen Phasen des Konvertierungsprojekts inte-griert sind:

- **Simplification List**

  Die Simplification List beschreibt auf funktionaler Ebene den potenziellen Anpassungsbedarf, der bei der Systemkonvertierung von SAP ERP nach SAP S/4HANA entsteht. Weitere Details hierzu finden Sie in Abschnitt 10.2.2, »Simplification List«.

- **Maintenance Planner**

  Mit dem Maintenance Planner wird die Systemkonvertierung simuliert und geplant. Der Maintenance Planner informiert Sie über Add-ons (SAP- oder Partner-Add-ons) und Business Functions, die in SAP S/4HANA nicht bzw. noch nicht unterstützt werden. Lesen Sie dazu auch Abschnitt 10.2.3, »Maintenance Planner«.

- **Pre-Checks**

  Mit den Pre-Checks können Sie herausfinden, welche funktionalen Anpassungen beim Übergang nach SAP S/4HANA durchzuführen sind. Die Pre-Checks werden in Form von SAP-Hinweisen bereitgestellt und können auf dem SAP-Business-Suite-Ausgangssystem implementiert und ausgeführt werden (siehe auch Abschnitt 10.2.4.).

- **Custom Code Migration Worklist**

  Die Custom Code Migration Worklist dient dazu, den Anpassungsbedarf für kundeneigene Programme beim Umstieg auf SAP S/4HANA zu identifizieren. Die Custom Code Migration Worklist ist eine Ergänzung zu den bestehenden Tools zur Analyse kundeneigener Programme (z. B. dem Code Inspector). Sie analysiert das kundeneigene Coding in Hinblick auf die geänderten Datenstrukturen und den Funktionsumfang in SAP S/4HANA. Details erfahren Sie in Abschnitt 10.2.5, »Anpassung von Eigenentwicklungen«.

Das Einspielen der SAP-S/4HANA-Software erfolgt bei der Systemkonvertierung sowie auch bei anschließenden Updates und Upgrades mit dem *Software Update Manager* (SUM). Der SUM bietet Optionen zur Reduzierung der Downtime während des Umstiegsprojekts und wird im Rahmen des Software Logistics Toolsets (SL Toolset) regelmäßig aktualisiert. In Abschnitt 10.2.7 erläutern wir die Anwendung des SUM.

Software Update Manager

10.1.1 Ablauf der Systemkonvertierung

In Abbildung 10.2 sind die grundsätzlichen Schritte abgebildet, die bei einer SAP-S/4HANA-Systemkonvertierung durchzuführen sind. Außerdem sehen Sie die Werkzeuge, die Sie während dieser Schritte verwenden.

Projektphasen und Werkzeuge

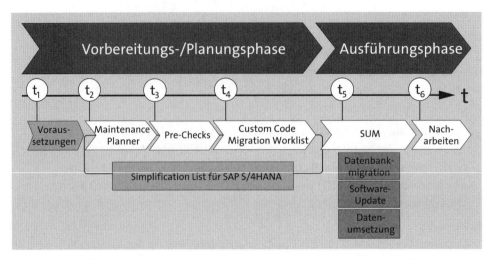

Abbildung 10.2 Im Rahmen der Systemkonvertierung verwendete Werkzeuge

Vorbereitungs- und Planungsphase

In der Vorbereitungs- und Planungsphase des Systemkonvertierungsprojekts müssen die Systemvoraussetzungen überprüft werden. So wird beispielsweise für ältere SAP-Releases (z. B. SAP R/3 Enterprise Edition 4.6C) keine Systemkonvertierung in einem Schritt angeboten. Außerdem verschaffen Sie sich in dieser Phase mithilfe von Simplification List, Maintenance Planner, Pre-Checks und Custom Code Migration Worklist einen Überblick über die anstehenden Anpassungen. Sie müssen beispielsweise entscheiden, in welchem Zeitrahmen Sie auf die neuen vereinfachten Prozesse umstellen wollen und ab wann Sie zum Beispiel die neuen SAP-Fiori-basierten Benutzeroberflächen nutzen möchten oder welche SAP-GUI-Transaktionen Sie nach der Systemkonvertierung noch weiterhin verwenden wollen.

Vorbereitungen im Ausgangssystem

Grundsätzlich stehen die Werkzeuge und Funktionen zur Vorbereitung und Planung bereits in dem SAP-ERP-Ausgangssystem zur Verfügung. Da auch viele der notwendigen Anpassungen bereits in diesem System durchgeführt werden können und einige davon auch vor der Konvertierung ausgeführt werden müssen, empfiehlt es sich, diese Vorbereitungs- und Planungsschritte bereits in einer sehr frühen Phase des Konvertierungsprojekts durchzuführen.

Anpassungs- und Testphase

In der Anpassungs- und Testphase (siehe Abbildung 10.3) konvertiert der Kunde sein Entwicklungssystem (siehe Abschnitt 10.1.2, »Konvertierung im Systemverbund«) und führt dort die geplanten Anpassungen durch. Tests (im Regelfall ist von mehreren Iterationen auszugehen) und Endanwenderschulungen bereiten dann den Go-Live vor.

Ausführungsphase

In der Ausführungsphase führt der Kunde die technische Umstellung auf SAP S/4HANA mithilfe des SUM aus. Der SUM kombiniert drei Einzelschritte in einem integrierten Prozess. In einem Einschritt-Verfahren erfolgen sowohl der Umstieg auf die SAP-HANA-Datenbank, der Austausch der Software als auch die Konvertierung der Applikationsdaten von der alten in die neue Datenstruktur. Mit dem Go-Live des SAP-S/4HANA-Produktivsystems kann dann anschließend auch die bestehende SAP-Business-Suite-Systemlandschaft zurückgebaut werden.

Abbildung 10.3 zeigt die einzelnen Aufgaben in den Phasen eines SAP-S/4HANA-Konvertierungsprojekts noch einmal im Überblick.

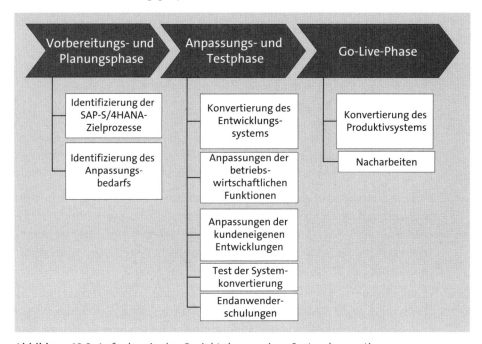

Abbildung 10.3 Aufgaben in den Projektphasen einer Systemkonvertierung

In Abschnitt 10.2, »Konvertierung eines Einzelsystems durchführen«, gehen wir ausführlich auf die einzelnen Schritte der Konvertierung ein.

> **Weiterführende Informationen** [«]
>
> Grundsätzliche Informationen über den Ablauf einer SAP-S/4HANA-Systemkonvertierung finden Sie im »Conversion Guide for SAP S/4HANA«. Dieser ist in der Hilfe zu SAP S/4HANA verlinkt (*https://help.sap.com/s4hana* für Version 1610).
>
> Zusätzliche Informationen zu den spezifischen Vorbereitungs- und Nachbereitungsschritten im Bereich des Rechnungswesens finden Sie in SAP-Hinweis 2332030.

10.1.2   Konvertierung im Systemverbund

Mehrsystem-landschaft Eine Rahmenbedingung der SAP-S/4HANA-Systemkonvertierung ist die Systemlandschaft des Kunden. Üblicherweise besteht eine Systemlandschaft aus einem Systemverbund mehrerer SAP-ERP-Systeme, die über Transportwege miteinander verbunden sind. So ist es in jedem Fall zu empfehlen, die Entwicklungs- und Testaktivitäten von dem produktiven Betrieb zu trennen. Zum Testen und Verifizieren der Entwicklungen wird dem Systemverbund üblicherweise noch ein Konsolidierungssystem hinzugefügt. Dies führt dann zu einer Drei-System-Landschaft, wie sie von der Mehrheit der SAP-ERP-Kunden betrieben wird.

> **[»]** **Landschaften mit mehreren Produktivsystemen**
>
> Es gibt auch Konstellationen mit mehreren produktiven Systemen. Diese findet man beispielsweise zur Abbildung einer Regionalstruktur mit Niederlassungen in verschiedenen Ländern. In diesem Abschnitt des Buches konzentrieren wir uns jedoch auf die Konstellationen einer Drei-System-Landschaft mit einem produktiven System.

Bei der Konvertierung eines Einzelsystems muss immer der gesamte Systemverbund betrachtet werden. Letztlich muss jedes System im Systemverbund auf SAP S/4HANA umgesetzt werden, um die weiterhin erforderliche Aufgabentrennung der einzelnen Systeme im Systemverbund auch mit SAP S/4HANA fortzusetzen.

Ablauf der Konvertierung des Systemverbunds Eine allgemeine Empfehlung für die Umsetzung eines Systemverbundes kann nicht gegeben werden, da die Kundenanforderungen zu unterschiedlich sind. Abbildung 10.4 zeigt daher nur in abstrahierender Weise, wie eine Umsetzung eines Systemverbundes erfolgen kann.

Zunächst werden das Entwicklungs- und Qualitätssicherungssystem nach SAP S/4HANA konvertiert. Das SAP-S/4HANA-Entwicklungssystem entsteht im Regelfall als Systemkopie aus dem derzeitigen Entwicklungssystem der SAP-Business-Suite-Landschaft, das dann anschließend nach SAP S/4HANA konvertiert wird.

Konvertierung des Entwicklungs-systems Im Rahmen der Konvertierung des Entwicklungssystems werden dann die in der Planungsphase identifizierten, notwendigen Anpassungen der betriebswirtschaftlichen Funktionen (beispielsweise der Kreditmanagement-Funktion, falls relevant) und der Eigenentwicklungen durchgeführt. Diese Anpassungen werden in entsprechenden Transportaufträgen aufgezeichnet und im Qualitätssicherungssystem getestet.

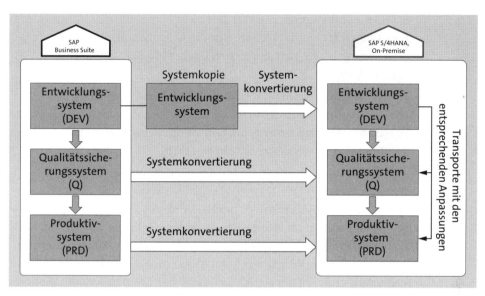

Abbildung 10.4 Systemkonvertierung in einer Drei-System-Landschaft

Bei der Konvertierung des Produktivsystems werden dann diese Transporte in den entsprechenden Phasen des SUM eingespielt, um die notwendigen Anpassungen auch im Produktivsystem bereitzustellen. Es ist zu empfehlen, vor der Konvertierung des Produktivsystems mehrere Testdurchgänge durchzuführen. Hierbei wird die Gesamtprozedur getestet, und es werden Maßnahmen bestimmt, die sicherstellen, dass die Zeit minimiert wird, in der das Produktivsystem nicht zur Verfügung steht (*Downtime*).

Konvertierung des Produktivsystems

Abbildung 10.5 zeigt die unterschiedlichen Durchläufe im Überblick, die üblicherweise im Rahmen einer Systemkonvertierung durchgeführt werden:

Mehrere Durchläufe

1. **Erste Konvertierung eines Test-Systems**
   Typischerweise startet ein Systemkonvertierungsprojekt mit einem Test in einem Sandbox-System (das z. B. als Kopie des PRD-Systems entstanden ist). Die hierbei gewonnenen technischen Erfahrungen bezüglich der Konvertierungsprozedur werden für die folgenden Konvertierungen genutzt. Endanwender können sich in diesem System bereits mit den betriebswirtschaftlichen Funktionen in SAP S/4HANA vertraut machen. Außerdem erfolgen erste konkrete Analysen und Tests der Eigenentwicklungen auf Basis der neuen Software.

2. **Konvertierung des Entwicklungssystems (DEV-System)**
   Im SAP-S/4HANA-Entwicklungssystem erfolgt die Anpassung der Eigenentwicklungen an den Lösungsumfang und die Datenstruktur von SAP S/4HANA. Außerdem werden die verpflichtenden Anpassungen in SAP

S/4HANA vorgenommen, wenn dies nicht bereits auf dem Ausgangssystem umgesetzt wurde. Weitere optionale Anpassungen können umgesetzt werden, um den optimalen Mehrwert aus der SAP-S/4HANA-Konvertierung zu ziehen.

3. **Konvertierung des Qualitätssicherungssystems (Q-System)**
   Die Anpassungen aus dem DEV-System (Prozessanpassungen und Anpassungen der Eigenentwicklungen) werden eingespielt, und die angepassten Geschäftsprozesse werden getestet.

4. **Testdurchlauf der Konvertierung des produktiven Systems (PRD-Systems)**
   Die produktive Systemkonvertierung wird auf Basis des Sandbox-Systems getestet – unter den gleichen Rahmenbedingungen, die auch für das PRD-System gelten würden. In diesem Zuge können Optimierungsmaßnahmen zur Reduzierung der Downtime erarbeitet werden und kann der Cut-over-Plan erstellt und finalisiert werden. Es kann mehrere Test-Iterationen geben.

5. **Konvertierung des Produktivsystems**
   Die Konvertierung des PRD-Systems erfolgt dann gemäß den Vorgaben des Cut-over-Plans.

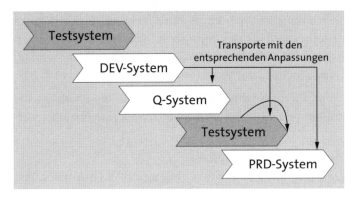

Abbildung 10.5 Konvertierungszyklen im Systemverbund

Übergangsphase   Bevor das Produktivsystem nach SAP S/4HANA konvertiert wird, muss die SAP-Business-Suite-Systemlandschaft im Ausgangszustand erhalten bleiben, um dort beispielsweise notwendige Korrekturen bereitstellen zu können. Damit hat man für den Zeitraum vom Beginn des SAP-S/4HANA-Konvertierungsprojekts (der Konvertierung des Entwicklungssystems) bis zur Konvertierung des Produktivsystems zwei Entwicklungssysteme. Erst mit dem Abschluss der Konvertierung des Produktivsystems nach SAP S/4HANA kann das Entwicklungssystem in der SAP-Business-Suite-

Landschaft zurückgebaut werden. In dieser Übergangszeit, in der zwei Entwicklungssysteme bestehen, muss man eine Strategie festlegen, wie Änderungen, die in dieser Zeit in dem SAP-ERP-Systemverbund vorgenommen werden, sich auf den im Aufbau befindlichen SAP-S/4HANA-Systemverbund auswirken.

Letztlich lässt sich festhalten, dass die SAP-S/4HANA-Systemkonvertierung keine grundsätzlich neuen Anforderungen an die Prozesse des Software Lifecycle Managements in einem Systemverbund oder an die Definition der Transportwege zwischen den Systemen stellt.

10.2   Konvertierung eines Einzelsystems durchführen

Im Folgenden betrachten wir die Schritte, die in jedem System durchlaufen werden müssen, das nach SAP S/4HANA konvertiert wird. Beachten Sie, dass diese Schritte in unterschiedlichen Phasen und vermutlich in den verschiedenen Systemen des Systemverbunds auch zu unterschiedlichen Zeiten ausgeführt werden. So erfolgen beispielsweise die Anpassungen der Eigenentwicklungen auf dem SAP-S/4HANA-Entwicklungssystem. Dort werden die Anpassungen in Transporten gesammelt, die wiederum bei der Konvertierung des produktiven Systems direkt eingespielt werden.

Viele der notwendigen oder optionalen Anpassungen von Geschäftsprozessen oder das Aufräumen bei den Eigenentwicklungen können auch bereits auf dem SAP-ERP-Start-Release erfolgen. In dem Sinne sind es dann Aktivitäten des Konvertierungsprojekts, die in vorgelagerten Systemen ausgeführt werden. Ob diese Anpassungen in den vorgelagerten Schritten erfolgen oder im Rahmen der Systemkonvertierung auf dem SAP-S/4HANA-Entwicklungssystem durchgeführt werden, muss in dem jeweiligen Konvertierungsprojekt individuell entschieden werden.

Neben den spezifischen Schritten des SAP-S/4HANA-Konvertierungsprojekts sind auch Standardaufgaben einzuplanen, die man von anderen Transformationsprojekten kennt, beispielsweise:

Standardaufgaben

- **Endanwenderschulungen**
  Bei Anpassungen von Geschäftsprozessen oder bei einem Umstieg auf SAP-Fiori-basierte Benutzeroberflächen müssen entsprechende Schulungen für die Endanwender eingeplant und zeitnah durchgeführt werden.

- **Schulung der IT-Mitarbeiter in Hinblick auf die neuen Technologien**
  Mit SAP S/4HANA werden neue Technologien eingeführt, wie beispielsweise Core Data Services (CDS) oder die neuen HTML5-basierten SAP-

Fiori-Benutzeroberflächen. Entsprechende Schulungen der spezialisierten Mitarbeiter für diese neuen Technologien sind vorzusehen.

- **Test der Geschäftsprozesse**
  Applikationstests müssen eingeplant werden.

Auf diese Standardaufgaben eines Transformationsprojekts gehen wir in diesem Buch nicht im Detail ein. Nichtsdestotrotz sind sie natürlich auch für den Erfolg des SAP-S/4HANA-Konvertierungsprojekts wichtig und entsprechend zu berücksichtigen.

10.2.1   Systemvoraussetzungen

Grundsätzlich kann jedes SAP-ERP-System nach SAP S/4HANA konvertiert werden. Allerdings hängen der Aufwand und die Vorgehensweise davon ab, welches Ausgangsrelease im Einsatz ist.

Ein-Schritt-Verfahren

Von einem Ein-Schritt-Verfahren beim Umstieg auf SAP S/4HANA (oder auch bei einem Release-Wechsel innerhalb von SAP ERP) spricht man, wenn das Software-Upgrade und die Datenbankmigration in einem technischen Schritt erfolgen. Ein SAP-ERP-System kann unter folgenden Voraussetzungen in einem Ein-Schritt-Verfahren in ein SAP-S/4HANA-System konvertiert werden:

- **Start-Release**
  Das Ausgangssystem hat den Release-Stand SAP ERP 6.0 (EHP 0 bis 8). Als Datenbank kann bereits SAP HANA genutzt werden, aber auch bei SAP-ERP-Systemen mit anderen Datenbanken kann die Systemkonvertierung in einem Ein-Schritt-Verfahren erfolgen.
- **Unicode**
  Das Ausgangssystem ist ein Unicode-System.
- **nur SAP NetWeaver Application Server (AS) ABAP**
  Das SAP-ERP-Ausgangssystem ist ein reines ABAP-System. Dual-Stack-Systeme (AS ABAP und AS Java kombiniert in einem System) werden beim Umstieg nicht unterstützt.

Systeme, die noch auf einem älteren Release-Stand sind oder für die noch keine Unicode-Konvertierung durchgeführt wurde, müssen in mehreren Schritten nach SAP S/4HANA konvertiert werden.

Unicode-Konvertierung

Bereits Mitte des Jahres 2014 hatte SAP angekündigt, dass alle neuen SAP-NetWeaver-Releases nach 7.40 und alle auf diesen höheren Releases basierenden Produkte nur noch mit dem Zeichensatz Unicode kompatibel sind.

Technisch hat dies zur Folge, dass ein Nicht-Unicode-System, das auf einem SAP-NetWeaver-Release bis einschließlich 7.40 basiert, nicht in einem Schritt auf ein Produkt mit einem SAP-NetWeaver-Release größer 7.40 umgestellt werden kann. Zuvor ist eine Unicode-Konvertierung erforderlich.

Grundsätzlich werden folgende Konvertierungspfade nach SAP S/4HANA On-Premise unterstützt:

Unterstützte Konvertierungspfade

❶ Übergang von SAP ERP 6.0 nach SAP S/4HANA

❷ Übergang von SAP ERP 6.0 nach SAP S/4HANA Finance

❸ Übergang von SAP S/4HANA Finance nach SAP S/4HANA

Grafisch sind diese Konvertierungspfade in Abbildung 10.6 dargestellt.

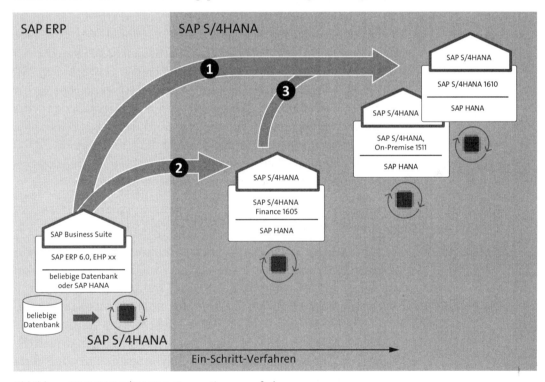

Abbildung 10.6 SAP-S/4HANA-Konvertierungspfade

Wie wir bereits in Abschnitt 3.2, »Die SAP-S/4HANA-Produktfamilie«, erörtert haben, gibt es zwei On-Premise-Varianten. So ist SAP S/4HANA Finance mit den neuen Funktionen im Bereich des Rechnungswesens verfügbar, während SAP S/4HANA neue Funktionen sowohl im Bereich des Rechnungswesens als auch in der Logistik enthält. In Hinblick auf die Konvertie-

Unterschiede bei den On-Premise-Varianten

rung unterscheiden sich die beiden On-Premise-Varianten in folgenden Punkten:

- **Anpassungsbedarf**

  Mit dem unterschiedlichen Innovationsumfang der beiden Varianten geht unterschiedlicher Anpassungsbedarf einher. Je nach Ihren Anforderungen und Bedürfnissen kann der Übergang schrittweise erfolgen. Wenn Sie zunächst nur die Innovationen im Rechnungswesen nutzen wollen, können Sie mit SAP S/4HANA Finance die Anpassungen an den Logistikprozessen auf einen späteren Zeitpunkt verschieben. Im Gegenzug stehen Ihnen dann aber auch die neuen Funktionen in der Logistik erst zu einem späteren Zeitpunkt zur Verfügung. Dies muss kundenindividuell jeweils in der Planungsphase abgewogen werden.

- **Konvertierungsprozedur**

  Im Detail unterscheiden sich der technische Aufbau und die technische Konvertierungsprozedur bei den beiden Varianten. SAP S/4HANA Finance ist technisch ein Austausch-Add-on, das auf SAP ERP 6.0 basiert und jeweils ein Update auf das korrespondierende EHP erfordert (für SAP S/4HANA Finance 1605 muss ein Update auf EHP 8 erfolgen). Bei der Systemkonvertierung nach SAP S/4HANA wird im Gegensatz dazu der gesamte Softwarekern ausgetauscht. Für den Kunden kann dies aber eher als ein Detail der technischen Prozedur angesehen werden, da in beiden Varianten der Übergang im Ein-Schritt-Verfahren erfolgen kann, das mithilfe des SUM orchestriert und durchgeführt wird.

10.2.2   Simplification List

Simplification List Items

Mit der SAP S/4HANA Simplification List steht eine Informationsquelle zur Verfügung, die auf funktionaler Ebene den potenziellen Anpassungsbedarf bei der Systemkonvertierung von SAP ERP nach SAP S/4HANA beschreibt. In den sogenannten *Simplification List Items* (kurz: *Simplification Items*) werden pro beschriebener Funktion der betriebswirtschaftliche Anpassungsbedarf und die Auswirkungen auf kundeneigene Entwicklungen dargestellt. Für komplexere Anpassungen werden im Rahmen der Simplification Items Anleitungen bereitgestellt, die Sie bei der Umsetzung unterstützen sollen.

Hilfe bei der Planung

Die Simplification List ist ein wichtiges Mittel für die Planung des Konvertierungsprojekts und sollte bereits in einer frühen Phase Anwendung finden. Viele der dort aufgeführten notwendigen Anpassungen können bereits auf dem SAP-ERP-Ausgangssystem umgesetzt werden. Damit kann bereits weit vor der Installation der SAP-S/4HANA-Software inhaltlich mit dem Konvertierungsprojekt begonnen werden. Damit stellt die Simplification List eine wichtige Informationsgrundlage dar, um die anstehenden Aufgaben des Konvertierungsprojektes zeitlich und ressourcentechnisch zu verteilen.

Ergänzt wird die Simplification List durch programmgestützte Auswertungstools, die bei der Identifizierung der relevanten Anpassungsaufgaben helfen. Hier sind die Werkzeuge Maintenance Planner, Pre-Checks und Custom Code Migration Worklist zu nennen, die wir in den folgenden Abschnitten im Detail beschreiben.

Auswertungstools

Die Simplification List wird im Rahmen der SAP-Hilfe zu jedem SAP-S/4HANA-Release als Gesamtdokument bereitgestellt. Die einzelnen Simplification Items sind zusätzlich noch als einzelne SAP-Hinweise verfügbar.

Grundsätzlich kann man die in der Simplification List aufgeführten Funktionen in drei Kategorien einteilen:

Kategorien der Simplification List

10

- **Funktionen, die in SAP S/4HANA angepasst wurden**
  Simplification Items dieser Kategorie beziehen sich auf Funktionen, die grundsätzlich in gleicher Form in SAP S/4HANA vorhanden sind, aber so angepasst wurden, dass dies eine Auswirkung auf bestehende Prozesse und kundeneigene Programme haben kann.

Feldlängenänderung für die Materialnummer

[zB]

Als Beispiel eines Simplification Items dieser Kategorie kann die Verlängerung des Materialnummernfeldes genannt werden. In einem SAP-S/4HANA-System hat die Domäne MATNR eine Feldlänge von 40 Zeichen. Die Feldlänge der Domäne MATNR in einem SAP-ERP-System hat 18 Zeichen. Diese Detailänderung der Materialstammfunktion, die grundsätzlich unverändert in SAP S/4HANA vorhanden ist und genutzt werden kann, kann sich auf kundeneigene Entwicklungen auswirken. Die Änderung der Länge des Materialnummernfeldes hat im Regelfall keine Auswirkungen auf die betriebswirtschaftlichen Prozesse, da Sie über die Nutzung des längeren Materialnummernfeldes nach der Systemkonvertierung noch einmal separat entscheiden können. Entscheidem Sie sich, Materialstämme mit 40 Stellen zu nutzen, müssen Sie vor allem die Auswirkungen auf weitere integrierte Systeme bedenken. Weitere Details zu den potenziell notwendigen Anpassungen im Rahmen der 40-stelligen Materialnummer finden Sie in dem korrespondierenden SAP-Hinweis 2267140.

- **Funktionen, die in dieser Form in SAP S/4HANA nicht mehr zur Verfügung stehen**
  Simplification Items dieser Kategorie beziehen sich auf Funktionen, die in SAP S/4HANA nicht vorhanden sind. Im Regelfall kann der Kunde auf

eine alternative Funktion wechseln, die in vielen Fällen bereits im Rahmen von SAP ERP zur Verfügung steht.

Ein Beispiel für diese Kategorie ist die Funktion des Kreditmanagements, wie in Abschnitt 1.2.1, »Vereinfachung der Funktionalität«, beschrieben Mit der Systemkonvertierung nach SAP S/4HANA muss der Kunde den Übergang auf die alternative Funktion einplanen und umsetzen (in diesem Beispiel die modernere Form des Kreditmanagements, SAP Credit Management). Weitere Details zu den potenziell notwendigen Anpassungen im Kreditmanagement finden Sie in dem SAP-Hinweis 2270544.

- **Funktionen, die nicht die Zielarchitektur von SAP S/4HANA abbilden**
  Mit Simplification Items in dieser Kategorie erhalten Sie Informationen über Änderungen, die im Rahmen von SAP S/4HANA geplant sind. In dieser Kategorie werden Funktionen aus SAP ERP genannt, die in der aktuellen Version von SAP S/4HANA unverändert vorhanden sind, aber nicht die Zielarchitektur darstellen. Im Regelfall stehen bereits heute alternative Funktionen zur Verfügung.

  Ein Beispiel in dieser Kategorie ist die Lagerverwaltung mit SAP Warehouse Management (SAP WM, siehe Abschnitt 1.3.2, »Logistik«). Diese Funktion kann nach der Systemkonvertierung nach SAP S/4HANA unverändert genutzt werden, ist aber nicht die Zielarchitektur. Die Zielarchitektur zur Lagerverwaltung ist SAP Extended Warehouse Management (SAP EWM).

Verteilung der Simplification-Item-Typen

Verteilt über die verschiedenen Kategorien, werden in der Simplification List für SAP S/4HANA 1610 rund 400 Simplification Items aufgeführt. Abbildung 10.7 zeigt die prozentuale Verteilung der Simplification Items innerhalb der drei Kategorien.

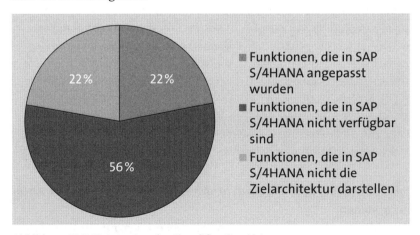

22%   22%

56%

- Funktionen, die in SAP S/4HANA angepasst wurden
- Funktionen, die in SAP S/4HANA nicht verfügbar sind
- Funktionen, die in SAP S/4HANA nicht die Zielarchitektur darstellen

Abbildung 10.7 Kategorien der Simplification List

Abbildung 10.8 zeigt die prozentuale Verteilung der Simplification Items über die funktionalen Bereiche.

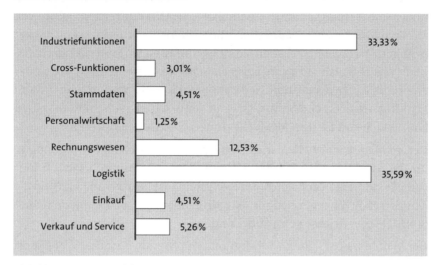

Abbildung 10.8 Simplification Items in den verschiedenen Anwendungs-bereichen

Die bisherigen Erfahrungen in den SAP-S/4HANA-Konvertierungsprojek-ten zeigen, dass die Anzahl der für einen Kunden relevanten Simplification Items, bei denen Anpassungen durchzuführen sind, im Durchschnitt bei 30 bis 50 liegt.

Weiterführende Informationen   [«]

Die Simplification List wird als zusammenfassendes PDF-Dokument im Rahmen der SAP-S/4HANA-Dokumentation pro Release bereitgestellt: *https://help.sap.com/s4hana*. Die Simplification List ist außerdem im XLS-Format (einschließlich korrespondierender Applikationskomponente) in SAP-Hinweis 2313884 verfügbar.

Zu den einzelnen Positionen der Simplification List gibt es jeweils einzelne SAP-Hinweise (sogenannte *Business-Impact-Hinweise*) mit den Grundin-formationen sowie (teilweise) weiterführende Informationen und How-To-Guides. Die SAP-Hinweise finden Sie in dem XLS-Dokument. Beispiele für einzelne Business-Impact-Hinweise zu Simplification Items sind:

- SAP-Hinweis 2265093 (S4TWL – Business Partner Approach)
- SAP-Hinweis 2270544 (S4TWL – Credit Management)

10.2.3   Maintenance Planner

Planung und
Simulation

Die Nutzung des Maintenance Planners ist der erste Schritt in der Vorberei-
tungs- und Planungsphase in einem SAP-S/4HANA-Konvertierungsprojekt.
Mit dem Maintenance Planner wird die Systemkonvertierung geplant bzw.
simuliert. Als Ergebnis erhalten Sie einen umfassenden Systemlandschafts-
und Wartungsplan. So kann beispielsweise auch die Art und Weise der
Frontend-Server-Installation (separate SAP-Fiori-Installation oder zusammen mit dem Backend-Server) gewählt werden (siehe Abschnitt 9.3, »Den
Frontend-Server für die SAP-Fiori-Benutzeroberfläche einrichten«).

Der im Maintenance Planner erzeugte Wartungsplan bildet die Grundlage
für die nachfolgenden Schritte der Systemkonvertierung. Zusätzlich werden die momentan auf dem SAP-ERP-System installierten Add-ons und die
aktivierten Business Functions daraufhin überprüft, ob sie mit dem SAP-
S/4HANA-Ziel-Release kompatibel sind.

Zugriff auf die
Kundenlandschaft

Der Maintenance Planner wird als Cloud-Applikation über das SAP Support
Portal zur Verfügung gestellt. Abbildung 10.9 zeigt im Überblick, wie der
Maintenance Planner auf die Informationen der Kundenlandschaft zugreift.

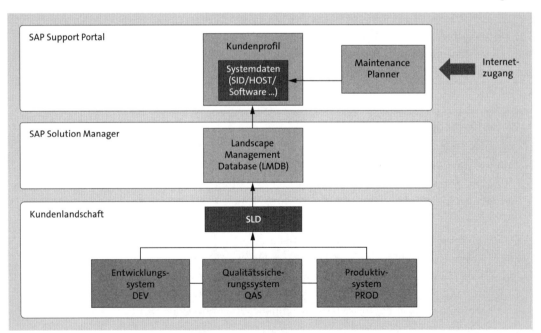

Abbildung 10.9 Systemlandschaft im Rahmen des Maintenance Planners

Der Maintenance Planner greift auf Ihre Landschaftsdaten zu, die in Ihrem
Kundenprofil im SAP Support Portal vorliegen. Die Systemlandschafts-
daten in Ihrem Kundenprofil werden regelmäßig über die *Landscape Ma-*

nagement Database (LMDB) des SAP Solution Managers und das *System Landscape Directory* (SLD) Ihrer Landschaft aktualisiert. Um auf Ihre individuellen Kundendaten zugreifen zu können, wird ein S-User für das SAP Support Portal (bzw. den Vorgänger, den SAP Service Marketplace) benötigt. Der Benutzer für den SAP Solution Manager muss dem S-User zugeordnet sein.

Rufen Sie den Maintenance Planner auf, wie in Abschnitt 9.1, »Installation«, beschrieben, und wählen Sie die Option **Plan an SAP S/4HANA conversion of an existing system** um die Konvertierung eines Einzelsystems zu planen. In den folgenden, geführten Schritten im geben Sie das zu konvertierende SAP-ERP-System an, wählen das SAP-S/4HANA-Zielrelease aus und bestimmen den Frontend-Server für die SAP-Fiori-Benutzeroberfläche. Das Ergebnis dieser Eingaben im Maintenance Planner sind der Wartungsplan und ein sogenanntes *Stack-XML*. Es enthält die Informationen über die errechneten Start- und Zielkombinationen. Der Wartungsplan wird auch als PDF-Dokument bereitgestellt, in dem sich ein Link zu der SAP-S/4HANA-Software befindet, die Sie installieren wollen. Das im Maintenance Planner erzeugte Stack-XML wird in den Folgeschritten der Systemkonvertierung verwendet. Das Stack-XML kann im Rahmen der Pre-Checks verwendet werden (so auch die Empfehlung) und muss im Software Update Manager (SUM) verwendet werden, um sicherzustellen, dass nur kompatible Wartungsvorgänge durchgeführt werden können.

Mit dem Maintenance Planner planen Sie nicht nur die zukünftige Systemlandschaft. Sie überprüfen mit ihm im Rahmen der Guided Procedure auch, ob die die momentan auf dem SAP-ERP-System installierten Add-ons (SAP-Add-ons oder Partner-Add-ons) und die aktivierten Business Functions mit dem SAP-S/4HANA-Ziel-Release kompatibel sind. Haben Sie in Ihrem SAP-ERP-Startsystem Add-ons oder Business Functions installiert, die (noch) nicht von SAP S/4HANA unterstützt werden, gibt der Maintenance Planner eine entsprechende Fehlermeldung aus. Da in es in dem meisten Fällen bereits konkrete Umsetzungspläne für noch nicht unterstützte Add-ons und Business Functions gibt, können Sie SAP oder die Partneranbieter diesbezüglich kontaktieren. Unter Umständen kann auch eine Deinstallation von installierten, aber nicht mehr genutzten Add-ons eine Option sein, um mit der Systemkonvertierung voranschreiten zu können.

Sind auf dem SAP-ERP-Startsystem Business Functions aktiv, die in dem SAP-S/4HANA-Zielrelease den Status ALWAYS_OFF haben, kann das System nicht nach SAP S/4HANA konvertiert werden. Mit SAP S/4HANA 1610 sollte dies allerdings nur in wenigen Fällen vorkommen.

Wartungsplan

Unterstützte Add-ons und Business Functions

10

343

Weiterführende Informationen

Zusätzliche Informationen, Links zu Blogs in der SAP Community und Best Practice Guides können Sie über die SAP-Dokumentation zum Maintenance Planner finden:

http://help.sap.com/maintenanceplanner

Weitere Informationen zu den unterstützten SAP-Add-ons finden Sie in SAP-Hinweis 2214409 und zu den unterstützten Partner-Add-ons in SAP Hinweis 2392527. Beachten Sie, dass SAP für Partner-Add-ons, die nicht zertifiziert sind, keine Aussagen zur Kompatibilität machen kann. Für diese Kategorie von Partner-Add-ons wird daher im Maintenance Planner eine Warnung ausgegeben. Weitere Informationen zum Vorgehen finden Sie in SAP-Hinweis 2240359.

10.2.4   Pre-Checks

Mit den sogenannten *SAP S/4HANA Pre-Transition Checks* (kurz: Pre-Checks) können Sie überprüfen, welcher Anpassungsbedarf bezogen auf die betriebswirtschaftlichen Prozesse beim Übergang auf SAP S/4HANA besteht. Die Pre-Checks sind SAP-Programme (ausgeliefert über SAP-Hinweise), die auf dem SAP-ERP-Start-Release installiert und ausgeführt werden können und ein Ergebnisprotokoll ausgeben. Sie korrespondieren mit den Simplification Items, die wir in Abschnitt 10.2.2, »Simplification List«, behandelt haben.

Aufgaben der Pre-Checks

Die Pre-Checks haben zwei Aufgaben: Zum einen identifizieren sie die Simplification Items, die für die Systemkonvertierung relevant sind. Zum anderen stellen sie sicher, dass Aufgaben, die vor der Systemkonvertierung verpflichtend auszuführen sind, auch umgesetzt worden sind.

Ein Beispiel für eine Aufgabe, die vor der Systemkonvertierung auszuführen ist, hängt mit dem Simplification Item zur Debitoren-/Kreditorenintegration des Geschäftspartners zusammen (siehe auch SAP-Hinweis 2265093). In SAP S/4HANA ist die Nutzung des SAP-Geschäftspartners obgligatorisch, um informationstechnische Vorteile wie Redundanzfreiheit und Datenintegrität nutzbar zu machen. Der in diesem Fall korrespondierende Pre-Check (dessen Coding mit SAP-Hinweis 2210486 bereitgestellt wird) überprüft, ob es zu jedem Debitor und Kreditor einen Geschäftspartner gibt. Im Ergebnisprotokoll dieses Pre-Checks werden noch nicht umgesetzte Debitoren-/Kreditorenstammsätze aufgeführt.

Ausführungszeitpunkte

Die Pre-Checks werden zu zwei unterschiedlichen Zeitpunkten im Konvertierungsprojekt ausgeführt. Sie können (und sollten) sie zuerst in der Projektvorbereitungsphase ❶ ausführen. Automatisch werden die Pre-Checks dann noch einmal in der Ausführungsphase ❷ ausgeführt. Beim Prüfen der Voraussetzungen werden sie im SUM aufgerufen. Wenn verpflichtende Aktivitäten nicht umgesetzt wurden oder die Pre-Checks in dem zu konvertierenden System nicht installiert sind, bleibt die Konvertierungsprozedur an dieser Stelle mit entsprechendem Fehlerprotokoll stehen.

Die Umsetzung der Debitoren-/Kreditorenstammsätze auf den SAP-Geschäftspartner ist so eine verpflichtende Aktivität. Die Umsetzung dieser Stammdaten ist Voraussetzung für die Konvertierung von Applikationsdaten in die neue Datenstruktur.

Abbildung 10.10 zeigt die beiden Zeitpunkte, zu denen die Pre-Checks im Rahmen der Systemkonvertierung ausgeführt werden.

10

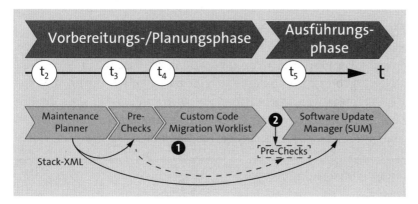

Abbildung 10.10 Ausführungszeitpunkte der Pre-Checks

Bei der Ausführung der Pre-Checks in der Vorbereitungsphase kann (das ist auch die allgemeine Empfehlung) der konkrete Umstiegspfad berücksichtigt werden, wenn das vom Maintenance Planner erzeugte Stack-XML miteinbezogen wird. Auf Basis der Stack-XML-Datei wird bei der Ausführung der Pre-Checks das konkrete SAP-S/4HANA-Ziel-Release berücksichtigt, was Einfluss auf das Ergebnisprotokoll haben kann.

Stack-XML zum Ziel-Release

Pre-Checks in der Vorbereitungs- und Planungsphase ausführen

Mit SAP-Hinweis 2182725 wird der zentrale Check-Report R_S4_PRE_TRANSI-TION_CHECKS bereitgestellt. Gehen Sie wie folgt vor, um die Pre-Checks auszuführen:

Vorgehensweise

1. Bitte implementieren Sie diesen SAP-Hinweis (und alle darin referenzierten Detailhinweise) in dem Mandanten 000 aller Systeme (also des Entwicklungs-, Qualitätssicherungs- und Produktivsystems) der Systemlandschaft, die nach SAP S/4HANA konvertiert werden sollen.

2. Führen Sie das Programm R_S4_PRE_TRANSITION_CHECKS im Mandanten jedes Systems aus (mit der Transaktion SE38 oder SA38). Achten Sie darauf, dass die aktuellste Version des Hinweises verwendet wird.

Damit die Informationen aus dem Wartungsplan (z. B. das Ziel-Release) berücksichtigt werden, sollten die Pre-Checks auch in der Planungsphase mit dem Stack-XML ausgeführt werden, den Sie im Maintenance Planner erzeugt haben. Grundsätzlich werden auch die Prüfungen im Rechnungswesen auf Basis des Reports R_S4_PRE_TRANSITION_CHECKS ausgeführt. Zu beachten ist allerdings, dass der Check zur Überprüfung der Anlagenbuchhaltung (FI-AA) separat implementiert und ausgeführt werden muss. Implementieren Sie hierzu den Report, der mit SAP-Hinweis 2333236 ausgeliefert wird.

Checks in der Prüfphase des Software Update Managers ausführen

Wie oben beschrieben, werden die Pre-Checks im SUM noch einmal aufgerufen und ausgeführt. Nur wenn die Prüfung zu diesem Zeitpunkt keine negativen Ergebnisse ermittelt, werden die nächsten Schritte im SUM aufgerufen. Bei negativen Ergebnissen oder auch in dem Fall, dass die Pre-Check-Klassen im Konvertierungssystem nicht mithilfe der SAP-Hinweise implementiert wurden, muss nachgearbeitet werden.

> **[»]** **Weiterführende Informationen**
>
> Die in diesem Abschnitt beschriebene Prüflogik ist grundsätzlich relevant für die Systemkonvertierung nach SAP S/4HANA 1511, 1610 und höhere Releases. Für die Prüflogik im Rahmen der Konvertierung nach SAP S/4HANA Finance 1605 finden Sie weitere Details in der Dokumentation unter *https://help.sap.com/sfin*.
>
> Einen Blog mit weiteren Informationen finden Sie in der SAP S/4HANA Community unter *http://s-prs.de/v429750*. Er enthält auch eine Anleitung.

10.2.5   Anpassung von Eigenentwicklungen

Jeder Kunde hat im Detail anders ablaufende betriebswirtschaftliche Prozesse und das Bedürfnis, sein SAP-ERP-System bestmöglich an diese Prozesse anzupassen. In der Vergangenheit wurden daher häufig kundeneigene Programme erstellt, wenn diese Anforderungen nicht von SAP-Standard abgebildet werden konnten.

Es muss davon ausgegangen werden, dass die große Mehrheit der SAP-ERP-Systeme zusätzliche eigene Programmlogik enthält. Grundsätzlich bietet SAP ERP dem Kunden unterschiedliche kundeneigene Erweiterungsmöglichkeiten an. Diese reichen von der Nutzung von User- und Customer-Exits über Business Add-Ins (BAdIs) bis hin zur Modifikation von SAP-Standardobjekten.

Die verschiedenen Erweiterungsmöglichkeiten haben aber Auswirkungen auf die Release-Fähigkeit und den Aufwand bei einem Release-Wechsel. Analog zu den betriebswirtschaftlichen Funktionen muss daher beim Umstieg auf SAP S/4HANA überprüft werden, ob die kundenspezifischen ABAP-Entwicklungen noch kompatibel zur Datenstruktur und dem funktionalen Umfang von SAP S/4HANA sind. Hierzu steht mit der *Custom Code Migration Worklist* ein Basis-Tool zur Verfügung, mit dem Sie Ihre Erweiterungen des Standards, Modifikationen des Standards oder Kundeneigenentwicklungen vor der Systemkonvertierung auf ihre Kompatibilität hin überprüfen können.

Custom Code Migration Worklist

Der Umstieg auf SAP S/4HANA sollte aber in jedem Fall auch genutzt werden, um eine grundsätzliche Analyse der kundenspezifischen ABAP-Entwicklungen durchzuführen. So ist es nicht sinnvoll, kundeneigene Programme generell umzustellen, ohne zunächst zu überprüfen, ob diese überhaupt genutzt werden. Automatisierte Prüfprogramme und Serviceangebote, wie sie von einigen Beratungsfirmen im Rahmen der SAP-S/4HANA-Konvertierung angeboten werden, sollten unter diesem Gesichtspunkt kritisch geprüft werden.

Grundsätzliche Überprüfung der Nutzung

Wir empfehlen bei der Analyse und bei Anpassungen der kundenspezifischen ABAP-Entwicklungen im Rahmen der Konvertierung in folgender Reihenfolge vorzugehen:

Vorgehensweise

1. Grundsätzliche Analysen und Anpassungen von Eigenentwicklungen:
   - Transparenz bei Eigenentwicklungen (ungenutzt/wenig genutzt, Eigenentwicklung im Standard)
   - Optimierung von Eigenentwicklungen (Rückbau, Nutzung bewährter Methoden, Performanceoptimierungen)
2. Analysen und Anpassungen von Eigenentwicklungen bezogen auf die Umstellung der Datenbank auf SAP HANA:
   - Anpassen von Eigenentwicklungen, die spezielle Merkmale der Vorgängerdatenbank nutzen
   - Performanceoptimierungen auf Basis von SAP HANA
3. Analysen und Anpassungen von Eigenentwicklungen bezogen auf die Umstellung auf SAP S/4HANA:
   - Anpassen von Eigenentwicklungen, die nicht mehr zum Lösungsumfang und zu der Datenstruktur von SAP S/4HANA passen

- optionale Anpassungen von Eigenentwicklungen im Rahmen von Funktionen, die nicht die Zielarchitektur von S/4HANA darstellen
- Analyse und Realisiserung möglicher Performanceoptimierungen

Grundsätzliche Analysen und Anpassungen von Eigenentwicklungen

Nachteile von Eigenentwicklungen

Je nach Optimierungsbedarf wurden in der Vergangenheit von den SAP-Kunden Standardgeschäftsprozesse erweitert, modifiziert oder durch kundeneigene Logik ergänzt. Diese individuelle Optimierung der Geschäftsprozesse kann mit höheren Kosten im Betrieb der SAP-Software verbunden sein. So können Eigenentwicklungen mit Mehraufwand bei Release-Upgrades und beim Einspielen von Support Packages verbunden sein. Grundsätzlich ist die Komplexität eines Systems, in dem viele Eigenentwicklungen vorhanden sind, höher. In Hinblick auf die Kosten von Eigenentwicklungen ist es daher grundsätzlich sinnvoll, diese einer regelmäßigen Überprüfung zu unterziehen. Vor allem, wenn man bedenkt, dass 30 bis 50 % der kundeneigenen Programme nach einigen Jahren überhaupt nicht mehr genutzt werden – so die Erfahrungswerte aus vielen Kundenprojekten.

Transparenz bei Eigenentwicklungen

Sie sollten sich also zunächst einen Überblick über Ihre Eigenentwicklungen verschaffen. Diese grundlegende und fortlaufende Aufgabe sollten Sie beim Übergang nach SAP S/4HANA nicht vergessen. Sie können dazu das *Custom Code Lifecycle Management Tool-Set* (CCLM) von SAP nutzen, um den Lebenszyklus von kundeneigenen Entwicklungen zu analysieren und zu verwalten. Mithilfe des *Usage Procedure Loggings* (UPL) können detaillierte Verwendungsinformationen zu den kundeneigenen Objekten ermittelt werden.

Optimierung von Eigenentwicklungen

Basierend auf den Analysen zu den kundeneigenen Entwicklungen können Sie nun Optimierungen vornehmen. Mit dem CCLM Stilllegungs-Cockpit (*Decommissioning Cockpit*) können Sie redundante oder obsolete Eigenentwicklungsobjekte identifizieren und aus dem Kundensystem entfernen. Außerdem sollten Sie die weiterhin genutzten Eigenentwicklungen daraufhin überprüfen, ob sie empfohlenen Programmierungs- und Performancerichtlinien (Best Practices) genügen. Des Weiteren sollten Sie analysieren, ob die kundenindividuellen Erweiterungen nicht mittlerweile durch SAP-Standardprozesse abgebildet werden.

Beginn in der Vorbereitungsphase

Diese Optimierungsaufgaben können Sie natürlich bereits vor dem eigentlichen SAP-S/4HANA-Konvertierungsprojekt durchführen. Mit dem Übergang nach SAP S/4HANA sollten Sie sich auch mit den neuen Möglichkeiten für Erweiterungen in SAP S/4HANA vertraut machen, die wir in Abschnitt 3.4, »Erweiterbarkeit von SAP S/4HANA«, vorgestellt haben.

> **Weiterführende Informationen**   《
>
> Beiträge zu Erweiterungen und die Möglichkeit zum Austausch finden Sie
> in der ABAP Development Community:
>
> *https://www.sap.com/community/topic/abap.html*
>
> Verwendungsinformationen für das Usage Procedure Logging (UPL) finden
> Sie hier: *http://s-prs.de/v429751*
>
> SAP Best Practices im Rahmen des Stilllegungs-Cockpits finden Sie hier:
>
> *http://s-prs.de/v429752*

Analysen und Anpassungen von Eigenentwicklungen bezogen auf die Umstellung der Datenbank auf SAP HANA

Der Umstieg auf die SAP-HANA-Datenbank und die damit verbundenen Änderungen der Datenbankarchitektur von einer zeilen- zu einer spaltenorientierten Datenbank können Auswirkungen auf Eigenentwicklungen haben. Auch wenn ABAP-Code grundsätzlich weiter auf SAP HANA läuft, müssen Eigenentwicklungen, die auf speziellen Merkmalen der Vorgängerdatenbank beruhen, angepasst werden. Hier sind als Beispiele zu nennen:

Native Datenbankfunktionen anpassen

- **Verwendung von nativem SQL**
  Native SQL-Anweisungen müssen ersetzt werden.

- **Implizite Sortierung von Ergebnislisten**
  Stattdessen sollten explizite ORDER BY-Anweisungen eingefügt werden.

- **Direkter Zugriff auf Pool- und Clustertabellen**
  Code, der von Pool- und Clustertabellen ausgeht, muss angepasst werden.

Zusätzlich sollten Möglichkeiten zur Performanceoptimierung analysiert werden, die sich im Rahmen der SAP-HANA-Datenbank ergeben. Hier sind als Beispiele zu nennen:

Performanceoptimierungen

- **Optimierung von SELECT-Anweisungen**
  Allgemeine SELECT* FROM-Anweisungen sollten durch SELECT-Anweisungen mit Einschränkung auf die notwendigen Felder ersetzt werden.

- **Code Pushdown nutzen**
  Es sollte analysiert werden, ob sogenannte Code-Pushdown-Mechanismen genutzt werden können, also die Verlagerung der Datenberechnungslogik in die SAP-HANA-Datenbank. Dies erfolgt durch die Nutzung der CDS-Technologie (Core Data Services) und von SQLScript.

Damit Sie die Umstellungen identifizieren können, die im Rahmen der Datenbankmigration auf SAP HANA verpflichtend sind bzw. empfohlen

Code Inspector

10

werden, werden mit SAP-Hinweis 1935918 drei Prüfvarianten (FUNCTIONAL_ DB, FUNCTIONAL_DB_ADDITION, PERFORMANCE_DB) für den *Code Inspector* ausgeliefert.

Der Code Inspector (den Sie beispielsweise über die Transaktion SCI aufrufen können) ist ein generisches Werkzeug, mit dem Sie Repository-Objekte hinsichtlich verschiedenster statischer Codeaspekte prüfen können. Mit dem *SQL Monitor*, der mit SAP NetWeaver 7.40 zur Verfügung steht (siehe SAP-Hinweis 1885926 für niedrigere Releases), können Sie darüber hinaus SQL-Anweisungen in den Kundensystemen analysieren.

[o] **Optimierung des kundeneigenen Codes mit den SAP-Standardwerkzeugen**

Mit der Analyse Ihrer kundeneigenen Entwicklungen und der Vorbereitung auf die Umstellung können Sie bereits vor dem SAP-S/4HANA-Konvertierungsprojekt beginnen. Die dafür notwendigen Tools sind in SAP NetWeaver vorhanden.

[»] **Weiterführende Informationen**

Zur Anpassung von Eigenentwicklungen beim Übergang nach SAP HANA lesen Sie SAP-Hinweis 1912445. Ein Beispielszenario finden Sie unter folgendem Link: *http://s-prs.de/v429753*

Weitere Informationen zum Code Pushdown finden Sie hier:

http://s-prs.de/v429754

Zur Optimierung von ABAP-Anwendungen für SAP HANA können wir Ihnen außerdem das Buch »ABAP-Entwicklung für SAP HANA« von Hermann Gahm, Thorsten Schneider, Eric Westenberger und Christiaan Swanepoel empfehlen (2. Auflage, SAP PRESS 2016).

Weitere Informationen zur Datenbankmigration auf SAP HANA finden Sie hier: *http://s-prs.de/v429755*

Weitere Informationen zum Code Inspector finden Sie unter *http://s-prs.de/v429756*. Außerdem führt Sie das Buch »Besseres ABAP – schnell, sicher, robust« von Robert Arlitt, Thorsten Dunz, Hermann Gahm, Damir Majer und Eric Westenberger in den Umgang mit den Tools zur Code-Analyse ein.

Analysen und Anpassungen von Eigenentwicklungen bezogen auf die Umstellung auf SAP S/4HANA

Aufgrund von geänderten Datenstrukturen und aufgrund von funktionalen Vereinfachungen kann sich beim Übergang nach SAP S/4HANA die Notwendigkeit ergeben, bestehende Eigenentwicklungen anzupassen. Mit der
Custom Code Migration Worklist können Sie identifizieren, welche Eigenentwicklungen für SAP S/4HANA angepasst werden müssen. Für jeden einzelnen Anpassungsbefund wird ein separater SAP-Hinweis bereitgestellt,
der eine Handlungsanweisung für die Codeanpassung enthält.

**Custom Code
Migration Worklist**

Die Custom Code Migration Worklist ist also eine Art Arbeitsliste mit den
Umstellungsaufgaben, die sich auf die Eigenentwicklungen beziehen.
Basierend auf der Technologie des Code Inspectors werden die kundenspezifischen Repository-Objekte daraufhin überprüft, ob sie SAP-Entitäten
verwenden, die sich beim Umstieg auf SAP S/4HANA ändern werden. Abbildung 10.11 zeigt im Überblick, wie die Überprüfung der kundenspezifischen
ABAP-Entwicklungen erfolgt.

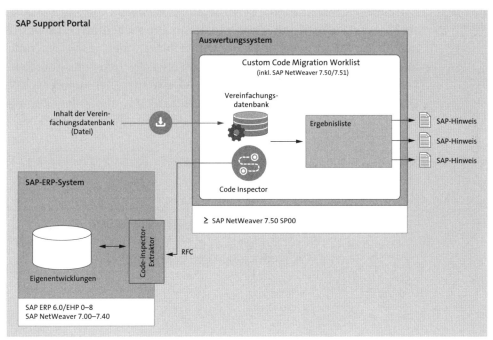

Abbildung 10.11 Custom Code Migration Worklist

1. Die SAP-Entitäten, die sich mit dem Umstieg auf SAP S/4HANA ändern,
   stehen als Datei im SAP Support Portal zur Verfügung (weitere Details
   hierzu finden Sie in SAP-Hinweis 2241080) und werden in die sogenannte
   Vereinfachungsdatenbank der Custom Code Migration Worklist geladen.

2. Auf diese Änderungsinformationen greift nun der Code Inspector im Auswertungssystem (ein System des Kunden auf der Basis von SAP NetWeaver 7.50 oder höher) mit entsprechenden SAP-S/4HANA-Prüfvarianten (S4HANA_READINESS) zu. Auf die kundeneigenen Objekte in dem angebundenen SAP-ERP-System wird über eine Remote-Verbindung zugegriffen.

3. Nach erfolgreicher Ausführung der Code-Inspector-Prüfung wird eine Ergebnisliste ausgegeben, die die notwendigen Anpassungspositionen aufführt. Dort wird mit Verweis auf entsprechende SAP-Hinweise der jeweilige Anpassungsbedarf der Eigenentwicklungen beschrieben.

[»] **Weitere Informationen zum Custom Code Check**

Der aktuellste Content zum Custom Code Check, d. h. der Vereinfachungsdatenbank, ist im SAP Support Portal verfügbar. Wie und wo dieser Content heruntergeladen werden kann, erfahren Sie in SAP-Hinweis 2241080.

Vereinfachungs-
datenbank
SAP bietet die Inhalte für die Vereinfachungsdatenbank von SAP S/4HANA als ZIP-Datei auf dem SAP Support Portal an. Um sie herunterzuladen, öffnen Sie das SAP Software Download Center (*https://support.sap.com/swdc*) und suchen nach der Komponente »CCMSIDB«. Die Datei muss anschließend in Ihr Auswertungssystem hochgeladen werden. Der Import der ZIP-Datei kann über den Report SYCM_UPLOAD_SIMPLIFIC_INFO oder über die Transaktion SYCM erfolgen. Wählen Sie in der Transaktion **Vereinfachungs-DB • ZIP Datei importieren** (siehe Abbildung 10.12).

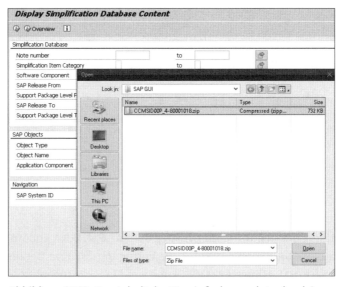

Abbildung 10.12 Den Inhalt der Vereinfachungsdatenbank importieren

Dass SAP die Änderungsinformationen in der ZIP-Datei und als Download im SAP Support Portal bereitstellt, hat den Vorteil, dass Sie jederzeit auf diese Informationen zugreifen können, egal ob Sie die SAP-S/4HANA-Software bereits besitzen oder noch nicht. Die ZIP-Datei wird mit jedem SAP-S/4HANA-Release, Feature Package und Support Package aktualisiert. Sie sollten also darauf achten, immer die aktuellste Version der ZIP-Datei zu verwenden.

Die Analyse der Eigenentwicklungen erfolgt im Code Inspector (Transaktion SCI). Basierend auf Prüfvarianten, die für SAP S/4HANA bereitgestellt werden, können Sie die zu untersuchende Objektmenge bestimmen und einen Inspektionslauf starten. Dieser Inspektionslauf erfolgt in dem Auswertungssystem, das auf SAP NetWeaver 7.50 oder 7.51 basiert. Der Code Inspector greift aus diesem Auswertungssystem heraus über die Remote-Verbindung auf die Objekte in Ihrem SAP-Business-Suite-System zu. Abbildung 10.13 zeigt den Einstieg in den SAP Code Inspector mit einer entsprechenden Prüfvariante, der Objektmenge und dem Inspektionslauf.

Analyse im Code Inspector

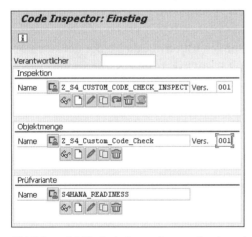

Abbildung 10.13 Code Inspector zur Analyse der Eigenentwicklungen

Mit der Prüfvariante S4HANA_READINESS, die mit SAP NetWeaver 7.51 bereitgestellt wird und die in Abbildung 10.14 zu sehen ist, können Sie die kundeneigenen Objekte mit den Änderungsinformationen für SAP S/4HANA abgleichen. Die darin enthaltene Testvariante **S/4HANA: Search for usages of simplified objects** prüft die Eigenentwicklungen, indem sie sie mit dem Inhalt der Vereinfachungsdatenbank abgleicht.

Prüfvariante S4HANA_READINESS

Eine weitere bereitgestellte Testvariante ist **S/4HANA: Field length extensions**. Sie untersucht speziell Stellen im kundeneigenen Code, die sich auf die in SAP S/4HANA nun 40-stellige Materialnummer beziehen (siehe Beispiel in Abschnitt 10.2.2, »Simplification List«).

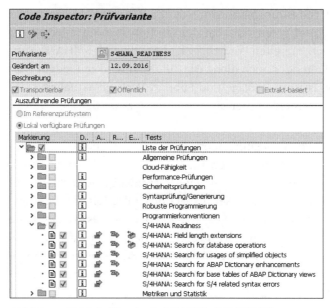

Abbildung 10.14 Prüfvariante S4HANA_READINESS

Für die Analyse der Eigenentwicklungen sollten Sie die Menge der zu untersuchenden Objekte einschränken, z. B. auf Pakete im Z-Namensraum, wie in Abbildung 10.15 gezeigt.

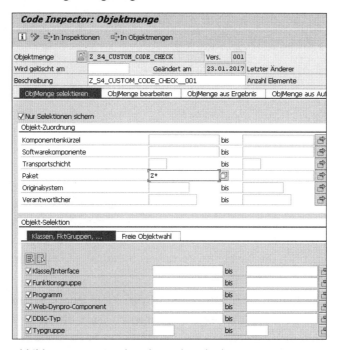

Abbildung 10.15 Einschränkung der Objektmenge

Die Prüfvariante und die zu untersuchende Objektmenge werden, wie in Abbildung 10.16 dargestellt, in einem Inspektionslauf zusammengeführt.

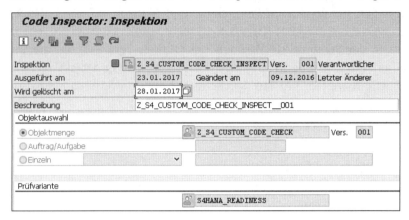

Abbildung 10.16 Inspektionslauf im Code Inspector

Das Ergebnis des Inspektionslaufes ist eine Liste der Eigenentwicklungen, die überprüft und vermutlich angepasst werden müssen (siehe Abbildung 10.17). Kundenobjekte, die von den Änderungen in SAP S/4HANA nicht betroffen sind, werden in der Ergebnisliste nicht aufgeführt.

Ergebnisliste

Code Inspector: Ergebnisse von Z_S4_CUSTOM_CODE_CHECK_INSPECT 001

Inspektion   Z_S4_CUSTOM_CODE_CHECK_INSPE … Version   1   Letzter Änderer

Meldungen

D..	Tests	Fehler	Warnungen	Informationen
i	Liste der Prüfungen	259	771	1
i	S/4HANA Readiness	259	771	1
i	S/4HANA: Field length extensions	56	125	0
i	S/4HANA: Search for database operations	1	0	1
i	Fehler	1	0	0
i	Meldungscode SELECT	1	0	0
	==> DB Operation SELECT found (VBFA, see Note(s):0002198647)			
i	Informationen	0	0	1
i	S/4HANA: Search for usages of simplified objects	177	0	0
i	Fehler	177	0	0
i	Meldungscode SynIncompC	134	0	0
	==> Syntactically incompatible change of existing functionality … see Note(s): …			
i	Meldungscode FuNotAvail	43	0	0
	==> Usage of no longer available development object … see Note(s): …			
i	S/4HANA: Search for ABAP Dictionary enhancements	0	0	0
i	S/4HANA: Search for base tables of ABAP Dictionary views	0	0	0
i	S/4HANA: Search for S/4 related syntax errors	25	646	0

Abbildung 10.17 Ergebnisliste des Inspektionslaufs

Die Code-Inspector-Statistik zeigt in unserem Beispiel, dass rund 25.000 Objekte im Z-Namensraum in 13 Minuten untersucht wurden. Es wurden

Anpassungs-empfehlungen

rund 1.000 Objekte gefunden, von denen 259 vermutlich anzupassen sind. Im Aufriss der Ergebnisliste werden die Details zu den Objekten aufgeführt. So beziehen sich in diesem Beispiel 43 Empfehlungen auf SAP-Entwicklungsobjekte, die in SAP S/4HANA nicht mehr vorhanden sind. Zu jedem Objekt in der Ergebnisliste wird ein SAP-Hinweis bereitgestellt, der im Detail erläutert, welche Anpassungen bei dieser Art von Objektergebnis durchgeführt werden müssen. Solche Anpassungshinweise können zum Beispiel sein:

- Anpassungen, die sich aus der Verlängerung der Materialnummer auf 40 Stellen ergeben:
  - SAP-Hinweis 2215424 (Feldlängenerweiterung für Materialnummer – allgemeine Informationen)
  - SAP-Hinweis 2215852 (Feldlängenerweiterung für Materialnummer – Quelltextanpassungen)
- Anpassungen, die sich aus den Datenmodelländerungen im Bereich Vertrieb (Sales and Distribution, SD) ergeben:
  - SAP-Hinweis 2198647 (SAP S/4 HANA – Änderung des Datenmodells in Sales and Distribution)
- Anpassungen, die sich aus den Datenmodelländerungen im Bereich Bestandsführung ergeben:
  - SAP-Hinweis 2206980 (Materialbestandsführung: Änderung des Datenmodells in SAP S/4HANA)

Zu jeder Änderung, die in einem Simplification Item beschrieben ist und die Auswirkungen auf Kundenentwicklungen hat, wird eine Liste der geänderten SAP-Objekte geführt und ein korrespondierender Anpassungshinweis bereitgestellt.

Gesamtliste der geänderten SAP-Objekte

Die Gesamtliste der geänderten SAP-Objekte im Rahmen von SAP S/4HANA können Sie ebenfalls über die Transaktion SYCM einsehen. Voraussetzung ist, dass Sie die ZIP-Datei mit den Inhalten der Vereinfachungsdatenbank importiert haben. Pro SAP-Objekt wird die Art der Änderung (Handelt es sich um eine Änderung der Funktion oder der Datenstruktur oder ist die Funktion nicht verfügbar?) mit dem korrespondierendem Anpassungshinweis aufgeführt. In Tabelle 10.1 ist dieses Prinzip für einige Beispiele dargestellt.

SAP-Objekt	SAP-Objekt-name	Änderungs-kategorie	Anpassungs-SAP-Hinweis	Hinweistitel
FUNC	FT_BASIC_OBJECTS_READ_DB	Funktion nicht verfügbar	2223144	SD Foreign Trade
PROG	MV52AFO1	Funktion nicht verfügbar	2223144	SD Foreign Trade
TABL	MAZO	Funktion nicht verfügbar	2223144	SD Foreign Trade
...	...	Funktion nicht verfügbar	2223144	SD Foreign Trade
FUNC	/BEV1/RP_MIGERPO1	Funktion nicht verfügbar	2224144	Beverage-Lösung
PROG	/DSD/ME_CPT	Funktion nicht verfügbar	2224144	Beverage-Lösung
TABL	/BEV1/CAMF	Funktion nicht verfügbar	2224144	Beverage-Lösung
...	...	Funktion nicht verfügbar	2224144	Beverage-Lösung
TABL	FDSB	Geänderte Funktion	2270400	Cash Management
PROG	RFLQ_ASSIGN_FI	Geänderte Funktion	2270400	Cash Management
...	...	Geänderte Funktion	2270400	Cash Management
TABL	BSAD	Geänderte Funktion	1976487	FIN-Daten-modell
TABL	BSAK	Geänderte Funktion	1976487	FIN-Daten-modell
...	...	Geänderte Funktion	1976487	FIN-Daten-modell
...	...	...	...	...

Tabelle 10.1 Beispiele für die Informationen in der Objektliste der Änderungsdatenbank

Notwendige
Änderungen
durchführen

Je nach Änderungskategorie fällt die notwendige Anpassung unterschiedlich aus. Bei Kundenobjekten, die sich auf Funktionen beziehen, die in SAP S/4HANA nicht mehr verfügbar sind, können Sie im Regelfall davon ausgehen, dass damit auch die konkrete Eigenentwicklung obsolet wird. In diesem Fall müssen Sie im Konvertierungsprojekt untersuchen, ob der individuelle Geschäftsprozess mit der angebotenen Nachfolgefunktion abgedeckt ist, und müssen sich gegebenenfalls über alternative Geschäftsprozesserweiterungen Gedanken machen. Bei Änderungen von Datenstrukturen (z. B. bei der Verlängerung der Materialnummer auf 40 Stellen) müssen Sie den kundeneigenen Code gemäß den Vorgaben in den SAP-Hinweisen anpassen.

Die Änderungsinformationen der SAP-Objekte, die mithilfe der ZIP-Datei über das SAP Support Portal bereitgestellt werden, enthalten immer die Informationen zu dem aktuellsten SAP-S/4HANA-Release. Damit können Sie Ihre Eigenentwicklungen unabhängig von dem gewünschten SAP-S/4HANA-Ziel-Release überprüfen. Denn vielleicht steht ja zum Zeitpunkt der Analyse der Eigenentwicklungen das SAP-S/4HANA-Ziel-Release noch gar nicht fest. Auch für SAP-S/4HANA-Release-Upgrades (zum Beispiel von SAP S/4HANA 1511 nach SAP S/4HANA 1610) ist es empfehlenswert, in einer frühen Phase des Upgrade-Projekts eine Analyse der Eigenentwicklungen auf Basis der dann aktuellen Änderungsinformationen durchzuführen.

Verteilung der Anpassungsaufgaben im Systemverbund

Im Folgenden listen wir die einzelnen Anpassungsaufgaben im SAP-ERP- und im SAP-S/4HANA-Systemverbund auf.

SAP-ERP-
Systemverbund

Die Aktivitäten in Tabelle 10.2 können bereits als vorbereitende Maßnahmen im SAP-ERP-Systemverbund ausgeführt werden.

Systemrolle	Aktivität
PRD	Aktivieren von Analyse-Tools wie SQL Monitor (SQLM), Usage & Procedure Logging (UPL) und Workload Monitor (ST03)
DEV	Analyse der Eigenentwicklungen bezogen auf die drei Anpassungskategorien: • grundsätzliche Analyse • Analysen bezogen auf die SAP-HANA-Datenbank • Analysen bezogen auf SAP S/4HANA

Tabelle 10.2 Vorbereitende Maßnahmen im SAP-ERP-Systemverbund

Systemrolle	Aktivität
	Umsetzung der Anpassungen, die bereits im SAP-ERP-Systemverbund gemacht werden können: ■ Löschen von obsoleten Eigenentwicklungen (z. B. mit dem Stilllegungs-Cockpit) ■ Anpassungen bezogen auf die SAP-HANA-Datanbank (basierend auf Code-Inspector-Prüfungen in Transaktion SCI) ■ Anpassungen bezogen auf SAP S/4HANA (basierend auf der Custom Code Migration Worklist bzw. auf Code-Inspector-Prüfungen)

Tabelle 10.2 Vorbereitende Maßnahmen im SAP-ERP-Systemverbund (Forts.)

Die Aktivitäten aus Tabelle 10.3 würden dann im SAP-S/4HANA-Systemverbund ausgeführt werden.

SAP-S/4HANA-Systemverbund

Systemrolle	Aktivität		
	Vor der Konvertierung	Während der Konvertierung	Nach der Konvertierung
DEV-System	(Fortsetzung der) Analyse der Eigenentwicklungen bezogen auf die drei Anpassungskategorien: ■ grundsätzliche Analyse und Transparenz ■ Analysen bezogen auf die SAP-HANA-Datenbank ■ Analysen bezogen auf SAP S/4HANA	■ Anpassungen von modifizierten ABAP-Dictionary-Objekten (in der Transaktion SPDD) ■ Eigenentwicklungen an geänderte SAP-S/4HANA-Datenstrukturen anpassen	■ Anpassung von modifizierten Nicht-ABAP-Dictionary-Objekten (in der Transaktion SPAU) ■ (Fortsetzung der) Anpassung von Eigenentwicklungen an geänderte SAP-S/4HANA-Datenstrukturen
Q-System		■ Transportaufträge mit den Anpassungen in Transaktionen SPDD und SPAU einspielen ■ Transportaufträge mit den SAP-HANA- bzw. SAP-S/4HANA-Anpassungen einspielen	funktionale Tests und Performancetests

Tabelle 10.3 Aktivitäten im SAP-S/4HANA-Systemverbund

Systemrolle	Aktivität		
	Vor der Konvertierung	Während der Konvertierung	Nach der Konvertierung
PRD-System		▪ Transportaufträge mit den Anpassungen in den Transaktionen SPDD und SPAU einspielen ▪ Transportaufträge mit den SAP-HANA- und SAP-S/4HANA-Anpassungen einspielen	

Tabelle 10.3 Aktivitäten im SAP-S/4HANA-Systemverbund (Forts.)

10.2.6   Datenbank-Sizing für SAP S/4HANA

Beim Umstieg auf SAP S/4HANA erfolgt auch der Umstieg auf die SAP-HANA-Datenbank für die Kunden, die ihr SAP-ERP-System noch nicht mit SAP HANA betreiben. Die Beschaffung der entsprechenden Hardware und das richtige Sizing des Datenbankservers sind im Vorfeld des Umstiegs auf das SAP-S/4HANA-System einzuplanen.

Quick Sizer   Für das Sizing der SAP-HANA-Datenbank stehen grundsätzlich verschiedene Optionen zur Verfügung. Eine Option ist der *Quick Sizer*, ein webbasiertes Tool, das auf das Sizing eines neu implementierten SAP-HANA-basierten Systems zugeschnitten ist. Informationen zum Quick Sizer finden Sie unter *http://service.sap.com/quicksizer*.

Sizing-Report   Die für die Systemkonvertierung passendste Option ist der mit dem SAP-Hinweis 1872170 ausgelieferte ABAP-Sizing-Report /SDF/HDB_SIZING. Wird dieser Sizing-Report auf dem SAP-ERP-Start-System ausgeführt, analysiert er die aktuelle Datenbasis und gibt darauf basierend einen Ergebnisbericht aus, der über die Anforderungen an die SAP-HANA-Datenbank informiert.

Weitere Informationen zum Sizing

Grundsätzliche Informationen zum Thema Sizing für SAP HANA finden Sie unter *https://service.sap.com/sizing*.

Lesen Sie zum Sizing-Report /SDF/HDB_SIZING auch den SAP-Hinweis 2303847. Hier finden Sie auch Richtlinien und FAQs.

10.2.7   Den Software Update Manager verwenden

Die technischen Schritte zur Konvertierung eines Einzelsystems werden durch den *Software Update Manager* (SUM) ausgeführt, der Basisadministratoren seit 2011 bekannt ist. Er ist darauf ausgelegt, die Ausfallzeiten (Downtime) beim Einspielen von Software zu reduzieren. Die Schritte, die im Rahmen des SUM ausgeführt werden, unterscheiden sich bei einer SAP-S/4HANA-Systemkonvertierung nicht grundsätzlich von den Schritten, die beispielsweise bei einem Upgrade der SAP Business Suite im SUM durchgeführt werden. Daher liegt in diesem Abschnitt der Fokus auf den Schritten, die spezifisch für SAP S/4HANA sind bzw. neu in diesem Kontext.

Schritte einer SAP-S/4HANA-Systemkonvertierung im Software Update Manager (SUM)

Grundsätzlich führt der SUM drei Kernaufgaben in verschiedenen Phasen der Systemkonvertierung in einem Schritt aus:

Drei Kernaufgaben des SUM

1. **Konvertierung der Software auf SAP S/4HANA**
   Auf dem zugrunde liegenden SAP-ERP-Startsystem wird die neue SAP-S/4HANA-Software eingespielt. So wird beispielsweise in diesem Schritt die Softwarekomponente SAP_APPL durch die SAP-S/4HANA-Basiskomponente S4CORE abgelöst.

2. **Migration auf die SAP-HANA-Datenbank**
   Wenn das SAP-ERP-System noch auf einer anderen Datenbank basiert, migriert der SUM die Datenbank nach SAP HANA. In diesem Fall wird die sogenannte *Database Migration Option* (DMO) des Software Update Managers genutzt.

3. **Konvertierung der Applikationsdaten auf die neue Datenstruktur von SAP S/4HANA**
   Da sich in SAP S/4HANA an bestimmten Stellen Datenstrukturen ändern (beispielsweise Datenstrukturänderungen im Rahmen der Bestandsführung – Tabelle MATDOC), erfolgt eine Umsetzung der Applikationsdaten von der alten in die neue Datenstruktur.

Abbildung 10.18 zeigt die unterschiedlichen Phasen im SUM im Überblick.

Basierend auf der im Maintenance Planner erzeugten Stack-XML-Datei mit den Wartungsinformationen wird der gewählte SAP-S/4HANA-Konvertierungspfad identifiziert. Beachten Sie, dass die Konvertierungsprozedur ohne Stack-XML für das Konvertierungssystem nicht fortgesetzt werden kann. Abbildung 10.19 zeigt die Maske, in der Sie den Ablageort der Stack-XML-Datei eingeben.

Stack-XML

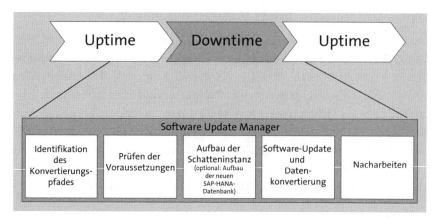

Abbildung 10.18 Phasen der Systemkonvertierung im SUM

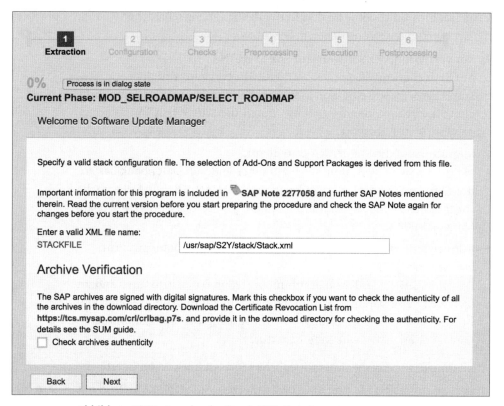

Abbildung 10.19 Angabe der Stack-XML-Datei

Voraussetzungen prüfen

Im ersten SUM-Ausführungsschritt werden die Voraussetzungen für die SAP-S/4HANA-Systemkonvertierung überprüft. Neben den technischen Versionsprüfungen für das Betriebssystem und die Datenbankversion erfolgen auch Prüfungen der betriebswirtschaftlichen Voraussetzungen.

Die Pre-Checks (siehe Abschnitt 10.2.4) werden erneut ausgeführt. So wird in dieser Prüfphase beispielsweise verifiziert, ob die Debitoren-/Kreditorenintegration des Geschäftspartners aktiviert ist. Wäre dies nicht der Fall, würde die SUM-Prozedur gestoppt werden, da dies eine Voraussetzung für den Folgeschritt ist, die Umsetzung von Applikationsdaten von der alten in die neue Datenstruktur.

Grundsätzlich erfolgt die SAP-S/4HANA-Systemkonvertierung in dem sogenannten *System-Switch-Upgrade-Verfahren*. In diesem Verfahren wird parallel zum laufenden System eine zusätzliche Instanz des Ziel-Releases erzeugt (*Schatteninstanz*). Auf dieser Schatteninstanz werden verschiedene Schritte der SAP-S/4HANA-Systemkonvertierung durchgeführt. In der Ablauffolge im SUM wird der Administrator aufgefordert, eine entsprechende Zielinformationen für die neue Datenbank einzugeben. Abbildung 10.20 zeigt die Maske zur Eingabe der SAP-System-ID (SID) und der Instanznummer.

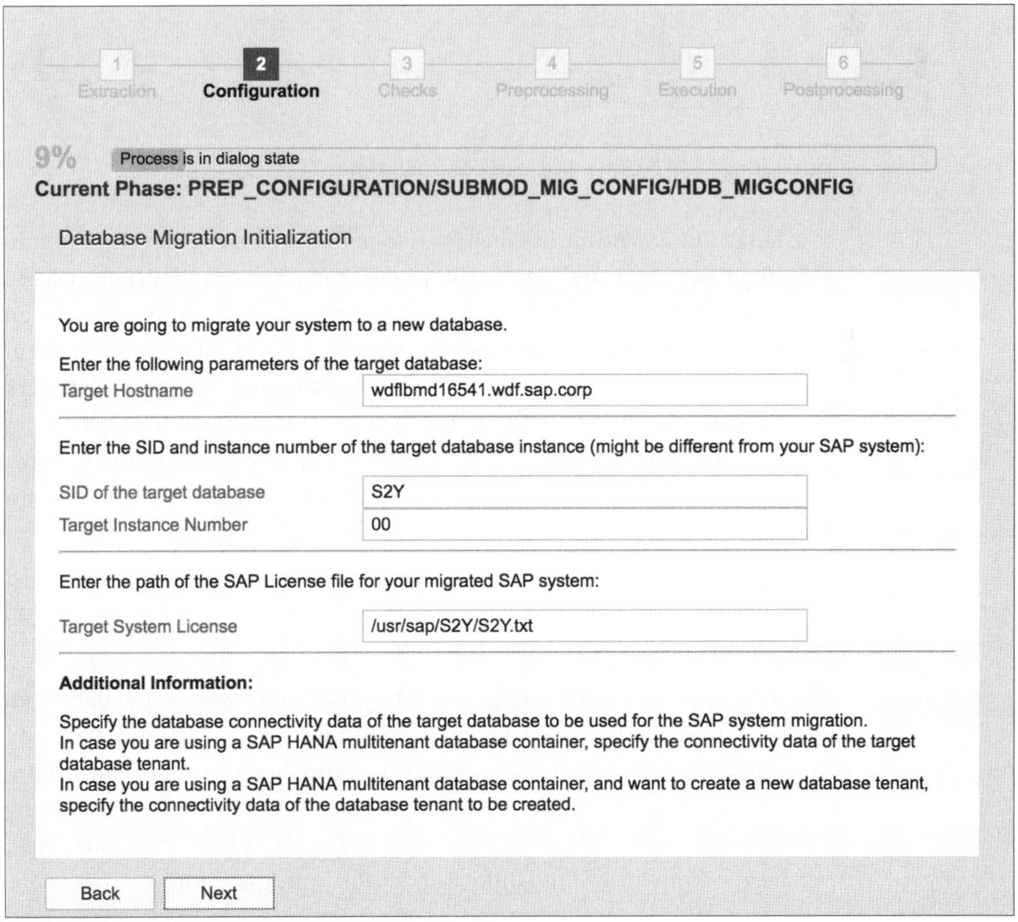

System-Switch-Upgrade-Verfahren

Abbildung 10.20 Zugriff auf die Schatteninstanz

Downtime-Phase   Auf dem Schattensystem werden dann beispielsweise die Basistabellen des Ziel-Releases eingespielt. Parallel zu den Aktivitäten, die vom SUM auf dem Schattensystem ausgeführt werden, kann der Betrieb in dem produktiven SAP-ERP-System weitergehen. Mit dem Schließen des produktiven Systems beginnt die Downtime-Phase der Systemkonvertierung. In dieser Phase des SUM werden dann unter anderem die Applikationsdaten von der alten in die neue Datenstruktur umgesetzt. Idealerweise sieht man zu dem Zeitpunkt nur, dass der Ausführungsprozess im SUM läuft (siehe Abbildung 10.21).

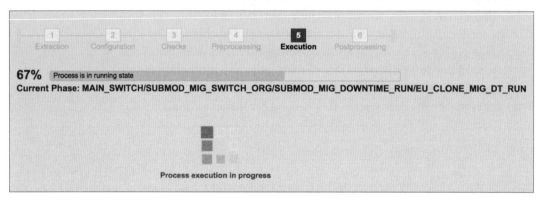

Abbildung 10.21 SUM-Schritte in der Downtime

Wie lange die Downtime letztlich ist, hängt von verschiedenen kundenindividuellen Faktoren und den im Konvertierungssystem realisierten Optimierungsmaßnahmen ab. So spielen hier unter anderem die eingesetzten Systemressourcen, die Größe der Datenbank, die Anzahl der umzusetzenden Applikationsdaten, aber auch Rahmenbedingungen wie das Netzwerk des Kunden eine Rolle. Natürlich ist die Downtime auch abhängig von der Systemkategorie. So kann man bei der Umsetzung eines Testsystems andere Zeiten akzeptieren und würde unter Umständen weniger Systemressourcen reservieren.

Wenn alle Umsetzungsschritte erfolgreich ausgeführt sind, wird die Ausführungsphase des SUM beendet und der Abschlussbildschirm aus Abbildung 10.22 angezeigt.

Nacharbeiten   Mit dem Ende der Ausführungsphase beginnt die Phase der Nacharbeiten in der Downtime. Eine Aufgabe im Rahmen der Nacharbeiten ist die Konvertierung von Buchhaltungs- und Controllingdaten und der korrespondierenden Customizing-Daten. Weitere Informationen zur Konvertierung der Finanzdaten finden Sie in SAP-Hinweis 2332030 und in dem darin referenzierten Konvertierungs-Guide für das Rechnungswesen.

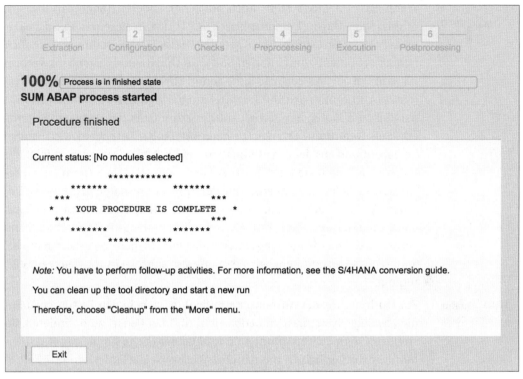

Abbildung 10.22 Ende der SUM-Ausführungsphase

Die Durchführung aller Schritte kann in der SUM-Analyse-Datei (**UPGANA.XML**) nachvollzogen werden. Hier werden detaillierte Informationen über das System, die Datenbankgröße und die Laufzeiten der einzelnen SUM-Phasen ausgewiesen.

SUM-Analyse-Datei

Die verschiedenen Verfahren im Software Update Manager

Der SUM unterscheidet bei einer SAP-S/4HANA-Systemkonvertierung drei Verfahren und Optionen:

- das Standardverfahren
- die Database Migration Option
- ein downtime-optimiertes Verfahren

Als Standardverfahren im SUM bezeichnet man das Verfahren, bei dem auf der gleichen Hardware eine zusätzliche Schatteninstanz erzeugt wird, um die Konvertierungsschritte parallel zum laufenden Betrieb auszuführen. Für SAP S/4HANA kann dieses Standardverfahren (auch *In-place-Migration* genannt) genutzt werden, wenn ein Kunde bereits eine SAP-HANA-Datenbank mit seinem SAP-ERP-Startsystem nutzt.

Standardverfahren

Database Migration Option (DMO)

Wenn das SAP-ERP-System noch auf einer anderen Datenbank basiert, migriert der SUM die Datenbank nach SAP HANA. In diesem Fall wird die Database Migration Option (DMO) genutzt. Dieses SUM-Verfahren wurde auch bereits bei einem kombinierten Software-Update und Datenbankwechsel im Rahmen der SAP Business Suite genutzt und steht nun auch bei der Systemkonvertierung nach SAP S/4HANA zur Verfügung. Im ersten Schritt wird parallel zum laufenden Betrieb auf der Datenbank des Ausgangssystems eine Schatteninstanz erzeugt. Die neue SAP-HANA-Datenbank wird parallel aufgebaut und aus der Schatteninstanz befüllt. In der Downtime erfolgt der Wechsel auf die neue Datenbank. Bei der SAP-S/4HANA-Systemkonvertierung erfolgt jetzt die Konvertierung der Applikationsdaten in die neuen Datenstrukturen. Nach Abschluss dieser Schritte und der Nacharbeiten kann das System dann als SAP-S/4HANA-System auf der SAP-HANA-Datenbank genutzt werden. Die Ausgangsdatenbank bleibt in diesem Verfahren unverändert bestehen und steht beispielsweise als Fallback-Lösung weiter zur Verfügung.

DMO Migration Control Center

Zur Optimierung der Ausfallzeit empfiehlt es sich, in den Testdurchläufen die jeweilige Systemlast zu beobachten und bei Bedarf zu optimieren. So steht mit dem *DMO Migration Control Center* (siehe Abbildung 10.23) ein Monitor zur Verfügung, mit dem beispielsweise die laufenden R3load-Prozesse überwacht werden können.

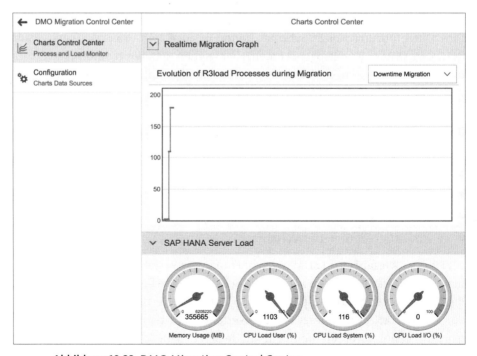

Abbildung 10.23 DMO Migration Control Center

Mit dem downtime-optimierten Verfahren können weitere Optimierungen realisiert werden. Dieser Ansatz wird zurzeit als Pilotverfahren angeboten, und er stellt höhere Anforderung an die Systemressourcen. Für ausgewählte Applikationen erfolgt die Umsetzung der Applikationsdaten von der alten in die neue SAP-S/4HANA-Datenstruktur während der Uptime-Phase, also parallel zum laufenden Betrieb. In diesem Verfahren müssen dann in der Downtime nur die neuen Applikationsdaten umgesetzt werden, die im parallelen Betrieb aufgelaufen sind. Diese werden mit einem Delta-Mechanismus aufgezeichnet.

Downtime-optimiertes Verfahren

> **Weitere Informationen zum Software Update Manager**
>
> Weitere Informationen zum Software Update Manager (SUM) finden Sie unter *http://support.sap.com/sltoolset*.
>
> In der SAP Community zu SAP S/4HANA finden Sie einen Blog zum SUM: *http://s-prs.de/v429757*
>
> Beachten Sie außerdem die applikationsspezifischen Sammelhinweise im Rahmen der Systemkonvertierung. Eine Sammlung finden Sie in diesem Blog-Artikel: *http://s-prs.de/v429758*

10.2.8   Umstieg auf die SAP-Fiori-Benutzeroberflächen

Die Vereinfachungen, die mit dem Umstieg auf SAP S/4HANA realisiert werden können, sind auch direkt mit der neuen User Experience verbunden, die SAP Fiori bietet. Mit SAP Fiori 2.0 hat SAP im vierten Quartal 2016 die zweite Generation dieser Benutzeroberflächen veröffentlicht. Sie ermöglicht mit dem neuen Oberflächenschema *Belize* eine noch attraktivere Benutzererfahrung.

SAP Fiori 2.0

Auf die grundsätzlichen Eigenschaften dieser Benutzeroberflächen sind wir bereits in Abschnitt 2.4, »Die SAP-Fiori-Benutzeroberflächen«, eingegangen. In diesem Abschnitt erklären wir, wie Sie den Übergang von den klassischen SAP-GUI-basierten Benutzeroberflächen zu den neuen Oberflächen gestalten können. Dieser Übergang beginnt mit den grundsätzlichen Installationsschritten für SAP Fiori. Mithilfe einer Relevanzanalyse können Sie die für Sie relevanten SAP-Fiori-Apps identifizieren. Diese Relevanzanalyse basiert auf einer Nutzungsstatistik Ihrer Transaktionen. Bei der Implementierung der SAP-Fiori-Apps kann dann ein schrittweiser Übergang je nach den Bedürfnissen Ihrer Anwender erfolgen.

Installation von SAP Fiori im Rahmen der SAP-S/4HANA-Konvertierung

Um SAP Fiori nutzen zu können, muss es im Rahmen der SAP-S/4HANA-Konvertierung zunächst installiert werden. Hierzu muss ein Frontend-Server installiert werden, wie in Abschnitt 9.3, »Den Frontend-Server für die SAP-Fiori-Benutzeroberfläche einrichten«, beschrieben.

Installation im Maintenance Planner Nach der Installation der SAP-Fiori-Komponenten konfigurieren Sie die Infrastruktur einschließlich des SAP Fiori Launchpads. Die Installation erfolgt analog zur Installation der SAP-S/4HANA-Software integriert in die Software-Logistiktools des Maintenance Planners und des Software Update Managers. Abbildung 10.24 zeigt die Auswahl dieser Installationsvariante im Maintenance Planner.

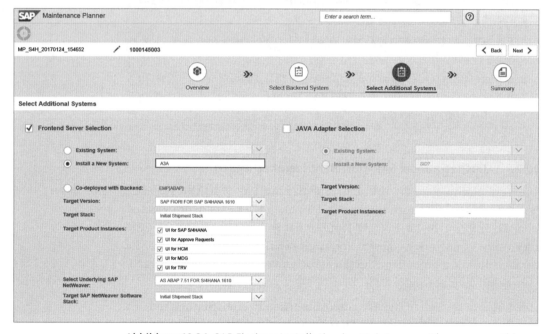

Abbildung 10.24 SAP Fiori zur Installation im Maintenance Planner auswählen

SAP Fiori 2.0 kann mit SAP S/4HANA 1610 genutzt werden. Für SAP S/4HANA 1511 ist dieses Release noch nicht verfügbar. SAP Fiori 2.0 basiert technisch auf dem SAP-Fiori-Frontend-Server 3.0. Um die SAP Fiori Cloud (siehe Abschnitt 9.3.2) für SAP S/4HANA nutzen zu können, benötigen Sie SAP S/4HANA 1610 mit eigener Lizenz.

Relevanzanalyse für SAP-Fiori-Apps

Relevance and Readiness Analysis Mit der sogenannten *Relevance and Readiness Analysis* in der SAP Fiori App Reference Library steht Ihnen ein Analysetool zur Verfügung, mit dem Sie die für Sie relevanten SAP-Fiori-Apps identifizieren können. Das Tool analysiert, welche Transaktionen Sie in Ihrem Ausgangssystem nutzen, und erzeugt eine Empfehlungsliste. Abbildung 10.25 zeigt eine solche Ergebnisliste der Relevanzanalyse.

Abbildung 10.25 Relevanzanalyse für SAP-Fiori-Apps

Die Nutzungsanalyse der Transaktionsdaten kann beispielsweise auf Basis des Workload Monitors (Transaktion STO3) erfolgen. Die Nutzungsdaten werden als CSV-Datei in das Tool hochgeladen, und das Tool analysiert dann die Relevanz der einzelnen Transaktionen. Es ermittelt SAP-Fiori-Apps, die mit den genutzten SAP-GUI-Transaktionen korrespondieren. **Nutzungsanalyse**

Individuelle Gestaltung des Übergangs

Die Möglichkeiten, die neue, attraktive, intuitive und effiziente Benutzeroberflächen den Anwendern bieten, sind ein Aspekt im SAP-S/4HANA-Konvertierungsprojekt. Ein anderer Aspekt ist die Frage, wie der Übergang zu den neuen Benutzeroberflächen und damit zu einer anderen Arbeitsweise gestaltet werden kann.

Im Folgenden sehen wir uns diesen Übergang von den klassischen Benutzeroberflächen hin zu den neuen SAP-Fiori-basierten Benutzeroberflächen an, die Ihnen nach dem Konvertierungsprojekt zur Verfügung stehen. Es sei an dieser Stelle jedoch explizit darauf hingewiesen, dass Sie nach der Konvertierung Ihres Systems nach SAP S/4HANA auch weiterhin die SAP-GUI-Transaktionen nutzen können. Grundsätzlich sind alle Transaktionen und die Favoriten der Benutzer, die in Ihrem System vor dem Upgrade genutzt wurden, auch nach der Systemkonvertierung im ABAP-Backend verfügbar.

Ausnahmen stellen diejenigen Transaktionen dar, die aufgrund von Vereinfachungen in SAP S/4HANA wegfallen und zu denen über die Simplification List Änderungen kommuniziert wurden.

Zu beachten ist auch, dass Funktionen, die im Rahmen von SAP S/4HANA neu entwickelt werden, im Regelfall nur mit SAP-Fiori-basierten Benutzeroberflächen bereitgestellt werden. Die Frage lautet daher nicht, *ob* Sie auf die neuen Benutzeroberflächen umsteigen, sondern *wie* und in welchen Schritten.

Schrittweiser Übergang

Abbildung 10.26 zeigt einen möglichen schrittweisen Übergang von den klassischen Benutzeroberflächen, wie sie in SAP ERP zur Verfügung stehen, hin zu der Zielarchitektur, die auf SAP Fiori basiert.

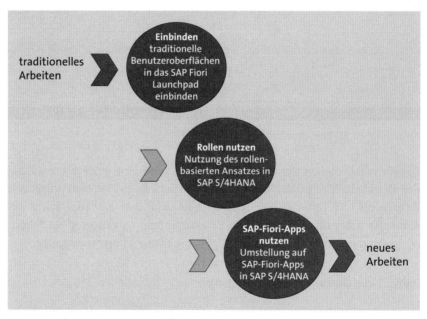

Abbildung 10.26 Schrittweiser Übergang zu den neuen Benutzeroberflächen

Verschiedene Anwendungen einbinden

Nach diesem Modell führen Sie als ersten Schritt das SAP Fiori Launchpad ein. Es dient als zentraler webbasierter Einstiegspunkt für alle Anwender, die mit dem SAP-S/4HANA-System arbeiten. Im SAP Fiori Launchpad können Sie Anwendungen verschiedener User-Interface-Technologien (z. B. SAP GUI, Portale) auf verschiedenen Geräten (Desktop, Tablet oder Smartphone) konsolidieren.

Sie können die klassischen Benutzeroberflächen einbinden und damit das Arbeiten und die Geschäftsprozesse im Wesentlichen erst mal so fortsetzen, wie sie vor der Systemkonvertierung etabliert waren.

So besteht beispielsweise die Möglichkeit, eine Auswahl von Web-Dynpro- und SAP-GUI-basierten Applikationen des ABAP-Backends oder die Einträge aus dem SAP-Easy-Access-Menü in das SAP Fiori Launchpad einzubinden. Ab SAP S/4HANA 1610 On-Premise werden die so eingebundenen klassischen Oberflächen auch vom Erscheinungsbild her an die SAPUI5-basierten SAP-Fiori-Apps angeglichen, wodurch eine einheitliche Benutzererfahrung unterstützt wird.

Den nächsten Schritt sollten Sie direkt nach der Systemkonvertierung machen: Ermöglichen Sie dem Endanwender einen rollenbasierten Zugriff auf das SAP Fiori Launchpad. Der Kernaspekt des rollenbasierten Ansatzes ist es, komplexe Applikationen in aufgabenorientierte, sinnvolle Teileinheiten herunterzubrechen. Dem Endanwender werden nur die Benutzeroberflächen angeboten, die er für die Bearbeitung des Teilschritts benötigt, für den er zuständig und zu dem er berechtigt ist.

Rollenbasierter Zugriff

So wird ein Manager eines Unternehmens andere Informationen benötigen als der Sachbearbeiter. Der Manager mag z. B. mehrheitlich Genehmigungsschritte auf seinem mobilen Endgerät abarbeiten, während der Sachbearbeiter Zugriff auf detailliertere Oberflächen haben muss, um auch Ausnahmefälle bearbeiten zu können. Mit der Verwendung vordefinierter Rollen und Berechtigungen legen Sie fest, auf welche Apps und Daten ein Benutzer zugreifen darf.

Über den sogenannten *App Finder* – eine Art App Store innerhalb des SAP Fiori Launchpads – kann der Benutzer sich für seine Rolle die Apps zusammenstellen, die seinen Arbeitsalltag am besten unterstützen. Hierbei spielt es keine Rolle, ob es sich um SAP-Fiori-, SAP-GUI- oder Web-Dynpro-ABAP-Anwendungen handelt. Auch eigenentwickelte SAP-Fiori-Apps können eingebunden werden.

In einem weiteren Schritt könnten Sie sich dann dazu entschließen, noch stärker auf die angebotenen SAP-Fiori-Apps umzusteigen und sich von den klassischen Benutzeroberflächen zu verabschieden. Viele Unternehmen beginnen diesen Umstieg mit der Umstellung von einzelnen Prozessschritten.

Alte Anwendungen ablösen

Sie können z. B. zunächst Genehmigungsprozesse oder Reisekostenprozesse umstellen und die Nutzung von mobilen Endgeräten hierfür als Hauptanwendungsfall vorsehen. Im nächsten Schritt stellen Sie dann zunächst die Kerngeschäftsprozesse um, von denen eine begrenzte Anzahl von Benutzern betroffen ist. Danach werden Geschäftsprozesse umgestellt, von denen die Mehrheit der Endanwender betroffen ist.

Letztlich muss und kann jeder Kunde selbst entscheiden, wie und in welcher Geschwindigkeit er den Übergang zu den neuen SAP-Fiori-Benutzeroberflächen gestalten möchte.

[»]

Weiterführende Informationen

Weitere Informationen zur SAP-Fiori-Empfehlungsanalyse können Sie in der SAP Fiori Reference Library finden oder direkt über den folgenden Link: *http://s-prs.de/v429759*.

Im »SAP Fiori 2.0 Administration and Developer Guide« (*http://s-prs.de/v429760*) finden Sie Anleitungen, wie Sie Web-Dynpro- und SAP-GUI-basierte Applikationen in das SAP Fiori Launchpad einbinden können.

Zum neuen Design *Belize* und der Verfügbarkeit in SAP GUI for HTML, SAP GUI for Java und SAP GUI for Windows lesen Sie auch SAP-Hinweis 2365556.

Weitere Informationen zum App Finder finden Sie hier:

http://s-prs.de/v429761

Kapitel 11
Neuimplementierung eines Einzelsystems

Dieses Kapitel beschreibt die Datenmigration im Falle einer Neuimplementierung von SAP S/4HANA und die dabei verwendeten Werkzeuge, Methoden und Ansätze.

Nachdem Sie in Kapitel 10 die Möglichkeit einer Systemkonvertierung für den Übergang auf SAP S/4HANA On-Premise kennengelernt haben, möchten wir in diesem Kapitel erläutern, wie Sie die Migration im Falle einer Neuimplementierung vornehmen. Dieser Ansatz, auch Greenfield-Implementierung genannt, ermöglicht es langjährigen SAP-Kunden, sich von Altlasten zu befreien (zum Beispiel wenn das SAP-ERP-System bereits lange im Einsatz ist) und neu zu starten. Dies ist auch der richtige Ansatz, wenn Sie bisher noch kein SAP-ERP-System im Einsatz hatten.

In jedem Fall sind es die bereits angesprochenen Vereinfachungen und SAP Best Practices, die sich bei diesem Szenario als vorteilhaft erweisen. In Systemen mit vielen Kundenmodifikationen besteht die Möglichkeit, zum Standard zurückzukehren und einen Neuanfang zu machen.

Zurück zum Standard

Um nach der initialen Implementierung (siehe Kapitel 9, »Installation und Konfiguration von SAP S/4HANA On-Premise oder in der Private Cloud«) Daten zu migrieren, werden Migrationswerkzeuge eingesetzt, ähnlich wie wir sie in Abschnitt 7.3, »Datenmigration in die SAP S/4HANA Cloud«, für die SAP-S/4HANA-Cloud-Editionen vorgestellt haben. Diese Werkzeuge unterscheiden sich zum Teil von den Tools, die Sie bisher für die SAP Business Suite und andere SAP-Systeme eingesetzt haben.

In Abschnitt 11.1, »Die Phasen der Datenmigration«, bringen wir Ihnen zunächst die Vorgehensweise im Projekt näher und stellen die einzelnen Datenmigrationsphasen vor. In Abschnitt 11.2, »Unterstützte Migrationsobjekte«, erfahren Sie mehr über die Migrationsobjekte, die von den SAP Best Practices unterstützt werden. Welche Migrationsobjekte verfügbar sind, unterscheidet sich in den verschiedenen Migrationswerkzeugen, auf die wir im Anschluss eingehen. Diese Werkzeuge sind:

- Rapid Data Migration für SAP Data Services
- das SAP S/4HANA Migration Cockpit, das Sie bereits als Migrationswerkzeug für SAP S/4HANA Cloud kennengelernt haben (siehe Abschnitt 7.3, »Datenmigration in die SAP S/4HANA Cloud«)

Um dem größeren Lösungsumfang und den umfangreicheren Erweiterungsmöglichkeiten von SAP S/4HANA On-Premise gerecht zu werden, stellen wir Ihnen in Abschnitt 11.5 den Migrationsobjektmodellierer (*SAP S/4HANA Migration Object Modeler*) vor, der dazu dient, die Migrationsobjekte um zusätzliche Felder zu erweitern.

Abschließend erörtern wir in Abschnitt 11.6 die unterschiedlichen Einsatzmöglichkeiten der vorgestellten Tools und geben einen Überblick über ihre jeweiligen Vor- und Nachteile. Wir gehen in diesem Kontext auch auf die Restriktionen und Einsatzmöglichkeiten der im Bereich der SAP Business Suite vielfach eingesetzten *Legacy System Migration Workbench* (LSMW) für den Einsatz mit SAP S/4HANA ein, um das Gesamtbild der Migrationswerkzeuge abzurunden.

11.1   Die Phasen der Datenmigration

Grundsätzlich entsprechen die Phasen einer Datenmigration in SAP S/4HANA denen einer herkömmlichen Datenmigration in ein System der SAP Business Suite. Wir unterscheiden hier sieben Phasen:

1. Datenanalyse
2. Mapping
3. Implementierung
4. Test der Datenmigration
   - funktionale Tests
   - produktive Ladetests (PLT)
5. Datenvalidierung
6. Datenbereinigung
7. produktives Laden und Support

Phasen nach ASAP   Im SAP-Standardeinführungsmodell *AcceleratedSAP* (ASAP) für SAP-Business-Suite-Implementierungsprojekte wurden diese Phasen bisher so umgesetzt wie in Abbildung 11.1 dargestellt.

SAP Activate   Wie wir schon in Kapitel 5 beschrieben haben, wurde die Implementierungsmethode ASAP in ihrer letzten Version ASAP 8 zur neuen Methode *SAP Activate* weiterentwickelt. Wie sich die Datenmigrationsphasen in die Phasen von SAP Activate eingliedern, sehen Sie in Abbildung 11.2.

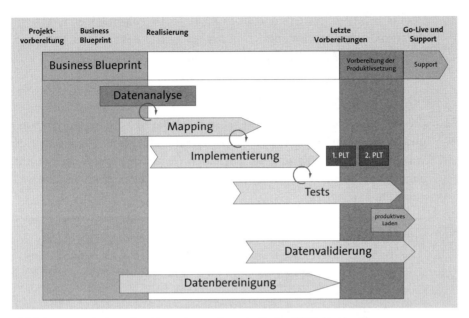

Abbildung 11.1 Datenmigrationsphasen innerhalb der ASAP-Methodik

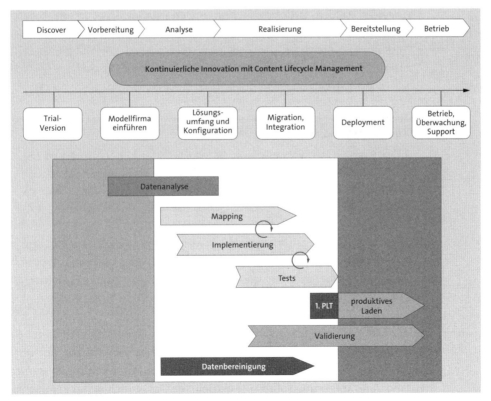

Abbildung 11.2 Datenmigrationsphasen in SAP Activate

Details zu SAP Activate finden Sie in Kapitel 5. Im Folgenden erläutern wir Ihnen die einzelnen Datenmigrationsphasen und beschreiben, wie sie in die SAP-Activate-Phasen eingebunden sind.

11.1.1   Datenanalyse

Vorbereitungs- und Analysephase

Die Datenanalyse wird in der Regel in den Phasen Vorbereiten (*Prepare*) und Analysieren (*Explore*, in ASAP ist das die Blueprint-Phase) gestartet. Während der Modellierung der einzelnen Geschäftsprozesse werden die benötigten Business-Objekte und die verwendeten Stamm- und Bewegungsdaten festgelegt.

[»]

Business-Objekt vs. Migrationsobjekt

Ein *Business-Objekt* ist ein einzelnes Datenobjekt, das zur Modellierung eines Geschäftsprozesses benötigt wird, zum Beispiel Material, Kunde oder Bestellung.

Ein *Migrationsobjekt* (Migration Object) ist ein Teil eines Business-Objektes, das zur Migration dieses Business-Objekts verwendet wird. Business-Objekte müssen manchmal aus technischen Gründen in kleinere Einheiten aufgeteilt werden. Ursachen hierfür können sein, dass bestimmte Teile eines Business-Objekts mit unterschiedlichen Schnittstellen (Application Programming Interfaces, APIs) geladen werden oder dass die Datenquellen unterschiedlich sind. Zu einem Business-Objekt kann es also ein bis mehrere Migrationsobjekte geben.

[»]

Stammdaten vs. Bewegungsdaten

Unter *Stammdaten* versteht man Daten, die in sich stabil sind und die Grundlage für andere Business-Objekte sind. Stammdaten verändern sich über einen bestimmten Zeitraum wenig bis gar nicht. Bekannte Stammdatenobjekte sind zum Beispiel Kunden, Lieferanten, Material, Banken und Stücklisten.

Unter *Bewegungsdaten* (Transaktionsdaten) versteht man Daten, die volatil sind und andauernden Veränderungen unterliegen. Bekannte Bewegungsdaten sind Bestände, alle Arten von Aufträgen, Kontendaten oder Verträge.

Datenvorbereitung

In der Datenanalysephase wird die Herkunft der Daten analysiert, und es wird geprüft, ob eine manuelle oder maschinelle Datenmigration notwendig ist. Viele Firmen nutzen dafür unterschiedliche Datenhaltungssysteme. Für die Datenmigration sollten die aktuellsten Datenquellen mit der höchsten Datenqualität herangezogen werden.

Oft ist es notwendig, die Daten verschiedenster Datenquellen zu einer Datenmigrationsquelle zusammenzufassen. Je nach Anzahl und Herkunft der Datenobjekte kann es auch sinnvoll sein, die Daten manuell in das neue System zu übertragen: Dann nämlich, wenn der zeitliche und monetäre Aufwand, den Sie betreiben müssen, um die Daten in ein Format zu übertragen, das maschinell verarbeitet werden kann, hoch ist. Es kann dann günstiger sein, die Daten manuell zu übertragen.

[zB]

Wie aus 300.000 Datensätzen 5000 Datensätze werden

Ein SAP-Kunde aus der Automobilindustrie wollte 300.000 Lieferanten eines Fremdsystems in sein neues SAP-S/4HANA-System laden. Bei genauerer Datenanalyse stellte sich heraus, dass nur 5.000 Lieferanten relevant sind. Die anderen 295.000 Lieferanten waren größtenteils Karteileichen, die sich im Laufe der Zeit angesammelt hatten, aber seit Jahrzehnten nicht mehr genutzt wurden.

Dies zeigte sich unter anderem daran, dass noch vierstellige deutsche Postleitzahlen und Länderbezeichnungen wie »Jugoslawien« in den Adressdaten standen. Das Laden von 5000 Lieferanten ist bei Weitem nicht so zeitaufwendig wie das Laden der 60-fachen Menge.

Eine Verringerung der zu migrierenden Datenmenge ist also immer von sehr großer Bedeutung: Je kleiner die Anzahl der zu migrierenden Datensätze ist, desto schneller werden sie in die entsprechenden Migrationswerkzeuge geladen und desto kürzer ist auch die Ladezeit.

Bei der Ermittlung der Migrationsobjekte sollten Sie für jedes Objekt folgende Informationen erfassen:

Ermittlung der Migrationsobjekte

- das SAP-Zielsystem (falls es mehrere gibt)
- das Migrationsobjekt und eine Beschreibung des Objekts
- den Objekttyp (Stammdaten, Bewegungsdaten, Customizing, sonstige Daten)
- die geschätzte Komplexität des Migrationsobjekts (1 = »wenig komplex« bis 10 = »sehr komplex«)
- Abhängigkeiten zu anderen Migrationsdatenobjekten
- die Anzahl der zu ladenden Datensätze
- Quellsystem(e)
- wichtige Ansprechpartner
- die geplante Datenübernahmetechnik
- zugehörige Planungsdokumente bzw. Geschäftsprozesse

Migrations-objektübersicht

Diese Informationen speichern Sie am besten in einer Tabelle, z. B. in Microsoft Excel. Diese Tabelle ergänzen Sie um weitere für Sie notwendige Objekt- oder Statusinformationen. Abbildung 11.3 zeigt einen Ausschnitt aus einer Beispieltabelle.

No.	Area	Objektnummer	Migrationsobjekt	Objektunternummer	Beschreibung	Kommentar	MD=Stammdaten CU=Customizing TD=Bewegungsdaten	Datenmigration notwendig J oder N oder M = manuell	Anzahl der Datensätze	System 1	System 2	System 3	System 4	Business lead (SAP) z.B. Validierung, Mapping	Business lead (Kunde) z.B. Validierung, Mapping	Region 1	Region 2	Region 3
1	SD	001	Kunde	001	Kunden aus Spanien	27.09.16 Mr SAP1: Frau Gamma für weitere Informationen Fragen	MD	J		X		X		Mr SAP1	Mr Beta	Ms Gamma	n/a	
2	SD	001	Kunde	002	Kunden aus Deutschland	27.09.16 eMail von Herrn Alpha bzgl. Verkäuferbezirke	MD	J		X		X		Frau SAP2	Herr Alpha Frau Fox	n/a	n/a	
3	MM	002	Lieferant	001	Lieferanten aus Europa	28.09.16 Herr Beta: es werden nur die europäischen Lieferanten übernommen	MD	J				X		Herr SAP1	Herr Beta	n/a	n/a	
4	MM / SD	003	Materialstamm	001	Rohstoffe	28.09.16 Frau SAP2 und HerrSAP1 * Nur Rohstoffe aus System A	MD	J		X				Frau SAP2 Herr SAP1	Herr Alpha Frau Fox	n/a	n/a	

Abbildung 11.3 Tabelle zur Dokumentation der Migrationsobjekte

[»] **Beispieltabelle herunterladen**

Sie können diese Tabelle als Hilfsmittel zur Dokumentation der Migrationsobjekte herunterladen. Sie finden sie im Internet auf der Seite *www.sap-press.de/4213* bei den Materialien zu diesem Buch. Sie können die Tabelle dann nach Belieben ändern und anpassen.

11.1.2   Mapping

Feld-Mapping

Sobald Sie festgelegt haben, welche Datenobjekte Sie migrieren wollen, sollten Sie damit beginnen, die Strukturen und Felder Ihrer Quelldaten auf die Strukturen und Felder des Zielsystems zu mappen. Dies geschieht in der Regel parallel zur Festlegung der Geschäftsprozesse während des *Fit-Gap-Workshops* in der Analysephase von SAP Activate. Da einige Stamm- und Bewegungsdaten in verschiedenen Geschäftsprozessen Verwendung finden, ist das Mapping dieser Objekte eine Aufgabe, die mit dem Ende der Datenanalysephase abgeschlossen sein sollte. (Dies entspricht dem Ende der Analysephase in der SAP-Activate-Methodik.)

Für die Rapid-Data-Migration-Lösung und das SAP S/4HANA Migration Cockpit werden vordefinierte Mappings über SAP Best Practices ausgeliefert. Im Falle des SAP S/4HANA Migration Cockpits müssen Sie Ihre Daten nur in die bestehende Migrationsvorlage eintragen und Ihre Quellsystemwerte im Migration Cockpit entsprechend umschlüsseln. Dementsprechend eingeschränkt sind Sie in der Implementierung alternativer Mapping-Regeln. In der auf SAP Data Services basierenden Rapid-Data-Migration-Lösung haben Sie alle Freiheiten, die ausgelieferten Regeln anzupassen, die SAP Data Services bietet.

Vordefinierte Mappings

Oft tauchen bei den ersten Tests mit Originaldaten Analyse- und Konfigurationsfehler auf, die zur Anpassung der Zielkonfiguration und damit der entsprechenden Mapping- und Umschlüsselungsregeln führen. Dadurch kann das Mapping oft erst im letzten Drittel der Implementierungsphase wirklich abgeschlossen werden.

Analyse- und Konfigurationsfehler

11

> ### Plötzlich auftauchende alternative Mengeneinheiten
>
> Beim Laden der ersten Testdaten fiel nach einer Analyse der Quelldaten auf, dass in einigen ausländischen Filialen Materialstämme in anderen Mengeneinheiten gepflegt wurden als im führenden System.
>
> Im Fit-Gap-Workshop wurden alternative Mengeneinheiten noch nicht als notwendig angesehen. Die Daten des führenden Systems werden in der Regel zuerst geladen und geben damit die Basismengeneinheit vor. Da Bestände in SAP-S/4HANA-Systemen jedoch in der Basismengeneinheit gebucht werden, musste aufgrund dieser neuen Erkenntnis die Konfiguration angepasst und mussten alternative Mengeneinheiten eingeführt werden. Ansonsten wären zum Beispiel die 400 m Stoffbahnen in einer Filiale als 400 Rollen (Basismengeneinheit des führenden Systems) eingebucht worden. Eine Rolle entspricht ca. 100 m, und es wäre dadurch zu einer ungewollten falschen Bestandsvermehrung gekommen.

11.1.3   Implementierung

Während der Implementierungsphase erstellen Sie bei einer SAP-Business-Suite-Implementierung normalerweise sowohl die Extraktionsprogramme des Quellsystems als auch die Übernahmeroutinen im Zielsystem.

SAP Best Practices

In einem SAP-S/4HANA-System, das auf Basis der SAP Best Practices eingerichtet wird, sollten Sie die von SAP empfohlenen Datenübernahmewerkzeuge und -lösungen verwenden.

Für die Rapid Data Migration, die wir in Abschnitt 11.3 vorstellen, und das SAP S/4HANA Migration Cockpit (siehe Abschnitt 11.4) wird vordefinierter

Migrations-Content für die Migrationsobjekte ausgeliefert, die in Abschnitt 11.2 aufgeführt sind. Dieser Content basiert auf den SAP Best Practices. Hier müssen in der Regel nur noch die Quelldaten in die ausgelieferten Migrationsvorlagen gebracht und die Quell-/Zielwert-Umschlüsselungen gepflegt werden. Der Aufwand bei Verwendung der SAP Best Practices ist also überschaubarer und besser kalkulierbar als bei einer kompletten Neuimplementierung von Geschäftsprozessen.

Freigegebene Schnittstellen verwenden

Für Migrationsobjekte, die nicht über SAP Best Practices ausgeliefert werden, müssen Sie in SAP S/4HANA On-Premise weiterhin zusätzlich zu den Extraktionsroutinen im Quellsystem auch die Übernahmeroutinen im Zielsystem inklusive Mapping und Umschlüsselungsregeln implementieren.

Anders als bei einem SAP-Business-Suite-System müssen Sie bei SAP S/4HANA darauf achten, dass die Schnittstellen und Techniken (BAPIs, IDocs, Batch-Input etc.), die Sie dafür verwenden wollen, freigegeben sind. (Näheres dazu lesen Sie in Abschnitt 11.6, »Vergleich der Migrationstools«).

Die Implementierungsphase erfolgt parallel zum Mapping in der Realisierungsphase (die auch bei der ASAP-Methodik so hieß).

11.1.4 Tests

Testen reduziert Betriebskosten

Tests sind das Kriterium, das für den Erfolg einer Implementierung ausschlaggebend ist, aber sie werden erfahrungsgemäß schlecht und unzureichend geplant. In der Regel wird den Tests und vor allem den Nacharbeiten viel zu wenig Zeit eingeräumt.

Je mehr Datenquellen und Umschlüsselungsregeln es gibt und je komplexer dadurch eine Datenmigration wird, desto intensiver muss die Migration getestet werden. Je höher die Anzahl der Tests mit Originaldaten ist, desto mehr Fehler können Sie bereinigen und desto höher wird am Ende die Datenqualität der geladenen Daten sein.

Die Qualität der geladenen Daten ist essenziell für Ihre Geschäftsprozesse und hat einen sehr großen Einfluss auf die anfallenden Kosten im laufenden Betrieb. Sie sollten mindestens einen *produktiven Ladetest* (PLT) als Generalprobe einplanen.

11.1.5 Datenvalidierung

Es gibt zwei Ansätze, die Daten einer Datenmigration zu validieren:

- vor der Datenübernahme
- nach der Datenübernahme

Sie können aber auch eine Kombination aus beiden Ansätzen nutzen, wenn Sie auf Nummer sicher gehen wollen. Wichtig ist hierbei, dass Sie die Daten daraufhin prüfen, ob sie syntaktisch und semantisch korrekt sind.

Ein Datenwert ist *syntaktisch korrekt*, wenn er den Datentyp und die Länge des Zielfeldes einhält und im Wertebereich einer dahinterliegenden Wertetabelle liegt. Die syntaktische Korrektheit sollte in der Regel von den jeweiligen Migrations-APIs geprüft werden.

Syntaktische und semantische Korrektheit

Das Migration Cockpit nutzt vorwiegend freigegebene BAPIs und Funktionsbausteine als Migrations-API. Die Rapid-Data-Migration-Lösung verwendet IDoc-Schnittstellen. Fast alle der dort verwendeten APIs überprüfen die syntaktische und semantische Korrektheit der Daten.

Bei einigen wenigen dieser APIs sind diese Prüfungen nur rudimentär implementiert. Hier sollten Sie die Werte deshalb schon vor der Datenübernahme prüfen, um zu verhindern, dass fehlerhafte Daten geladen werden. Eine Übersicht über die APIs der Migrationsobjekte des SAP S/4HANA Migration Cockpits finden Sie in Tabelle 7.2 in Abschnitt 11.5, »SAP S/4HANA Migration Object Modeler«.

Ein Datenwert ist *semantisch korrekt*, wenn er im Zusammenspiel mit den anderen Feldwerten des Datensatzes sinnvoll ist.

Semantischer Fehler

Ein Sachbearbeiter eines Kunden hatte für Kunden aus Nordirland das Länderkürzel NI im Quellsystem gepflegt. Für alle anderen Kunden verwendete er die gängigen ISO-Länderkürzel, wie sie auch in SAP S/4HANA genutzt werden. Da dies niemandem aufgefallen war, wurden alle Werte 1:1 umgeschlüsselt. Das führte dazu, dass die Kunden aus Nordirland nach dem Umstieg als nicaraguanische Kunden ausgewiesen wurden, da NI das gültige SAP-S/4HANA-Länderkürzel für Nicaragua ist.

Regelwerk erstellen

Verlassen Sie sich nicht darauf, dass Ihre Quelldaten korrekt sind, und führen Sie immer Datenvalidierungen durch! Zur Datenvalidierung können Sie verschiedenste Werkzeuge heranziehen. Wichtig ist in jedem Fall, dass Sie sich ein Regelwerk auf Basis der Umschlüsselungsregeln erstellen, das Sie zur Validierung heranziehen.

Ob Sie das vor oder nach der Datenmigration machen, hängt von Ihrem speziellen Fall ab: Je schwieriger es ist, geladene Daten zu bereinigen oder Systeme auf einen definierten Stand zurückzusetzen und je weniger die verwendeten Datenmigrations-APIs eine Simulation anbieten, desto wichtiger ist es, die Daten schon vor der Datenmigration zu validieren.

Zur Datenvalidierung gibt es eine Vielzahl von Werkzeugen, wie zum Beispiel SAP Query, SAP Data Services etc. Die Rapid-Data-Migration-Lösung beinhaltet schon vorgefertigte Validierungsregeln, mit deren Hilfe Sie die Daten vor und nach dem Laden validieren können.

11.1.6   Datenbereinigung

»Garbage in, Garbage out«

Wenn Sie während der Datenanalyse und der Tests Fehler in den Quelldaten feststellen, sollten Sie diese Fehler umgehend im Quellsystem bereinigen. Je besser die Qualität der Ausgangsdaten ist, desto weniger Fehler treten bei der Datenmigration auf und desto höher ist die Qualität der geladenen Daten.

Beginnen Sie mit der Datenbereinigung so früh wie möglich, und greifen Sie dafür auf schon vorhandene Datenbereinigungsprozesse und -teams zu, die in vielen Unternehmen aufgrund von Qualitäts-Audits und Zertifizierungen vorgeschrieben sind.

Die Ergebnisse der ersten Datenmigrationstests sind sehr wichtig für anstehende Datenbereinigungen im Quellsystem. Integrieren Sie deshalb die vorhandenen Teams zur Datenbereinigung in das SAP-S/4HANA-Migrationsteam. Die Datenbereinigung sollte nach Möglichkeit beendet sein, bevor Sie die Generalprobe des produktiven Ladetests durchführen.

11.1.7   Produktives Laden und Support

Das produktive Laden, manchmal auch *Urladen* genannt, ist die letzte und kritischste Phase einer Datenmigration. Hier zeigt sich, ob in den vorangegangenen Phasen und vor allem in der Testphase alles richtig gemacht wurde. Je höher die Datenqualität ist und je mehr Tests vorab stattfanden, desto gelassener können Sie dem Go-Live entgegensehen.

Wichtig ist hierbei, dass Sie mindestens einmal die gesamte Datenmigration und den Zeitplan so reell wie möglich in einer *Generalprobe* durchspielen. Oft gefährden Kleinigkeiten eine Datenmigration, zum Beispiel ein nicht ausgeschaltetes Backup des Quellsystems oder Wartungsarbeiten, die nicht im Zeitplan auftauchen.

Lokale Gesetze und Regelungen

Sie müssen viele Dinge in Betracht ziehen, an die Sie zuerst einmal gar nicht denken. Hier ein paar Beispiele:

- *Nachtarbeit, Wochenendarbeit oder Überstunden* müssen oft mit dem Betriebsrat, den Gewerkschaften oder dem Gewerbeaufsichtsamt abgesprochen bzw. dort angemeldet werden. Solche Prozesse haben eine gewisse Vorlaufzeit und können nicht über das Knie gebrochen werden.

Ansonsten stehen Ihnen z. B. von 50 eingeplanten Lagerarbeitern für die Abschlussinventur am Wochenende nur zwei zur Verfügung. Wenn so etwas zu spät eingeplant wird, kann Ihr ganzer Cut-over-Plan kippen.

- *Unterschiedliche Zeitzonen und Feiertage* werden oft nicht oder falsch eingeplant. Wenn Sie z. B. eine Datenübernahme für 9 Uhr morgens CET angesetzt haben, sollten Sie sicherstellen, dass zur gleichen Zeit auch jemand um Mitternacht im Datencenter in San Francisco zur Verfügung steht, um Ihnen die Quelldaten zu liefern.

- Die *Ausfallzeiten Ihrer IT* sollten Sie genauestens planen – nicht, dass Sie plötzlich den Hof voller LKWs stehen haben, die beladen werden wollen, aber nicht beladen werden können. Auch sollten alle Schnittstellen in und aus den bestehenden Quellsystemen für den Zeitraum der Datenmigration deaktiviert sein. Dadurch vermeiden Sie, dass die Daten verfälscht werden, und sorgen dafür, dass die Daten in der Quelldatei wirklich den Daten des Quellsystems zum Ladezeitpunkt entsprechen.

Das sind nur ein paar Dinge (und sie basieren auf realen Vorfällen), die Sie in Betracht ziehen sollten, um die Fehler anderer zu vermeiden.

> **Weitere Informationen für die Planung von Datenmigrationsprojekten**
>
> Weitere Informationen zur Datenmigration im SAP-Umfeld und zur allgemeinen Planung und Strukturierung von Datenmigrationsprojekten finden Sie in dem Buch »Datenmigration in SAP« von Michael Willinger, Hans Gradl, Frank Densborn, Michael Roth und Frank Finkbohner (4. Auflage, SAP PRESS 2015).

11.2   Unterstützte Migrationsobjekte

Für die Migration von Daten nach SAP S/4HANA On-Premise werden zwei Lösungen von SAP bereitgestellt und empfohlen, die Sie im weiteren Verlauf des Kapitels im Detail kennenlernen werden. Diese beiden Werkzeuge und Migrationsansätze sind:

- Rapid Data Migration (»RDM« in Tabelle 11.1)
- SAP S/4HANA Migration Cockpit (»MC« in Tabelle 11.1)

Beide Lösungen unterstützen das Laden von Stamm- und Bewegungsdaten nach SAP S/4HANA. Tabelle 11.1 gibt Ihnen einen Überblick über die pro Lösung verfügbaren Migrationsobjekte. Diese Aufstellung basiert auf SAP S/4HANA 1610.

Migrationsobjekte pro Werkzeug

Migrationsobjekt, Name auf Deutsch	Objektname im MC bzw. im RDM (wenn nicht im MC vorhanden)	Bereich	RDM	MC
Leistungsart	Activity Type	CO	X	X
Kostenstellen	Cost Center	CO	X	X
Tarif	Activity Price	CO	X	X
Innenauftrag	Internal Order	CO	X	X
Profitcenter	Profit Center	FI	X	X
Bankenstamm	Bank Master	FI	X	X
Kunde	Customer	FI, SD	X*	X
Lieferant	Supplier	FI, MM-PUR	X*	X
Debitorenbuchhaltung offene Forderungen	Accounts Receivable (Customer) Open Item	FI	X	X
Kreditorenbuchhaltung offene Verbindlichkeiten	Accounts Payable (Vendor) Open Item	FI	X	X
Anlagenbuchhaltung inkl. Bestände	Fixed Assets incl. Balances	FI-AA	X	X
Sachkonto Saldo	G/L Account Balance	FI	X	X
Sachkonto, offene Posten	G/L Account Open Item	FI	X	X
Umrechnungskurs	Exchange Rate	FI	X	X
Inventur Bestände	Inventory Balances	MM-IM	X	X
Materialstamm	Material Master	LO-MD	X	X
Material – Langtext	Material – Long text	LO-MD	X	X
Materialverbrauch	Material Consumption	LO-MD	X	X
Einkaufsinfosätze	Purchasing Info Record	MM-PUR	X	X
Bestellungen	Purchase Order	MM-PUR	X	X

Tabelle 11.1 Unterstützte Migrationsobjekte der Migrationslösungen (SAP S/4HANA On-Premise)

Migrationsobjekt, Name auf Deutsch	Objektname im MC bzw. im RDM (wenn nicht im MC vorhanden)	Bereich	RDM	MC
Einkaufskontrakt	Contracts (Purchasing)	MM-PUR	X	X
Orderbuch	Source List	MM-PUR	X	X
Kundenauftrag	Sales Order	SD	X	X
Charge	Batches	QM, SD, PP-PI	X	X
Stückliste	Bill of Material (BOM)	PP	X	X
Arbeitsplatz	Work Center	PP, QM	X	X
Arbeitsplan	Routing	PP	X	X
Equipment	Equipment	PM	X	X
Instandhaltungs-arbeitsplan	Maintenance Task List	PM		X
technischer Platz	Functional Location	PM	X	X
Merkmal	Characteristic	CA	X	X
Klasse	Class	CA	X	X
Sekundärkostenart	Secondary Cost Element	CO	X	
Material Konfigurationsprofil	Configuration Profiles for Material	LO-VC	X	
Leistungsarten-gruppe	Activity Type Group	CO	X	
Profitcenter-gruppen	Profit Center Group	EC-PCA	X	
Prüfart	Inspection Type	QM	X	
Prüfplan	Inspection Plans	QM	X	
Dienstleistungs-stamm	Service Master	MM-SRV	X	
Beziehungswissen	Object Dependencies	LO-VC	X	

Tabelle 11.1 Unterstützte Migrationsobjekte der Migrationslösungen (SAP S/4HANA On-Premise) (Forts.)

Migrationsobjekt, Name auf Deutsch	Objektname im MC bzw. im RDM (wenn nicht im MC vorhanden)	Bereich	RDM	MC
Standard-arbeitsplan	Reference Operation Set	PP-BD	X	
Kostenstellen-gruppe	Cost Center Group	CO	X	
geplante Primär-bedarfe	Planned Independents Requirements		X	
Auftrags-reservierung	Order Reservation	PP-MRP	X	
Bestellanforde-rung (Banf)	Purchase Requisition	MM-PUR	X	
Offene Lieferung	Open Delivery	IS-R	X	

Tabelle 11.1 Unterstützte Migrationsobjekte der Migrationslösungen (SAP S/4HANA On-Premise) (Forts.)

Die mit einem Stern (*) gekennzeichneten Objekte *Kunde* und *Lieferant* werden im Rapid-Data-Migration-Content von einem einzelnen neuen Objekt mit dem Namen *Business Partner* gemeinsam abgedeckt. Auf diese Neuerung, die der sogenannten *Customer Vendor Integration* (CVI) geschuldet ist, gehen wir in Abschnitt 11.3, »Rapid Data Migration«, noch näher ein.

Wie Sie sehen, bietet die Rapid-Data-Migration-Lösung unter SAP S/4HANA 1610 eine erheblich umfangreichere Abdeckung als das SAP S/4HANA Migration Cockpit. Außerdem ergeben sich bei Nutzung von Rapid Data Migration Vorteile durch zusätzliche Datenbereinigungsmöglichkeiten und uneingeschränkte Erweiterbarkeit. Lassen Sie uns daher zunächst einen Blick auf diese umfangreichere Datenmigrationslösung werfen.

11.3   Rapid Data Migration

In diesem Abschnitt stellen wir Ihnen die Lösung Rapid Data Migration vor. Sie dient zum Migrieren von Daten nach SAP S/4HANA On-Premise. Bei Rapid Data Migration handelt es sich um ein Paket von SAP Best Practices, das Migrations-Content für das Tool *SAP Data Services* bereitstellt. Bei dem Datenmigrationsansatz mit SAP Data Services und Rapid Data Migration haben die Datenqualität und die Datenvalidierung für SAP S/4HANA den höchsten Stellenwert.

11.3.1   Werkzeuge

Das Tool SAP Data Services ist ein Produkt aus dem EIM-Portfolio (*Enterprise Information Management*) von SAP, das Funktionen für die Datenintegration (*Data Integrator*) und die Sicherung der Datenqualität (*Data Quality*) bietet.

ETL-Werkzeug

Bei SAP Data Services handelt es sich um ein bewährtes ETL-Werkzeug (Extraktion, Transformation, Laden). Es wird über eine grafische Benutzeroberfläche (Designer) bedient und lässt sich über unterschiedliche Schnittstellen an eine Vielzahl von Quellsystemen (Extraktion) und Zielsystemen (Laden) anbinden. Das Mapping (Transformation) wird dabei mit Drag & Drop auf der Benutzeroberfläche des Tools durchgeführt.

SAP Data Services ermöglicht es auch, bereits vor und während einer Datenmigration die Qualität der geladenen Daten wesentlich zu verbessern. Im Gegensatz zu herkömmlichen Konzepten wird somit bereits beim »Umzug« der Geschäftsdaten das Mitnehmen falscher, doppelter und überflüssiger Datensätze vermieden.

Datenqualität

11

Des Weiteren nutzt Rapid Data Migration die Plattform *SAP BusinessObjects Business Intelligence* (BI) für eine erweiterte, aber optionale Überwachung (Monitoring) der Datenmigration. Über sie werden ebenfalls als SAP Best Practices vorgefertigte Berichte bereitgestellt, um Datenmigrationsprojekte analytisch zu begleiten und Fehlerauswertungen zu vereinfachen. Die Berichte werden als Reports angeboten, die mit *SAP BusinessObjects Web Intelligence* erstellt werden. Auf diese Weise können Sie ein Migrationsprojekt begleiten und Probleme mit der Datenqualität und dem Mapping frühzeitig aufdecken.

Web Intelligence

Neben SAP Data Services, das als eigenständige Software zwischen die Quell- und Zielsysteme geschaltet ist, bietet SAP im Rahmen des EIM-Portfolios auch weitere nützliche Werkzeuge an, die Sie für die Datenmigration verwenden können. Hervorzuheben ist hier das Werkzeug *SAP Information Steward*. Es stellt die Funktionalität für ein *Profiling* (Erkennen von Gemeinsamkeiten und Strukturen in den Daten) und eine *Deduplikation* (Finden von Dubletten) der Daten sowie für den Datenabgleich vom Quell- bis hin zum Zielsystem (*Data Lineage*) bereit.

SAP Information Steward

> **Rapid Data Migration nicht nur für SAP S/4HANA**
>
> Neben dem Datenmigrations-Content für SAP S/4HANA bietet SAP eine Vielzahl von Rapid-Data-Migration-Paketen für Zielsysteme wie SAP ERP, SAP CRM, SAP Business Suite auf SAP HANA, SAP SuccessFactors (unter anderem Employee Central) und SAP Hybris Cloud for Customer an. Eine Übersicht erhalten Sie unter dem folgenden Link: *http://service.sap.com/public/rds-datamigration*.

Vorteile   Dadurch, dass Sie ein standardisiertes ETL-Tool verwenden, werden für die Migration nach SAP S/4HANA keine selbst geschriebenen Wegwerfprogramme, sondern stattdessen Standardschnittstellen wie *IDocs* (Intermediate Documents), *BAPIs* (Business Application Programming Interfaces) und SAP-Funktionsbausteine verwendet. Der Einsatz von SAP Data Services für eine Datenmigration nach SAP S/4HANA hat zusätzlich die folgenden Vorteile:

- direkte Anbindung an ein oder mehrere Quellsysteme über Datenbankschnittstellen (SAP ERP und Nicht-SAP-Systeme)
- zusätzliche Einbindung von Daten aus CSV-Dateien, Flat Files und Microsoft Excel
- Normalisierung der Quelldaten aus unterschiedlichen Altsystemen und Dateien in ein einheitliches Format
- Bereinigung der Datensätze bereits auf dem Quellsystem
- Deduplizierung von Daten und das Finden des vollständigen Datensatzes, der die Dubletten zusammenführt und ersetzen wird (Das ist der sogenannte *Golden Record*.)
- Beginn des Mapping- und des Validierungsprozesses, bevor das Customizing von SAP S/4HANA vollständig abgeschlossen ist
- einfaches und wiederverwendbares Mapping über Drag & Drop
- Visualisierung des gesamten Datenflusses vom Quell- zum Zielsystem
- wiederverwendbare Prüfroutinen, um eigenes Coding zu minimieren
- Validierung der Fremddaten gegen SAP-S/4HANA-Prüfroutinen, ohne dafür Datensätze in SAP S/4HANA laden zu müssen
- Möglichkeit von Testläufen ohne Verbuchen der Daten
- Verwendung von SAP-S/4HANA-Standardschnittstellen

11.3.2 Architektur

Komponenten   Die Rapid-Data-Migration-Lösungen vereinen die Software SAP Data Services mit speziell dafür entwickeltem Migrations-Content. Technisch gesehen besteht die hier verwendete SAP-Datenmigrationslösung aus drei Komponenten:

- der eigentlichen Software
- einem Datenbankserver
- einem Webserver

Der Datenbankserver wird verwendet, um die sogenannten *Repositorys* in mehreren getrennten Datenbankinstanzen zu verwalten. Ein Repository enthält dabei beispielsweise den gesamten Content von SAP Data Services und die Metadaten der Schnittstellen, die als »Daten über Daten« die Struktur der Schnittstelle beschreiben.

Der Webserver ermöglicht den einfachen Zugriff auf die Software über einen Webbrowser, beispielsweise über die sogenannte *Central Management Console* (CMC) für das Reporting mit der SAP BusinessObjects BI Platform.

Neben den Softwarekomponenten beinhaltet die SAP-S/4HANA-Datenmigrationslösung im Paket die folgenden Komponenten:

Paketinhalt

- Datenmigrationsvorlagen (*Content*) inklusive der Mappings für SAP Data Services (siehe Abschnitt 11.3.3, »Migrations-Content«)
- *Migration Services* – ein Tool für das Werte-Mapping (siehe Abschnitt 11.3.7, »Werte-Mapping und Umschlüsselungstabellen«)
- Berichte aus SAP BusinessObjects Web Intelligence für das Monitoring und Reporting (siehe Abschnitt 11.3.10, »Monitoring«)
- Content für den Abgleich zwischen dem SAP-Zielsystem und Quellsystem(en) (siehe Abschnitt 11.3.10, »Monitoring«)

Diese Bestandteile bietet SAP also als Best-Practices-Paket für SAP S/4HANA unter dem Namen *Rapid Data Migration* an. Die Rapid-Data-Migration-Pakete beinhalten neben betriebswirtschaftlichen Best Practices als vordefiniertem Content und Implementierungs-Best-Practices für die Konfiguration zusätzlich noch Serviceangebote für Datenmigrationsprojekte, die entweder von SAP Consulting oder von SAP-Partnern geliefert werden. Es hindert einen Kunden jedoch nichts daran, diesen SAP-Best-Practices-Content selbst und ohne Hilfe von SAP oder eines SAP-Partners zu nutzen und ihn aus dem SAP Best Practices Explorer ohne weitere Kosten herunterzuladen (siehe Abschnitt 11.3.3, »Migrations-Content«).

SAP Best Practices

Der vordefinierte Migrations-Content für SAP Data Services beinhaltet die Metadaten der SAP-S/4HANA-Zielschnittstelle sowie Validierungen, um das Mapping der Quellseite zu vereinfachen. Die Zahl der unterstützten Business-Objekte beträgt mehr als 50 Objekte. Theoretisch kann mindestens jedes IDoc, jedes asynchrone BAPI oder ein Webservice angesprochen werden. Selbst einfache RFC-fähige Funktionsbausteine sind möglich. Sie werden im Standard-Content für den bereits angesprochenen Business-Partner (siehe Tabelle 7.2) genutzt.

IDocs und BAPIs

Beispiele für den Migrations-Content

Beispiele für vorgefertigte Templates sind:

- Business-Partner mit Kunden- und Lieferantenstamm
- Logistikdaten wie Materialstamm, Stücklisten, Verkaufsbelege
- FI-Daten (Finanzwesen) wie Forderungen und Verbindlichkeiten

[zB]

Für BAPIs ohne ausgelieferte IDoc-Schnittstelle können Sie über die Transaktion BDBG auf einfache Weise eine BAPI/ALE-Schnittstelle im Kundennamensraum anlegen. Mit dieser Voraussetzung lässt sich dann auch der Content in SAP Data Services unbeschränkt erweitern. Das Best-Practices-Paket hält dafür eine Erweiterungsanleitung (*Enhancement Guide*) bereit.

Datenmigrationsplattform

Mit dem Rapid-Data-Migration-Content wird aus dem ETL-Werkzeug SAP Data Services überhaupt erst eine perfekt auf SAP S/4HANA On-Premise abgestimmte Datenmigrationsplattform. Die Architektur mit SAP Data Services im Zentrum ist in Abbildung 11.4 dargestellt.

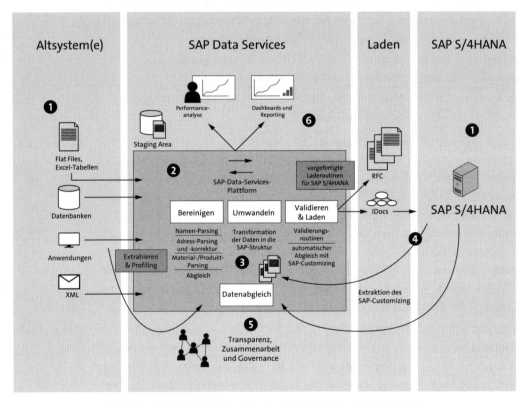

Abbildung 11.4 Architektur der Rapid-Data-Migration-Lösung

Die Plattform selbst läuft auf einer relationalen Datenbank, die auch gleichzeitig als *Staging Area* verwendet wird. SAP Data Services kann sich mittels eines Adapter-Frameworks beispielsweise über Open Database Connectivity (ODBC), Dateischnittstellen, Mainframe, XML- und Microsoft-Excel-Dateien mit beliebigen Quellsystemen verbinden:

❶ **Quell- und Zielsystem**

Auf der linken Seite in Abbildung 11.4 sehen Sie die Anbindung an ein oder mehrere Altsysteme über verschiedene Schnittstellen, rechts die

Anbindung an ein SAP-S/4HANA-System. Im Falle einer Neuimplementierung eines bestehenden SAP-Systems auf SAP S/4HANA ist das Altsystem ein SAP-ERP-System. Es kann sich hier jedoch auch um ein Nicht-SAP-System handeln oder um jede beliebige Zwischenform (etwa um ein System der SAP Business Suite und mehrere externe Zusatzsysteme, die nun in einem SAP-S/4HANA-System konsolidiert werden sollen).

❷ Extrahieren und Profiling

Die Staging Area zwischen Quell- und Zielseite wird von der Datenbank bereitgestellt, auf der SAP Data Services läuft. Diese kann, muss aber nicht die Datenbank SAP HANA sein. Empfohlen wird je nach Größe der Repositorys eher eine kleinere Landschaft, etwa auf Basis der Datenbank *SAP Adaptive Server Enterprise* (ASE), die auch zusammen mit der SAP-HANA-Datenbank-Lizenzierung verwendet werden kann.

In diesem Schritt werden Daten von der Quellseite extrahiert und untersucht. Dieses Untersuchen oder *Profiling* ist ein entscheidender Schritt, da es einen tiefen Einblick in das Altsystem gewährt. Dieser Einblick dient dazu, Muster in den Daten aufzuspüren und wichtige Details zu prüfen, wie zum Beispiel: Sind alle Postleitzahlen für Österreich vierstellig und numerisch? Welche unterschiedlichen Notationen für das Land Deutschland werden im Altsystem verwendet (z. B. »Deutschland«, »Bundesrepublik Deutschland«, »BRD«, »DE« oder/und »Germany«)?

❸ Bereinigen, Umwandeln sowie Validieren und Laden

Dieser Schritt beinhaltet das Bereinigen der Datensätze, damit diese einem bestimmten Muster gerecht werden, sowie das Umwandeln gemäß bestimmter Regeln und schließlich den Abgleich mit dem Customizing für SAP S/4HANA. Dies kann beispielsweise das Zusammenführen zweier Felder zu einem einzigen Feld bedeuten, das Aufteilen von Feldern, die Konvertierung von Werten in ein bestimmtes Format (zum Beispiel die Umwandlung von Telefonnummern in das internationale Format, etwa mit »+41« für die Schweiz) sowie die Validierung von Pflichtfeldern und Prüftabellen. Anschließend werden die so bereinigten und geprüften Daten in das SAP-S/4HANA-System geladen.

❹ Customizing-Extraktion aus SAP S/4HANA

Da SAP S/4HANA konfigurierbar ist, muss das Customizing (etwa für Buchungskreise, Werke, Materialarten und -gruppen) in die Zwischenschicht SAP Data Services überführt werden. Dies geschieht durch das Replizieren des Customizings in SAP Data Services über ebenfalls vorausgelieferten Content. Auf diese Weise kann bereits in SAP Data Services zu jeder Zeit sichergestellt werden, dass die Datensätze, die Sie laden wollen, mit dem SAP-S/4HANA-System konform sind. Der Vorgang des Delta-Abgleichs kann dabei bei Bedarf mehrfach wiederholt werden, wenn etwa im SAP-S/4HANA-System noch Änderungen am Customizing vorgenommen werden müssen.

❺ Datenabgleich

Der Datenabgleich nach dem Laden der Daten vergleicht die tatsächlich in das SAP-S/4HANA-System geladenen Daten mit den Daten, die bei der Migration von SAP Data Services erwartet werden.

❻ Dashboards und Reporting

Die involvierten Projektmitarbeiter und Fachbereichsverantwortlichen können den gesamten Prozess jederzeit mithilfe von Dashboards und Berichten verfolgen. Dadurch ist der Status der Datenübernahme stets ersichtlich.

Als voll funktionsfähige Integrations- und Orchestrierungsplattform kann SAP Data Services darüber hinaus nach einer erfolgreichen Datenübernahme auch weiterhin für die Stammdatenintegration aus mehreren Systemen oder für Prozesse zur Sicherung der Datenqualität eingesetzt werden (*Data Governance*).

11.3.3   Migrations-Content

Jobs   Der in den Paketen verfügbare Datenmigrations-Content enthält sogenannte *Jobs* für SAP Data Services. Pro Business-Objekt wird ein Job ausgeliefert, der im klassischen Fall einem IDoc-Typ entspricht. (Das IDoc kann dann auch ein BAPI aufrufen; siehe weiter unten in diesem Abschnitt).

[»]   **Customer Vendor Integration**

Für das klassische Migrationsobjekt des Kundenstamms gibt es eine Neuerung in SAP S/4HANA. Kunde und Lieferant sind durch die sogenannte *Customer Vendor Integration* (CVI) über die Schnittstelle des Business-Partners zusammengeführt, für die es kein IDoc und auch kein BAPI gibt. Dafür gibt es in SAP S/4HANA eine eigene und neu entwickelte Schnittstelle, die über einen Remote-Funktionsbaustein (per Remote Function Call, RFC) angesprochen werden kann und von dem Rapid-Data-Migration-Content in SAP Data Services verwendet wird.

Sämtliche ausgelieferten und vormodellierten Jobs dienen als Templates für die SAP-Data-Services-Plattform und werden in einem proprietären Dateiformat (***.atl**) zur Verfügung gestellt. (**.atl** ist ein Dateiformat, das für SAP Data Services spezifisch ist.) Darüber hinaus enthält ein solches Paket eine Dokumentation in Form einer Installationsanleitung, die für den Business-Content spezifisch ist. Des Weiteren enthalten sind Mapping-Templates für jedes Business-Objekt (Tabellen für das Mapping auf Papier), eine Erweiterungsanleitung (um eigene Schnittstellen oder kundenspezifische Felder zu ergänzen) sowie eine Geschäftsprozessbeschreibung (ebenfalls für jedes Business-Objekt), um den Aufbau des IDocs bis ins letzte Detail verstehen zu können.

Migrations-Content als SAP Best Practices über SAP S/4HANA hinaus   [«]

SAP bietet nicht nur kostenlosen Migrations-Content für SAP S/4HANA an, sondern auch für die folgenden SAP-Lösungen. Die Pakete können Sie kostenfrei (Sie benötigen lediglich Ihren SAP-Login, wie etwa einen S-User) im SAP Best Practices Explorer unter folgenden Links herunterladen:

- SAP Business Suite auf SAP HANA:
  http://rapid.sap.com/bp/RDM_ERP_CRM
- SAP ERP (inklusive Retail und HCM):
  http://rapid.sap.com/bp/RDM_ERP_CRM
- SAP CRM:
  http://rapid.sap.com/bp/RDM_ERP_CRM
- SAP Billing for Utilities:
  http://rapid.sap.com/bp/RDM_CRM_UTIL
- SAP SuccessFactors Employee Central:
  http://rapid.sap.com/bp/RDM_SOD_SFSF
- SAP Hybris Cloud for Customer:
  http://rapid.sap.com/bp/RDM_SOD_SFSF

Nähere Informationen dazu finden Sie auch im SAP Service Marketplace unter *http://service.sap.com/public/rds-datamigration* oder unter *http://service.sap.com/bp-datamigration*. (Gegebenenfalls ist eine Anmeldung erforderlich.)

Lokalisierung

Beachten Sie, dass der vordefinierte Content zwar für unterschiedliche Länder lokalisierbar ist, aber nur in englischer Sprache ausgeliefert wird. Aus diesem Grund sind alle Inhalte und Abbildungen des gesamten Contents und der SAP-Data-Services-Plattform in diesem Kapitel in englischer Sprache gehalten.

Import des Contents

Über die Importfunktionalität in SAP Data Services können Sie die verfügbaren Objekte einfach aus den bereitgestellten **.atl**-Dateien hochladen. Es besteht umgekehrt auch jederzeit die Möglichkeit, eigenes Mapping oder eigene Validierungen auf diese Weise zu sichern und in anderen Projekten wiederzuverwenden. Dieser Export ist auch als regelmäßige Backup-Funktion zu empfehlen.

Im weiteren Verlauf geht es nun speziell um die Möglichkeit der Daten-migration nach SAP S/4HANA, weshalb wir nicht im Einzelnen auf alle ETL-Funktionalitäten der SAP-Data-Services-Plattform eingehen.

[»] **Separate Lizenz nicht zwingend erforderlich**

Die Produktlizenz für SAP Data Services deckt den ETL-Anteil (*Data Integrator*) und den Datenbereinigungsanteil (*Data Quality*) ab. Wenn Sie nicht über eine eigene Software-Lizenz für SAP Data Services verfügen und keine Datenbereinigung benötigen, können Sie jederzeit mit Ihrer SAP-HANA-Datenbank-Lizenz einen kostenlos verfügbaren Data-Integrator-Lizenz-schlüssel (*Keycode*) anfordern.

Dieser Lizenzschlüssel kann mit einer gültigen SAP-HANA-REAB-Daten-bank-Lizenz (*Runtime Edition for Applications and SAP BW*) oder mit der kompletten SAP-HANA-Enterprise-Datenbank-Lizenz für das Laden von Daten in SAP S/4HANA bzw. in die SAP-HANA-Datenbank benutzt werden, ohne dass eine zusätzliche Lizenzierung fällig wird. Eine dieser beiden Lizenzen ist als SAP-HANA-Datenbank-Lizenz Teil des SAP S/4HANA-Lizenzpakets.

Mehr Informationen dazu erhalten Sie unter folgendem Link:

http://s-prs.de/v429762

Abschließend noch der Link zu einer Anleitung (ebenfalls in englischer Sprache), die beschreibt, wie der benötigte Lizenzschlüssel angefordert werden kann: *http://s-prs.de/v429763*

Schnittstellen als Teil des Migrations-Contents

Verwendung der IDocs

Für die Datenmigration nach SAP S/4HANA wird in der Rapid-Data-Migra-tion-Lösung, wie bereits erwähnt, für alle Objekte bis auf den Business Part-ner die SAP-Standardschnittstellentechnologie IDoc zum Senden der Daten an SAP S/4HANA verwendet. Die Struktur der IDocs und deren Felder wur-den als Teil des Contents als Metadaten in SAP Data Services repliziert. Auf diese Weise können Sie im *SAP Data Services Designer* die Quellseite, also das Altsystem, auf die SAP-S/4HANA-Zielstruktur mappen.

Ein IDoc ist dabei eine hierarchisch geschachtelte Struktur. Die einzelnen Datensätze eines IDocs heißen *Segmente*. Verbucht wird ein IDoc über einen Funktionsbaustein. Der Unterschied zum direkten Verbuchen besteht in der Verwendung der sogenannten *ALE-Schicht*. Daher wird jedes IDoc immer über den gleichen Funktionsbaustein im SAP-S/4HANA-Ziel-system adressiert. Dabei handelt es sich um den RFC-fähigen Baustein

IDOC_INBOUND_ASYNCHRONOUS. Um dieses ganze Prozedere kümmert sich jedoch SAP Data Services, und Sie müssen hier nichts tun. Eine Ausnahme bildet der Business Partner (siehe Tabelle 7.2), der direkt über einen Wrapper-Funktionsbaustein remote (per RFC) angesprochen wird.

Ein IDoc im SAP-System hat zu jeder Zeit einen definierten Status. Die für die Datenübernahme wichtigsten Statuswerte im IDoc-Eingang sind:

IDoc-Statuswerte

- **Status 64 (Wartestatus)**
  Das IDoc kann an die Anwendung übergeben werden.

- **Status 53 (IDoc erfolgreich verbucht)**
  Der Anwendungsbeleg wurde gebucht.

- **Status 51 (IDoc fehlerhaft)**
  Der Anwendungsbeleg wurde nicht gebucht.

Man unterscheidet *IDoc-Nachrichtentypen*, die die Semantik eines IDocs angeben, und *IDoc-Basistypen*, die deren Syntax bestimmen. Zum Beispiel ist der IDoc-Nachrichtentyp ORDERS für Bestelldaten zuständig, während die Basistypen ORDERS04 oder ORDERS05 als unterschiedliche Versionen die genaue Syntax der Segmente und aller Felder darin angeben. Das Versionskonzept sieht vor, dass stets Felder und Segmente hinzukommen können – niemals aber Felder wegfallen. Damit umfasst ORDERS05 die gesamte Funktionalität von ORDERS04 plus zusätzliche neue Felder. Es ist sichergestellt, dass sowohl ein neueres System mit einem älteren IDoc umgehen kann (*Aufwärtskompatibilität*) als auch ein neueres System mit niedrigerer Version IDocs an ein älteres System schicken kann (*Abwärtskompatibilität*).

Nachrichtentyp und Basistyp

Die Beziehung zwischen Nachrichten- und Basistyp ist aber nicht immer *1:n*, wie es zunächst den Anschein hat, sondern *n:m*. Der IDoc-Basistyp ORDERS05 überträgt nämlich zwei logische Nachrichtentypen: Neben der Bestellung vom IDoc-Nachrichtentyp ORDERS gibt es noch den Nachrichtentyp ORDRSP für die Bestellbestätigung – wodurch sich die Bedeutung der IDoc-Nachricht unterscheidet.

Für IDocs gibt es außerdem ein Erweiterungskonzept, wodurch beispielsweise eine IDoc-Erweiterung ZORDERS05 entstehen kann, die zusätzliche kundenspezifische Felder oder Kundensegmente im sogenannten *IDoc-Typ* vereint.

IDoc-Typ

Tiefer als mit diesem Überblick müssen wir allerdings gar nicht in die IDoc-Technologie eintauchen. SAP Data Services wird mithilfe des Rapid-Data-Migration-Contents für Sie die Arbeit übernehmen und sicherstellen, dass die IDocs mit korrektem IDoc-Kontrollsatz und mit der korrekten Syntax aufgebaut werden.

Im Laufe der Zeit haben sich IDocs als stabile und konsistente Schnittstellen erwiesen, die mit einem ausgeklügelten Versionskonzept ausgestattet sind. Außerdem sind IDocs sehr verbuchungssicher, da es bei einem Verbuchungsabbruch immer zu einem kompletten Rollback kommt und die IDocs zur erneuten Verarbeitung bereitstehen. Dies sind auch die Gründe, warum SAP mit der Transaktion BDBG ein Generierungstool zur Verfügung gestellt hat, das auf Knopfdruck aus einem asynchronen BAPI eine IDoc-Schnittstelle generieren kann.

Asynchrone BAPIs sind jene BAPIs, die Daten in ein System laden können, anstatt eine Operation auszuführen und eine Antwort zu geben. Sie geben lediglich eine Information über den Erfolg oder Misserfolg zurück, ähnlich einem klassischen IDoc. Mit der Transaktion BDBG wurde es möglich, die IDoc-Welt erheblich zu erweitern.

BAPI/ALE-Schnittstelle Die meisten BAPIs werden bereits mit der sogenannten *BAPI-ALE-Schnittstelle* ausgeliefert. Durch sie wird eine IDoc-Struktur und ein IDoc-Typ aus dem BAPI generiert. Dabei ist das IDoc eine Art Hülle um das BAPI herum. Verschickt werden die Daten als IDoc, anstatt ein BAPI direkt remote in einem entfernten System aufzurufen. Das IDoc wird dann im Eingang »ausgepackt« und das BAPI lokal im Zielsystem aufgerufen. Im Wesentlichen ist ein BAPI nämlich ein SAP-Funktionsbaustein mit einem definierten Interface und einer Dokumentation. Der Vorteil besteht hierbei darin, dass wie beim Application Link Enabling (ALE) der Sendeprozess vom Verarbeitungsprozess entkoppelt wird. Anderenfalls müsste die Verbindung zwischen den Systemen während der gesamten BAPI-Verarbeitungszeit geöffnet bleiben.

Beispiel: Migration von Bankstammdaten

Bankenstamm Im weiteren Verlauf beschränken wir uns auf das einfache Beispiel der Übernahme von Bankstammdaten, dem sogenannten Bankenstamm (*Bank Master Data*), in das SAP-S/4HANA-System.

Dieses Objekt wird über das BAPI BAPI_BANK_CREATE im SAP-S/4HANA-System verbucht. Das BAPI wird jedoch über die BAPI-ALE-Schnittstelle und somit über ein IDoc aufgerufen. Das heißt, in diesem Fall wird SAP Data Services zunächst ein IDoc an das SAP-S/4HANA-System schicken, während das BAPI bei Verwendung des SAP S/4HANA Migration Cockpits (siehe Abschnitt 11.4, »SAP S/4HANA Migration Cockpit«) direkt lokal im SAP-S/4HANA-System aufgerufen wird. Dies liegt daran, dass das SAP S/4HANA Migration Cockpit direkt in SAP S/4HANA als Applikation läuft, während

SAP Data Services als »Tool in der Mitte« autark und frühzeitig für das Mapping eingesetzt werden kann, ohne dass die Quell- und Zielsystemanbindung bereits vorhanden sein muss.

In unserem Beispiel beschränken wir uns auf die notwendigen Daten des Bankenstamms und verwenden dazu zwei IDoc-Segmente des generierten IDoc-Typs `BANK_CREATE01` (Nachrichtentyp `BANK_CREATE`). Die technischen SAP-Namen der Segmente sind `E1BANK_CREATE` und `E1BP1011_ADDRESS`.

Im Content von SAP Data Services heißen diese Segmente `BANKHeader_E1BANK_CREATE_Required` und `BANKBankAddress_E1BP1011_ADDRESS_Required`. Die Namen zeigen bereits, dass es sich um einen Kopfsatz und einen Adresssatz handelt. In diesem kleinen Beispiel gibt es im Gegensatz zu den meisten anderen Objekten keine weiteren IDoc-Segmente auf tieferen Ebenen. Solche tiefer geschachtelten Segmente können je nach IDoc-Typdefinition mehrfach wiederholt werden, sind allerdings nicht alle obligatorisch.

Aufgrund der verwendeten IDoc-Standardstruktur ist der Content aus SAP Data Services für jedes Business-Objekt analog aufgebaut und besteht stets aus Mapping (`*_Map`), Validierung (`*_Validate`) und Anreicherung der Daten (`*_Enrich`).

Die Standardaufteilung der Benutzeroberfläche im SAP Data Services Designer (siehe Abbildung 11.5) umfasst die *Project Area* ❶ und die *Local Object Library* ❷ innerhalb des linken Fensterbereichs. Der ganze Bereich rechts davon ❸ wird neben der *Start Page* von den grafischen Darstellungen der Prozessflüsse eingenommen. Diese bilden den Fluss der Datensätze von oben links nach unten rechts ab. Abbildung 11.5 zeigt den Debitorenjob `Job_DM_Bank_IDoc` mit dem Datenfluss `DF_DM_BANKHeader_Validate` für die Bankkopfdaten. Neue Fenster werden im rechten Anzeigebereich stets in Form von Registerkarten geöffnet. *Arbeitsbereich*

Der eingespielte Content für SAP S/4HANA weist die Struktur auf, die Sie in Abbildung 11.6 sehen. Die Jobs in SAP Data Services werden in Projekten organisiert, wobei ein Job mehreren Projekten zugeordnet sein kann. Ändert man etwas in einem bestimmten Job, wirken sich diese Änderungen auf alle Projekte aus. Im Wesentlichen ist der Projektname demnach nur eine Sammlung von Verweisen auf Jobs in SAP Data Services. Gleiches gilt für alle untergeordneten Objekte, wie zum Beispiel Datenflüsse. Diese können alle mehrfach verwendet werden; Änderungen wirken sich dabei immer auf alle Instanzen aus. Um dies zu umgehen, kann man jedes Objekt replizieren und die Kopie für seine Zwecke weiterverwenden. *Projekte*

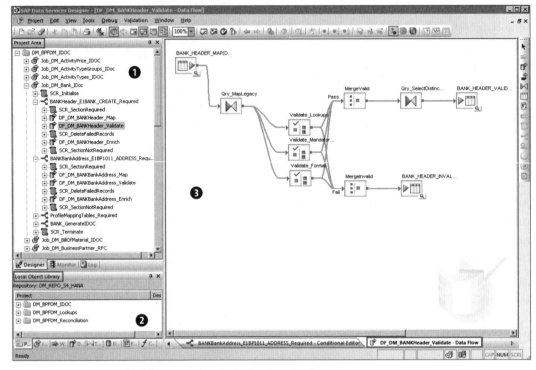

Abbildung 11.5 SAP Data Services Designer

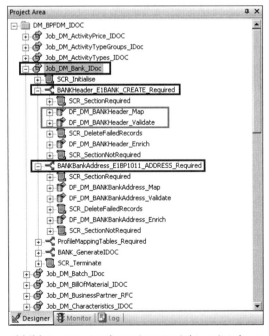

Abbildung 11.6 Struktur eines Projekts mit Job- und IDoc-Segmenten

Wir verwenden in unserem Beispiel das Projekt `DM_BPFDM_IDOC`. Dieses beinhaltet einen Job pro Business-Objekt, da bei der Datenmigration mit Rapid Data Migration – wie bei anderen Techniken auch – stets die Daten eines kompletten Business-Objekts als logische Einheit und nicht pro SAP-Tabelle migriert werden.

Wir verwenden nun den Job `Job_DM_Bank_IDoc` für die Übernahme des Bankenstamms. Im Wesentlichen sind für jede Datenmigration zwei Datenflüsse signifikant. Diese müssen pro IDoc-Segment (beispielhaft an dem ersten Segment `E1BANK_CREATE`, dem Header- oder Kopfsegment) wie folgt bearbeitet werden:

Datenflüsse

- `DF_DM_BANKHeader_Map`
  (Datenfluss für das Mapping, siehe Abschnitt 11.3.6, »Feld-Mapping«)

- `DF_DM_BANKHeader_Validate`
  (Datenfluss für die Validierungen, siehe Abschnitt 11.3.8, »Validierung der Daten«)

Im Mapping-Schritt wird das *Feld-Mapping* durchgeführt, während im Validierungsdatenfluss nach einem erfolgten Lauf die Ergebnisse der unterschiedlichen Datenvalidierungen angezeigt werden können.

Zu guter Letzt gibt es noch den Datenfluss `DF_DM_BANKHeader_Enrich`, auf den wir später noch einmal eingehen werden. Für die Durchführung der Datenmigration ist dieser Schritt erst einmal zweitrangig, da hier lediglich nicht gefüllte Felder mit Standardwerten angereichert (*enriched*) werden.

Als Vorlage für das Mapping verwenden wir ein Mapping auf Papier. Diese Mapping-Vorlagen werden pro Business-Objekt mit dem Content ausgeliefert, um die Zuweisungen von Feldern und Werten im Tool zu vereinfachen. Außerdem sind sie ein geeignetes Mittel, um schwierige Feldbeziehungen mit Fachbereichsverantwortlichen zu diskutieren. Die Mapping-Templates können direkt mit Test- oder den Produktivdaten gefüllt werden, um ein vereinfachtes Laden zu ermöglichen, ohne das Feld-Mapping durchzuführen. Damit der Umgang mit den Template-Dateien im Microsoft-Excel-Format einfacher wird, erhalten Sie die Templates als Teil des Rapid-Data-Migration-Pakets. Die Templates sind bereits mit Testdaten befüllt.

Mapping-Template

Abbildung 11.7 zeigt die IDoc-Zielstruktur als Ausschnitt aus dem Mapping-Template für das IDoc `BANK_CREATE01`.

Im Folgenden erläutern wir die einzelnen Spalten der Vorlage mit den Begriffen, die in allen ausgelieferten Mapping-Templates einheitlich verwendet werden. Als Abkürzungen, sowohl in SAP Data Services als auch in allen Templates, dienen dabei folgende Zeichen:

11

- das Sternchen (*) als Zeichen für Pflichtfelder,
- das Dollar-Zeichen ($), um vorhandene Default-Werte kenntlich zu machen (im Falle der Bankstammdaten gibt es keine)
- das Pluszeichen (+) für Felder mit Prüftabellen im SAP-System

System Required	Enrichm ent Rule	Look Up Required	Text Description	Field Name	SAP_Table	SAP_Technical _Field_name	Field Length	Additional Instructions and Comments	Segment Name	Lookup Table
E1BANK_CREATE-Header Segment										
*		+	Bank country key(BANK_CTRY)	BANK_CTRY	BNKA	BANKS	3		E1BANK_CREATE	T005
*			Bank Keys(BANK_KEY)	BANK_KEY	BNKA	BANKK	15		E1BANK_CREATE	
E1BP1011_ADDRESS-Transfer structure object 1011: Bank address										
*			Name of bank(BANK_NAME)	BANK_NAME	BNKA	BANKA	60		E1BP1011_ADDRESS	
*			Bank Keys(BANK_KEY)	BANK_KEY	BNKA	BANKK	15		E1BP1011_ADDRESS	
		+	Region (State, Province, County)(REGION)	REGION	BNKA	PROVZ	3		E1BP1011_ADDRESS	T005S
			House number and street(STREET)	STREET	BNKA	STRAS	35		E1BP1011_ADDRESS	
			City(CITY)	CITY	BNKA	ORT01	35		E1BP1011_ADDRESS	
			SWIFT Code for International Payments(SWIFT_CODE)	SWIFT_CODE	BNKA	SWIFT	11		E1BP1011_ADDRESS	
			Bank number(BANK_NO)	BANK_NO	BNKA	BNKLZ	15		E1BP1011_ADDRESS	
			Bank Branch(BANK_BRANCH)	BANK_BRANCH	BNKA	BRNCH	40		E1BP1011_ADDRESS	

Abbildung 11.7 SAP-S/4HANA-Zielseite als Ausschnitt aus dem Mapping-Template

Die Felder mit einem Pluszeichen, für die neben dem Feld-Mapping ein eigenes *Werte-Mapping* notwendig wird (d. h. eine *Umschlüsselungstabelle*), werden in Abschnitt 11.3.7, »Werte-Mapping und Umschlüsselungstabellen«, ausführlich behandelt.

Spalte	Beschreibung
System Required	Bei diesem Feld handelt es sich um ein Pflichtfeld.
Enrichment Rule	Das Feld wird mit einem Standardwert angereichert, wenn es nicht einem Quellfeld zugewiesen wurde.
Look Up Required	Für dieses Feld gibt es eine Prüftabelle (Lookup-Tabelle). Nur Werte aus der Wertehilfe (F4) sind zulässig.
Text Description	Ausführliche und eindeutige Beschreibung des Feldes
Field Name	Feldname im Rapid-Data-Migration-Content
SAP_Table	Technischer Name der Tabelle im ABAP Dictionary
SAP_Technical_ Field_name	Technischer Name des Feldes im ABAP Dictionary
Field Length	Feldlänge im SAP-Zielsystem

Tabelle 11.2 Die wichtigsten Spalten der SAP-S/4HANA-Zielseite im Mapping-Template

Spalte	Beschreibung
Additional Instructions and Comments	Standardvorbelegung für Felder mit Dollar-Zeichen (Default-Werte)
Segment Name	Name des IDoc-Segments
Lookup Table	Prüftabelle für das Feld, das später beim Werte-Mapping Einfluss auf gültige Werte hat

Tabelle 11.2 Die wichtigsten Spalten der SAP-S/4HANA-Zielseite im Mapping-Template (Forts.)

Der Datenmigrations-Content für SAP Data Services verwendet die Schnittstelle IDoc, um allen Business-Objekten in den modellierten Datenflüssen und jeder einzelnen Mapping-Struktur das gleiche Aussehen und die gleiche Funktionalität zu geben. Auf diese Weise sind Sie in der Lage, neue Business-Objekte auch ohne tiefes Anwendungswissen zu nutzen.

11.3.4   Anbindung der Quellsysteme

Nachdem Sie nun die grundlegende Struktur des ausgelieferten Contents kennengelernt haben, können wir uns dem eigentlichen Datenmigrationsprozess und der Anbindung der Quellseite zuwenden. Als ersten Schritt binden wir das Altsystem an SAP Data Services an, da auf diesem Weg auch die Strukturen und Metadaten bekannt gemacht werden.

Quellsysteme

Sie können auch mehrere Quellsysteme über verschiedene Schnittstellen an SAP Data Services anbinden. In unserem Beispiel verwenden wir keine Daten von einem externen System, sondern werden unsere Quelldaten direkt über die im Rapid-Data-Migration-Content mitgelieferten Migrationsvorlagen bereitstellen (siehe Abschnitt 11.3.6, »Feld-Mapping«).

Hier noch ein kurzer Exkurs zu Kundendaten: Nehmen wir an, wir hätten eine Tabelle der Altsystemdatenbank mit dem Namen CUSTOMERADDRESS und eine Microsoft-Excel-Datei mit dem Namen *Customer_Header.xls*, die die Bezeichnung der Debitoren aus dem Altsystem enthält. (Daneben ist natürlich auch eine direkte Anbindung an eine Applikation oder das Laden von flachen Dateien (*Flat Files*) möglich.)

Um zunächst die Tabelle CUSTOMERADDRESS aus dem Altsystem anzubinden, gehen Sie folgendermaßen vor: Wechseln Sie auf die Registerkarte **Datastores** in der **Local Object Library**, und legen Sie über einen Rechtsklick in den leeren Bereich eine Datenbankverbindung an.

Datenbankanbindung

In diesem Beispiel wird die Datenbank DS_LEGACY über eine ODBC-Schnitt-stelle angebunden. Jede Verbindung erhält einen Unterpunkt namens **Tables**, über den alle oder eine Selektion beliebiger Tabellen des Altsystems ausgewählt werden können. Auf diese Weise werden sogleich die Metada-ten wie *Feldnamen* und *Feldlängen* in Data Services bekannt. Des Weiteren können über diese Anbindung sogar die vorhandenen Datensätze in der Tabelle angezeigt werden (siehe Abbildung 11.8).

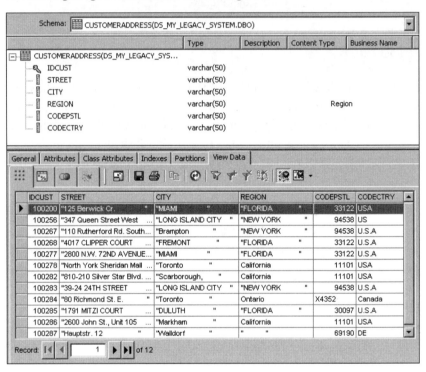

Abbildung 11.8 Anbindung einer Tabelle über Open Database Connectivity

Dateischnittstelle

Anschließend binden Sie die Microsoft-Excel-Dateien ein, indem Sie mit der rechten Maustaste auf die Registerkarte **Formats** klicken und dann den Menüpunkt **New** wählen. Hier können Sie ein spezielles Tabellenblatt und einen Bereich innerhalb der Tabelle auswählen. Verfügt die Tabelle über Spaltennamen in der ersten Zeile, können Sie auch die Metadaten direkt aus der Microsoft-Excel-Datei übernehmen. Wählen Sie dazu gemäß Abbil-dung 11.9 die entsprechende Funktionalität aus, und bestätigen Sie dies über den Button **Import Schema**.

Default-Datenformate, wie beispielsweise varchar 255, können Sie bei Bedarf manuell anpassen. Wir empfehlen Ihnen auch, für alle rein numerischen Werte den Character-Datentyp zu verwenden, sofern Sie keine mathematischen Operationen mit den Feldwerten ausführen möchten.

Für eingebundene Microsoft-Excel-Dateien ist die gleiche Vorschau auf die Daten möglich wie bei der Anzeige der Tabellendatensätze, sofern SAP Data Services Zugriff auf die Datei hat. Nach einem erfolgten Import in SAP Data Services ist kein großer Unterschied mehr feststellbar und die beiden Objekte können nahezu gleichwertig verwendet werden. Eine Einschränkung gibt es hierbei allerdings: Während innerhalb von SAP Data Services Datenbanktabellen und flache Dateien sowohl die Quelle als auch das Ziel der Daten sein können, ist die Verwendung von Microsoft-Excel-Dateien auf die Quellseite beschränkt. Das heißt, es kann nicht direkt in eine Microsoft-Excel-Datei geschrieben werden.

Abbildung 11.9 zeigt die Einbindung der mit Customer_Header benannten Microsoft-Excel-Datei **Customer_Header.xls**.

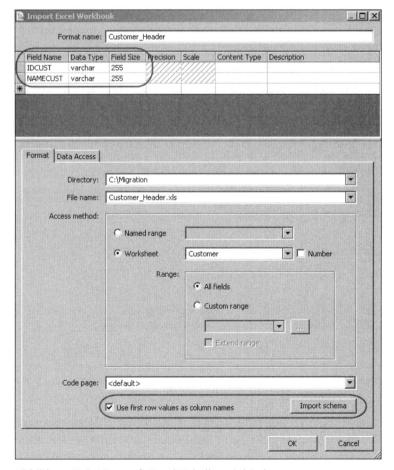

Abbildung 11.9 Microsoft-Excel-Tabellen einbinden

Formatierung in Microsoft Excel

Da Microsoft Excel ein Tabellenkalkulationsprogramm und keine Textverarbeitungssoftware ist, werden Zellen mit nur numerischem Inhalt automatisch als Zahlen formatiert. Dadurch kann es zu unerwünschten Exponentialschreibweisen sowie zum Verlust von führenden Nullen kommen. Letzteres ist besonders bei deutschen Postleitzahlen ein häufig auftretendes Problem, da sie mit einer Null beginnen können. Sie sollten daher die entsprechenden Spalten als Text formatieren.

11.3.5 Profiling der Daten

Profiler

Nun haben Sie die Metadaten zweier unterschiedlicher Altsystemquellen (Tabelle und Excel) an SAP Data Services angebunden. Mithilfe des in SAP Data Services eingebauten *Profilers* können Sie bereits vor dem Mapping Muster in den Daten ausfindig machen sowie die Qualität der Daten im Altsystem überprüfen. Dazu müssen die Daten entweder in Tabellen oder in flachen Dateien (*Flat Files*) vorliegen.

Spalten-Profiling

Wählen Sie dazu in der **Local Object Library** die Tabelle CUSTOMERADDRESS aus, und klicken Sie mit der rechten Maustaste auf den Tabellennamen. Im geöffneten Kontextmenü wählen Sie die Funktionalität **Submit Column Profile Request**. Im Beispiel aus Abbildung 11.10 wird für jede Spalte ein detaillierter Profiling-Request abgesetzt, sobald Sie mit **Submit** bestätigen.

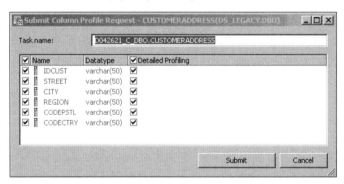

Abbildung 11.10 Spalten-Profiling

Das Ergebnis sehen Sie in Abbildung 11.11. Innerhalb des Bereichs **View Data** ist es jederzeit möglich, einen erneuten Profiling-Request abzusetzen.

Das Ergebnis des Spalten-Profilings zeigt eine möglicherweise falsche Postleitzahl an. Von den insgesamt zwölf Datensätzen aus unterschiedlichen Ländern gibt es nur einen, der eine nicht rein numerische Postleitzahl hat. Es handelt sich dabei um den *ZIP-Code* eines Debitors aus Kanada mit dem

Wert X4352, der über dieses Profiling selbst aus einer sehr viel größeren Datenmenge herausgefallen wäre.

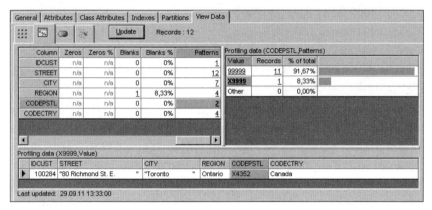

Abbildung 11.11 Ergebnis des Spalten-Profilings

Es stellt sich also die Frage, ob eine Postleitzahl in Kanada das Format X9999 haben darf – das heißt, einen Buchstaben, gefolgt von vier Ziffern. Wir werden diese Frage spätestens dann beantworten können, wenn wir die in SAP Data Services eingebauten Validierungen auswerten (siehe Abschnitt 11.3.8, »Validierung der Daten«).

Neben den in diesem Beispiel verwendeten sogenannten *Patterns* für Muster in den Datensätzen gibt es noch weitere wichtige Analysen beim Spalten-Profiling, zum Beispiel:

- **Min**
  kleinster Wert nach lexikografischer Ordnung
- **Max**
  größter Wert nach lexikografischer Ordnung
- **Median**
  Medianwert
- **Min string length**
  kürzester Wert
- **Max string length**
  längster Wert
- **Average string length**
  durchschnittliche Länge
- **Distincts**
  Anzahl der disjunkten Werte
- **Nulls**
  fehlende Werte

So lassen sich also bereits fehlerhafte Werte erkennen, und auch zu lange Werte aus dem Altsystem werden erfahrenen Benutzern über die Funktion **Max string length** sofort ins Auge fallen.

Relationen-Profiling   Zusätzlich können Sie auch komplexere Profiling-Anfragen starten, die Datenbanktabellen miteinander vergleichen und durch Analyse der Relationen zum Beispiel verlorene Datensätze auffinden (Datensatz ohne Kopf, Kopf ohne Positionen etc.).

Starten Sie dazu das Profiling ausgehend von der ersten Tabelle, indem Sie mit der rechten Maustaste das Kontextmenü des Tabellennamens öffnen und den Eintrag **Submit Relationship Profile Request With…** auswählen. Dadurch wird der Cursor zu einem Fadenkreuz, mit dem Sie die zweite Tabelle (alternativ zu Tabellen auch flache Dateien) auswählen.

In dem darauffolgenden Dialog können Sie mit **Submit** einen *Relationship Profile Request* absetzen, nachdem Sie die Schlüsselbeziehung zwischen den beiden Tabellen bestätigt oder entsprechend angepasst haben. In diesem Beispiel wird die Tabelle CUSTOMERHEADER anstatt über die Microsoft-Excel-Datei ebenfalls direkt aus dem Altsystem angebunden. Der Schlüssel ist dabei die Kundennummer im Altsystem, IDCUST (siehe Abbildung 11.12).

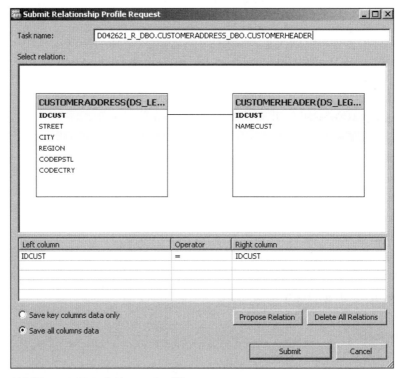

Abbildung 11.12 Relationen-Profiling

Das Ergebnis des Relationen-Profilings sehen Sie in Abbildung 11.13: 8,33 % aller Adressen haben keinen Kopfsatz und 15,38 % aller Kopfdatensätze haben keine Adresse. In unserem kleinen Beispiel von lediglich zwölf Datensätzen bedeutet dies, dass es eine Adresse gibt, die eine Karteileiche darstellt. Sie ist keinem Debitor zugeordnet und existiert im Altsystem nur noch als Adresse ohne jeglichen Bezug. Andererseits gibt es zwei Kundensätze im Altsystem ohne Adressdaten. Wir wissen, dass diese beiden Datensätze sicherlich nicht in SAP S/4HANA übernommen werden, da bestimmte Adressdaten zu den Pflichtfeldern gehören.

Mit SAP Data Services können Sie nun jedoch noch weiter gehen und sich die problematischen Datensätze anzeigen lassen. In dem Beispiel aus Abbildung 11.13 ist das der Datensatz des Kunden mit der Legacy-Kundennummer 100289. Genauso kann man sich die verlorene Adresse anzeigen lassen, die die Applikation in einer relationalen Datenbank nicht mehr ohne Weiteres finden könnte, eben weil die Kopfdaten fehlen.

Problematische Datensätze anzeigen

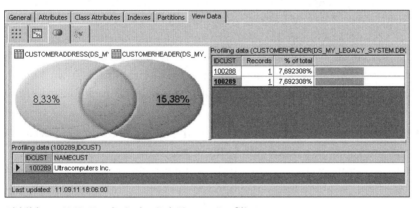

Abbildung 11.13 Ergebnis des Relationen-Profilings

Die nächsten Schritte hängen stets vom jeweiligen Einzelfall ab. Doch die Erfahrung lehrt, dass es sich auszahlt, bereits im Altsystem zu entscheiden, ob zum Beispiel die Adresse noch zu übernehmen ist oder nicht, und, wenn nötig, eine Korrektur der Daten vorzunehmen. Denn wenn bereits im Altsystem die Daten entweder nicht mehr aktuell, falsch oder inkonsistent sind, bedeutet das im Folgenden unnötigen Arbeits- und Zeitaufwand.

11.3.6   Feld-Mapping

Kommen wir nun zurück zu den Bankdaten. Um unser Beispiel vergleichbar mit dem Datei-Upload bei Verwendung des SAP S/4HANA Migration Cockpits zu gestalten, den wir in Abschnitt 11.4 beschreiben werden, gehen wir davon aus, dass die Quelldaten bereits bereinigt vorliegen. Zur Verein-

Verwendung der Datenmigrationsvorlagen

11

fachung arbeiten wir mit lediglich zwei Datensätzen für die Migration der Bankdaten.

Im Gegensatz zur Direktanbindung (siehe Abschnitt 11.3.4, »Anbindung der Quellsysteme«) wollen wir nun die Datenmigrationsvorlagen verwenden, die speziell für SAP S/4HANA bereitgestellt werden. Diese Microsoft-Excel-Dateien erhalten Sie ebenfalls mit dem Rapid-Data-Migration-Content, und sie haben ein einzelnes Excel-Sheet für jedes zu migrierende Segment und enthalten ebenfalls Mapping-Hinweise und Regeln sowie Beschreibungen der Pflichtfelder.

Beim Benutzen dieser Migrationsvorlagen ist das gesamte Feld-Mapping bereits in SAP Data Services umgesetzt, da es auch mit den von SAP eingesetzten Testdaten bereitgestellt wird. Wenn Sie hingegen eigene Formate (Tabellen oder Dateien) anbinden möchten, müssen Sie die SAP-Felder zunächst zuordnen.

Generell gesprochen, handelt es sich beim Feld-Mapping um den zentralen Schritt jeder Datenmigration: Den vorgegebenen Feldern der Zielseite (SAP S/4HANA) werden die verfügbaren Felder der Quellseite zugeordnet. In unserem Fall ist, analog zu den Mapping-Templates, die Zielseite durch die IDoc-Segmente bereits definiert. Die Quellseite hingegen wird durch Ihre Quellstrukturen vorgegeben; in unserem Beispiel durch die erwähnte Excel-Migrationsvorlage.

Mapping auf Papier Schauen wir uns zunächst das Mapping auf Papier für unsere beiden Quellstrukturen an, wie es in Abbildung 11.7 in Abschnitt 11.3.3, »Migrations-Content«, ausschnittweise gezeigt wurde. Auf der nicht gezeigten linken Seite dieser Tabelle finden Sie stets einen freien Bereich für das Altsystem und rechts die gezeigte Struktur im SAP-S/4HANA-System. Das gleiche Konzept wird in der Excel-Migrationsvorlage für die Quelldaten übernommen. In unserem Beispiel ist die Vorlage bereits mit Testdaten gefüllt worden (siehe Abbildung 11.14). Die Abbildung zeigt alle vier Excel-Sheets:

- **Introduction** als Einleitung mit erläuterndem Text
- **Field List** als Feldliste mit Hinweisen auf Pflichtfelder und die Prüftabellen
- **Header** als Kopfsegment, gefüllt mit zwei Testdatensätzen
- **BankAddress** für die Adress-Datensätze, gefüllt mit zwei Testsätzen in Relation zu den Kopfsätzen

Auf den ersten Blick wird ersichtlich, dass alle obligatorischen Felder (*) befüllt wurden und dass es keine Felder gibt, die eine Default-Belegung besitzen ($). Diese Felder müssten trotz der Eigenschaft »Pflichtfeld« nicht gemappt werden, sofern später eine Konstante als globale Variable in SAP Data Services mitgegeben wird.

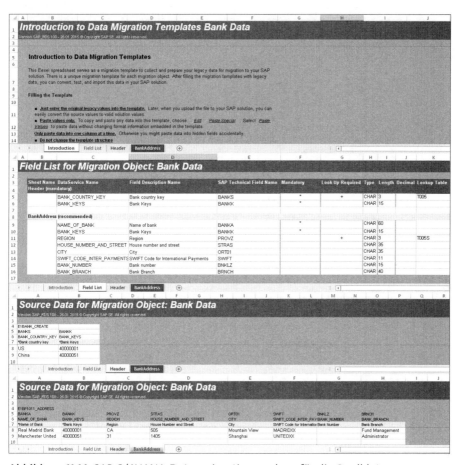

Abbildung 11.14 SAP-S/4HANA-Datenmigrationsvorlage für die Quelldaten

Normalerweise muss nun das Mapping auf Papier im SAP Data Services Designer umgesetzt werden. Rufen Sie dazu die Mapping-Ansicht auf, indem Sie den Datenfluss DF_DM_BANKBankAddress_Map durch einen einfachen Klick auf den Namen in der **Project Area** oder durch einen Doppelklick auf das Symbol im übergeordneten Datenfluss auswählen (siehe Abbildung 11.15). Da wir die Migrationsvorlage verwenden, kann das gesamte ausgelieferte Mapping 1:1 übernommen werden.

Mapping im Designer

Möchten Sie etwas an dem Mapping ändern oder eigene Quellen einfügen, markieren und entfernen Sie einfach den Platzhalter für die Quelldatei und ziehen mittels Drag & Drop Ihre jeweilige Quelle (Datei oder Tabelle) in den Arbeitsbereich des Datenflusses.

Anbindung des Altsystems

Indem Sie die Quelle mit der Query Qry_BestPractices verbinden, werden die Quellfelder im Arbeitsbereich für ein vereinfachtes Mapping verfügbar. Abbildung 11.16 zeigt den korrekten Datenfluss.

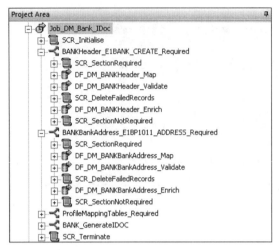

Abbildung 11.15 Auswahl des Mapping-Schritts

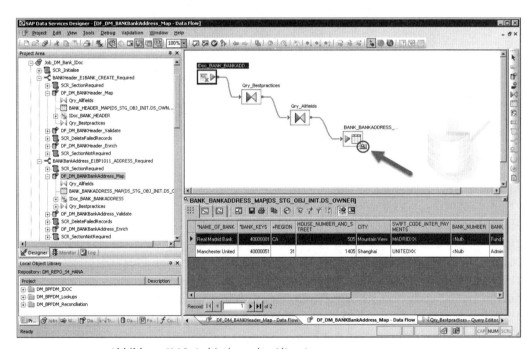

Abbildung 11.16 Anbindung des Altsystems

[»]

Inhalte der Objekte anzeigen lassen

Über die kleine Lupe ([🔍]) an den unterschiedlichen Objekten im Datenfluss können Sie sich jederzeit die Inhalte anzeigen lassen. Somit haben Sie
die einzelnen oder typischen Datensätze (über das auch hier mögliche Profiling) immer im Blick. Eine Fehlersuche wird dadurch stark vereinfacht.

Benötigen Sie mehr Felder, als im Baseline-Umfang der SAP Best Practices verfügbar sind, können Sie diese in der zweiten Query Qry_AllFields finden. Wir verwenden in unserem Beispiel jedoch die vereinfachte Version, die alle Felder für ein neu mit den SAP Best Practices aufgesetztes SAP-S/4HANA-System bereithält.

Es bietet sich an, beim Arbeiten im Datenfluss oder in den Querys interne Validierungen in SAP Data Services durchzuführen. Dabei fallen Mapping-Fehler oder inkonsistente Einstellungen schnell auf. Verwenden Sie die Schaltfläche **Validate Current** (⬛) zum Überprüfen des lokalen Objekts oder **Validate All** (⬛) für den Syntax-Check über alle Objekte. Alternativ können Sie **Validation • Validate** aus dem Hauptmenü auswählen.

Interne Validierungen

Der Bereich unter dem Mapping in der Mapping-Ansicht zeigt das Coding für die Zuweisung in der Skriptsprache an, die zu SAP Data Services gehört. (Diese Skriptsprache hat keinen eigenen Namen.) Für alle Standardfunktionen wird hier das Coding generiert. Sie haben jedoch stets die Möglichkeit, das generierte Skript zu ändern bzw. Ihr eigenes Coding zu ergänzen.

Generierung des Zuweisungsskripts

11

Vorausgelieferte Funktionen nutzen

Nutzen Sie eine der zahlreichen vorausgelieferten Funktionen, und passen Sie das Skript-Coding für Ihre Bedürfnisse lediglich an. So können Sie auf einfache Weise Ihre Umschlüsselungsregeln erstellen, ohne jedes Mal von Neuem beginnen zu müssen.

[«]

Haben Sie mehr als eine Quellstruktur, müssen Sie eine eindeutige Schlüsselbeziehung zwischen den Quellen definieren. Sie können diese Schlüsselbeziehung im Skripteditor frei definieren oder sich über die Funktion **Propose Join** das Coding in der WHERE-Bedingung generieren lassen. Der vorgeschlagene Join wird aufgrund von Schlüsselbeziehungen oder gleichen Namen in den unterschiedlichen Quellen generiert, wie in Abbildung 11.17 dargestellt.

Eindeutige Schlüsselbeziehung

Das eigentliche Mapping findet nun gemäß Mapping-Template statt, sofern Sie Anpassungen durchführen müssten. In unserem Fall können wir uns ganz auf die SAP-S/4HANA-Migrationsvorlage verlassen und das Mapping einfach übernehmen. Möchten Sie jedoch eigene Anpassungen vornehmen, können Sie dies auf einfache Weise tun, indem Sie die notwendigen Felder auf der linken Seite markieren und dann per Drag & Drop auf die rechte Seite ziehen, um sie auf dem entsprechenden Zielfeld loszulassen. Abbildung 11.18 zeigt das Ergebnis.

Mapping übernehmen

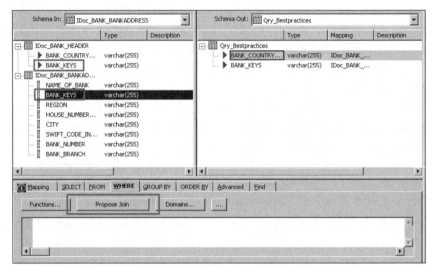

Abbildung 11.17 Schlüsselbeziehung bei mehr als einer Quellstruktur

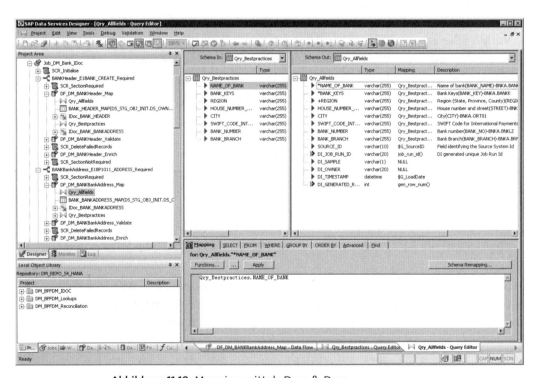

Abbildung 11.18 Mapping mittels Drag & Drop

Sofern ein Feld bereits zugewiesen war (auch mit dem initialen Wert NULL),
werden Sie beim Mapping stets gefragt, ob Sie das Feld neu mappen oder ein-

fügen möchten. Möchten Sie es neu mappen, wählen Sie **Remap Column** im Kontextmenü.

Nachdem Sie das Mapping abgeschlossen und eventuell ein eigenes Coding hinzugefügt haben, wählen Sie abermals die Validierung über die Schaltflächen **Validate Current** (⬜) bzw. **Validate All** (⬜) oder über **Validation • Validate** aus dem Hauptmenü, um das Mapping zu überprüfen. Sofern Sie keine Fehlermeldung erhalten, können Sie mit den weiteren Schritten fortfahren. Für gewöhnlich erhalten Sie jedoch Warnungen für alle Felder, die unterschiedliche Datentypen auf Quell- und Zielseite aufweisen. Diese Warnung können Sie zunächst ignorieren, da es automatisch zu einer Typkonvertierung während der Laufzeit kommt. Sofern diese Konvertierung für alle Datensätze funktioniert (zum Beispiel die Umwandlung eines Zahlen- in ein Textfeld vom Typ **Character**), wird der weitere Prozess dadurch nicht beeinträchtigt.

Lassen Sie uns nun noch einmal einen genaueren Blick auf das Mapping werfen und die einzelnen Zuweisungen im ETL-Prozess veranschaulichen. Sie haben es bisher nur mit einem direkten Mapping von Feld auf Feld zu tun, es gibt also noch keine Transformationen oder komplexen Regeln. Vergleichen Sie das Mapping in Abbildung 11.19 mit der Migrationsvorlage aus Abbildung 11.14. So erkennen Sie, wie SAP Data Services das Mapping umgesetzt hat. Da durch die Migrationsvorlage gleiche Namen auf Quell- und Zielseite verwendet werden, ist die Abbildung des Mappings einfach nachzuvollziehen.

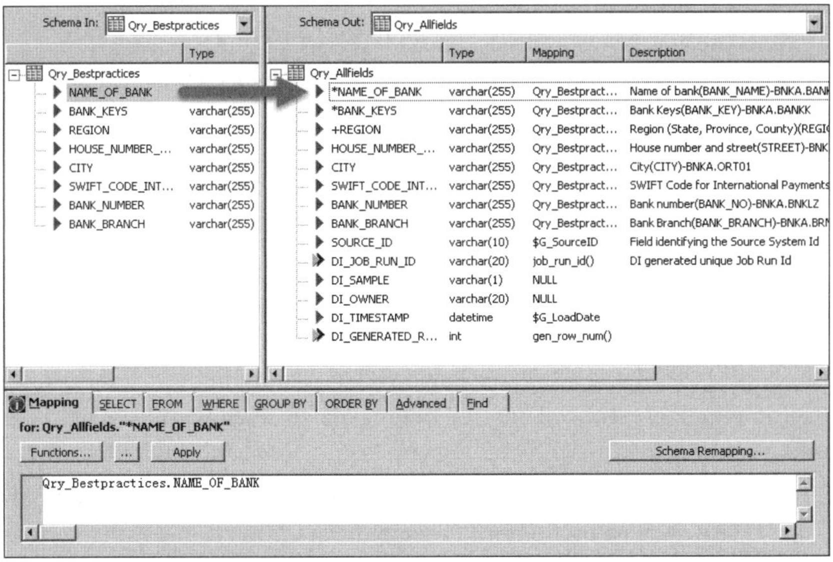

Typkonvertierung

Mapping prüfen

Abbildung 11.19 Feld-Mapping im Detail

Globale Variable zuweisen

Alternativ zum Feld-Mapping könnten Sie in SAP Data Services auch eine globale Variable oder eine Konstante zuweisen. Abbildung 11.20 zeigt die einfache Zuweisung einer Konstanten, hier mit dem ISO-Code für Deutschland ('DE') als Land.

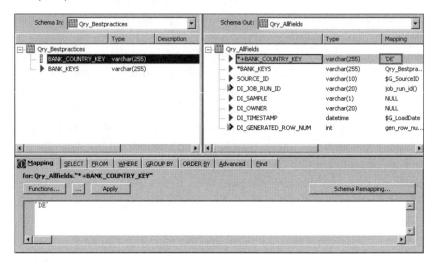

Abbildung 11.20 Mapping für eine Konstante

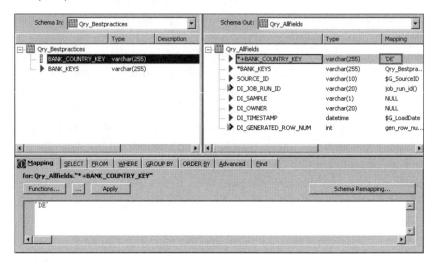

Zurücksetzen des Mappings

Möchten Sie ein Feld-Mapping zurücknehmen, das Sie mit Drag & Drop oder manuell vorgenommen haben, reicht es nicht aus, das generierte oder selbst erstellte Coding zu löschen. Beim Validieren der Daten werden Sie feststellen, dass ein solches leeres Mapping nicht zulässig ist. Stattdessen müssen Sie das Coding in dem Eingabefeld zurücksetzen, indem Sie den Code durch NULL ersetzen.

11.3.7   Werte-Mapping und Umschlüsselungstabellen

Nachdem Sie das grundlegende Mapping im zentralen Schritt des SAP Data Services Designers abgeschlossen haben, können Sie die noch ausstehenden Umschlüsselungen der Werte, das sogenannte *Werte-Mapping*, für das Land (BANK_COUNTRY_KEY) und die Region (REGION) durchführen. Dabei ist die Region eine mehrstufige Umschlüsselung, da sie auch vom Land abhängt und nur durch die Umschlüsselung von Region *und* Land eindeutig wird.

Migration Services

Für die Wertkonvertierungen verwenden Sie das Werkzeug *Migration Services*. Dieses Tool ist im Content der Rapid-Data-Migration-Lösung verfügbar. Es hat Zugriff auf die Staging Area, in der alle SAP-Prüftabellen aus Ihrem angeschlossenen SAP-S/4HANA-System repliziert sind (siehe Abbildung 11.21). Es dient dazu, den SAP-Werten, wie beispielsweise dem ISO-Code für das Land, die korrekten Werte aus dem Altsystem zuzuordnen.

Dabei können Sie nur die Spalte für die Altdaten ändern. Die Seite des SAP-S/4HANA-Systems entspricht dem Customizing in SAP S/4HANA und lässt sich nicht ändern. Es handelt sich also im Wesentlichen um eine Umschlüsselungstabelle, ähnlich der Tabelle, die Sie in Abschnitt 7.3, »Datenmigration in die SAP S/4HANA Cloud«, für das SAP S/4HANA Migration Cockpit kennengelernt haben.

MIGRATION SERVICES	POWERED BY SAP BEST PRACTICES	Version 3.00.00						

Lookup Maintenance

Object: Activity_Price   View Name: -- please select --   Lookup Table: -- please select --

View   ☐ Hide 100% mapped lookups   ☐ Hide lookups without legacy value

	View/Segment Name	LKP Table	SAP Table	Description	Entries	H	O	Status
1	01 Activity Price Header	LKP_ACTIVITY_TYPE	CSLA	Activity Type	28	▣	▣	100%(5,5)
2	01 Activity Price Header	LKP_CO_VERSIONS	TKVS	Co Versions	6	▣	▣	100%(1,1)
3	01 Activity Price Header	LKP_CONTROLLING_AREA	TKA01	Controlling Area	40	▣	▣	100%(1,1)
4	01 Activity Price Header	LKP_COST_CENTER	CSKS	Cost Center	109	▣	▣	100%(1,1)
5	02 Activity Price Objects	LKP_ACTIVITY_TYPE	CSLA	Activity Type	28	▣	▣	100%(5,5)
6	02 Activity Price Objects	LKP_CO_VERSIONS	TKVS	Co Versions	6	▣	▣	100%(1,1)
7	02 Activity Price Objects	LKP_CONTROLLING_AREA	TKA01	Controlling Area	40	▣	▣	100%(1,1)
8	02 Activity Price Objects	LKP_COST_CENTER	CSKS	Cost Center	109	▣	▣	100%(1,1)
9	03 ActivityPriceTotalValues	LKP_ACTIVITY_TYPE	CSLA	Activity Type	28	▣	▣	100%(5,5)
10	03 ActivityPriceTotalValues	LKP_CO_VERSIONS	TKVS	Co Versions	6	▣	▣	100%(1,1)
11	03 ActivityPriceTotalValues	LKP_CONTROLLING_AREA	TKA01	Controlling Area	40	▣	▣	100%(1,1)
12	03 ActivityPriceTotalValues	LKP_COST_CENTER	CSKS	Cost Center	109	▣	▣	100%(1,1)
13	04 Activity Price Control Values	LKP_ACTIVITY_TYPE	CSLA	Activity Type	28	▣	▣	100%(5,5)
14	04 Activity Price Control Values	LKP_CO_VERSIONS	TKVS	Co Versions	6	▣	▣	100%(1,1)
15	04 Activity Price Control Values	LKP_CONTROLLING_AREA	TKA01	Controlling Area	40	▣	▣	100%(1,1)
16	04 Activity Price Control Values	LKP_COST_CENTER	CSKS	Cost Center	109	▣	▣	100%(1,1)
17	04 Activity Price Control Values	LKP_PRICE_INDICATOR	TKA10	Price Indicator	8	▣	▣	100%(0,0)
18	05 ActivityPriceTotalValues2	LKP_ACTIVITY_TYPE	CSLA	Activity Type	28	▣	▣	100%(5,5)
19	05 ActivityPriceTotalValues2	LKP_CO_VERSIONS	TKVS	Co Versions	6	▣	▣	100%(1,1)
20	05 ActivityPriceTotalValues2	LKP_CONTROLLING_AREA	TKA01	Controlling Area	40	▣	▣	100%(1,1)
21	05 ActivityPriceTotalValues2	LKP_COST_CENTER	CSKS	Cost Center	109	▣	▣	100%(1,1)

Abbildung 11.21 Lookup-Prüftabellen in Migration Services

Wir empfehlen Ihnen, einen initialen Joblauf durchzuführen, bevor Sie mit dem Werte-Mapping beginnen. Dafür muss das eigentliche Mapping nicht notwendigerweise komplett abgeschlossen sein. Bei diesem ersten Lauf wird eine Initialisierung sowohl der internen Nummernkreise als auch der notwendigen Puffertabellen vorgenommen. Darüber hinaus werden für alle Felder, für die eine Umschlüsselung des Wertes vorgesehen ist (*Lookup-Felder*), die Ausprägungen der unterschiedlichen Werte im Altsystem gesammelt. Dies ist eine sehr bequeme Möglichkeit, um noch nicht versorgte Werte aufzuspüren. Dies liegt daran, dass man im Allgemeinen – auch trotz vorangegangenem Profiling – nicht alle unterschiedlichen Ausprägungen der Werte aus dem Altsystem kennt und daher beim Mapping auch nicht alle vorhandenen Ausprägungen versorgt.

Lookup-Tabelle

Testjob starten Um einen Datenmigrationsjob zu starten (in diesem Fall Job_DM_Bank_IDoc), klicken Sie mit der rechten Maustaste auf den entsprechenden Knoten in der **Project Area**. Wählen Sie dann **Execute...**, wie in Abbildung 11.22 gezeigt.

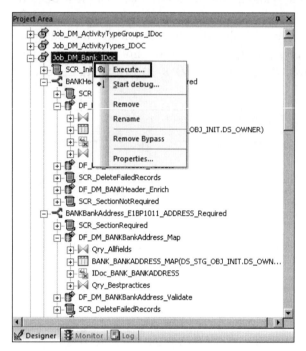

Abbildung 11.22 Ausführen eines Jobs in SAP Data Services

Jobparameter festlegen SAP Data Services gibt Ihnen in einem Pop-up-Fenster die Möglichkeit, Parameter für den Joblauf festzulegen. Wechseln Sie dazu auf die Registerkarte **Global Variable**. Bei diesem Lauf ist es wichtig, dass Sie den Wert der globalen Variablen $G_ProfileMapTables auf 'Y' für »ja« setzen. Damit werden die Werte des Altsystems beim Lauf gesammelt. Sie haben an dieser Stelle eine komplette Übersicht über die globalen Variablen, die auch später im Enrichment-Schritt für die Vorbelegung der $-Felder verwendet werden (siehe Abbildung 11.23).

Sie können diese Werte entweder beim Joblauf einmalig direkt ändern oder für alle Läufe eines Jobs als Eigenschaft festlegen und speichern, indem Sie mit der rechten Maustaste das Kontextmenü öffnen und **Properties...** wählen. Neben Vorbelegungen werden hier auch der IDoc-Nachrichtentyp und das sogenannte *SAP-Partnersystem* (der technische Name von SAP Data Services als sendendes und von SAP S/4HANA als empfangendes System) bestimmt. Diese Werte werden später von SAP Data Services automatisch in den Kontrollsatz des IDocs geschrieben, bevor dieser an SAP S/4HANA gesendet wird.

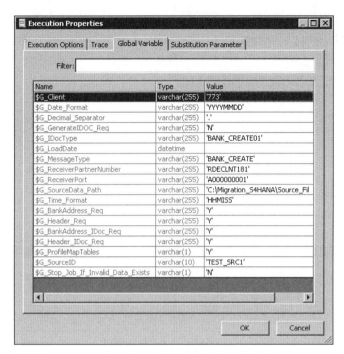

Abbildung 11.23 Globale Variablen für den Joblauf

Das Ergebnis des Joblaufs ist ein Protokoll, das im Idealfall keine Fehlermel-   **Jobprotokoll**
dung anzeigt (siehe Abbildung 11.24).

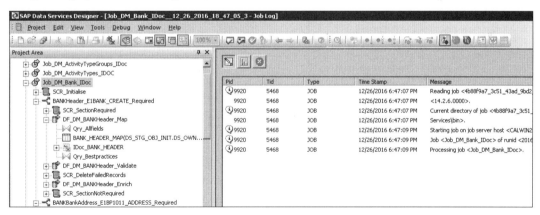

Abbildung 11.24 Infomeldungen während des Joblaufs im Protokoll

Über die Registerkarte **Monitor** können Sie Jobläufe verfolgen und auch
stoppen (siehe Abbildung 11.25). Eine grüne Ampel zeigt dabei einen noch
laufenden Job an, während eine rote Ampel angibt, dass der Job beendet
wurde. Diese Anzeige ist unabhängig vom tatsächlichen Status des Jobs,
also unabhängig davon, ob er erfolgreich beendet oder vorzeitig abgebro-

chen wurde. Im Fall eines Abbruchs sehen Sie eine rote Schaltfläche im Protokoll, wie in Abbildung 11.26 dargestellt. Über diese Funktionalität können Sie sich die Details des Fehlers anzeigen lassen.

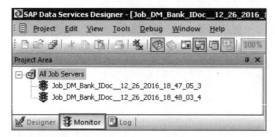

Abbildung 11.25 Job-Monitor in der Project Area

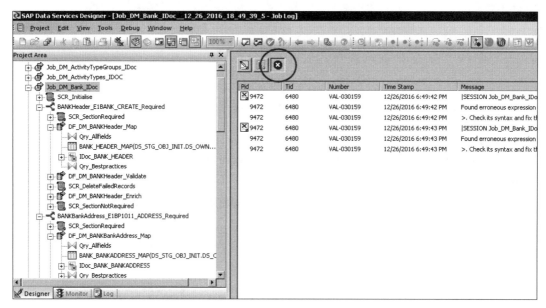

Abbildung 11.26 Abbruch und Fehlermeldungen im Protokoll

Beispiel: Werte-
Mapping für das
Feld »Land«

Mit diesem ersten Joblauf »lernt« SAP Data Services bereits, welche Feldwerte in den Altdaten überhaupt vorkommen. Sie können diesen Testlauf mit einer Teilmenge der umzusetzenden Daten durchführen oder mit allen bereits verfügbaren Daten.

Bedienen wir uns wieder des Länderbeispiels: Beinhaltet Ihr Altsystem die Länder in Klartextnotation, anstatt dafür einen einheitlichen Code zu verwenden, könnten durchaus aufgrund von Uneinheitlichkeiten und Tippfehlern unterschiedliche Ausprägungen für ein Land vorkommen. Im SAP-System wird aus all diesen Feldern ein einzelner Wert, nämlich der korrekte ISO-Code für das Land, wie in Tabelle 11.3 dargestellt.

Wert im Altsystem	ISO-Code im SAP-System
Deutschland	DE
Deutschlnd	DE
BRD	DE
USA	US
U.S.A	US

Tabelle 11.3 Beispiel für ein Werte-Mapping des Felds »Land«

In unserem Beispiel entnehmen wir der Migrationsvorlage aus Abbildung 11.14 die notwendigen Feldwerte für die vorkommenden Länder und Regionen. Diese könnten Sie nun manuell in den Migration Services pflegen. Durch den initialen Joblauf, den Sie durchgeführt haben, nachdem diese Felder bereits gemappt waren, stehen sie im Werkzeug nun gesammelt zur Verfügung. Dies macht das Werte-Mapping genauso einfach wie das Feld-Mapping. In Migration Services können Sie nun über Drag & Drop die gesammelten Werte den entsprechenden SAP-Werten zuweisen (siehe Abbildung 11.27) oder über eine Dropdown-Liste auswählen (siehe Abbildung 11.28). Auch eine Suchhilfe steht Ihnen zur Verfügung (siehe Abbildung 11.30).

Feldwerte manuell pflegen

11

Abbildung 11.27 Werte-Mapping über Drag & Drop

Abbildung 11.28 Zuweisung unterschiedlicher Altwerte über manuelle Eingabe

Der Status des Werte-Mappings in den Migration Services wird an allen Stellen über Ampeln angegeben:

- grünes Quadrat: gemappt
- gelbes Dreieck: noch nicht gemappt
- roter Kreis: doppelt/nicht eindeutig gemappt

Beispiele sehen Sie in Abbildung 11.27 und Abbildung 11.29. Dies zeigt dem Anwender bereits während der Durchführung der Wertkonvertierungen den jeweiligen Fortschritt an. Damit sind die Daten nun bereit für die Validierungen.

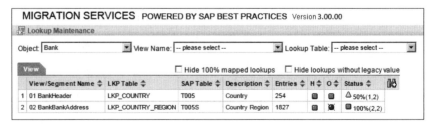

Abbildung 11.29 Status des Werte-Mappings in den Migration Services

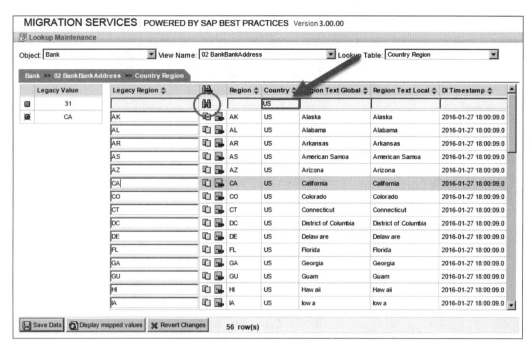

Abbildung 11.30 Suchhilfe für Werte in den Migration Services

11.3.8   Validierung der Daten

Nachdem Sie das Werte-Mapping mithilfe der Migration Services erfolgreich durchgeführt haben, können Sie sich der Validierung der Daten im
SAP Data Services Designer zuwenden.

SAP Data Services lädt keinerlei Datensätze in SAP S/4HANA, die eine der
drei folgenden Prüfungen nicht bestanden haben (siehe Abbildung 11.31):

Validierungs-
prüfungen

- **Validierung anhand der Prüftabellen** (Validate_Lookups)
  Für alle Felder, die mit einem Plus (+) gekennzeichnet sind, werden die
  Werte mit den Werten der SAP-Prüftabellen abgeglichen. Dabei bestehen
  nur die Altwerte die Prüfung, die zuvor in den Migration Services auf
  einen Lookup-Wert umgeschlüsselt wurden, der im SAP-System erlaubt
  ist.

- **Validierung der Pflichtfelder** (Validate_Mandatory_Columns)
  Für alle Felder, die mit einem Sternchen (*) gekennzeichnet sind, wird
  geprüft, dass diese Felder nicht leer sind bzw. nur Leerzeichen enthalten
  (NOT NULL).

- **Validierung des Formats** (Validate_Format)
  Für alle Felder, die in SAP S/4HANA einer Formatüberprüfung unterliegen, wird diese Validierung durchgeführt, sofern dies vom Datenmigra-

tions-Content vorgesehen ist. Dabei kann es sich zum einen um die korrekte Feldlänge in SAP S/4HANA handeln (siehe das Beispiel zur Länge des Materialnummernfeldes in Abschnitt 10.2.2, »Simplification List«) oder um die syntaktische Korrektheit einer Postleitzahl.

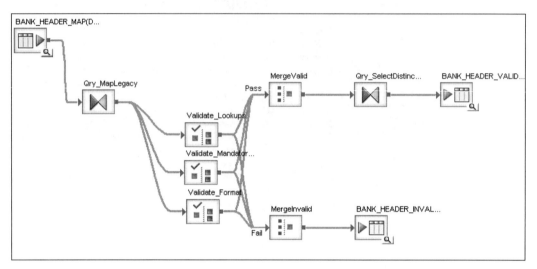

Abbildung 11.31 Datenfluss für die Validierungen in SAP Data Services

Joblauf

Um die Prüfroutinen zu durchlaufen, führen Sie abermals den Job Job_DM_Bank_IDoc aus. Auch dieser Lauf wird noch keine IDocs an das SAP-S/4HANA-System schicken. Es handelt sich vielmehr um einen Trockenlauf, den Sie immer wieder durchführen können – so lange, bis Sie mit dem Ergebnis der Validierungen zufrieden sind.

Ablauf der Validierungen

Sämtliche Validierungen finden nicht sukzessive, sondern nebeneinander statt. Das heißt, dass alle Felder sämtliche Prüfungen durchlaufen und dass nicht – wie bei anderen Techniken – nach dem ersten Fehler abgebrochen wird. Außerdem bedeutet dies, dass Datensätze auch bei mehreren Prüfungen auf einmal durchfallen können. Ist beispielsweise das Land der Bank, *+BANK_COUNTRY_KEY, ein Pflichtfeld, nicht gefüllt, wird dieses Feld gleich doppelt an den Validierungen scheitern. Zum einen ist das obligatorische Feld nicht gefüllt (Validate_Mandatory_Columns), und zum anderen ist die Forderung, dass der Wert eine Umschlüsselung besitzt (Validate_Lookups), nicht erfüllt. Gemäß dem in Abbildung 11.31 dargestellten Datenfluss landet der Wert über den Weg Fail gleich doppelt im Bereich **Invalid**.

Über die kleine Lupe (🔍) am Endpunkt (siehe Abbildung 11.32) können Sie sich die fehlerhaften Sätze im SAP Data Services Designer anschauen und die Ursache feststellen. Damit keine doppelten Werte über Pass im Bereich **Valid** landen, gibt es für die erfolgreich verprobten Datensätze eine SELECT

DISTINCT-Anweisung. Eine Weiterverarbeitung mit Anreicherung von Standardwerten und das Laden per IDoc ist stets nur für die validen Daten möglich.

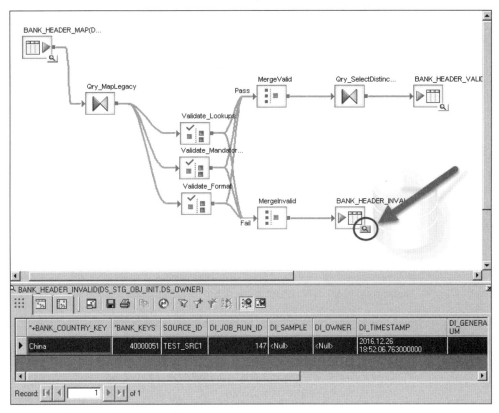

Abbildung 11.32 Fehlerhafte Datensätze nach dem Testlauf

Eingebaute Validierungsfunktionen

Der Rapid-Data-Migration-Content liefert nicht nur Datenflüsse und Mappings, er beinhaltet auch Validierungsfunktionen, wie zum Beispiel eine Funktion für die Postleitzahlenprüfung.

In Abschnitt 11.3.5, »Profiling der Daten«, fiel uns ein Datensatz einer kanadischen Postleitzahl auf. Er würde der Formatüberprüfung nicht standhalten. Das heißt, X4352 ist keine gültige Postleitzahl für Kanada. Tatsächlich haben Postleitzahlen in Kanada eine sehr viel komplexere Struktur. Statt des hier vorliegenden Formats X9999 für *Buchstabe – Zahl – Zahl – Zahl – Zahl* lautet die Syntax dort X9X 9X9. Außerdem ist die Postleitzahl nicht fünfstellig, sondern benötigt sechs Stellen. Dies ist ein sehr gutes Beispiel für eine Funktion, die durch die SAP Best Practices verfügbar und in SAP Data Services eingebaut ist.

Das Coding für die Validierungfunktion der Postleitzahl ist in der eigenen Skriptsprache von SAP Data Services geschrieben, die an dieser Stelle auch für beliebige Länder erweiterbar ist. Grundsätzlich orientiert sich das Coding in diesem Fall an der *Backus-Naur-Form* (BNF), einer Metasprache für Grammatiken. Abbildung 11.33 zeigt den Editor und das ausgelieferte Coding zur Postleitzahlenvalidierung.

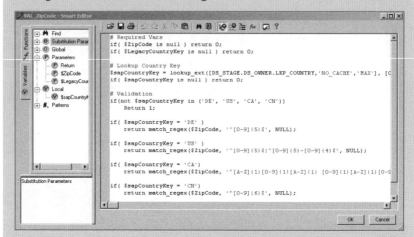

Abbildung 11.33 Funktioneneditor in SAP Data Services

Beachten Sie jedoch an dieser Stelle, dass über diese Validierung nur die reine Syntaxprüfung, nicht aber eine Plausibilitätsprüfung für die Postleitzahl stattfindet. Während die Prüfung einer konkreten Postleitzahl mit dem zugehörigen Ort und der Straße technisch in SAP Data Services einfach durchzuführen ist, indem Sie die Data-Quality-Funktionalität nutzen, müssen für die Plausibilitätsprüfung kostenpflichtige Datenbanken angebunden werden, die von den lokalen Postdienstleistern (zum Beispiel der Deutschen Post) zur Verfügung gestellt und stets aktualisiert werden müssen.

Fehlerbehebung   Wie ist nun bei auftretenden Fehlern weiter vorzugehen? Generell ist es natürlich möglich, die von SAP Data Services ausgesiebten Daten komplett zu verwerfen und nicht zu migrieren. Dann wäre in diesem Fall nichts weiter zu tun. Viel eleganter ist jedoch die Möglichkeit, die nun festgestellten Unstimmigkeiten direkt im Altsystem zu korrigieren. Übrigens verbessern Sie so ganz nebenbei Ihre Datenqualität. Nach der Änderung werden die so bereinigten Datensätze dann beim nächsten Lauf erneut eingelesen und bestehen die Prüfroutinen. Dies ist ein iterativer Vorgang, der so lange zu wiederholen ist, bis nur noch der Ausschuss in SAP Data Services hängen bleibt. Das sind all jene Datensätze, die tatsächlich nicht nach SAP S/4HANA migriert werden sollen.

11.3.9   Daten importieren

Nachdem Sie nun erfolgreich Datensätze eingelesen, umgesetzt, transformiert und validiert haben, können Sie den nächsten Schritt angehen: Das Laden der IDocs in das SAP-S/4HANA-System. Es ist wichtig zu wissen, dass bei jedem Joblauf die Quelldaten stets aufs Neue aus den Datenquellen extrahiert werden. Das heißt, es wird nicht mit Daten gearbeitet, die in SAP Data Services zwischengespeichert sind, sondern stets mit aktuellen Werten aus der Migrationsvorlage bzw. anderen Quelldateien oder Datenbanken, die Sie aktuell nutzen.

Bevor Sie die IDocs in das SAP-S/4HANA-System laden können, müssen Sie in SAP Data Services die Verbindung zu Ihrem SAP-S/4HANA-System anpassen. Der SAP-Datastore DS_SAP (**Local Object Library • Datastores**) wird lediglich mit einer Dummy-Verbindung ausgeliefert. Um Ihr eigenes SAP-S/4HANA-System anbinden zu können, benötigen Sie zahlreiche Informationen über das System. **Verbindung zu SAP S/4HANA**

Tabelle 11.4 stellt die dabei im Umfeld von SAP S/4HANA gebräuchlichen Begriffe den Namen gegenüber, die in der Verbindungskonfiguration in SAP Data Services verwendet werden.

SAP S/4HANA	SAP Data Services	Beispiel
Anwendungsserver	Application Server	myserver01.me.com
Instanznummer	System Number	00
System-ID	–	PRD
Mandant	Client Number	100
Benutzer	User Name	–
Passwort	Password	–

Tabelle 11.4 Unterschiede bei den Namen für die Konfiguration

Abbildung 11.34 zeigt das Fenster zum Eingeben der SAP-S/4HANA-Systemparameter. Informationen zur Konfiguration können Sie auch dem *Configuration Guide* des Rapid-Data-Migration-Pakets entnehmen.

Damit die IDocs nun beim nächsten Lauf auch tatsächlich geladen werden können, müssen Sie den Standardwert einer entscheidenden globalen Variablen, nämlich $G_GenerateIDOC_Req, ändern. Setzt man diesen Wert auf 'Y', wird nicht nur ein Testlauf durchgeführt, sondern es werden auch die IDocs in SAP Data Services aufgebaut und per *Remote Function Call* (RFC) an das SAP-S/4HANA-System geschickt. **IDoc-Übertragung über RFC**

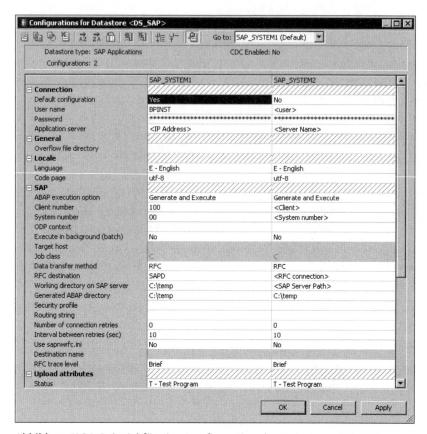

Abbildung 11.34 Beispiel für eine Konfiguration des Datastores DS_SAP

Alternativ können die IDocs jedoch auch in lokalen Dateien abgelegt werden. Dies ist zum Beispiel dann erforderlich, wenn das SAP-S/4HANA-System nicht angebunden werden kann oder noch nicht zur Verfügung steht. Der Transport der Dateien zum SAP-Applikationsserver muss in diesem Fall über einen separaten FTP-Prozess erfolgen.

Echtlauf bestätigen Abbildung 11.35 zeigt das Pop-up-Fenster zur Bestätigung des Echtlaufs. Unsere BANK_CREATE-IDocs vom Basistyp BANK_CREATE01 werden an das SAP-S/4HANA-System mit der ID RDE und dem Mandanten 181 geschickt. Die hier gepflegten globalen Variablen werden in den IDoc-Kontrollsatz geschrieben, den »Umschlag« des IDocs.

Sobald der Job erfolgreich beendet wurde, sind die IDocs an das SAP-S/4HANA-System versendet und – die korrekte Einstellung des sogenannten *IDoc-Eingangs* vorausgesetzt – dort verbucht worden. Die Einstellungen zum IDoc-Customizing in Ihrem System sind detailliert im Configuration Guide der Rapid Data Migration beschrieben, den Sie über den SAP Best Practices Explorer und den dort erwähnten SAP-Hinweis herunterladen können.

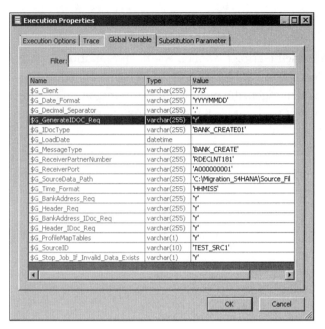

Abbildung 11.35 Globale Variablen zum Versenden der IDocs

Sie können sich nun am SAP-S/4HANA-System anmelden, dort den IDoc-Monitor nutzen oder gleich in der entsprechenden Applikation unsere frisch angelegten Banken anzeigen lassen. Dass dies noch sehr viel eleganter funktioniert, und zwar ohne SAP Data Services zu verlassen, das wird Ihnen der folgende Abschnitt zeigen.

11.3.10   Monitoring

Durch die Integration von SAP Data Services mit der Plattform SAP BusinessObjects Business Intelligence (BI) können Business-Analytics-Berichte auf einfache Art angebunden werden. Der bereitgestellte Datenmigrations-Content enthält vorgefertigte Web-Intelligence-Berichte zum Überwachen des Datenmigrationsprojekts (siehe Abbildung 11.36).

Web-Intelligence-Berichte

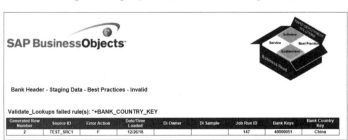

Abbildung 11.36 Web-Intelligence-Bericht zur Anzeige fehlerhafter Datensätze

Diese können entweder als Template verwendet und angepasst oder ohne weitere Anpassung eingesetzt werden.

BI Launchpad

Der Zugriff auf die Berichte erfolgt, ähnlich wie beim Migration-Services-Tool, über einen Webbrowser. Mittels *BI Launchpad* (siehe Abbildung 11.37) können selbst Fachabteilungen, die nicht in die Datenmigration oder den Systemaufbau involviert sind, auf die Berichte zugreifen und so eingebunden werden.

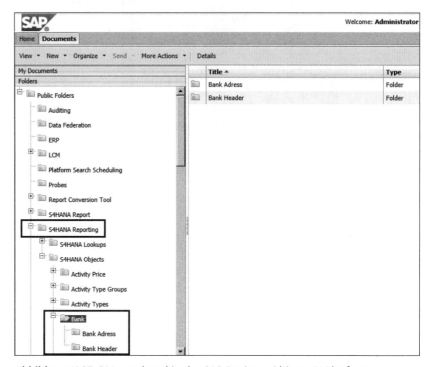

Abbildung 11.37 BI Launchpad in der SAP BusinessObjects BI Platform

In der Regel ist die Einbindung der Fachabteilungen auch sinnvoll, denn oft sind es die Anwender des Altsystems, die das nötige Know-how zur Verwendung der Datensätze und zur Fehlerbehebung besitzen. Die Web-Intelligence-Berichte lassen sich auswerten, aktualisieren, ohne zusätzliche Software ändern sowie als Report ausdrucken. Sie sollten die Daten des Berichts nach jedem erneuten Joblauf auffrischen.

Ihnen stehen neben Berichten für Validierungen jedes Business-Objekts und IDoc-Segments auch zahlreiche vorgefertigte Auswertungen für Massendaten-Uploads zur Verfügung. In unserem Beispiel mit den zwei Banken mag das Reporting noch keine große Rolle spielen, und die Möglichkeit, die Datensätze über die Lupe (🔍) in den Datenflüssen des SAP Data Services

Designers einzusehen, mag absolut ausreichend sein, doch spätestens bei größeren Datenmengen werden Sie die mitgelieferten Berichte zu schätzen wissen.

In dem Rapid-Data-Migration-Projekt `DM_BPFDM_Reconciliation`, das mit den SAP Best Practices ausgeliefert wird, können Sie den Job `Job_DM_CheckIDocStatus` in SAP Data Services ausführen, um einen IDoc-Monitor aufseiten des Migrationstools zu erhalten. Damit können Sie den Status der IDocs anschauen, ohne sich am SAP-S/4HANA-System anmelden zu müssen. Die Auswertung beinhaltet Informationen, wie Sie sie vielleicht von den IDoc-Monitoren in den SAP-Transaktionen WE02/WE05 oder BD87 kennen. Die korrekte Verbuchung der IDocs können Sie bequem in SAP Data Services oder mittels eines verfügbaren Web-Intelligence-Berichts überwachen.

IDoc-Status

Stellt sich im IDoc-Monitor heraus, dass die Validierung der Altdaten in Hinblick auf das aus dem SAP-S/4HANA-System replizierte Customizing erfolgreich war und die IDocs tatsächlich fehlerfrei geladen werden konnten, steht das Datenmigrationsteilprojekt für den Bankenstamm fast vor dem Abschluss. Dennoch fragen Sie sich nach dem erfolgreichen Laden vielleicht, ob die Daten auch tatsächlich so im SAP-S/4HANA-System angekommen sind, wie Sie es erwartet haben.

Datenabgleich

Normalerweise ist dies nur durch ausgiebige Tests festzustellen. Mit dem Content, der Ihnen im Projekt `DM_BPFDM_Reconciliation` zur Verfügung gestellt wird, haben Sie jedoch auch die Möglichkeit, über den Job `Job_DM_Reconcile` einen ersten Abgleich zwischen erwarteten Daten und den im SAP-S/4HANA-System vorhandenen Daten durchzuführen. Dies ist sehr hilfreich, da Abhängigkeiten der Daten, die zuvor nicht berücksichtigt wurden, dazu führen können, dass es bei der Verbuchung im SAP-S/4HANA-System zu einem unerwarteten Resultat kommt. Auch das Ergebnis dieses Joblaufs lässt sich bequem über das BI Launchpad abrufen.

11.3.11   IDoc-Performanceoptimierung

In diesem Abschnitt möchten wir Ihnen noch ein wenig Rüstzeug für den performanten Umgang mit der IDoc-Technologie auf den Weg geben.

Die Standardeinstellung in den ALE-Partnervereinbarungen in SAP S/4HANA (Transaktion WE20) ist **Anstoß sofort**, was zu einer quasi synchronen Verarbeitung eines IDocs führt, nachdem es empfangen wurde. Da dadurch aber für jedes einzelne IDoc ein eigener Workprozess belegt wird, ist diese Vorgehensweise nicht immer zu empfehlen. Bei großen Datenmengen kommt es sehr

Hintergrund-verarbeitung

schnell zu Ressourcenengpässen. Eine Alternative ist die Hintergrundverarbeitung und der Anstoß durch das Hintergrundprogramm RBDAPP01.

Report RBDAPP01

Um für einen IDoc-Massen-Upload, wie er bei einer Datenmigration durchgeführt wird, eine geeignete Performance zu erreichen, ist diese Hintergrundverarbeitung obligatorisch. Nur in diesem Fall können mehrere IDocs als Paket zur Verarbeitung an einen Workprozess übergeben werden und kann dieser Prozess selbst parallelisiert werden. Im Idealfall verwendet man so gleichzeitig mehrere SAP-Workprozesse, die jeweils ein Paket von IDocs verarbeiten. Im Wesentlichen erreicht man dadurch eine Entkopplung des Empfangsprozesses von dem Prozess der Verarbeitung.

Im Fall der sofortigen Verarbeitung wird ein einzelnes IDoc per RFC empfangen und in einem Prozess verarbeitet. Sammelt man jedoch die IDocs im Eingang durch die Einstellung **Anstoß durch Hintergrundprogramm** in der Transaktion WE20, kann man die Performance beim Verbuchen der IDocs verbessern. Generell bedeutet dieser Anstoß im Hintergrund jedoch, dass die IDocs erst einmal im Status 64 »hängen« (siehe auch die IDoc-Statuswerte in Abschnitt 11.3.3, »Migrations-Content«).

Die IDocs warten auf die Verarbeitung. Diese muss nicht ausschließlich im Hintergrund erfolgen; Sie können die Verarbeitung auch im Dialog starten. Die beste Möglichkeit, die IDocs zu verarbeiten, besteht darin, den Report RBDAPP01 entweder über die Transaktion SM36 als ABAP-Job im Hintergrund einzuplanen oder aber direkt mit der Transaktion SE38 im Dialog zu starten (siehe Abbildung 11.38).

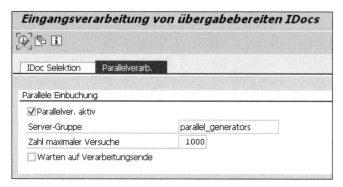

Abbildung 11.38 Parallelverarbeitung im Report RBDAPP01

Hintergrund- programm konfigurieren

Wichtige Einstellungen im Selektionsbild des Programms RBDAPP01 sind:

- **Registerkarte »IDoc Selektion«**
  Paketgröße: Die Paketgröße steuert die maximale Anzahl der IDocs, die in einer Logical Unit of Work (LUW) in einem Dialog-Workprozess verarbeitet werden sollen. Eine große Paketgröße hält die Anzahl der notwen-

digen Prozesse klein, verlangt aber auch nach einem großen Rollbereich. Der Datenbank-Commit erfolgt stets entweder für das gesamte Paket, oder es gibt einen Datenbank-Rollback, und es werden keine Daten des Pakets abgespeichert.

- **Registerkarte »Parallelverarb.«**
  - **Parallelver. Aktiv**: Mit diesem Schalter aktivieren Sie die Parallelverarbeitung. Wird dieses Ankreuzfeld markiert, wird auf dem Applikationsserver ein freier Dialogprozess pro IDoc-Paket für die Eingangsverarbeitung der Anwendung eingesetzt. Das bedeutet, dass die Pakete parallel verarbeitet werden. Wenn viele Pakete ausgewählt wurden, werden alle Dialogprozesse des Servers durch die IDoc-Verarbeitung belegt. Sie sollten daher zusätzlich eine Servergruppe angeben, die die Belegung der Workprozesse steuert (zum Beispiel `parallel_generators`), um eine Überlast des Systems zu vermeiden. Wird das Kennzeichen nicht gesetzt, erfolgt keine parallele Verarbeitung der IDocs. Das heißt, jedes Paket wird sequenziell an die Anwendung übergeben. Insgesamt wird dann nur ein Workprozess auf dem Applikationsserver belegt.
  - **Server-Gruppe**: Die Servergruppe bestimmt, wie die Ressourcen auf die vorhandenen Workprozesse des Applikationsservers oder der Applikationsserver verteilt werden, das heißt, wie viele Workprozesse jeweils zur Verfügung gestellt werden. Die Einstellungen dazu nehmen Sie in der Transaktion RZ12 vor (siehe Abbildung 11.39).

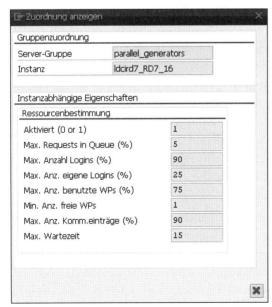

Abbildung 11.39 Servergruppenpflege in der Transaktion RZ12

Paketgröße und Anzahl der Work-prozesse testen

Es gibt keine generelle Empfehlung für Paketgröße und Anzahl der Work-prozesse in einer Servergruppe für die Parallelverarbeitung. Sie sollten daher in jedem Fall versuchen, mithilfe von Testdaten den für Ihren Fall besten Wert zu ermitteln. Beeinflusst wird dieser Wert von unterschiedlichen IDoc-Typen, IDoc-Größen (Anzahl der Segmente) sowie Datenbank- und Serverleistungen. Eine Anzahl von 50 IDocs pro Paket bei großen IDocs und 100 pro Paket bei eher wenigen Segmenten ist dabei aber sicherlich kein schlechter Startwert.

> **Demovideo zur Rapid Data Migration**
>
> Eine Demo der Datenmigration nach SAP S/4HANA On-Premise mittels Rapid Data Migration und mehr Informationen finden Sie im SAP-You-Tube-Kanal *SAP Digital Business Services* unter den folgenden Links:
>
> - *http://www.youtube.com/user/SAPSupportInfo*
> - *http://s-prs.de/v429764*

11.4   SAP S/4HANA Migration Cockpit

Das SAP S/4HANA Migration Cockpit (im Folgenden einfach Migration Cockpit genannt) ist die einzige Möglichkeit, Daten in eine der Editionen der SAP S/4HANA Cloud zu migrieren, wie in Abschnitt 7.3, »Datenmigration in die SAP S/4HANA Cloud«, beschrieben. Für die On-Premise-Editionen ist das Migration Cockpit eine Alternative neben weiteren Möglichkeiten, wie zum Beispiel der Rapid-Data-Migration-Lösung, die wir im vorangegangenen Abschnitt beschrieben haben.

Transaktion LTMC

Ab SAP S/4HANA 1610 ist das Migration Cockpit auch für die On-Premise-Editionen über die Transaktion LTMC verfügbar. Wie in Abschnitt 7.3 erläutert, basiert es technisch auf der Migration Workbench (MWB), und die verfügbaren Migrationsobjekte, Mappings und Umschlüsselungsregeln sind auf Basis der MWB modelliert. Die Migrationsobjekte können aber nur über das Migration Cockpit verwendet werden. Die vom Migration Cockpit unterstützten Migrationsobjekte finden Sie in Tabelle 7.2 (Spalte MC) in Abschnitt 11.2.

Funktionalität wie in der Cloud

Die Funktionalität und die Handhabung des Migration Cockpits für die On-Premise-Editionen entsprechen weitestgehend dem, was wir in Abschnitt 7.3 für die Cloud-Editionen beschrieben haben. In Abschnitt 7.3.2, »Datenmigration mit dem SAP S/4HANA Migration Cockpit«, finden Sie auch Hinweise dazu, wie Sie die Hilfeseiten für das Migration Cockpit aufrufen, und den Verweis auf ein Demo-Video des Migration Cockpits.

Abweichend von der Vorgehensweise bei der Datenmigration in die SAP S/4HANA Cloud können Sie bei der Datenmigration in die On-Premise-Edition die Daten nach dem Hochladen in das Migration Cockpit dort noch bearbeiten. Dazu markieren Sie die XML-Datei, die Ihre Quelldaten enthält, und klicken auf den Button **Öffnen** oder direkt auf den Dateinamen, wie in Abbildung 11.40 zu sehen ist.

Quelldaten ansehen

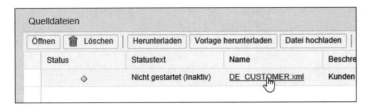

Abbildung 11.40 Quelldaten im Migration Cockpit öffnen

Danach sehen Sie die aus der Datei hochgeladenen Daten in der Staging Area. Abbildung 11.41 zeigt dies am Beispiel einer Datei mit Kundendaten.

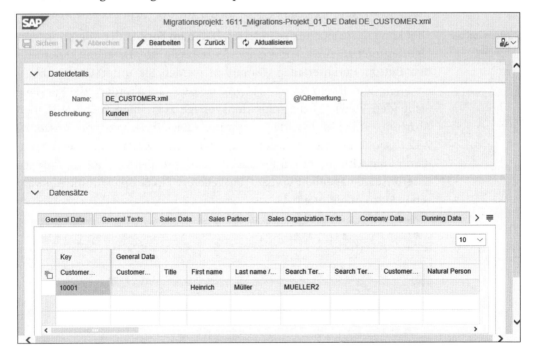

Abbildung 11.41 Staging Area im Migration Cockpit

Über den Button **Bearbeiten** können Sie die Daten nun direkt anpassen. In Abbildung 11.42 haben wir als Beispiel eine fehlende Anrede eingetragen.

Abbildung 11.42 Daten im Migration Cockpit anpassen

Klicken Sie anschließend auf **Sichern**, um Ihre Änderungen zu speichern. Mit einem Klick auf **Abbrechen** können Sie die Bearbeitung rückgängig machen. Mit **‹Zurück** gelangen Sie wieder zur Übersicht der Quelldateien.

Migrationsvorlage herunterladen

Hier können Sie jetzt die geänderten Daten im Format der Migrationsvorlage herunterladen. Dazu markieren Sie die Zeile Ihrer Datei und klicken auf den Button **Herunterladen**. Daraufhin werden Sie unter Umständen – abhängig von Ihrem SAP-S/4HANA-Release – aufgefordert, die spezielle Sicht (den View) für die Migrationsvorlage zu wählen (siehe auch den Abschnitt »Migrationsvorlage herunterladen« innerhalb von Abschnitt 7.3.2, »Datenmigration mit dem SAP S/4HANA Migration Cockpit«). Standardmäßig wird in der On-Premise-Version nur die Sicht **BP On Premise Enterprise Management** von SAP ausgeliefert. Ein Beispiel für die Auswahl sehen Sie in Abbildung 11.43.

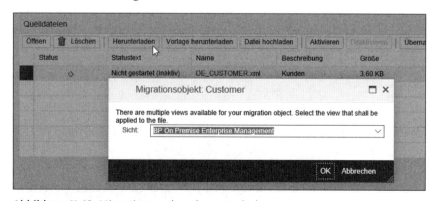

Abbildung 11.43 Migrationsvorlage herunterladen

Die heruntergeladene Datei enthält die geänderten Daten, in unserem Fall also den vollständigen Datensatz, inklusive der Anrede (siehe Abbildung 11.44).

Abbildung 11.44 Migrationsvorlage für das Migrationsobjekt »CUSTOMER«

Die Migrationsvorlage können Sie nun offline weiterbearbeiten. Es ist immer nützlich und manchmal auch gefordert, eine Sicherungskopie der geladenen Datensätze zur Validierung oder als Nachweis für eine Zertifizierung außerhalb der Cloud gespeichert zu haben.

11.5   SAP S/4HANA Migration Object Modeler

Sie können die Geschäftsprozesse in einer On-Premise-Edition von SAP S/4HANA stärker an Ihre eigenen Bedürfnissen anpassen als in der SAP S/4HANA Cloud. Sollten die vordefinierten Migrationsobjekte des SAP S/4HANA Migration Cockpits nicht Ihren fachlichen Anforderungen entsprechen, können Sie sie mithilfe des Migrationsobjektmodellierers (*SAP S/4HANA Migration Object Modeler*, im Folgenden kurz *Migration Object Modeler* genannt) anpassen. Er ist nur in SAP S/4HANA On-Premise verfügbar.

Migrationsobjekte anpassen

Felder, die in einer Zielstruktur der ausgelieferten Vorlage fehlen, aber in der verwendeten Standard-Übernahmeschnittstelle vorhanden sind, können mithilfe des *Migration Object Modeler* eingeblendet werden.

Zur Datenübernahme mithilfe des Migration Cockpits werden die von SAP für SAP S/4HANA freigegebenen Standard-APIs (BAPIs bzw. Funktionsbausteine) genutzt.

Funktionsbaustein-
dokumentation
Einige dieser APIs, insbesondere die BAPIs, haben eine sogenannte *Funkti-
onsbausteindokumentation*. Diese Dokumentation können Sie über den
Function Builder (Transaktionscode SE37) aufrufen. Sie enthält oft nützliche Informationen über die Import-Strukturen und deren Felder.

Standard-
schnittstellen
In Tabelle 11.5 finden Sie eine Übersicht der APIs, die das Migration Cockpit
pro Migrationsobjekt verwendet. Einige dieser APIs benötigen zum Verbuchen der Daten eine Kette von Funktionsbausteinaufrufen und werden
deshalb über einen sogenannten *Wrapper-Funktionsbaustein* aufgerufen.
In der Spalte »Wrapper« sind die APIs markiert, die über einen solchen
Wrapper-Funktionsbaustein aufgerufen werden. In der Spalte »Verwendete
APIs« ist dieser Wrapper-Funktionsbaustein angegeben, wenn ein komple-
xerer Aufruf mehrerer Funktionsbausteine erforderlich ist.

Migrationsobjekt	Verwendete APIs (BAPI oder Funktionsbaustein)	Wrapper
Leistungsart	BAPI_ACTTYPE_CREATEMULTIPLE	
Kostenstellen	BAPI_COSTCENTER_CREATEMULTIPLE	
Tarif	BAPI_ACT_PRICE_CHECK_AND_POST	
Innenauftrag	BAPI_INTERNALORDER_CREATE	X
Profitcenter	BAPI_PROFITCENTER_CREATE	X
Bankenstamm	BAPI_BANK_CREATE	X
Kunde	RFC_CVI_EI_INBOUND_MAIN	
Lieferant	RFC_CVI_EI_INBOUND_MAIN	
Debitorenbuchhaltung offene Forderungen	BAPI_ACC_DOCUMENT_POST	X
Kreditorenbuchhaltung offene Verbindlichkeiten	BAPI_ACC_DOCUMENT_POST	X
Anlagenbuchhaltung inkl. Bestände	BAPI_FIXEDASSET_OVRTAKE_CREATE	
Sachkonto Saldo	BAPI_ACC_DOCUMENT_POST	X
Sachkonto offene Posten	BAPI_ACC_DOCUMENT_POST	X

Tabelle 11.5 Im Migration Cockpit zur Migration verwendete APIs

Migrationsobjekt	Verwendete APIs (BAPI oder Funktionsbaustein)	Wrapper
Umrechnungskurs	BAPI_EXCHRATE_CREATEMULTIPLE	X
Inventurbestände	BAPI_GOODSMVT_CREATE	
Materialstamm	BAPI_MATERIAL_SAVEREPLICA	
Material – Langtext	BAPI_MATERIAL_SAVEREPLICA	
Materialverbrauch	BAPI_MATERIAL_SAVEREPLICA	
Einkaufsinfosätze	DMC_MIG_PURCH_INFO_RECORD	X
Bestellungen	BAPI_PO_CREATE1	
Einkaufskontrakt	BAPI_CONTRACT_CREATE	
Orderbuch	DMC_MIG_SOURCE_LIST	X
Kundenauftrag	BAPI_SALESORDER_CREATEFROMDAT2	
Charge	BAPI_BATCH_SAVE_REPLICA	X
Stückliste	CSAP_MAT_BOM_MAINTAIN	X
Arbeitsplatz	CRAP_WORKCENTER_CREATE	X
Arbeitsplan	BAPI_ROUTING_CREATE	
Equipment	BAPI_EQUI_CREATE	X
Instandhaltungsarbeitsplan	DMC_MIG_EAM_TASKLIST	X
technischer Platz	BAPI_FUNCLOC_CREATE	X
Merkmal	BAPI_CHARACT_CREATE	X
Klasse	BAPI_CLASS_CREATE	X

Tabelle 11.5 Im Migration Cockpit zur Migration verwendete APIs (Forts.)

Der Migration Object Modeler wird in SAP S/4HANA On-Premise über die Transaktion LTMOM aufgerufen. Da der Modellierer Migrationsobjekte verändert, müssen Sie dort als Erstes das Projekt des anzupassenden Migrationsobjekts, wie in Abbildung 11.45 gezeigt, auswählen.

Transaktion LTMOM

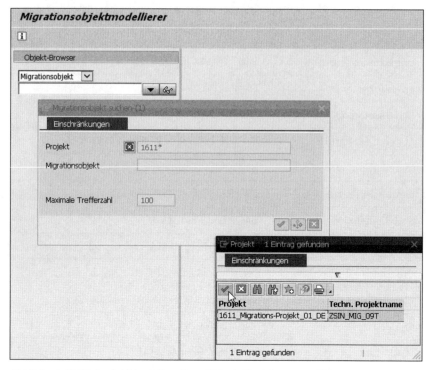

Abbildung 11.45 Projekt im Migration Object Modeler auswählen

Migrationsobjekt auswählen

Anschließend wählen Sie das Migrationsobjekt aus, das Sie anpassen möchten (siehe Abbildung 11.46).

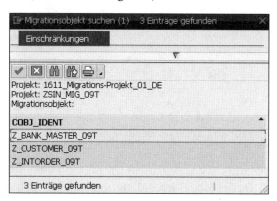

Abbildung 11.46 Migrationsobjekt auswählen

Danach steht Ihnen der volle Funktionsumfang des Modellierers für dieses Migrationsobjekt zur Verfügung. Wie Sie in Abbildung 11.47 sehen, ist der Modellierer aufgeteilt: in einen Auswahlbereich auf der linken Seite und in einen Arbeitsbereich auf der rechten Seite.

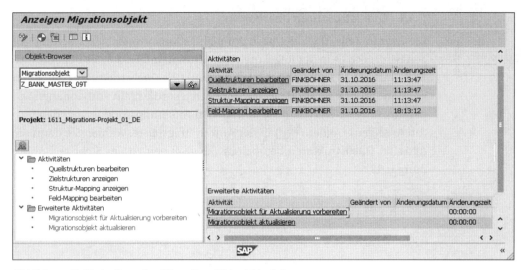

Abbildung 11.47 Aufbau des Migration Object Modeler

Der Modellierer hat folgende Funktionen, die in **Aktivitäten** und **Erweiterte Aktivitäten** unterteilt sind und über den linken Auswahlbereich ausgewählt werden:

Funktionen des Modellierers

- Unter **Aktivitäten** werden folgende Funktionen aufgeführt:
  - Quellstrukturen bearbeiten
  - Zielstrukturen anzeigen
  - Struktur-Mapping anzeigen
  - Feld-Mapping bearbeiten
- Die von SAP ausgelieferten Migrationsobjekte werden, falls notwendig, zu jedem Release den geänderten Geschäftsprozessen angepasst. Wenn ein Objekt, das Sie in einem früheren Release angelegt und modifiziert haben, nach einem Release-Wechsel angepasst werden muss, fordert das System Sie auf, eine der folgenden **Erweiterten Aktivitäten** auszuführen:
  - Migrationsobjekt für Aktualisierung vorbereiten
  - Migrationsobjekt aktualisieren

Des Weiteren stehen Ihnen über den Menüpunkt **Migrationsobjekt** und die Funktionen der Anwendungsleiste noch die folgenden technischen Funktionen zur Verfügung:

Technische Funktionen

- **Laufzeitobjekt generieren** (🌐)
- **Generierte Funktionsgruppe anzeigen** (📇). Diese Funktion ist erst auswählbar, wenn die Funktionsgruppe neu generiert wurde.

In den folgenden Abschnitten gehen wir auf diese Funktionen im Detail ein.

11.5.1 Quellstrukturen bearbeiten

**Felder zur
Migrationsvorlage
hinzufügen**

Die Schnittstelle, die zur Übernahme eines Migrationsobjekts herangezogen wird, enthält in der Regel mehr Strukturen und Felder, als über die SAP Best Practices abgedeckt sind. Über die Funktion **Quellstrukturen bearbeiten** können Sie der Migrationsvorlage eines Objekts die nicht vorhandenen Felder hinzufügen. Wechseln Sie dazu in den Änderungsmodus über den Button **Anzeigen<>Ändern** (![icon]) in der Anwendungsleiste. Wählen Sie dann die Aktivität **Quellstrukturen bearbeiten**. Sie gelangen zu der Sicht aus Abbildung 11.48.

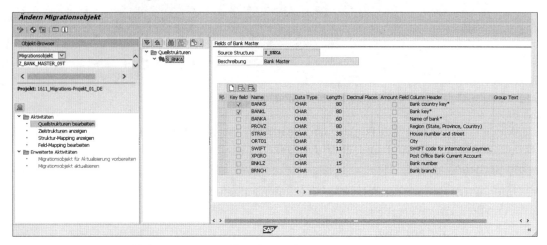

Abbildung 11.48 Quellstrukturen bearbeiten

Sie bearbeiten die Felder einer Struktur, indem Sie diese im Strukturbaum im mittleren Fenster des Modellierers per Doppelklick auswählen. Über den Menüpfad **Einstellungen • Technische Namen ein/aus** können Sie die technischen Namen der Felder im Strukturbaum ausblenden.

Oberhalb der Feldliste im rechten Fenster des Modellierers finden Sie drei Funktionen:

- **Feld hinzufügen** (![icon])
- **Feld einfügen** (![icon])
- **Feld löschen** (![icon])

Feld hinzufügen

Wir fügen nun als Beispiel ein neues Feld Postscheckkontonummer in die Quellstruktur der Bankdaten ein, die wir in Abschnitt 11.3, »Rapid Data Migration«, als Beispieldaten verwendet hatten. Dazu wählen Sie die Funktion **Feld hinzufügen** (![icon]) und tragen die gewünschten Werte für Feldnamen, Datentyp, Feldlänge etc. so wie in Abbildung 11.49 in die neue Zeile ein.

	Key field	Name	Data Type	Length	Decimal Places	Amount Field	Column Header	Group Text
	☑	BANKS	CHAR	80		☐	Bank country key*	
	☑	BANKL	CHAR	80		☐	Bank key*	
	☐	BANKA	CHAR	60		☐	Name of bank*	
	☐	PROVZ	CHAR	80		☐	Region (State, Province, Country)	
	☐	STRAS	CHAR	35		☐	House number and street	
	☐	ORT01	CHAR	35		☐	City	
	☐	SWIFT	CHAR	11		☐	SWIFT code for international paymen...	
	☐	XPGRO	CHAR	1		☐	Post Office Bank Current Account	
	☐	BNKLZ	CHAR	15		☐	Bank number	
	☐	BRNCH	CHAR	15		☐	Bank branch	
	☐	PSTKO	CHAR	16		☐	Postscheckkontonummer	

Abbildung 11.49 Der Quellstruktur ein Feld hinzufügen

Anschließend speichern Sie Ihre Änderungen mit einem Klick auf **Sichern** (🖫). Ihre Quellstruktur enthält nun das neue Feld.

Über die Funktion **Quellstrukturen bearbeiten** können Sie auch die Migrationsvorlagensicht der On-Premise-Edition anpassen. Dazu wählen Sie im Kontextmenü zur Quellstruktur die Funktion **Display View** aus. Abbildung 11.50 zeigt als Beispiel den View der Quellstruktur **Bank Master** (S_BNKA) des Migrationsobjekts für den Bankenstamm.

Migrationsvorlagensicht anpassen

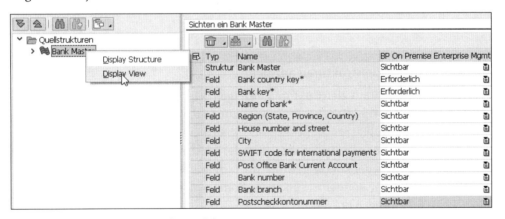

Abbildung 11.50 Migrationsvorlagensicht anpassen

Wählen Sie den View, den Sie ändern möchten, wie in Abbildung 11.51 gezeigt über die Funktion **Sicht zuordnen** (🔁) aus.

Die Sichtbarkeit von Strukturen und Feldern kann über folgende Werte angepasst werden:

- **Nicht Sichtbar:** Das Feld oder die Struktur ist nicht in der Migrationsvorlage sichtbar. Das Ausblenden von Strukturen und auch Feldern, kann unter Umständen dazu führen, dass der Import der Daten fehlerhaft beendet wird.

- **Sichtbar:** Das Feld oder die Struktur ist in der Migrationsvorlage sichtbar und kann gefüllt werden.

- **Erforderlich:** Die Struktur oder das Feld sind zwingend erforderlich und müssen gefüllt werden.

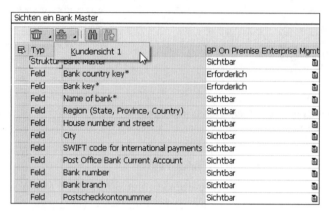

Abbildung 11.51 Zu ändernde Sicht auswählen

Drücken Sie anschließend auf ⏎, damit der **Sichern**-Button (🖫) in der Systemfunktionsleiste aktiviert wird. Klicken Sie auf diesen Button, um Ihre Änderungen zu speichern.

11.5.2   Zielstrukturen anzeigen

Felder und Strukturen des Funktionsbausteins

Die Funktion **Zielstrukturen anzeigen** zeigt Ihnen alle Felder und Strukturen des Funktionsbausteins, der zur Datenübernahme des Migrationsobjekts genutzt wird. Im rechten Arbeitsbereich, den Sie in Abbildung 11.52 sehen, können Sie sich die Felder der Zielstrukturen anzeigen lassen, indem Sie entweder auf die gewünschte Struktur oder auf das Feld doppelklicken. Alternativ können Sie auch das Kontextmenü und dort den Eintrag **Struktur anzeigen** nutzen.

Den Namen des Funktionsbausteins, der zur Datenübernahme genutzt wird, finden Sie im Wurzelknoten. In Abbildung 11.52 ist dies der Funktionsbaustein DMC_MIG_BANK. Hier handelt es sich um einen Wrapper-Funktionsbaustein, der den in Tabelle 11.5 aufgeführten Funktionsbaustein BAPI_BANK_CREATE verschalt aufruft.

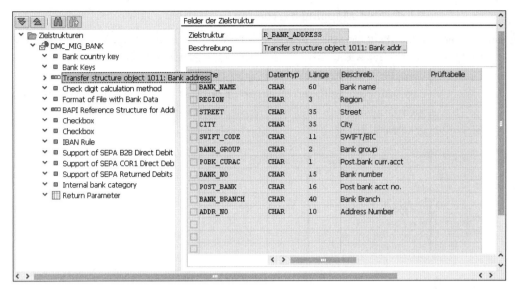

Abbildung 11.52 Zielstruktur anzeigen

11.5.3   Struktur-Mapping anzeigen

Mit der Aktivität **Struktur-Mapping anzeigen** wird das Mapping der Quellstrukturen (rechter Bildschirmbereich) auf die Zielstrukturen (linker Bildschirmbereich) angezeigt. Die zugewiesenen Quellstrukturen sind im
linken Bereich neben der Zielstruktur sichtbar. Nach dem Namen der Zielstruktur erscheinen, durch << getrennt, alle Quellstrukturen, die dieser
Struktur zugewiesen sind. Ein Beispiel für das Migrationsobjekt Bankenstamm (**Bank Master**) sehen Sie in Abbildung 11.53.

Mapping der Quell-
strukturen auf
Zielstrukturen

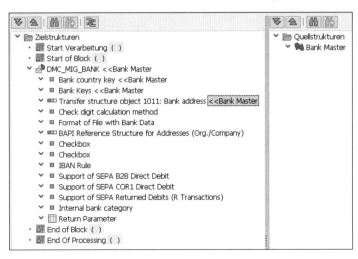

Abbildung 11.53 Struktur-Mapping anzeigen

11.5.4   Feld-Mapping bearbeiten

Nur Kundenfelder
zuordnen

Unter **Feld-Mapping bearbeiten** können Sie sogenannte *Kundenfelder*, die Sie vorher wie in Abschnitt 11.5.1, »Quellstrukturen bearbeiten« beschrieben, der Quellstruktur zugeordnet haben, per Drag & Drop einem nicht zugeordneten Feld der Zielstruktur auf der rechten Seite zuweisen. (Das nicht zugeordnete Feld ist durch einen roten Kreis mit weißem Kreuz 🔴 gekennzeichnet).

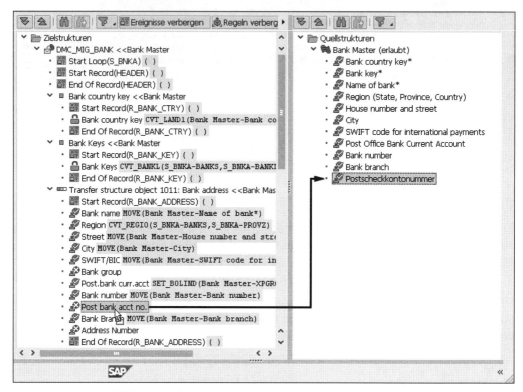

Abbildung 11.54 Feld-Mapping bearbeiten

Typkonflikt

Wenn die Felddefinitionen des Kundenfeldes und des Zielstrukturfeldes unterschiedlich sind, erscheint ein Dialogfenster, das auf diesen Konflikt hinweist und Sie fragt, ob Sie diese Feldzuordnung wirklich vornehmen wollen. Bei der Zuordnung wird eine MOVE-Regel hinterlegt, die ein 1:1-Mapping festlegt. Die zu migrierenden Werte für dieses neue Feld müssen also schon im richtigen Zielformat in die Migrationsvorlagedatei geschrieben werden und können nicht über eine Validierungsregel im Migration Cockpit umgeschlüsselt werden. Das Ergebnis einer solchen Zuordnung sehen Sie in Abbildung 11.55.

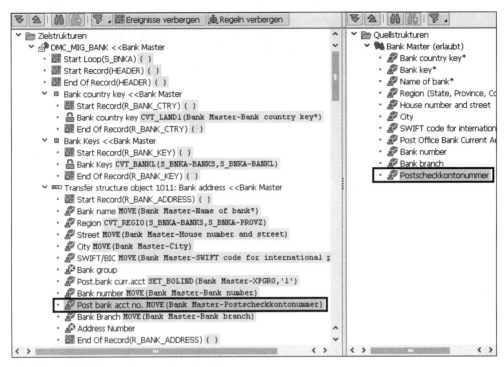

Abbildung 11.55 Modellierer – Kundenfeld zugeordnet

Speichern Sie Ihre Änderungen über den Button **Sichern** (🖫) in der Systemfunktionsleiste.

11.5.5   Technische Funktionen

Über die technische Funktion **Laufzeitobjekt generieren** (🔘) in der Anwendungsleiste kann der lokale Funktionsbaustein, den die Migration Workbench (MWB) im Hintergrund für das Migration Cockpit verwendet, neu
generiert werden. Diese Neugenerierung ist nach Änderung der Quellstruktur bzw. dem Feld-Mapping erforderlich, da die Felder sonst nicht verarbeitet werden.

Laufzeitobjekt
generieren

Die komplette Funktionsgruppe des generierten Funktionsbausteins können Sie sich über die Funktion **Generierte Funktionsgruppe anzeigen** (🗐)
in der Anwendungsleiste ansehen. Die Funktionsgruppe wird dann im
ABAP Editor angezeigt. Abbildung 11.56 zeigt ein Beispiel dafür.

Generierte
Funktionsgruppe
anzeigen

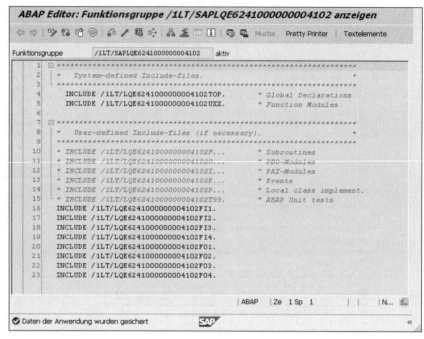

Abbildung 11.56 Generierte Funktionsgruppe anzeigen

11.5.6 Erweiterte Aktivitäten

Modifikationen im Feld-Mapping

Den Schritt **Migrationsobjekt für Aktualisierung vorbereiten** können Sie erst ausführen, wenn Ihr Kunden-Migrationsobjekt von einem Update des von SAP ausgelieferten Migrationsobjekts betroffen ist. Beim Versuch, ein solches Migrationsobjekt über das Migration Cockpit zu starten, wird Ihnen ein Nachrichtenfenster angezeigt. In ihm wird darauf hingewiesen, dass das Migrationsobjekt Modifikationen enthält und über diese Aktivität überprüft werden muss, bevor es mit dem neuen Migrationsobjekt-Content von SAP aktualisiert werden kann.

Diese Aktivität wird nur angezeigt, wenn Sie Änderungen im Feld-Mapping vorgenommen haben. Diese Änderungen bzw. Modifikationen werden nach dem Ausführen der Aktivität **Migrationsobjekt für Aktualisierung vorbereiten** gelöscht. Sie sollten deshalb alle Modifikationen sichern, die Sie zukünftig weiterhin verwenden wollen.

Migrationsobjekt aktualisieren

Sollten Sie keine Modifikationen am Feld-Mapping vorgenommen haben, können Sie einfach nur die Aktivität **Migrationsobjekt aktualisieren** ausführen. Dadurch werden die von SAP ausgelieferten Änderungen im Migrations-Content übernommen.

11.6   Vergleich der Migrationstools

Sie haben nun einen Überblick über die vorhandenen und speziell für SAP S/4HANA bereitgestellten Migrationstools erhalten. Allerdings ergibt sich durch das Vorhandensein unterschiedlicher Werkzeuge auch die Frage, wann Sie am besten welchen dieser Ansätze verfolgen sollten.

Welches Tool für welchen Zweck?

Auch wenn es dazu nicht immer eine klare Richtlinie gibt, sondern vielmehr mehrere Lösungen gleichzeitig nebeneinander verwendet werden können, möchten wir versuchen, Ihnen in diesem Abschnitt ein wenig Orientierung zu geben, wann Sie welches Tool optimal einsetzen können.

Tabelle 11.6 vergleicht die verschiedenen Migrationstools, die in diesem Kapitel vorgestellt wurden.

Vergleichs-kriterium	SAP S/4HANA Migration Cockpit	SAP S/4HANA Migration Object Modeler	Rapid Data Migration mit SAP Data Services
Verfügbarkeit	in jedem SAP-S/4HANA-System, Cloud oder On-Premise	in jedem SAP-S/4HANA-On-Pre-mise-System ab Version 1610	separat zu instal-lierendes ETL-Tool, nicht verfügbar für SAP S/4HANA in der Public Cloud (Software-as-a-Service, SaaS)
Abdeckung	einziges Tool für SAP S/4HANA Cloud (SaaS) mit komplet-ter Best-Practices-Abdeckung; für On-Premise-Editionen nur Basistool mit Datei-Upload und im Vergleich zu SAP Data Services einge-schränkter Erweite-rungsmöglichkeit	Ergänzung zum Migration Cockpit in SAP-S/4HANA-On-Premise-Syste-men zur Erweite-rung von Feldern, die über den Con-tent der SAP Best Practices hinaus-gehen	nur für SAP S/4HANA On-Pre-mise einsetzbar, größte Objektab-deckung und uneingeschränkte Erweiterbarkeit
Vorteile	genaue Abdeckung des Lösungsum-fangs der SAP Best Practices; einfach zu bedienen	Erweiterung von Feldern möglich, die nicht Teil der SAP Best Practices sind	direkte Anbindung an Quellsysteme, Datenbereinigung

Tabelle 11.6 Vergleich der Migrationstools

Vergleichs-kriterium	SAP S/4HANA Migration Cockpit	SAP S/4HANA Migration Object Modeler	Rapid Data Migration mit SAP Data Services
Nachteile	keine Datenextraktion, feste Migrationsvorlagen, keine Datenbereinigung	nicht für SAP S/4HANA Cloud verfügbar, noch keine Strukturerweiterung	separate Hardware, Datenbereinigung benötigt zusätzliche Lizenz

Tabelle 11.6 Vergleich der Migrationstools (Forts.)

LSMW

Vielleicht kennen Sie ja noch andere SAP-Migrationswerkzeuge? Da SAP S/4HANA genau wie die SAP Business Suite auf ABAP basiert, beinhaltet es als Basis-Komponente auch SAP NetWeaver. Ein Bestandteil von SAP NetWeaver ist die *Legacy System Migration Workbench* (LSMW), ein Datenmigrationswerkzeug für die klassische SAP Business Suite.

Empfehlung der Simplification List

Obwohl dieses Tool weiterhin über den Transaktionscode LSMW in Ihrem SAP-S/4HANA-On-Premise-System verfügbar ist (aber nicht in SAP S/4HANA Cloud), sollten Sie – wenn überhaupt – die LSMW nur als unterstützendes Werkzeug neben den speziell für SAP S/4HANA konzipierten Migrationstools einsetzen, die wir in diesem Kapitel beschrieben haben. Die LSMW ist in der *Simplification List* aufgeführt (siehe Abschnitt 10.2.2), d. h., sie sollte nicht mehr genutzt werden. An ihrer Stelle nennt SAP-Hinweis 2287723 die in diesem Buch beschriebenen Ansätze als Alternativen.

Wenn Sie die LSMW dennoch zusätzlich nutzen möchten, sollten Sie Ihre LSMW-Projekte stets sorgfältig testen, da aufgrund der Änderungen und Simplifizierungen in SAP S/4HANA nicht mehr unbedingt sichergestellt ist, dass LSMW-Projekte noch korrekt funktionieren.

Nach einem erfolgreichen Test können Sie (auf Ihre eigene Verantwortung und Gefahr hin) die LSMW zur Migration auf Ihr produktives SAP-S/4HANA-System nutzen – ergänzend zu den hier genannten SAP-S/4HANA-Standardmigrationslösungen.

[»] Weitere Informationen zu SAP S/4HANA und den SAP Best Practices

Weitere Detailinformationen zu den SAP S/4HANA Best Practices inklusive des Migrations-Contents erhalten Sie in der SAP S/4HANA Community und in dem SAP Best Practices Explorer unter den folgenden Links:

- SAP S/4HANA Community:
  http://www.sap.com/community/topic/s4hana.html

- SAP Best Practices für SAP S/4HANA On-Premise:
  http://rapid.sap.com/bp/BP_OP_ENTPR
- SAP Best Practices für SAP S/4HANA Professional Services Cloud:
  http://rapid.sap.com/bp/BP_CLD_PROJ_SERV
- SAP Best Practices für SAP S/4HANA Enterprise Management Cloud:
  http://rapid.sap.com/bp/BP_CLD_ENTPR
- SAP Best Practices für SAP S/4HANA Finance Cloud:
  http://rapid.sap.com/bp/BP_CLD_FIN
- SAP Best Practices für SAP S/4HANA Marketing Cloud:
  http://rapid.sap.com/bp/BP_CLD_MKT

11

Kapitel 12
Transformation einer Systemlandschaft

In diesem Kapitel beschreiben wir die Landschaftstransformation und deren Besonderheiten. Der Begriff bezeichnet eigentlich mehrere verschiedene Szenarien, auf die wir hier im Detail eingehen.

In diesem Kapitel erläutern wir das dritte und letzte Übergangsszenario, und zwar die Landschaftstransformation. Dieses Szenario ist das einzige der drei Umstiegsszenarien, das mehrere alternative Ausprägungen aufweist: Es kann sich um eine Systemkonsolidierung, um die Übernahme einer Organisationseinheit oder um die Übernahme eines spezifischen Applikationsbereichs (wie der Finanzdaten) handeln.

Bevor wir die technischen Details erklären, beschäftigen wir uns zunächst mit der Frage, warum sich SAP-Kunden überhaupt für eines der Szenarien zur Landschaftstransformation entscheiden. Betrachtet man im Vergleich dazu die Systemkonvertierung, bei der ein gesamtes System umgestellt wird, sowie die Neuimplementierung, bei der ein Kunde mit einem gänzlich neuen System startet (Greenfield-Ansatz), dann bewegt sich die Landschaftstransformation zwischen diesen beiden Szenarien. Abhängig von den Anforderungen, werden hier zum Beispiel nur verschiede Teile eines bestehenden SAP-Systems nach SAP S/4HANA überführt. Wie lange eine solche Umstellung jeweils dauern wird, schätzen Sie mit der *Laufzeitschätzung* im Vorfeld ab. Die eigentliche Umstellung erfolgt während einer Systemausfallzeit (in der Regel an einem Wochenende).

Unterstützt werden alle diese Szenarien durch die Software *SAP Landscape Transformation* (SAP LT). Diese Software verfügt über eine Vielzahl qualitätsgeprüfter und global zertifizierter Werkzeuge zur sicheren Anpassung und Umstellung laufender SAP-Systeme im Hinblick auf sich verändernde Anforderungen eines Unternehmens. Speziell für SAP S/4HANA werden entsprechende Übergangsszenarien unterstützt. Hier ermöglicht die Software schnelle und effiziente Geschäfts- und IT-Transformationen, indem sie einen standardisierten Satz vorkonfigurierter Transformationslösungen bereitstellt. SAP LT stellt alle Werkzeuge zur Verfügung, um die notwendigen Transformationsprojekte zu planen, zu analysieren und durchzuführen. Alle Szenarien folgen dabei einer klar vorgegebenen Struktur und werden in einem durchgängigen Prozess-Journal sauber dokumentiert.

SAP Landscape Transformation

12.1   Die drei Transformationsszenarien

System-konsolidierung Das erste der drei Szenarien für die Landschaftstransformation, die speziell für SAP S/4HANA von SAP LT unterstützt werden, ist die Konsolidierung von zwei oder mehr Systemen in ein zentrales SAP-S/4HANA-System. Das Prinzip ist in Abbildung 12.1 dargestellt.

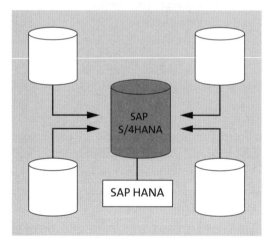

Abbildung 12.1 Konsolidierung mehrerer Systeme in ein SAP-S/4HANA-System

Buchungs-kreistransfer Das zweite unterstützte Szenario ermöglicht die Übertragung eines einzelnen Buchungskreises nach SAP S/4HANA. Zu diesem Zweck trennt SAP LT konsistent alle für diesen Buchungskreis relevanten Daten von einem Quellsystem und überträgt diese nach SAP S/4HANA, wie in Abbildung 12.2 dargestellt.

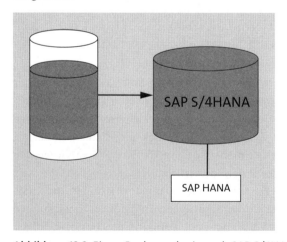

Abbildung 12.2 Einen Buchungskreis nach SAP S/4HANA migrieren

Das letzte Szenario aus dem Bereich der Landschaftstransformation ermöglicht eine Umstellung ausgewählter Applikationen. Im Falle des Umstiegs auf SAP S/4HANA kann dies die ausschließliche Übertragung der Finanzdaten aus einem Altsystem in ein neu implementiertes SAP-S/4HANA-Central-Finance-System sein (siehe Abbildung 12.3).

Umstellung ausgewählter Applikationen

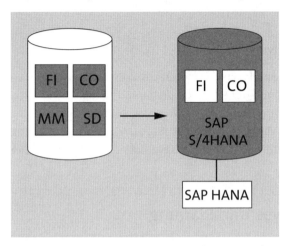

Abbildung 12.3 Ausgewählte Anwendungen nach SAP S/4HANA migrieren

Technisch besteht SAP LT aus zwei Add-ons, die auf den beteiligten SAP-Systemen (Quell- und Zielsystem) und dem SAP Solution Manager (als zentralem System) installiert werden. Das Add-on enthält einerseits das gesammelte Wissen und Know-how, das mit dem SAP-Consulting-Dienst *System Landscape Optimization* (SLO) verfügbar war (Best Practices, Roadmaps), und andererseits die Software für die Analyse und Transformation Ihrer Systeme.

Weitere Informationen zu SAP Landscape Transformation   [«]

Weitere Informationen zu SAP LT sind im SAP Help Portal verfügbar unter *http://help.sap.com/saplt20* oder in der Broschüre zu SAP LT unter *http://s-prs.de/v429765*.

12.2   Ein Transformationsprojekt durchführen

Wie wir bereits in Kapitel 5, »SAP Activate«, erläutert haben, wird jedes SAP-S/4HANA-Projekt in verschiedene Projektphasen unterteilt. Dies trifft auch auf die Transformation einer Systemlandschaft zu, wobei es zu Abweichungen innerhalb der verschiedenen Transformationsszenarien kommen kann.

Projektphasen

Üblicherweise werden bei diesen Transformationsszenarien die folgenden Phasen durchlaufen:

1. Voranalyse und Planung
2. Blueprint-Dokument und Projektteamfindung
3. Testläufe
4. Produktivumstellung
5. Support nach dem Go-Live

Laufzeiten der Phasen Die Laufzeiten der einzelnen Phasen können recht unterschiedlich ausfallen. Sie sind auch abhängig von der Komplexität der individuellen Projekte. Eine ungefähre Orientierung bietet Abbildung 12.4. Generell können Sie davon ausgehen, dass vor allem mehrere Testläufe der Systemumstellung den größten zeitlichen Anteil am Gesamtprojekt haben, gefolgt von einer detaillierten Voranalyse.

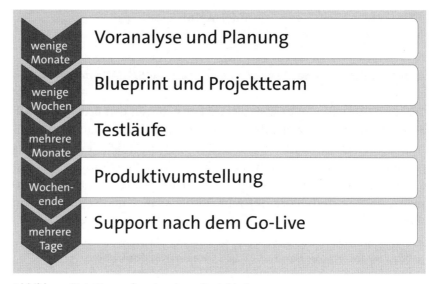

Abbildung 12.4 Dauer der einzelnen Projektphasen

Übersicht der Aktivitäten In der folgenden Übersicht haben wir typische Aktivitäten innerhalb der einzelnen Projektphasen aufgelistet:

- Voranalyse und Planung:
  - Analyse der aktuellen Ist-Situation und Entwurf der Ziel-Situation mit klarer Definition der gewünschten Transformation
  - technische Analyse der Systeme, z. B. des Delta-Customizings, bei einer Systemkonsolidierung

- Definition der benötigten Rollen im Projekt und von deren Verantwortlichkeiten
- Erstellen eines Business Case
- Entscheidung für einen Realisierungsweg
- Bereitstellen des Projektbudgets
- bei Bedarf Zukauf von Beratungswissen

- Blueprint und Projektteam
  - Konzepterstellung durch einen Blueprint
  - Aufbau der Projektteams und initialer Kick-off
  - Bereitstellung der nötigen Infrastruktur, z. B. der Testsysteme
  - Planung der Testzyklen und Testfälle
  - Installation der benötigten Werkzeuge

- Testläufe
  - mehrfache Testumstellung der zu transformierenden Systeme. Es kann dabei zwischen rein technischen Tests unterschieden werden, die meist zu Anfang eines Projekts durchgeführt werden, und mindestens einem kompletten Durchlauf, um die Produktivumstellung zu simulieren.
  - dynamische Anpassung der Umstellung basierend auf den Ergebnissen aus den Testläufen

- Produktivumstellung
  - die bestehende Systemlandschaft darauf vorbereiten, dass die Umstellung auf die neuen Systeme erfolgt
  - Sperren der beteiligten Systeme für die eigentliche Umstellung
  - die eigentliche Produktivumstellung (Sie erfolgt typischerweise an einem Wochenende, an dem alle Aktivitäten im 24-Stunden-Betrieb durchgeführt werden.)
  - finale Abnahme des konvertierten Systems durch die Endanwender

- Support nach dem Go-Live
  - Unterstützung der Endanwender bei der Arbeit mit der neuen Systemlandschaft durch das Projektteam nach der produktiven Umstellung
  - Einbindung des SAP-Supports für die neu eingeführten SAP-S/4HANA-Standardkomponenten

In den folgenden Abschnitten gehen wir nun umfassender auf die Aktivitäten in den einzelnen Phasen ein.

12.2.1   Voranalyse und Planung

Voranalyse Das Ziel der Voranalyse ist es, die bevorstehenden Aufgaben zu evaluieren und mögliche Lösungsansätze zu finden und zu diskutieren. Neben den eher technisch getriebenen Fragen (wie z. B. der Frage nach dem Bereitstellen der Infrastruktur für die Transformation) geht es hier auch um eine Kosten-Nutzen-Analyse. Als Ergebnis des Prozesses sollte eine möglichst klare Handlungsempfehlung entstehen, die die Richtung für die folgenden Phasen des Projekts vorgibt.

SAP LT bietet hier zahlreiche Möglichkeiten zur technischen Unterstützung solcher Voranalysen. Die Ergebnisse sind abhängig von dem gewählten Szenario sehr relevant, um den Aufwand für die notwendigen Umstellungen einschätzen zu können. Erst auf dieser Basis lässt sich ein umfassender Business Case erstellen und so die Machbarkeit eines Projekts überprüfen.

Kein klassisches Tagesgeschäft Gerade bei neu auf dem Markt eingeführten Produkten wie SAP S/4HANA ist das notwendige Detailwissen unumgänglich, um einen erfolgreichen Projektabschluss sicherzustellen. Gerade Projekte zur Transformation von Systemlandschaften fallen nicht in das klassische Tagesgeschäft von IT-Abteilungen, weshalb oft auf die Expertise externer Berater zurückgegriffen wird. Anhand der Voranalyse können die Anforderungen an diese spezialisierten Rollen der Projektteilnehmer definiert werden und die richtigen Experten und Berater verpflichtet werden.

Projektplan Die Erstellung eines Projektplans ist zu diesem Zeitpunkt ebenfalls empfehlenswert. In ihm können erste Meilensteine gesetzt werden, um die Gesamtprojektdauer besser einschätzen zu können. Bestenfalls erfolgt bei der Zeitplanung eine Rückwärtsterminierung, die von dem geplanten Go-Live-Termin ausgeht. Gerade in international agierenden Organisationen stehen während eines Kalenderjahres nur begrenzt Wartungsfenster zur Verfügung, um ein Transformationsszenario durchzuführen. Anhand des Projektplans kann frühzeitig erkannt werden, ob die geplante Terminierung realistisch ist und wann man bei auftretenden Verzögerungen im Projekt einen Ausweichtermin vorbereiten sollte.

12.2.2   Blueprint und Projektteam

Das zentrale Dokument in jedem Projekt ist der Blueprint. Ein Blueprint beschreibt genau die durchzuführende Transformation sowie deren Auswirkungen auf die Systemlandschaft und die Geschäftsprozesse. Je nach Transformationsszenario wird der Blueprint auch als eines der Dokumente verwendet, die für den Wirtschaftsprüfer relevant sind. Das zeigt noch einmal deutlich, wie wichtig dieses Dokument ist und warum es mit großer Sorgfalt erstellt werden sollte.

Solch ein Dokument sollte eine lückenlose Dokumentation aller Umsetzungen enthalten, um jegliche Auswirkungen auf die IT-Landschaft abschätzen zu können. Ein Blueprint kann je nach Szenario unterschiedlich gestaltet sein. Im Allgemeinen sollten jedoch die folgenden Punkte enthalten sein:

Inhalt des Blueprints

- **Alle Änderungen und betroffenen Objekte und Prozesse**
  Alle Business-Objekte, die von einer Umsetzung betroffen sind, müssen aufgeführt werden, und Sie müssen Angaben dazu machen, in welcher Form diese Umsetzung stattfindet. (Dazu lesen Sie mehr in den folgenden Abschnitten, z. B. in Abschnitt 12.3, »Systemkonsolidierung«.)

  Diese Aufstellung beinhaltet auch alle Prozessänderungen und technischen Anpassungen, wie z. B. die Anpassung von Nummernkreisen, sowie Regeln, wie diese Anpassung vorgenommen werden soll.

- **Gesamtprojektplan**
  Der Gesamtprojektplan beinhaltet alle Projektphasen sowie die Zeitplanung für jeden einzelnen Schritt und für die Produktivumstellung.

- **Auswirkungen auf die Gesamtlandschaft**
  Alle Auswirkungen, die sich nicht nur auf die umzustellende Landschaft beziehen, sondern eventuell vorhandene Satellitensysteme betreffen (z. B. durch vorhandene Schnittstellen), müssen geprüft werden. Dies beinhaltet auch von Kunden selbst erstellte Programme und Lösungen.

- **Testkonzept**
  Ganz zentral ist auch das Testkonzept mit einer Übersicht aller eingeplanten Testzyklen inklusive der durchzuführenden Testfälle. Das betrifft sowohl die regulären Testumstellungen als auch den Abnahmetest nach der produktiven Umstellung.

- **Projektteam**
  Schließlich ist auch eine Übersicht aller Teams und Teammitglieder notwendig, um jederzeit die richtigen Themenverantwortlichen kontaktieren zu können. Dazu gehört auch ein Eskalationspfad durch alle Ebenen, der bei eventuell auftretenden Komplikationen beschritten werden kann.

Um solch einen Blueprint erstellen zu können, müssen also zahlreiche Mitarbeiter aus allen betroffenen Unternehmensbereichen eng zusammenarbeiten. Dazu werden auch oft, wie bereits erwähnt, externe Experten hinzugezogen, die regelmäßig in Transformationsprojekte eingebunden sind und daher über das nötige Projekt-Know-how verfügen. Am Ende der

Projektteam

Erstellung des Blueprints findet eine Abnahme des Dokuments mit allen Beteiligten statt. Dies soll zum einen sicherstellen, dass alle Beteiligten umfänglich über alle geplanten Änderungen informiert werden, und zum anderen, dass die einzelnen Bereiche des Blueprints keine Lücken aufweisen, die im späteren Projekt zu Problemen führen könnten.

Infrastruktur bereitstellen

In dieser Phase finden auch die Bereitstellung der Infrastruktur und das Installieren der Werkzeuge statt. Die Anzahl der benötigten Testsysteme variiert von Szenario zu Szenario und abhängig von der Menge der betroffenen Systeme in der IT-Landschaft. Da SAP LT als SAP-Add-on ausgeliefert wird, gestaltet sich die Installation relativ einfach. Zusätzlich benötigte Werkzeuge sollten ebenfalls frühzeitig in die Landschaft eingebracht werden, damit sie in den später aufgebauten Testsystemen direkt verfügbar sind. Das verringert die Aufwände bei den Basisaktivitäten.

12.2.3   Testläufe

In dieser Phase werden alle Transformationstests durchgeführt. Auch wenn die Anforderungen in den verschiedenen Testläufen abhängig vom Projektfortschritt unterschiedlich sein können, sollten deren Bedingungen doch immer so exakt wie möglich den Bedingungen der geplanten Produktivumstellung entsprechen. Nur so lassen sich alle Probleme frühzeitig identifizieren und aussagekräftige Schätzungen zum Cut-over machen. Die Anzahl der Testläufe schwankt ebenfalls von Szenario zu Szenario. Allerdings werden mindestens zwei komplette Tests als Minimum empfohlen. Bei einer komplexen Konsolidierung können schon mal vier oder mehr Testumstellungen notwendig werden.

Qualität und Konsistenz

Bei diesen Tests geht es primär darum, die Qualität und Konsistenz sicherzustellen. Die Umsetzungsregeln werden erstellt und durch die folgenden Endanwendertests validiert. Je nach Umfang der Anpassungen können z. B. zwischen einer und drei Wochen pro Durchlauf eingeplant werden.

Einzelne Testläufe

Die Anforderungen der einzelnen Testläufe können sich wie folgt unterscheiden, um alle Faktoren abzudecken:

- **Technische Validierung**
  Der erste Test dient meist einer technischen Validierung: Sind alle Werkzeuge vorhanden? Sind Benutzer und Berechtigungen korrekt eingerichtet? Funktionieren die Verbindungen im Netzwerk? Ist die Performance der Testsysteme ausreichend?

- **Prüfung der Transformationsumstellung**
  Weitere Tests dienen nun zur Prüfung der Transformation: Wurden alle Umsetzungsregeln eingepflegt? Können alle Geschäftsprozesse ohne

Einschränkungen ausgeführt werden? Finden sich alle Endanwender zurecht? Gerade für diese Benutzergruppe ist es wichtig, alle Testfälle sauber durchzutesten.

- **Generalprobe**
  Der letzte Testlauf vor dem Cut-over wird im Sinne einer Generalprobe durchgeführt. Er soll die Produktivumstellung simulieren. Idealerweise werden hier auch alle Schritte der Produktivumstellung in direkter Reihenfolge durchgeführt, selbst wenn das rund um die Uhr passieren muss. Hierbei sollten Sie beachten, dass Testsysteme meist auf schwächerer Hardware mit schlechterer Performance aufgebaut werden. Sollte Ihnen keine Hardware, die nah an der Performance des Produktivsystems ist, für eine Generalprobe zur Verfügung stehen, müssen Sie diesen Umstand bei Aussagen zur Systemausfallzeit berücksichtigen.

Das eigentliche Ziel der zahlreichen Tests ist die schrittweise Anpassung und Verbesserung der Transformation. Während der Tests kann sich z. B. herausstellen, dass Umschlüsselungstabellen und Regeln noch nachgeschärft werden müssen. Manche Änderungen (z. B. Änderungen im Rahmen des Customizings) zeigen ihre Auswirkungen auch erst in Gänze, wenn durch die Tests eine erste Zusammenführung stattgefunden hat. So können nachträglich weitere Änderungen erforderlich werden.

Testschritte

Das Gleiche trifft auf die Auswirkungen zu, die kundeneigene Entwicklungen auf das neue System haben. Daher ist es wichtig, die Testsysteme gerade bei längeren Testphasen immer wieder mit einem aktuellen Datenbestand aus dem bestehenden Produktivsystem zu versorgen.

Es ist wichtig, die Zeiten und Aufwände für die Tests einzuplanen, sodass die geforderten Mitarbeiter auch zum richtigen Zeitpunkt zur Verfügung stehen. Änderungen an Umsetzungsregeln oder gefundene Fehler müssen oft mit den Fachabteilungen besprochen werden. Das kann ein zeitaufwendiger Prozess innerhalb der Testphase sein. Wie zeitaufwendig er wird, hängt von der Komplexität des Szenarios und der Organisation innerhalb der Firma ab.

Personal und Zeit einplanen

Ebenso müssen die Mitarbeiter aus der Basisadministration entsprechend eingebunden werden, sodass die Testsysteme nach jedem Testlauf immer zeitnah bereitgestellt und neu aufgebaut werden können. Je nachdem, mit welcher Technik die Testsysteme bereitgestellt werden, kann dieser Prozess mehrere Tage in Anspruch nehmen. Gerade dann, wenn sehr große und/ oder hoch integrierte Systeme Teil einer Transformation sind, kann das eine sehr zeitaufwendige Aufgabe sein, die in der Planung unbedingt berücksichtigt werden muss.

12

12.2.4   Produktivumstellung

Information aller Betroffenen

Wurden alle Tests inklusive der Generalprobe erfolgreich abgeschlossen, erfolgt als Nächstes die Umstellung des produktiven Systems. Auch wenn dies technisch an einem Wochenende passiert, beginnen die Vorbereitungen dafür schon Wochen vorher. Generell müssen alle Anwender eines betroffenen Systems über die Ausfallzeit informiert werden. Denn auch wenn einige Mitarbeiter in die Transformationsvorbereitungen eingebunden waren, stellen sie in der Regel nie die gesamte Anwendergruppe eines Systems dar. Gerade bei einem hoch verfügbaren System oder bei einem Zugriff aus mehreren Zeitzonen kann es am terminierten Wochenende zu Überschneidungen kommen, die jedem Betroffenen bekannt sein müssen.

Letzte Vorbereitungen

Einige Tage vor dem Cut-over werden finale Vorbereitungen getroffen, z. B. letzte Anpassungen an den Transformationsregeln und die technische Vorbereitung des Produktivsystems. Zu diesem Zeitpunkt werden keine Änderungen am Customizing oder Programmen bzw. ABAP-Änderungen mehr in das System transportiert.

Umstellungswochenende

Die eigentliche Umstellung am Wochenende beginnt mit der Sperrung des Systems für sämtliche Benutzer außer für die Benutzer aus dem Projektteam und die Personen, die den technischen Betrieb aufrechterhalten müssen. Jobs im SAP-System werden nun ausgeplant, Hintergrundprogramme gestoppt und Schnittstellen stillgelegt. Nachdem das System so isoliert wurde, wird ein komplettes Backup erstellt, um im Ernstfall den Zustand vor der Transformation wiederherstellen zu können.

Danach besteht die Möglichkeit, das System so zu optimieren, dass möglichst viel Leistung für die Transformation zur Verfügung steht. Bei vielen Datenbanken kann man z. B. die Datenbankprotokollierung ausschalten und so einen enormen Leistungszuwachs erzielen. Das würde zwar die Möglichkeit einer Datenbankwiederherstellung unterbinden, aber es wurde ja vor der Umstellung extra ein Gesamt-Backup angefertigt. Nach Abschluss der Transformation sollten diese Einstellungen für den Normalbetrieb wieder zurückgesetzt werden.

Monitoring

Zentrale Punkte sind zu diesem Zeitpunkt das Monitoring und der personelle Ablauf. Zum einen ist es wichtig, den aktuellen Fortschritt zu kontrollieren, um die noch ausstehende Systemausfallzeit kontinuierlich einschätzen zu können und Probleme frühzeitig zu erkennen. Zum anderen muss ein reibungsloser Ablauf zwischen den involvierten Parteien gewährleistet sein. Eine saubere Übergabe zwischen den Projektteams und deren Aufgaben ohne Zeitverlust ist essenziell, um den Cut-over-Plan einzuhalten.

Zwischen Transformation und Go-Live

Nach dem erfolgreichen Abschluss der Transformation stehen die Validierung und ein finaler Abnahmetest durch die Endanwender an. Dazu werden

Transaktionen gestartet und Geschäftsprozesse im System durchgespielt, die Systeminhalte anhand von Listen überprüft und sowie Testbuchungen auf dem umgestellten System durchgeführt. Sollten keine Fehler gefunden werden, kann das System wieder für alle Anwender freigegeben werden. Es empfiehlt sich, davor noch einmal ein komplettes Backup zu erstellen, um auch nach der Umstellung einen Aufsetzpunkt zur Verfügung zu haben.

12.2.5 Support nach dem Go-Live

In dieser Phase wird das Produktivsystem noch einige Tage nach der Umstellung intensiv überwacht, um eventuell vorhandene Fehlerquellen auszuschließen und bei Bedarf sofort zu adressieren. Des Weiteren können nun die Entwicklungs- und Qualitätssicherungssysteme umgestellt werden. Je nach Bedarf kann analog zum Produktivsystem eine Transformation des Testsystems durchgeführt werden. Alternativ kann das Testsystem auch durch eine Kopie des Produktivsystems aufgebaut werden. Das ist von Szenario und den individuellen Gegebenheiten abhängig.

Transformation des Systemverbunds

Das Entwicklungssystem wird wie das Produktivsystem per Transformation umgestellt. Der Datenbestand ist normalerweise wesentlich geringer, was die Laufzeiten der Transformation erheblich senkt. Allerdings muss gerade bei Anpassungen im Bereich des Customizings eine genaue Planung erfolgen, damit später keine veralteten Einstellungen in das neue Produktivsystem transportiert werden.

12.3 Systemkonsolidierung

Eine Entscheidung für eine Systemkonsolidierung kann viele Gründe haben, allerdings sprechen die zahlreichen positiven Effekte für sich. Ganz allgemein lassen sich diese Vorteile unter den Gesichtspunkten »Reduzierung der IT-Betriebskosten (*Total Cost of Ownership*, TCO)« und »Realisierung betriebswirtschaftlicher Ziele auf Basis einer Konzernstrategie« zusammenfassen. Vor allem mit Blick auf SAP S/4HANA als zukünftigem Zentralsystem ergeben sich zahlreiche Vorteile durch eine Konsolidierung.

Motive für die Konsolidierung

Im Folgenden führen wir einige Bereiche auf, in denen sich Kostenreduzierungen durch solch eine Konsolidierung ergeben:

- **Hardware**
  Ein einzelnes System stellt nach einer Konsolidierung geringere Anforderungen an die Hardware als die kombinierten Quellsysteme. Gerade durch die neue für SAP HANA zertifizierte Hardware ergeben sich große Einsparungsmöglichkeiten.

- **Wartung, Patches und Backups**
  Nach der Konsolidierung reduzieren sich die Aufwände für Wartungsaktivitäten, die Implementierung von Patches und die regelmäßige Durchführung von Backups teils drastisch. Dies ist abhängig von der Anzahl der abgelösten Systeme.

- **Updates**
  Zum einen wird der Aufwand für Projekte zum Update mehrerer Systeme eingespart, wie z. B. die Aufwände für das Testen. Zum anderen profitieren alle Endanwender zeitgleich von dem aktualisierten Zentralsystem.

- **Transporte**
  Eine vereinheitlichte Transportlandschaft vereinfacht die Transportlogistik und verringert die Gesamtzahl der benötigten Transporte.

- **Eigenentwicklungen**
  Eigenentwicklungen müssen für das neue System nur einmalig erstellt und getestet werden. Danach stehen sie direkt allen Anwendern zur Verfügung.

- **Support**
  Da alle Anwender mit einem System arbeiten, das sich dadurch bei allen Anwendern auf dem gleichen Release-Stand befindet, wird der Support für die Anwender enorm erleichtert.

- **Reporting**
  Berichte und Auswertungen können nach einer Konsolidierung auf der Basis eines einheitlichen und zentralen Datenbestands erstellt werden.

- **Schnittstellen**
  Die Anzahl an Schnittstellen kann signifikant reduziert werden, da nun anstatt verteilter Systeme ein zentrales System zur Verfügung steht. Das reduziert zum einen die Wartungsaufwände für die Schnittstellen und vereinfacht zum anderen die Entwicklung neuer Schnittstellen.

Geschäftsprozesse standardisieren

Parallel zu den eher technischen Einsparungen bietet die Prozess- und Datenharmonisierung, die mit SAP S/4HANA angestrebt wird, die Möglichkeit, bestehende Geschäftsprozesse zu standardisieren, zu vereinfachen und dadurch auch zu beschleunigen. Unter anderem ergeben sich durch eine Harmonisierung Vorteile in den folgenden Bereichen:

- **Benutzer und Berechtigungen**
  Gerade für Benutzer, die sich für ihre Arbeit in einer verteilten Systemlandschaft an verschiedenen Systemen anmelden mussten, verkürzt ein zentrales System erheblich die Zeit, die sie für administrative Tätigkeiten benötigen. Auch Berechtigungen können nun einheitlich gestaltet werden und vereinfachen das Monitoring.

- **Finanzwesen**
  Hier gibt es verschiedene Ansatzpunkte. Ein Beispiel wäre die Harmonisierung hin zu einem einheitlichen Kontenplan. Dadurch könnte eine Grundlage für ein konzernweites Berichtswesen geschaffen werden.

- **Organisationseinheiten**
  In verteilten Landschaften werden einige technische Bezeichner bevorzugt verwendet, zum Beispiel »Buchungskreis 1000«. Diese Bezeichner müssen in den verschiedenen Systemen aber nicht der gleichen betriebswirtschaftlichen Organisationseinheit entsprechen. Hier bietet eine Systemkonsolidierung die Möglichkeit, legale Einheiten zu trennen. Auf diese Weise wird auch ein sauberes Reporting ermöglicht.

- **Stammdaten**
  Ein großer Vorteil ergibt sich durch die Harmonisierung von Stammdaten. Zum Beispiel kann erst eine einheitliche Darstellung eines Kreditors ein eindeutiges Reporting und Controlling ermöglichen und damit dabei helfen, Geschäftsbeziehungen klar zu analysieren. Dadurch können sich wiederum Verbesserungen der Einkaufskonditionen ergeben.

Dies sind nur einige der möglichen Vorteile durch eine vollständige Systemkonsolidierung. Die kundenindividuellen Vorteile müssen aber im Einzelnen bestimmt werden.

Betrachten wir nun die technischen Aspekte der Durchführung einer Systemkonsolidierung. Eine Konsolidierung mehrerer Systeme kann auf zwei Arten realisiert werden: zum einen per Mandantentransfer und zum anderen per Mandantenzusammenführung. Bei einem technisch einfach zu realisierenden Mandantentransfer entsteht ein Mehrmandantensystem wie in Abbildung 12.5.

Mandantentransfer oder -zusammenführung

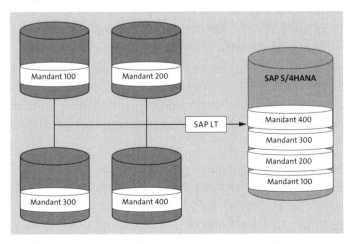

Abbildung 12.5 Beispiel für einen Mandantentransfer

Eine Mandantenzusammenführung konsolidiert im Gegensatz dazu auch die einzelnen Mandanten zu einem Einmandantensystem, wie in Abbildung 12.6 dargestellt.

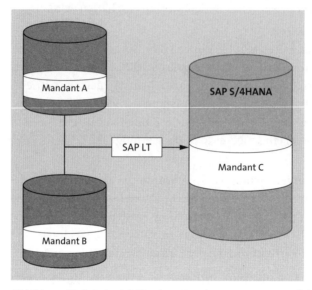

Abbildung 12.6 Beispiel für eine Mandantenzusammenführung

Schritte der System-
konsolidierung

Eine Systemkonsolidierung wird aus Projektsicht in drei Schritten durchgeführt:

1. Zuerst muss die generelle Zielsetzung festgelegt werden. Das heißt, Sie müssen definieren, ob ein Mandantentransfer oder eine Mandantenzusammenführung durchgeführt werden soll. Ebenso ist relevant, wie viele Systeme und Mandanten konsolidiert werden sollen.

2. Der zweite Schritt ist eine gründliche Analyse aller beteiligten Systeme, um anhand der Unterschiede die Projektanforderungen hinsichtlich Umfang und Dauer zu bestimmen.

3. Im letzten Schritt wird die eigentliche Konsolidierung durchgeführt. Diese besteht aus mehreren Testzyklen und wird mit der eigentlichen Produktivumstellung abgeschlossen. Während der Testphase müssen die aus den unterschiedlichen Systemen stammenden Daten harmonisiert werden.

Mandantenkonzept

Für die Entscheidung, ob ein Einmandaten- oder ein Mehrmandantensystem das Ziel sein soll, ist ein Grundverständnis des Mandantenkonzepts innerhalb eines SAP-System von zentraler Bedeutung. Auf der Ebene eines Mandanten loggen sich die Benutzer in die Systeme ein. Ein eigener Mandant entspricht generell einer eigenen Firma. Innerhalb eines Mandanten sind die Benutzer isoliert und können sich daher keine Daten aus einem anderen Mandanten anzeigen lassen oder ändern. Dadurch können mehrere logisch voneinander getrennte Firmen technisch in einem System betrieben werden.

Unter diesen Gesichtspunkten wird schnell klar, dass der Aufbau eines Mehrmandantensystems sich wesentlich einfacher gestaltet als eine Zusammenführung von Mandanten. Bei einem Mandantentransfer müssen nur die übergreifenden Einstellungen sowie das Customizing angepasst und harmonisiert werden, sofern diese zueinander in Konflikt stehen. Ein einfaches Beispiel für einen solchen Konflikt wäre eine identische Mandantennummer, die in unterschiedlichen Systemen verwendet wird.

Mandantentransfer

Für eine vollständige Zusammenführung hingegen müssen auch alle mandantenabhängigen Daten angepasst und harmonisiert werden, sofern hier Konflikte vorliegen. Je ähnlicher sich die zu konsolidierenden Systeme und Mandanten vorher waren, umso einfacher gestaltet sich solch eine Zusammenführung.

Mandanten-
zusammenführung

Allerdings müssen zentrale Bereiche (wie z. B. die verschiedenen Nummernkreise) in nahezu jedem Projekt angepasst werden. Analog zu dem Beispiel mit den gleichen Mandantennummern gilt es hier, z. B. auch gleiche Nummerierungen für Organisationseinheiten wie die Buchungskreise bei Bedarf zu harmonisieren.

Bei solch einer Verschmelzung der einzelnen Systeme und Mandaten sind auch weitere Bereiche betroffen, wie z. B. Benutzer und deren Berechtigungen.

Aufgrund der Komplexität dieses Transformationsszenarios ist eine gründliche Analyse der beteiligten Systeme notwendig, um Konflikte zwischen Einstellungen, Daten und den Programmen zu identifizieren. Tabelle 12.1 gibt Ihnen eine Übersicht darüber, welche Bereiche bei einem Transfer oder bei einer Zusammenführung analysiert werden müssen.

Analyse der
Ausgangssysteme

Zu analysierender Bereich	Mandanten-transfer	Mandanten-zusammenführung
ABAP Dictionary (Datentypen und Tabellen)	X	X
kundeneigene Programme (wie Z-Programme)	X	X

Tabelle 12.1 Erforderliche Analysen für Mandantentransfer und Mandantenzusammenführung

Zu analysierender Bereich	Mandanten-transfer	Mandanten-zusammenführung
Modifikationen (am SAP-Standard) und User-Exits	X	X
mandantenunabhängiges Customizing	X	X
mandantenabhängiges Customizing		X
Anwendungsdaten (Stamm- und Bewegungsdaten)		X
Nummernkreise		X
Benutzer und Berechtigungen		X
Programmvarianten		X
Archive (erstellt mit der Transaktion SARA)		X

Tabelle 12.1 Erforderliche Analysen für Mandantentransfer und Mandanten-zusammenführung (Forts.)

Diese Gegenüberstellung zeigt noch einmal deutlich den Komplexitäts-unterschied zwischen den beiden Varianten der Systemkonsolidierung.

Harmonisierung der verschiedenen Systembereiche

Die Harmonisierung der unterschiedlichen Bereiche bedarf verschiedener Ansätze. Wie Tabelle 12.1 zu entnehmen ist, sind die folgenden Bereiche sowohl für den Mandantentransfer als auch für die Mandantenzusammen-führung relevant:

- **ABAP Dictionary**
  Als Gegenstand der Konsolidierung wäre hier gemeinhin das ABAP Repository zu nennen. Es umfasst neben den SAP-Standard-Program-men und den Datentypen auch das ABAP Dictionary. Das ABAP Dictio-nary enthält alle Strukturinformationen zu den SAP-Tabellen. Mögliche Konflikte müssen auch hier vorab identifiziert werden. Durch Verwen-dung der Simplification List werden hier Konflikte identifiziert, die auf dem Unterschied zwischen einem klassischen SAP-ERP-System und SAP S/4HANA beruhen. Diese Konflikte werden technisch durch die Konver-tierungsprogramme adressiert, die auch innerhalb des Szenarios der Systemkonvertierung (siehe Kapitel 10, »Systemkonvertierung eines Einzelsystems«) verwendet werden. Diese Konvertierungsprogramme

sind aktuell noch nicht in SAP LT integriert und müssen z. B. nach einer Konsolidierung separat ausgeführt werden.

- **Kundeneigene Programme**
  Sofern technische Konflikte vorliegen, müssen bei einer Konsolidierung auch die kundeneigenen Programme harmonisiert werden. Dies betrifft sowohl Entwicklungen in den individuellen Kundennamensräumen als auch solche im klassischen Z-Namensraum. Ein einfaches Beispiel für so einen Harmonisierungsbedarf wäre hier eine Namensgleichheit von Programmen, die allerdings in Struktur oder Inhalt Unterschiede aufweisen. Sollte sich der Quelltext dieser Programme unterscheiden, kann die Harmonisierung recht einfach durch die Umbenennung eines der beiden Programme realisiert werden. Allerdings ist dies nur eine Möglichkeit. Eine genaue Untersuchung der kundeneigenen Entwicklungen und deren Harmonisierung müssen mit entsprechendem Aufwand eingeplant werden. Bei der Analyse hilft Ihnen SAP LT mit entsprechenden Funktionen, oder Sie verwenden SAP-Bordmittel wie die Analyse des kundeneigenen Codes über die Transaktion /SDF/CD_CCA.

- **Modifikationen und User-Exits**
  User-Exits stellen insofern einen Sonderfall dar, als diese in aktuellen SAP-Lösungen nicht mehr angelegt werden. Sie wurden weitestgehend durch Business Add-Ins (BAdIs) ersetzt, sind allerdings bei vielen SAP-Kunden weiterhin im Einsatz. Eben diese bestehenden User-Exits müssen Sie bei einer Konsolidierung betrachten. Der ABAP-Code eines User-Exits selbst ist mandantenunabhängig. Bei einer Harmonisierung muss daher sichergestellt werden, dass die Erweiterungen ihren entsprechenden Mandanten zugewiesen werden. Das gilt auch analog für Modifikationen, die am SAP-Standard vorgenommen wurden.

- **Mandantenunabhängiges Customizing**
  Das mandantenunabhängige Customizing umfasst hauptsächlich sehr technische Einstellungen und verursacht daher meist nur wenig Harmonisierungsaufwand. Ein häufig verwendetes Beispiel für ein solches Customizing sind die Einstellungen des Fabrikkalenders, der in den verschiedenen zu konsolidierenden Systemen unterschiedliche Gültigkeiten aufweisen kann. Um solch einen Konflikt zu beheben, muss eine einheitliche Gültigkeitsdauer der Kalender festgelegt werden. Technisch betrachtet, ist solch eine Umsetzung aber ein sehr kleiner Aufwand.

Die folgenden Bereiche sind dagegen speziell bei der Mandantenzusammenführung in ein Einmandantensystem relevant. Der Harmonisierungsbedarf ist hier umfangreicher und entsprechend komplexer:

Harmonisierungsbereiche

467

- **Mandantenabhängiges Customizing**

  Verglichen mit der Harmonisierung des mandantenunabhängigen Customizings ist die Harmonisierung des mandantenabhängigen Customizings wesentlich komplexer und aufwendiger. Diese Customizing-Einstellungen abzugleichen, stellt schon aufgrund ihrer viel höheren Anzahl eine Herausforderung dar. Daher ist eine frühe Analyse unerlässlich, um das weitere Vorgehen einschätzen zu können. Eine empfohlene Methode wäre hier ein Transfer des Delta-Customizings aus dem oder den Quellsystem(en) in das Zielsystem. Bei dem Zielsystem handelt es sich idealerweise um eine Kopie des bestehenden Entwicklungssystems. So können die Unterschiede ohne Einschränkungen analysiert und die Harmonisierungen vorgenommen werden.

  Der Aufwand, der durch die manuelle Aufarbeitung der Konflikte entsteht, ist auch durch die Abstimmung der Änderungen innerhalb des Unternehmens bedingt. Betroffen sind nämlich ganz zentrale Customizing-Einstellungen, zum Beispiel:

  - Organisationseinheiten

  - Mengeneinheiten

  - Währungen

  - Belegarten

  - Materialarten

  - Warengruppen

  - Kontengruppen

  Mapping-Regeln sind eine einfache Möglichkeit der Harmonisierung, z. B. wenn Organisationseinheiten gleich benannt sind. Sie weisen den verschiedenen Quellwerten neue Werte zu, die im Zielsystem noch nicht verwendet werden. Ist eine einfache Umbenennung nicht möglich, müssen auch hier Entscheidungen getroffen werden, wie mit einer komplexen Umstellung umgegangen werden soll.

- **Anwendungsdaten und Nummernkreise**

  Bei den Anwendungsdaten handelt es sich um die eigentlichen Daten eines Systems bzw. eines Mandaten in Form von Stamm- und Bewegungsdaten. Von der Notwendigkeit der Harmonisierung betroffen sind vor allem die klassischen Stammdaten, wie Materialien, Debitoren und Kreditoren. Bei zuvor intern im Mandanten vergebenen Nummern können sich Überschneidungen in den Nummernkreisen ergeben. Oder es wurden zwar extern Nummern vergeben, die in allen Systemen vorkommen, aber nicht für das gleiche Stammdatum.

Auch in diesen Fällen können Sie mit einer Umschlüsselung arbeiten. Es müsste aber jeder Datensatz einzeln umgeschlüsselt werden. Bei einem hohen Datenvolumen ist das aber unpraktikabel. Alternativen stellen dann die Verwendung eines *Präfixes* oder eines *Offsets* dar.

Präfix und Offset

Bei einem Präfix wird einem gesamten Nummernbereich eines Stammdatums im einfachsten Fall ein Buchstabe oder eine Buchstabenkombination vorangestellt. Dadurch entsteht ein komplett neuer Nummernbereich.

Bei einem Offset wird ein fester Zahlenwert auf eine bestehende Nummer aufgeschlagen. Dadurch wird der Nummernbereich konsistent verschoben und behält die bisherigen Abstände und Verhältnisse.

Diese drei Methoden entsprechen – einfach gesagt – aber wieder einer Umbenennung und fügen den gesamten Datenbestand aus der Quelle dem Ziel hinzu. Gerade bei Debitoren und Kreditoren wird aber häufig über das Thema *Datenqualität* nachgedacht, um eine inhaltliche Verschmelzung der Datensätze zu erwägen, die zwischen den Systemen zwar unterschiedlich nummeriert, inhaltlich aber vielleicht identisch sind. Diese inhaltliche Bereinigung kann einen großen Mehrwert für die Organisation haben. Sie sollten aber auch den erheblichen Mehraufwand für solch eine Datenbereinigung innerhalb einer Systemkonsolidierung nicht aus den Augen verlieren.

- **Benutzer und Berechtigungen**

  Benutzer und deren Berechtigungen sind mandantenspezifisch und können je nach Zielsetzung eine umfangreiche oder einfache Harmonisierung erfordern. Oft findet man innerhalb der verschiedenen Systeme eines Unternehmens ähnlich ausgeprägte Berechtigungskonzepte. Bei signifikant unterschiedlichen Ausprägungen von Rollen und Berechtigungen kann sogar ein Neuanlegen der Benutzer sinnvoller sein als eine aufwendige Harmonisierung. Sollte eine Anpassung der Berechtigungen vorgenommen werden, müssen Sie beachten, dass innerhalb dieser Berechtigungen Festwerte hinterlegt sein können, die zum Beispiel die Rechte für einen bestimmen Buchungskreis prüfen. Diese Werte müssen dann entsprechend angepasst werden.

- **Programmvarianten**

  Bei einer Harmonisierung von Programmvarianten sind nicht zwingend die Varianten selbst ein Problem, sondern die Daten, die im Zuge der Konsolidierung geändert wurden. Dadurch kann es sein, dass die Variante nicht mehr korrekt funktioniert oder auf falsche Werte zugreift.

Wenn zum Beispiel Selektionsfelder mit Werten vorbelegt wurden, die sich geändert haben, oder wenn Wildcards eingesetzt wurden, die nun auf einen größeren Datenbestand zugreifen, dann kann das zu Problemen führen. Obwohl es Analysewerkzeuge (z. B. in der ABAP Workbench) gibt, die Varianten zu diesem Zweck untersuchen können, ist doch in den meisten Fällen eine nachträgliche manuelle Anpassung nötig, falls Probleme identifiziert wurden.

- **Archive**

  Sollten Daten Ihres SAP-ERP-Systems bereits archiviert worden sein, sind diese für eine Harmonisierung ebenfalls relevant, da diese Archive Daten enthalten, die sich auf Informationen beziehen, die nach einer Konsolidierung in anderer Form vorliegen können. Um Daten eines Archivs ebenfalls im Zuge der Harmonisierung anzupassen, gibt es zwei Möglichkeiten:

  – Zum einen können diese Archive wieder zurück auf die Datenbank des Systems geladen werden und werden dadurch wie andere Daten auch während der Konsolidierung mit umgestellt.

  – Alternativ gibt es die Möglichkeit der Archivkonvertierung, bei der die Archive zuerst ausgelesen werden. An den gelesenen Daten werden dann die Umsetzungen vorgenommen, die für die Harmonisierung erforderlich sind, und anschließend werden die Daten wieder als neue Archivdatei weggeschrieben. Hier können sich Unterschiede im Vorgehen ergeben, je nachdem, welches Ablagesystem für die Archive verwendet wird.

Transformations-regeln hinterlegen

Sind alle notwendigen Änderungen adressiert worden, die nach den Analysen auf Basis von SAP LT oder SAP-Bordmitteln identifiziert wurden, dann können diese Transformationsregeln in SAP LT hinterlegt werden. Sie können je nach Art des Konflikts der beteiligten Systeme entscheiden, wie Sie diesen Konflikt beheben möchten. Dies umfasst alle Bereiche, z. B. welche Stammdaten erhalten oder überschrieben werden, sofern gleiche Nummern in den Systemen vorhanden sind, oder welche Customizing-Einstellungen nun die führenden sind. Anhand dieser Regeln transformiert SAP LT die einzelnen Daten und überträgt sie aus einem Quellsystem oder aus mehreren Quellsystemen in das dedizierte Zielsystem.

[!]   SAP-Beratung erforderlich

SAP LT unterstützt das Szenario der Systemkonsolidierung. Es kann aber nicht ausschließlich mit SAP LT durchgeführt werden. Die notwendigen Expertenfunktionen werden aufgrund der Komplexität aktuell nur über das SAP Consulting (durch SAP oder Drittanbieter) angeboten.

12.4 Buchungskreistransfer

Das zweite Szenario innerhalb der Landschaftstransformation beschreibt die Übernahme einer Organisationseinheit, genauer gesagt eines Buchungskreises, nach SAP S/4HANA. Eine stufenweise Einführung von SAP S/4HANA kann durchaus mit einem einzelnen Geschäftsbereich beginnen. Oft werden einzelne Landesgesellschaften in Buchungskreisen abgebildet. Daher ist es möglich, z. B. aus einem »europäischen System«, in dem zahlreiche Länder als Buchungskreis repräsentiert sind, nur eine Landesgesellschaft (z. B. Deutschland) nach SAP S/4HANA zu überführen.

Der einfachste Ansatz zur Realisierung solch einer Buchungskreismigration ist die Funktion *Buchungskreis löschen*. Dies ist ein Standardszenario innerhalb von SAP LT und kann von jeder IT-Organisation ohne zusätzlichen Beratungsaufwand selbst durchgeführt werden. Abbildung 12.7 zeigt eine Übersicht des Pakets und der Ausführungsphasen.

Buchungskreis löschen

12

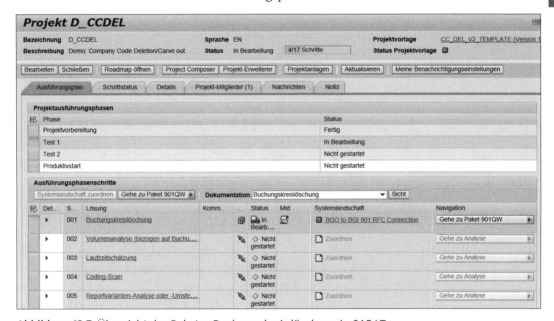

Abbildung 12.7 Übersicht des Pakets »Buchungskreis löschen« in SAP LT

Im Anschluss an das Löschen des Buchungskreises wird dann eine Systemkonvertierung des neu aufgebauten Systems durchgeführt.

SAP LT löscht alle relevanten Daten aus einem oder mehreren ausgewählten Buchungskreisen konsistent aus dem System. Sollten dabei alle Buchungskreise eines zugehörigen Kostenrechnungskreises ausgewählt werden, wird der gesamte Kostenrechnungskreis gelöscht. Solch ein Pro-

Projektphasen

jekt wird üblicherweise in zwei Phasen durchgeführt und umfasst mehrere Schritte. Die erste Phase wird als *Löschung* bezeichnet, während die zweite Phase *Gegenlöschung* genannt wird. Die Organisationsstruktur des betroffenen Unternehmens ist daher nach beiden Phasen sauber getrennt.

Phase »Löschung«   In der ersten Phase werden folgende Schritte durchgeführt:

1. Es wird eine volle Systemkopie des Systems erstellt, aus dem der Buchungskreis herausgelöst werden soll.

2. Wählen Sie die Funktion des Löschens in SAP LT aus, und bereiten Sie sie technisch vor, wie im Folgenden beschrieben.

3. Das Löschverfahren wird durchgeführt.

4. Es schließt sich ein Testzyklus an, in dem das neu erstellte System nach der Löschung geprüft wird.

5. Je nach Ergebnis der Tests werden die Schritte 1 bis 4 noch einmal wiederholt, um bei Bedarf Anpassungen vorzunehmen.

Phase »Gegenlöschung«   Im Anschluss erfolgt die Gegenlöschung:

1. Bereiten Sie die Gegenlöschung im produktiven Quellsystem vor, aus dem der Buchungskreis herausgelöst wurde. Da es sich hier um Ihr produktives SAP-ERP-System handelt, müssen Sie eine entsprechende Ausfallzeit einplanen und die Endanwender informieren.

2. Eine finale Systemkopie wird erstellt. Die relevanten Echtdaten werden zum einen aus der Kopie und zum anderen aus dem Quellsystem gelöscht. Das Ergebnis ist ein zusätzliches Produktivsystem, das lediglich den ausgewählten Buchungskreis enthält.

3. Bauen Sie nun das Entwicklungs- und Qualitätssicherungssystem für das neu aufgebaute Produktivsystem auf.

Das ganze Verfahren wird üblicherweise in mindestens zwei Zyklen vollständig durchgeführt, mit einer jeweils aktuellen Kopie des bisherigen Produktivsystems. Auf dieser Systemkopie wird die Löschung durchgeführt, was erst einmal keinerlei Auswirkungen auf die bestehende Systemlandschaft hat. Wichtige Erkenntnisse aus diesem Testlauf sind zum einen die gesamte Laufzeit der Löschung sowie die Identifikation potenzieller Fehler.

Organisationsableitung   Bei der Ermittlung der zu löschenden Daten wird auf die *Organisationsableitung* in SAP LT zurückgegriffen. Diese ermittelt für alle SAP-Anwendungen die relevanten Daten zur Löschung. Technisch wird hier die SAP-Organisationsstruktur über das Customizing analysiert, und alle vom Buchungskreis abhängigen Organisationseinheiten werden identifiziert. Abbildung 12.8 zeigt eine Detailansicht der einzelnen Phasenschritte.

Prozessmonitor für Paket 901QW (Standard Sicht)

Benutzer registrieren   Troubleshooting   Gesamtaktualisierung   Erweiterter Prozessmonitor   Informationen zum Ausführungssystem   Systemlandschaft

Projekt	ZD_CCDEL_658		Subprojekt	ZD_CCDEL_658_8141	Ausführungssystem	BGI	Mandant	801
Paket	901QW		Paketbezeichnung	Company Code Deletion	Paket angelegt von	SAPLT_DEMO	Paket angelegt am	04.02.2016 16:52:39
Lösung	SAP Landscape Transformation - Schnittstellenpaket							

Migrationsprozess	Aktivität	Stat.	Fortschritt ...	Tasks	Ausführ...	Notiz	Anhang	Session-ID
Company Code Deletion	901QW_TREE_STRUCTURE_HEAD							
▶ Paketeinstellungen	PCCW1_CNV_00000_C_PAKET	△						
RFC-Verbindungen definieren	PC001_RFC_MANAGEMENT	△	100 %		0001			
Unbekannte Textobjekte suchen	PCCW1_CNV_10992_D_FINDTEXT	△	100 %		0001			BGO901QW000000000006
Unbekannte Änderungsbelegobjekte suchen	PCCW1_CNV_10994_D_FINDCDOC	△	100 %		0001			BGO901QW000000000008
Intransparente Felder analysieren	PCCW1_CNV_20551_D_INTR_FLD	△	100 %		0001			BGO901QW000000000010
Anpassungen durchführen	PCCW1_CNV_20551_D_AD1_1099		100 %		0001			BGO901QW000000000011
Neue umstellungsrelevante Tabellen und Felder suchen	PCCW1_CNV_00001_D_KDSUCH		100 %		0001			BGO901QW000000000012
Mandantenübergreifende Tabellen von Löschung ausschließen	PCCW1_CNV_20551_D_CLI_INDEP		100 %		0001			BGO901QW000000000013
Tabellenpools analysieren	PCCW1_CNV_20551_D_POOLS		100 %		0001			BGO901QW000000000014
Vorbereitung der Steuertabelleneinträge	PCCW1_CNV_20551_D_NO_MORE	△	100 %		0001			BGO901QW000000000015
Paket prüfen und leere Tabellen kennzeichnen	PCCW1_CNV_00001_D_PRUEF		100 %		0001			BGO901QW000000000016
Vorschläge für Löschkriterien anlegen	PCCW1_CNV_20551_D_SUGG_CRE		100 %		0001			BGO901QW000000000017
Löschkriterien anzeigen/bearbeiten	PCCW1_CNV_20551_D_EDIT_DEL		100 %		0011			BGO901QW000000000036
Löschkriterien prüfen	PCCW1_CNV_20551_D_CHECKDEL		100 %		0010			BGO901QW000000000051
▶ Zuordnungstabellen	PCCW1_CNV_00000_C_ZUORD							
▶ Vorlaufprogramme VOR der Systemsperre (Aktive Phase)	PCCW1_CNV_00000_C_VORLAUF1							
Tests vorbereiten	PCCW1_CNV_00001_C_TESTPRP		100 %		0001			BGO901QW000000000059
Löschkriterien für einzelne Tabellen prüfen	PCCW1_CNV_20551_D_CHECKTAB	△	100 %		0001			BGO901QW000000000060
Matchcode-IDs suchen	PCCW1_CNV_20551_D_MATSUCH		100 %		0001			BGO901QW000000000061
Prüfroutinen anlegen	PCCW1_CNV_20551_D_CREATE2		100 %		0001			BGO901QW000000000063
Prüfroutinen für Abstimmungsprogramme anlegen	PCCW1_CNV_20551_D_ABGL2		100 %		0001			BGO901QW000000000064
Prüfroutinen für Tabellenpools anlegen	PCCW1_CNV_20551_D_POOL2		100 %		0001			BGO901QW000000000065
Ermittlungsroutinen anlegen	PCCW1_CNV_20551_D_FIND_GEN	△	100 %		0001			BGO901QW000000000066
Prüfroutinen für intransparente Felder anlegen	PCCW1_CNV_20551_D_INTR_FL2	△	100 %		0001			BGO901QW000000000067
Syntaxprüfung der generierten Routinen	PCCW1_CNV_20551_D_SYNTAX		100 %		0001			BGO901QW000000000068

Abbildung 12.8 Einzelne Ablaufschritte des Buchungskreis-Löschverfahrens

SAP LT erstellt daraus einen Arbeitsvorrat mit den zu löschenden Stamm-
bzw. Bewegungsdaten und Belegen. Diese werden bei der eigentlichen
Löschung dann aus den SAP-Anwendungstabellen entfernt. Auch Daten im
Bereich Controlling (CO) und Ergebnis- und Marktsegmentrechnung (CO-
PA) können durch diese Technik konsistent gelöscht werden, auch wenn Sie
bei der Ermittlung erst bei einem Buchungskreis starten. In Abbildung 12.9
sehen Sie eine komplette Organisation mit dem zur Übertragung ausgewählten Buchungskreis.

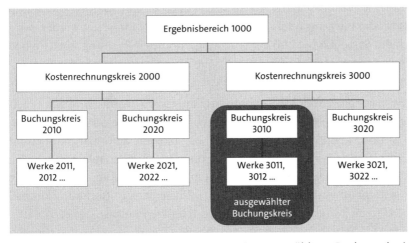

Abbildung 12.9 Beispiel einer Organisation mit ausgewähltem Buchungskreis

Testzyklen nach
der Löschung

In den Testzyklen geht es primär um die Fehlerbehandlung für den Fall, dass zu viele oder zu wenige Daten gelöscht wurden. Sollten Prozesse vorhanden sein, die buchungskreisübergreifend abgewickelt werden, kann auch beides der Fall sein. Mögliche Beispiele sind hier Prozesse, die sowohl vom Vertrieb als auch vom Einkauf verwendet werden.

Testfälle

Um solch eine Löschung vorzubereiten, wird in der Regel eine Woche eingeplant. Das umfasst aber noch nicht die Aufwände für eine anschließende Systemkonvertierung, sondern lediglich das SAP-LT-Szenario »Buchungskreis löschen«. In diese erste Vorbereitungswoche fallen die Konfiguration von SAP LT sowie die Vorbereitung von Testfällen. Je nach Anforderung umfassen diese Testfälle zwei Bereiche:

- zum einen einfache Listen des Datenbestands vor der Löschung, um anschließend einen Mengenvergleich durchzuführen
- zum anderen separate Buchungen, die ermitteln sollen, ob nach der Löschung auch noch alle Geschäftsprozesse uneingeschränkt funktionieren

Systeme für
Gegenlöschung

Da das Quellsystem ja weiterhin produktiv genutzt wird, erfolgt die Gegenlöschung normalerweise an einem Wochenende. Die Kopien, die zu Testzwecken aufgebaut werden, haben in der Regel keine zeitliche Beschränkung. Dies ist auch technisch begründet, da die üblicherweise eingesetzte Hardware günstiger, aber auch leistungsärmer ist. Dadurch dauern die Vorgänge im Vergleich einfach länger. Allerdings ist es wichtig, dass das Testsystem ausschließlich für diesen Zweck bereitgestellt wird und dass keine anderen Projekte parallel darauf laufen. Auch ist es wichtig, dass die Kopie vollständig ist, um auf dem gesamten Datenbestand zu arbeiten und kein schon reduziertes System zu verwenden. So können die Löschungen der komplementären Buchungskreise sauber durchgeführt werden. Sollte zum Beispiel der Buchungskreis 1000 nach SAP S/4HANA migriert werden, wird nach der Systemkopie und der Löschung nur dieser Buchungskreis im neu aufgebauten System übrig bleiben. Alle anderen werden unter Verwendung von SAP LT konsistent entfernt, wie in Abbildung 12.10 dargestellt.

Das neue
Produktivsystem

Wenn das neue Produktivsystem fertig aufgebaut wurde, wird normalerweise eine einfache Systemkopie durchgeführt, um ein neues Entwicklungs- und Qualitätssicherungssystem zu erstellen. So erhält man wieder eine dreistufige Systemlandschaft, allerdings nur mit den relevanten Daten des einzelnen Buchungskreises. Hier kommt es darauf an, wann und wie die Systemkonvertierung durchgeführt wird. Je nach Anforderung können Sie das neue System zuerst auf dem bestehenden Release live setzen und einige Zeit betreiben, bevor Sie anschließend eine Systemkonvertierung durchführen. Durch die hohe Standardisierung des Löschverfahrens und die verhältnismäßig geringe Laufzeit kann aber beides durchaus in einem einzigen Projekt kombiniert werden.

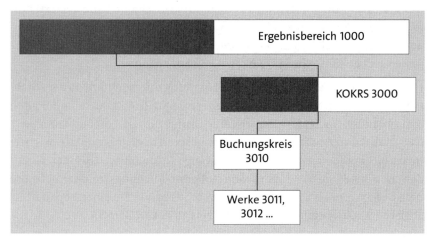

Abbildung 12.10 Das neue System mit isoliertem Buchungskreis

Ist dies abgeschlossen, wird in der zweiten Phase nun genau dieser Buchungs-kreis im bisherigen Quellsystem gelöscht. Sie könnten diesen Buchungskreis auch einfach für Buchungen sperren, allerdings sprechen oft Gründe für ein Löschen, wie zum Beispiel ein geringeres Datenvolumen, das das System we-niger belastet. So ist auch eine saubere Trennung von alter und neuer Welt ge-geben. In Abbildung 12.11 sehen Sie den Aufbau des alten Systems nach der Gegenlöschung.

Gegenlöschung im Quellsystem

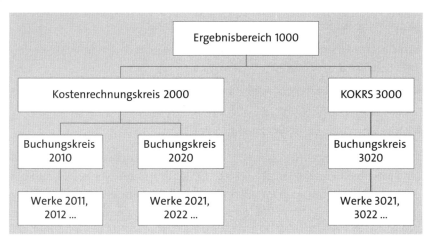

Abbildung 12.11 Das alte System nach der Bereinigung durch die Gegenlöschung

Testzyklen nach der Gegenlöschung

Auch in dieser zweiten Phase werden üblicherweise zwei Testzyklen durchgeführt. Nach der produktiven Gegenlöschung an einem Wochenende erfolgt die Bereinigung der weiteren Systemlandschaft, wie der Test- und Qualitätssicherungssysteme. Dies ist zeitunkritisch und kann auch zu normalen Geschäftszeiten erfolgen. Es kann auch erwogen werden, analog zu dem Vorgehen bei dem neuen System, zumindest die Qualitätssicherungssysteme über eine volle Systemkopie neu aufzubauen.

Hier wird in der Regel aber auch eine Löschung durchgeführt, da der Löschvorgang so einfach ist und möglicherweise parallele Projekte in der alten Systemlandschaft laufen. Ein weiterer Grund für das Löschen kann sein, dass man daran zweifelt, dass der Datenbestand in nichtproduktiven Systemen vollständig ist. Sind alle Löschvorgänge abgeschlossen, können Sie auf dem neu erstellten System mit dem isolierten Buchungskreis damit beginnen, das System zu konvertieren. Dadurch erhalten Sie einen separierten, aber voll funktionsfähigen Buchungskreis auf SAP S/4HANA.

12.5   Transformation nach SAP S/4HANA Central Finance

Architektur der Central-Finance-Transformation

In Abschnitt 3.2.1, »On-Premise-Editionen von SAP S/4HANA«, haben wir Ihnen SAP S/4HANA Central Finance (im Folgenden kurz *Central Finance*) vorgestellt. In diesem Abschnitt konzentrieren wir uns auf die technischen Komponenten und die wichtigen Punkte, die bei der Einführung der Lösung beachtet werden müssen. Die Einführung von Central Finance ist ebenfalls eine Variante der Landschaftstransformation. Auch hier spielt daher SAP LT als Werkzeug eine zentrale Rolle. Abbildung 12.12 zeigt noch einmal eine umfassendere Übersicht dieses Szenarios.

Um Central Finance zu betreiben, müssen Sie – stark vereinfacht gesagt – zwei Schritte durchführen:

- den SAP Landscape Transformation Replication Server (SAP LT Replication Server) einrichten

- das Central-Finance-System einrichten

SAP Landscape Transformation Replication Server

Der SAP LT Server wird eingesetzt, um die Verbindung zwischen den lokalen Systemen herzustellen. Da der SAP LT Replication Server auf Datenbankebene arbeitet, ist es auch möglich, Nicht-SAP-Systeme einzubinden. Durch den Datenbankzugriff sind keine Anpassungen auf der Ebene der Anwendungsserver nötig. Der SAP LT Replication Server selbst kann hierbei entweder als separates System aufgesetzt werden oder auf einem der Quellsysteme oder dem Central-Finance-System installiert werden.

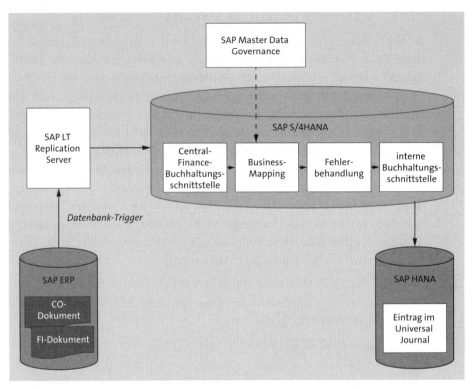

Abbildung 12.12 Central Finance: Architektur und Systemlandschaft

Diese Entscheidung hängt meist von der bisherigen Auslastung der beteiligten Systeme und von dem zu erwartenden Datendurchsatz ab. Je komplexer die Landschaft ist, desto eher sollte eine separate Instanz für den SAP LT Replication Server gewählt werden.

Das Central-Finance-System wird auf Basis von SAP S/4HANA als zentrales Finanzsystem betrieben. Daten aus den angeschlossenen Systemen werden in Central Finance geladen, und unter anderem werden die Stammdaten harmonisiert, um eine einheitliche Sicht zu gewährleisten. Diese Harmonisierung kann entweder manuell vorgenommen werden oder, falls SAP Master Data Governance (SAP MDG) in der Landschaft vorhanden ist, aus dem SAP-MDG-Werkzeug abgerufen werden. Der Einsatz von SAP MDG ist hierbei optional.

SAP Master Data Governance

Es ist auch möglich, die neue Central-Finance-Instanz und den erforderlichen SAP LT Replication Server in der SAP HANA Enterprise Cloud zu installieren. Wenn Sie keine neue Instanz in Ihre bestehende Landschaft integrieren möchten, ist dies als eine sehr valide Alternative zu berücksichtigen.

SAP HANA Enterprise Cloud

12.5.1 Implementierung von SAP S/4HANA Central Finance

In diesem Abschnitt werfen wir einen Blick auf die wichtigsten Schritte bei einer Central-Finance-Implementierung. Zuerst werden wir uns die technischen Einstellungen ansehen, die Sie für die Einrichtung der Systemverbindungen benötigen. Wir werden auch die Geschäftslogik untersuchen, mit der Sie Hauptbuch-Einträge umwandeln können. Dies ist ein wichtiger Schritt hin zu Central Finance, denn es ist wichtig zu wissen, wie Sie diese Buchungen dem ordnungsgemäßen Sachkonto und den Kontierungen (Kostenstelle, Auftrag etc.) zuordnen und andere Berichtsdimensionen wie Profitcenter, Funktionsbereiche etc. über diese Kontierungen ableiten. Diese Einstellungen sowie die Einstellungen für die Erstdatenübernahme mit dem SAP LT Replication Server werden zentral über einen für Central Finance spezifischen Einführungsleitfaden (*Implementation Guide*) abgedeckt, den wir im Folgenden kurz *IMG* nennen.

Der IMG, den Sie in Abbildung 12.13 sehen, stammt aus einem aktuellen Entwicklungssystem. Daher kann es je nach Release-Stand, den Sie einsetzen, zu kleineren Abweichungen kommen.

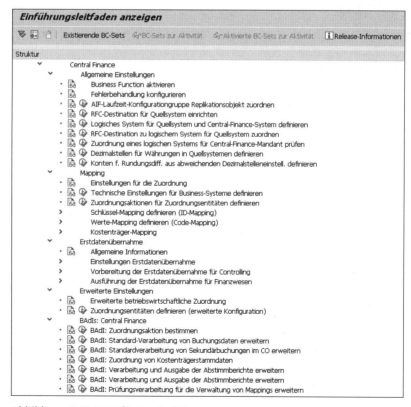

Abbildung 12.13 IMG für Central Finance

Ein zentraler Schritt ist der Aufbau von Systemverbindungen zwischen allen beteiligten Systemen. Obwohl solche Verbindungen für ein ganzes System angelegt werden, können Sie mit ein paar ausgewählten Buchungskreisen beginnen. So bekommen Sie ein Gefühl für das Potenzial des neuen Systems, ohne sich um Ihre gesamte komplexe Unternehmenslandschaft kümmern zu müssen.

Systemverbindungen

Der erste Schritt im Central-Finance-System ist die Aktivierung der Business Function `FINS_CFIN` (Central Finance). Parallel dazu aktivieren Sie noch zwei weitere Business Functions, `FIN_GL_ERR_CORR` und `FIN_GL_ERR_CORR_SUSP`, um später die Vorabkontierung und Fehlerkorrektur verwenden zu können. Diese werden sicherstellen, dass alle Hauptbuch-Einträge, die aus den lokalen Systemen stammen, mit Sachkonten und Kontierungen, die noch nicht im Zentralsystem angelegt sind, als Arbeitsvorrat in einer Fehlerliste geparkt werden.

Central Finance aktivieren

Die technische Definition der Systemlandschaft beginnt mit dem Anlegen einer RFC-Verbindung (Remote Function Call). So werden die Einträge im Universal Journal in Central Finance technisch mit den Belegen in den lokalen Systemen verknüpft. Außerdem benötigen Sie die RFC-Verbindungen, um während der ersten Datenmigration Daten aus den lokalen Systemen auszuwählen und die Stammdatenzuordnungen zu Central Finance zu erstellen.

RFC-Verbindungen

12

Da diese beiden Aufgaben mit großer Wahrscheinlichkeit von unterschiedlichen Anwendern ausgeführt werden (die initiale und eher technische Datenmigration liegt oft in den Händen eines Systemadministrators, und für die funktionalen Dokumentverknüpfungen ist ein Buchhalter oder Analytiker verantwortlich), sollten Sie möglicherweise unterschiedliche RFC-Verbindungen erstellen, um sie nach Benutzertypen zu differenzieren.

Sie werden auch alle angeschlossenen Systeme als *logisches System* definieren müssen. Die Idee hinter einem logischen System ist es, jede System-Mandanten-Kombination innerhalb Ihrer Systemlandschaft eindeutig definieren zu können, sodass es, wenn wir auf dem Belegkopf schauen, klar ist, welche Kombination aus System und Mandant die Quelle des gesendeten Dokuments war.

Logische Systemnamen

Schließlich weisen Sie das logische System dem Central-Finance-Mandanten und die RFC-Destination Ihrem logischen System zu. Dazu wählen Sie den IMG-Eintrag **RFC-Destination für Quellsystem** und pflegen die logischen Verbindungen so wie in Abbildung 12.14 gezeigt.

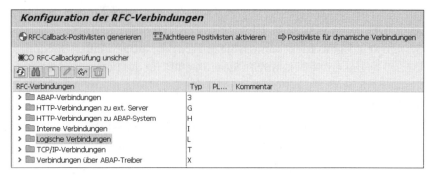

Abbildung 12.14 Konfiguration der RFC-Verbindungen

Lokale Systeme Auch auf den lokalen Systemen müssen Vorbereitungen getroffen werden. Vergewissern Sie sich, dass das Add-on *Data Migration Server* (DMIS) mit Release 2011_1_700 oder höher auf jedem Quell- und dem Zielsystem installiert ist (Support Package (SP) 8 wird empfohlen) und dass Sie darauf den SAP-Hinweis 2124481 (SAP LT SP08, Korrektur 3) implementiert haben.

Sollte Ihre Organisation noch nicht auf einem aktuellen Support-Package-Stand sein, müssen Sie einige Codeänderungen in Ihren lokalen Systemen implementieren, um sicherzustellen, dass Sie die Hauptbuch-Einträge für die Übertragung an Central Finance vorbereiten können.

Weitere Informationen und Sammelhinweis

Da sich diese Systeme kontinuierlich weiterentwickeln, bietet der SAP-Sammelhinweis 2148893 einen guten Einstiegspunkt für aktuelle Informationen. Dieser Hinweis wird regelmäßig aktualisiert, sodass Sie informiert werden, wenn weitere Verbesserungen hinzugefügt werden.

Replikationsserver Wie schon angesprochen, ist der SAP LT Replication Server ein zentraler Bestandteil dieses Central-Finance-Szenarios, der die verschiedenen Systeme verbindet. SAP LT Replication Server ist im Wesentlichen ein Server, der die Nachrichten aus dem lokalen System sammelt und an das zentrale System sendet. Den kompletten SAP LT Replikation Server auch für andere Szenarien einzustellen, kann sich als sehr umfangreiche Aufgabe erweisen.

Weitere Informationen zum SAP LT Replication Server

Weitere Informationen zum SAP LT Replication Server finden Sie im SAP Help Portal unter *http://help.sap.com/saplt20*. Außerdem empfehlen wir den SAP-Hinweis 2154420 für weitere Informationen in Zusammenhang mit einem Central-Finance-System.

Der SAP LT Replication Server arbeitet auf Tabellenebene und verwendet ein initiales Load-Objekt und ein Replikationsobjekt für jede Tabelle, die übertragen werden soll. In den Quellsystemen werden daher automatisch Trigger für die relevanten Tabellen gesetzt, um Dokumente aus dem SAP-ERP-Finanzwesen (FI) zu übertragen. Sie müssen diese Trigger jedoch nicht von Hand einrichten, weil sie als Content mit der neuesten Version des SAP LT Replication Servers geliefert werden.

Bevor allerdings die eigentliche Datenübertragung beginnen kann, ist es im Zuge der Transformation der Geschäftsprozesse wichtig, sich Gedanken über die einzelnen Organisationseinheiten und die Stammdaten zu machen. Wir beginnen im folgenden Abschnitt mit der Betrachtung der Organisationseinheiten.

> **Weitere Informationen zur Implementierung von Central Finance** [«]
> Zur vollständigen Beschreibung aller Schritte – sowohl technischer Art als auch auf Applikationsseite – finden Sie Dokumente unter *http://help.sap.com/sfin200*.

12.5.2   Globale Parameter

Die globalen Parameter (wie Länder und Buchungskreise) werden Ihnen bekannt vorkommen, da Sie diese in Ihren bestehenden Systemen bereits verwenden. In den meisten Fällen werden Sie eine Eins-zu-Eins-Übertragung dieser Parameter nach Central Finance vornehmen, und in anderen Fällen müssen Sie eine Transformation durchführen. Da diese Parameter im Wesentlichen stabil sind, können Sie auch ein Werte-Mapping in SAP Master Data Governance erstellen. Dieser Ansatz umfasst auch Customizing-Einstellungen, wie z. B. im Bereich der Mahnungen und Zahlungsbedingungen, denen ein Kunde zugeordnet werden kann. Die folgenden Einstellungen werden daher auf der Central-Finance-Seite vorgenommen.

Beginnen wir mit den Ländern, die Sie in Central Finance abbilden möchten. Um diese zu pflegen, wählen Sie **SAP NetWeaver • Allgemeine Einstellungen • Länder einstellen • Länder definieren in mySAP Systemen** im IMG, wie in Abbildung 12.15 zu sehen ist.

Teilnehmende Länder

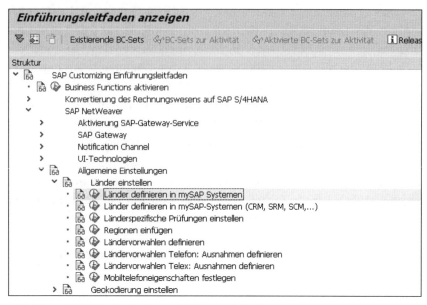

Abbildung 12.15 Länder in Central Finance definieren

Diese Einstellungen werden Sie sicherlich von Ihren lokalen Systemen kopieren können, es sei denn, Sie wollen in Central Finance zusätzliche Länder zu Auswertungszwecken anlegen, wenn z. B. Daten aus Nicht-SAP-Quellen dazu kommen. Stellen Sie sicher, dass Sie über spezifische rechtliche Anforderungen für diese Länder informiert sind, um bei einem zentralisierten Reporting keine länderspezifischen Informationen zu verlieren. Solche Informationen sollten eher in einer lokalen Berichterstattung abgebildet werden.

Teilnehmende Gesellschaften

Als Nächstes legen Sie fest, welche Ihrer Gesellschaften in Central Finance abgebildet werden sollen. Das ist vor allem wichtig, wenn es Geschäftsvorfälle zwischen diesen Gesellschaften gibt, falls zum Beispiel innerhalb Ihres Konzerns eine Gesellschaft Waren an eine andere liefert.

Diese geschäftlichen Beziehungen werden auch in Central Finance abgebildet, und Sie müssen diese pflegen. Sollten Sie eine Gesellschaft nicht anlegen, die aber in übergreifenden Transaktionen involviert ist, würden Daten aus der Quelle nicht übertragen und der Prozess würde vollständig dargestellt.

Gesellschaften definieren Sie über den IMG-Pfad **Unternehmensstruktur • Definition • Finanzwesen • Gesellschaft definieren**. Darüber hinaus müssen Sie die Gesellschaften noch mit den entsprechenden Buchungskreisen über

Unternehmensstruktur • Zuordnung • Finanzwesen • Buchungskreis – Gesellschaft zuordnen verbinden, wie es in Abbildung 12.16 dargestellt ist.

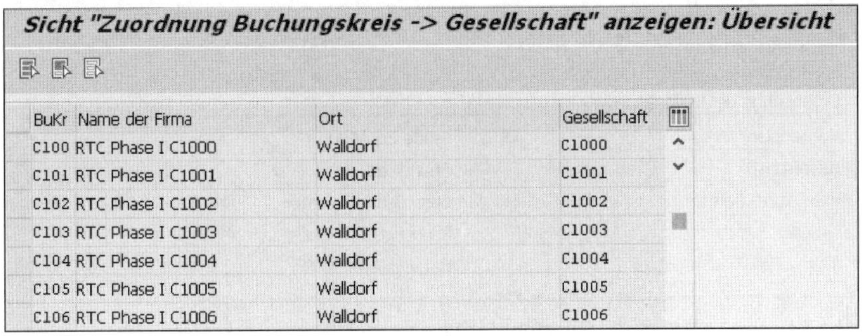
Sicht "Zuordnung Buchungskreis -> Gesellschaft" anzeigen: Übersicht

BuKr	Name der Firma	Ort	Gesellschaft
C100	RTC Phase I C1000	Walldorf	C1000
C101	RTC Phase I C1001	Walldorf	C1001
C102	RTC Phase I C1002	Walldorf	C1002
C103	RTC Phase I C1003	Walldorf	C1003
C104	RTC Phase I C1004	Walldorf	C1004
C105	RTC Phase I C1005	Walldorf	C1005
C106	RTC Phase I C1006	Walldorf	C1006

Abbildung 12.16 Eine Gesellschaft einem Buchungskreis zuordnen

Beteiligte Buchungskreise

Wenn wir uns nun die Buchungskreise anschauen, übernehmen Sie nicht nur die Art von Attributen, die von einer Berichtslösung benötigt werden, sondern auch Einstellungen, die die Aktualisierung der Einträge im Universal Journal beeinflussen. Die folgenden Einstellungen sind im Kontext von Central Finance zu bedenken:

- **Kontenplan**: Wenn Sie einen zentralen Kontenplan verwenden wollen, sollten Sie diesen Kontenplan hier eingeben. Stellen Sie sich außerdem die Frage, ob Sie zusätzlich einen lokalen Kontenplan für lokale Berichtszwecke benötigen oder ob Sie diese Art der Berichterstattung nur in Ihrem lokalen System fortsetzen.
- **Geschäftsjahresvariante**: Die Geschäftsjahresvariante legt die Anzahl der Geschäftsjahrperioden und der Sonderperioden fest, mit denen Sie arbeiten werden. Denken Sie daran, dass Sie, wenn Sie zu einem einzigen Kostenrechnungskreis hin konsolidieren, auch eine Geschäftsjahresvariante für alle Entitäten abrechnen müssen, die Teil dieses Kostenrechnungskreises sein werden. Wenn Sie Länder mit unterschiedlichen Geschäftsjahresstrukturen haben, müssen Sie zusätzliche Ledger mit den entsprechenden Geschäftsjahresvarianten für diese Länder anlegen.

Diese globalen Parameter für den entsprechenden Buchungskreis finden Sie im IMG unter **Finanzwesen (neu) • Grundeinstellungen Finanzwesen (neu) • Globale Parameter zum Buchungskreis • Globale Parameter prüfen und ergänzen**. In Abbildung 12.17 sehen Sie ein Beispiel mit dem Kontenplan INT, der Möglichkeit, einen Landeskontenplan anzugeben, und der Geschäftsjahresvariante K4.

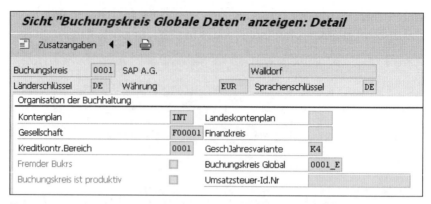

Abbildung 12.17 Beispiel für globale Daten eines Buchungskreises

Ledger definieren

Innerhalb der einzelnen Buchungskreise können Sie *Ledger* definieren. Wenn Sie das neue Hauptbuch bereits verwenden, sind Sie mit dem Konzept der Ledger vertraut, um Buchungen zu trennen, die sich auf unterschiedliche Rechnungslegungsgrundsätze wie z. B. IFRS und GAAP beziehen. In diesem Zusammenhang werden Sie feststellen, dass keine Einstellungen vorhanden sind, um die Aktualisierung von Profitcentern, Segmenten, Geschäftspartnern, Funktionsbereichen usw. in den Hauptbuch-Einstellungen zu aktivieren. Diese Einstellungen sind in Central Finance veraltet, da das Universal Journal alle diese Felder standardmäßig enthält. In Abbildung 12.18 sehen Sie die Übersicht zur Pflege der Ledger.

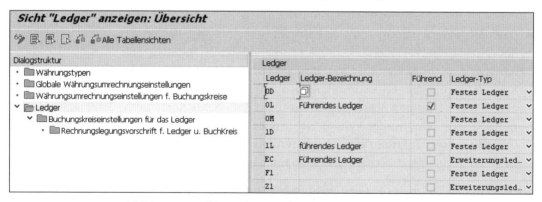

Abbildung 12.18 Übersicht zur Pflege der Ledger

Währungen

Wenn Sie Ihre Ledger definieren, ist es wichtig, die Währungen zu beachten, die Sie jeweils verwenden. Die lokale Währung für Ihren Buchungskreis ist sehr wahrscheinlich diejenige, die Sie bereits im lokalen System für diesen Buchungskreis verwenden. Aber Sie werden sicherlich über die Einführung einer globalen Währung oder Konzernwährung nachdenken wollen, wenn Sie dies noch nicht getan haben.

Außerdem können Sie einige Änderungen an Ihren nichtlokalen Währungen vornehmen, wenn Sie international operieren. Um die Währungen zu den Ledgern einzurichten, folgen Sie den gleichen Menüpunkten wie für die Einrichtung der Ledger selbst, und zwar **Finanzwesen (neu)** • **Grundeinstellungen Finanzwesen (neu)** • **Ledger** • **Einstellungen für Ledger und Währungstypen definieren**. Standardmäßig werden eine Buchungskreiswährung und eine Konzernwährung zu Kontrollzwecken einbezogen. Abbildung 12.19 zeigt hier die möglichen Währungstypen.

12

Sicht "Währungstypen" anzeigen: Übersicht

🖉 📑 📑 📑 🔓 🖺 Alle Tabellensichten

Dialogstruktur	Währungstypen		
• 📁 Währungstypen	Währungstyp	Beschreibung	Kurzbeschreibung
• 📁 Globale Währungsumrechnungseinstellungen	00	Belegwährung	Belegwähr.
• 📁 Währungsumrechnungseinstellungen f. Buchungskreise	10	Buchungskreiswährung	BukrsWähr.
∨ 📁 Ledger	20	Kostenrechnungskreiswährung	KoKrsWähr.
∨ 📁 Buchungskreiseinstellungen für das Ledger	30	Konzernwährung	KonzWährng
• 📁 Rechnungslegungsvorschrift f. Ledger u. BuchKreis	32	Konzernwährung, Profitcenter-Bewer…	Konz., PC
	40	Hartwährung	Hartwähr.
	50	Indexwährung	Indexwähr.
	60	Gesellschaftswährung	GesellWähr
	70	Währung des Controlling-Objekts	CO-OWähr

Abbildung 12.19 Übersicht der möglichen Währungstypen

Als Nächstes müssen Sie Ihren Kostenrechnungskreis definieren. Wir haben bewusst »Kostenrechnungskreis« im Singular geschrieben, da sich Ihr Leben viel einfacher gestalten wird, wenn Sie alle Ihre Daten in einen Kostenrechnungskreis in Central Finance zusammenführen können. Ähnlich wie beim Buchungskreis sind dies die kritischen Einstellungen:

Kostenrechnungskreis definieren

- Währung (Beachten Sie, dass die Währungsart für die Konzernwährung nun Bestandteil der Einstellungen ist.)
- Kontenplan (wiederum mit den Konten und Kostenarten)
- Geschäftsjahresvariante

Es ist auch wichtig, die buchungskreisübergreifende Kostenrechnung auszuwählen, da Ihr Kostenrechnungskreis normalerweise mehrere Buchungskreise umfasst. Um Ihren Kostenrechnungskreis zu definieren, wählen Sie im IMG den Menüpfad **Unternehmensstruktur** • **Definition** • **Controlling** • **Kostenrechnungskreis pflegen**. Abbildung 12.20 zeigt hierzu Beispieldaten.

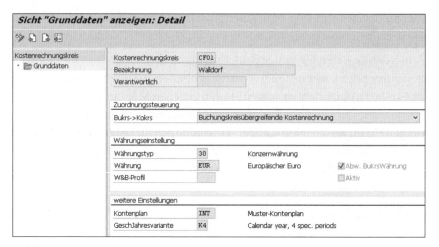

Abbildung 12.20 Beispieldaten zur Pflege des Kostenrechnungskreises

Kontierungen Zusätzlich zu diesen grundlegenden finanziellen Einstellungen bestimmt der Kostenrechnungskreis, über welche Entitäten Sie in Central Finance berichten können. Hier legen Sie fest, welche *Kontierungen* in Ihrem Universal Journal aktiv sind (Kostenstelle, Auftrag usw.). Häufig werden dazu die Komponenten Kostenstellen, Auftragsverwaltung, Prozesskostenrechnung und Wirtschaftlichkeitsanalyse ausgewählt. Die Profitcenter-Rechnung wird nicht als separate Kontierung aktiviert, da sie innerhalb des Universal Journals abgedeckt wird.

Ergebnisbereich definieren Nun folgt die Definition Ihres Ergebnisbereichs. Wenn Sie das volle Potenzial des Universal Journals nutzen möchten, sollten Sie die *kontenbezogene Ergebnisrechnung* aktivieren. Für primäre Kosten und Erlöse wird dadurch sichergestellt, dass alle in den Buchhaltungsbelegen enthaltenen Umsatzbuchungen, Umsatzabschläge und Kosten der Warenverkäufe automatisch zu einer Kombination von CO-PA-Merkmalen wie Produkt, Kunden und Region gebucht werden können. Diese Einstellungen zur Pflege des Ergebnisbereiches und der Merkmale finden Sie unter den bekannten Controlling-Menüpunkten und nicht unter **Finanzwesen (neu)**.

Organisationseinheiten abbilden Abschließend müssen noch die Organisationseinheiten abgebildet werden. Die bisher vorgestellten globalen Parameter für Ländergesellschaften, Buchungskreise etc. werden üblicherweise mithilfe von Wertzuordnungen abgewickelt, die Sie wie zuvor beschrieben angelegt haben. Wenn Sie sich im SAP-Standard bewegen, müssen Sie diese Einstellungen der Zuordnungsentitäten, die Sie in Abbildung 12.21 sehen, normalerweise nicht anpassen. Allerdings müssen Sie Entitäten hinzufügen, wenn Sie Ihre eigenen Felder oder Felder aus einem externen System in Central Finance abbilden wollen. Wenn Sie diese Einstellungen abgeschlossen haben, sind die Hauptorganisationsstrukturen für Central Finance vorhanden.

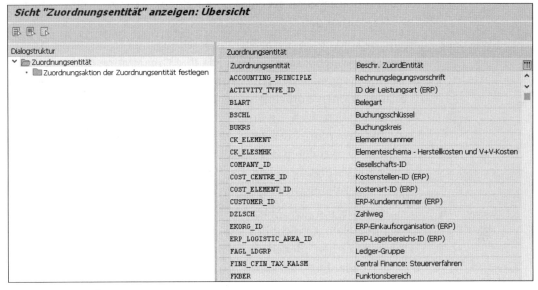

Abbildung 12.21 Übersicht der Zuordnungsentitäten

Als Nächstes werden wir uns anschauen, wie Sie die Stammdaten pflegen, die in den Finanzdokumenten verwendet werden.

12.5.3   Stammdaten

In diesem Abschnitt betrachten wir die benötigten Stammdaten. Bei Central Finance müssen Sie zwischen langlebigen Stammdaten (wie Konten und Profitcentern, für die in der Regel ein etablierter Master-Data-Governance-Prozess vorhanden ist) und dynamischeren Stammdaten unterscheiden (z. B. Aufträgen und Projekten, die nach Bedarf erstellt werden). Für Stammdaten wie Kunden, Lieferanten, Materialien und Konten, die in regelmäßigen Abständen immer wieder nach Central Finance geladen bzw. aktualisiert werden, führen Sie ein Mapping durch, das auf den Schlüsselfeldern basiert.

Eine Central-Finance-Einführung kann ebenfalls den Anstoß zu einer Bereinigung von Stammdaten liefern. Wenn Sie bereits SAP Master Data Governance (SAP MDG) einsetzen, haben Sie eine solche Bereinigung schon durchgeführt und dadurch einen Vorteil, denn Central Finance kann diese Zuordnungen auslesen. Central Finance verwendet einige Mapping-Tabellen aus SAP MDG.

Bereinigung von Stammdaten

Auch wenn Sie noch nicht mit SAP MDG arbeiten, können Sie den Weg für eine spätere Implementierung vorbereiten, denn Sie können die Stammdatenzuordnungstabellen in Central Finance ohne separate Lizenzierung von SAP MDG verwenden.

Data Warehouse

Alternativ können Sie sich bei der Vorbereitung Ihrer Stammdaten auch an Ihrem Data Warehouse orientieren, da Ihre Organisation dort möglicherweise ihre Stammdaten bereits harmonisiert hat. Das ist der Fall, wenn Sie Transformationen vordefiniert haben, während Sie Daten in das Data Warehouse übertragen. Die im Folgenden aufgeführten Entitäten stellen hier den Schwerpunkt der Berichterstattung dar. Wichtig ist, dass alle im Reporting verwendeten Feldinhalte auch als Stammdaten in Central Finance zur Verfügung stehen. Das beinhaltet auch Stammdaten für Steuerverfahren, Zahlungsbedingungen etc.

Konten im Hauptbuch

Beginnen wir mit der Anlage von Konten im Hauptbuch. In diesem Abschnitt wollen wir nicht in die spezifischen Funktionen der Hauptbuchhaltung abtauchen oder alle Kontenarten im Detail betrachten. Essenziell wichtig ist allerdings, dass alle lokal verwendeten Konten auch in Central Finance existieren. Sollte das nicht der Fall sein, werden entsprechende Datensätze in einer Fehlerliste geparkt.

Primäre Kostenarten

Eine Besonderheit betrifft die primären Kostenarten. In Central Finance wurden die beiden Stammdatenarten »Konten« und »Kostenarten« zu einem verschmolzen. Das bedeutet, dass es einen eigenen Datensatz gibt, allerdings nicht für die Kostenart, sondern nur für das Konto. Im Folgenden sind die wichtigsten Kostenartentypen aufgelistet (siehe auch Abbildung 12.22), für die Sie Konten in Central Finance benötigen. Sie erfahren außerdem, wie Sie die relevanten Daten bestimmen:

- **01: Primärkosten/kostenmindernde Erlöse**
  Überprüfen Sie Ihre Kontenbilanz und die Einstellungen für den Kostenrechnungskreis, um alle Konten/Kostenarten für Löhne und Gehälter, Abschreibungen für Anlagen, Materialbewegungen etc. zu identifizieren.

- **11: Erlöse**
  Schauen Sie wieder auf die Kontenbilanz, um alle Konten/Kostenarten für Umsätze sowohl mit externen Kunden als auch mit internen Geschäftspartnern zu identifizieren.

- **12: Erlösschmälerung**
  Hier ist es sinnvoll, Ihre Kontenbilanz mit den Verkaufsbedingungen zu vergleichen, die verwendet werden, wenn Sie Ihren Kunden Rechnungen stellen.

- **22: Abrechnung extern**
  Hier wollen Sie wissen, wo Sie Investitionskosten haben, die mit Anlagen im Bau abgerechnet werden oder wo Fertigungsaufträge vorliegen, die zum Fertigwarenlager abgerechnet werden.

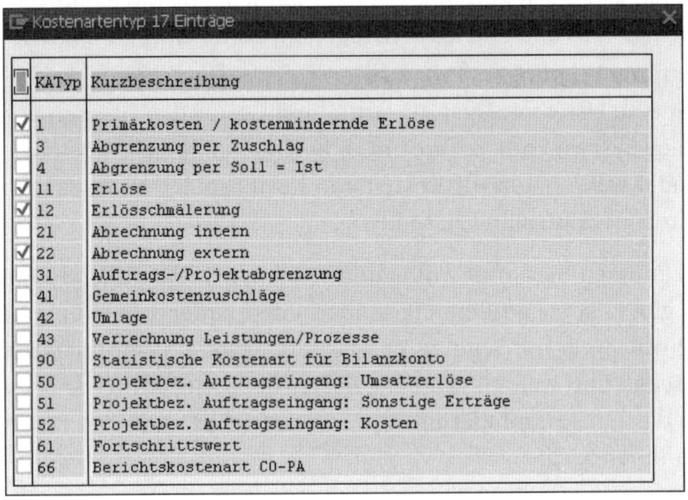
Kostenartentyp 17 Einträge

	KATyp	Kurzbeschreibung
☑	1	Primärkosten / kostenmindernde Erlöse
☐	3	Abgrenzung per Zuschlag
☐	4	Abgrenzung per Soll = Ist
☑	11	Erlöse
☑	12	Erlösschmälerung
☐	21	Abrechnung intern
☑	22	Abrechnung extern
☐	31	Auftrags-/Projektabgrenzung
☐	41	Gemeinkostenzuschläge
☐	42	Umlage
☐	43	Verrechnung Leistungen/Prozesse
☐	90	Statistische Kostenart für Bilanzkonto
☐	50	Projektbez. Auftragseingang: Umsatzerlöse
☐	51	Projektbez. Auftragseingang: Sonstige Erträge
☐	52	Projektbez. Auftragseingang: Kosten
☐	61	Fortschrittswert
☐	66	Berichtskostenart CO-PA

Abbildung 12.22 Relevante primäre Kostenarten für Central Finance

Sekundäre Kostenarten

Auch *sekundäre Kostenarten* werden als Konten angelegt. Erfahrenen SAP-Anwendern kommt es sicher seltsam vor, hierfür Konten anzulegen, aber ist es hilfreich, sich die verschiedenen Kostenartentypen genauer anzuschauen, die Sie in Central Finance benötigen. Beginnen Sie, indem Sie eine Liste der Kostenelemente erstellen, die Sie zurzeit verwenden (mithilfe der Transaktion KA23, Kostenarten: Stammdaten-Bericht). Verschaffen Sie sich ein Verständnis für den Prozess, durch den jedes Kostenelement aktualisiert wird. Anschließend können Sie entscheiden, ob Sie die gleiche Granularität der Kostenarten für den Prozess in Central Finance behalten möchten oder ob Sie eine andere Abbildung bevorzugen.

Buchungen für folgende Kostenartentypen (ebenso zu sehen in Abbildung 12.22) können zurzeit nach Central Finance übernommen werden:

- **21: Abrechnung intern**
  Überprüfen Sie die Abrechnungsstrukturen in Ihrem lokalen System, um zu bestimmen, welche Kostenarten verwendet werden, und um die Kosten von Aufträgen und Projekten an andere Empfänger im Controlling zu senden.
- **41: Gemeinkostenzuschläge**
  Überprüfen Sie die Kalkulationsschemata in Ihrem lokalen System, um zu bestimmen, welche Kostenarten verwendet werden, und um die Kos-

ten von Kostenstellen an Aufträge und Projekte im Controlling zu senden.

- **42: Umlage**
  Überprüfen Sie die Bewertungszyklen in Ihrem lokalen System, um zu bestimmen, welche Kostenarten verwendet werden, und um die Kosten von Kostenstellen zu anderen Kostenstellen im Controlling zu senden.

- **43: Verrechnung Leistungen/Prozesse**
  Sie müssen eine Liste von Leistungsarten und Geschäftsprozessen aus Ihrem lokalen System vorbereiten, um zu bestimmen, welche Kostenarten verwendet werden, um die Kosten von Kostenstellen zu Aufträgen und Projekten im Controlling zu senden.

Profitcenter und Kostenstellen

Des Weiteren müssen Sie Profitcenter und Kostenstellen definieren. Bei Profitcentern gibt es keine größeren Besonderheiten, außer dass in Central Finance das Profitcenter mit Segmenten existiert, bevor eine Profitcenter-Rechnung durchgeführt werden kann. Die Kostenstelle wiederum ist neben einem Konto das eine Stammdatum, das nahezu sicher nach Central Finance übernommen wird.

Wenn Sie zu einem einzelnen Kostenrechnungskreis für eine vereinfachte Berichterstattung wechseln, kann es eine Herausforderung sein, zu erkennen, welche Kostenstellen zu welchem Buchungskreis gehören. Daher sollten Sie eine entsprechende und eindeutige Nummerierung verwenden. Es ist auch wichtig, zu identifizieren, ob der gleiche Kostenstellenschlüssel in mehreren Systemen existieren kann, um Konflikte zu vermeiden, wenn verschiedene lokale Systeme angeschlossen werden. Da die Attribute in der Kostenstelle auch die Zuordnung der Kostenstellen zu Funktionsbereich, Profitcenter und Geschäftsbereich bestimmen, sollten Sie dies sorgfältig abwägen.

[!] **Attribute der Kostenstellen**

Achten Sie darauf, wie Sie die Attribute der Kostenstelle pflegen. Das Profitcenter oder der Funktionsbereich, das bzw. der von der Kostenstelle abgeleitet wird, überschreibt jede Zuordnung, die in den Mapping-Tabellen gepflegt wurde (siehe auch Abbildung 12.21).

Materialstämme

Die Idee, die gesamten Materialstämme zu zentralisieren und zu harmonisieren, kann ein aufwendiges Unterfangen sein. Im Fall von Central Finance sind Sie allerdings nur an einer kleineren Teilmenge interessiert. Alle Einstellungen, die Bedarfsplanung, Produktion, Beschaffung, Lagerverwaltung etc. steuern, können in den lokalen Systemen verbleiben. Die wichtigsten Elemente, die es zu berücksichtigen gilt, sind:

- **Namens-/Nummerierungskonventionen**

  Diese Konventionen werden kein Problem sein, wenn Sie Daten aus dem ersten lokalen System übernehmen. Es kann dann allerdings bei jedem weiteren System zu Problemen kommen, sofern Sie nicht bereits Ihre Materialstämme bereinigt haben. Denken Sie daran, möglicherweise den Weg für eine durchgängige Bestandsberichterstattung und ein zentrales Material-Ledger vorzubereiten, auch wenn Sie diese Funktion in Central Finance nicht direkt nutzen.

- **Zuordnung zu Produkthierarchien**

  Da die Produkthierarchien eine der wichtigsten Möglichkeiten darstellen, wie sich Familien ähnlicher Produkte in CO-PA aggregieren, lohnt es sich, einige Zeit in dieses Thema zu investieren. Ob Sie sich dann bewusst für »unordentliche« Produkthierarchien im lokalen System entscheiden und eine andere Struktur in Central Finance verwenden oder ob Sie Ihre Produkthierarchien doch harmonisieren, ist eine komplexe Frage, die nicht allein von der Finanzabteilung entschieden werden kann.

- **Zuordnung zu Materialgruppen**

  Die Bedenken gegenüber den Produkthierarchien gelten analog für Materialgruppen. Sie sollten auch hier wissen, ob Sie Materialattribute in Ihren Materialstämmen haben, die Sie für die zentrale Berichterstattung benötigen, wie z. B. Ausgabenkategorien.

Die Stammdaten für Kunden und Lieferanten können ziemlich minimalistisch gehalten sein, weil man erst mal keine der Einstellungen benötigt, die Verfahren wie Zahlungen oder Ausfuhren regeln. Sofern Kunden betroffen sind, sind Sie in erster Linie an Attributen wie der Kundengruppe interessiert, die Sie für das strategische Reporting in der Ergebnisrechnung benötigen, sowie an Lieferanten und an den Einstellungen für die unternehmensübergreifende Abstimmung. Wenn Sie die Reihenfolge erarbeiten, in der die Daten aus den Systemen übernommen werden, müssen Sie vorsichtig sein bei übergreifend verwendeten Kunden- und Lieferantendaten, falls ein involvierter Geschäftsbereich nicht in Central Finance einbezogen wird.

12.5.4   Mapping, Fehlerbehandlung und das initiale Datenladen

Nun, da wir die wichtigsten Stammdaten für Central Finance identifiziert haben, ist es an der Zeit, darüber nachzudenken, ob es eine 1:1-Beziehung zwischen dem Sender- und dem Empfängersystem gibt oder ob eine Umstellung stattfinden muss. Wenn Sie nichts weiter tun, wird das System davon ausgehen, dass es eine 1:1-Beziehung zwischen den Entitäten im Sender- und im Empfängersystem gibt, und die Buchungen werden ausge-

Key-Mapping für Stammdaten

führt, wenn die entsprechenden Stammdaten vorhanden sind. Beachten Sie dabei, dass Sie auch sicherstellen müssen, dass die entsprechenden Dokumentarten, Buchungsschlüssel und so weiter in dem zentralen System vorhanden sind, da diese alle Teil eines Universal-Journal-Eintrags sind. Wenn Sie dies für einen der Einträge außer Kraft setzen wollen, müssen Sie eine entsprechende Aktion zuordnen.

Mapping-Optionen Für jede Entität (siehe Abbildung 12.21) haben Sie folgende Mapping-Optionen in Central Finance zur Verfügung (siehe Abbildung 12.23):

- **Daten erhalten**: Dies ist die Standardeinstellung. Feldwerte dieser Art werden überhaupt nicht umgeschlüsselt, und die Einheiten, die aus dem Sendersystem übertragen werden, werden beibehalten.

- **Zuordnen obligatorisch**: Die Feldwerte für alle gefüllten Felder müssen gemappt werden. Wenn keine Zuordnungsdaten für die Daten in den FI-Belegen vorhanden sind, wird ein Fehler ausgegeben, der durch das Fehlerkorrektursystem (Error Correction and Suspense Accounting, ECS) korrigiert werden kann.

- **Zuordnen wenn möglich**: Das System versucht, alle gefüllten Felder zu mappen. Wenn keine Umschlüsselung gepflegt ist, wird kein Fehler ausgegeben, sondern es werden die Originaldaten verwendet, die aus dem Sendersystem übertragen werden.

- **Daten löschen**: Nur gelegentlich wird das Sendersystem ein Feld übertragen, für das Sie keine Verwendung in Central Finance haben. Wenn Sie Felder haben, die Sie nicht übertragen wollen, müssen Sie diese Einstellung verwenden, um sicherzustellen, dass diese Felder gelöscht oder aus dem Dokument entfernt werden.

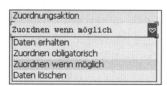

Abbildung 12.23 Zuordnungsaktionen im Mapping-Schritt

Das häufigste Mapping ist ein *Paar-Mapping*, bei dem Konto A aus dem lokalen System auf Konto B in Central Finance umgeschlüsselt wird. Um das Mapping vorzubereiten, verwenden Sie die Web-Dynpro-Anwendung `MDG_BS_WD_ID_MATCH_SERVICE`. Denken Sie auch daran, dass alle neuen Dokumente, die Sie erstellen, durch die normalen Schnittstellen im Rechnungswesen laufen, sodass Sie alle üblichen Optionen für Umsetzungen und die Implementierung von User-Exits haben.

Wenn Sie die Umschlüsselung Ihrer Stammdaten planen, ist es auch wichtig zu wissen, was passieren wird, wenn mal Dinge schiefgehen sollten. Die Fehler können sich auf alle ankommenden Dokumente beziehen (wenn z. B. eine Periode in Central Finance noch nicht geöffnet wurde) oder auf bestimmte Stammdaten, wie zum Beispiel auf eine gesperrte Kostenstelle.

Wenn Sie die Business Functions zur Vorabkontierung und Fehlerkorrektur aktiviert haben, erhalten Sie eine Liste der Dokumente, die nicht gebucht werden konnten und als Fehler in der Arbeitsliste erfasst wurden. Sie können entweder ein einzelnes Element auswählen und eine manuelle Korrektur an den Stammdaten vornehmen oder die Regeln der Umschlüsselung anpassen und die Liste aktualisieren. Beachten Sie, dass zum Zeitpunkt der Buchungen nur Fehler in den FI-Belegen über diese Funktion abgedeckt werden. Wenn Fehler zum Beispiel in den CO-Dokumenten auftreten, weil ein Aktivitätstyp nicht in Central Finance existiert, wird Ihnen ein Fehler direkt im SAP LT Replication Server angezeigt.

Konsistenz ist das Schlüsselwort für die initiale Datenübernahme nach Central Finance. Sie wollen sicherstellen, dass alle Daten, die aus dem lokalen System übertragen werden, bereinigt sind, und Sie wollen nicht, dass Benutzer während des Ladevorgangs neue Buchungen vornehmen oder Jobs einplanen. Daher sollten Sie die Buchungsperioden für die Zeit der Übertragung gegen Buchungen sperren, um versehentliche Updates zu verhindern.

Um sicherzustellen, dass die Daten in Ihrem Sender-System sauber sind, gibt es verschiedene Reports, die Sie vor der Migration ausführen sollten:

- Zur Vorbereitung der Übertragung Ihrer Anlagenbuchungen schließen Sie die periodische Anlagenbuchung mit dem Programm RAPERB2000 und führen dann den periodischen Abschreibungslauf mit dem Programm RAPOST2000 durch.

- Stellen Sie sicher, dass die Indextabellen und Transaktionszahlen im neuen Hauptbuch im Einklang sind, indem Sie den Report RFINDEX für alle Geschäftsjahre laufen lassen. Beschränken Sie die Auswahl im lokalen System auf die Buchungskreise, die Sie nach Central Finance übertragen wollen.

- Stellen Sie durch den Report TFC_COMPARE_VZ oder die Transaktion FAGLF03 sicher, dass die Zahlen im neuen Hauptbuch denen in den Nebenbüchern entsprechen.

- Wenn Sie das neue Hauptbuch in Ihrem lokalen System verwenden, müssen Sie sicherstellen, dass die Zahlen in Ihren verschiedenen Ledgers zusammenpassen. Verwenden Sie den Report RGUCOMP4 oder die Transaktion GCAC für die ausgewählten Buchungskreise.

Fehlerkorrektur und Verwahrkonten

Erstdatenübernahme

Reports für die Datenqualität

- Stellen Sie auch sicher, dass die Werte in der SAP-ERP-Materialwirtschaft im Einklang sind mit den Zahlen im neuen Hauptbuch, indem Sie die Reports RMO7MBST und RMO7MMFI für die relevanten Buchungskreise ausführen.

- Bereiten Sie Ihre Saldenvorträge für alle Währungen und Ledger vor. Für Kreditoren und Debitoren führen Sie den Report SAPF010 und für die SAP-Hauptbuchhaltung den Report SAPFGLBCF aus.

- Bereiten Sie einen Auszug Ihrer Abschlüsse vor (Programm RFBILA00), der die Summen pro Kostenstelle (Transaktion S_ALR_87013611), die Sachkontensalden für die entsprechenden Buchungskreise (Report RFSSLD00) und das Belegjournal (Report RFBELJ00) enthält.

Sie sind nun bereit für die eigentliche, initiale Datenübernahme. Hier folgen Sie dem Ablauf im IMG (siehe Abbildung 12.24) und wählen als Erstes das logische System aus, von dem Sie die Daten übernehmen möchten.

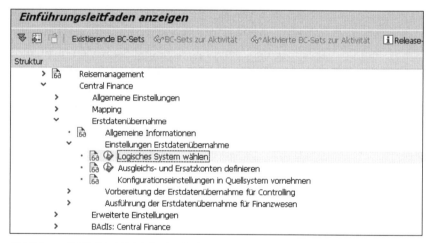

Abbildung 12.24 Die Wahl des logischen Systems

Bestimmen Sie auch entsprechende Konten für jeden Buchungskreis, die während der Migration für Gegenbuchungen verwendet werden. Sobald die Datenübernahme abgeschlossen ist, sollte das Guthaben auf diesen Konten null sein. Wenn die Extraktion gestartet wurde, werden die Daten in Central Finance erst in einer vorläufigen Tabelle gespeichert. Die Buchung wird dabei nur simuliert.

Buchung in
Central Finance

Wenn Sie mit dem Ergebnis bzw. den Inhalten zufrieden sind, bestätigen Sie sie im nächsten Schritt **Daten der Erstdatenübernahme buchen** (siehe Abbildung 12.25) und lösen dadurch die eigentliche Buchung in Central Finance aus.

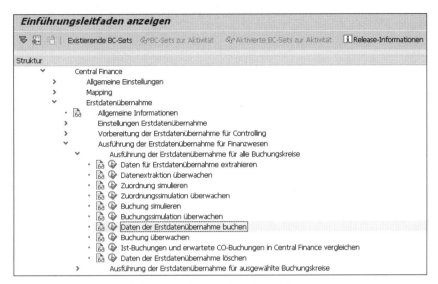

Abbildung 12.25 Produktive Datenübernahme bestätigen

Sobald Sie fertig sind, führen Sie den Report `RFINS_CFIN_MATCH_FI_TO_CO` aus, um die Konsistenz der CO-Buchungen zu überprüfen. Außerdem können Sie den letzten Vorbereitungsschritt zu den Abschlüssen, den Sie auf den lokalen Systemen durchgeführt haben, nun auch auf Central Finance durchführen, um die Konsistenz sicherzustellen.

Jetzt haben Sie das initiale Setup von Central Finance technisch abgeschlossen. Sie haben alle FI-relevanten Belege übernommen und Ihr Central-Finance-System mit ersten Daten bestückt. Die erste Datenübernahme ist hiermit beendet, und Sie können mit den CO-Dokumenten fortfahren, was aber einen separaten Ladeprozess darstellt.

Die komplette Konfiguration eines Central-Finance-Systems bzw. der SAP-S/4HANA-Finance-Plattform beinhaltet natürlich noch viele weitere Schritte. Weitere Informationen zu SAP S/4HANA Finance erhalten Sie zum Beispiel in dem Buch »SAP S/4HANA Finance – Prozesse, Funktionen, Migration« von Janet Salmon, Thomas Kunze, Daniela Reinelt, Petra Kuhn und Christian Giera (SAP PRESS 2016).

Kapitel 13

SAP S/4HANA On-Premise in die Systemlandschaft integrieren

In diesem Kapitel erläutern wir die Integration eines SAP-S/4HANA-Systems mit SAP Ariba, SAP SuccessFactors und weiteren in der Landschaft vorhandenen SAP-Systemen.

SAP S/4HANA basiert, wie auch die SAP Business Suite auf SAP NetWeaver. Eine Integration in eine bestehende Systemlandschaft der SAP Business Suite sollte deshalb in der Regel ohne Schwierigkeiten möglich sein oder nur sehr wenige Probleme bereiten. In diesem Kapitel gehen wir näher auf die Integration des Geschäftsnetzwerkes SAP Ariba und die Integration mit SAP SuccessFactors ein. Im letzten Abschnitt geben wir noch einige Hinweise zur Integration mit vorhandenen SAP-Systemen.

13.1   Integration mit SAP Ariba

SAP S/4HANA bietet native, einfach zu implementierende Direktverbindungen mit SAP-Ariba-Lösungen. Weder Add-ons noch Middleware werden dafür benötigt. Indirekte Verbindungen, die auf cXML basieren, werden aber grundsätzlich ebenfalls unterstützt.

Unterstützte Technologien

Vorsicht ist bei der Nutzung älterer Technologien geboten, wie IDocs/Electronic Data Interchange (EDI), Business Application Programming Interfaces (BAPIs) und Remote Function Calls (RFC).

Im Folgenden erläutern wir, was bei der Integration eines On-Premise-Systems von SAP S/4HANA mit SAP Ariba zu beachten ist.

13.1.1   Integrierte Geschäftsprozesse mit SAP-Ariba-Lösungen und SAP S/4HANA

Die Geschäftsprozesse in der Beschaffung und Buchhaltung, die von der Digitalisierung und der Integration zwischen SAP S/4HANA und SAP-Ariba-Lösungen profitieren können, sowie ihre Implementierung haben wir in Kapitel 8.1, »Integration mit SAP Ariba«, besprochen. In diesem Abschnitt

Unterschiede zwischen Cloud und On-Premise

zeigen wir lediglich die Unterschiede zwischen der Integration der SAP S/4HANA Cloud und der Integration der On-Premise-Version von SAP S/4HANA mit den SAP-Ariba-Lösungen.

Integration mit SAP-Ariba-Lösungen	Geschäftsprozesse und Scope Items	Middleware	Umsetzung im System
SAP S/4HANA Cloud 1611	■ 1A0 SAP Ariba Sourcing ■ 1L2 Ariba Quote Automation ■ J82 Ariba Purchase Order to Invoice Automation ■ 19O Ariba Payment and Discount Management	keine Middleware erforderlich oder unterstützt	SAP-Fiori-Kachel für die Konfiguration
SAP S/4HANA 1610	Native SAP-S/4HANA-Integration: ■ 1A0 SAP Ariba Sourcing ■ J82 Ariba Purchase Order to Invoice Automation ■ 19O Ariba Payment and Discount Management	keine Middleware erforderlich; SAP Process Orchestration (PO) sowie SAP Cloud Platform Integration unterstützt	SAP-Einführungsleitfaden (IMG)
	Alte Technologien basierend auf IDoc, BAPI, RFC und Ariba Cloud Integration (CI): ■ SAP Ariba Sourcing ■ Ariba Purchase Order to Payment ■ Ariba Spot Quote/Quote Automation* ■ Ariba Contract Management Professional* ■ Ariba SIPM* ■ AribaPay* ■ Ariba Procure-to-Pay (P2P/P2O)* ■ Ariba Collaborative Supply Chain (CSC)*	SAP Process Orchestration (PO) oder SAP Cloud Platform Integration erforderlich	SAP-Einführungsleitfaden (IMG)

* Technisch freigegeben für Ariba Cloud Integration CI-8 auf SAP Process Orchestration 7.5 in Verbindung mit SAP S/4HANA 1511; technisch freigegeben für CI-9 mit PI 7.5 und SAP S/4HANA 1605; wenn technisch freigegeben, können Kunden ihre Implementierung von SAP Ariba zertifizieren lassen. Weitere Informationen erhalten Sie direkt von Ariba. Diese Szenarien sind von SAP nicht als Standardszenario mit SAP S/4HANA getestet.

Tabelle 13.1 Vergleich der Integrationsvarianten von SAP S/4HANA Cloud 1611 und SAP S/4HANA 1610 mit SAP-Ariba-Lösungen

Es gibt Unterschiede im jeweiligen Umfang der unterstützten Geschäftsprozesse, in den technischen Szenarien der Implementierung und in der physischen Umsetzung dieser Implementierungen im System (siehe Tabelle 13.1).

Gegenüber der SAP S/4HANA Cloud fällt auf, dass weitgehend dieselben Prozesse unterstützt werden, wenn die für SAP S/4HANA neu entwickelte, cXML-basierte sogenannte *native Integration* mit SAP Ariba verwendet wird. Eine Ausnahme bildet das Szenario Ariba Quote Automation, das zurzeit nur in der Cloud nativ unterstützt wird.

Native Integration und IDoc

> ### Alte Integrationstechnologien mit SAP S/4HANA
>
> Wenn Sie die aus der SAP Business Suite bekannten konventionellen Schnittstellen verwenden, scheinen laut Tabelle 13.1 zunächst mehr Geschäftsprozesse unterstützt zu werden, inklusive Ariba Procure-to-Pay (P2P) und Ariba Collaborative Supply Chain (CSC). Allerdings ist bei jeder mit einem Stern markierten Integration mit SAP S/4HANA Vorsicht geboten: Mit SAP S/4HANA sind diese Prozesse bislang weder standardmäßig getestet, noch werden sie offiziell durch den SAP-Support unterstützt. Implementierungsprojekte, die Ariba P2P/P2O, Ariba CSC oder eine der anderen in Tabelle 13.1 mit einem Stern markierten Integrationsszenarien vorsehen, sollten daher unbedingt schon während der Vertragsverhandlungen mit SAP und SAP Ariba abgestimmt werden.

[!]

13.1.2 Technische Integration von SAP S/4HANA mit SAP Ariba

Abhängig von den Geschäftsprozessen, die Sie für die Integration mit SAP Ariba gewählt haben, kann die Implementierung mit oder ohne Middleware erfolgen: Die native Integration, die auf cXML basiert, benötigt keinerlei Middleware. (cXML ist Aribas Protokoll, das für ausgewählte Szenarien von SAP S/4HANA ohne weiteres Add-on oder weitere Adapter unterstützt wird.)

Mit oder ohne Middleware

Wer dennoch auf Middleware zwischen seinem On-Premise implementierten SAP-S/4HANA-System und seiner SAP-Ariba-Instanz in der Cloud nicht verzichten möchte, kann diese Middleware entweder On-Premise (*SAP Process Orchestration*, PO) oder in der Cloud (*SAP Cloud Platform Integration*, früher *SAP HANA Cloud Integration*) verwenden. Wenn Sie SAP PO verwenden möchten, müssen Sie den *Ariba-Cloud-Integration-Adapter* (CI-8 oder höher) darauf implementieren. Beachten Sie dazu SAP-Hinweis 1991088.

> ### SAP Best Practices
>
> Die SAP Best Practices für die Integration von SAP S/4HANA mit SAP-Ariba-Lösungen unterstützen Sie bei diesem Projekt und geben Ihnen eine

[«]

schrittweise Anleitung sowohl für die native als auch für die indirekte Integration. Weitere Informationen hierzu finden Sie unter:
https://rapid.sap.com/bp/RDS_S4_ARI

Verarbeitung des cXML-Protokolls

Bei der indirekten Integration über Middleware werden die Daten im cXML-Format lediglich durchgereicht. Es findet keine Transformation in SAP PO oder SAP Cloud Platform Integration statt.

Die Integration, die auf IDocs, EDI, BAPIs und RFC basiert, gehört absichtlich nicht zu den dokumentierten Funktionen von SAP S/4HANA. Für diese Integration wird in jedem Fall Middleware in Form von SAP PO oder SAP Cloud Platform Integration benötigt, denn hier erfolgt eine Transformation der Protokolle von IDoc, EDI, BAPI bzw. RFC nach cXML und umgekehrt. Außerdem muss Ariba Cloud Integration (CI) auf der Middleware installiert werden und es müssen entsprechende Transporte ins SAP-S/4HANA-System erfolgen. Weitere Informationen hierzu erhalten Sie in dem Whitepaper »Integrating Ariba Cloud Solutions with SAP« unter *http://s-prs.de/v429767*.

Rapid-Deployment-Lösungen

Die Rapid-Deployment-Lösungen und SAP Best Practices, die SAP für die Integration der SAP Business Suite mit SAP Ariba entwickelt hat, können Ihnen bei Prozessen, die noch nicht offizell für SAP S/4HANA freigegeben sind, eine Hilfe sein. Einige grob vergleichbare Einstellungen sind dem geübten Auge z. B. von der Integration von SAP ERP mit Ariba P2P oder mit Ariba Collaborative Supply Chain her bekannt. Informationen zu den Rapid-Deployment-Lösungen für diese Szenarien finden Sie unter *https://rapid.sap.com/bp/RDS_ARIBA_P2P* und unter *https://rapid.sap.com/bp/RDS_ARIBA_RI*.

Da SAP S/4HANA, trotz vieler Gemeinsamkeiten mit SAP ERP, jedoch ein eigenständiges, neu definiertes Produkt ist, sind hierbei die Änderungen gegenüber SAP ERP zu beachten. Diese Änderungen finden Sie in der Simplification List. Rufen Sie sie unter *https://help.sap.com/s4hana* auf, und wählen Sie Ihre Produktversion, etwa SAP S/4HANA 1610.

Außerdem müssen Sie die *Compatibility Matrix* beachten sowie etwaige Release-Einschränkungen und SAP-Hinweise, die Sie ebenfalls auf dieser Seite der SAP-Hilfe finden.

[**»**] **Weitere Informationen zu SAP Best Practices und SAP Activate**

In SAP S/4HANA wird zur Implementierung der herkömmliche SAP-Einführungsleitfaden (Implementation Guide, IMG) genutzt. Außerdem empfiehlt SAP die Verwendung des SAP Solution Managers. Welche Einstellungen im Einführungsleitfaden oder im SAP Solution Manager vorzunehmen sind, erfahren Sie in den SAP Best Practices zur SAP-Ariba-Integration (*https://rapid.sap.com/bp/RDS_S4_ARI*) sowie im SAP-Best-Practices-Paket für SAP S/4HANA (*https://rapid.sap.com/bp/BP_OP_ENTPR*). Navigieren Sie hier jeweils zu **Accelerators • General Documents • Software and Delivery requirements**. Auch die Implementierungsmethode SAP Activate kommt bei der Integration von SAP S/4HANA wieder zum Einsatz.

Aufseiten des SAP Ariba Network wird die native Integration mit SAP S/4HANA genauso gehandhabt wie die mit SAP S/4HANA Cloud (siehe Abschnitt 8.1). Im Folgenden behandeln wir daher die spezifischen Einstellungen im Einführungsleitfaden von SAP S/4HANA. Dabei konzentrieren wir uns auf die native Integration der Scope Items für Ausschreibungen (*SAP Ariba Sourcing*, 1AO), die Automatisierung des Belegflusses von der Bestellung bis zu Rechnung (*Purchase Order to Invoice Automation*, J82), das Zahlungs- und Skonto-Management (*Ariba Payment and Discount Management*, 19O). Wir gehen auch auf die besonderen Einstellungen für die vermittelte Integration mit SAP PO oder SAP Cloud Platform Integration ein, wenn sie von den Einstellungen für die direkte Integration abweichen.

Technische Einstellungen

Die grundsätzlichen Einstellungen umfassen das Festlegen der Infrastruktur (etwa eine sichere Verbindung mit Zertifikat oder Shared Secret), eine Nachrichtensteuerung, RFC- und Background-RFC-Verbindungen, das Einplanen von Jobs, die Definition und das Einrichten der Dienste für eingehende cXML-Nachrichten sowie der Konsumenten für ausgehende Nachrichten.

Netzwerkeinstellungen

Anwendungsspezifisch müssen Sie außerdem die Ariba-Network-ID zu den Buchungskreisen zuordnen, die Ausgabesteuerung in zwei Varianten einrichten (*Nachrichtensteuerung* (NAST) oder *erweitertes Business Rule Framework* (BRFplus)) und das *SAP Application Integration Framework* (AIF) einrichten.

Anwendungsspezifische Einstellungen

Bei der vermittelten Integration mithilfe von SAP Cloud Platform Integration müssen Sie außerdem die verschlüsselte Kommunikation und SSL einrichten sowie die In- und Outbound-Szenarien. Bei Verwendung von SAP Process Orchestration sind außerdem der cXML-Adapter einzurichten und die Kommunikationskanäle zu konfigurieren.

Alle Einstellungen sind in den Best-Practice-Konfigurationsleitfäden nachzulesen, die Sie für die verschiedenen Integrationsszenarien unter den folgenden URLs finden:

Konfigurationsleitfäden

- Ausschreibungen mit SAP Ariba Sourcing (1AO): *http://s-prs.de/v429770*
- Automatisierung von Bestellung bis Lieferantenrechnung mit Ariba Purchase Order to Invoice (J82): *http://s-prs.de/v429771*
- Zahlungs- und Skontoverarbeitung mit Ariba Payment and Discount Management (19O): *http://s-prs.de/v429772*

BAdIs zur Prozess-optimierung

Die SAP Best Practices beschränken sich derzeit auf die technische Integration und die unmittelbar damit unterstützten Geschäftsprozesse. Was sie noch nicht abbilden, was aber unbedingt in Betracht gezogen werden sollte, sind weitere Prozessoptimierungen und -automatisierungen, wo immer sie sinnvoll erscheinen.

Beispielsweise stellt sich die Frage, welchen Effekt vom Lieferanten zurückgewiesene Bestellungen haben sollen: Soll SAP S/4HANA selbständig den nächsten Lieferanten anschreiben? Soll eine Ausschreibung erfolgen? Soll die Ablehnung die Beurteilung dieses Lieferanten beeinflussen? In der On-Premise-Version von SAP S/4HANA sind Business Add-Ins (BAdIs) zugänglich, die solche weiteren Optimierungen ermöglichen. Sie finden diese ebenfalls über den IMG.

In SAP Ariba sind weitere Prozessoptimierungen möglich über die Aussteuerung der Konfiguration unter **Administration**. Die Dokumentation hierzu finden Sie auf den Ariba-Support-Seiten unter: *https://connect.ariba.com/AC*

[»]

Weitere Informationen zur Integration von SAP S/4HANA On-Premise und SAP Ariba

Weitere Informationen zur Integration von SAP S/4HANA und SAP Ariba finden Sie auf den folgenden Seiten:

- SAP S/4HANA Sourcing and Procurement Flipbook:
  http://s-prs.de/v429773
- Produktdokumentation für die SAP-S/4HANA-Integration im SAP Help Portal (hier Kapitel 6, »Integration«):
  http://s-prs.de/v429774
- Integrationsszenarien für SAP S/4HANA:
  http://s-prs.de/v429775
- Whitepaper zur Integration von SAP-Ariba-Cloud-Lösungen mit SAP:
  http://s-prs.de/v429776
- Automatisierung des Geschäftsprozesses von der Bestellung bis zur Lieferantenrechnung:
  http://s-prs.de/v429777

- SAP S/4HANA Finance und Ariba Discount Professional (Video):
  http://s-prs.de/v429778
- Wert der Automatisierung im SAP Ariba Network für Lieferanten:
  http://s-prs.de/v429779

13.2   Integration mit SAP ERP HCM und SAP SuccessFactors

Um die Prozesse im Bereich des Personalwesens in einer Landschaft zusammen mit SAP S/4HANA zu betreiben, bietet SAP verschiedene Möglichkeiten an. Es werden drei Hauptszenarien unterschieden:

Integrationsszenarien

- SAP S/4HANA wird mit einem SAP-ERP-HCM-System verbunden (Human Capital Management).
- SAP ERP HCM wird innerhalb der SAP-S/4HANA-Instanz betrieben.
- SAP S/4HANA wird mit SAP SuccessFactors Employee Central verbunden.

Diese drei Szenarien erläutern wir in den folgenden Abschnitten.

13.2.1   ALE-Integration mit SAP ERP HCM

Der erste Fall unterscheidet sich nicht von dem Betrieb eines klassischen SAP-ERP-Systems mit einem verbunden SAP-ERP-HCM-System. Auch die Einrichtung der Integration mithilfe einer ALE-Verbindung (Application Link Enabling) unterscheidet sich nicht. Sie ist im »SAP S/4HANA Installation and Administration Guide« ausführlich beschrieben.

Integration mit ALE

Die wesentlichen Schritte zur Konfiguration dieser Integration beschreiben wir im Folgenden. Voraussetzung dafür ist das Anlegen eines Benutzers in beiden Systemen (SAP S/4HANA und SAP ERP HCM), der für die Kommunikation benutzt wird. Diese Benutzer sollten denselben Namen haben und benötigen Berechtigungen, um IDoc-Übertragungen durchführen zu können.

ALE-Integration einrichten

Das SAP-ERP-HCM-System muss anschließend als das System aktiviert werden, das HR-Stammdaten (Human Resources) in andere Systeme verteilen kann. Dies geschieht in der Transaktion SALE. Navigieren Sie hier zu **IDoc-Schnittstelle/Application Link Enabling (ALE)** • **Geschäftsprozesse modellieren und implementieren** • **Vordefinierte ALE-Geschäftsprozesse konfigurieren** • **Personalwirtschaft** • **Stammdatenverteilung** • **Verteilte HR-Stammdaten**. Wählen Sie dort den Systemschalter **ALE: Originalsystem für Personendaten aktiv**, und tragen Sie in die Spalte **sm. Kürzel** den Wert »REPPA« ein (siehe Abbildung 13.1).

Stammdatenverteilung aktivieren

13

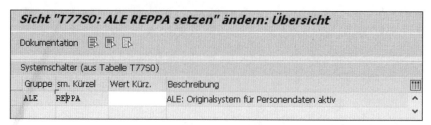

Abbildung 13.1 SAP-ERP-HCM-System für die Verteilung von Stammdaten aktivieren

Logische Systeme
Nun müssen Sie für beide Systeme jeweils logische Systeme in der Transaktion SALE erstellen. Dies geschieht in den Grundeinstellungen unter **IDoc-Schnittstelle/Application Link Enabling (ALE)**. Folgen Sie dabei der Namenskonvention »Systemname + CLNT + Mandantennummer«. Nennen Sie Ihr System also zum Beispiel SYSCLNT100. Als Nächstes ordnen Sie die logischen Systeme jeweils einem Mandanten zu. Dies muss ebenfalls für beide Systeme geschehen.

RFC-Verbindungen
Nun können Sie die RFC-Verbindungen zwischen den Systemen anlegen. Dazu rufen Sie die Transaktion SM59 des SAP-ERP-HCM-Systems und des SAP-S/4HANA-Systems auf. Nutzten Sie dazu wieder den im ersten Schritt angelegten Benutzer.

Verteilungsmodell
Als Nächstes legen Sie das Verteilungsmodell in der Transaktion BD64 an. Wählen Sie hier auch die Nachrichtentypen aus, und definieren Sie jeweils das SAP-ERP-HCM-System als sendendes und das SAP-S/4HANA-System als empfangendes System.

Zurück in der Transaktion SALE aktivieren Sie für diesen Nachrichtentypen den Änderungsanzeiger pro Nachrichtentyp.

Anschließend pflegen Sie in der Transaktion WE21 im SAP-ERP-HCM-System den Port für die IDoc-Verarbeitung und das Partner-Profil in der Transaktion WE20.

Nun kann die initiale Verteilung der Mitarbeiterstammdaten gestartet werden. Es empfiehlt sich, für die Verteilung von Änderungen in den Stammdaten einen Hintergrundjob anzulegen.

13.2.2   Integration von SAP ERP HCM innerhalb der SAP-S/4HANA-Instanz

Compatibility Packages
Das zweite Integrationsszenario für SAP ERP HCM wird durch eine spezielle Lizenzvereinbarung für SAP S/4HANA ermöglicht, die es den Kunden erlaubt, im Rahmen der SAP S/4HANA Compatibility Packages (siehe Ab-

schnitt 3.2.1, »On-Premise-Editionen von SAP S/4HANA«) unter anderem klassische Funktionen aus SAP ERP HCM innerhalb der SAP-S/4HANA-Instanz zu betreiben.

In diesem Fall gibt es besondere Integrationsszenarien mit *SAP SuccessFactors Talent Management Suite*, die eine hybride Integration ermöglichen. Dies bedeutet, dass die grundlegenden Personalverwaltungsprozesse zwar in SAP ERP HCM innerhalb von SAP S/4HANA stattfinden, dass für einzelne Prozesse aber Module aus der SAP SuccessFactors Talent Management Suite genutzt werden. Diese Integration kann mithilfe von SAP Cloud Platform Integration oder mit SAP Process Orchestration als Middleware eingerichtet werden.

Neben dem Transfer von Mitarbeiterdaten können so folgende Daten integriert werden (siehe Abbildung 13.2):

Datenaustausch

- Personalbeschaffungsdaten
- Onboarding-Daten
- Offboarding-Daten
- Mitarbeiterdaten und organisatorische Daten
- Vergütungsdaten
- Daten der variablen Bezahlung
- Auswertungsdaten
- Qualifikationsdaten

Diese Daten werden von folgenden Modulen in der SAP SuccessFactors Talent Management Suite genutzt:

- Vergütungsplanung
- Personalbeschaffung
- Learning-Management-System
- Onboarding
- Workforce Analytics

Diese Integration wird mithilfe des SAP-Integrations-Add-ons für SAP ERP HCM und SAP SuccessFactors realisiert. Eine ausführliche Dokumentation dazu finden Sie im SAP Help Portal unter dem Link *https://help.sap.com/cloud4hr*. Die Einrichtung dieser speziellen Integrationsszenarien beinhaltet keinerlei Schritte, die spezifisch für SAP S/4HANA sind. Sie entspricht der Integration eines SAP-ERP-HCM-Systems mit der SAP SuccessFactors Talent Management Suite.

13

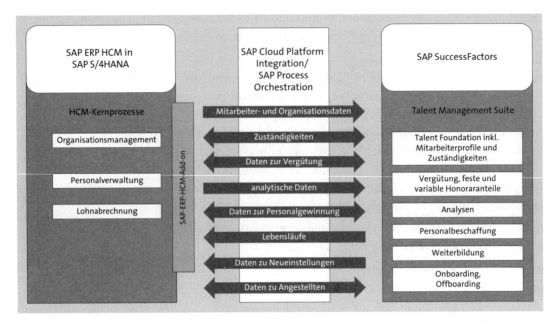

Abbildung 13.2 Umfang der Integration in die SAP SuccessFactors Talent Management Suite

Integrations-
Content

Anders als für die Integration mit SAP SuccessFactors Employee Central, die wir im folgenden Abschnitt beschreiben, wird für diese Integration auch vordefinierter Integrations-Content für die On-Premise-Middleware SAP Process Orchestration angeboten. Allerdings empfiehlt SAP, für eine Integration mit SAP S/4HANA bevorzugt SAP Cloud Platform Integration zu verwenden, unabhängig davon, ob es ein Cloud- oder ein On-Premise-System ist.

[»]   **Side-by-Side-Betrieb von SAP ERP HCM und SAP SuccessFactors**

Ein Spezialfall des Betriebs von SAP ERP HCM innerhalb der SAP-S/4HANA-Instanz ist der sogenannte *Side-by-Side-Betrieb*. Hierbei werden SAP ERP HCM und SAP SuccessFactors Employee Central als gleichberechtigte Systeme zur Personalverwaltung betrieben. Mitarbeiterdaten werden in beide Richtungen zwischen den Systemen übertragen. Allerdings sollte ein System als das führende definiert werden. In ihm sind dann Analysen zur gesamten Mitarbeiterschaft möglich.

Technisch ähnelt die Umsetzung dieser Integration sehr der kompletten Integration von SAP S/4HANA und SAP SuccessFactors Employee Central, die wir im folgenden Abschnitt beschreiben. Es müssen lediglich zusätzliche Informationsflüsse (IFlows) in SAP Cloud Platform Integration verwendet werden.

13.2.3   Integration mit SAP SuccessFactors Employee Central

Das dritte Integrationsszenario im Bereich des Personalwesens beschreibt den Gebrauch von SAP SuccessFactors Employee Central (im Folgenden kurz als *Employee Central* bezeichnet) als zentrales und einziges System für das Personalwesen. Das heißt, alle Mitarbeiter- und mitarbeiterbezogenen Daten werden in Employee Central erfasst und von dort aus an das SAP-S/4HANA-System übertragen. In SAP S/4HANA werden diese Daten in den vorhandenen Tabellen aus SAP ERP HCM gespeichert und stehen weiteren Geschäftsprozessen zur Verfügung.

Die Integration wird mit der Middleware SAP Cloud Platform Integration realisiert. Diese Middleware wird zur Integration webbasierter Anwendungsszenarien eingesetzt. Sie können solche Integrationsszenarien auf der *SAP Cloud Platform* aufsetzen und laufen lassen. Diese Plattform wird in der SAP Cloud gehostet. Die Anbindung über SAP Cloud Platform Integration sollten Sie für SAP S/4HANA bevorzugt einsetzen.

SAP Cloud Platform Integration

Weitere Informationen zu SAP Cloud Platform Integration

Weitere Informationen zu SAP Cloud Platform Integration finden Sie unter *https://help.sap.com/cloudintegration*.

[«]

Diese Integration mit Employee Central beinhaltet die folgenden Komponenten (siehe Abbildung 13.3):

Komponenten der Integration

- die Replikation von Mitarbeiter-Stammdaten aus Employee Central nach SAP S/4HANA

- die Replikation von Organisationsdaten aus Employee Central nach SAP S/4HANA

- die Replikation von Kostenstellen aus SAP S/4HANA nach Employee Central. Dort werden die aktuellen Kostenstellen in den Mitarbeiterdaten gepflegt.

Da wir die Einrichtung dieser Integration im Rahmen dieses Buches nicht vollständig erklären können, beschränken wir uns im Folgenden exemplarisch auf die Replikation der Mitarbeiter-Stammdaten. An dieser Integration sind drei Systeme beteiligt: SAP S/4HANA, Employee Central und SAP Cloud Platform Integration.

13

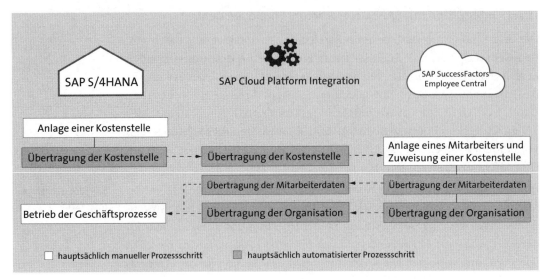

Abbildung 13.3 Integration mit SAP SuccessFactors Employee Central

[»]

Weitere Informationen zur Integration von SAP SuccessFactors Employee Central

Die vollständige Dokumentation der Konfigurationsschritte finden Sie in drei Anleitungen im SAP Help Portal unter *https://help.sap.com/s4hana*. Wählen Sie hier **Additional Information • Integration Information**.

Vorbereitung des Employee-Central-Systems

SAP S/4HANA als Zielsystem

Im ersten Schritt müssen Sie das SAP-S/4HANA-System in Employee Central als Zielsystem für die Replikation definieren. Dazu gehen Sie in das **Admin-Center** in Employee Central und geben in der Tool-Suche das Stichwort »Daten verwalten« ein. In der gleichnamigen Anwendung wählen Sie dann rechts oben unter **Neu erstellen** das **Replikationszielsystem**. Pflegen Sie hier nun die relevanten Felder, wie in Abbildung 13.4 gezeigt. Im Feld **externalCode** tragen Sie den logischen Systemnamen des SAP-S/4HANA-Systems ein.

Wenn Sie SAP S/4HANA auch als System für die Lohnabwicklung nutzen, schalten Sie in den Personaldaten auch das Feld **Gehaltsabrechnungsinformationen** aktiv. Wichtig ist außerdem, dass Sie dem technischen Benutzer, der für die Replikation genutzt wird, die notwendigen Berechtigungen zuweisen. Rufen Sie dazu über die Tool-Suche im Admin-Center das Werkzeug **Berechtigungsrollen verwalten** auf, und pflegen Sie dort den SFAPI-Benutzer (siehe Abbildung 13.5).

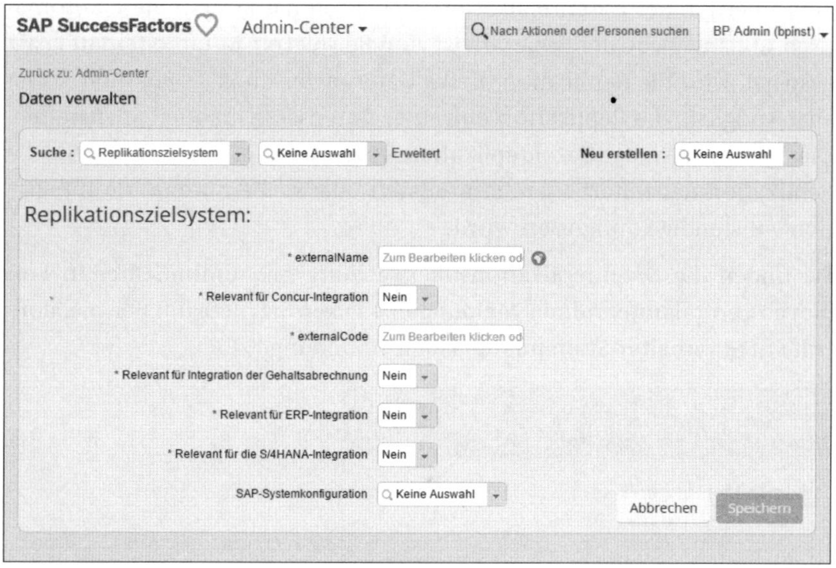

Abbildung 13.4 Replikationszielsystem anlegen

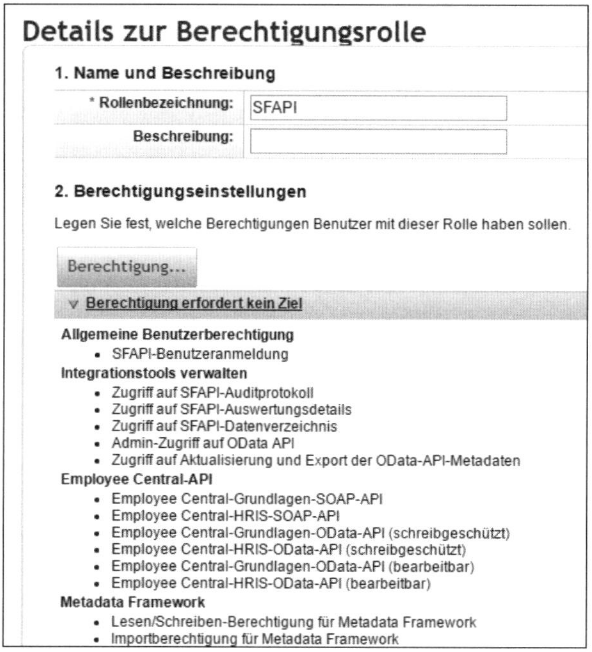

Abbildung 13.5 Die Berechtigungsrollen pflegen

Im sogenannten *Provisioning Framework* Ihres Employee-Central-Systems muss nun noch die **ERP-Integration** konfiguriert und aktiviert werden. Dies geschieht durch SAP-Berater oder zertifizierte Partner von SAP.

Provisioning Framework

Fehler in der Daten-replikation

Bei Fehlern in der Datenreplikation wiederholt das System diese automatisch, abhängig von der Fehlerart. Ist zum Beispiel ein Mitarbeiterdatensatz gesperrt, wird die Replikation dieses Datensatzes direkt wiederholt. Es ist auch möglich, die Replikation einzelner Datensätze manuell anzustoßen. Dies geschieht in der **Datenreplikationsüberwachung**. Dort können Sie die Replikation der Mitarbeiter-Stammdaten überwachen, wenn die Integration vollständig konfiguriert wurde.

Sie finden die Datenreplikationsüberwachung im Admin-Center in Employee Central unter **Admin-Meldungen**. Klicken Sie hier zum Beispiel doppelt auf **Mitarbeiter-Stammdaten** (siehe Abbildung 13.6).

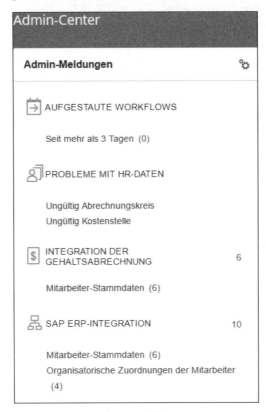

Abbildung 13.6 Admin-Meldungen

Konfiguration in SAP S/4HANA

Datenempfang

Um Daten aus Employee Central empfangen zu können, muss in SAP S/4HANA ein Webservice aktiviert werden. Dieser heißt `EmployeeMasterDataBundleReplicationRequest_In`. Die Aktivierung erfolgt im SOA Manager.

Außerdem muss das Verteilen von HR-Daten aus anderen Systemen erlaubt werden. Dies geschieht in der Konfiguration der Infotypen im Einführungsleitfaden (IMG). Hier wird auch definiert, welche Aktionen für diese verteilten Daten erlaubt sind, z. B. die Einstellung eines Mitarbeiters oder ein Wiedereintritt in das Unternehmen.

In SAP S/4HANA muss ebenfalls in IMG definiert werden, wie sich das System im Fehlerfall verhalten soll.

Da Employee Central und SAP S/4HANA im Organisationsmanagement unterschiedliche Bezeichnungen verwenden, müssen diese für die Integration aufeinander abgebildet werden (Mapping). Diese Beziehungen müssen z. B. für Kostenstellenwerte oder Arbeitsplätze im IMG gepflegt werden. Als Beispiel zeigt Tabelle 13.2 unterschiedliche Codes für den Familienstand in Employee Central und SAP S/4HANA. Ähnlich ist es bei vielen Adressfeldern oder Daten.

Werte-Mapping

Code in Employee Central	Technischer Wert in SAP S/4HANA
S = alleinstehend	0 = alleinstehend
M = verheiratet	1 = verheiratet
W = verwitwet	2 = verwitwet
D = geschieden	3 = geschieden
	4 = getrennt

Tabelle 13.2 Beispiele für unterschiedliche Wertecodes

Konfiguration in der Middleware

Der Datenaustausch zwischen SAP S/4HANA und Employee Central hat den folgenden Ablauf:

Ablauf des Datenaustauschs

1. Die Middleware, d. h. SAP Cloud Platform Integration, fragt über die sogenannte *Combound-Employee-API* bei Employee Central nach, ob es geänderte Mitarbeiterdaten gibt.

2. SAP Cloud Platform Integration schiebt diese geänderten Daten nun nach SAP S/4HANA, wo sie verarbeitet werden können.

3. Die Daten werden in den entsprechenden Tabellen in SAP S/4HANA abgelegt.

4. SAP S/4HANA schickt anschließend eine Bestätigungsmeldung an SAP Cloud Platform Integration.

5. Mithilfe einer OData-Schnittstelle werden die Daten von SAP Cloud Platform Integration in die Datenreplikationsüberwachung in Employee Central geschoben. Dort wird der Status der Datenreplikation angezeigt.

Die Kommunikation zwischen SAP S/4HANA und SAP Cloud Platform Integration wird durch Zertifikate und Berechtigungen gesichert. Sie wird als HTTPS-Kommunikation umgesetzt. Für die Kommunikation zwischen SAP Cloud Platform Integration und Employee Central wird ein technischer Integrationsbenutzer benötigt. In SAP Cloud Platform Integration können Sie die von SAP angebotenen Integrationspakete mit den darin gebündelten IFlows in Ihren kundeneigenen Workspace kopieren und sie dort konfigurieren und deployen.

> [»]
>
> **Zugriff auf die Integrationspakete**
>
> Die Integrationspakete zur Verteilung der Mitarbeiterdaten und den zugehörigen Konfigurationsleitfaden finden Sie im SAP Content Hub unter *https://cloudintegration.hana.ondemand.com*. Grenzen Sie die Suche beispielsweise mit dem Suchbegriff »employee« ein.
>
> Um auf den SAP Content Hub zugreifen zu können, müssen Sie ein Benutzerkonto für die SAP Community (*http://www.sap.com/community*) angelegt haben.

13.2.4   Synchronisation der Mitarbeiterdaten mit dem Geschäftspartner

Rolle »Employee« Für das neuartige Datenmodell in SAP S/4HANA werden Mitarbeiterdaten zusätzlich als Geschäftspartner mit der Rolle **Employee** (Mitarbeiter) benötigt. Bei allen zuvor geschilderten Integrationsszenarien werden die Mitarbeiterdaten in den Tabellen von SAP ERP HCM abgelegt. Änderungen müssen mit den Geschäftspartnerdaten synchronisiert werden. Dies ermöglicht auch den Gebrauch von sogenannten *CDS-Views* (Core Data Services) in SAP S/4HANA.

> [»]
>
> **CDS-View**
>
> Ein CDS-View ist ein Datenbank-View des ABAP Dictionary. Auf ein CDS-View kann lesend mit Open SQL (ABAP) zugegriffen werden. Damit werden in SAP S/4HANA die Daten angezeigt.

Report zur Synchronisation Für diese Synchronisation stellt SAP einen Report zur Verfügung. Der technische Name dieses Reports ist `/SHCM/RHSYNC_BUPA_FROM_EMPL`.

Überprüfen Sie als Voraussetzung für die Verwendung dieses Reports im Einführungsleitfaden (IMG) unter **Integration mit anderen SAP-Komponenten • Integration mit SAP SuccessFactors (Employee Central) • Define Reconciliation Accounts for Employees in Role FI Supplier**, dass in der Hauptbuchhaltung Abstimmungskonten für Unternehmen (**Suppliers**) definiert wurden, die durch die Synchronisation mit Mitarbeiterdaten entstanden sind (siehe Abbildung 13.7). Diese müssen für alle relevanten Buchungskreise vorhanden sein.

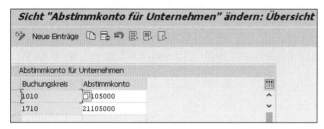

Sicht "Abstimmkonto für Unternehmen" ändern: Übersicht

⬥ Neue Einträge ⬜ 🖺 🔄 🖹 🖹 🖺

Abstimmkonto für Unternehmen

Buchungskreis	Abstimmkonto	
1010	105000	^
1710	21105000	v

Abbildung 13.7 Anlegen und Pflegen von Abstimmungskonten für Unternehmen mit der Rolle »Employee«

Eine weitere Voraussetzung für den Gebrauch des Synchronisationsreports ist die Deaktivierung des Schalters HRALX PBPON in der Tabelle T77S0 in der Transaktion OO_CENTRAL_PERSON, wie in Abbildung 13.8 gezeigt.

Sicht "HR : Zentrale Person einrichten" ändern: Übersicht

Dokumentation 🖹 🖹 🖺

Systemschalter (aus Tabelle T77S0)

Gruppe	sm. Kürzel	Wert Kürz.	Beschreibung	
HRALX	PBPON	OFF	Integration Mitarbeiter/GP eingeschaltet	^
HRALX	PCATS		Integration P-BP für CATS eingeschaltet	v
HRALX	PNUMB	1	Nummernvergabe Geschäftspartner (Mitarbeiter)	

Abbildung 13.8 Schalter PBPON deaktivieren

Der Report selbst kann dann auf drei Wegen ausgelöst werden:

- Durch das Anlegen eines Mitarbeiters im integrierten Employee-Central-System. Hierbei wird der Report durch folgende BAdI-Implementierungen ausgelöst:
  - HRPADOOINFTYDB: /SHCM/TRIGGER_BUPA_SYNC
  - HRPADOOINFTY: /SHCM/TRIG_BUPA_SYNC
- Durch das Verarbeiten neuer Mitarbeiterdaten aus einem System, das mit ALE angebunden ist (siehe Abschnitt 13.2.1, »ALE-Integration mit SAP ERP HCM«). Auch hier benötigt man einen BAdI, der den Report anstößt: HRALEOOINBOUND_IDOC: /SHCM/BUPA_SYNC_TRIG.
- Der dritte Fall wäre die Pflege von Mitarbeitern direkt in den HCM-Transaktionen in SAP S/4HANA. Hier werden zwei BAdIs genutzt:
  - HRPADOOINFTYDB: /SHCM/TRIGGER_BUPA_SYNC
  - HRPADOOINFTY: /SHCM/TRIG_BUPA_SYNC

Synchronisation auslösen

[!]   Synchronisationsreport täglich einplanen

Einige Mitarbeiterdaten sind zeitabhängig, Geschäftspartnerdaten sind dies nicht. Richten Sie das System deshalb so ein, dass der Synchronisationsreport täglich läuft. Nur so stellen Sie sicher, dass alle Geschäftspartnerdaten aktualisiert werden und den Mitarbeiterdaten entsprechen. Sollte die Synchronisation aus irgendeinem Grund nicht erfolgreich verlaufen, werden alle Mitarbeiterdaten beim nächsten Lauf erneut synchronisiert.

13.3   Integration mit vorhandenen SAP-Systemen

Verwendung
von Standard-
werkzeugen

Die Integration eines SAP-S/4HANA-Systems in eine vorhandene SAP-Systemlandschaft verläuft weitestgehend identisch mit der Integration von Systemen der SAP Business Suite. Die bekannten synchronen und asynchronen Schnittstellentechniken, wie *ALE/EDI-Geschäftsprozesse* (Application Link Enabling bzw. Electronic Data Interchange) und die bekannten Integrationswerkzeuge wie *SAP Process Integration* bzw. *SAP Process Orchestration* können weiterhin genutzt werden. Des Weiteren können auch die folgenden SAP-NetWeaver-Technologien und Frameworks genutzt werden:

- **Enterprise Services**
  Das sind Webservices, die Geschäftsprozesse oder Geschäftsprozessschritte mit Bezug auf eine Enterprise-Service-Definition bereitstellen.

- **SAP Application Interface Framework (SAP AIF)**
  SAP AIF ist ein Framework zur Verwaltung von Schnittstellen unterschiedlichster SAP-Technologien, wie z. B. IDocs, Webservices, Core Interfaces (CIF), Queued Remote Function Calls (qRFC), transaktionaler Remote Function Calls (tRFC), Dateien, Batch-Input etc. Die Entwicklung, das Monitoring und die Fehlerbehandlung werden über SAP AIF im SAP-Backend erledigt. SAP AIF wird als Add-on für SAP NetWeaver ab Version 7.0 bereitgestellt. Zur Nutzung des Frameworks ist gegebenenfalls eine separate Lizenz notwendig.

Simplification List

Weitere Informationen und vor allem Ausnahmen bei der Nutzung bestimmter Schnittstellen und/oder Technologien finden Sie in der Simplification List. Bevor Sie ein SAP-S/4HANA-On-Premise-System in Ihre bestehende Systemlandschaft integrieren, sollten Sie sich diese Liste für Ihr jeweiliges Release ansehen.

In der Simplification List finden Sie Hinweise darauf, was sich mit SAP S/4HANA geändert hat und was Sie beachten müssen. Durch die geänderte Datenhaltung und die angepassten Standardfunktionsbausteine müssen eventuell vorhandene Standard-SAP-Schnittstellen und vor allem selbst gebaute Schnittstellen angepasst werden.

Insbesondere bei der Nutzung von Funktionsbausteinen für das Einbuchen von Daten ist darauf zu achten, dass diese noch in SAP S/4HANA genutzt werden können. Viele bisher genutzte Funktionsbausteine wurden entweder für den Gebrauch unter SAP S/4HANA erweitert oder durch andere ersetzt. Wie Sie die Simplification List aufrufen, haben wir in Abschnitt 10.2.2 beschrieben.

Weitere Links und Hilfe zur Integration   [«]

Die Erläuterung der genannten langjährig erprobten und bekannten Techniken und Frameworks würde den Rahmen dieses Buches sprengen. Deshalb weisen wir hier auf weiterführende Links und Literatur hin. Informationen hierzu finden Sie im SAP Help Portal unter: *http://help.sap.com/s4hana*

1. Wählen Sie hier Ihr Release aus, z. B. »SAP S/4HANA 1610«.
2. Auf der nächsten Seite wählen Sie **Product Assistance** und Ihre Sprache aus.

Im Menübaum unter **Unternehmenstechnologie** finden Sie detaillierte Informationen zur Integration mithilfe der folgenden Technologien:

- SAP Application Interface Framework (SAP AIF)
- Enterprise Services
- ALE/EDI-Geschäftsprozesse

Viele weitere nützliche Tipps, Präsentationen und Hilfen zu Enterprise Services finden Sie im *SAP Community Wiki* unter diesen Links:

- *http://s-prs.de/v429780*
- *http://s-prs.de/v429781*

Zum SAP Application Interface Framework finden Sie hier weitere Informationen:

- SAP Help Portal: *http://help.sap.com/aif*
- SAP Community: *http://www.sap.com/aif*
- das E-Bite »Serializing Interfaces in SAP AIF« von Michal Krawczyk, Krzysztof Łuka und Michal Michalski (*www.sap-press.de/3943*)

TEIL IV

Beurteilung der Umstiegsszenarien

Im letzten Teil dieses Buches wollen wir die Szenarien, die wir in diesem Buch behandelt haben, noch einmal in der Rückschau betrachten. Uns ist es wichtig, dass Sie das für Sie relevante Szenario und die Schritte zu dessen Umsetzung erarbeiten können. Dabei ist die richtige Strategie entscheidend, und diese hängt von Ihrer derzeitigen Ausgangslage ab. Daher zeigen wir Ihnen im folgenden Kapitel Entscheidungswege auf und helfen Ihnen anhand von Beispielen dabei, die verschiedenen zur Option stehenden Vorgehensweisen sowie deren Vor- und Nachteile übersichtlich darzustellen.

Kapitel 14
Auswahl Ihres Übergangsszenarios

Um den Umstieg auf SAP S/4HANA erfolgreich durchführen zu können, ist die richtige Strategie entscheidend. Dieses Kapitel stellt Ihnen Entscheidungshilfen für die einzelnen Übergangsszenarien nach SAP S/4HANA vor.

In diesem letzten Kapitel wollen wir noch einmal die Vor- und Nachteile der einzelnen Szenarien zusammenfassen und gegenüberstellen, um Ihnen eine Entscheidungshilfe zu bieten. Vorab sei gesagt, dass es auf diese Frage keine eindeutige Antwort geben kann. Jede Kundensituation ist unterschiedlich, und dementsprechend spielen viele Faktoren eine Rolle bei der Entscheidungsfindung. Generell stehen einem SAP-Kunden alle drei Wege nach SAP S/4HANA offen, sofern bereits ein SAP-ERP-System vorhanden ist. Daher ist eine gründliche Vorbereitung und Analyse Ihrer aktuellen Situation von essenzieller Bedeutung.

Neuimplementierung oder Konvertierung

Die größte Entscheidung fällt im Prinzip zwischen einer Neuimplementierung oder einer Systemkonvertierung. Die Landschaftstransformation nimmt insofern eine Sonderrolle ein, als sie mit den beiden anderen Szenarien kombiniert werden kann. In jedem Fall sollte die Entscheidung für ein Szenario wirtschaftlich sinnvoll und von den fachlichen Anforderungen geleitet sein.

Wir beginnen mit einer Zusammenfassung der verschiedenen, von SAP vorgesehenen Optionen für den Umstieg auf SAP S/4HANA. Nach dieser Übersicht gehen wir anhand von Beispielen und mit Blick auf eine mögliche Ziellandschaft noch einmal auf die spezifischen Details ein.

14.1 Die Verfahren und die Auswahlhilfen im Überblick

Ausgangssituation

Beginnen wir mit einer Gesamtübersicht in Abbildung 14.1. Ein wesentliches Unterscheidungskriterium der Szenarien ist die Ausgangssituation. Ist der Ausgangszustand SAP ERP 6.0 (oder höher) oder ein anderes System?

Im Falle eines nicht unterstützten SAP-Systems oder eines Nicht-SAP-Systems ist ein Neuimplementierungsszenario erforderlich. Je nach Umfang und Qualität der (Stamm-)Daten, die im Rahmen dieser Neuimplementierung übertragen werden müssen, käme im Standardfall das SAP S/4HANA Migration Cockpit und bei komplexen Datenübernahmen SAP Data Services zum Einsatz.

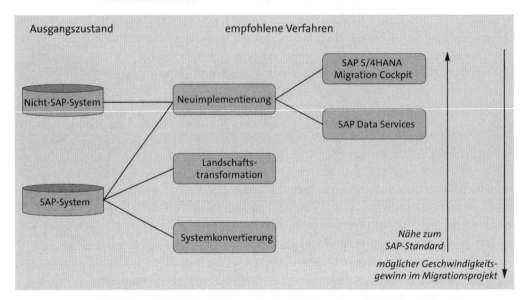

Abbildung 14.1 Entscheidungsbaum für die unterschiedlichen Migrationsszenarien nach SAP S/4HANA

Analysen im Vorfeld

Nur bei SAP ERP 6.0 oder höher als Ausgangssystem sind alle drei vorgestellten Umstiegsszenarien möglich. In jedem Fall lautet unsere Empfehlung, in einem frühen Schritt die folgenden Kriterien in eine Analyse der Ausgangssituation einzubeziehen:

- Welche Ergebnisse geben die von SAP bereitgestellten Pre-Checks aus?

- Welche Aufwände würde eine Anpassung Ihrer kundeneigenen Programme nach den Empfehlungen der Custom-Code-Analyse erfordern?

- Analysieren Sie, welche neuen Funktionen von SAP S/4HANA genutzt werden sollen. Inwiefern bietet es sich in diesem Zusammenhang an, existierende betriebswirtschaftliche Prozesse mit anzupassen bzw. zu hinterfragen? Berücksichtigen Sie ebenfalls die Simplification List.

- Welche Anteile der existierenden Landschaft sollen in welchem Zeitrahmen auf SAP S/4HANA umgestellt werden?

An die Einholung dieser Informationen kann sich eine detailliertere Untersuchung anschließen. Grundsätzlich empfehlen wir die Szenarien im oberen Bereich von Abbildung 14.1 eher, wenn umfangreiche Anpassungen erwartet werden. Die im unteren Bereich gelisteten Verfahren kommen überwiegend dann in Betracht, wenn das Ausgangssystem bereits eine gute

Vorlage für die Zielsituation darstellt und möglichst unverändert übernommen werden soll. Auch hier sollten auf jeden Fall auch langfristige Betrachtungen mit einbezogen werden, beispielsweise inwiefern bestehende Geschäftsprozesse (Konfigurationen und bestehende individuelle Erweiterungen) in der aktuellen Form bestehen bleiben müssen.

Die Planung des Umstiegsprojekts sollte von vornherein eine bewusste Überprüfung des gewählten Übergangsszenarios vorsehen. Erst auf Basis aller technischen Informationen aus Pre-Checks, Custom-Code-Analyse, der gewünschten Ausprägung neuer Prozesse und weiterer Informationen kann sicher auf das am besten geeignete Verfahren geschlossen werden.

Überprüfung des gewählten Szenarios

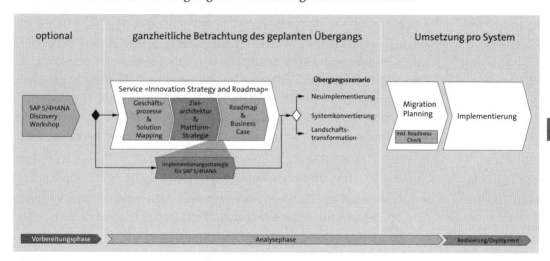

Abbildung 14.2 SAP-Services für den Übergang nach SAP S/4HANA

Da die endgültige Entscheidung für ein Umstiegssszenario von vielen individuellen Faktoren abhängt, bietet SAP verschiedene Services an, die Sie dabei unterstützen. Wir empfehlen insbesondere, den Service *Innovation Strategy & Roadmap* zu nutzen, um eine individuell angepasste Empfehlung zu erhalten. Abbildung 14.2 zeigt eine grobe Übersicht der Services, die in den verschiedenen Phasen verfügbar sind.

SAP-Services

Mit dem Roadmap Viewer bietet SAP Ihnen eine detaillierte Checkliste für die konkrete Planung und Durchführung Ihres SAP-S/4HANA-Transformationsprozesses an. Sie finden den Viewer unter *https://go.support.sap.com/ roadmapviewer*. Sie können die Planung natürlich auch eigenständig durchführen, ohne auf SAP-Services zurückzugreifen.

Roadmap Viewer

14.2   Ihre eigene Roadmap erstellen

Um Sie bei der Erstellung Ihrer eigenen Roadmap zu unterstützen, erläutern wir nun verschiedene Ausgangssituationen anhand von Beispielen. Wir beschreiben, auf welche Details Sie jeweils achten müssen, und geben Ihnen passende Empfehlungen. Dabei verfolgen wir den Ansatz, zunächst die neue Ziellandschaft festzulegen, um anschließend den besten Weg dahin zu identifizieren. Allerdings können wir nicht jede einzelne Kundensituation berücksichtigen. Daher kann Ihre individuelle Roadmap aus ganz unterschiedlichen Gründen signifikant von den hier dargestellten Wegen abweichen.

Ziellandschaft Für Neukunden, die bisher noch kein SAP-Produkt eingesetzt haben, ist – wie bereits erwähnt – die Einführung von SAP S/4HANA über eine Neuimplementierung der richtige Weg. Für Kunden, die im Speziellen SAP ERP im Einsatz haben, wäre der erste Schritt die Definition bzw. die Überprüfung der aktuellen Ziellandschaft. Dies ist mehr oder weniger aufwendig, je nachdem, wann die Systemlandschaft aufgebaut wurde und wie gut die aktuelle Architektur noch zu den heutigen Geschäfts- und IT-Anforderungen passt. Ein erstes Ergebnis sollten zum Beispiel Antworten auf folgende Fragen liefern:

- Welche Applikationen sollten eingesetzt werden, um die zukünftigen Geschäftsanforderungen bestmöglich zu bedienen?
- Wie viele SAP-S/4HANA-Produktivsysteme sollen zum Einsatz kommen (zum Beispiel regionale oder globale Produktivsysteme)?
- Soll die aktuell verwendete Architektur für andere Applikationen bestehen bleiben oder sollen bestimmte Funktionen nun über SAP S/4HANA abgedeckt werden?

Dieser erste Schritt in Ihrer Planung und die Antworten auf diese Fragen geben noch keinen direkten Hinweis darauf, ob nun eine Neuimplementierung oder eine Systemkonvertierung der bessere Weg wäre.

Allerdings kann so zum Beispiel im Falle einer dezentralen Systemlandschaft identifiziert werden, ob eine Landschaftstransformation in Form einer Systemkonsolidierung erforderlich ist. Generell bietet der Wechsel auf SAP S/4HANA die Gelegenheit, die Landschaftsstrategie noch einmal zu überdenken.

Weitere Informationen zur Produktivsystem-Strategie

Die Kriterien zur Definition der besten Produktivsystem-Strategie haben auch mit SAP S/4HANA weiterhin Bestand. Sie sind als SAP Whitepaper unter folgendem Link verfügbar: *http://tinyurl.com/Strategy-Whitepaper*

(Sie brauchen dafür Zugang zur SAP Enterprise Support Academy.)

Konsolidierungen von Systemlandschaften sind bei den SAP-Kunden schon seit weit über zehn Jahren ein Thema. Viele Kunden haben bereits eine solche Konsolidierung von SAP-ERP-Systemen und eine Harmonisierung von Geschäftsprozessen durchgeführt. Hierbei müssen Sie verschiedene Kriterien beachten und bewerten.

Das wichtigste Kriterium sind die Geschäftsanforderungen an eine globale Prozessharmonisierung und globale Abwicklung von Geschäftsprozessen. Dies sollte der Haupttreiber der gewählten Strategie sein. Zu prüfen ist, ob eine globale Harmonisierung sinnvoll ist oder ob lediglich eine Anpassung auf regionaler Ebene oder nur innerhalb der Geschäftsbereiche machbar ist. Dies hat auch Auswirkungen auf die technische Seite. Bei einem global konsolidierten System gibt es eine einzige definierte Systemkonfiguration sowie effektive Änderungsprozesse und eine effektive Fehlerbehandlung. Außerdem ist ein einheitlicher Release-Kalender mit entsprechenden Testzeiträumen und Ausfallzeiten umsetzbar. Ein weiteres Kriterium ist die Adressierbarkeit von Risiken bezüglich der Systemleistung, der Skalierbarkeit und in Fragen des Betriebs. Die relevanten Überlegungen, die Sie anstellen müssen, um zu einer Landschaftsstrategie zu gelangen, sind in Abbildung 14.3 grafisch dargestellt.

Konsolidierungen von Systemlandschaften

14

Abbildung 14.3 Entscheidungsprozess für eine Landschaftsstrategie

Nehmen wir als Beispiel ein klassisches SAP-ERP-System, das Finanz- und Logistikfunktionen abdeckt. Das Ergebnis solch einer Systemstrategie ist typischerweise eine der folgenden Konfigurationen:

Produktivsystem-Strategien

- **Ein einzelnes globales Produktivsystem**
  Dies sieht man häufig im Falle von kleineren, regionalen Kunden oder bei globalen Kunden, die global harmonisierte Prozesse und eine globale Beschaffungskette nutzen.

- **Globale Produktivsysteme nach Geschäftsbereich**
  Im Fall von sehr unterschiedlichen oder organisatorisch unabhängigen Geschäftsbereichen bietet sich diese Strategie an.

- **Regionale Produktivsysteme unter Verwendung eines globalen Templates und eines einheitlichen Stammdatensystems**
  Diese Konfiguration wird oft bei großen Firmen verwendet, die allerdings regionale Beschaffungsketten aufweisen, wie zum Beispiel in der Konsumgüterindustrie.

Landschafts-strategie für SAP S/4HANA
Der Hauptunterschied bei der Bestimmung einer Landschaftsstrategie für SAP S/4HANA im Vergleich zu einem klassischen SAP-ERP-System besteht vor allem darin, dass SAP ERP primär ein transaktionales System ist. Bei den meisten Firmen würde eine Aufteilung in regionale SAP-ERP-Systeme, aufbauend auf einem globalen Template, den betriebswirtschaftlichen Wert im Vergleich zu einem globalen SAP-ERP-System nicht mindern. SAP S/4HANA bietet nun die Möglichkeit, umfangreiche Analysen und Planungsaktivitäten innerhalb des transaktionalen Systems durchzuführen.

Ein globales SAP-S/4HANA-System ermöglicht es daher, operatives Reporting und die Finanzplanung in Echtzeit auf globaler Ebene durchzuführen. Dagegen würde eine regional aufgestellte SAP-S/4HANA-Konfiguration eine separate Installation von SAP Business Warehouse (SAP BW) benötigen. Folglich ist der betriebswirtschaftliche Mehrwert eines globalen SAP-S/4HANA-Systems höher als der eines globalen SAP-ERP-Systems, verglichen mit einem jeweiligen regionalen Aufbau. Technisch sind die Systemleistung und die Skalierbarkeit durch die Leistungsfähigkeit und den Durchsatz von SAP S/4HANA keine Hinderungsgründe mehr.

Globale Landschafts-konfigurationen
So werden globale Konfigurationen durch SAP S/4HANA wesentlich attraktiver. Für die meisten Firmen, die bereits eine zentralisierte Landschaft einsetzen, sollte sich durch SAP S/4HANA keine Änderung in Bezug auf die Produktivsystem-Strategie im Vergleich zum bisherigen SAP-ERP-System ergeben.

Für Firmen, die noch eine dezentralisierte, nicht konsolidierte und/oder nicht harmonisierte SAP-ERP-Landschaft einsetzen, können folgende Punkte relevant sein:

- Langfristig sollen Mehrwerte durch die Innovationen von SAP S/4HANA realisiert werden.

- Selbst bei einer rein technisch getriebenen Systemkonvertierung nach SAP S/4HANA sind einige applikationsspezifische Anpassungen im Vergleich zur vorherigen Lösung notwendig.

- Anstatt alle dezentralen Systeme einzeln zu konvertieren, wäre eine Kombination mit einer Landschaftskonsolidierung wirtschaftlich sinnvoll – vorausgesetzt, dass eine konsolidierte Landschaft infrage kommt.

- Dadurch würden langfristig betriebswirtschaftlicher Mehrwert und reduzierte Betriebskosten entstehen.

Daher ergibt sich für Firmen mit dezentralen Landschaften im Zuge eines Wechsels nach SAP S/4HANA ein sehr guter Zeitpunkt und eine gute Möglichkeit zur Konsolidierung.

Mit SAP S/4HANA ergibt sich die Möglichkeit, Funktionen innerhalb des Systems zu verwenden, die vorher Teil einer separaten und daher zusätzlichen Applikation waren. Beispiele wären die Produktionsplanung und detaillierte Ablaufplanung, die früher nur über SAP Advanced Planning and Optimization (SAP APO) verfügbar waren.

Zusammenführung von Funktionen

Vorab sei gesagt, dass alle bestehenden Deployment-Szenarien für SAP ERP auch weiterhin mit SAP S/4HANA möglich sind. Es gibt keine technischen Anforderungen, die umgebende Landschaft zu ändern. Mögliche Anpassungen sollten immer auf Basis eines fundierten Business Case erfolgen. Die folgenden Hinweise sollen Ihnen helfen, eine Ziellandschaft für Komponenten zu definieren, die direkt als Teil des SAP-S/4HANA-Systems eingesetzt werden können:

Einzelsystem vs. Co-Deployment

- **Globale Sichten als Einzelsysteme**
  Sollten immer noch mehrere regionale SAP-S/4HANA-Systeme Teil der geplanten Ziellandschaft sein, müssen alle Applikationen, die eine »globale Sicht« benötigen, auch als globale Einzelsysteme aufgesetzt werden. Beispiele wären ein SAP-BW-System, oder SAP BusinessObjects für globales Reporting, Planung und Konsolidierung. Bei entsprechendem Bedarf können Sie auch SAP APO oder SAP Integrated Business Planning (SAP IBP) und/oder SAP Transportation Management (SAP TM) einsetzen, falls eine globaler Transportplanung erforderlich wird. Dies wäre kein Unterschied zu einer Landschaft, die auf SAP ERP basiert.

- **Geschäftskritische Systeme als Einzelsysteme**
  Alle Systeme, die sehr geschäftskritisch sind, zum Beispiel Systeme, die Fertigungsprozesse automatisieren oder Prozesse der Lagerverwaltung steuern, sollten als Einzelsysteme geplant werden. Ein prominentes Beispiel ist SAP Extended Warehouse Management (SAP EWM). Falls SAP EWM in der aktuellen Landschaft als einzelnes, von SAP ERP unabhängi-

ges System aufgesetzt ist, wäre das nach dem Umstieg auf SAP S/4HANA sehr wahrscheinlich auch weiterhin der Fall, weil SAP EWM für das Unternehmen eine kritische Rolle spielt.

Die Vorteile eines separaten Systems sind die Unabhängigkeit bei Softwareänderungen und ein verringertes Risiko von Kollateralschäden. Sollte das SAP-EWM-System allerdings eher unkritische Prozesse abdecken (etwa mehr in Richtung des klassischen SAP Warehouse Managements in SAP ERP), dann sollten Sie über ein Co-Deployment von SAP EWM zusammen mit SAP S/4HANA nachdenken.

Mehrwert und Nachteile abwägen
Abschließend sollten Sie den betriebswirtschaftlichen Mehrwehrt der neuen integrierten Prozesse prüfen, die nur über ein Co-Deployment bestimmter Funktionen mit SAP S/4HANA verfügbar sind. Wägen Sie ihn gegen die potenziellen Nachteile und die Kosten einer solchen Umstellung ab.

Ein Beispiel wäre der Einsatz des operativen Reportings mit SAP S/4HANA Embedded Analytics anstatt des operativen Reportings mit SAP BW. Ein anderes Beispiel wäre die detaillierte Produktionsplanung, integriert in das neue Material Requirements Planning (MRP) innerhalb von SAP S/4HANA, im Vergleich zu einem separaten SAP-APO-System.

Potenzielle Nachteile, die Sie dabei beachten müssen, sind unter anderem die nun einheitlichen Wartungs- und Release-Zyklen, gemeinsame Systemausfallzeiten und möglicherweise auch längere Ausfallzeiten für kleinere Funktionen, da Software-Updates für alle Komponenten zeitgleich erfolgen.

Szenario und Sequenz
Wenn Sie die neue Ziellandschaft festgelegt haben, können Sie das passende Szenario für einen Wechsel und die Sequenz der notwendigen Maßnahmen definieren. Abhängig von der Zielsituation stellen sich dabei beispielsweise die folgenden Fragen:

- Ist die Systemkonvertierung das angemessene Szenario für einen Wechsel nach SAP S/4HANA, oder sollte über eine Neuimplementierung nachgedacht werden?
- Was wäre der richtige Ansatz bei einer Systemkonvertierung, wenn mehrere SAP-ERP-Systeme in wenige SAP-S/4HANA-Systeme konsolidiert werden sollen?
- Wie könnte eine sinnvolle Abfolge der notwendigen Schritte aussehen, und welche Abhängigkeiten müssen beachtet werden?

Anhand von Beispielen verschiedener Kundensituationen stellen wir Ihnen im Folgenden mögliche Antworten auf die einzelnen Fragestellungen vor.

14.2.1   Ausgangsszenario: ein Einzelsystem

Im ersten Fall gehen wir von einer Firma mit einem einzelnen zentralen SAP-ERP-System aus. Da sich hier die Frage einer Systemkonsolidierung nicht stellt, müssen Sie sich nur noch zwischen einer Systemkonvertierung und einer Neuimplementierung entscheiden. Folgenden Möglichkeiten bestehen:

Mögliche Szenarien

- **Standard: Systemkonvertierung**

  Annahme:

  - Die aktuelle Lösung passt größtenteils zu den aktuellen Geschäftsanforderungen.
  - Es gibt keine Anforderungen, die eine komplette Neuimplementierung verlangen.

  Vorteil:

  - Ein Ein-Schritt-Verfahren nach SAP S/4HANA ohne Re-Implementierung ist möglich.

- **Neuimplementierung nach dem Greenfield-Ansatz mithilfe der Modellfirma**

  Annahme:

  - Die aktuelle Lösung ist zu komplex und/oder passt nicht mehr zu den aktuellen Geschäftsanforderungen.
  - Es besteht die Anforderung, eine Neuimplementierung vorzunehmen und zum Standard zurückzukehren (unabhängig von SAP S/4HANA).

- **Neuimplementierung unter Wiederverwendung eines bestehenden Templates**

  Annahme:

  - Die aktuelle Lösung passt noch zu den Geschäftsanforderungen, aber im System befindet sich eine große Menge (ungenutzter) Altdaten.

Für viele SAP-Kunden stellt auf den ersten Blick die Systemkonvertierung die Standardmethode dar, um ein bestehendes SAP-ERP-System in ein SAP-S/4HANA-System zu konvertieren. Der große Vorteil dieses Szenarios besteht darin, dass die bestehende Konfiguration und alle Daten beibehalten werden. Solch eine Konvertierung kann potenziell auch in einem einzelnen Schritt durchgeführt werden – je nach aktueller Situation des Kunden.

System-
konvertierung

Solch einer Empfehlung liegt die Annahme zugrunde, dass die bisher eingesetzte Lösung die aktuellen betriebswirtschaftlichen Anforderungen erfüllt und kein Bedarf an einer kompletten Neuimplementierung besteht. Klei-

14

nere Änderungen (wie zum Beispiel die Aufgabe, kundenspezifische Anpassungen in isolierten Bereichen zurück in den Standard zu überführen, kundeneigenes Coding aufzuräumen und neue Funktionen zu implementieren) können auch bei einer Systemkonvertierung durchgeführt werden.

Neuimplementierung

Sollte die aktuell eingesetzte Lösung übermäßig komplex gestaltet sein oder nicht mehr die heutigen Anforderungen erfüllen und/oder sollte ein genereller Wunsch nach einer Neuimplementierung bestehen (unabhängig von SAP S/4HANA), dann bietet sich eben dieser Weg an. Systeme, bei denen solch ein Neuanfang sinnvoll scheint, können durchaus schon 20 Jahre im Einsatz sein. Die Anforderungen haben sich seitdem häufig grundlegend geändert.

In diesem Fall bietet sich mit dem Wechsel nach SAP S/4HANA ein sehr guter Zeitpunkt für eine Neuimplementierung. Hierbei können Sie auf SAP Best Practices und die vorkonfigurierte Modellfirma zurückgreifen, um die Kosten und Implementierungsdauer drastisch zu reduzieren (siehe Kapitel 6, »Testsysteme und Modellfirma«). Sie übernehmen bei einer Neuimplementierung nur Ihre Stammdaten und die offenen Posten aus einem bestehenden SAP-ERP-System. Historisch abgeschlossene Daten werden generell nicht übernommen. In besonderen Fällen kann ein SAP-S/4HANA-System auf Basis des bisherigen Templates aufgesetzt werden, was bedeutet, dass die Konfiguration und das kundeneigene Coding aus dem bestehenden SAP-ERP-System verwendet werden.

Mehrere SAP-ERP-Systeme

Auch wenn dieses Beispiel sich auf einen Kunden mit einem Einzelsystem bezieht, wäre das Vorgehen identisch, wenn mehrere SAP-ERP-Systeme vorhanden sind – sofern diese Landschaft auf SAP S/4HANA so weiter bestehen bleibt und kein Bedarf an einer Konsolidierung besteht.

Ein- oder Mehr-Schritt-Verfahren

Kunden, die sich für die Systemkonvertierung eines SAP-ERP-Systems nach SAP S/4HANA entschieden haben, stellen sich in der Folge die Frage, ob dies in einem oder mehreren Schritten erfolgen soll. Wie Ihnen aus Kapitel 10, »Systemkonvertierung eines Einzelsystems«, bekannt ist, gibt es mehrere Wege, die Konvertierung durchzuführen. Abbildung 14.4 zeigt noch einmal eine Übersicht.

In den meisten Fällen ist das Verfahren, in einem Schritt von SAP ERP direkt nach SAP S/4HANA zu wechseln, technisch möglich und sinnvoll. Nichtsdestotrotz fragen Kunden, ob dies generell die einfachste Möglichkeit ist oder ob eher zwei oder gar mehrere Projekte geplant und durchgeführt werden sollen, vor allem wenn als Zwischenschritt nur eine Migration auf die SAP-HANA-Datenbank erfolgen soll. Tabelle 14.1 fasst die Unterschiede noch einmal zusammen.

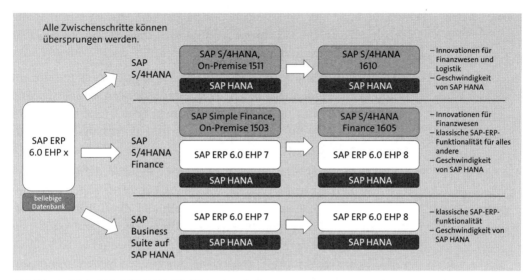

Abbildung 14.4 SAP-S/4HANA-Einführungspfade

Kriterium	1. Option	2. Option
	Ein-Schritt-Konvertierung nach SAP S/4HANA	**Erstes Projekt:** Datenbankmigration nach SAP HANA **Zweites Projekt:** Systemkonvertierung nach SAP S/4HANA
Time-to-Value	schneller zur Zielumgebung SAP S/4HANA (Analytics, neues Finanzwesen, neuer MRP-Lauf, SAP Fiori etc.)	▪ schnell auf der ersten Stufe mit SAP HANA (höhere Performance, SAP HANA Live etc.) ▪ längere Zeit bis zur Ziellösung SAP S/4HANA
Kosten für den Umstieg	insgesamt niedrigere Kosten, da nur ein großes Projekt mit einer Testphase durchgeführt wird	▪ höhere Kosten durch zwei separate Projekte mit eigenen Testphasen ▪ überschneidende Aufwände erzeugen unnötige Kosten.
Risiken und Konsequenzen des Umstiegs	▪ höhere Projektkomplexität ▪ potenziell längere Downtime	▪ niedrigere Projektkomplexität ▪ zwei potenziell lange Ausfallzeiten ▪ potenziell höheres Risiko durch reduzierten Fokus auf die einzelnen Testphasen

Tabelle 14.1 Vergleich von Ein-Schritt- und Mehr-Schritt-Verfahren

Dauer, Kosten und Risiken

Beim Evaluieren der verschiedenen Möglichkeiten müssen immer die Umsetzungsdauer, die Gesamtkosten und die Projektrisiken in Betracht gezogen und gegeneinander abgewogen werden:

- Das *Ein-Schritt-Verfahren* hat den klaren Vorteil, dass es sich nur um ein einzelnes Projekt handelt. Es handelt sich daher um den schnellsten Weg nach SAP S/4HANA. Auch die Kosten sind im Vergleich niedriger, da zum Beispiel Aufwände für die Testzyklen oder im Projektmanagement nur einmal anfallen.

- Beim *Zwei-Schritt-Verfahren* sind zwei große Projekte erforderlich, bei denen sich erfahrungsgemäß das zweite Projekt durch andere Prioritäten (wie weitere Rollouts oder funktionale Projekte) zeitlich weiter verschieben kann. Je nachdem, wie lange auf dem ersten Stand verblieben wird (was in diesem Fall die SAP Business Suite powered by SAP HANA wäre), können sich unnötig redundante Aufwände ergeben. Wenn zum Beispiel SAP HANA Live oder SAP Fiori schon nach dem ersten Schritt eingeführt werden sollen, können weitere Aufwände für später notwendige Anpassungen entstehen, da viele dieser Themen direkter Bestandteil von SAP S/4HANA sind.

Andererseits liegt die individuelle Projektkomplexität bei einem Ein-Schritt-Verfahren höher als bei zwei aufeinander folgenden Projekten. Daher werden auch die generellen Projektrisiken in diesem Fall als höher betrachtet. Allerdings können diese Risiken durch gründliche Voranalyse und Planung sowie durch ausreichende Ressourcen und Zeit für Testzyklen minimiert werden. Umgekehrt können Unternehmen die Testaufwände bei zwei separaten Projekten auch deutlich unterschätzen, was wiederum zu höheren Risiken führt. Basierend auf den bisherigen Erfahrungen sind die Projektrisiken bei beiden Ansätzen aber nahezu identisch.

Grundlegende Abwägungen

Im Endeffekt basiert die kundenindividuelle Entscheidung auf einigen grundlegenden Abwägungen:

- Abwägung der identifizierten geschäftlichen Anforderungen und der neuen Möglichkeiten durch SAP S/4HANA, abhängig vom gewünschten Zeitplan, um diese Mehrwerte zu realisieren

- systemspezifische Übergangsrisiken und die Optionen zur Risikominimierung

- weitere Abhängigkeiten des Projekts, wie zum Beispiel die kalkulierte Projektdauer, wie das Projekt im Zusammenspiel mit weiteren Projekten in den Release-Kalender passt und die Verfügbarkeit notwendiger Ressourcen

- der aktuelle Zustand des bestehenden Systems mit Blick auf die notwendigen technischen Voraussetzungen

Analog zu diesen Entscheidungen stellt sich auch die Frage – wenn auch wesentlich seltener –, ob ein weiterer Zwischenschritt nach SAP S/4HANA Finance sinnvoll ist, anstatt direkt auf SAP S/4HANA umzusteigen.

Zwischenschritt SAP S/4HANA Finance

Auch in diesem Fall hilft eine Betrachtung von Projektdauer, Kosten und Risiken, um zu einer ähnlichen Abwägung zu kommen. Im Einzelfall kann dieser Zwischenschritt sinnvoll sein, wenn die Geschäftsbereiche durch die neuen Funktionen im Finanzbereich von SAP S/4HANA einen signifikanten Mehrwert erwarten und diesen schnell realisieren wollen. Dies kann relevant sein, wenn sich die gesamte Einführung von SAP S/4HANA aufgrund von kundenspezifischer Komplexität im Bereich der Logistik verzögern kann oder wenn die Unterstützung notwendiger Drittanbieteranwendungen noch aussteht.

14.2.2   Ausgangsszenario: eine dezentrale Systemlandschaft

Wie vorab beschrieben, bietet der Wechsel nach SAP S/4HANA im Falle einer dezentralen Systemlandschaft eine gute Möglichkeit, diese Landschaft zu konsolidieren. Auch hier gibt es mehrere Möglichkeiten, ein SAP-S/4HANA-Projekt mit so einer Systemkonsolidierung zu verbinden. Generell sind diese Ansätze sinnvoll:

Ansätze zur Systemkonsolidierung

- eine *Neuimplementierung*, entweder basierend auf einem bestehenden Template oder unter Verwendung von SAP Best Practices und der entsprechenden Vorkonfiguration mit anschließender Datenmigration. Die Daten werden dabei aus allen bestehenden SAP-ERP-Systemen entnommen und umfassen typischerweise Stammdaten und offene Posten. Unter bestimmten Voraussetzungen können auch weitere, historische Daten übernommen werden – was allerdings zusätzlichen Aufwand bedeutet.

- eine *Systemkonvertierung* eines bestehenden SAP-ERP-Systems mit anschließender Migration der Daten aus allen anderen existierenden SAP-ERP-Systemen. Meist wird hier zur Konvertierung eines der zentraleren Systeme gewählt, das sich aufgrund der aktuellen Konfiguration oder der Systemgröße am besten als neues Zentralsystem eignet. Analog zum ersten Fall werden bei der Datenmigration wiederum nur Stammdaten und offene Posten übernommen.

- eine vollständige *Konsolidierung* aller SAP-ERP-Systeme in ein zentrales SAP-ERP-System, wie in Kapitel 12, »Transformation einer Systemlandschaft«, beschrieben, unter Beibehaltung aller historischen Daten. Dies kann über einen Einmandanten- oder Mehrmandantenansatz realisiert

14

werden, und anschließend wird das daraus resultierende SAP-ERP-System nach SAP S/4HANA konvertiert.

Um auch in diesem Beispiel den besten Weg zu ermitteln, helfen wiederum die im vorangehenden Abschnitt erläuterten Kriterien. Wie gut passt die Lösung, die aktuell eingesetzt wird, zu den bestehenden und auch zu zukünftigen Geschäftsanforderungen? Gibt es einen generellen Bedarf an einer Neuimplementierung der aktuellen Landschaft, und müssen historische Daten übernommen werden? Diese Punkte genauer zu beleuchten, hilft bei der Entscheidungsfindung.

Beispiele für Anforderungen und Lösungen | Folgende Beispiele können Ihnen hier eine Orientierung geben:

- **Konsolidierung bei gleichbleibenden Geschäftsanforderungen**
  Die Lösung passt in allen SAP-ERP-Systemen weiterhin zu den Geschäftsanforderungen, aber die Systeme sollen konsolidiert werden. Eines der Systeme kann als Startpunkt für SAP S/4HANA verwendet werden. Weitere Anpassungen (wie Rückführungen in den Standard, Codeanpassungen und die Aktivierung von weiteren SAP-S/4HANA-Funktionen) sind eingeplant. Möglicherweise wurde eine Lösung auf Basis eines einheitlichen Templates erstellt und daraufhin in mehreren Systemen implementiert. Diese Systeme könnten dann in wenige regionale oder in ein globales System konsolidiert werden.

- **Konsolidierung auf Basis einer führenden Konfiguration**
  Ein einzelnes SAP-ERP-System passt von der Konfiguration her sehr gut und könnte als Vorlage für alle anderen Geschäftsbereiche oder Regionen dienen, die aktuell in anderen Systemen und mit anderen Konfigurationen abgebildet sind. Beispielsweise passt die Lösung, die in einer der größeren Regionen verwendet wird, zu kleineren, abweichenden Implementierungen in Satellitenregionen. Hier wäre das Ziel eine Konsolidierung mit grundlegender Harmonisierung auf Basis der Konfiguration der führenden Region.

- **Grundlegende Anpassungen erforderlich**
  Die aktuelle Lösung passt zwar in größeren Bereichen in mindestens einem System, aber es sind grundlegende Anpassungen nötig, um zukunftsfähig zu bleiben, auch unabhängig von einem Wechsel nach SAP S/4HANA. Hier wäre eine Neuimplementierung auf Basis eines Templates von mindestens einem bestehenden und größtenteils passenden System möglich.

- **Kein SAP-System als Ausgangsbasis**
  Die aktuelle Lösung passt nicht mehr zu den Geschäftsanforderungen, und es gibt auch kein bestehendes SAP-ERP-System, das als Vorlage oder

Startpunkt für SAP S/4HANA verwendet werden kann. In diesem Fall würde eine komplette Neuimplementierung anstehen, idealerweise unter Verwendung der SAP Best Practices.

Bei der Frage nach den zu übertragenden historischen Daten geht es generell um die Menge. Normalerweise werden bei einer Neuimplementierung nur Stammdaten übernommen sowie Bewegungsdaten in Form von offenen Posten. Sollten aus wichtigen Gründen historische Daten eine Rolle in der neuen Systemlandschaft spielen, kann sich die Komplexität eines Projekts drastisch erhöhen. Aufwand und Kosten steigen durch zusätzlich notwendige Datentransformationen. Solch eine Anforderung sollte daher immer gründlich diskutiert werden. Alternativen wie eine Archivierung sollten immer zuerst betrachtet werden. Je nach der vorliegenden Situation ergeben sich verschiedene Möglichkeiten, die in Abbildung 14.5 dargestellt sind.

Historische Daten

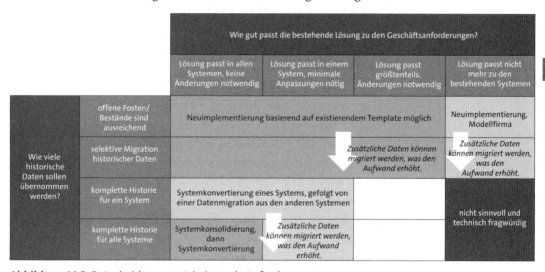

Abbildung 14.5 Entscheidungsmatrix je nach Anforderungen

Diese Matrix zeigt die jeweils bevorzugten Übergangsszenarien, abhängig von den gegebenen Antworten. Beachten Sie, dass es sich hier nur um grobe Vorschläge handelt und diese eine grundlegende und kundenspezifische Analyse und Evaluierung nicht ersetzen. In jedem Fall müssen die Realisierungszeit (aufgrund der Projektdauer), Kosten, Mehrwerte und Risiken abgewogen werden. Faktoren, die betrachtet werden müssen, sind der aktuelle Systemzustand, der Bedarf an historischen Daten, die Anzahl der bei Bedarf zu konsolidierenden Systeme und daraus folgend die Unterschiede zwischen den betroffenen Systemen. Die technische Machbarkeit des dann ausgewählten Szenarios muss detailgenau geprüft werden, besonders bei speziellen Anforderungen an die Datenmigration.

Entscheidungs-matrix

[o]   **Bedeutung der Systemkonsolidierung im Zuge der Umstellung auf SAP S/4HANA**

Konsolidierungsaktivitäten sind keine Voraussetzung für einen Wechsel hin zu SAP S/4HANA und sollten auch nicht als notwendige Vorbereitung betrachtet werden, wenn die Notwendigkeit nicht schon vorher festgestellt wurde. Man kann generell davon ausgehen, dass eine Systemkonvertierung eines einzelnen Systems oder eine Neuimplementierung von SAP S/4HANA, gefolgt von einer Datenmigration aus den anderen SAP-ERP-Quellsystemen immer einfacher zu realisieren ist als eine komplette Harmonisierung der Systeme vorab.

Co-Deployment   Durch SAP S/4HANA bieten sich komplett neue Deployment-Optionen für Ihre Systemlandschaft an. Funktionen, die zuvor eigenständige Systeme benötigten, sind nun als Teil von SAP S/4HANA verfügbar. Oft stellen sich Kunden die Frage, wie diese neuen Funktionen sich bei einem Umstieg auf SAP S/4HANA auswirken und wie sie die Definition einer Roadmap und die darin enthaltenen Abhängigkeiten der einzelnen Schritte beeinflussen.

Vorab sei erwähnt, dass es keine technische Anforderung gibt, die aktuelle Landschaft anzupassen. Sie können ein bestehendes SAP-ERP-System nach SAP S/4HANA konvertieren und weiterhin alle umgebenden Systeme behalten und weiterbetreiben, wie zum Beispiel SAP BW, SAP APO oder SAP SRM. Sollte der Bedarf nach weiteren Einzelsystemen bestehen, können diese zur Landschaft hinzugefügt werden, auch unabhängig vom Umstieg auf SAP S/4HANA.

Mit anderen Worten: Diese Systeme funktionieren sowohl mit SAP ERP als auch mit SAP S/4HANA. Beispielsweise könnte eine Einführung von SAP EWM gestartet oder weitergeführt werden, unabhängig von anderen notwendigen Schritten des Umstiegs. Sollen allerdings eine oder mehrere der neuen Co-Deployment-Optionen von SAP S/4HANA eingesetzt werden und entsprechende Funktionalität aus den umgebenden Einzelsystemen ersetzen, dann kann solch ein Projekt nur entweder zeitgleich zur Ersetzung des SAP-ERP-Systems durch SAP S/4HANA oder nach erfolgter Umstellung gestartet werden.

Auch für solche Projekte gibt es zahlreiche Beispiele, wie etwa die Implementierung der Materialwirtschaftsfunktion *Advanced Available-to-Promise* (aATP) in SAP S/4HANA, die die Funktion *Global Available-to-Promise* (GATP) aus SAP APO ersetzen kann. Ein anderes Beispiel wäre die Einführung der Funktion *Self-Service Procurement* in der Beschaffung in SAP S/4HANA, die die gleiche Funktionalität abdeckt wie die entsprechende Funktion innerhalb von SAP Supplier Relationship Management (SAP SRM).

14.2.3 Beispiele für eine Roadmap

In diesem Abschnitt stellen wir einige Beispiele für Roadmaps für den Übergang nach SAP S/4HANA vor, um die Diskussionspunkte besser zu veranschaulichen, die wir in den vorangegangenen Abschnitten behandelt haben. Auch wenn die hier dargestellten Situationen nicht genau auf Ihre Systemlandschaft zutreffen, können Sie ihnen doch einige hilfreiche Teile für Ihre Roadmap entnehmen.

Vom Einzelsystem zum SAP-S/4HANA-Einzelsystem

Im ersten Beispiel geht es um eine globale SAP-Umgebung mit regionalen SAP-EWM-Systemen. Die aktuelle Lösung besteht aus folgenden Komponenten: **Aktuelle Lösung**

- einem einzelnen globalen SAP-ERP-System
- einem einzelnen globalen SAP-APO-System, das unter anderem für die Funktion GATP verwendet wird
- einem einzelnen SAP-SRM-System für die Funktion *Self-Service Procurement*
- einem einzelnen SAP-BW-System für das operative und strategische Reporting sowie aus SAP BusinessObjects Planning and Consolidation für die Finanzplanung und -konsolidierung
- Es wurde gerade eine SAP-EWM-Einführung gestartet mit dem Ziel, aus Gründen der Risikominimierung drei regionale Systeme zu erstellen.

Die langfristige Ziellandschaft unter Verwendung von SAP S/4HANA sieht folgendermaßen aus: **Langfristige Ziellandschaft**

- Es wird ein einzelnes globales SAP-S/4HANA-System eingeführt. Zusätzlich zu den heute in SAP ERP verwendeten Funktionen ist geplant, die folgenden Funktionalitäten über SAP S/4HANA abzubilden:
  - Echtzeit-Reporting mit SAP S/4HANA Embedded Analytics
  - Finanzplanung und -konsolidierung als Teil von SAP S/4HANA
  - Advanced ATP und Self-Service Procurement
- Dazu soll ein globales SAP-IBP-System (SAP Integrated Business Planning) in der Cloud für Vertrieb, Planung und Beschaffungsmanagement betrieben werden.
- Ein globales SAP-BW-System soll für das strategische Reporting genutzt werden, auch unter Verwendung historischer Daten.
- Drei regionale SAP-EWM-Systeme sollen das Ausfallrisiko verteilen.

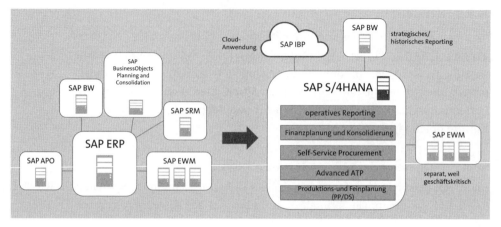

Abbildung 14.6 Von einem einzelnen SAP-ERP-System hin zu einem einzelnen SAP-S/4HANA-System

Roadmap Abbildung 14.6 zeigt diese Umstellungen noch einmal grafisch. Eine wertgetriebene Roadmap für den Übergang zu dieser neuen Ziellandschaft könnte folgendermaßen aussehen:

- Die Einführung der SAP-EWM-Systeme kann weitergehen wie geplant, denn es gibt keine Anforderungen für Änderungen.

- SAP Integrated Business Planning (SAP IBP) in der Cloud wird zuerst für neue Funktionalitäten wie das *SAP IBP for Response and Supply* verwendet und komplettiert somit die existierende SAP-APO-Implementierung. Diese cloudbasierte Implementierung ist eine Neuimplementierung und kann unabhängig von dem Umstieg auf SAP S/4HANA durchgeführt werden.

- SAP IBP wird dann um die Planungsfunktionen zur Nachfrage (*SAP IBP for Demand*) erweitert und ersetzt so diese Funktionalität der SAP-APO-Implementierung. Auch diese ist unabhängig vom Umstieg von SAP ERP nach SAP S/4HANA.

- Das SAP-ERP-System wird per Systemkonvertierung in einem Schritt in ein SAP-S/4HANA-System überführt, da die bisher eingesetzte Lösung zu großen Teilen noch die Geschäftsanforderungen abdeckt.

- Während der SAP-S/4HANA-Konvertierung und in nachgelagerten Projekten wird die Funktionalität des neuen Systems um neue Funktionen erweitert (z. B. um das operative Reporting und Advanced ATP), die die entsprechenden Funktionen aus SAP BW und SAP APO ersetzen.

- Nach erfolgter SAP-S/4HANA-Konvertierung soll dann die Finanzplanung und -konsolidierung aus dem separaten SAP-BusinessObjects-Planning-and-Consolidation-System in die entsprechende eingebettete

Funktion in SAP S/4HANA migriert werden. Ebenso wird das bisherige Self-Service Procurement aus dem separaten SAP-SRM-System migriert.

Abbildung 14.7 zeigt die gesamte Roadmap für dieses Beispiel noch einmal grafisch.

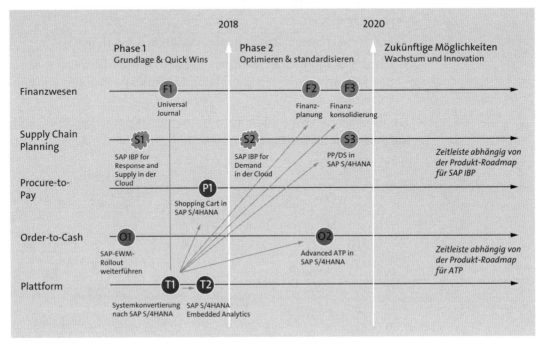

Abbildung 14.7 Beispiel-Roadmap für den Wechsel zu einem einzelnen SAP-S/4HANA-System mit angeschlossenen Systemen

Von einer regional verteilten SAP-ERP-Landschaft zu einer globalen SAP-S/4HANA-Landschaft

Im zweiten Beispiel beginnen wir mit einer regional verteilten Systemlandschaft, die in eine globale Systemlandschaft überführt werden soll. Die Ausgangssituation der regional verteilten Landschaft ist folgende:

Aktuelle Lösung

- Es gibt drei regionale SAP-ERP-Systeme mit einem harmonisierten globalen Template. Eines der SAP-ERP-Systeme für die führende Region ist signifikant umfangreicher, und es gibt zwei kleinere, regionale Satellitensysteme.

- Es werden drei regionale SAP-BW-Systeme eingesetzt für regionales operatives und strategisches Reporting.

- Ein weiteres globales SAP-BW-System inklusive SAP BusinessObjects Planning and Consolidation wird für das unternehmensweite Reporting sowie zur Finanzplanung und -konsolidierung eingesetzt.

Eine langfristige Planung zur SAP-S/4HANA-Ziellandschaft könnte daher wie folgt aussehen:

- Ein einzelnes globales SAP-S/4HANA-System wird eingeführt, da sich das Tagesgeschäft mehr und mehr globalisiert hat. Zusätzlich zu den bisher verwendeten Funktionen von SAP ERP sollten die folgenden Funktionen verwendet werden:
  - Echtzeit-Reporting über SAP S/4HANA Embedded Analytics
  - eine replikationsfreie Finanzplanung und -konsolidierung mit der in SAP S/4HANA enthaltenen Funktion SAP Business Planning and Consolidation
- Ein globales SAP-BW-System wird für das strategische Reporting auch auf Basis historischer Daten eingesetzt.

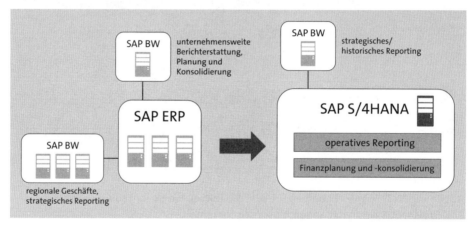

Abbildung 14.8 Von der regionalen SAP-ERP-Landschaft hin zu einer globalen SAP-S/4HANA-Landschaft

Roadmap   Abbildung 14.8 zeigt noch einmal die gesamte Landschaft vor und nach der Umstellung. Eine passende Roadmap für solch einen Übergang zur Ziellandschaft könnte folgendermaßen aussehen:

- Das größte SAP-ERP-System der führenden Region wird per Systemkonvertierung in einem Schritt in ein SAP-S/4HANA-System überführt.
- Anschließend werden selektiv Daten aus den regionalen Satellitensystemen in das neue SAP-S/4HANA-System migriert. Diese Daten umfassen relevante Stammdaten und Bewegungsdaten in Form von offenen Posten.
- Die neue SAP-S/4HANA-Lösung wird um das ebenfalls neue Echtzeit-Reporting erweitert. Dies kann bereits während der Systemkonvertierung geschehen. Andernfalls kann dies vor oder nach der Migration der Daten aus den weiteren, regionalen Systemen erfolgen. Nach und nach

können weitere Berichte hinzugefügt werden, um das Reporting aus den regional aufgesetzten SAP-BW-Systemen zu ersetzen.

- Aus dem separaten SAP-BusinessObjects-Planning-and-Consolidation-System kann die Finanzplanung und -konsolidierung in die entsprechende Funktion in SAP S/4HANA migriert werden. Dieser Schritt kann allerdings erst erfolgen, nachdem alle Regionen in die neue SAP-S/4HANA-Ziellandschaft eingezogen sind. Denn nur dann ist der Datenbestand der Finanzdaten komplett, der für die Finanzplanung und -konsolidierung in SAP S/4HANA benötigt wird.

- Das globale SAP-BW-System bleibt bestehen und wird um die für das strategische Reporting relevanten und historischen Daten aus den regionalen SAP-BW-Systemen angereichert, um diese Systeme danach aus der Landschaft zu entfernen. Dieser Schritt ist größtenteils unabhängig von dem Umstieg auf SAP S/4HANA.

14.3   Die wichtigsten Kriterien für Ihre Entscheidung

Anhand der in diesem Kapitel vorgestellten Beispiele wollen wir noch einmal die wichtigen Entscheidungsthemen zusammenfassen. Die folgenden vier Abbildungen betrachten jeweils zwei Fragestellungen. Die Zeiger in den Abbildungen sprechen eine Empfehlung aus, abhängig davon, wie Sie diese Fragen beantworten würden. Diese Empfehlungen sind auch wieder als Beispiele aufzufassen und hängen ganz individuell von Ihrer aktuellen Situation ab.

Die erste, Abbildung 14.9, bezieht sich auf Ihre Systemanforderungen.   Anforderungen

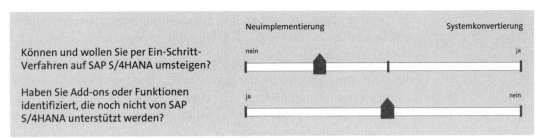

Abbildung 14.9 Fragen und Bewertungen zu den Systemanforderungen

Für den Fall, dass sich das aktuelle System der Business Suite auf einem sehr alten Release-Stand befindet (kleiner als SAP ERP 6.0), müssen Sie auf dem Weg nach SAP S/4HANA mehrere Schritte durchführen. Sie müssten zuerst zu einem Release wechseln, das eine Systemkonvertierung nach SAP S/4HANA technisch ermöglicht. Bei einem sehr alten Release bietet sich eine Neuimplementierung an, bei der Zeit und Aufwände für diesen Zwischenschritt gespart werden. Eine Neuimplementierung ist in diesem Fall damit höchstwahrscheinlich sogar schneller zu realisieren.

Bestimmte Add-ons und Geschäftsfunktionen sind auf der Roadmap für SAP S/4HANA aber zum aktuellen Zeitpunkt vielleicht noch nicht verfügbar. Hier wären zum Beispiel auch Branchenlösungen zu nennen. Eine Nichtverfügbarkeit solcher Funktionen oder noch nicht freigegebene Add-ons können eine SAP-S/4HANA-Einführung verzögern. Dies gilt aber unabhängig von den Umstiegsszenarien, da dies eine Neuimplementierung ebenso betrifft wie eine Systemkonvertierung. Daher gibt es hier keine dedizierte Empfehlung.

Geschäftsprozesse Der zweite Fragenblock in Abbildung 14.10 bezieht sich auf die Geschäftsprozesse.

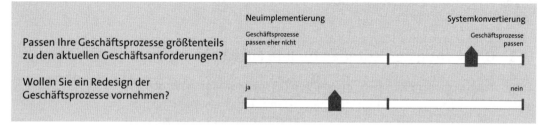

Abbildung 14.10 Fragen und Bewertungen zu den Geschäftsprozessen

Sofern die bisher genutzten Geschäftsprozesse und die Konfiguration des bestehenden Systems zu den aktuellen Geschäftsanforderungen passen, ist eine Systemkonvertierung sehr wahrscheinlich der empfohlene Weg. Bei einer Systemkonvertierung bleiben die bestehende Konfiguration und der aktuelle Datenbestand vorhanden. Für Informationen zu eventuellen Änderungen, die speziell mit SAP S/4HANA relevant sind, können Sie die Simplification List zurate ziehen.

Sollten Sie allerdings eine Anpassung Ihrer Prozesse planen, ist die Neuimplementierung zu empfehlen. In diesem Szenario können Sie die Geschäftsprozesse auf Basis der SAP Best Practices implementieren und so die beste Konfiguration für Ihr System bestimmen. Anwendungsdaten werden dann per Datenmigration in das neue System übernommen, sodass sie zu den neuen Prozessen passen.

Kundeneigene Entwicklungen Der dritte Bereich bezieht sich auf Ihre kundeneigenen Entwicklungen (siehe Abbildung 14.11).

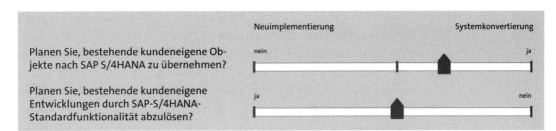

Abbildung 14.11 Fragen und Bewertungen zu den Eigenentwicklungen

Sollten Sie bestehendes Coding bzw. Eigenentwicklungen übernehmen wollen – was durchaus sinnvoll ist, wenn zum Beispiel Ihre individuellen Anforderungen so noch nicht in SAP S/4HANA angeboten werden –, wäre eine Systemkonvertierung sehr wahrscheinlich der bessere Weg. Bei der Systemkonvertierung bleiben existierende kundeneigene Objekte bestehen und können mithilfe der Custom Code Migration Worklist angepasst werden, um zum Beispiel eventuelle Änderungen an den Datenstrukturen in SAP S/4HANA zu berücksichtigen. Der Ausschlag des Zeigers ist hier allerdings nicht ganz so stark, da auch bei einer Neuimplementierung Eigenentwicklungen übernommen werden können. Allerdings gilt das erfahrungsgemäß eher für ein Minimum.

Wenn bestehende kundeneigene Entwicklungen nach Möglichkeit zurück in SAP-Standardfunktionalität überführt werden sollen, würde man vermutlich zuerst an eine Neuimplementierung denken. Allerdings ist dies nicht eine Frage des Übergangsszenarios, denn auch bei einer Systemkonvertierung können Eigenentwicklungen zurück in den Standard überführt werden. Hier geht es eher darum, den bestehenden Code im Detail zu analysieren und entsprechende Schritte bezogen auf die SAP-S/4HANA-Funktionalität einzuplanen.

Der letzte Fragenblock (siehe Abbildung 14.12) bezieht sich auf die Amortisierungszeit (*Time-to-Value*), also auf die Zeit, die vergeht, bis entsprechende Mehrwerte realisiert werden können.

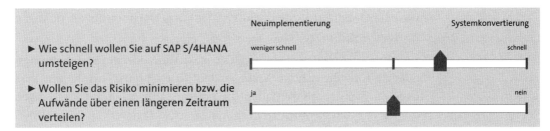

Abbildung 14.12 Fragen und Bewertungen zur Time-to-Value

Die Dauer des Übergangs nach SAP S/4HANA ist sehr individuell. Je nach Größe und Komplexität Ihrer aktuellen Landschaft ist oft die Systemkonvertierung der schnellere Weg, sofern ein Ein-Schritt-Verfahren möglich ist. Da die Einstellungen des Systems erhalten bleiben, ist eine Konvertierung meist schneller als eine Neuimplementierung mit einem kompletten Redesign der Geschäftsprozesse.

Allerdings wird die Neuimplementierung durch die Verfügbarkeit der SAP Best Practices, die speziell für SAP S/4HANA erstellt wurden, stark beschleunigt. Vor allem die umfangreich vorkonfigurierten Cloud-Lösungen sind in wenigen Wochen einsatzbereit. Dies ist vor allem dann interessant, wenn zum Beispiel Tochterunternehmen schnell auf SAP S/4HANA umgestellt werden sollen. Hierbei ist es irrelevant, ob das Quellsystem ein SAP-ERP- oder ein Nicht-SAP-System ist, da wir in der Cloud immer von einer Neuimplementierung ausgehen.

Bezüglich des Risikos gibt es keine wirkliche Empfehlung. Es ist wahrscheinlich eher eine Frage der geplanten Roadmap als des gewählten Szenarios. Hier ist es möglich, jede Adaptionsgeschwindigkeit zu wählen, die zu Ihrer aktuellen Situation passt. Wenn Sie erst einen einzelnen Buchungskreis nach SAP S/4HANA übertragen oder mit SAP S/4HANA Finance starten, ist das ganz Ihnen überlassen. Die einzige Anmerkung wäre, wie vorher in diesem Kapitel schon beschrieben, dass eine SAP-S/4HANA-Einführung in möglichst kleinen Schritten normalerweise länger dauert und höhere Aufwände nach sich zieht.

14.4   Schlusswort

Dieses Kapitel schließt unsere Reise nach SAP S/4HANA ab. Es hat Ihnen hoffentlich eine gute Grundlage bereitgestellt, um sich im Übergangsprozess besser zurechtzufinden. Sie haben nun die notwendigen Werkzeuge und Fragen an der Hand, um sich für den Weg zu entscheiden, der für Sie der richtige ist. Neuimplementierung oder Systemkonvertierung, On-Premise oder Cloud: Für alle Bereiche sind Sie gut gewappnet, um die richtigen Entscheidungen zu treffen.

Ob Sie nun ein Mitglied des Umstiegsprojektteams oder ein Entscheidungsfinder sind, der die richtige Strategie identifizieren muss – wir hoffen, dass dieses Buch Ihnen als Leitfaden die nötigen Antworten auf Ihre Fragen gegeben hat und Sie auch weiterhin als Nachschlagewerk in Ihrem Übergangsprozess begleiten wird. Wir wünschen Ihnen viel Erfolg und einen erfolgreichen Umstieg auf SAP S/4HANA!

Die Autoren

Frank Densborn arbeitet seit 2004 bei SAP und ist heute Produktmanager für SAP-S/4HANA-Datenmigration im kalifornischen Palo Alto. Seine Schwerpunktgebiete sind die Datenmigration für Neuimplementierungen und die Migration in die Cloud. Er arbeitete zuvor im Bereich Enterprise Information Management (EIM) und brachte die Rapid-Data-Migration-Lösungen in das Portfolio. Zuvor entwickelte er als Projektleiter SAP-Best-Practices-Pakete für Business Intelligence und war maßgeblich an der Entwicklung der Datenmigrationslösung mit SAP Data Services beteiligt. Außerdem arbeitete er in der Entwicklung und dem Support für die Legacy System Migration Workbench (LSMW) und betreute Datenmigrationsprojekte bei Kunden. Frank Densborn studierte Mathematik, Physik und Informatik an der Johannes-Gutenberg-Universität Mainz.

Frank Finkbohner ist bei SAP Projektleiter für die Entwicklung des vordefinierten Datenmigrations-Contents im SAP S/4HANA Migration Cockpit. Zuvor arbeitete er 13 Jahre in der SAP-Beratung. Er unterstützte Kunden bei der Entwicklung und Erweiterung von ABAP-Anwendungen. Dabei konzentrierte er sich schon frühzeitig auf den Bereich der Datenmigration. Im Rahmen zahlreicher Kundenprojekte setzte er die gesamte Bandbreite an Werkzeugen und Techniken der SAP-Datenmigration ein (z. B. LSMW, Batch Input, BAPI, IDoc, Rapid Data Migration). Als Projektmanager von Datenübernahmeprojekten hat er seine eigene Methode der Strukturierung von Migrationsprojekten in Arbeitspakete (SEAMAP) entwickelt und auch erfolgreich in seinen Kundenprojekten angewendet. Frank Finkbohner hat einen Abschluss als Diplom-Informatiker von der Fachhochschule Fulda und einen Abschluss als Diplom-Wirtschaftsingenieur von der Hochschule Esslingen.

Dr. Jochen Freudenberg ist Leiter der Abteilung »Development Landscape Management – Architecture«, die sich mit der Definition von Systemlandschaften für die SAP-Softwareentwicklung beschäftigt. Das Team kümmert sich ebenfalls um die Vorbereitung der technischen Auslieferung von SAP-Anwendungen. Im Zentrum der Betrachtungen stehen insbesondere die SAP ERP Enhancement Packages, SAP S/4HANA, SAP Fiori und Erweiterungen auf Basis der SAP Cloud Platform. Der promovierte Physiker hat 16 Jahre SAP-Erfahrung, unter anderem in den Bereichen ABAP-Entwicklung, Prozessstandards in der Softwareentwicklung und Release- und Wartungsstrategie von SAP-Produkten.

Kim Mathäß ist Produktmanager für Datenmanagement und Migration für SAP S/4HANA bei SAP. Er verantwortet die Weiterentwicklung von Werkzeugen und Lösungen für den Übergang zu SAP S/4HANA. Auf nationalen und internationalen Kongressen und Messen hält er regelmäßig Vorträge zu den Übergangszenarien und der Migration. Er arbeitet seit 2006 bei SAP in verschiedenen Bereichen und Positionen. Als Senior Consultant und Business Development Manager hat er zahlreiche Projekte bei internationalen Konzernen und europäischen mittelständischen Unternehmen durchgeführt. Seine Erfahrungen reichen von SAP-Neueinführungen bis hin zu nachträglichen Anpassungen von Systemen und Systemlandschaften. Diese Projekte umfassten unter anderem die Bereiche Systemkonsolidierung, Mergers & Acquisitions, Veräußerungen sowie klassische Datenübernahmen von SAP- und Nicht-SAP-Systemen.

Frank Wagner ist bei SAP als Produktexperte in der SAP-S/4HANA-Produktentwicklung für das Thema »Übergang zu SAP S/4HANA« zuständig. Hier stellt er Kunden Methodiken und Tools für die Übergangsphase zur Verfügung. Unter anderem ist er in diesem Rahmen für die Simplification List für SAP S/4HANA zuständig. Zuvor arbeitete er in unterschiedlichen Bereichen der Beratung, des Service und der Entwicklung bei SAP. Er unterstützte Kunden bei der Einführung und Nutzung von SAP Retail und SAP Apparel and Footwear (SAP AFS) und arbeitete als Eskalationsmanager im SAP-Backoffice. In der SAP-Entwicklung war er viele Jahre als Produktexperte für die Implementierungsmethodik und die betriebswirtschaftliche Konfiguration von SAP Business ByDesign zuständig. Frank Wagner machte seinen Abschluss als Diplom-Volkswirt an der Universität des Saarlandes.

Beiträger zu diesem Buch

Andreas Muno ist Produktmanager für die SAP S/4HANA Cloud mit Fokus auf der Integration mit dem SAP-Business-Netzwerk. Er ist verantwortlich für die SAP Best Practices für die Integration von SAP-Ariba-Lösungen mit SAP S/4HANA und mit der SAP Business Suite. Andreas Muno hat Abschnitt 8.1 und Abschnitt 13.1, »Integration mit SAP Ariba«, verfasst.

Markus Trapp arbeitet im Produktmanagement für die SAP S/4HANA Cloud und verantwortet die Integrationslösungen im Bereich Personalmanagement, vor allem mit SAP SuccessFactors. Auf nationalen und internationalen Kongressen und Messen hält er regelmäßig Vorträge zu den Integrationsszenarien und den SAP-Cloud-Applikationen. Er studierte Informatik an der Hochschule Heidelberg. Markus Trapp hat Abschnitt 8.2, »Integration mit SAP SuccessFactors«, und Abschnitt 13.2, »Integration mit SAP ERP HCM und SAP SuccessFactors«, verfasst.

Index

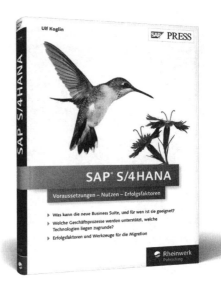
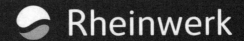

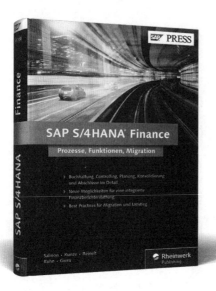

- Wie Sie der SAP Solution Manager beim Umstieg auf SAP S/4HANA unterstützt

- Die neuen Business-Process-Funktionen verstehen

- Focused Solutions und SAP Premium Services kennenlernen

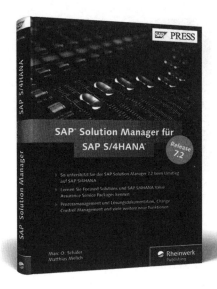

Marc O. Schäfer, Matthias Melich

SAP Solution Manager für SAP S/4HANA

Das neue Solution-Manager-Release für SAP S/4HANA ist da und steckt voller neuer Funktionen, die Sie fit für die SAP Business Suite der Zukunft machen! Erfahren Sie in diesem Buch, wie Sie der SAP Solution Manager 7.2 bei den Vorbereitungen und der Durchführung der Migration unterstützt: mit Readiness Checks, Custom Code Management, SAP Activate, Focused Solutions u.v.m. Lernen Sie außerdem das neue integrierte Prozessmanagement und die neue Lösungsdokumentation kennen.

436 Seiten, gebunden, 69,90 Euro
ISBN 978-3-8362-4389-6
erschienen September 2016
www.sap-press.de/4264

Michael Englbrecht, Michael Wegelin

SAP Fiori

Implementierung und Entwicklung

Lernen Sie alles über die Implementierung und Entwicklung der neuen SAP-Oberflächen. Die Autoren zeigen, wie Sie Fiori installieren, einrichten und in die SAP-Systemlandschaft integrieren. Passen Sie Apps an Ihre Anforderungen an oder starten Sie gleich mit einer eigenen Entwicklung.

608 Seiten, gebunden, 69,90 Euro
ISBN 978-3-8362-3828-1
erschienen Dezember 2015
www.sap-press.de/3894

Gahm, Schneider, Westenberger, Swanepoel

ABAP-Entwicklung für SAP HANA

Programmieren Sie In-Memory-Applikationen mit völlig neuen Funktionen, oder machen Sie den kundeneigenen Code fit für die Migration auf SAP HANA! Lernen Sie, wie Sie mit ABAP-Anwendungen große Datenmengen verarbeiten und direkte Datenbankzugriffe nutzen.

653 Seiten, gebunden, 69,90 Euro
ISBN 978-3-8362-3661-4
2. Auflage 2016
www.sap-press.de/3773